수험생 빈출 질문 모음!
실무 프로그램 FAQ

Q 이런 메시지가 뜨는데 어떻게 해야 되나요?

A 당황하지 말고, 이렇게 해결해요!

Q

서버 연결실패

사용자 'sa'이(가) 로그인하지 못했습니다. 원인: 계정을 사용할 수 없습니다.

확인

A

DB TOOL 화면 하단의 '연결설정' 버튼을 클릭하여 'Windows 인증'으로 연결 설정을 변경한 후 DB 복원을 해야 합니다.

Q

iCUBE-핵심ERP

접속정보가 올바르게 설정되어 있지 않습니다.

확인

Setup

설치후 로그인에 실패 하였습니다.

확인

A

핵심ERP 프로그램 설치 파일 중 'CoreCheck.exe'를 클릭한 후 '더존 핵심ERP 도우미' 창에서 'X'로 되어 있는 항목을 더블클릭하여 'O'로 변경해야 합니다.

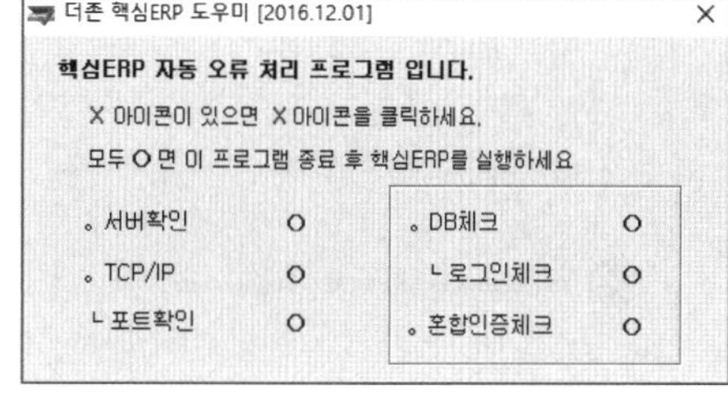

더 많은
FAQ
바로 보기
(에듀윌 제공)

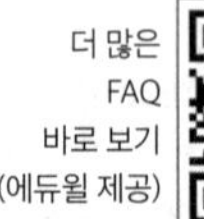

프로그램
설치 매뉴얼
바로 보기
(더존 제공)

*PC 다운로드 경로: 에듀윌 도서몰(book.eduwill.net) - 도서자료실 - 부가학습자료

Q 이런 메시지가 뜨는데 어떻게 해야 되나요?

A 당황하지 말고, 이렇게 해결해요!

iCUBE-핵심ERP

사용자정보를 가져오지 못하였습니다. 잠시 후 조회 또는 실행 해 주십시오.
동일한 메세지가 계속 발생할 경우 회사 내 네트워크 또는 시스템 관리자에게 문의 하시기 바랍니다.

확인

▶ 최신 버전의 프로그램에서 이전 연도의 DB를 복원했기 때문입니다. 교재 내 실무 시뮬레이션 DB는 2025 버전, 기출문제 DB는 2024 버전 프로그램을 사용해야 합니다.

핵심ERP사양체크

설치 파일이 없습니다.

확인

▶ 다운로드한 프로그램 설치 파일은 반드시 압축을 해제한 다음에 'CoreCubeSetup.exe'를 실행해야 합니다.

---

iCUBE 핵심ERP 2021 - InstallShield Wizard

Microsoft SQL Server 2008 R2 SP2 Express Install failed.

OK

▶ ERP 프로그램 설치 파일 SQLEXPRESS 폴더에서 PC 운영체제에 맞는 SQL 파일을 확인하고 더블클릭하여 직접 설치해야 합니다.

- Win7, 8, 10 32비트: SQLEXPR_x86
- Win7, 8, 10 64비트: SQLEXPR_x64

에듀윌과 함께 시작하면,
당신도 합격할 수 있습니다!

비전공자여서 망설였지만
한 달 만에 합격해 자신감을 얻은 20대

새로운 도전으로 ERP MASTER 자격증을 취득해
취업에 성공한 30대

아이들에게 당당한 모습을 보여주고 싶어
ERP, 전산세무회계 자격증 9개를 취득한 40대 주부

누구나 합격할 수 있습니다.
시작하겠다는 '다짐' 하나면 충분합니다.

마지막 페이지를 덮으면,

에듀윌과 함께
ERP 정보관리사 합격이 시작됩니다.

ERP 정보관리사 인사 2급

합격 플래너

에듀윌
ERP 정보관리사

인사 2급 한권끝장+무료특강

PREFACE

머리말

"ERP 정보관리사를 통해 사회진출을 준비하는 수험생들을 응원합니다."

본서를 통해 수험생은 ERP 정보관리사 인사에서 요하는 인적자원관리의 전반적인 주요 내용과 그에 따른 실무절차를 함께 학습하여 실무자에게 요구되는 직무능력을 향상시킬 수 있을 것입니다. 더불어 소득세의 내용을 알차게 수록하여 수험생들이 연말정산의 심화 내용을 익히고, 다양한 사례를 통한 해결 능력을 향상시킬 수 있도록 하였습니다.

이 책의 특징은 다음과 같습니다.

첫째, 2025년 출제기준과 프로그램을 반영하였습니다. 방대한 양을 공부하는 수험생들의 부담을 줄여주고자 밑줄, 중요 표시, 용어 설명 등을 구성하여 수험생들이 중요한 내용을 한눈에 확인할 수 있습니다.

둘째, 본서는 오랜 강의 경험을 바탕으로 현장에서 들었던 학생들의 요구 조건을 최대한 반영하려 노력하였습니다. 그러나 이것에 만족하지 않고 앞으로도 계속 노력하여 보다 충실한 교재로 거듭날 것을 약속드립니다.

셋째, 수험생들이 프로그램을 쉽게 익힐 수 있도록 다양한 실무 연습문제를 수록하여 낯선 실무 시험에 완벽하게 대비할 수 있도록 하였습니다.

본서가 ERP 정보관리사 자격시험을 준비하는 여러분들에게 도움이 되길 희망하며, 또 본서가 직무의 기초적 학습에 도움이 되길 바랍니다. 여러분들의 성공적인 사회 진출을 항상 응원하겠습니다.

배문주

| 약력 |

홍익대학교 대학원 세무학 석사
(現) 백석예술대학교 경영행정학부 초빙 교수
(現) 삼육대학교 ERP 컨설턴트 육성과정 강사
(現) 더존비즈온 직무연수교육 교수
(現) 학국직업방송 라이선스마스터 교수
(現) 한국생산성본부 PTE 전문 강사
(前) 재경관리사 출제위원
(前) 더존 에듀캠 재경실무 교수
(前) 특성화고등학교 전산회계운용사 교수
(前) 한성대학교 전산세무회계/ERP 정보관리사 강사
(前) 에듀윌 재경관리사/회계관리 1급 교수
(前) 성신여자대학교 전산세무회계/ERP 정보관리사 강사
(前) 더존비즈온 ERP 컨설턴트 교육 강사
(前) 삼육대학교 ERP 컨설턴트 육성과정 강사

GUIDE

시험안내

1. 시험 방법

시험 과목	응시교시	응시교시	비고
회계 1・2급	1교시	• 입실: 08:50 • 이론: 09:00~09:40(40분) • 실무: 09:45~10:25(40분)	※ 시험시간은 정기시험기준으로 시험일정에 따라 변경될 수 있습니다. ※ 같은 교시의 과목은 동시 응시 불가(예: 회계, 생산모듈은 동시 응시 불가) ※ 시험 준비물: 수험표, 신분증, 필기구, 계산기(공학용, 윈도우 계산기 사용 불가)
생산 1・2급			
인사 1・2급	2교시	• 입실: 10:50 • 이론: 11:00~11:40(40분) • 실무: 11:45~12:25(40분)	
물류 1・2급			

2. 합격기준

구분	합격점수	문항 수
1급	70점 이상(이론, 실무형 각 60점 이상)	이론 32문항(인사 33문항), 실무 25문항(이론문제는 해당 과목의 심화 내용 수준 출제)
2급	60점 이상(이론, 실무형 각 40점 이상)	이론 20문항, 실무 20문항(이론문제는 해당 과목의 기본 내용 수준 출제)

3. 응시료

구분	1과목	2과목	납부방법	비고
1급	40,000원	70,000원	전자결제	※ 동일 등급 2과목 응시 시 응시료 할인 (단, 등급이 다를 경우 할인 불가) ※ 최대 2과목 접수 가능 (단, 같은 교시의 과목은 1과목만 접수 가능)
2급	28,000원	50,000원		

4. 2025 시험일정

회차	원서접수		수험표 공고	시험일	성적 공고
	온라인	방문			
제1회	24.12.26. ~ 25.01.02.	25.01.02.	01.16. ~ 01.25.	01.25.	02.11. ~ 02.18.
제2회	02.19. ~ 02.26.	02.26.	03.13. ~ 03.22.	03.22.	04.08. ~ 04.15.
제3회	04.23. ~ 04.30.	04.30.	05.15. ~ 05.24.	05.24.	06.10. ~ 06.17.
제4회	06.25. ~ 07.02.	07.02.	07.17. ~ 07.26.	07.26.	08.12. ~ 08.19.
제5회	08.27. ~ 09.03.	09.03.	09.18. ~ 09.27.	09.27.	10.14. ~ 10.21.
제6회	10.22. ~ 10.29.	10.29.	11.13. ~ 11.22.	11.22.	12.09. ~ 12.16.

※ ERP 영림원은 5월, 11월 정기 시험 시 시행
※ 시험주관처에 따라 시험일정이 변동될 수 있습니다.

5. 이론 세부 출제범위

구분	내용	
인적자원관리의 확보	1. 인적자원관리의 정의와 내용	
	2. 인력계획	
	3. 직무관리	
	4. 채용계획	
인적자원의 보상 (임금 및 복리후생관리)	1. 임금관리의 의의	
	2. 임금체계 및 형태	임금의 체계
		임금형태
	3. 복리후생과 4대 사회보험	복리후생
		4대 사회보험
	4. 소득세와 연말정산	소득세의 개념
		원천징수
		연말정산
인적자원의 개발	인적자원의 개발	인사고과
		교육훈련
		이동과 승진
		경력관리
인적자원의 유지 (노사관계)	1. 근로시간의 관리	근로시간 설계의 의의
		근로시간제의 유형
		근로유형의 최근 동향
	2. 노사관계론	노사관계와 경영조직
		단체교섭제도
		부당한 노동행위와 그 구제
		경영참여와 노사관계
관련법규의 이해	1. 근로기준법	
	2. 노동조합 및 노동관계 조정법	
	3. 산업안전법	

6. 실제 시험 프로그램 화면

ERP 정보관리사는 이론, 실무 모두 시험이 CBT(Computer Based Testing) 방식으로 진행되며, 컴퓨터상에서 문제를 읽고 풀며 답안을 작성한다. 단, 계산문제가 있으므로 기본형 계산기와 간단한 필기구를 준비하는 게 좋다.

• ERP 정보관리사 시험 로그인 화면

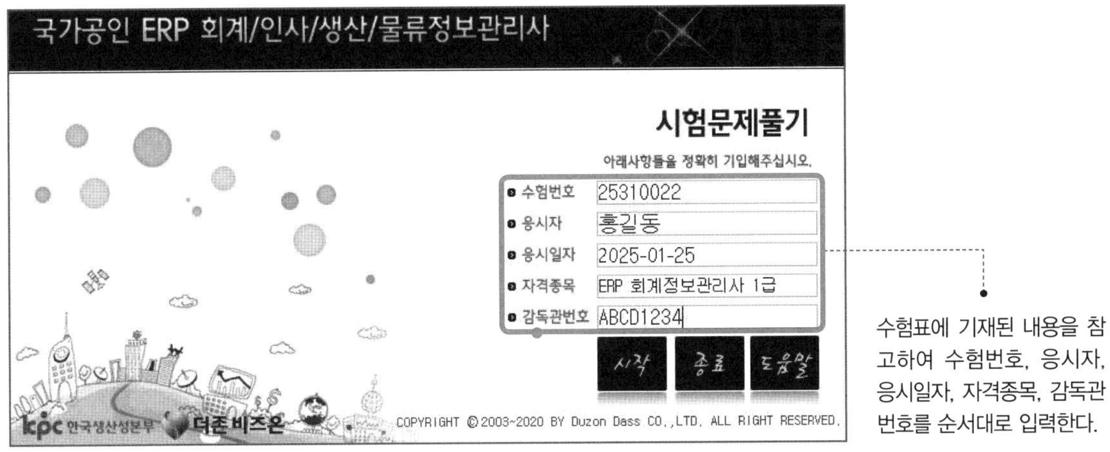

수험표에 기재된 내용을 참고하여 수험번호, 응시자, 응시일자, 자격종목, 감독관번호를 순서대로 입력한다.

• ERP 정보관리사 로그인 후 화면

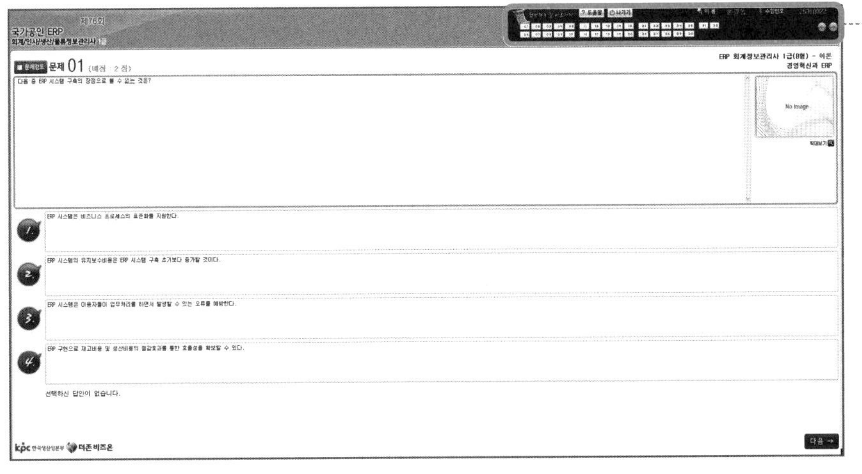

로그인 후 시험이 시작되면 문제를 읽고 답안을 체크한 후, '다음' 버튼을 누른다. 우측 상단의 '답안체크 및 바로가기'에서 원하는 문항을 선택하면 해당 문항으로 바로 이동할 수 있다.

STRUCTURE

구성과 특징

시험에 출제된 내용만 담은 이론!

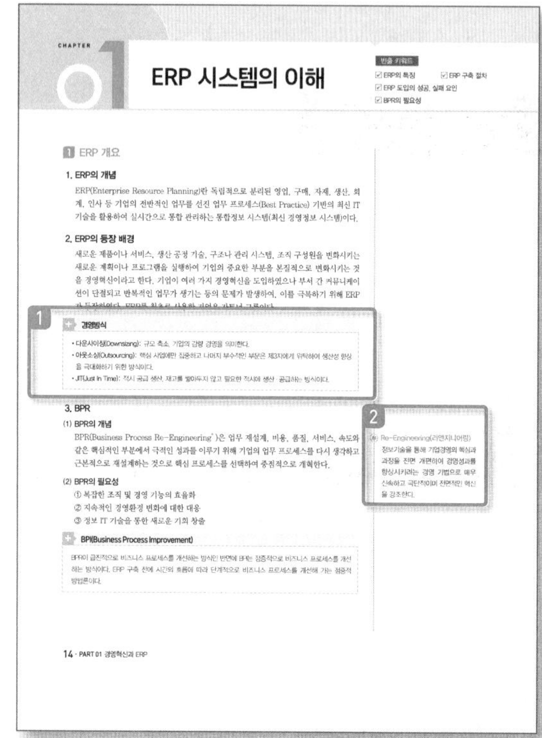

CHAPTER 01

ERP 시스템의 이해

빈출 키워드
- ERP의 특징
- ERP 구축 절차
- ERP 도입의 성공, 실패 요인
- BPR의 필요성

1 ERP 개요

1. ERP의 개념

ERP(Enterprise Resource Planning)란 독립적으로 분리된 영업, 구매, 자재, 생산, 회계, 인사 등 기업의 전반적인 업무를 선진 업무 프로세스(Best Practice) 기반의 최신 IT 기술을 활용하여 실시간으로 통합 관리하는 통합정보 시스템(최신 경영정보 시스템)이다.

2. ERP의 등장 배경

새로운 제품이나 서비스, 생산 공정 기술, 구조나 관리 시스템, 조직 구성원을 변화시키는 새로운 계획이나 프로그램을 실행하여 기업의 중요한 부분을 본질적으로 변화시키는 것을 경영혁신이라고 한다. 기업이 여러 가지 경영혁신을 도입하였으나 부서 간 커뮤니케이션이 단절되고 반복적인 업무가 생기는 등의 문제가 발생하여, 이를 극복하기 위해 ERP

1 경영방식
- 다운사이징(Downsizing): 규모 축소, 기업의 감량 경영을 의미한다.
- 아웃소싱(Outsourcing): 핵심 사업에만 집중하고 나머지 부수적인 부문은 제3자에게 위탁하여 생산성 향상을 극대화하기 위한 방식이다.
- JIT(Just In Time): 적시 공급 생산, 재고를 쌓아두지 않고 필요한 적시에 생산 · 공급하는 방식이다.

3. BPR

(1) BPR의 개념

BPR(Business Process Re-Engineering*)은 업무 재설계, 비용, 품질, 서비스, 속도와 같은 핵심적인 부분에서 극적인 성과를 이루기 위해 기업의 업무 프로세스를 다시 생각하고 근본적으로 재설계하는 것으로 핵심 프로세스를 선택하여 중점적으로 개혁한다.

2 (*) Re-Engineering(리엔지니어링)
정보기술을 통해 기업경영의 핵심과 과정을 전면 개편하여 경영성과를 향상시키려는 경영 기법으로 매우 신속하고 극단적이며 전면적인 혁신을 강조한다.

(2) BPR의 필요성
① 복잡한 조직 및 경영 기능의 효율화
② 지속적인 경영환경 변화에 대한 대응
③ 정보 IT 기술을 통한 새로운 기회 창출

BPI(Business Process Improvement)

BPR이 급진적으로 비즈니스 프로세스를 개선하는 방식인 반면에 BPI는 점증적으로 비즈니스 프로세스를 개선하는 방식이다. ERP 구축 전에 시간의 흐름에 따라 단계적으로 비즈니스 프로세스를 개선해 가는 점증적 방법론이다.

14 · PART 01 경영혁신과 ERP

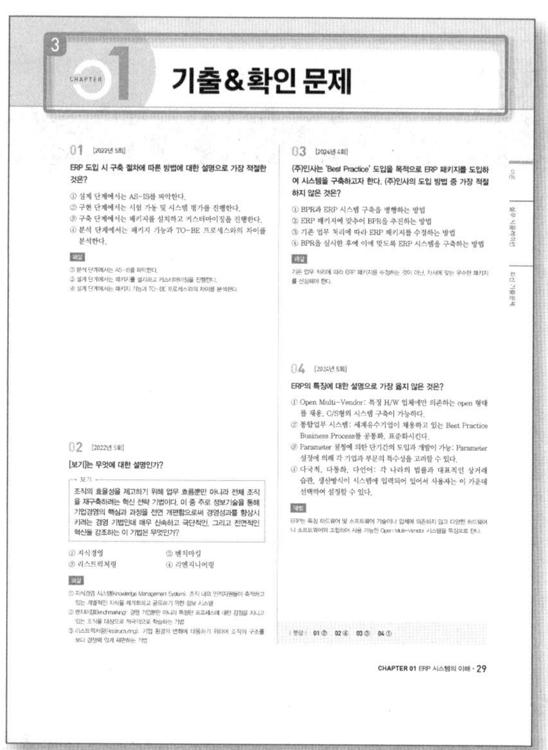

3 CHAPTER 01 기출&확인 문제

01 [2022년 5회]

ERP 도입 시 구축 절차에 따른 방법에 대한 설명으로 가장 적절한 것은?

① 설계 단계에서는 AS-IS를 파악한다.
② 구현 단계에서는 시험 가동 및 시스템 평가를 진행한다.
③ 구축 단계에서는 패키지를 설치하고 커스터마이징을 진행한다.
④ 분석 단계에서는 패키지 기능과 TO-BE 프로세스와의 차이를 분석한다.

해설
① 분석 단계에서는 AS-IS를 파악한다.
③ 설계 단계에서는 패키지를 설치하고 커스터마이징을 진행한다.
④ 설계 단계에서는 패키지 기능과 TO-BE 프로세스와의 차이를 분석한다.

02 [2022년 5회]

[보기]는 무엇에 대한 설명인가?

보기
조직의 효율성을 제고하기 위해 업무 흐름뿐만 아니라 전체 조직을 재구축하려는 혁신 전략 기법이다. 이 중 주로 정보기술을 통해 기업경영의 핵심과 과정을 전면 개편함으로써 경영성과를 향상시키려는 경영 기법인데 매우 신속하고 극단적인, 그리고 전면적인 혁신을 강조하는 이 기법은 무엇인가?

① 지식경영
② 벤치마킹
③ 리스트럭처링
④ 리엔지니어링

해설
① 지식경영 시스템(Knowledge Management System): 조직 내의 인적자원들이 축적하고 있는 개별적인 지식을 체계화하고 공유하기 위한 정보 시스템
② 벤치마킹(Benchmarking): 경쟁 기업뿐만 아니라 특정한 프로세스에 대한 강점을 지니고 있는 조직을 대상으로 적극적으로 학습하는 기법
③ 리스트럭처링(Restructuring): 기업 환경의 변화에 대응하기 위하여 조직의 구조를 보다 경쟁력 있게 재편하는 기법

03 [2024년 4회]

(주)인사는 'Best Practice' 도입을 목적으로 ERP 패키지를 도입하여 시스템을 구축하고자 한다. (주)인사의 도입 방법 중 가장 적절하지 않은 것은?

① BPR과 ERP 시스템 구축을 병행하는 방법
② ERP 패키지에 맞추어 BPR을 추진하는 방법
③ 기존 업무 처리에 따라 ERP 패키지를 수정하는 방법
④ BPR을 실시한 후에 이에 맞도록 ERP 시스템을 구축하는 방법

해설
기존 업무 처리에 따라 ERP 패키지를 수정하는 것이 아닌, 자사에 맞는 우수한 패키지를 선정해야 한다.

04 [2024년 5회]

ERP의 특징에 대한 설명으로 가장 옳지 않은 것은?

① Open Multi-Vendor: 특정 H/W 업체에만 의존하는 open 형태를 채용, C/S형의 시스템 구축이 가능하다.
② 통합업무 시스템: 세계유수기업이 채용하고 있는 Best Practice Business Process를 공통화, 표준화시킨다.
③ Parameter 설정에 의한 단기간의 도입과 개발이 가능: Parameter 설정에 의해 각 기업과 부문의 특수성을 고려할 수 있다.
④ 다국적, 다통화, 다언어: 각 나라의 법률과 대표적인 상거래 습관, 생산방식이 시스템에 입력되어 있어서 사용자는 이 가운데 선택하여 설정할 수 있다.

해설
ERP는 특정 하드웨어 및 소프트웨어 기술이나 업체에 의존하지 않고 다양한 하드웨어나 소프트웨어와 조합하여 사용 가능한 Open Multi-Vendor 시스템을 특징으로 한다.

정답 01 ② 02 ④ 03 ③ 04 ①

CHAPTER 01 ERP 시스템의 이해 · 29

1 부가 이론 설명

기본 이론과 더불어 학습자의 이해를 돕는 부가적인 내용을 수록하였다.

2 용어 및 개념 설명

어려운 용어 및 개념은 바로 설명하여 해당 내용을 이해하는 데 어려움이 없도록 하였다.

3 기출&확인 문제

각 CHAPTER별로 기출&확인 문제를 수록하여 기출 유형을 파악하고 학습 내용을 점검할 수 있다.

실전 감각을 키울 수 있는 실무 시뮬레이션!

최신 기출문제 5회분으로 확실한 마무리!

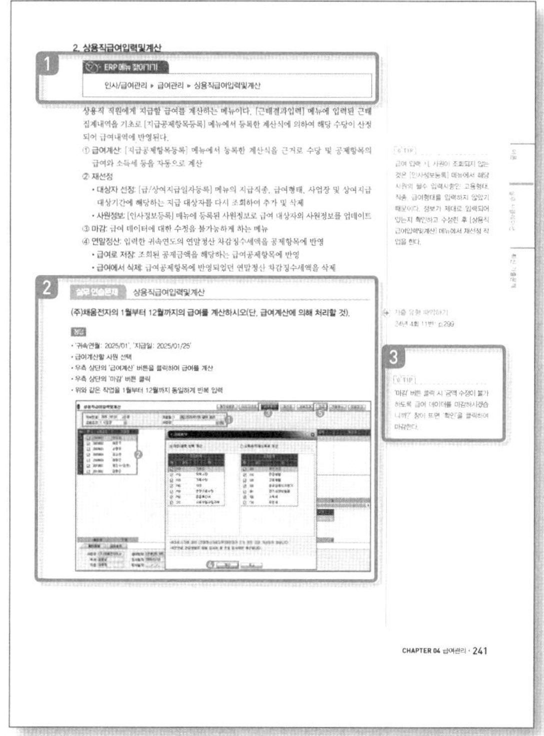

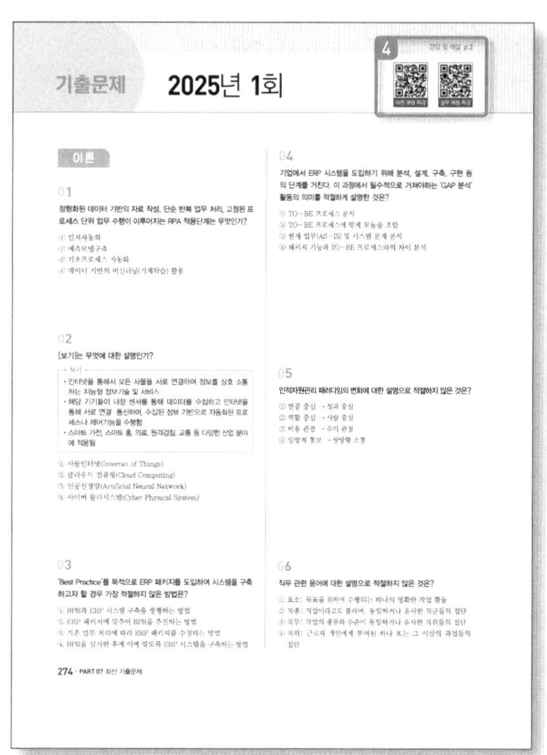

❶ ERP 메뉴 찾아가기

생소한 프로그램을 보다 빠르게 익힐 수 있도록 해당 메뉴의 경로를 제시하였다.

❷ 실무 연습문제

실무 연습문제를 통해 ERP 프로그램에 익숙해질 수 있도록 하여 실전에 대비할 수 있다.

❸ 저자 TIP

저자가 직접 제시하는 TIP을 수록하여 효율적인 학습을 할 수 있다.

❹ 기출문제 해설 특강

2024년 3회부터 2025년 1회까지 최신 기출문제 5회분의 해설 특강을 수록하였다.

✚ 시험 직전, 최종 점검할 수 있는 FINAL 핵심노트(PDF 제공)

다운로드 경로: 에듀윌 도서몰(book.eduwill.net) > 도서자료실 > 부가학습자료 > '인사 2급' 검색

CONTENTS

차 례

이론

PART 01 | 경영혁신과 ERP

PART 02 | 인사관리 – 인적자원관리 및 확보

PART 03 | 인사관리 – 인적자원개발

PART 04 | 임금 및 복리후생관리

PART 05 | 노사관계

실무 시뮬레이션

PART 06 I 실무 시뮬레이션

최신 기출문제

PART 07 I 최신 기출문제

이론

PART 01

경영혁신과 ERP

Enterprise
Resource
Planning

CHAPTER 01

ERP 시스템의 이해

빈출 키워드

☑ ERP의 특징 ☑ ERP 구축 절차
☑ ERP 도입의 성공, 실패 요인
☑ BPR의 필요성

1 ERP 개요

1. ERP의 개념

ERP(Enterprise Resource Planning)란 독립적으로 분리된 영업, 구매, 자재, 생산, 회계, 인사 등 기업의 전반적인 업무를 선진 업무 프로세스(Best Practice) 기반의 최신 IT 기술을 활용하여 실시간으로 통합 관리하는 통합정보 시스템(최신 경영정보 시스템)이다.

2. ERP의 등장 배경

새로운 제품이나 서비스, 생산 공정 기술, 구조나 관리 시스템, 조직 구성원을 변화시키는 새로운 계획이나 프로그램을 실행하여 기업의 중요한 부분을 본질적으로 변화시키는 것을 경영혁신이라고 한다. 기업이 여러 가지 경영혁신을 도입하였으나 부서 간 커뮤니케이션이 단절되고 반복적인 업무가 생기는 등의 문제가 발생하여, 이를 극복하기 위해 ERP가 등장하였다. ERP를 최초로 사용한 기업은 가트너 그룹이다.

+ 경영방식

- 다운사이징(Downsizing): 규모 축소, 기업의 감량 경영을 의미한다.
- 아웃소싱(Outsourcing): 핵심 사업에만 집중하고 나머지 부수적인 부문은 제3자에게 위탁하여 생산성 향상을 극대화하기 위한 방식이다.
- JIT(Just In Time): 적시 공급 생산, 재고를 쌓아두지 않고 필요한 적시에 생산 · 공급하는 방식이다.

3. BPR

(1) BPR의 개념

BPR(Business Process Re-Engineering*)은 업무 재설계, 비용, 품질, 서비스, 속도와 같은 핵심적인 부분에서 극적인 성과를 이루기 위해 기업의 업무 프로세스를 다시 생각하고 근본적으로 재설계하는 것으로 핵심 프로세스를 선택하여 중점적으로 개혁한다.

(2) BPR의 필요성

① 복잡한 조직 및 경영 기능의 효율화
② 지속적인 경영환경 변화에 대한 대응
③ 정보 IT 기술을 통한 새로운 기회 창출

+ BPI(Business Process Improvement)

BPR이 급진적으로 비즈니스 프로세스를 개선하는 방식인 반면에 BPI는 점증적으로 비즈니스 프로세스를 개선하는 방식이다. ERP 구축 전에 시간의 흐름에 따라 단계적으로 비즈니스 프로세스를 개선해 가는 점증적 방법론이다.

* Re-Engineering(리엔지니어링)
정보기술을 통해 기업경영의 핵심과 과정을 전면 개편하여 경영성과를 향상시키려는 경영 기법으로 매우 신속하고 극단적이며 전면적인 혁신을 강조한다.

4. ERP의 발달 과정

구분	MIS	MRP Ⅰ	MRP Ⅱ	ERP	확장형 ERP
의미	경영정보 관리 시스템	자재 수급 관리	제조 자원 관리	전사적 자원 관리	기업 간 최적화
특징	다량의 정보처리	재고 최소화	원가 절감	경영혁신	Win–Win

MIS와 ERP의 비교

구분	MIS(경영정보 시스템)	ERP(통합정보 시스템)
설계 기술	프로그램 코딩에 의존	4GL(4세대 언어), 객체지향기술
시스템 구조	폐쇄적	개방적
업무 처리	수직적	수평적
조직 구성	계층적 조직 구조	팀제를 통한 수평적 조직 구조
소비자 의식	획일화	다양화, 개성화, 인간화
생산 형태	소품종 대량 생산	다품종 소량 생산
의사결정	Bottom–Up, 상사	Top–Down, 담당자
급여 체계	연공서열	성과급 체계
시장 조건	제한된 시장, 독과점 시장	무한 경쟁 시장
저장 구조	파일 시스템	관계형 데이터베이스, 원장형 통합 데이터베이스*

5. ERP의 특징 중요

(1) 기능적 특징

① 다국적, 다통화, 다언어 지원으로 글로벌 대응 가능
② 중복 업무 및 대기시간 배제, 실시간 정보처리 체계 구축
③ 표준을 지향하는 선진화된 최고의 실용성 수용
④ 선진 비즈니스 프로세스 모델에 의한 BPR 지원
⑤ 파라미터(Parameter)* 설정에 의한 개발 효과
⑥ 경영정보 제공 및 경영조기경보 체계 구축 가능
⑦ 투명경영의 수단으로 활용
⑧ 오픈 멀티–벤더(Open Multi–Vendor)* 시스템

(2) 기술적 특징

① 4세대 언어로 개발
② 관계형 데이터베이스 관리 시스템(RDBMS) 채택
③ 객체지향기술 사용
④ e–비즈니스 수용이 가능한 Multi–Tier 환경 구성

✻ 원장형 통합 데이터베이스
중앙에서 기업의 인사, 회계, 생산, 물류 등의 데이터베이스를 통합하여 보관하는 것으로 어느 업무에서나 활용할 수 있으나 자동으로 가공된 데이터가 저장되는 것은 아니다.

✻ 파라미터(Parameter)
프로그램상의 특정 기능을 사용하여 조직의 변경이나 프로그램 변경에 유연하게 대응하기 위한 것이다.

✻ 오픈 멀티–벤더(Open Multi–Vender)
ERP는 어떠한 운영체제나 데이터베이스에서도 운영 가능하도록 설계되어 있어 타 시스템과 연계가 가능하다. 특정 하드웨어 및 소프트웨어 기술이나 업체에 의존하지 않고 다양한 하드웨어나 소프트웨어와 조합하여 사용 가능하다.

6. ERP 시스템의 구축 절차(분석 → 설계 → 구축 → 구현)

단계	내용	과정
분석 (Analysis)	현재 업무 상태 분석 및 대응 방안 수립	AS-IS 파악, TFT* 구성, 현재 시스템의 문제 파악, 주요 성공 요인 도출, 목표와 범위 설정, 현업 요구사항 분석, 경영 전략 및 비전 도출, 세부 추진 일정 및 계획 수립, 시스템 설치
설계 (Design)	문제점에 대한 해결 방안 및 개선 방안 도출, 차이 분석	TO-BE 프로세스 도출 및 패키지 기능과 차이 분석(GAP 차이 분석), 패키지 설치 및 파라미터 설정, 인터페이스 문제 논의, 사용자 요구대상 선정, 추가 개발 및 수정·보완 문제 논의, 커스터마이징* 선정
구축 (Construction)	이전 단계에서 도출된 결과를 시스템으로 구축 및 검증	모듈의 조합화, 테스트 후 추가 개발 또는 수정 기능 확정, 인터페이스 프로그램 연계 테스트, 출력물 제시
구현 (Implementation)	실제 시스템의 시험적 운영 및 유지 보수 계획 수립	실제 데이터 입력 후 시험 가동, 데이터 전환, 시스템 평가 및 유지 보수, 추후 일정 수립

* TFT(Task Force Team)
프로젝트 추진 시 각 부서에서 선발된 구성원으로 임시 팀을 만들어 활동하는 것을 말한다.

* 커스터마이징(Customizing)
'주문, 제작하다'라는 뜻의 단어인 'Customize'에서 유래된 것으로, 맞춤 제작 서비스를 의미한다.

2 ERP 시스템의 도입

1. ERP 패키지 선정 기준

① ERP 시스템 보안성
② 기업 요구사항의 부합 정도
③ 커스터마이징(Customizing)의 가능 여부
④ 자사에 맞는 패키지 선정
⑤ 현업 중심의 프로젝트 진행

+ ERP 자체 개발보다 ERP 패키지를 선택하는 이유

- 검증된 방법을 적용하여 구현 기간을 최소화할 수 있다.
- 검증된 기술과 기능으로 위험 부담을 최소화할 수 있다.
- 향상된 기능과 최신 정보기술이 적용된 버전으로 업그레이드가 가능하다.

2. ERP 시스템의 장점 및 효과

① ERP는 다양한 산업에 대한 최적의 업무 관행인 베스트 프랙티스(Best Practice)를 담고 있다.
② ERP 시스템이 구축되기 전에 업무 재설계(BPR)를 수행해야 ERP 구축 성과가 극대화될 수 있다.
③ ERP 시스템은 비즈니스 프로세스의 표준화를 지원한다.
④ ERP 시스템은 이용자들이 업무를 처리하면서 발생할 수 있는 오류를 예방할 수 있다.
⑤ ERP 구현으로 재고 비용 및 생산 비용을 절감하는 등의 효율성을 확보할 수 있다(결산 작업 및 공급사슬의 단축, 리드 타임* 감소, 사이클 타임* 감소).
⑥ ERP는 모든 기업의 업무 프로세스를 개별 부서원들이 분산 처리하면서도 동시에 중앙에서 개별 기능들을 통합적으로 관리할 수 있다.
⑦ ERP는 경영학적인 업무 지식에 입각하여 각 기업들이 고유한 프로세스를 구현할 수 있도록 파라미터(Parameter)를 변경하여 고객화(Customization)*시킬 수 있게 구성되어 있다.
⑧ 차세대 ERP는 인공지능 및 빅데이터 분석 기술과의 융합으로 분석 도구가 추가되어 선제적 예측과 실시간 의사결정 지원이 가능하다.

* 리드 타임(Lead Time)
시작부터 완성까지의 소요시간으로 품목 발주 시점부터 입고 완료 시점까지 소요되는 시간을 '구매 리드 타임', 제품 생산 시점부터 완성 시점까지 소요되는 시간을 '생산 리드 타임'이라고 한다.

* 사이클 타임(Cycle Time)
어떤 상황이 발생한 후 동일한 상황이 다음에 다시 발생할 때까지의 시간적 간격을 의미한다.

* 고객화(Customization)
ERP 시스템의 프로세스, 화면, 필드, 보고서 등 거의 모든 부분을 기업의 요구사항에 맞춰 구현하는 방법이다.

3. ERP 시스템 도입의 4단계

ERP 도입 단계는 기존 시스템 개발 프로젝트와 달리 일종의 패키지 도입이 주를 이루고 있으므로 아래와 같은 4단계의 프로세스를 거친다.

(1) 투자 단계

① 시스템에 대한 필요성 인지와 투자 의사결정이 이루어진다.

② 총소유비용은 ERP 시스템의 투자비용에 대한 개념으로 시스템 전체의 라이프 사이클(Life-Cycle)을 통해 발생하는 전체 비용을 계량화하는 것을 의미한다.

(2) 구축 단계

① 투자 의사결정이 이루어진 시스템을 구축하는 단계이다.

② 기업에 적합한 ERP가 어떤 것인지 비교하여 결정한다.

③ 전사적 시스템에 대한 변화관리와 전문가 확보가 필요하다.

+ ERP 구축 시 전문가를 고용함으로써 얻게 되는 장단점

장점	단점
• 숙달된 소프트웨어 구축 방법론으로 실패 최소화 • ERP 기능과 관련된 필수적 지식 전달 가능 • 컨설턴트에 대한 편견 없이 목적 지향적으로 최적의 패키지 선정 가능	프로젝트 주도권이 컨설턴트에게 넘어갈 수 있음

(3) 실행 단계

① 시스템을 사용하는 단계이다.

② 도입한 ERP의 성과를 최대화하기 위해 사용자 교육이 필요하고, 통합이 잘 되어 기업에 맞춤화되어야 한다.

+ 효과적인 ERP 교육을 위한 고려사항

- 트랜잭션(Transaction)*이 아닌 비즈니스 프로세스에 초점을 맞추어 교육한다.
- 사용자에게 시스템 사용법과 새로운 업무 처리 방식을 모두 교육한다.
- 교육에 충분한 시간을 배정한다.
- 다양한 교육 도구를 이용한다.
- 조직 차원의 변화관리 활동을 잘 이해하도록 교육을 강화한다.

(4) 확산 단계

① ERP 활용이 가능한 모든 영역에 확산이 이루어져야 한다.

② ERP는 하나의 시스템 아래에 기능별 모듈이 존재하기 때문에 도입 후 전사적으로 고도화, 보편화될 수 있도록 확산되어야 한다.

+ 컨피규레이션(Configuration)

사용자가 원하는 작업 방식으로 소프트웨어를 구성하는 것으로, 파라미터(Parameter)를 선택하는 과정이다.

* 트랜잭션(Transaction)
하나의 작업을 수행하기 위해 필요한 데이터베이스의 연산들을 모아놓은 것으로 데이터베이스에서의 작업 단위가 된다. 시스템에서 관리의 대상이 되는 기본 정보를 기록한 기본 파일(Master File)의 내용에 추가, 삭제 및 갱신을 하는 행위(거래)이다.

4. ERP 시스템 도입의 성공 요인과 실패 요인 중요

(1) 성공 요인

① 경영자의 확고한 의지
② 기업 전원의 참여 분위기
③ 경험과 지식을 겸비한 인력으로 구성
④ 우수하며 자사에 맞는 패키지 선정
⑤ 지속적인 교육과 훈련 실시
⑥ 커스터마이징의 최소화
⑦ 철저한 사전 준비
⑧ BPR을 통한 완전한 기업 업무 프로세스 표준화의 선행 또는 동시 진행
⑨ TFT는 최고의 엘리트 사원으로 구성
⑩ 현업 중심의 프로젝트 진행

(2) 실패 요인

① 기능 및 자질 부족
② 사용자의 능력 부족
③ 기업의 관심 부족
④ IT 부서 중심의 프로젝트 진행
⑤ 업무 단위별로 추진
⑥ 현재 업무 방식 고수
⑦ 단기간의 효과 위주로 구현
⑧ 프로젝트에서 최고 경영진 배제

5. ERP 도입의 최종 목표

① 잘못된 관행 제거, 비부가가치 업무 제거 및 단순화, 표준화
② 통합정보 시스템 구축, 선진 비즈니스 프로세스 도입
③ 정보 공유를 통한 납기 단축, 재고 비용 절감, 매출 증대
④ 경쟁력 강화, 투명경영 가능
⑤ 글로벌 경쟁체제 대응
⑥ 고객만족과 이윤 극대화

6. ERP 시스템 획득과 IT 아웃소싱

(1) ERP 시스템 획득의 의미

ERP 시스템을 직접 만들거나 구매하여 확보하는 행위를 말한다.

(2) IT 아웃소싱(IT Outsourcing)의 의미

① 기술력 부족, 비용 절감 등의 이유로 다른 전문 회사로부터 IT 관련 운영, 유지 보수, 통신, 소프트웨어 개발, 데이터베이스 지원 등 일부 또는 모든 서비스를 제공받는 것을 의미한다.
② 최근 ERP 개발과 구축, 운영, 유지 보수 등을 전문 회사에 외주(아웃소싱)를 주는 형태가 많이 나타나고 있다.

ERP 아웃소싱(Outsourcing)의 장단점

장점	단점
• 새로운 지식 습득 • ERP 자체 개발에서 발생할 수 있는 기술력 부족의 위험 요소 배제 • ERP 개발, 구축, 운영, 유지 보수에 필요한 인적 자원 절약	IT 아웃소싱 업체에 대한 의존성(종속성)이 생길 수 있음

3 확장형 ERP

1. 확장형 ERP의 개요

기존의 ERP 시스템에서 발전된 개념으로 기존 ERP 시스템이 기업 내부 프로세스의 최적화가 목표였다면 확장형 ERP는 기업 외부의 프로세스까지 운영 범위를 확대하여 다양한 애플리케이션과의 인터페이스, e-비즈니스 등이 가능하다.

(1) 확장형 ERP의 등장 배경

① 기업 비즈니스 환경의 변화

② 기업 외부 프로세스와의 유연한 통합의 필요성

③ 상거래 협업 필요성

④ 기존 ERP와 타 솔루션과의 연계 필요성

(2) 확장형 ERP의 특징

① 웹(Web) 환경을 이용한 기업 외부 프로세스까지 지원

② 상거래 지향적인 프로세스로 통합

③ 더욱 향상된 의사결정 지원

④ e-비즈니스에 대비할 수 있는 기능 보장

(3) 확장형 ERP에 포함되어야 할 내용

① 고유 기능의 추가 보완

② 전략적 의사결정을 위한 경영혁신 지원

③ 정보화 지원 기술 추가

④ 사무자동화, 그룹웨어 등의 전문 기술 확대 적용

⑤ 산업 유형 지원 확대

2. 확장형 ERP의 구성 요소

(1) 기본 ERP 시스템

회계관리, 인사관리, 구매관리, 자재관리, 물류관리, 생산관리, 영업관리 등으로 구성된다.

(2) e-Business지원 시스템

① **지식경영 시스템(KMS):** 조직 내의 인적자원들이 축적하고 있는 개별적인 지식을 체계화하고 공유하기 위한 정보 시스템이다. 직원들이 가지고 있는 각종 지식 자원을 문서로 작성·보유하게 하고, 입력된 다양한 정보를 체계적으로 정리·공유함으로써 업무에 활용하며 나아가 첨단 기술과의 조합을 통해 조직 내에 축적되는 각종 지식과 노하우를 효율적으로 관리·활용하도록 하는 것을 목적으로 한다.

② 경영자정보 시스템(EIS)

③ 공급망관리(SCM): 공급자부터 소비자까지 이어지는 물류, 자재, 제품, 서비스, 정보의 흐름을 전반적으로 계획하고 관리함으로써 수요와 공급의 일치를 최적으로 운영 및 관리하는 활동이다. 공급사슬에서의 계획(Plan), 조달(Source), 제조(Make) 및 배송(Deliver) 활동 등 통합 프로세스를 지원한다. 이에 공급사슬에서의 가시성 확보로 공급 및 수요 변화에 대한 신속한 대응이 가능하다. 정보 투명성을 통해 재고 수준을 감소시키고 재고 회전율(Inventory Turnover)을 증가시킬 수 있다.

④ 의사결정지원 시스템(DSS)

⑤ 고객관계관리(CRM): ERP 시스템이 비즈니스 프로세스를 지원하는 백오피스 시스템(Back-Office System)이라면, CRM 시스템은 기업의 고객 대응 활동을 지원하는 프런트오피스 시스템(Front-Office System)이다. 확장된 ERP 환경에서 CRM 시스템은 마케팅(Marketing), 판매(Sales) 및 고객 서비스(Customer Service)를 자동화함으로써 현재 및 미래 고객들과 상호작용할 수 있으며, CRM과 ERP 간의 통합으로 비즈니스 프로세스의 투명성과 효율성을 확보할 수 있다.

⑥ 전자상거래(EC)

+ 기본 ERP와 확장형 ERP의 구성 요소

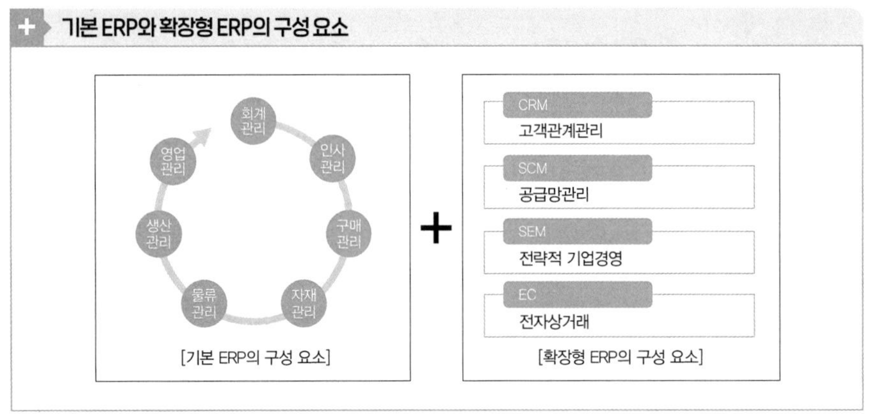

(3) 전략적 기업경영(SEM) 시스템

① 성과측정관리(BSC) 시스템

② 부가가치경영(VBM) 시스템

③ 전략계획 및 시뮬레이션(SFS)

④ 활동기준경영(ABM) 시스템

3. ERP와 확장형 ERP의 비교

구분	ERP	확장형 ERP
목표	기업 내부 최적화	기업 내 · 외부 최적화
기능	기본 ERP 시스템	기본 ERP 시스템 + e-비즈니스지원 시스템 + 전략적 기업경영(SEM) 시스템
프로세스	기업 내부 통합 프로세스	기업 내 · 외부 통합 프로세스
시스템 구조	웹 지향 폐쇄성	웹 기반 개방성

4 4차 산업혁명과 차세대 ERP

4차 산업혁명(The Fourth Industrial Revolution)이란 인공지능(AI; Artificial Intelligence), 사물인터넷(IoT; Internet of Things), 빅데이터(Big Data), 클라우드 컴퓨팅(Cloud Computing) 등 첨단 정보통신기술이 경제 · 사회 전반에 융합되어 혁신적인 변화가 나타나는 차세대 산업혁명을 말한다.

차세대 ERP는 웹(Web) 기반 ERP에서 클라우드 기반의 ERP로 진화하고 있다. 클라우드 ERP는 디지털 지원, 인공지능(AI) 및 기계 학습(Machine Learning), 예측 분석 등과 같은 지능형 기술을 이용하여 미래에 대비한 즉각적인 가치를 제공하고 있다.

1. 클라우드 컴퓨팅(Cloud Computing)의 개념

① 인터넷 기술을 활용하여 가상화된 IT 자원을 서비스로 제공하는 컴퓨팅 기술을 의미한다.

② 사용자가 클라우드 컴퓨팅 네트워크에 접속하여 응용프로그램, 운영체제, 저장장치, 유틸리티 등 필요한 IT 자원을 원하는 시점에 필요한 만큼 골라서 사용하고 사용량만큼 대가를 지불해야 한다.

2. 클라우드 컴퓨팅(Cloud Computing)의 장단점

(1) 장점

① 사용자가 하드웨어(HW)나 소프트웨어(SW)를 직접 디바이스에 설치할 필요 없이 자신의 필요에 따라 언제든지 컴퓨팅 자원을 사용할 수 있다.

② 모든 데이터와 소프트웨어가 클라우드 컴퓨팅 내부에 집중되고 이기종 장비 간의 상호 연동이 유연하기 때문에 손쉽게 다른 장비로 데이터와 소프트웨어를 이동할 수 있어 장비 관리 업무와 PC 및 서버 자원 등을 줄일 수 있다.

③ 사용자는 서버 및 소프트웨어(SW)를 클라우드 컴퓨팅 네트워크에 접속하여 제공받을 수 있으며 서버 및 소프트웨어(SW)를 구입해서 설치할 필요가 없으므로 사용자의 IT 투자 비용이 줄어든다.

(2) 단점

① 서버 공격 및 손상으로 인해 개인 정보가 유출 및 유실될 수 있다.

② 모든 애플리케이션을 보관할 수 없으므로 사용자가 필요로 하는 애플리케이션을 지원받지 못하거나 애플리케이션을 설치하는 데 제약이 있을 수 있다.

3. 클라우드 컴퓨팅(Cloud Computing) 제공 서비스

클라우드 서비스는 IaaS 방식에서 PaaS와 SaaS 방식까지 영역을 넓혀가고 있다.

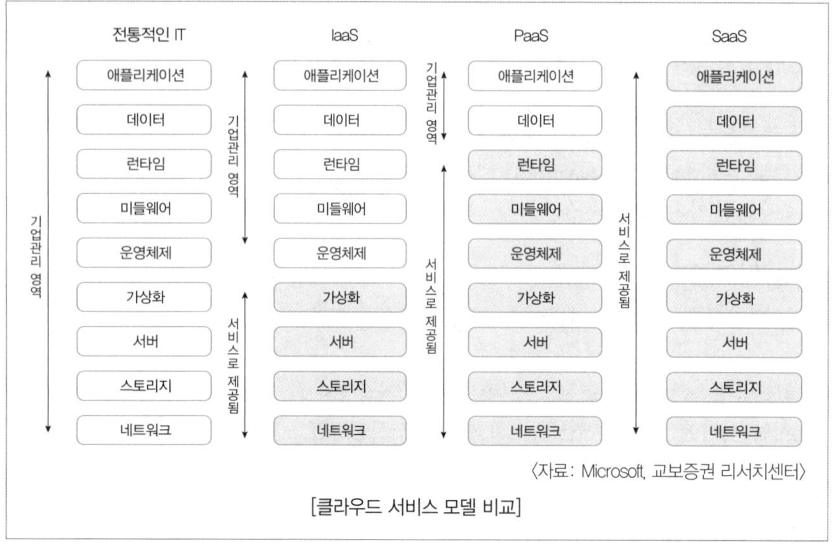

〈자료 : Microsoft, 교보증권 리서치센터〉

[클라우드 서비스 모델 비교]

IaaS (Infrastructure as a Service)	• 서버 인프라를 서비스로 제공하는 것으로, 클라우드를 통하여 저장장치 또는 컴퓨팅 능력을 인터넷 형태로 제공하는 서비스 모델 • 데이터베이스 클라우드 서비스와 스토리지 클라우드 서비스가 있음 • 이용자가 직접 데이터 센터를 구축할 필요 없이 클라우드 환경에서 필요한 인프라를 빌려 쓰는 방식 예 넷플릭스가 아마존 웹 서비스(AWS)에서 IaaS 서비스를 이용하는 방식을 선택
PaaS (Platform as a Service)	• 사용자가 소프트웨어를 개발할 수 있도록 토대를 제공해 주는 서비스 모델 • PaaS에서 필요한 서비스를 선택해 애플리케이션을 개발 예 웹 프로그램, 제작 툴, 개발 도구 지원, 과금 모듈, 사용자 관리 모듈 등
SaaS (Software as a Service)	• 클라우드 컴퓨팅 서비스 사업자가 클라우드 컴퓨팅 서버에 소프트웨어를 제공하고, 사용자가 원격으로 접속해 해당 소프트웨어를 활용하는 모델 • 별도로 프로그램을 설치할 필요 없이 인터넷에 접속하면 주요 기능을 바로 사용 가능 • 웹사이트에 들어가서 주소를 입력하고 로그인하여 사용 예 유클라우드, 네이버 클라우드, 드롭박스와 같은 클라우드 서비스 등

4. 클라우드 서비스의 비즈니스 모델

퍼블릭(Public, 공개형) 클라우드	• 전 세계의 소비자, 기업 고객, 공공기관 및 정부 등 모든 주체가 클라우드 컴퓨팅을 사용하며, 사용량에 따라 사용료를 지불함 • 규모의 경제를 통해 경쟁력 있는 서비스 단가를 제공함
사설(Private, 폐쇄형) 클라우드	• 특정한 기업의 구성원만 접근할 수 있는 전용 클라우드(Internal Cloud) 서비스 • 투자비용이 높으며, 주로 데이터의 보안 확보와 프라이버시 보장이 필요한 경우에 사용함
하이브리드(Hybrid, 혼합형) 클라우드	특정 업무 또는 데이터 저장은 폐쇄형 클라우드 방식을 이용하고 기타 덜 중요한 업무는 공개형 클라우드 방식을 이용함

5. 클라우드 ERP의 특징

① 클라우드의 가장 기본 서비스인 IaaS, PaaS, SaaS를 통해 ERP 서비스를 제공받는다.
② 4차 산업혁명 시대에 경쟁력을 갖추기 위해서는 기업들이 지능형 기업으로 전환해야 하며, 클라우드 ERP로 지능형 기업을 운영할 수 있다.
③ 클라우드 도입을 통해 ERP의 진입장벽을 획기적으로 낮출 수 있다.
④ 클라우드를 통해 제공되는 ERP는 전문 컨설턴트의 도움 없이도 설치 및 운영이 가능하다.
⑤ 클라우드 ERP는 디지털 지원, 인공지능(AI) 및 기계 학습, 예측 분석 등과 같은 지능형 기술을 사용하여 미래에 대비한 즉각적인 가치를 제공할 수 있다.

6. 차세대 ERP의 4차 산업혁명의 핵심 기술 적용

① 향후 ERP는 4차 산업혁명의 핵심 기술인 인공지능(AI), 빅데이터(Big Data), 사물인터넷(IoT), 블록체인(Blockchain) 등의 신기술과 융합하여 보다 지능화된 기업경영이 가능한 통합 시스템으로 발전될 것이다.
② 생산관리 시스템(MES), 전사자원관리(ERP), 제품수명주기관리(PLM) 시스템 등을 통해 각 생산 과정을 체계화하고 관련 데이터를 모아 빅데이터 분석이 가능해지며 이를 통한 최적화와 예측 분석으로 과학적이고 합리적인 의사결정 지원을 할 수 있다.
③ 제조업에서는 빅데이터 처리 및 분석 기술을 기반으로 생산 자동화를 구현하고 ERP와 연계하여 생산 계획의 선제적 예측과 실시간 의사결정이 가능해진다.
④ ERP에서 생성되고 축적된 빅데이터를 활용하여 기업의 새로운 업무 개척이 가능해지고, 비즈니스 간 융합을 지원하는 시스템으로 확대가 가능하다.
⑤ 차세대 ERP는 인공지능 및 빅데이터 분석 기술과의 융합으로 전략경영 등의 분석 도구를 추가하게 되어 상위계층의 의사결정을 지원할 수 있는 스마트 시스템으로 발전하고 있다.

사이버 물리시스템(CPS: Cyber Physical System)

- 제품, 공정, 생산 설비, 공장 등에 대한 실제 환경과 가상 환경을 연결하여 상호작용하는 통합 시스템
- 실시간으로 수집되는 빅데이터를 가상 모델에서 시뮬레이션하여 실제 시스템의 성능을 최적으로 유지함
- 제조 빅데이터를 기반으로 사이버모델을 구축하고 이를 활용하여 최적의 설계 및 운영을 수행함

제품수명주기관리(PLM: Product Lifecycle Management)

- 제품 기획, 설계, 생산, 출시, 유통, 유지 보수, 폐기까지의 제품수명주기의 모든 단계에 관련된 프로세스와 관련 정보를 통합관리하는 응용 시스템
- 제품의 기술적인 정보는 설계, 조달, 제조, 생산 프로세스의 효율화 및 원가절감에 활용이 가능함
- 제품 중심의 생명주기관리에 초점을 두는 PLM과 기업 전반의 자원 및 프로세스를 통합적으로 관리하는 데 중점을 두고 있는 ERP는 제품의 생산, 유통, 재무 프로세스를 효율화하는데 PLM과 ERP가 상호작용이 가능함

사물인터넷(Internet of Things)

- 인터넷을 통해서 모든 사물을 서로 연결하여 정보를 상호 소통하는 지능형 정보기술 및 서비스
- 해당 기기들이 내장 센서를 통해 데이터를 수집하고 인터넷을 통해 서로 연결 · 통신하며, 수집된 정보를 기반으로 자동화된 프로세스나 제어기능을 수행함
- 스마트 가전, 스마트 홈, 의료, 원격검침, 교통 등 다양한 산업 분야에 적용됨

비즈니스 애널리틱스(Business Analytics)

- ERP 시스템 내의 빅데이터 분석을 위한 비즈니스 애널리틱스가 차세대 ERP 시스템의 핵심 요소가 됨
- 의사결정을 위한 데이터 및 정량 분석과 광범위한 데이터 이용을 의미함
- 조직에서 기존의 데이터를 기초로 최적 또는 현실적 의사결정을 위한 모델링을 이용하도록 지원해 줌
- 질의 및 보고와 같은 기본적인 분석 기술과 예측 모델링과 같은 수학적으로 정교한 수준의 분석을 지원함
- 과거 데이터 분석뿐만 아니라 이를 통한 새로운 통찰력 제안과 미래 사업을 위한 시나리오를 제공함
- 구조화된 데이터(Structured Data)와 비구조화된 데이터(Unstructured Data)를 동시에 이용함. 구조화된 데이터는 파일이나 레코드 내에 저장된 데이터로 스프레드시트와 관계형 데이터베이스(RDBMS)를 포함하며 비구조화된 데이터는 전자메일, 문서, 소셜미디어 포스트, 오디오 파일, 비디오 영상, 센서 데이터 등을 말함
- 미래 예측을 지원해 주는 데이터 패턴 분석과 예측 모델을 위한 데이터마이닝(Data Mining)을 통해 고차원 분석 기능을 포함함
- 리포트, 쿼리, 알림, 대시보드, 스코어카드뿐만 아니라 데이터마이닝 등의 예측 모델링과 같은 진보된 형태의 분석 기능을 제공함

5 4차 산업혁명의 핵심 기술(빅데이터, 인공지능)

1. 빅데이터(Big Data)

(1) 빅데이터의 정의

규모가 방대한 디지털 데이터로 수치, 문자, 이미지, 영상 데이터를 포함한 다양하고 많은 양의 데이터 집합을 의미한다.

(2) 빅데이터의 주요 특성 5V

빅데이터의 주요 특성(5V)에는 규모(Volume), 다양성(Variety), 정확성(Veracity), 속도(Velocity), 가치(Value)가 있다.

① **규모(Volume)**: 방대한 데이터양을 처리하는 능력(대용량화)을 말한다.

② **다양성(Variety)**: 정형, 반정형, 비정형 데이터를 포함하는 다양한 데이터 유형을 갖는다.

③ **정확성(Veracity)**: 데이터의 정확성과 신뢰성이 높아야 유의미한 분석 결과를 도출할 수 있다.

④ **속도(Velocity)**: 데이터 생성 및 처리 속도가 빠르며 대용량 데이터를 신속하고 즉각적으로 분석할 수 있다.

⑤ **가치(Value)**: 빅데이터 분석을 통해 도출된 최종 결과물을 통해 기업이 당면하고 있는 문제를 해결하는데 유용한 통찰과 가치를 창출할 수 있다.

(3) 빅데이터 처리 절차

데이터 수집 → 저장(공유) → 처리 → 분석 → 시각화

① **데이터 수집**: 의사결정에 필요한 정보를 추출하기 위하여 많은 양의 데이터 원천으로부터 다양한 유형의 데이터를 수집한다.

② **저장(공유)**: 저렴한 비용으로 다양한 유형의 데이터를 쉽고 빠르게 많이 저장하기 위하여 대용량의 저장 시스템을 이용한다.

③ **처리**: 빅데이터를 효과적으로 분석하기 위하여 사전에 빅데이터 분산처리 기술이 필요한 단계이다.

④ **분석**: 머신러닝, 딥러닝, 통계분석기법 등의 기술을 이용하여 처리된 빅데이터에서 가치 있는 정보를 추출한다.

⑤ **시각화**: 표, 그래프 등을 이용해 분석 결과를 시각적으로 표현하고 해석이나 의사결정에 활용한다.

2. 인공지능(AI; Artificial Intelligence)

(1) 인공지능의 정의

① 인간의 학습능력, 추론능력, 지각능력, 자연어 이해능력 등을 컴퓨터 프로그램으로 실현한 기술을 의미한다.

② 인공지능기술은 대량의 정보를 빠르게 분석하여 실시간으로 최적의 의사결정을 내릴 수 있으므로 기존의 사회구조, 운영방법 등의 측면에서 사회와 산업 전반에 많은 영향을 미친다.

(2) 인공지능의 기술 발전 단계

계산주의 시대	• 인간이 보유한 지식을 컴퓨터로 표현하고 이를 활용해 현상을 분석하거나 문제를 해결하는 지식기반 시스템(Knowledge Based System) • 한계: 컴퓨팅 성능 제약으로 인한 계산 기능(연산 기능)과 논리체계의 한계, 데이터 부족 등
연결주의 시대	• 지식을 직접 제공하기보다 지식과 정보가 포함된 데이터를 제공하고 컴퓨터가 스스로 필요한 정보를 학습함 • 한계: 막대한 컴퓨팅 성능과 방대한 학습 데이터 부족(데이터와 컴퓨팅 파워의 부족)
딥러닝(Deep Learning)의 시대	• 기계학습 방법 중 하나로 컴퓨터가 방대한 데이터를 이용해 사람처럼 스스로 학습할 수 있도록 심층신경망(Deep Neural Networks)* 기술을 이용한 기법 • 현재 음성 인식, 이미지 인식, 자동번역, 무인주행(자동차, 드론) 등에 큰 성과를 나타내고 있으며 의료, 법률, 세무, 교육, 예술 등 다양한 범위에서 활용함

※ 심층신경망
입력층(Input Layer)과 출력층(Output Layer) 사이에 다수의 숨겨진 은닉층(Hidden Layer)으로 구성된 신경망을 활용한다.

3. 인공지능과 빅데이터 분석 기법

(1) 기계 학습(Machine Learning, 머신러닝)

① 방대한 데이터를 분석해 미래를 예측하는 기술로 일반적으로 생성(발생)된 데이터를 정보와 지식(규칙)으로 변환하는 컴퓨터 알고리즘을 의미한다.

② 기계학습(머신러닝)의 유형에는 지도 학습, 비지도 학습, 강화 학습이 있다.

지도 학습 (Supervised Learning)	• 학습 데이터로부터 하나의 함수를 유추해 내기 위한 방법 • 학습 데이터로부터 주어진 데이터의 예측값을 올바르게 추측해 내는 것 • 분류 모형과 회귀 모형이 있음
비지도 학습 (Unsupervised Learning)	• 데이터가 어떻게 구성되었는지를 알아내는 문제의 범주에 속함 • 지도 학습 및 강화 학습과 달리 입력값에 대한 목표치가 주어지지 않음 • 군집분석, 오토인코더, 생성적 적대신경망(GAN) 등이 있음
강화 학습 (Reinforcement Learning)	• 선택 가능한 행동 중 보상을 최대화하는 행동 혹은 순서를 선택하는 방법 • 게임 플레이어 생성, 로봇 학습 알고리즘, 공급망 최적화 등의 응용 영역이 있음

③ 기계학습(머신러닝) 워크플로우 프로세스는 '데이터 수집 → 점검 및 탐색 → 전처리 및 정제 → 모델링 및 훈련 → 평가 → 배포' 순이다.

데이터 수집	머신러닝 모델 학습을 위한 텍스트, 이미지, 음성 등 분석 목적에 맞는 방대한 양의 데이터를 수집함
점검 및 탐색	• 데이터를 점검하고 탐색하는 탐색적 데이터 분석(Exploratory Data Analysis, EDA)을 수행함 • EDA는 독립변수, 종속변수, 변수 유형, 변수의 데이터 유형 등 데이터 특징을 파악함 • 데이터를 탐색하며 구조를 이해하고 노이즈나 이상치를 파악함
전처리 및 정제	획득한 데이터 중 분석하기에 부적합하거나 수정이 필요한 경우 불필요한 정보를 제거하고, 비정형 데이터를 정형 데이터로 구조화하는 등 데이터를 전처리하거나 정제함

모델링 및 훈련	적절한 머신러닝 알고리즘을 선택하여 모델링을 수행하고, 해당 머신러닝 알고리즘에 전처리가 완료된 데이터를 학습시킴
평가	• 머신러닝 기법을 이용한 분석모델(연구모형)을 실행하고 성능(예측정확도)을 평가함 • 연구모형의 신뢰성, 타당성, 이해가능성 등을 평가하고 만족하지 못한 결과가 나온다면 모델링 및 훈련 단계를 반복 수행함
배포	평가 단계에서 머신러닝 기법을 이용한 연구모형이 성공적으로 학습된 것으로 판단되면 완성된 모델을 배포함

(2) 데이터마이닝(Data Mining)

① 축적된 대용량의 데이터를 통계 기법 및 인공지능 기법을 이용하여 분석하고 이에 대한 평가를 거쳐 일반화시킴으로써 새로운 자료에 대한 예측 및 추측을 할 수 있는 의사결정을 지원한다.

② 대규모로 저장된 데이터 안에서 다양한 분석 기법을 활용하여 전통적인 통계학 이론으로는 설명이 힘든 패턴과 규칙을 발견할 수 있다.

③ 데이터마이닝의 단계는 '분류 → 추정 → 예측 → 유사집단화 → 군집화' 순이다.

분류(Classification)	어떤 새로운 사물이나 대상의 특징을 파악하여 미리 정의된 분류코드에 따라 어느 한 범주에 할당하거나 나눔
추정(Estimation)	결과가 연속형 값을 갖는 연속형 변수를 주로 다루며 주어진 입력변수로부터 미지의 연속형 변수에 대한 값을 추정(산출)함
예측(Prediction)	과거와 현재의 자료를 이용하여 미래를 예측하는 모형을 만듦
유사집단화 (Affinity Grouping)	유사한 성격을 갖는 사물이나 물건들을 함께 묶어주는 작업
군집화(Clustering)	이질적인 사람들의 모집단으로부터 다수의 동질적인 하위 집단 혹은 군집들로 세분화하는 작업

(3) 텍스트마이닝(Text Mining)

자연어(Natural Language) 형태로 구성된 **비정형 또는 반정형 텍스트 데이터**에서 패턴 또는 관계를 추출하여 의미 있는 정보를 찾아내는 기법이다. 예를 들어 온라인 쇼핑몰 이용자는 구매자가 남긴 제품 후기로부터 제품에 대한 정보를 수집하고 이러한 텍스트 데이터를 분석하여 구매자의 행동 예측과 제품 선호도를 분석한다.

6 인공지능과 비즈니스 혁신

1. 로봇 프로세스 자동화(RPA; Robotic Process Automation)

(1) 로봇 프로세스 자동화의 정의

① 소프트웨어 프로그램이 사람을 대신해 반복적인 업무를 자동 처리하는 기술을 말하며 인공지능과 머신러닝을 사용하여 가능한 많은 양의 반복적 업무를 자동화할 수 있는 소프트웨어 로봇 기술이다.

② 반복적인 규칙을 기반으로 한 작업에 특화되어 있으며, RPA와 AI를 통합하는 경우에 RPA로 구현된 로봇은 AI 알고리즘을 사용하여 의사결정을 내릴 수 있고, 기계 학습을 통해 작업을 최적화하는 등의 지능적인 자동화가 가능하다.

(2) 로봇 프로세스 자동화(RPA)의 적용 단계

기초프로세스 자동화 (1단계)	정형화된 데이터 기반의 자료 작성, 단순 반복 업무 처리, 고정된 프로세스 단위의 업무를 수행하는 단계
데이터 기반의 머신러닝 활용 (2단계)	이미지에서 텍스트 데이터 추출, 자연어 처리로 정확도와 기능성을 향상시키는 단계
인지 자동화 (3단계)	RPA가 업무 프로세스를 스스로 학습하면서 자동화하는 단계로, 빅데이터 분석을 통해 사람이 수행하는 복잡한 작업과 의사결정을 내리는 단계

2. 인공지능 비즈니스 적용 프로세스 5단계

(1) 1단계: 비즈니스 영역 탐색

기업이 인공지능 비즈니스를 적용하기 위해 업무 개선 및 이윤 창출이 가능한 영역이 있는지 탐색한다.

(2) 2단계: 비즈니스 목표 수립

인공지능을 적용할 수 있는 비즈니스 영역을 발견한다면, 비즈니스 목표와 기술 목표를 수립한다.

(3) 3단계: 데이터 수집 및 적재

인공지능 기술은 특정 문제를 해결하기 위한 알고리즘으로 적용 대상 비즈니스가 보유한 데이터와 상황에 맞는 알고리즘을 사용한 모델링이 필요하다.

(4) 4단계: 인공지능 모델 개발

인공지능 모델 구축 관련 인프라를 준비하고, 모델 평가 지표 수립 후 알고리즘 선택, 모델링, 평가, 보완 작업을 반복적으로 수행한다.

(5) 5단계: 인공지능 배포 및 프로세스 정비

인공지능 적용 프로젝트의 성과를 최대화하기 위하여 불필요한 업무 정비, 업무 흐름 재수립, 업무 목표 변경 등의 프로세스 개선을 통해 인공지능 도입에 따른 변화를 시도한다.

3. 인공지능 윤리의 5개 원칙

코드명	인공지능 규범(AI code)의 5개 원칙
Code 1	인공지능은 인류의 공동 이익과 이익을 위해 개발되어야 함
Code 2	인공지능은 투명성과 공정성의 원칙에 따라 작동해야 함
Code 3	인공지능이 개인, 가족, 지역사회의 데이터 권리 또는 개인정보를 감소시켜서는 안 됨
Code 4	모든 시민은 인공지능을 통해서 정신적, 정서적, 경제적 번영을 누리도록 교육받을 권리를 가져야 함
Code 5	인간을 해치거나 파괴하거나 속이는 자율적 힘을 인공지능에 절대로 부여하지 않음

7 4차 산업혁명 시대의 스마트 ERP

1. 제조업의 스마트 팩토리의 정의

사물인터넷(IoT)을 결합하여 공장의 설비(장비) 및 공정에서 발생하는 모든 데이터 및 정보가 센서(Sensor)를 통해 네트워크로 서로 공유되고 실시간으로 데이터를 분석하여 필요한 의사결정을 내릴 수 있도록 지원하여 생산 및 운영이 최적화된 공장을 의미한다.

2. 스마트 팩토리의 구축 목적

생산성 및 유연성 향상을 위하여 생산 시스템의 지능화, 유연화, 최적화, 효율화 구현에 그 목적이 있다. 즉, 고객서비스 향상, 비용 절감, 납기 향상, 품질 향상, 인력 효율화, 맞춤형 제품 생산, 통합된 협업 생산 시스템, 최적화된 동적 생산 시스템, 새로운 비즈니스 창출, 제품 및 서비스의 생산 통합, 제조의 신뢰성 확보 등을 목적으로 한다.

3. 스마트 팩토리의 구성 영역과 기술 요소

구성 영역	기술 요소
제품 개발	제품생명주기관리(PLM) 시스템을 이용하여 제품의 개발, 생산, 유지 보수, 폐기까지의 전 과정을 체계적으로 관리함
현장 자동화	인간과 협업하거나 독자적으로 제조 작업을 수행하는 시스템으로 공정 자동화, IOT, 설비제어장치(PLC), 산업로봇, 머신비전 등의 기술이 이용됨
공장운영관리	자동화된 생산설비로부터 실시간으로 가동 정보를 수집하여 효율적으로 공장 운영에 필요한 생산계획 수립, 재고관리, 제조자원관리, 품질관리, 공정관리, 설비제어 등을 담당하며, 제조실행 시스템(MES), 창고관리 시스템(WMS), 품질관리 시스템(QMS) 등의 기술이 이용됨
기업자원관리	고객주문, 생산실적 정보 등을 실시간으로 수집하여 효율적인 기업 운영에 필요한 원가, 재무, 영업, 생산, 구매, 물류관리 등을 담당하며, ERP 등의 기술이 이용됨
공급사슬관리	제품 생산에 필요한 원자재 조달에서부터 고객에게 제품을 전달하는 전체 과정의 정보를 실시간으로 수집하여 효율적인 물류 시스템 운영, 고객만족을 목적으로 하며, 공급망관리(SCM) 등의 기술이 이용됨

CHAPTER 01 기출&확인 문제

01 [2022년 5회]

ERP 도입 시 구축 절차에 따른 방법에 대한 설명으로 가장 적절한 것은?

① 설계 단계에서는 AS-IS를 파악한다.
② 구현 단계에서는 시험 가동 및 시스템 평가를 진행한다.
③ 구축 단계에서는 패키지를 설치하고 커스터마이징을 진행한다.
④ 분석 단계에서는 패키지 기능과 TO-BE 프로세스와의 차이를 분석한다.

해설

① 분석 단계에서는 AS-IS를 파악한다.
③ 설계 단계에서는 패키지를 설치하고 커스터마이징을 진행한다.
④ 설계 단계에서는 패키지 기능과 TO-BE 프로세스와의 차이를 분석한다.

02 [2022년 5회]

[보기]는 무엇에 대한 설명인가?

보기

조직의 효율성을 제고하기 위해 업무 흐름뿐만 아니라 전체 조직을 재구축하려는 혁신 전략 기법이다. 이 중 주로 정보기술을 통해 기업경영의 핵심과 과정을 전면 개편함으로써 경영성과를 향상시키려는 경영 기법인데 매우 신속하고 극단적인, 그리고 전면적인 혁신을 강조하는 이 기법은 무엇인가?

① 지식경영 ② 벤치마킹
③ 리스트럭처링 ④ 리엔지니어링

해설

① 지식경영 시스템(Knowledge Management System): 조직 내의 인적자원들이 축적하고 있는 개별적인 지식을 체계화하고 공유하기 위한 정보 시스템
② 벤치마킹(Benchmarking): 경쟁 기업뿐만 아니라 특정한 프로세스에 대한 강점을 지니고 있는 조직을 대상으로 적극적으로 학습하는 기법
③ 리스트럭처링(Restructuring): 기업 환경의 변화에 대응하기 위하여 조직의 구조를 보다 경쟁력 있게 재편하는 기법

03 [2024년 4회]

(주)인사는 'Best Practice' 도입을 목적으로 ERP 패키지를 도입하여 시스템을 구축하고자 한다. (주)인사의 도입 방법 중 가장 적절하지 않은 것은?

① BPR과 ERP 시스템 구축을 병행하는 방법
② ERP 패키지에 맞추어 BPR을 추진하는 방법
③ 기존 업무 처리에 따라 ERP 패키지를 수정하는 방법
④ BPR을 실시한 후에 이에 맞도록 ERP 시스템을 구축하는 방법

해설

기존 업무 처리에 따라 ERP 패키지를 수정하는 것이 아닌, 자사에 맞는 우수한 패키지를 선정해야 한다.

04 [2024년 5회]

ERP의 특징에 대한 설명으로 가장 옳지 않은 것은?

① Open Multi-Vendor: 특정 H/W 업체에만 의존하는 open 형태를 채용, C/S형의 시스템 구축이 가능하다.
② 통합업무 시스템: 세계유수기업이 채용하고 있는 Best Practice Business Process를 공통화, 표준화시킨다.
③ Parameter 설정에 의한 단기간의 도입과 개발이 가능: Parameter 설정에 의해 각 기업과 부문의 특수성을 고려할 수 있다.
④ 다국적, 다통화, 다언어: 각 나라의 법률과 대표적인 상거래 습관, 생산방식이 시스템에 입력되어 있어서 사용자는 이 가운데 선택하여 설정할 수 있다.

해설

ERP는 특정 하드웨어 및 소프트웨어 기술이나 업체에 의존하지 않고 다양한 하드웨어나 소프트웨어와 조합하여 사용 가능한 Open Multi-Vendor 시스템을 특징으로 한다.

| 정답 | 01 ② 02 ④ 03 ③ 04 ①

05 [2022년 1회]

다음 중 상용화 패키지에 의한 ERP 시스템 구축 시 성공과 실패를 좌우하는 요인으로 보기 어려운 것은 무엇인가?

① 시스템 공급자와 기업 양쪽에서 참여하는 인력의 자질
② 기업 환경을 최대한 고려하여 개발할 수 있는 자체 개발 인력 보유 여부
③ 제품이 보유한 기능을 기업의 업무 환경에 얼마만큼 잘 적용하는지에 대한 요인
④ 사용자 입장에서 ERP 시스템을 충분히 이해하고 사용할 수 있는 반복적인 교육훈련

해설

- 성공 요인: 경영자의 관심, 기업 전원의 참여 분위기, 경험과 지식을 겸비한 인력 구성, 자사에 맞는 패키지 선정, 지속적인 교육과 훈련 등
- 실패 요인: 기능 및 자질 부족, 사용자의 능력 부족, 업무 단위별로 추진, 현재 업무 방식 고수 등

06

다음 중 ERP의 기술적 특징으로 볼 수 없는 것은 무엇인가?

① 4세대 프로그래밍 언어를 사용하여 개발되었다.
② 대부분의 ERP는 객체지향기술을 사용하여 설계한다.
③ 기업 내부의 데이터가 집합되므로 보안을 위해 인터넷 환경하에서의 사용은 자제한다.
④ 일반적으로 관계형 데이터베이스 관리 시스템(RDBMS)이라는 소프트웨어를 사용하여 모든 데이터를 관리한다.

해설

기업 내부의 데이터가 집합되므로 인터넷 환경을 이용한 클라우드 ERP까지 사용되고 있다. 오히려 인터넷 환경을 이용하여 집합된 데이터를 공간에 제한받지 않고 사용하게 되었다.

07 [2021년 3회]

ERP에 대한 설명으로 적절하지 않은 것은?

① 프로세스 중심의 업무 처리 방식을 갖는다.
② 개방성, 확장성, 유연성이 특징이다.
③ 의사결정 방식은 Bottom-Up 방식이다.
④ 경영혁신의 수단으로 사용된다.

해설

ERP의 의사결정 방식은 Top-Down 방식이다.

08 [2022년 3회]

BPR(Business Process Re-Engineering)이 필요한 이유로 가장 적절하지 않은 것은?

① 복잡한 조직 및 경영 기능의 효율화
② 지속적인 경영환경 변화에 대한 대응
③ 정보 IT 기술을 통한 새로운 기회 창출
④ 정보보호를 위한 닫혀있는 업무 환경 확보

해설

BPR은 복잡한 조직 및 경영 기능의 효율화, 지속적인 경영환경 변화에 대한 대응, 정보 IT 기술을 통한 새로운 기회 창출 등의 이유로 필요하다.

09 [2024년 4회]

기업에서 ERP 시스템을 도입하기 위해 분석, 설계, 구축, 구현 등의 단계를 거친다. 이 과정에서 필수적으로 거쳐야 하는 'GAP 분석' 활동의 의미를 적절하게 설명한 것은?

① TO-BE 프로세스 분석
② TO-BE 프로세스에 맞게 모듈을 조합
③ 현재 업무(AS-IS) 및 시스템 문제 분석
④ 패키지 기능과 TO-BE 프로세스와의 차이 분석

해설

GAP 차이 분석은 패키지 기능과 TO-BE 프로세스와의 차이 분석을 의미한다.

10 [2024년 4회]

ERP와 전통적인 정보 시스템(MIS) 특성 간의 차이점에 대한 설명으로 가장 적절하지 않은 것은?

① 전통적인 정보 시스템의 시스템 구조는 폐쇄형이나 ERP는 개방성을 갖는다.
② 전통적인 정보 시스템의 업무 범위는 단위 업무이고, ERP는 통합 업무를 처리한다.
③ 전통적인 정보 시스템의 업무 처리 대상은 Process 중심이나 ERP는 Task 중심이다.
④ 전통적인 정보 시스템의 저장 구조는 파일 시스템을 이용하나 ERP는 관계형 데이터베이스 시스템(RDBMS) 등을 이용한다.

해설

전통적인 정보 시스템의 업무 처리 대상은 Task 중심이나 ERP는 Process 중심이다.

| 정답 | 05 ② 06 ③ 07 ③ 08 ④ 09 ④ 10 ③

11

다음 중 ERP 구축을 위한 ERP 패키지 선정 기준으로 가장 적절하지 않은 것은 무엇인가?

① ERP 시스템 보안성
② 기업 요구사항 부합 정도
③ 사용자 복잡성
④ 커스터마이징(Customizing)의 가능 여부

해설

ERP 구축 시 사용자 복잡성은 ERP 패키지 선정 기준으로 적절하지 않다. 커스터마이징을 최소화하는 것이지 불가능한 것이 아니므로 커스터마이징의 가능 여부도 선정 기준이 된다.

12

ERP 시스템에 대한 투자비용과 관련해 시스템 전체의 라이프 사이클(Life-Cycle)을 통해 발생하는 전체 비용을 계량화하는 것을 무엇이라 하는가?

① 유지 보수비용(Maintenance Cost)
② 시스템 구축비용(Construction Cost)
③ 총소유비용(Total Cost of Ownership)
④ 소프트웨어 라이선스비용(Software License Cost)

해설

총소유비용(Total Cost of Ownership)에 대한 설명으로, 시스템에 대한 필요성 인지와 투자 의사결정이 이루어지는 투자 단계에서 행한다.

13 [2020년 3회]

다음 중 ERP 도입 전략으로 ERP 자체 개발 방법에 비해 ERP 패키지를 선택하는 방법의 장점으로 가장 적절하지 않은 것은 무엇인가?

① 검증된 방법론 적용으로 구현 기간의 최소화가 가능하다.
② 검증된 기술과 기능으로 위험 부담을 최소화할 수 있다.
③ 시스템의 수정과 유지 보수가 지속적으로 이루어질 수 있다.
④ 향상된 기능과 최신의 정보기술이 적용된 버전으로 업그레이드가 가능하다.

해설

시스템의 수정과 유지 보수가 지속적으로 가능한 것은 ERP 자체 개발 방식의 장점에 해당한다.

14 [2021년 1회]

다음 중 효과적인 ERP 교육을 위한 고려사항으로 가장 적절하지 않은 것은 무엇인가?

① 다양한 교육 도구를 사용한다.
② 교육에 충분한 시간을 배정한다.
③ 비즈니스 프로세스가 아닌 트랜잭션에 초점을 맞춘다.
④ 조직 차원의 변화 관리 활동을 잘 이해하도록 교육을 강화한다.

해설

트랜잭션이 아닌 비즈니스 프로세스에 초점을 맞춰야 한다. 효과적인 ERP 교육을 위해 사용자에게 시스템 사용법과 새로운 업무 처리 방식을 모두 교육해야 한다.

15

다음 중 ERP 시스템 구축의 장점으로 볼 수 없는 것은?

① ERP 시스템은 비즈니스 프로세스의 표준화를 지원한다.
② ERP 시스템의 유지 보수비용은 ERP 시스템 구축 초기보다 증가할 것이다.
③ ERP 시스템은 이용자들이 업무 처리를 하면서 발생할 수 있는 오류를 예방한다.
④ ERP 구현으로 재고 비용 및 생산 비용의 절감 효과를 통한 효율성을 확보할 수 있다.

해설

ERP 시스템의 유지 보수비용은 ERP 시스템 구축 초기보다 감소할 것이다.

16

ERP 시스템의 프로세스, 화면 등 거의 모든 부분을 기업의 요구사항에 맞춰 구현하는 방법은 무엇인가?

① 트랜잭션(Transaction)
② 커스터마이제이션(Customization)
③ 컨피규레이션(Configuration)
④ 정규화(Normalization)

해설

기업의 요구사항에 맞춰 주문 제작하는 형태를 커스터마이제이션(Customization) 또는 커스터마이징(Customizing)이라고 한다.

| 정답 | 11 ③ 12 ③ 13 ③ 14 ③ 15 ② 16 ②

17

다음 중 ERP 구축 전에 수행되는 것으로 시간의 흐름에 따라 단계적으로 비즈니스 프로세스를 개선해 가는 점증적 방법론은 무엇인가?

① ERD(Entity Relationship Diagram)
② BPR(Business Process Re-Engineering)
③ BPI(Business Process Improvement)
④ MRP(Material Requirement Program)

해설

BPR이 급진적으로 비즈니스 프로세스를 재설계하는 방식인 반면에 BPI는 점증적으로 비즈니스 프로세스를 개선해 가는 방식이다.

18

다음 중 클라우드 ERP와 관련된 설명으로 가장 적절하지 않은 것은 무엇인가?

① 클라우드를 통해 ERP 도입에 관한 진입장벽을 낮출 수 있다.
② IaaS 및 PaaS를 활용한 ERP를 하이브리드 클라우드 ERP라고 한다.
③ 서비스형 소프트웨어 형태의 클라우드로 ERP를 제공하는 것을 SaaS ERP라고 한다.
④ 클라우드 ERP를 도입하면 인공지능 및 기계 학습, 예측 분석 등과 같은 지능형 기술을 사용할 수 있으며 도입을 위해 전문 컨설턴트의 도움이 필요하다.

해설

클라우드를 통한 ERP의 도입은 전문 컨설턴트의 도움 없이도 설치 및 운영이 가능하다.

19 [2020년 6회]

다음 중 ERP와 인공지능(AI), 빅데이터(Big Data), 사물인터넷(IoT) 등 혁신 기술과의 관계에 대한 설명으로 가장 적절하지 않은 것은 무엇인가?

① 현재 ERP는 기업 내 각 영역의 업무 프로세스를 지원하고 단위별 업무 처리의 강화를 추구하는 시스템으로 발전하고 있다.
② 제조업에서는 빅데이터 분석 기술을 기반으로 생산 자동화를 구현하고 ERP와 연계하여 생산 계획의 선제적 예측과 실시간 의사결정이 가능하다.
③ 현재 ERP는 인공지능 및 빅데이터 분석 기술과의 융합으로 전략 경영 등의 분석도구를 추가하여 상위계층의 의사결정을 지원할 수 있는 지능형 시스템으로 발전하고 있다.
④ ERP에서 생성되고 축적된 빅데이터를 활용하여 기업의 새로운 업무 개척이 가능해지고, 비즈니스 간 융합을 지원하는 시스템으로 확대가 가능하다.

해설

ERP는 모든 기업의 업무 프로세스를 개별 부서원들이 분산 처리하면서도 동시에 중앙에서 개별 기능들을 통합적으로 관리할 수 있다.

20 [2019년 4회]

다음 중 ERP 아웃소싱(Outsourcing)의 장점으로 가장 적절하지 않은 것은 무엇인가?

① ERP 아웃소싱을 통해 새로운 지식을 획득할 수 있다.
② ERP 개발과 구축, 운영, 유지 보수에 필요한 인적자원을 절약할 수 있다.
③ IT 아웃소싱 업체에 종속성(의존성)이 생길 수 있다.
④ ERP 자체 개발에서 발생할 수 있는 기술력 부족의 위험 요소를 제거할 수 있다.

해설

IT 아웃소싱 업체에 종속성(의존성)이 생기는 것은 ERP 아웃소싱의 단점에 해당한다.

21 [2020년 6회]

다음 중 e-Business 지원 시스템을 구성하는 단위 시스템에 해당되지 않는 것은 무엇인가?

① 성과측정관리(BSC)
② EC(전자상거래) 시스템
③ 의사결정지원 시스템(DSS)
④ 고객관계관리(CRM) 시스템

해설

- e-Business 지원 시스템: 지식경영 시스템(KMS), 경영자정보 시스템(EIS), 공급망관리(SCM), 의사결정지원 시스템(DSS), 고객관계관리(CRM), EC(전자상거래)
- 전략적 기업경영(SEM) 시스템: 성과측정관리(BSC) 시스템, 부가가치경영(VBM) 시스템, 전략계획 및 시뮬레이션(SFS), 활동기준경영(ABM) 시스템

22 [2021년 6회]

다음 중 확장된 ERP 시스템의 SCM 모듈을 실행함으로써 얻는 장점으로 가장 적절하지 않은 것은 무엇인가?

① 공급사슬에서의 가시성 확보로 공급 및 수요 변화에 대한 신속한 대응이 가능하다.
② 정보 투명성을 통해 재고 수준 감소 및 재고 회전율(Inventory Turnover) 증가를 달성할 수 있다.
③ 공급사슬에서의 계획(Plan), 조달(Source), 제조(Make) 및 배송(Deliver) 활동 등 통합 프로세스를 지원한다.
④ 마케팅(Marketing), 판매(Sales) 및 고객 서비스(Customer Service)를 자동화함으로써 현재 및 미래 고객들과 상호작용할 수 있다.

해설

마케팅(Marketing), 판매(Sales) 및 고객 서비스(Customer Service)를 자동화함으로써 현재 및 미래 고객들과 상호작용할 수 있는 것은 CRM(고객관계관리)에 대한 설명이다.

| 정답 | 17 ③ 18 ④ 19 ① 20 ③ 21 ① 22 ④

23 [2021년 1회]

다음 중 차세대 ERP의 비즈니스 애널리틱스(Business Analytics)에 관한 설명으로 가장 적절하지 않은 것은 무엇인가?

① 비즈니스 애널리틱스는 구조화된 데이터(Structured Data)만을 활용한다.
② ERP 시스템 내의 방대한 데이터 분석을 위한 비즈니스 애널리틱스가 ERP의 핵심 요소가 되었다.
③ 비즈니스 애널리틱스는 질의 및 보고와 같은 기본적 분석 기술과 예측 모델링과 같은 수학적으로 정교한 수준의 분석을 지원한다.
④ 비즈니스 애널리틱스는 리포트, 쿼리, 대시보드, 스코어카드뿐만 아니라 예측 모델링과 같은 진보된 형태의 분석 기능도 제공한다.

해설

비즈니스 애널리틱스는 구조화된 데이터(Structured Data)와 비구조화된 데이터(Unstructured Data)를 동시에 이용한다.

24 [2019년 3회]

클라우드 서비스 사업자가 클라우드 컴퓨팅 서버에 ERP 소프트웨어를 제공하고, 사용자가 원격으로 접속해 ERP 소프트웨어를 활용하는 서비스를 무엇이라 하는가?

① IaaS(Infrastructure as a Service)
② PaaS(Platform as a Service)
③ SaaS(Software as a Service)
④ DaaS(Desktop as a Service)

해설

SaaS(Software as a Service)는 클라우드 컴퓨팅 서비스 사업자가 클라우드 컴퓨팅 서버에 소프트웨어를 제공하고, 사용자가 원격으로 접속해 해당 소프트웨어를 활용하는 모델이다.

25

다음 중 ERP 도입 의의에 대한 설명으로 가장 적절하지 않은 것은 무엇인가?

① 기업의 프로세스를 재검토하여 비즈니스 프로세스를 변혁시킨다.
② 공급사슬의 단축, 리드 타임의 감소, 재고 비용의 절감 등을 이룩한다.
③ 기업의 입장에서 ERP 도입을 통해 업무 프로세스를 개선함으로써 업무의 비효율을 줄일 수 있다.
④ 전반적인 업무 프로세스를 각각 개별 체계로 구분하여 관리하기 위해 ERP를 도입한다.

해설

업무 프로세스를 개별 부서원들이 분산 처리함과 동시에 중앙에서 통합적으로 관리하기 위해 ERP를 도입한다.

26 [2020년 1회]

다음 중 ERP의 장점 및 효과에 대한 설명으로 가장 적절하지 않은 것은 무엇인가?

① ERP는 다양한 산업에 대한 최적의 업무 관행인 베스트 프랙티스(Best Practice)를 담고 있다.
② ERP 시스템 구축 후 업무 재설계(BPR)를 수행하여 ERP 도입의 구축 성과를 극대화할 수 있다.
③ ERP는 모든 기업의 업무 프로세스를 개별 부서원들이 분산 처리하면서도 동시에 중앙에서 개별 기능들을 통합적으로 관리할 수 있다.
④ 차세대 ERP는 인공지능 및 빅데이터 분석 기술과의 융합으로 선제적 예측과 실시간 의사결정 지원이 가능하다.

해설

ERP 시스템이 구축되기 전에 업무 재설계를 수행해야 ERP 구축 성과를 극대화할 수 있다.

27

다음 중 클라우드 서비스 기반 ERP와 관련된 설명으로 가장 적절하지 않은 것은 무엇인가?

① ERP 구축에 필요한 IT 인프라 자원을 클라우드 서비스로 빌려 쓰는 형태를 IaaS라고 한다.
② ERP 소프트웨어 개발을 위한 플랫폼을 클라우드 서비스로 제공받는 것을 PaaS라고 한다.
③ PaaS에는 데이터베이스 클라우드 서비스와 스토리지 클라우드 서비스가 있다.
④ 기업의 핵심 애플리케이션인 ERP, CRM 솔루션 등의 소프트웨어를 클라우드 서비스를 통해 제공받는 것을 SaaS라고 한다.

해설

데이터베이스 클라우드 서비스와 스토리지 클라우드 서비스가 있어 이용자가 직접 데이터 센터를 구축하지 않고 클라우드 환경에서 필요한 인프라를 빌려 쓰는 방식의 서비스 모델은 IaaS(Infrastructure as a Service)이다.

| 정답 | 23 ① 24 ③ 25 ④ 26 ② 27 ③

28 [2024년 6회 변형]

제품생명주기관리(PLM) 시스템을 이용하여 제품의 개발, 생산, 유지보수, 폐기까지의 전 과정을 체계적으로 관리하는 것은?

① 제품 개발
② 현장 자동화
③ 공장운영관리
④ 공급사슬관리

해설

② 현장 자동화: 인간과 협업하거나 독자적으로 제조 작업을 수행하는 시스템이다.
③ 공장운영관리: 스마트 공장의 구성 영역 중에서 생산계획 수립, 재고관리, 제조자원관리, 품질관리, 공정관리, 설비제어 등을 담당한다.
④ 공급사슬관리: 제품 생산에 필요한 원자재 조달에서부터 고객에게 제품을 전달하는 전체 과정의 정보를 실시간으로 수집하여 효율적인 물류 시스템 운영, 고객만족을 목적으로 하며, 공급망관리(SCM) 등의 기술이 이용된다.

29 [2024년 6회 변형]

기계 학습에 대한 설명으로 옳지 않은 것은?

① 지도 학습은 학습 데이터로부터 하나의 함수를 유추해 내기 위한 방법이다.
② 지도 학습 방법에는 분류 모형과 회귀 모형이 있다.
③ 비지도 학습은 입력값에 대한 목표치가 주어진다.
④ 강화 학습은 선택 가능한 행동들 중 보상을 최대화하는 행동 혹은 순서를 선택하는 방법이다.

해설

비지도 학습은 입력값에 대한 목표치가 주어지지 않는다.

30 [2024년 6회 변형]

다음 중 인공지능 비즈니스 적용 프로세스의 순서로 올바른 것은?

① 비즈니스 영역 탐색 → 비즈니스 목표 수립 → 데이터 수집 및 적재 → 인공지능 모델 개발 → 인공지능 배포 및 프로세스 정비
② 비즈니스 목표 수립 → 비즈니스 영역 탐색 → 데이터 수집 및 적재 → 인공지능 모델 개발 → 인공지능 배포 및 프로세스 정비
③ 비즈니스 목표 수립 → 데이터 수집 및 적재 → 인공지능 모델 개발 → 인공지능 배포 및 프로세스 정비 → 비즈니스 영역 탐색
④ 비즈니스 영역 탐색 → 비즈니스 목표 수립 → 데이터 수집 및 적재 → 인공지능 배포 및 프로세스 정비 → 인공지능 모델 개발

해설

인공지능 비즈니스 적용 프로세스 5단계는 '비즈니스 영역 탐색 → 비즈니스 목표 수립 → 데이터 수집 및 적재 → 인공지능 모델 개발 → 인공지능 배포 및 프로세스 정비' 순이다.

31 [2024년 6회 변형]

클라우드 서비스의 비즈니스 모델에 관한 설명으로 옳지 않은 것은?

① 공개형 클라우드는 사용량에 따라 사용료를 지불하지 않으며, 규모의 경제를 통해 경쟁력 있는 서비스 단가를 제공한다는 장점이 있다.
② 폐쇄형 클라우드는 주로 대기업에서 데이터의 소유권 확보와 프라이버시 보장이 필요한 경우 사용된다.
③ 폐쇄형 클라우드는 특정한 기업 내부 구성원에게만 제공되는 서비스(Internal Cloud)를 말한다.
④ 혼합형 클라우드는 특정 업무는 폐쇄형 클라우드 방식을 이용하고 기타 업무는 공개형 클라우드 방식을 이용하는 것을 말한다.

해설

공개형 클라우드는 사용량에 따라 사용료를 지불하며 규모의 경제를 통해 경쟁력 있는 서비스 단가를 제공한다는 장점이 있다.

32

세계경제포럼(World Economic Forum)에서 발표한 인공지능 규범(AI code)의 5개 원칙에 해당하지 않는 것은?

① 인공지능은 투명성 등 원칙에 따라 작동해야 한다.
② 인공지능은 인류의 공동 이익을 위해 개발되어야 한다.
③ 인공지능이 개인, 가족, 지역 사회의 데이터 권리를 감소시켜야 한다.
④ 인간을 해치거나 파괴하거나 속이는 자율적 힘을 인공지능에 절대로 부여하지 않는다.

해설

인공지능이 개인, 가족, 지역 사회의 데이터 권리를 감소시켜서는 안된다.

33

기계학습의 종류에 해당하지 않는 것은?

① 지도학습(Supervised Learning)
② 강화학습(Reinforcement Learning)
③ 비지도학습(Unsupervised Learning)
④ 시뮬레이션학습(Simulation Learning)

해설

기계학습의 종류에는 지도학습, 강화학습, 비지도학습이 있다.

| 정답 | 28 ① 29 ③ 30 ① 31 ① 32 ③ 33 ④

34

[보기]에서 설명하는 RPA 적용단계는 무엇인가?

보기

빅데이터 분석을 통해 사람이 수행한 복잡한 의사결정을 내리는 수준이다. 이것은 RPA가 업무 프로세스를 스스로 학습하면서 자동화하는 단계이다.

① 인지 자동화
② 데이터 전처리
③ 기초프로세스 자동화
④ 데이터 기반의 머신러닝(기계학습) 활용

해설

RPA는 Robotic Process Automation(로봇 프로세스 자동화)의 적용 단계를 말한다.
- 1단계(기초프로세스 자동화): 정형화된 데이터 기반의 자료 작성, 단순 반복 업무 처리, 고정된 프로세스 단위의 업무를 수행하는 단계
- 2단계(데이터 기반의 머신러닝 활용): 이미지에서 텍스트 데이터 추출, 자연어 처리로 정확도와 기능성을 향상시키는 단계

35 [2024년 6회]

머신러닝 워크플로우 프로세스의 순서를 고르시오.

① 데이터 수집 → 점검 및 탐색 → 전처리 및 정제 → 모델링 및 훈련 → 평가 → 배포
② 점검 및 탐색 → 데이터 수집 → 전처리 및 정제 → 모델링 및 훈련 → 평가 → 배포
③ 데이터 수집 → 전처리 및 정제 → 모델링 및 훈련 → 평가 → 배포 → 점검 및 탐색
④ 데이터 수집 → 전처리 및 정제 → 점검 및 탐색 → 모델링 및 훈련 → 평가 → 배포

해설

기계학습(머신러닝) 워크플로우 6단계는 '데이터 수집 → 점검 및 탐색 → 전처리 및 정제 → 모델링 및 훈련 → 평가 → 배포' 순이다.

36 [2024년 6회]

빅데이터의 주요 특성(5V)으로 옳지 않은 것은?

① 속도 ② 다양성
③ 정확성 ④ 일관성

해설

빅데이터의 주요 특성(5V)은 규모(Volume), 다양성(Variety), 정확성(Veracity), 속도(Velocity), 가치(Value)이다.

37

[보기]는 무엇에 대한 설명인가?

보기

- 제품, 공정, 생산설비, 공장 등에 대한 실제 환경과 가상 환경을 연결하여 상호작용하는 통합 시스템
- 실시간으로 수집되는 빅데이터를 가상 모델에서 시뮬레이션하여 실제 시스템의 성능을 최적으로 유지함

① 비즈니스 애널리틱스(Business Analytics)
② 사이버 물리시스템(Cyber Physical System, CPS)
③ 공급사슬관리(Supply Chain Management, SCM)
④ 전사적 자원관리(Enterprise Resource Planning, ERP)

해설

사이버 물리시스템(Cyber Physical System, CPS)은 실제의 물리적인 제품, 생산 설비, 공정, 공장을 사이버 공간에 그대로 구현하고 서로 긴밀하게 통합되어 동작하는 통합 시스템이다.

38

인공지능 기반의 빅데이터 분석기법에 대한 설명으로 적절하지 않은 것은?

① 텍스트마이닝 분석을 실시하기 위해서는 불필요한 정보를 제거하는 데이터 전처리(Data Preprocessing) 과정이 필수적이다.
② 텍스트마이닝은 자연어(Natural Language) 형태로 구성된 정형데이터에서 패턴 또는 관계를 추출하여 의미 있는 정보를 찾아내는 기법이다.
③ 데이터마이닝은 대규모로 저장된 데이터 안에서 다양한 분석기법을 활용하여 전통적인 통계학 이론으로는 설명이 힘든 패턴과 규칙을 발견한다.
④ 데이터마이닝은 분류(Classification), 추정(Estimation), 예측(Prediction), 유사집단화(Affinity Grouping), 군집화(Clustering)의 5가지 업무영역으로 구분할 수 있다.

해설

텍스트마이닝은 자연어(Natural Language) 형태로 구성된 비정형 또는 반정형 텍스트 데이터에서 패턴 또는 관계를 추출하여 의미 있는 정보를 찾아내는 기법이다.

39

스마트 팩토리의 주요 구축 목적이 아닌 것은?

① 생산성 향상 ② 유연성 향상
③ 고객서비스 향상 ④ 제품 및 서비스의 이원화

해설

스마트 팩토리는 생산성 및 유연성 향상을 위하여 생산 시스템의 지능화, 유연화, 최적화, 효율화 구현에 그 목적이 있다. 즉, 고객서비스 향상, 비용 절감, 납기 향상, 품질 향상, 인력 효율화 등과 제품 및 서비스의 생산 통합을 목적으로 한다.

| 정답 | 34 ① 35 ① 36 ④ 37 ② 38 ② 39 ④

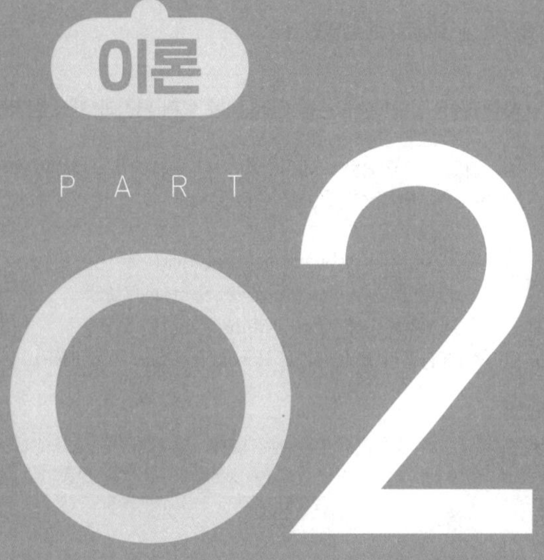

인사관리 –
인적자원관리 및 확보

Enterprise
Resource
Planning

I NCS 능력단위 요소

- ☑ 인사기획 0202020101_23v3
- ☑ 직무관리 0202020102_23v3
- ☑ 인력채용 0202020103_23v4

CHAPTER 01

인적자원관리

빈출 키워드
- ☑ 과업 지향적 인사관리
- ☑ 인간 지향적 인사관리
- ☑ 인사관리의 체계

1 인사관리

1. 정의

인사관리란 기업(조직)의 능동적 구성 요소인 인적자원으로써 근로자의 잠재 능력을 발휘하게 하여 그들 스스로가 최대한의 성과를 달성하고, 인간으로서의 만족을 얻게 하려는 일련의 체계적인 인적자원관리 활동을 의미한다. 즉, 기업의 목적 달성 및 유지·발전을 위해 요구되는 인적자원의 확보, 개발, 보상, 유지 활동을 여러 환경적 조건과 관련하여 계획, 조직, 지휘, 조정, 통제하는 관리 체계이다.

2. 목표

기업의 성과를 창출하는 과정에서 필연적으로 발생하는 갈등을 조정, 통합하여 조직의 목적에 기여하게 하는 것이 인사관리의 궁극적인 목적이다.

① **조직 목표(생산성 목표와 유지 목표)의 조화:** 인사관리를 잘하면 기업의 수익을 극대화시킬 수 있으며, 그 결과 생산성, 비용, 품질, 결근율, 이직률 등에 영향을 준다.

② **근로 생활의 질적인 충족 추구:** 근로 생활의 질이란 산업화에 따른 작업의 단순화, 전문화에서 파생되는 소외감, 단조로움, 인간성 상실에 대한 반응 또는 새로운 기술의 등장으로 인한 작업환경의 불건전성에 대한 반응으로 나타난다. 이는 근로자의 작업환경과의 관계를 포함하기도 한다. 근로 생활의 질을 충족시킴으로써 노동 능력 및 의욕의 향상, 노동력 유지 등의 목표를 달성할 수 있다.

③ **기업의 발전:** 근로자의 생활 안정 및 노사관계의 유지·안정과 기업 조직 구성원의 생산성 향상을 통해 기업의 목표 달성에 기여한다.

④ **노동력의 효율적인 이용:** 노동의 능력이나 능력 개발에 대한 동기부여를 향상시키거나 유지하여 근로자의 생활의 질을 높인다.

⑤ **인적자원의 유지:** 기업에 필요한 인적자원을 유지 또는 확보하고 근로자에게 직무에 대한 만족감을 느끼게 하여 능동적인 참여를 유도할 수 있다.

3. 영역

구분	내용
인적자원관리 (HRM)	인적자원의 확보, 활용, 개발에 관한 활동으로 장래 기업의 인적자원 수요를 예측하여 기업 전략 실현에 필요한 인적자원을 확보하기 위해 실시하는 것
인적자원개발 (HRD)	개인과 조직의 개선을 목적으로 하여 조직 내에서 개인의 학습 활동을 통해 개인적 향상뿐만 아니라 현재 수행하는 직무와 미래의 직무에 대한 능력을 개발하는 것
인적자원계획 (HRP)	미래에 필요한 인적자원을 예측하고 이에 대한 적절한 채용, 충원, 선발, 훈련, 경력개발, 직무설계 등을 계획하는 것
인적자원활용 (HRU)	조직 내에 인적자원을 배치하고 활용하는 것으로 평가, 이동, 승진, 보상, 업적 관리, 배치와 순환, 인사고과 등 인사제도와 운영에 관한 것
노무관리 (LM)	근로자의 종합적인 능력을 장기간에 걸쳐 유지하고 상승시키는 일련의 정책으로 노동 조건을 포함한 것

2 인사관리의 이론적 발전 과정

1. 과업 지향적 인사관리

(1) 테일러의 과학적 관리법

① 표준 작업량 연구, 동작 연구와 시간 연구를 한다.
② 차별적 성과급을 통해 종업원에게 동기부여를 한다.

표준 작업량 이상	표준 작업량 미만
고임금	저임금

③ 직장(Boss)을 중시하여 조직 이론의 기초가 된다.

(2) 포드의 관리법

① 3S를 채택한 대량 생산 방식이다.
② 합리성과 능률을 추구한다.
③ 기계적 작업으로 대량 생산(컨베이어 설치)을 한다.
④ '작업자는 작업 도중에 허리를 굽혀서는 안 된다'는 작업 원칙이 있다.

> 3S 원칙
> 표준화, 전문화, 단순화

2. 메이요의 인간 지향적 인사관리

① 인간 존중과 인간 관계적 관리를 추구한다.
② **호손실험**: 4차 실험을 통해 비공식 조직의 중요성을 인식하고 종업원의 사회심리적 만족에 중점을 두는 인간 관계적 인사관리 방법이다.

3. 행동과학적 인사관리

① 과업 중시와 인간 존중을 동시에 추구한다.

동기부여 이론	리더십 이론
• 매슬로우: 욕구의 5단계 이론 • 맥그리거: XY 이론 • 허즈버그: 2요인 이론	• 브레이크와 무톤: 관리격자모형 • 허시와 블랜차드: 3차원 모델

② 근로자에게 자발적 노력을 유도하기 위한 동기부여 기법이다.
③ 민주적 리더십, 참여적 리더십, 지원적 리더십이 필요하다.
④ **경영참가제도**: 자본 참가(종업원지주제도), 이익 참가(스캔론 플랜), 결정 참가(단체교섭)
⑤ 근로 생활의 질(QWL; Quality of Working Life)이 향상된다.

4. 환경 적응과 혁신 시대

조직을 시스템으로 인식하는 시스템 이론이 등장하였다.

피들러(Fiedler)의 리더십 유효성 이론	상황을 중시하며 긴밀하게 상호작용하는 개방 조직 또는 동태 조직을 추구함
호웰과 하긴스	혁신은 기업가에게 변화의 촉매제이며 기회의 전환 과정이라고 주장함
드러커	혁신은 경영자의 중요한 기능이며 기업의 유일한 목표로 '고객창조' 가치를 제시함

5. 리엔지니어링과 구조조정 시대

리엔지니어링 시대	구조조정 시대
• 해머(Hammer)에 의해 발표됨 • 기존의 업무 처리 방식을 근본적으로 다시 수정하여 프로세스를 개선하고 업무, 조직, 기업문화까지 전체 시스템을 재편성하여 생산성과 경영성과를 높여야 한다고 주장함	• 조직의 체질 개선으로 경쟁력을 강화하는 방법 • 구조조정 시대 전략 – 디베스티처 전략(Divestiture Strategy): 거대한 기업군을 감량하기 위하여 부실한 부분을 잘라서 매각 처분 – 다운사이징 전략(Downsizing Strategy): 필요 없는 인원과 경비를 줄여 낭비 조직을 제거 – 리스트럭처링(Restructuring): 기업 환경의 변화에 대응하기 위하여 조직의 구조를 보다 경쟁력 있게 재편 – 전사적 품질관리(TQM): 상품과 작업의 질을 총체적으로 개선 – 벤치마킹(Benchmarking): 경쟁 기업뿐만 아니라 특정한 프로세스에 대한 강점을 지니고 있는 조직을 대상으로 적극적으로 학습

3 인사관리의 기본 체계

인사관리의 기본 체계는 과정적 인사관리와 기능적 인사관리로 나눌 수 있다.

1. 과정적 인사관리

인사계획	• 인사관리의 기본 정책과 방침의 결정 • 인사계획의 수립 및 인력수급 계획의 입안
인사조직	• 인사관리 기능의 분담화·조직화 • 경영자, 라인 관리자, 인사스텝 기능의 조직화
인사평가	• 인사관리의 실시 결과에 대한 비교 평가 • 인사감사(주체별, 시기별, 내용별 감사)

2. 기능적 인사관리

노동력관리	• 고용관리: 채용, 배치, 이동, 승진, 퇴직관리 • 개발관리: 교육훈련, 능력개발관리
근로조건관리	• 임금관리: 임금수준, 임금체계, 임금형태관리 • 복리후생관리: 복리후생제도와 시설관리 • 근로시간관리: 근로시간의 단축화 및 적정화 • 산업안전관리: 산업재해의 미연 방지 및 대책 마련 • 보건위생관리: 건전한 노동력의 확보·유지
인간관계관리	• 인간관계 개선 및 인간성의 실현 • 동기부여·근로 생활의 질(QWL) 향상 • 제안제도, 고충처리제도 등의 도입 및 활성화
노사관계관리	• 올바른 노사관계의 확립과 협력관계의 유지·발전 • 노동조합의 자주적 결성 및 민주적 관리 운영 • 단체교섭의 실시 등 노사관계관리제도의 활성화 • 경영참가제도의 도입 및 참가적 노사관계 확립 • 건전한 노사문화의 확립과 산업평화의 유지·발전

4 인적자원관리

1. 정의

사회, 조직 및 개인의 목표 달성을 위하여 인적자원의 확보, 개발, 보상, 유지, 이직 및 통합에 관한 운영적 기능과 계획, 조직, 지휘를 통제하는 관리적 기능에 대한 활동이다. 즉, 인적자원관리란 인사관리의 개념보다 더 나아가 조직 구성원을 조직 경쟁력의 원천으로 인식하고 근로자의 능력 개발이나 육성을 통해 개인과 조직의 목표를 일치시켜 나가는 개발 지향적인 성격을 의미한다.

2. 인적자원관리의 변화

① 연공주의에서 성과주의로의 변화
② 획일적인 보상에서 능력과 성과 위주의 보상으로의 변화
③ 수직적 상하관계에서 수평적 상호관계로의 변화
④ 일방적인 통보에서 양방향 의사소통으로의 변화
⑤ 사람 중심에서 역할 중심으로의 변화

3. 인적자원관리에 영향을 미치는 환경요인

외부적 환경요인	• 기업 조직의 외부에서 기업의 인적자원관리에 영향을 미치는 각종 요소 • 일반적 환경요인: 경제적 환경, 사회문화적 환경, 법률적 환경, 기술적 환경, 노동시장 등 • 특수 환경요인: 정부, 주주, 고객, 경쟁업체, 노동조합, 지역사회 등
내부적 환경요인	최고 경영자의 경영 철학, 기업의 목표, 기업의 정책, 기업 전략 및 기업의 분위기 등

4. 주요 기능

인적자원관리는 조직에서 필요로 하는 인력의 확보와 개발, 보상 및 유지라는 큰 흐름 안에서 이루어진다.

구분	내용
기본 기능	직무관리와 인적자원 계획
확보 기능	채용관리(모집, 선발, 배치관리)와 인사행정(인사이동)
개발 기능	인사평가(인사고과)와 교육훈련 및 개발 · 경력관리
보상 기능	임금관리와 복리후생관리
유지 기능	안전보건관리, 이직관리, 노사관계관리

5. 실시 절차

① 인적자원 계획의 수립: 인적자원정책 결정 및 계획 수립
② 인적자원 조직의 편성: 조직화 및 업무 분담
③ 계획의 실행: 경영자, 인사관리자 등을 축으로 계획 진행
④ 통제: 실행된 계획에 대하여 평가와 피드백을 하는 과정

6. 실시 원칙

구분	내용
직무주의 원칙	직무에 관한 분석 실시로 관리의 기반이 됨
전인주의 원칙	근로자의 욕구, 기대, 목표를 달성할 수 있게 하여 인간성을 실현함
성과주의 원칙	업적 및 성과 평가에 비례함
능력주의 원칙	연공주의보다 능력을 중시함
공정성의 원칙	평가 시 최대한 공정하게 반영함
정보 공개주의 원칙	실시하고자 하는 주요 정보를 공유함
참가주의 원칙	의사결정 과정에 조직 구성원의 참여가 필요함

CHAPTER 01

기출&확인 문제

01 [2024년 1회]

인적자원관리의 목표로 가장 적절하지 않은 것은?

① 임금 지급을 통해 근로자에게 근로 생활의 양적인 충족을 추구한다.
② 노동의 능력이나 능력 개발에 대한 동기 부여 향상을 통해 근로자를 유지한다.
③ 기업의 생산성 목표와 유지 목표를 조화시켜 생산성, 이직률 등의 기업 성과를 창출한다.
④ 기업에 필요한 인적자원을 유지 또는 확보하고 근로자에게 직무에 대한 만족감을 느끼게 하여 능동적인 참여를 유도한다.

해설

기업은 노동 능력 및 의욕 향상, 노동력 유지 등의 목표를 달성하기 위해 근로 생활의 질적인 충족을 추구한다.

02 [2022년 5회]

[보기]에서 인적자원관리 절차의 순서로 올바른 것은?

보기
㉠ 인적자원 조직의 편성: 조직화 및 업무 분담
㉡ 계획의 실행: 경영자, 관리자 축으로 계획 진행
㉢ 통제: 실행된 계획에 대하여 평가/피드백을 하는 과정
㉣ 인적자원 계획의 수립: 인적자원정책 결정 및 계획 수립

① ㉣ – ㉠ – ㉡ – ㉢
② ㉠ – ㉣ – ㉢ – ㉡
③ ㉣ – ㉡ – ㉠ – ㉢
④ ㉡ – ㉣ – ㉢ – ㉠

해설

인적자원관리 실시 절차는 '인적자원 계획의 수립 → 인적자원 조직의 편성 → 계획의 실행 → 통제' 순이다.

03 [2021년 5회]

다음 중 [보기]에서 인적자원관리의 주요 기능으로 적절한 것은?

보기
㉠ 기본 기능: 임금관리와 복리후생관리
㉡ 확보 기능: 채용관리(모집, 선발, 배치관리)와 인사행정(인사이동)
㉢ 개발 기능: 직무관리와 인적자원 계획
㉣ 유지 기능: 안전보건관리, 이직관리, 노사관계관리

① ㉠, ㉡
② ㉠, ㉡, ㉢
③ ㉡, ㉣
④ ㉠, ㉢, ㉣

해설

㉠은 보상 기능, ㉢은 기본 기능에 해당한다.

04 [2024년 3회]

행동과학적 인사관리 중 동기부여 이론에 해당하지 않는 것은?

① 맥그리거 – XY 이론
② 허즈버그 – 2요인 이론
③ 매슬로우 – 욕구의 5단계 이론
④ 허시와 블랜차드 – 3차원 모델

해설

'허시와 블랜차드 – 3차원 모델'은 리더십 이론이다.

| 정답 | 01 ① 02 ① 03 ③ 04 ④

05

다음 중 인적자원관리의 중요성에 대한 설명으로 옳지 않은 것은?

① 인적자원관리는 근로 생활의 질을 추구하여야 한다.
② 인적자원은 무형자산으로 혁신을 통한 부가가치 창출의 주체이다.
③ 인적자원관리의 효율성과 형평성은 분리·운영되어야 한다.
④ 인적자원관리의 의사결정 내용은 조직 차원의 통합적인 의사결정에 따라야 한다.

해설

인적자원관리의 효율성과 형평성은 균형적으로 운영되어야 한다.

06 [2023년 5회]

인적자원관리에 영향을 미치는 내부적 환경요인으로 가장 적절하지 않은 것은?

① 기업 목표 ② 기업 전략
③ 경쟁업체 ④ 기업의 분위기

해설

- 내부적 환경요인: 경영철학, 기업의 목표, 기업의 정책, 기업 전략, 기업의 분위기 등
- 외부적 환경요인: 경제적 환경, 사회문화적 환경, 정부, 경쟁업체, 노동조합 등

07

인사관리 기본 체계의 성격이 다른 하나는?

① 노동력관리: 고용 및 개발관리
② 인간관계관리: 인간관계 개선 및 인간성의 실현
③ 인사평가: 인사관리의 실시 결과에 대한 비교 평가
④ 노사관계관리: 올바른 노사관계의 확립과 협력관계의 유지 및 발전

해설

- 과정적 인사관리: 인사계획, 인사조직, 인사평가
- 기능적 인사관리: 노동력관리, 근로조건관리, 인간관계관리, 노사관계관리

08 [2024년 6회]

테일러의 과학적 관리법에 관한 설명으로 가장 거리가 먼 것은?

① 조직 이론의 기초가 된다.
② 차별적 성과급을 지급했다.
③ 동작 연구와 시간 연구를 한다.
④ 표준화, 전문화, 단순화를 추구한다.

해설

표준화, 전문화, 단순화는 포드의 관리법 3S 원칙에 대한 설명이다.

09 [2023년 3회]

[보기]에서 인적자원관리의 실시 원칙과 설명이 바르게 짝지어진 것을 모두 고른 것은?

보기

㉠ 직무주의 원칙: 직무에 관한 분석 실시로 관리의 기반이 됨
㉡ 능력주의 원칙: 업적 및 성과 평가에 비례함
㉢ 공정성의 원칙: 평가 시 최대한 공정하게 반영함
㉣ 참가주의 원칙: 의사결정 과정에 조직 구성원의 참여가 필요함

① ㉠, ㉢ ② ㉡, ㉢
③ ㉠, ㉢, ㉣ ④ ㉠, ㉡, ㉢, ㉣

해설

- 성과주의 원칙: 업적 및 성과 평가에 비례함
- 능력주의 원칙: 연공주의보다 능력을 중시함

| 정답 | 05 ③ 06 ③ 07 ③ 08 ④ 09 ③

10 [2022년 6회]

인적자원관리의 목표로 가장 적절하지 않은 것은?

① 인건비 절감
② 인적자원의 유지
③ 생산과 인간 중심의 조화
④ 근로 생활의 질적인 충족

해설

인적자원관리의 목표에는 조직 목표(생산성 목표와 유지 목표)의 조화, 근로 생활의 질적인 충족 추구, 기업의 발전, 노동력의 효율적인 이용, 인적자원의 유지 등이 있다.

11 [2020년 3회]

다음 중 인적자원관리에 대한 설명 중 적합하지 않은 것은?

① 연공 중심에서 성과 중심으로의 변화
② 일방적 통보에서 양방향 의사소통으로의 변화
③ 수직적 상하관계에서 수평적 상호관계로의 변화
④ 성과 위주 보상에서 공평하고 획일적인 보상으로의 변화

해설

인적자원관리는 획일적인 보상에서 능력과 성과 위주의 보상으로의 변화를 추구한다.

12 [2024년 4회]

과학적 관리의 인사관리에 대한 설명으로 적절하지 않은 것은?

① 과업관리 도입
② 고임금 · 저노무비의 실천
③ 매슬로우의 욕구계층이론과 맥그리거의 XY 이론
④ 작업 분석 및 시간 · 동작 연구 실시로 차별적 성과급 제도 도입

해설

매슬로우의 욕구계층이론과 맥그리거의 XY 이론은 행동과학적 인사관리에 대한 설명이다.

13 [2019년 2회]

인적자원관리에 대한 설명으로 올바르지 않은 것은?

① 오늘날에는 인적자원관리 대신 인사관리의 개념으로 대체되고 있다.
② 현대의 인적자원관리는 종업원들의 능력 개발이나 육성을 통해 개인과 조직의 목표를 일치시켜 나가는 개발 지향적인 성격을 지니고 있다.
③ 인적자원관리는 조직 및 개인의 목표를 달성하기 위하여 인적자원의 확보, 개발, 보상, 유지, 이직 및 통합을 여러 환경적 조건과 관련하여 계획, 조직, 지휘 및 통제하는 관리 체계라 할 수 있다.
④ 인사관리란 기업의 능동적 구성 요소인 인적자원으로서의 종업원의 잠재 능력을 최대한 발휘하게 하여 그들 스스로가 최대한의 성과를 달성하도록 하며, 그들이 인간으로서의 만족을 얻게 하려는 일련의 체계적인 관리 활동을 말한다.

해설

오늘날에는 인사관리에서 인적자원관리로 개념이 확대되어 대체되고 있다.

14 [2022년 4회]

인간관계적 인사관리에 대한 설명으로 가장 적절하지 않은 것은?

① 고임금 · 저노무비의 실천
② 협력관계설, 경영공동체설 주장
③ 인사관리 활동 영역에 비공식 집단 포함
④ 종업원의 상호협력 관계적 인사관리 중요

해설

차별적 성과급(고임금 · 저노무비)을 통해 종업원에게 동기부여를 하는 인사관리는 테일러의 과학적 관리법으로 과업 지향적 인사관리에 해당한다.

15 [2024년 5회]

포드 시스템의 3S 원칙에 해당하지 않는 것은?

① 표준화 ② 구조화
③ 전문화 ④ 단순화

해설

포드 관리법(포드 시스템)의 3S 원칙: 표준화(Standardization), 전문화(Specialization), 단순화(Simplification)

| 정답 | 10 ① 11 ④ 12 ③ 13 ① 14 ① 15 ②

인적자원계획

빈출 키워드
- ☑ 수요 · 공급예측 방법
- ☑ 인력 부족의 경우
- ☑ 인력 과잉의 경우

1 인적자원계획

기업의 인력계획에는 인력의 수요예측 및 공급 계획, 인력 과부족 현상 발생 시의 대체 계획 등이 포함되어 있다. 즉, 인적자원계획이란 인력의 수요를 예측하여 사내와 사외의 인력 공급을 계획하고 인력의 수요와 공급을 조정하는 계획 활동을 의미한다.

2 수요 · 공급예측 방법

1. 수요예측 방법

(1) 수리적(정량적) 기법

수리와 통계학적 기법을 이용하여 인적자원의 수요를 예측한다.

생산성 비율	일정 기간 동안 직접적인 노동 인력이 생산한 제품의 평균 수량을 측정함
추세분석	• 인적자원의 수요와 밀접한 관계를 가진 변수 하나를 선정하여 그 변수와 인적자원의 수요 간의 관계가 전개된 추세를 통해 미래의 인적자원 수요를 예측하는 기법 • 단기적인 인적자원 수요예측에 적합함
회귀분석	• 조직의 인적자원 수요 결정에 영향을 미치는 다양한 요인들의 영향력을 계산하여 조직의 미래 인적자원 수요를 예측하는 기법 • 시계열 자료를 기반으로 변수 간의 상관관계를 도출하여 예측하는 방법으로, 과거 자료가 충분해야 하고 변수와 수요 사이의 유의미한 상관관계가 있을 때 적용 가능할 수 있음 • 현재의 자료를 통해 미래를 과학적으로 예측 가능함
선형계획법	제한된 자원을 어떻게 하면 생산적 용도에 효율적으로 배분할 것인지를 결정하는 문제를 해결하기 위한 방법

(2) 판단적(정성적) 기법

전문가가 자신의 경험과 직관, 판단에 의존하여 조직이 필요로 하는 인적자원의 수요를 예측하는 방법으로, 주관적이고 비공식적으로 이루어진다. 조직의 규모가 작고 변수를 비교적 간단하게 파악할 수 있는 경우에 활용한다.

전문가 예측법	• 전문적인 식견을 가진 전문가가 자신의 경험이나 직관, 판단 등에 의존하여 조직이 필요로 하는 인적자원의 수요를 예측하는 방법 • 일반적으로 조직의 규모가 작고 조직의 전략적 목표 달성에 관련된 변수들을 파악할 수 있는 경우에 활용함
델파이기법 중요	• 특정 문제에 있어서 다수의 전문가들의 의견을 종합하여 미래 상황을 예측하는 방법 • 전문가들을 모이게 할 필요 없이 그들의 평가를 이끌어 낼 수 있고, 타인의 영향을 받지 않지만 시간이 많이 소요되며 응답자에 대한 통제력이 결여됨
명목집단법	• 전문가들이 회의 테이블에 둘러앉아 제시된 문제에 대한 독자적인 의견을 한 장의 종이에 기록하는 방법 • 제시된 아이디어를 큰 종이에 표시함으로써 전원이 모든 아이디어를 볼 수 있고, 몇 번의 토의 후 투표로 의사결정을 함

2. 공급예측 방법

조직 내 모든 관리자들이 그들의 자세한 정보를 모아놓은 목록으로 인적자원의 수요를 예측한 후 필요한 인적자원 조달 방법을 결정한다. 인적자원 공급의 원천은 조직 내부와 조직 외부로 나눌 수 있다.

(1) 내부적 공급예측

기능목록	• 개인의 직무적합성에 대한 정보를 정확하게 찾아내기 위한 도구 • 종업원의 핵심 직무, 경력, 학력, 자격, 교육 등 기능과 능력을 조사하여 직무적합성을 쉽게 파악할 수 있도록 요약한 표 • 조직 내 현 인력들로부터 확보할 수 있는 기능 및 능력과 그 양의 파악이 가능함
마코브분석 (마코프분석)	• 시간의 흐름에 따라 개별 근로자들의 담당 직무에서 다른 직무로 또는 한 직급에서 다른 직급으로 이동해 나가는 확률을 기술하는 방법으로 이동 확률을 파악하기 위해 개발됨 • 내부 노동시장의 안정적 조건하에 근로자들의 승진, 이동, 이직 등의 일정 비율을 적용하여 미래의 각 기간에 걸쳐 현재 인원의 변동을 예측하는 방법 • 특정 상황에서 미래의 어떤 시점에 대한 종업원의 현직위에서의 존재, 이직, 이동할 확률을 추정한 전이행렬을 통해 인력니즈를 파악하는 예측기법
대체도	• 조직 내 특정 직무가 공석이 된다고 가정할 경우 누가 그 자리에 투입될 수 있는지를 일목요연하게 파악할 수 있도록 나타낸 표 • 조직 내에 존재하는 다양한 직무를 나타냄과 동시에 각각의 직무로 승진할 수 있는 사람들을 나타냄

> 관리자 목록
> 관리직 구성원들의 관리 능력을 포함하여, 그들의 기능과 능력을 요약해 놓은 목록

(2) 외부적 공급예측

① 내부 인력 추정 후 조직 외부로부터 공급받을 수 있는 인력의 규모를 예측한다.
② 외부 인력은 외부 노동시장의 영향을 크게 받기 때문에 외부 인력수급 상황을 고려하여 공급량을 예측한다.
③ 인구 구조, 경제 활동 인구, 실업률, 산업별 · 직종별 고용 동향 등에 대한 정보 활용이 가능하다.

3 인적자원의 수요와 공급 중요

1. 인력 부족의 경우(수요 > 공급)

초과근로 활용	• 신규 인력을 채용하기 곤란한 경우 기존 인력의 근로시간을 연장하는 방법 • 단기적 방안이며, 장기간 실시되면 과로와 스트레스에 노출됨
임시직 고용	고용의 유연성을 높여 주면서 계약직 사원에게 동기부여를 하여 생산성을 높일 수 있음
파견근로 활용	• 다른 기업에서 고용하고 있는 근로자를 자기 기업에 파견하여 그 지휘 · 명령을 받아 근로하게 하는 방법 • 계절에 따른 고용 변화에 대한 완충작용, 일시적인 인력 부족 시 충족 가능함 • 인건비 절감, 사업 전망이 불투명할 때 해고 비용이 많이 드는 상용근로자를 대신해 파견근로자를 이용하면 장래의 불확실성에 대비할 수 있음
아웃소싱	• 시장 변화와 치열한 경쟁에서 살아남기 위해 기업에서 부가가치가 높은 핵심 사업만 남겨두고 부수적인 업무는 외주에 의존하는 방법 • 인원 절감 및 생산성 향상이 가능함

2. 인력 과잉의 경우(수요 < 공급)

직무분할제 (직무공유제)	• 하나의 풀타임 업무를 둘 이상의 파트타임 업무로 전환시키는 방법 • 근로자가 직무에 대해 동등한 책임을 지는 수평적 분할을 의미하는 것으로 둘 이상의 근로자가 하나의 직무를 공유함 • 기업은 인건비를 절감할 수 있고 근로자는 개인 시간을 활용할 수 있음
조기 퇴직제도	• 일정 연령에 도달한 구성원이 조기에 퇴직하여 제2의 인생을 시작할 수 있도록 기회를 제공함 • 조직 내 인력 과잉과 이에 따른 경력정체 현상을 인원 감소를 통해 완화하려는 방법
다운사이징	• 조직의 경쟁력 제고를 위하여 다수의 인력을 계획적으로 감축하는 방법 • 현재의 손실을 줄이기보다는 미래의 경쟁력을 높이기 위해서 실시함
정리해고	경제적·산업 구조적 또는 기술적 성격에 기인한 기업 합리화 계획에 따라 남는 근로자를 감축하거나 그 인원 구성을 바꾸기 위해 시행함
사내벤처	특정 목적을 가지고 기업 내부에 독립적인 사업체를 설치하는 것

기출 & 확인 문제

01

[보기]에서 설명하고 있는 인적자원의 공급예측 기법으로 옳은 것은?

보기

시간의 흐름에 따라 개별 종업원의 직무이동 확률을 파악하기 위해 개발된 것으로 승진, 이동, 이직 등의 일정 비율을 적용하여 미래 각 기간에 걸쳐 현재 인원의 변동을 예측하는 방법이다.

① 관리자목록 ② 델파이기법
③ 추세분석법 ④ 마코브분석

해설

① 관리자목록: 조직 내 모든 관리자들의 관리 능력을 포함하여 그들의 자세한 정보를 모아 놓은 목록
② 델파이기법: 다수의 전문가들의 의견을 종합하여 미래 상황을 예측하는 기법
③ 추세분석법: 변수 하나를 선정하여 과거에 그 변수와 인적자원 수요 간의 관계가 전개된 추세를 통해 미래의 인적자원 수요를 예측하는 기법

02 [2024년 1회]

[보기]에서 설명하고 있는 인력계획의 미래예측 기법은 무엇인가?

보기

특정 문제에 있어서 다수의 전문가들의 의견을 종합하여 미래 상황을 예측하는 방법이다.

① 선형계획법 ② 추세분석법
③ 델파이기법 ④ 마코프분석

해설

① 선형계획법: 제한된 자원을 어떻게 하면 생산적 용도에 효율적으로 배분할 것인지를 결정하는 문제를 해결하기 위한 방법
② 추세분석법: 인적자원의 수요와 밀접한 관계를 가진 변수 하나를 선정하여 과거에 그 변수와 인적자원 수요 간의 관계가 전개된 추세를 통해 미래의 인적자원 수요를 예측하는 기법
④ 마코브분석(마코프분석): 특정 상황에서 미래의 어떤 시점에 대한 종업원의 현직위에서의 존재, 이직, 이동할 확률을 추정한 전이행렬을 통해 인력니즈를 파악하는 예측 기법

03

인력 과잉의 경우 활용할 수 있는 방안으로 가장 적절한 것은?

보기

㉠ 아웃소싱: 부가가치가 높은 핵심 사업만 남겨두고 부수적인 업무는 외주에 의존하는 방법
㉡ 파견근로: 다른 사업에서 고용하고 있는 근로자를 자기 기업에 파견하여 근로하게 하는 방법
㉢ 직무분할제: 하나의 풀타임 업무를 둘 이상의 파트타임 업무로 전환시키는 방법
㉣ 다운사이징: 조직의 경쟁력 제고를 위하여 다수의 인력을 계획적으로 감축하는 방법

① ㉠, ㉡ ② ㉠, ㉢
③ ㉡, ㉣ ④ ㉢, ㉣

해설

- 인력 과잉 시 대응 전략: 직무분할제, 조기 퇴직제도, 다운사이징, 정리해고 등
- 인력 부족 시 대응 전략: 초과근로, 임시직 고용, 파견근로, 아웃소싱 등

04

다음 중 인력 부족의 대응 방안으로 적절하지 않은 것은?

① 기간 계약 또는 시간제 등 탄력적인 인력을 고용한다.
② 부수적인 업무는 외주에 의존하여 부족한 인력을 보충한다.
③ 하나의 풀타임 업무를 둘 이상의 파트타임 업무로 전환시킨다.
④ 단기적으로 초과근로를 활용한다.

해설

하나의 풀타임 업무를 둘 이상의 파트타임 업무로 전환시키는 것은 직무분할제(직무공유제)를 의미하며, 직무분할제는 인력 과잉의 대응 방안이다.

| 정답 | 01 ④ 02 ③ 03 ④ 04 ③

05

델파이기법에 대한 설명으로 옳지 않은 것은?

① 특정 문제에 있어서 다수의 전문가들의 의견을 종합한다.
② 시간이 적게 소요된다.
③ 응답자에 대한 통제력이 결여된다.
④ 타인의 영향을 받지 않는다.

해설

델파이기법은 전문가들을 모이게 할 필요 없이 그들의 평가를 이끌어 낼 수 있고, 타인의 영향을 받지 않지만 시간이 많이 소요되며 응답자에 대한 통제력이 결여된다.

06 [2023년 4회]

인적자원의 수요예측 방법으로 가장 적절하지 않은 것은?

① 추세분석법　② 명목집단법
③ 마코브분석　④ 델파이기법

해설

마코브분석은 인적자원의 공급예측 방법 중 내부적 공급예측에 해당한다.

07 [2024년 5회]

인적자원계획 방법 중 수리적(정량적) 기법에 해당하지 않는 것은?

① 추세분석　② 회귀분석
③ 선형계획법　④ 전문가 예측법

해설

• 수리적(정량적) 기법: 추세분석, 회귀분석, 생산성 비율, 선형계획법
• 판단적(정성적) 기법: 전문가 예측법, 델파이기법, 명목집단기법

08 [2024년 6회]

인력의 수요가 공급보다 많을 경우 해야 할 조치로 적절하지 않은 것은?

① 아웃소싱　② 직무공유제
③ 파견근로 활용　④ 초과근로 활용

해설

• 인력 과잉 시 대응 전략: 직무공유제(직무분할제), 조기퇴직제도, 다운사이징, 정리해고 등
• 인력 부족 시 대응 전략: 초과근로 활용, 임시직 고용, 파견근로 활용, 아웃소싱 등

09 [2023년 3회]

[보기]에서 설명하고 있는 인력계획의 미래예측 기법은 무엇인가?

> 보기
>
> 인적자원 수요 결정의 다양한 요인들의 상관관계를 도출하여 미래의 수요를 예측한다.

① 회귀분석법　② 목적계획법
③ 델파이기법　④ 마코프분석

해설

② 목적계획법: 다수의 목표를 가지는 의사결정 문제를 해결하는 데 매우 유용한 기법으로 선형계획법에서 확장된 형태의 방법
③ 델파이기법: 다수 전문가들의 의견을 종합하여 미래 상황을 예측하는 기법
④ 마코브분석(마코프분석): 시간의 흐름에 따라 개별 종업원의 직무이동 확률을 파악하기 위해 개발된 것으로 승진, 이동, 이직 등의 일정 비율을 적용하여 미래 각 기간에 걸쳐 현재 인원의 변동을 예측하는 방법

| 정답 | 05 ② 06 ③ 07 ④ 08 ② 09 ①

직무관리

빈출 키워드
- ☑ 직무 관련 용어
- ☑ 직무분석
- ☑ 직무기술서와 직무명세서
- ☑ 직무평가 방법

1 직무관리

1. 의의

① 조직 구성원의 직무를 분석하여 직무내용을 파악하고, 이를 기초로 직무를 수행하기 위해 필요한 인력의 요건을 확정하여 직무 간 관계구조를 설정하는 활동을 말한다.
② 구성원들의 직무수행이 조직 목표 달성에 효과적으로 기여하도록 한다.

2. 절차

직무분석 → 직무기술서 작성 → 직무명세서 작성 → 직무평가

3. 직무 관련 용어 중요

구분	내용
요소	작업이 나누어질 수 있는 최소 단위
과업	목표를 위하여 수행되는 하나의 명확한 작업 활동
직위	근로자 개인에게 부여된 하나 또는 그 이상의 과업들의 집단
직무	• 작업의 종류와 수준이 동일하거나 유사한 직위들의 집단 • 직책이나 직업상 맡은 임무
직군	동일하거나 유사한 직무들의 집단
직종	직업이라고도 하며, 동일하거나 유사한 직군들의 집단
직종군	업무를 수행하는 데 필요한 노동력의 내용에 따라 크게 분류하는 기준

2 직무분석

1. 의의

① 특정 직무의 내용과 성질을 구체화하고, 그 직무를 수행함에 있어 공식적인 개요를 작성하는데 필요한 모든 정보(숙련도, 지식, 능력, 책임, 직무환경, 조직관계 등)를 수집하고 관리목적에 적합하게 정리하는 체계적 과정을 말한다.
② 인사관리의 기초정보를 제공하고, 직무기술서와 직무명세서 작성 시 사용된다.

2. 효과

① 근로자의 채용, 배치, 이동, 승진 등 고용관리의 합리화
② 근로자의 교육훈련 및 능력 개발의 증진
③ 직무평가의 기초자료 제공 및 임금관리의 합리화
④ 업무 분담의 적정화
⑤ 직무 중심의 조직 설계 및 업무 개선
⑥ 산업안전관리의 기초

3. 단계

구분	내용
준비 단계	예비조사, 직무 단위 결정, 분석자 선임 및 훈련, 분석 방법 결정
실시 단계	직무내용, 직무요건을 분석(인적요건, 정신적 · 육체적 조건, 작업환경 등)하여 직무 정보의 수집 및 직무분석표 작성
정리 단계	직무기술서(직무내용), 직무명세서(직무요건) 작성

4. 직무분석방법 중요

구분	내용
관찰법	• 직무분석자가 직무수행자를 직접 관찰하고 결과를 기록하는 방법 • 장점: 정확한 직무 파악이 가능함 • 단점: 직무분석자의 주관이 개입됨, 오랜 시간이 소요되는 직무에는 적용이 불가함
면접법	• 직무분석자가 근로자나 감독자와 면접을 통하여 직무를 파악하는 방법 • 장점: 직무에 대한 정확한 정보 획득이 가능함 • 단점: 광범위한 직무분석에 따라 시간과 비용이 증가함
질문지법	• 표준화된 질문지를 작성한 후 질문지를 근로자에게 배부하여 스스로 기입하게 하는 방법 • 장점: 광범위한 정보를 신속하게 수집 가능함, 계량적 분석 용이함 • 단점: 질문지를 해석하는 과정에서 오해가 발생할 수 있음
워크 샘플링법	• 전체 작업 과정 동안 무작위로 많은 관찰을 하여 직무 행동에 대한 정보를 얻는 방법 • 장점: 여러 직무 활동을 동시에 기록함으로써 전체 직무 모습의 파악이 가능함 • 단점: 직무 성과가 외형적일 때에만 적용 가능함
종합적 방법	위에 열거된 방법들을 종합하여 장점은 살리고 단점을 제거하는 방법
업무일지 분석법	직무수행 담당자에게 일정 기간 동안 작업일지를 작성하게 하여 직무분석에 이용함
경험법	직무분석자 자신이 직무 활동을 수행하고 그 경험에 의해 직무 지식을 파악함
작업기록법	직무 담당자가 매일 자신의 직무에 대한 작업일지와 메모 사항 등을 기록하여 직무 정보를 얻는 방법
중요사건기록법 (중요사실기록법)	• 직무 성과에 능률적인 행동과 비능률적인 행동을 구분하고, 그 사례를 수집하여 직무 성과에 효과적인 행동 패턴을 분석하여 업무 능력을 개선해 가는 방법 • 장점: 직무 성과와 행동의 관계 파악이 용이함 • 단점: 시간이 많이 소요됨

5. 직무기술서 중요

① 직무분석을 통해 직무수행과 관련된 과업 및 직무 행동을 일정한 양식에 기술한 보고서이다.

② 직무확인, 직무개요, 직무내용, 직무요건 등의 내용이 포함되어 있다.

〈양식〉 직무기술서

직무기술서 양식 사례

작성자: (서명) 작성일: 년 월 일 승인자: (서명)

1. 직무확인: 직무에 대한 기본사항을 확인하고 관련 정보를 기술할 것

직무코드	직무명	직무평가점수	임금범위(만원)	소속본부	팀명
H00001	인사관리		0,000~0,000	경영지원본부	인사팀

2. 직무개요: 직무의 주요 기능과 활동 등 직무의 일반적 성격에 대해 묘사할 것

급여 및 노사관계 업무를 제외한 전 직원의 인사업무를 경영상의 필요와 규정에 따라 공정하고 효율적으로 수행하여 경영목표 달성에 기여한다.

3. 권한관계: 직무에 부여된 권한관계를 기술할 것

의사결정 권한	인사제도 개선안 발의
	채용, 이동, 승진, 승격 등의 운영 시행안 발의
	적정 인력 규모의 결정권
예산 관련 권한	인사업무 관련 예산의 기안 및 시행

4. 직무내용: 직무를 구성 요소인 과업들로 나누고 상세한 묘사와 부연설명을 할 것

구분	과업명	과업내용	핵심 성공 요인
1	인사기획	인사제도 문제점 파악, 자료분석, 개선방안수립	제도의 공정성, 타당성
2	인사제도 개선업무	선진인사제도에 대한 연구 및 당사에의 적용 가능성 검토	제도의 공정성, 타당성
3	책임자급 인사관리	이동, 승격, 병가, 휴직자 관리, 인사 관련 상담	적정 승격률 유지
4	종합근무 평정	연간 2회 근무 평정 및 승격명부 작성	평정의 타당성, 신뢰성
5	자기신고서 관리	자기신고서 작성 및 입력, 책임자 및 사원 명부에 동내용 반영, 정기이동 시 참고자료 작성	활용도 향상
6	업무지원	본부 직원의 영업점 지원	적시성
7	인력동원	대외기관 관련 인력 지원(자연재해 복구 등)	적시성, 무사고
8	인사 MIS	제 발령 및 근태 관련 전산입력 및 확인	정확성
9	제증명 및 보고서 관리	재직증명서 · 경력증명서 발급, 조직기능도표 관리, 2년 이상 동일 업무담당자 보고	적시성, 정확성
10	책임자 명부관리	0급 이상 책임자의 개인신상 관련 및 DB화가 불가능한 부문관리	정보의 망라성
11	휴가	부점장 휴가관리, 병가관리, 연월차관리	규정 준수
12	출장	부점장의 시내출장 및 직원의 해외출장	규정 준수
13	복무에 관한 사항	입지 외 거주신청, 휘장관리, 명찰관리, 신분증명서 발급, 직장 내 성희롱 예방교육 상담	절차의 공정성
14	상벌인사위원회	직원에 관한 상벌 결정	규정 준수
15	채용		
16	사원급 인사관리		
17	인원관리		
…			
22	행사주관		

5. 보고 및 감독관계: 직무 담당자와 관계있는 사내외 관계자의 직무를 기입할 것

보고자	경영지원본부장
피감독자	인사팀장 및 팀원
사내 협력자	경영기획팀, 연수원, 총무팀, 노동조합
사외 관계자	금융감독원, 금융산업노동조합

6. 직무요건: 해당 직무의 숙련자로서 필요한 기초적인 직무요건을 명시할 것

학력	인문계열 대졸 및 동등 이상 학력
경력	특이사항 없음
필요 훈련/자격	조사 및 통계분석
	노무사/법무사 자격증 보유자 우대

7. 핵심역량: 해당 직무를 수행하기 위해 필요한 핵심역량을 구체적으로 기술할 것

① 조직 목표 달성을 위해 구성원들에게 동기를 부여하여 조직 역량을 극대화시킬 수 있는 리더십
② 옳고 그름에 대한 의사 표현 능력
③ 종합적인 분석력과 판단력을 갖춰 상사의 의사결정을 효과적으로 보좌할 수 있는 능력
④ 전산기기 사용 능력
⑤ 계획적이고 조직적으로 업무를 수행하는 능력
⑥ 상사의 지시사항을 명확하게 이해하는 능력
⑦ 풍부한 업무지식 및 실무 경험
⑧ 업무추진 과정에서 시행착오나 일정 차질을 예방하는 능력
⑨ 부하직원의 의견을 충분히 듣고 본인의 판단력을 추가한 뒤 상사에게 보고하여 업무추진에 도움을 주는 능력
⑩ 변화를 예측하여 한발 앞서 창의적으로 기획하고 조정하는 능력

6. 직무명세서 중요

직무분석의 결과를 중심으로 직무요건만 분리하여 직무 수행에 필요한 인적 특성을 중점으로 다루어 기술한 서식이다.

(1) 내용

① **직무 명칭**: 해당 직무의 명칭
② **교육**: 최소 교육연수, 교육 형태, 직무와 관련된 특정 분야의 교육내용
③ **육체적 특성과 건강**: 일반적인 신체적 특성, 정서적 안정성 등
④ **지적 능력**: 지수화
⑤ **특수한 능력**: 타인과의 협동 작업
⑥ **과거 직업 경험**: 최소 1년 이상 다른 분야에 종사한 경험
⑦ **특수한 지식 혹은 기능**: 서류, 기록, 자료 정리, 보고서 작성 등에 관한 지식 및 기능
⑧ **성숙 가능성**: 2년 이내 증가되는 책임을 담당할 수 있는 가능성
⑨ **기타**: 2년 이내 직무 담당자가 승진할 준비가 되어 있는지의 여부

인사과장의 자격 요건
- 성별: 남녀 무관
- 교육: 인사관리, 생산관리 교육 이수
- 경험: 인사관리 및 관련 분야에 근무한 경험
- 성격: 기업 내 조화를 이룰 수 있는 성격
- 지식: 인사관리에 대한 이해, 능력, 적성, 흥미, 성격 등의 개인차에 대한 지식

(2) 직무기술서와 직무명세서의 비교 중요

직무기술서	직무명세서
직무분석을 통해 나타난 결과를 관계자 모두가 이해할 수 있도록 간략하게 자료로 제공함	• 직무내용보다는 인적요건에 비중을 두어 작성함 • 고용, 훈련, 승진 등의 기초자료로 쓰임

3 직무평가

1. 의의

① 직무평가는 직무분석에 의하여 작성된 직무기술서, 직무명세서를 기초로 하며, 각 직무의 중요성, 곤란도, 위험도 등을 평가하고 타 직무와 비교하여 직무의 상대적 가치를 정하는 방법이다.

② 직무평가는 직무를 수행하는 사람을 평가하는 것이 아니라 직무 그 자체를 판단한다.

2. 목적

직무평가의 일차적인 목적은 직무의 상대적 가치에 따라 기업 내부의 임금격차를 결정하는 데 있으며, 넓은 의미에서의 목적은 기업 내의 임금체계나 구조를 확립하고 인사관리 전반의 합리화를 기하는 데 있다.

① 질적인 측면에서 직무의 상대적 가치와 그 유용성을 결정하는 자료를 제공한다.

② 노사 간에 타당성을 인정할 수 있는 임금격차를 줄여 근로자의 근로의욕을 증진시키고, 노사협력체계를 확립한다.

③ 조직의 직계제도 확립, 직무급 및 직급제도를 확립하는 자료를 제공한다.

④ 노동시장에서 노동자를 유인할 수 있는 우월한 임금체계를 수립하는 자료를 제공한다.

⑤ 단체교섭에 유용한 자료를 제공한다.

3. 요소

구분	내용
작업 요소	위험도, 작업시간, 작업환경, 작업위험 등
노력 요소	육체적, 정신적 노력 등
책임 요소	관리감독, 기계설비, 직무개선 책임, 원재료 등
숙련 요소	도전성, 교육, 경험, 몰입, 창의성, 지식, 기술 등

4. 방법 중요

(1) 종합적 평가(비계량적 평가 방법)

① 서열법: 기업 내 각 직무를 상대적인 숙련, 노력, 책임, 작업조건 등의 요소를 기준으로 종합적으로 판단하여 전체적으로 순위를 정하는 방법이다.

교대서열법	가장 우수하거나 가장 열등한 사람을 뽑고 나머지 사람들 중에서 또 우열한 사람을 뽑아 나가는 방법
쌍대비교법	두 사람씩 쌍을 지어 비교하면서 서열을 정하는 방법

장점	단점
• 간단하고 빠르게 적용 가능함 • 소규모 조직이나 단순한 직무 구조에 적합함	• 세부적인 분석 없이 전체적인 비교에 의존하며 평가자의 주관이 크게 개입될 가능성이 있음 • 유사한 직무가 많은 경우 서열화가 어려움

② **분류법:** 분류할 직무의 등급을 사전에 결정하고 각 직무를 판단하여 해당 등급에 분류하는 평가 방법으로, 이미 직무의 세부적 서열이 정해져 있지만, 보다 크게 구분하고자 할 때 활용한다.

장점	단점
• 서열법보다 체계적이며 객관적임 • 대규모 조직에서 활용이 용이함	• 직무의 수가 많은 경우 정확한 분류가 어려움 • 평가자의 주관이 개입될 가능성이 있음

(2) 분석적 평가(계량적 평가 방법)

① **점수법:** 직무를 평가 요소별로 분류하고 점수화하여 종합적으로 평가하는 방법이다.

장점	단점
• 직무 간 가치 비교가 구체적이고 명확함 • 평가자의 주관 개입을 최소화할 수 있음	• 평가 요소와 가중치 설정이 복잡하고 전문성이 필요함 • 시간과 비용이 많이 소요됨

② **요소비교법:** 가장 기본이 되는 몇 개의 기준 직무를 선정하여 기준 직무의 평가 요소별 가치를 임금액으로 환산하여 직무의 상대적 가치를 평가 요소별로 비교하여 평가하는 방법이다.

장점	단점
• 임금 공정성 확보에 기여할 수 있으며, 평가 결과의 타당성과 신뢰도가 높음 • 기준 직무를 통해 평가하므로 유사한 직무 및 기업 내 전체 직무평가에 용이함	• 평가 요소에 대한 주관이 개입될 가능성이 있음 • 평가 과정이 복잡하고 시간과 비용이 많이 소요됨

5. 유의점

① 직무평가의 목적을 분명하게 해야 한다.
② 직무평가의 기술적인 한계점을 인식하고 그에 대한 충분한 사전 검토를 해야 한다.
③ 직무평가에 대한 최고 경영층의 지원 및 조직 구성원들의 협조와 합의를 이끌어 낼 수 있어야 한다.

4 직무설계

1. 정의

조직의 목표를 달성하는 동시에 직무를 수행하는 개인의 욕구가 만족되도록 직무의 내용, 기능, 관계, 작업 방법을 합리적이고 체계적으로 설계하는 과정이다.

2. 목적

① 종업원의 동기부여(모티베이션) 향상
② 근로 생활의 질 향상
③ 생산성 향상
④ 재화와 용역의 품질과 양의 개선
⑤ 원가 절감
⑥ 이직과 훈련비용의 감소
⑦ 신기술에 대한 신속한 적응

3. 개인 수준의 접근 방법

(1) 전통적 접근 방법

애덤스미스의 국부론	분업에 의한 전문화 강조
테일러의 과학적 관리법	과업을 최대한 가능한 요소로 세분화
포드의 관리법	단순화, 표준화, 전문화에 초점
인간관계론	근로자의 개인적 · 사회적 욕구 충족에 초점

(2) 현대적 접근 방법 중요

직무순환	서로 다른 직무를 담당하게 바꾸어 주어 다양한 직무를 수행하도록 하는 직무 교대 방식으로, 단조로움 및 권태감을 없애고 결원 보충의 융통성, 능력과 자질을 높임
직무확대	과업의 다양성을 늘리기 위해 단순한 작업 요소 한 가지만 작업하던 것을 관련 있는 몇 개의 작업 요소로 묶어 동시에 작업할 수 있도록 하여 단조로움을 제거하는 방식(단순한 수평적 확대)
직무충실화	단순히 직무를 구조적으로 크게 하는 것이 아니라 직무의 내용을 고도화하여 작업상의 책임과 권한을 늘리며, 능력을 발휘할 수 있게 하고 보람과 도전성이 있는 직무를 만드는 방식으로, 종업원의 심적 부담감은 증가되지만 품질을 개선할 수 있음
직무특성이론	직무의 특성이 중요 심리 상태를 유발해 개인 및 작업 성과에 변화를 가져오게 되며, 이는 종업원의 성장 욕구의 강도에 따라 달라질 수 있음을 보여주는 방식
직무전문화	전체적인 과업을 보다 작은 요소로 분할하여 담당함으로써 종업원의 숙련도와 조직 능률의 상승을 목표로 하는 방식으로, 생산성이 향상되고 능률이 극대화되나 종업원의 권태와 불만 증가, 이직률 증가, 직무의 비인간화 등의 문제점이 발생할 수 있음
직무교차	수평적 직무확대의 형태로 반드시 직무의 일부분을 다른 작업자와 공동으로 수행해야 하는 방식
압축근무시간제	1주일의 근무시간을 5일 40시간(1일 8시간)에서 4일 40시간(1일 10시간)으로 압축하여 근무제를 실시하는 방식
변형근무시간제	하루에 근무시간 8시간을 지키면서 출 · 퇴근시간을 자유롭게 하는 방식

4. 집단 수준의 접근 방법

구분	내용
작업팀과 자율적 작업 집단	직무의 수평적 측면과 수직적 측면을 각각 집단 수준에 적용한 방법
팀 접근법	• 직무 담당자의 직무설계와 달리 직무 책임을 팀 전체 집단에 두는 접근 방법 • 집단 구성원의 직무수행이 집단 전체에 영향을 미치게 되므로 작업 집단의 성과 및 유효성과 연결되는 직무설계 기법
분임조	직무의 수직적 측면을 강화하여 구성원의 직무 만족과 집단 성과를 향상시키는 방법

기출 & 확인 문제

01 [2024년 6회]

작업의 종류와 수준이 동일하거나 유사한 직위들의 집단을 무엇이라고 하는가?

① 직무　　② 과업
③ 요소　　④ 직군

해설

② 과업: 목표를 위하여 수행되는 하나의 명확한 작업 활동
③ 요소: 작업이 나누어질 수 있는 최소 단위
④ 직군: 동일하거나 유사한 직무들의 집단

02 [2020년 5회]

직무기술서(Job Description)에 포함될 주요 내용으로 가장 적절하지 않은 것은?

① 인적 특성(근로자의 성별, 교육 정도, 경험 등 기술)
② 직무내용(직무수행 방법 기술)
③ 직무개요(직무수행의 목적, 내용 기술)
④ 직무요건(직무상의 의무와 절차, 작업조건 기술)

해설

인적 특성(근로자의 성별, 교육 정도, 경험 등 기술)은 직무명세서에 포함될 내용이다.

03 [2020년 3회]

다음 중 직무평가의 구체적인 목적으로 적합하지 않은 것은?

① 직무평가의 질적인 측면에서 직무의 상대적 가치와 그 유용성을 결정하는 자료를 제공하기 위함이다.
② 노사 간에 타당성을 인정할 수 있는 임금격차로 종업원의 근로의욕을 증진시켜 노사협력체계를 확립하기 위함이다.
③ 조직의 직계제도 확립과 직무급 직급제도 확립을 위한 자료를 제공하기 위함이다.
④ 직무의 내용과 성격에 관련된 모든 중요한 정보를 수집하고 이들 정보를 관리목적에 적합하게 정리하는 체계적 과정이다.

해설

직무의 내용과 성격에 관련된 모든 중요한 정보를 수집하고 이들 정보를 관리목적에 적합하게 정리하는 체계적 과정은 직무분석에 대한 설명이다.

04 [2022년 3회]

직무평가의 유의점에 대한 설명으로 옳지 않은 것은?

① 직무평가의 목적을 분명하게 해야 한다.
② 직무평가는 직무기술서와 직무명세서를 기초로 하여 직무의 절대적 가치를 정해야 한다.
③ 직무평가의 기술적인 한계점을 인식하고 그에 대한 충분한 사전 검토가 이루어져야 한다.
④ 직무평가에 대한 최고 경영층의 지원 및 조직 구성원들의 협조와 합의를 이끌어 낼 수 있어야 한다.

해설

직무평가는 직무분석에 의하여 작성된 직무기술서, 직무명세서를 기초로 하며, 각 직무의 중요성, 곤란도, 위험도 등을 평가하고 타 직무와 비교하여 직무의 상대적 가치를 정하는 방법이다.

| 정답 | 01 ① 02 ① 03 ④ 04 ②

05 [2020년 4회]

다음 중 직무전문화에 대한 설명으로 적합하지 않은 것은?

① 직무전문화는 전체적인 과업을 작은 요소로 분할하여 담당하게 하는 것으로 분업의 원리를 기초로 한다.
② 직무전문화는 과업의 내용과 양에 따른 수평적 전문화와 의사결정권과 권한에 따른 수직적 전문화로 구분된다.
③ 직무전문화를 통해 능률 극대화, 생산성 향상 및 종업원에 대한 훈련비 감소라는 긍정적인 결과를 얻을 수 있다.
④ 직무전문화는 조직 내에서 발생할 수 있는 종업원의 권태와 불만 증대, 이직률 증가, 직무의 비인간화 등의 문제점을 해결할 수 있다.

해설

직무전문화를 통해 능률 극대화, 생산성 향상 및 훈련비 감소 등의 효과가 나타날 수 있지만 종업원의 권태 및 불만 증대, 이직률 증가, 직무의 비인간화 등의 문제점이 발생할 수 있다.

06 [2024년 1회]

[보기]에 대한 직무분석 방법으로 가장 적절한 것은?

> 보기
> 직무분석자가 전체 작업 과정 동안 무작위로 많은 관찰을 하여 직무 행동에 대한 정보를 얻는 방법이다.

① 관찰법 ② 마코브분석법
③ 워크 샘플링법 ④ 중요사건기록법

해설

① 관찰법: 직무분석자가 직무수행자를 직접 관찰하고 결과를 기록하는 방법
② 마코브분석법: 특정 상황에서 미래의 어떤 시점에 대한 종업원의 현직위에서의 존재, 이직, 이동할 확률을 추정한 전이행렬을 통해 인력니즈를 파악하는 예측 기법
④ 중요사건기록법: 직무 성과에 능률적인 행동과 비능률적인 행동을 구분하고, 그 사례를 통해 직무 성과에 효과적인 행동 패턴을 분석하여 업무 능력을 개선해 가는 방법

07 [2021년 3회]

다음 중 직무순환의 취지에 대한 설명으로 적합하지 않은 것은?

① 기존에 수행하던 직무와 다른 직무를 수행하도록 한다.
② 결원 보충의 융통성을 높인다.
③ 단조로움 및 권태감을 없애고, 능력과 자질을 높인다.
④ 관련 있는 몇 개의 작업 요소로 묶어 동시에 작업하도록 한다.

해설

직무순환은 서로 다른 직무를 수행하도록 하여 결원 보충의 융통성, 능력과 자질을 높이고 단조로움 및 권태감을 없애기 위한 것이다. ④는 직무확대에 대한 설명이다.

08 [2024년 3회]

직무평가의 요소 중 책임 요소에 해당하는 것은?

① 육체적, 정신적 노력 등
② 위험도, 작업시간, 작업환경, 작업위험 등
③ 관리감독, 기계설비, 직무개선, 책임, 원재료 등
④ 도전성, 교육, 경험, 몰입, 창의성, 지식, 기술 등

해설

①은 노력 요소, ②는 작업 요소, ④는 숙련 요소에 해당한다.

09 [2021년 1회]

다음 중 직무설계 방법에 관한 설명으로 적합하지 않은 것은?

① 직무확대: 과업수와 다양성을 증가시키는 방법
② 직무순환: 여러 직무들을 돌아가면서 수행하도록 하는 방법
③ 직무충실: 직무의 의사결정권 및 더 많은 자율권과 책임을 부과하는 방법
④ 직무전문화: 과업을 보다 포괄적으로 묶어 업무재량권을 확대하기 위한 방법

해설

직무전문화는 전체의 과업을 보다 작은 요소로 분할하여 담당하도록 하는 방법으로 과업의 양적인 측면에서 세분화하는 것이다.

10 [2022년 6회]

현대적 직무설계 방식으로 가장 적절하지 않은 것은?

① 과학적 관리법을 통해 과업을 나누고 표준화하는 방식
② 서로 다른 직무 담당을 바꾸어 주고 직무를 교대하는 방식
③ 단조로움을 방지하기 위해 직무의 구성 요소가 되는 과업의 수를 늘려 업무의 범위를 확대하는 방식
④ 직무의 내용을 고도화하여 작업상의 책임과 권한을 늘려 보람과 도전성이 있는 직무를 만드는 방식

해설

① 테일러의 과학적 관리법은 전통적 접근 방법에 해당하며, ② 직무순환, ③ 직무확대, ④ 직무충실화는 현대적 접근 방법에 해당한다.

| 정답 | 05 ④ 06 ③ 07 ④ 08 ③ 09 ④ 10 ①

11 [2021년 6회]

다음 중 [보기]에서 직무분석 방법의 설명이 적절하게 묶인 것은?

보기

㉠ 관찰법: 전체 작업 과정 동안 무작위로 많은 관찰을 하여 직무 행동에 대한 정보를 얻는 방법
㉡ 질문지법: 표준화된 질문지에 따라 장점은 살리고 단점을 제거하는 방법
㉢ 작업기록법: 직무 담당자가 매일 자신의 직무에 대한 작업일지와 메모 사항 등을 기록하여 직무정보를 얻는 방법
㉣ 중요사건기록법: 직무 성과에 능률적인 행동과 비능률적인 행동을 구분하고, 그 사례를 수집하여 직무 성과에 효과적인 행동 패턴을 분석하여 분류하는 방법

① ㉠, ㉡　　② ㉠, ㉢
③ ㉡, ㉣　　④ ㉢, ㉣

해설

- ㉠ 관찰법: 직무분석자가 직무수행자를 직접 관찰하고 결과를 기록하는 방법
- ㉡ 질문지법: 표준화된 질문지를 작성한 후 근로자에게 배부하여 스스로 기입하게 하는 방법

12 [2019년 4회]

다음 중 직무평가의 방법이라고 할 수 없는 것은?

① 분류법: 사전에 직무에 대한 등급을 정해놓고 직무가 어느 등급에 해당하는지 분류하는 평가 방법
② 구조적 평가법: 미리 준비된 구조화된 질문지를 사용하는 직무평가 방법
③ 점수법: 각 직무 요소를 분해하고 평가 요소별로 점수화하여 종합적으로 평가하는 방법
④ 요소비교법: 가장 기본이 되는 몇 개의 기준 직무를 선정하여 기준 직무의 평가 요소별 가치를 임금액으로 환산하고 직무의 상대적 가치를 평가 요소별로 비교하여 평가하는 방법

해설

직무평가의 방법에는 서열법, 분류법, 점수법, 요소비교법이 있다.

13 [2023년 4회]

직무평가의 방법 중 계량적 평가로만 짝지어진 것은?

① 서열법, 분류법　　② 서열법, 점수법
③ 서열법, 요소비교법　　④ 점수법, 요소비교법

해설

- 비계량적 평가 방법: 서열법, 분류법
- 계량적 평가 방법: 점수법, 요소비교법

14 [2020년 1회]

직무분석은 준비 단계, 실시 단계, 정리 단계로 구분된다. 다음 직무분석의 절차 중 실시 단계로 적절한 것은?

① 직무분석의 예비조사
② 직무 단위의 결정
③ 직무정보의 수집 및 직무분석표 작성
④ 직무기술서 및 직무명세서 작성

해설

① 직무분석의 예비조사, ② 직무 단위의 결정은 준비 단계, ④ 직무기술서 및 직무명세서 작성은 정리 단계에 해당한다.

15 [2024년 4회]

직무설계의 목적에 대한 설명으로 가장 적절하지 않은 것은?

① 노사협상력 증대
② 작업의 생산성 향상
③ 종업원의 동기부여 향상
④ 신기술에 대한 신속한 대응

해설

직무설계의 목적은 종업원의 동기부여 향상, 신기술에 대한 신속한 대응, 생산성 향상, 이직과 훈련비용의 감소 등에 있다.

| 정답 | 11 ④　12 ②　13 ④　14 ③　15 ①

CHAPTER

인적자원확보

빈출 키워드
- ☑ 면접의 형태
- ☑ 스트레스 면접
- ☑ 선발의 오류
- ☑ 배치관리

1 채용관리

1. 의의

채용관리는 기업이 필요로 하는 양질의 인적자원을 적정 인원만큼 산정하고, 노동력을 발휘할 수 있도록 필요한 시기에 모집 및 선발하여 기업 내부로 배치하는 체계적인 관리 활동이다.

2. 중요성

① 생산적인 근로자의 채용과 보유로 인건비 지출이 감소한다.
② 합리적인 채용관리는 근로자 개인에게 능력 발휘의 기회가 되며, 직장 생활에 대한 만족을 통해 삶의 질 향상에 기여한다.
③ 채용을 통해 조직의 새로운 문화 형성 및 변화에 기여한다.
④ 일자리 창출과 사회정의 실현에 기여한다.
⑤ 공정하고 투명한 채용을 통해 기업의 이미지를 향상시킨다.
⑥ 인적자원의 역량을 축적하여 지속적으로 경쟁력을 향상시킨다.

3. 고려사항

신규채용으로 인해 인건비 부담 등의 문제가 발생할 수 있으므로 초과근무, 임시직 활용 등의 대안을 먼저 고려하는 것이 좋다.
① 근로자 구성
② 사회적 환경과 노동시장 여건
③ 조직의 구조

2 모집관리

1. 의의

소요인력으로 조직 외부로부터 기업의 직무수행에 필요한 능력을 갖춘 인재들을 조달하여 기업 내의 직무에 지원하도록 하는 구인 활동이다.

2. 방법

모집 방법에는 조직 내의 현직 근로자를 대상으로 모집 활동을 하는 내부모집과 조직 밖에 있는 사람을 대상으로 모집 활동을 하는 외부모집이 있다. 모집 방법은 근로자의 종별에 따라 분류하여 실시하는 것이 가장 적절하다.

구분	내부모집	외부모집
방법	• 관리자 및 기능목록 작성 • 사내 공개모집 제도(사내 게시판, 사보)	• 광고 • 온라인 모집(취업포털, 홈페이지) • 인턴십 제도 • 근로자 추천 • 채용박람회 • 헤드헌터 • 교육기관의 추천
장점	• 종업원의 성과 자료로 사용 가능함 • 내부 근로자의 승진 시 동기부여가 됨 • 훈련의 필요성을 강조함(능력 개발 촉진) • 시간 단축, 비용 절감	• 새로운 아이디어와 관점 도입 • 외부 인력 유입에 따른 조직 분위기 쇄신 • 유능한 인재 확보 • 인력개발 비용의 축소가 가능함
단점	• 다수의 종업원이 동일한 지위에 지원하여 경쟁이 치열해지고, 이로 인한 갈등을 초래함 • 탈락자의 사기 및 성과를 저하시킴 • 조직이 침체됨	• 부적격자 채용 가능성이 높음 • 내부 지원자의 사기를 저하시킴 • 업무 적응 시간이 증가함 • 모집 비용 및 시간이 증가함

> **사내 공모제**
> 기업에서 특정 프로젝트나 신규 사업에 필요한 인재를 모으기 위해 사내에 있는 인재를 널리 활용하는 제도이다. 구성원들에게 새로운 직무수행에 대한 동기부여를 할 수 있다는 장점이 있다.

> **인턴십 제도**
> 방학 또는 일정 기간 동안 시간 근로 형태로 졸업 직전의 특성화고등학교 학생이나 대학생들을 현장에서 근무시키고 졸업 후에 정규사원으로 채용하는 제도이다. 학생은 이론과 실무를 함께 배울 수 있고, 기업은 잠재 고용자를 밀접하게 알아볼 수 있으며, 이들이 고용 대상이 될 수 있다는 장점이 있다.

3 선발관리

모집에 응모한 지원자 중에서 채용기준과 직무요건에 적합한 사람을 선택하고 부적합한 사람은 배제하는 과정을 의미한다.

1. 선발 절차

예비면접 → 지원서 검토 → 선발시험 → 선발면접 → 신원조회 → 신체검사 → 채용

2. 면접의 형태

구분	내용
구조화 면접 중요	• 면접자가 기본적으로 세분화되고 상세한 내용의 표준화된 질문을 준비하여 질문하는 형태 • 모든 지원자들에게 동일한 순서로 동일한 질문을 하는 방식 • 질문이 매우 조직적으로 작성되며 지원자의 배경, 지식, 태도, 동기 등에 대해 자세한 질문을 함 • 훈련을 받지 않았거나 경험이 없는 면접자도 어려움 없이 면접 수행이 가능함
비구조화 면접	• 면접자가 특정한 질문 목록 없이 중요하다고 생각하는 내용이나 지원자의 특성 등에 대해 자유롭게 질문하는 방식 • 일반적으로 노련한 면접자에 의해 실시되며, 보통 면접자는 지원자들에게 동일한 질문을 하지 않음
준구조화 면접	중요한 질문은 사전에 설정되지만 면접자가 더 얻고자 하는 정보에 대해서는 자유롭게 추가적으로 질문을 할 수 있는 방식

3. 선발면접

구분	내용
스트레스 면접 중요	피면접자의 스트레스 상태에서 나타나는 감정 조절 및 인내도를 관찰하기 위해 공격적으로 지원자를 압박하는 등의 면접 방법으로, 직무와 관련된 스트레스 관리 능력과 감정조절 능력을 파악하는 데 목적이 있음
패널 면접	다수의 면접자가 한 명의 지원자를 평가하는 방법으로 피면접자의 면접 결과에 대해 면접자의 의견 교환 절차를 거쳐 광범위한 정보 수집 및 정확한 평가를 할 수 있으며, 관리직이나 전문직 선발 시 활용하는 방법
집단 면접	각 집단별로 특정 주제에 대한 자유 토론을 할 수 있는 기회를 부여하고, 토론 과정에서 개인적, 사회적 특성을 평가하는 방법
정형적 면접	직무명세서를 기초로 하여 미리 질문을 준비해 두고 이에 따라 면접자가 질문하는 방법
비지시적 면접	면접자가 획일적인 질문이 아닌, 피면접자에 따라 자유롭게 질문을 하면 이에 대해 피면접자가 생각나는 대로 거리낌 없이 자기를 표현하는 것으로, 듣는 태도와 고도의 질문 기술 및 훈련이 필요한 방법
블라인드 면접	피면접자에 대한 정보가 전혀 없는 상태에서 하는 면접 방법으로 출신지, 학력, 성별 등 차별을 야기할 수 있는 항목을 배제하고 직무 능력이 좋은 인재를 채용하는 방법
압박 면접	피면접자의 문제해결 능력, 논리적 사고, 긴장된 상황에서의 논리적인 대처 능력을 평가하기 위한 방법으로, 예상치 못한 상황에서의 대처 능력을 확인하는 데 목적이 있음

4. 선발의 오류 중요

(1) 제1종 오류

채용이 되었을 경우에는 만족할 만한 성과를 낼 수 있는 지원자가 시험이나 면접에서 불합격되는 일이 발생하는 오류이다.

(2) 제2종 오류

채용이 되었을 경우에는 만족할 만한 성과를 낼 수 없는 지원자가 시험과 면접에서 합격되는 일이 발생하는 오류이다.

5. 선발도구의 조건

(1) 신뢰성

도구를 선발 대상자들에게 적용했을 때 안정적이고 일관성 있는 결과를 얻어낼 수 있는지를 판단하는 기준이다.

구분	내용
시험-재시험법 (검사-재검사법)	서로 다른 시기에 동일한 내용의 시험을 실시하여 결과를 측정하는 방법
대체형식 방법 (복수양식법)	유사한 형태의 시험을 실시하여 두 시험 간의 상관관계를 살펴보는 방법
양분법 (반분법)	시험 내용이나 문제를 반으로 나누어 각각 검사한 후 두 결과를 비교하는 방법

(2) 타당성

시험이 당초에 측정하려고 의도하였던 것을 얼마나 정확하게 측정하고 있는지를 밝히는 정도이다.

구분	내용
기준 관련 타당성	• 동시 타당성(현재 타당성): 현직 근로자의 시험 성적과 직무 성과를 비교하여 선발도구의 타당성을 검사하는 방법 • 예측 타당성: 선발시험에 합격한 사람들의 시험 성적과 입사 후의 직무 성과를 비교하여 타당성을 검사하는 방법
내용 타당성	요구하는 내용을 선발도구가 얼마나 잘 나타내는지를 논리적으로 판단하며, 선발시험의 문항 내용이 측정 대상인 직무 성과와의 관련성을 잘 나타내고 있는지를 측정
구성 타당성	시험의 이론적 구성과 가정을 측정

(3) 효용성

선발도구의 효용성이 높다는 것은 선발에 있어서 평가도구의 성적이 미래의 직무 성과를 예측하는 능력이 좋다는 것을 의미한다. 선발도구의 효용성이 높을수록 선발 비용이 절감되고 우수 인재의 선발 가능성이 높아진다.

4 배치관리

1. 배치관리의 정의

선발된 근로자의 인적 자격과 직무요건을 대응 및 접합시켜 주는 것이다.

2. 배치관리의 원칙

구분	내용
적재적소주의	근로자가 소유하고 있는 능력과 성격 등의 면에서 최적의 지위에 배치되어 최고의 능력을 발휘하게 하는 원칙
실력(능력)주의	근로자가 능력을 발휘할 수 있는 영역을 제공하여 그 일에 대해 올바르게 평가하고 평가된 능력과 업적에 만족할 수 있는 대우를 하는 원칙
인재육성주의	• 사람을 소모시키면서 사용하지 않고 성장시키면서 사용해야 한다는 원칙 • 배치관리로 기업의 다양한 직무를 경험할 수 있도록 하여 장기적으로 근로자의 능력을 향상시키는 원칙
균형주의	특정인만 고려하는 것이 아니라 모든 사람을 평등하게 고려하여 특정 부분에 인재가 편중되지 않도록 직장 전체의 적재적소에 배치하는 원칙

3. 적정배치의 정의

① 직무를 수행할 사람과 수행할 직무를 일치시키는 것을 의미한다.

② 적정배치를 위해서는 직무와 사람이 지니는 요건이 설정되어야 하며 설정된 요건을 모두 충족시킬 수 있어야 한다.

기출&확인 문제

01 [2021년 6회]

다음 중 채용관리에 대한 설명으로 적절하지 않은 것은?

① 모집 활동은 소극적인 고용 활동이다.
② 생산적인 근로자의 채용과 보유로 인건비 지출이 감소한다.
③ 합리적인 채용관리는 근로자 개인에게 능력 발휘의 기회를 제공한다.
④ 신규채용으로 인해 인건비 부담 등의 문제가 발생할 수 있으므로 초과근무, 임시직 활용 등의 대안을 먼저 고려하는 것이 좋다.

해설

모집 활동(관리)은 기업의 직무수행에 필요한 능력을 갖춘 인재들을 조달하여 기업 내의 직무에 지원하도록 하는 적극적인 고용 활동이다.

02 [2023년 6회]

[보기]는 무엇에 대한 설명인가?

보기

직원의 능력을 활용함과 동시에 직원이 학습하고 성장할 수 있도록 해야 하며, 정기적인 배치전환 및 인사이동을 통하여 풍부한 경험을 축적시키고 능력을 개발시켜야 한다는 원칙이다.

① 균형주의 원칙 ② 능력주의 원칙
③ 인재육성주의 원칙 ④ 적재적소주의 원칙

해설

① 균형주의 원칙: 특정인만 고려하는 것이 아니라 모든 사람을 평등하게 고려하여 특정 부분에 인재가 편중되지 않도록 직장 전체의 적재적소에 배치하는 원칙
② 능력주의 원칙: 근로자가 능력을 발휘할 수 있는 영역을 제공하여 그 일에 대해 올바르게 평가하고 평가된 능력과 업적에 만족할 수 있는 대우를 하는 원칙
④ 적재적소주의 원칙: 근로자가 소유하고 있는 능력과 성격 등의 면에서 최적의 지위에 배치되어 최고의 능력을 발휘하게 하는 원칙

03 [2025년 1회]

도구를 선발 대상자들에게 적용했을 때 안정적이고 일관성 있는 결과를 얻어낼 수 있는지를 판단하는 기준을 나타내는 것은?

① 타당성 ② 효율성
③ 효용성 ④ 신뢰성

해설

선발도구의 조건에는 타당성, 효용성, 신뢰성이 있다.
- 타당성: 시험이 당초에 측정하려고 의도하였던 것을 얼마나 정확하게 측정하고 있는지를 밝히는 정도
- 효용성: 선발에서 평가도구의 성적이 미래의 직무성과를 얼마나 예측할 수 있는지를 판단하는 기준
- 신뢰성: 도구를 선발 대상자들에게 적용했을 때 안정적이고 일관성 있는 결과를 얻어낼 수 있는지를 판단하는 기준

04

다음 [보기] 중 인적자원의 외부모집 방법으로만 묶인 것은?

보기

㉠ 사보를 통한 필요 직무 및 충원 인원의 공개 모집
㉡ 전문 헤드헌터를 통한 모집
㉢ 채용박람회를 통한 모집
㉣ 인턴 제도를 통한 우수 인재 모집

① ㉠, ㉡ ② ㉠, ㉡, ㉢
③ ㉠, ㉢, ㉣ ④ ㉡, ㉢, ㉣

해설

㉠은 내부모집 방법에 해당한다.

| 정답 | 01 ① 02 ③ 03 ④ 04 ④

05 [2021년 5회]

다음 중 채용관리의 중요성에 대한 설명으로 적절하지 않은 것은?

① 효과적인 채용관리는 인력 조정의 유연성을 낮춘다.
② 인적자원의 역량을 축적하여 지속적 경쟁우위의 원천을 창출한다.
③ 종업원 개인의 경력개발과 관련되어 종업원 행위와 동기부여에 영향을 미친다.
④ 채용관리, 특히 선발관리는 조직문화의 형성과 변화에 상당한 영향을 미친다.

해설

효과적인 채용관리는 인력 조정의 유연성을 높인다.

06 [2024년 1회]

[보기]의 설명으로 가장 적절한 것은?

보기

선발시험에 합격한 사람들의 시험 성적과 입사 후의 직무 성과를 비교하여 타당성을 검사하는 방법이다.

① 내용 타당성 ② 구성 타당성
③ 예측 타당성 ④ 동시 타당성

해설

① 내용 타당성: 요구하는 내용을 선발도구가 얼마나 잘 나타내는지를 논리적으로 판단하며, 선발시험의 문항 내용이 측정 대상인 직무 성과와의 관련성을 잘 나타내고 있는지를 측정하는 방법
② 구성 타당성: 시험의 이론적 구성과 가정을 측정하는 방법
④ 동시 타당성: 현직 근로자의 시험 성적과 직무 성과를 비교하여 선발도구의 타당성을 검사하는 방법

07

다음 [보기]에서 설명하는 것은?

보기

관리직이나 전문직 선발에 많이 활용되고 있으며, 다수의 면접자가 한 사람의 피면접자를 상대로 하는 면접 방식이다. 피면접자에 대한 면접자의 면접 결과에 대해 의견 교환의 절차를 거쳐 광범위한 정보 수집 및 정확한 평가를 할 수 있는 면접 유형이다.

① 구조화 면접 ② 비구조화 면접
③ 집단 면접 ④ 패널 면접

해설

① 구조화 면접: 모든 지원자들에게 동일한 순서로 동일한 질문을 하는 방식
② 비구조화 면접: 면접자가 질문 목록을 준비하지 않고 자유롭게 질문하는 방식
③ 집단 면접: 각 집단별로 특정 주제에 대한 자유 토론을 할 수 있는 기회를 부여하고, 토론 과정에서 개인적, 사회적 특성을 평가하는 방법

08 [2024년 4회]

면접자는 지원자에게 악의, 적대가 있는 것으로 가정하고, 지원자를 당황하게 한 후 반응을 관찰하여 감정적인 자제 등을 평가하는 면접 시험의 유형은 무엇인가?

① 집단면접 ② 개별 면접
③ 스트레스 면접 ④ 비구조적 면접

해설

① 집단 면접: 각 집단별로 특정 주제에 대한 자유 토론을 할 수 있는 기회를 부여하고, 토론 과정에서 개인적, 사회적 특성을 평가하는 방법
② 개별 면접: 한 명 또는 여러 명의 면접자가 한 명의 지원자를 대상으로 진행하는 면접 방법
④ 비구조적 면접: 면접자가 특정한 질문 목록 없이 중요하다고 생각하는 내용이나 지원자의 특성 등에 대해 자유롭게 질문하는 방식

09 [2024년 3회]

외부모집에 대한 설명 중 적절하지 않은 것은?

① 모집 비용 및 시간이 감소한다.
② 인력개발 비용의 축소가 가능하다.
③ 유능한 인재 확보가 가능하다는 장점이 있다.
④ 내부 지원자의 사기를 저하시킨다는 단점이 있다.

해설

외부모집은 모집 비용 및 시간이 증가한다.

10 [2023년 5회]

선발상 오류에 대한 설명으로 가장 적절하지 않은 것은?

① 1종 오류는 적격자를 탈락시키는 경우를 말한다.
② 2종 오류는 저성과자를 선발하는 경우를 말한다.
③ 선발도구의 타당도는 1종 오류와만 관계가 있다.
④ 선발기준을 강화하여 2종 오류를 최소화할 수 있다.

해설

선발도구의 타당도는 1종 오류, 2종 오류와 모두 관계가 있다. 선발도구의 타당도가 높을수록 1종 오류와 2종 오류의 비중이 줄어든다.

| 정답 | 05 ① 06 ③ 07 ④ 08 ③ 09 ① 10 ③

11 [2024년 6회]

(주)생산성에서는 [보기]와 같이 사내 인트라넷을 통해 인적자원을 모집하고자 한다. (주)생산성의 모집방법을 고르시오.

보기

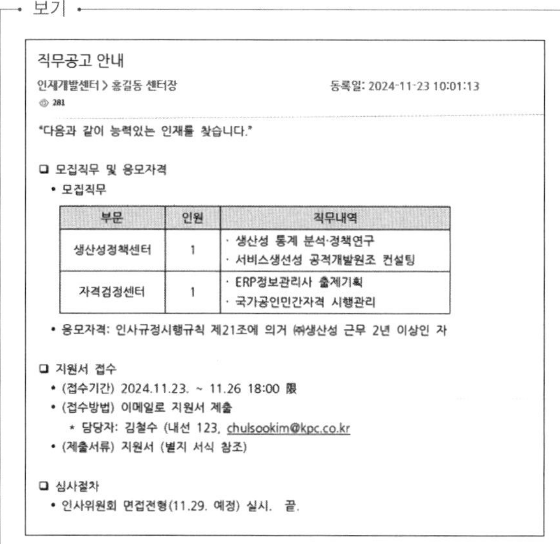

직무공고 안내

인재개발센터 > 홍길동 센터장　　　　등록일: 2024-11-23 10:01:13

281

"다음과 같이 능력있는 인재를 찾습니다."

❑ 모집직무 및 응모자격

• 모집직무

부문	인원	직무내역
생산성정책센터	1	· 생산성 통계 분석·정책연구 · 서비스생선성 공적개발원조 컨설팅
자격검정센터	1	· ERP정보관리사 출제기획 · 국가공인민간자격 시행관리

• 응모자격: 인사규정시행규칙 제21조에 의거 ㈜생산성 근무 2년 이상인 자

❑ 지원서 접수

• (접수기간) 2024.11.23. ~ 11.26 18:00 限

• (접수방법) 이메일로 지원서 제출

 * 담당자: 김철수 (내선 123, chulsookim@kpc.co.kr

• (제출서류) 지원서 (별지 서식 참조)

❑ 심사절차

• 인사위원회 면접전형(11.29. 예정) 실시.　끝.

① 인턴십　　② 헤드헌터
③ 종업원 파견　　④ 사내 공모제

해설

- 내부모집: 관리자 및 기능목록 작성, 사내 공개모집 제도(사내게시판, 사보)
- 외부모집: 광고, 인턴십, 헤드헌터, 근로자 추천, 온라인 모집, 교육기관의 추천 등

12 [2023년 5회]

[보기]의 면접 방법에 해당하는 것은?

보기

다수의 면접자가 한 사람의 피면접자를 상대로 하는 면접방식으로 관리직 또는 전문직 선발 시 많이 활용하는 방법이다.

① 패널 면접　　② 압박 면접
③ 정형적 면접　　④ 비지시적 면접

해설

② 압박 면접: 지원자의 문제해결 능력, 논리적 사고, 긴장된 상황에서의 논리적인 대처 능력을 평가하기 위한 방법
③ 정형적 면접: 직무명세서를 기초로 하여 미리 질문을 준비해 두고 이에 따라 면접자가 질문하는 방법
④ 비지시적 면접: 획일적인 질문이 아닌 피면접자에 따라 자유롭게 질문을 하면 이에 대해 피면접자가 생각나는 대로 거리낌 없이 자기를 표현하는 방법으로 면접자의 듣는 태도와 고도의 질문기술 및 훈련이 필요한 방법

| 정답 | 11 ④　12 ①

인사관리 – 인적자원개발

Enterprise
Resource
Planning

I NCS 능력단위 요소

- ☑ 인력이동관리 0202020104_23v4
- ☑ 인사평가 0202020105_23v3
- ☑ 교육훈련운영 0202020107_23v4

교육훈련

빈출 키워드
- ☑ 교육훈련의 목표 설정
- ☑ 직장 내 훈련
- ☑ 교육훈련 방법

1 인적자원개발

현재 및 미래의 직무 수요에 부응하기 위해 확보된 인적자원의 지식, 기술, 능력 등의 수준을 지속적으로 향상시키는 것을 의미한다.

2 교육훈련

조직의 목적을 달성하는 데 필요한 근로자의 지식, 기술, 능력 등의 역량을 학습시키는 체계적인 관리 활동이다.

1. 목적

구성원에 장·단기적 성과에 필요한 자질과 능력을 향상시키는 것을 목적으로 한다.

플리포(Edwin B. Flippo)에 의한 교육훈련의 목적	미이(F.Mee) 교수에 의한 교육훈련의 목적
• 생산성 증가 • 사고율 감소 • 사기 향상 • 감독자의 부담 감소 • 조직의 안정성과 탄력성의 증가	• 사고율 감소 • 커뮤니케이션의 개선 • 사기 제고 • 품질의 개선 • 근로자의 불평 해소 • 감독자의 부담 경감 • 작업 방법의 개선 • 낭비와 소모의 절감 • 결근과 인사이동의 감소 • 습득 시간 단축

2. 실시 순서

교육훈련의 필요성 인식 → 교육훈련의 목표 설정 → 교육훈련의 실시(대상자 선정, 교육훈련의 내용 및 담당자 선정 → 교육훈련 방법의 결정 → 교육훈련의 시기·기간 및 장소 결정) → 교육훈련 평가 활용

3. 목표 설정 시 유의사항 중요

① 실현 가능해야 한다.
② 최대한 측정 가능해야 한다.
③ 교육 수단과 교육 목표와의 관련성이 명확해야 한다.
④ 최종 목표에 도달하기 위한 하위 목표가 명시되어야 한다.
⑤ 피교육자의 의욕을 향상시켜야 한다.
⑥ 실무에서 효과가 나타나야 한다.

4. 평가 방법 4단계

우리나라 인사관리는 1997년을 기점으로 혁명적으로 변화하였으며, 성과주의 인사관리가 정착하면서 교육훈련에서도 성과의 측정과 평가가 중요해졌다.

커크패트릭의 4단계 평가 기준	
반응 평가	프로그램에 대한 전반적인 느낌과 만족도에 대한 평가
학습 평가	교육훈련 참여자의 지식기술능력(KSA) 수준의 향상도를 평가
행동 평가	훈련이 종료된 후에 교육훈련 참여자들이 현장에 복귀하여 성과 행동에 일어난 변화를 평가
결과 평가	주로 비용과 편익 분석을 실시하여 구체적 수치를 활용하며 교육훈련을 통해 조직의 효과성 증감 정도를 파악하는 방법

5. 교육훈련 방법의 종류

(1) 장소별 훈련 방법 분류 중요

① 직장 내 훈련(OJT): 작업을 하는 과정에서 직무에 관한 지식과 기술을 습득하게 하는 훈련 방법

장점	• 교육생의 수준에 맞게 실무와 밀착된 교육훈련이 가능함 • 훈련으로 학습 및 기술을 향상시킬 수 있으므로 구성원의 동기유발이 가능함 • 상사와 동료 간의 이해와 협동정신이 강화됨 • 낮은 비용으로 시행이 용이함 • 훈련과 직무가 직결되므로 경제적임
단점	• 우수한 상사가 반드시 우수한 교사는 아님 • 작업과 훈련 모두 소홀해질 수 있음 • 많은 구성원을 동시에 훈련시킴으로써 교육훈련의 내용과 수준의 통일성을 갖추기 힘듦 • 전문적인 지식과 기능을 전달하기 어려움 • 계획에 따른 교육이 어려움
예	• 도제 훈련: 수공업 · 상업 · 예술 · 예능 활동 분야의 작업 현장에서 감독자의 지도를 받거나 숙련공의 작업을 직접 보조하면서 지식과 기능을 습득하는 훈련 방법 • 직무교육훈련: 직무수행의 효율성과 능률을 증대시켜 생산적 효과를 높이기 위해 직장 내에서 단계적으로 실시하는 훈련 방법

② 직장 외 훈련(Off-JT): 근로자를 직무로부터 분리시켜 일정 기간 동안 교육에만 전념하게 하는 훈련 방법

장점	• 작업과 관계없이 많은 교육생에게 계획적인 훈련이 가능함 • 교육 전문가에 의한 것으로, 연수원이나 훈련원을 이용함 • 업무 부담에서 벗어나 훈련에 전념할 수 있으므로 훈련 효과가 증대됨
단점	• 시간과 비용 소모가 큼 • 교육 훈련의 결과를 현장에 바로 활용하기 어려움 • 직무수행에 필요한 인력 감소로 남아 있는 구성원의 업무 부담이 증가됨
예	강의식 훈련, 사례 연구, 비즈니스 게임 등

(2) 훈련 대상자별 교육훈련 방법

① 신입자

신입사원 교육훈련 (입직 훈련)	• 신입사원을 대상으로 조직의 방침, 제반사항, 직무요건 등을 훈련시키는 것 • 조직 생활에 필요한 자세와 태도를 갖추게 하는 것을 목적으로 함
멘토 시스템	신입 근로자가 조직에 조기 적응할 수 있도록 후견인을 두어 행동의 준거기준을 제시하고 진로와 대인관계 개발에 대한 지도훈련을 하여 조직 내 의사결정자에게 이들의 존재를 알려주는 역할을 하도록 하는 교육훈련

② 재직자

일반 근로자 훈련	• 기업 내의 각 계층에 종사하고 있는 일반사원 및 중견사원에 대한 교육훈련 • 각 계층별 실무 능력의 향상 및 문제 해결 과정의 습득, 문제 해결 능력의 향상, 근로자 상호 간의 협동심이나 책임감 함양, 팀워크 향상 등에 중점을 둠
감독자 교육훈련	• 기업 내의 현장 직접 근로자를 지휘 · 감독하는 일선의 감독자에 대한 교육훈련 • 작업 현장의 업무 감독 · 개선 능력과 근로자의 지도 능력 향상을 주요 목적으로 함
관리자 교육훈련	• 기업 내의 관리 활동을 담당하는 중간관리자에 대한 교육훈련 • 관리 지식의 습득 및 관리 능력의 개발, 종합적 사고력과 문제 해결 능력의 향상 등 관리자로서 필요한 관리 기술의 지도를 주요 목적으로 함
경영자 훈련	• 기업의 최고 경영자에 대한 교육훈련 • 기업의 환경 변화에 대응하는 전략적 사고능력의 증대, 기업가 정신의 개발과 경영 리더십의 발휘 등 경영 활동 전반에 관한 경영 능력의 향상을 주요 목적으로 함 • 기업 전반의 관점에서 전문적 지식, 계획 능력, 종합적 판단력 등을 개발하고 기업의 사회적 책임을 인식하도록 하는 교육훈련

(3) 교육훈련 방법의 분류 중요

구분	내용
역할연기법 (롤모델법)	특정한 상황을 설정하여 피훈련자에게 그 상황 속의 특정 역할을 맡기고 그 역할에 관한 행동을 실행하도록 하는 방법
직무순회법	• 순차적으로 직무를 교대시킴으로써 다양한 직무에 대한 지식과 경험을 습득하게 하는 방법 • 근로자로 하여금 기업 전체의 직무를 이해시켜 폭넓은 능력을 가진 인간으로 만들고, 직무에 대한 새로운 자극을 유발할 수 있음
브레인스토밍	• 기업의 문제 해결을 위한 회의식 방법 • 적절한 소수의 인원이 모여서 자유롭게 아이디어를 창출하는 방법
심포지엄	한 문제에 대하여 두 사람 이상의 전문가가 서로 다른 각도에서 의견을 발표하고 참석자의 질문에 답하는 형식의 토론 방법
액션러닝	• 소수의 인원으로 구성된 학습자 집단이 경영 현장에서 성과와 직결되는 이슈 혹은 과제를 정해진 시점까지 해결하도록 하여 개인과 조직의 역량을 동시에 향상시키는 행동 지향적 교육 방식 • 교육훈련의 제3의 물결이라고 할 수 있는 혁신 기법 • 행동(Doing)을 통해 '배운다(Learning)'는 원리에 기초를 둠
감수성 훈련	• 다른 사람이 생각하고 느끼는 것을 정확하게 감지하고 이에 대응하여 유연한 태도와 행동을 취할 수 있는 능력을 개발하기 위한 훈련 방법 • 경영자의 능력 개발을 위한 방법으로 많이 활용됨 • 집단생활을 경험하면서 자기가 타인으로부터 어떻게 인지되고 있는지, 타인이 자기를 보는 것처럼 자기 자신을 봄으로써 자기 자신을 이해하고 행동하게 하는 능력을 개발하는 데 중점을 둔 교육훈련으로서, 성장 욕구, 자아실현 욕구가 충족될 수 있도록 함

상호작용 분석	• 감수성 훈련과 같이 피교육자로 하여금 자신의 행동에 대한 인식을 높이고, 동시에 행동 개선을 유도하는 행동 개발 방법 • 피교육자의 행동이 부모, 성인, 유아 등 세 가지의 자아 상태에서 형성된다는 가정하에 성인으로서의 성숙한 행동을 유도해 나가는 훈련 방법
인바스켓법	• 실제 상황과 비슷한 상황을 부여하는 방법 • 주로 문제 해결 능력이나 기획 능력을 향상시킬 때 이용함 • 피훈련자 스스로 문제 해결에 필요한 자료에서 의사결정이나 해답을 구하게 하여 기획 능력이나 문제 해결 능력을 향상시키는 일종의 비즈니스 시뮬레이션 기법 • 피훈련자들에게 사전에 주어진 정보에 대한 문제를 종이쪽지에 적어 바구니 속에 넣고 흔들어 섞은 후 하나씩 꺼내어 펴보며 즉각 문제를 해결하도록 하는 기법
코칭	• **상급자와 하급자의 일상적인 관계를 인적자원개발로 유도하기 위한 과정** • 기본적으로 상급자는 강의실의 강사 역할을 수행하며, 역할 모형으로서의 기능을 하여 안내, 조직, 피드백 강화를 제공하는 방법
비즈니스 게임	경영 실태를 간략히 재현한 모의 회사 몇 개를 만들어 훈련자가 그 회사의 간부로서 직접 모의 경영을 하여 의사결정 능력을 향상시키는 경영 훈련 방법
대역법	• 관리자층이 직무 지식을 습득하는 데 사용하는 교육 기법 • 상사로부터 업무에 관한 자세한 사항을 교육받아 **관리자의 공석을 대비하는 방법**
강의식 방법	• 정해진 강사와 교재를 중심으로 훈련 내용을 전달하는 훈련 방법 • 교육자가 일방적으로 강의하는 방법
회의식 방법	일정한 장소에 모여 주제에 대한 지식과 경험 등을 발표하고 교환하여 문제점 등에 대해 토의하는 방법
사례 연구	• 특정 주제에 관한 실제 사례를 작성하여 배부하고 토론하는 방법 • 피교육자의 판단력, 지식, 태도, 분석 능력을 발전시켜 근로자의 문제 해결 과정에서의 판단력을 개발시키는 방법
시청각 훈련	강의식 교육에 비디오, 사진, 도표 등의 시청각 자료를 이용하여 흥미를 유발하는 방법
중견간부 이사회제도	관리자 또는 관리자로 예정된 근로자를 대상으로 하며, 모의 이사회에 참여함으로써 전체 기업경영에 대한 이해와 통찰력을 향상시키는 방법
행동모델법	관리자 및 종업원에게 어떤 상황에 대한 **가장 이상적인 행동을 제시하고, 교육 참가자가 이 행동을 이해하고 그대로 반복하게 하여 행동 변화를 유도하는 방법**
그리드 훈련	• 업무와 인간에 대한 관심을 각각 9단계로 구분 • 9단계로 구분한 도표에 의해 인간에 대한 관심과 업무에 대한 관심이 아주 낮은 1.1형, 인간에 대한 관심은 높으나 업무에 대한 관심이 낮은 1.9형, 업무에 대한 관심은 높으나 인간에 대한 관심이 낮은 9.1형, 인간에 대한 관심이 아주 높고 조직력도 잘 발휘되는 9.9형으로 나누고, 이 도표에 따라 관리 행동이나 조직 행동을 분석하고 9.9형이 되도록 훈련해 나가는 기법

자기계발

개인의 평생교육 차원에서 중요성이 부각되고 있는 교육훈련 방법으로, 개인 스스로 경력관리를 위해 노력하여 경력이 정체되는 것을 방지하는 역할을 한다.

NCS(국가직무능력표준)

고용노동부와 한국산업인력공단이 산업 현장의 변화와 요구에 부응할 수 있는 인력을 체계적으로 양성하기 위해 개발되었다. 산업 현장에서 직무를 수행하기 위해 요구되는 직무 능력(지식, 기술, 태도)을 과학적·체계적으로 도출하여 표준화한 것이며, 직무 능력은 직무수행 능력과 직업기초 능력으로 구분하고 있다.

기출&확인 문제

01 [2022년 5회]

직장 외 훈련(Off the Job Training)에 대한 설명으로 옳지 않은 것은?

① 낮은 비용으로 시행이 용이하다.
② 많은 교육생에게 계획적인 훈련이 가능하다.
③ 강의식 훈련, 비즈니스 게임 등의 방법이 있다.
④ 교육 훈련의 결과를 현장에 바로 활용하기 어렵다.

해설

낮은 비용으로 시행이 용이하다는 설명은 직장 내 교육의 장점에 대한 설명이다.

02 [2020년 3회]

교육훈련은 그 교육을 받는 대상자에 따라 신입자 훈련과 재직자 훈련으로 구분된다. 다음 중 그 분류가 다른 것은?

① 도제 훈련 ② 입직 훈련
③ 감독자 훈련 ④ 관리자 훈련

해설

- 신입자 훈련: 입직 훈련
- 재직자 훈련: 종업원 훈련(직업학교, 도제 훈련 등), 감독자 훈련, 관리자 훈련, 경영자 훈련

03 [2022년 4회]

어떤 상황에 대한 가장 이상적인 행동을 제시하고, 교육 참가자가 이 행동을 이해하고 그대로 반복함으로써 행동 변화를 유도하는 교육훈련 방법은 무엇인가?

① 액션러닝 ② 행동모델법
③ 브레인스토밍 ④ 인바스켓기법

해설

① 액션러닝: 경영 현장에서 성과와 직결되는 이슈 혹은 과제를 정해진 시점까지 해결하도록 하여 개인과 조직의 역량을 동시에 향상시키는 행동 지향적 교육 방식
③ 브레인스토밍: 기업의 문제 해결을 위한 회의식 방법으로 적절한 소수의 인원이 모여서 자유롭게 아이디어를 창출하는 방법
④ 인바스켓기법: 피훈련자 스스로 문제 해결에 필요한 자료에서 의사결정이나 해답을 구하게 하여 기획 능력이나 문제 해결 능력을 향상시키는 일종의 비즈니스 시뮬레이션 기법

04 [2024년 4회]

교육훈련 방법 중 '소수의 사람들이 모여서 집단회의를 열고 리더가 제기한 문제에 대하여 참가자 각자가 생각나는 아이디어를 자발적으로 제시하여 유용한 아이디어를 가능한 많이 얻어 문제의 해결책을 찾아보고자 하는 방법'은 무엇인가?

① 액션러닝 ② 심포지엄
③ 인바스켓법 ④ 브레인스토밍

해설

① 액션러닝: 소수의 인원으로 구성된 학습자 집단이 경영 현장에서 성과와 직결되는 이슈 혹은 과제를 정해진 시점까지 해결하도록 하여 개인과 조직의 역량을 동시에 향상시키는 행동 지향적 교육 방식
② 심포지엄: 한 문제에 대하여 두 사람 이상의 전문가가 서로 다른 각도에서 의견을 발표하고 참석자의 질문에 답하는 형식의 토론 방법
③ 인바스켓법: 실제 상황과 비슷한 상황을 부여하는 방법으로 주로 문제해결 능력이나 기획 능력을 향상시킬 때 이용하는 방법

| 정답 | 01 ① 02 ② 03 ② 04 ④

05

교육훈련 방법 중 신입 근로자가 조직에 조기 적응할 수 있도록 후견인을 두어 행동의 기준이 되고 진로와 대인관계 개발에 대한 지도훈련을 하여 조직 내 의사결정자에게 이들의 존재를 알려주는 역할을 하는 제도는?

① 역할연기 ② 멘토 시스템
③ 인턴사원제 ④ 브레인스토밍

해설

멘토 시스템에 대한 설명으로, 신입사원을 대상으로 한 교육훈련 방법 중 하나이다.

06 [2024년 5회]

직장 내 훈련(OJT)에 관한 설명으로 적절하지 않은 것은?

① 훈련과 직무가 직결되며, 경제적이다.
② 전문적인 지식과 기능을 전달할 수 있다.
③ 교육훈련의 내용과 수준의 통일성을 갖추기 힘들다.
④ 교육생의 수준에 맞게 실무와 밀착된 교육훈련을 할 수 있다.

해설

직장 내 훈련(OJT)은 전문적인 지식과 기능을 전달하기 어렵다는 단점을 가지고 있다.

07 [2023년 3회]

[보기]에서 설명하고 있는 교육훈련 방법으로 가장 적절한 것은?

보기

교육 참가자들이 소규모 집단을 구성하여 개인과 집단이 팀워크를 바탕으로 경영상의 실제 문제를 정해진 시점까지 해결하도록 하여 문제 해결 과정에 대하여 성찰을 통하여 학습하도록 지원하는 방법이다.

① 팀빌딩 ② 액션러닝
③ 그리드 훈련 ④ 인바스켓법

해설

① 팀빌딩: 팀을 이루어 진행하는 업무나 활동을 성공적으로 이끌기 위해 팀원들의 작업 및 커뮤니케이션 능력, 문제 해결 능력을 향상시켜 조직의 효율을 높이려는 조직개발 기법
③ 그리드 훈련: 업무와 인간에 대한 관심을 각각 9단계로 구분한 도표에 따라 관리 행동, 조직 행동을 분석하고 훈련해 나가는 기법
④ 인바스켓법: 피훈련자 스스로 문제 해결에 필요한 자료에서 의사결정이나 해답을 구하게 하여 기획 능력이나 문제 해결 능력을 향상시키는 일종의 비즈니스 시뮬레이션 기법

08 [2022년 5회]

[보기]에서 설명하는 교육훈련 방법으로 가장 적절한 것은?

보기

한 문제에 대하여 두 사람 이상의 전문가가 서로 다른 시각에서 의견을 제시하고 토론하는 방법으로, 참여한 참석자의 질문에 답변을 하며 진행될 수 있다.

① 심포지엄 ② 인바스켓법
③ 비즈니스 게임 ④ 상호작용 분석

해설

② 인바스켓법: 피훈련자들에게 사전에 주어진 정보에 대한 문제를 종이쪽지에 적어 바구니 속에 넣고 흔들어 섞은 후 하나씩 꺼내어 펴보며 즉각 문제를 해결하도록 하는 기법
③ 비즈니스 게임: 경영 실태를 간략히 재현한 모의 회사 몇 개를 만들어 훈련자가 그 회사의 간부로서 직접 모의 경영을 하여 의사결정 능력을 향상시키는 경영 훈련 방법
④ 상호작용 분석: 피교육자의 행동이 부모, 성인, 유아 등 세 가지의 자아 상태에서 형성된다는 가정 하에 성인으로서의 성숙한 행동을 유도해 나가는 훈련 방법

09 [2022년 6회]

[보기]에서 설명하는 교육훈련 방법으로 가장 적절한 것은?

보기

상급자는 강의실의 강사 역할을 수행하며, 역할 모형으로서의 기능을 하여 안내, 조직, 피드백 강화를 제공하는 교육훈련 방법이다.

① 코칭 ② 현장 훈련
③ 인바스켓법 ④ 브레인스토밍

해설

코칭에 대한 설명으로, 코칭은 상급자와 하급자의 일상적인 관계를 인적자원개발로 유도하기 위한 과정이다.

| 정답 | 05 ② 06 ② 07 ② 08 ① 09 ①

10 [2021년 4회]

커크패트릭의 교육훈련 4단계 평가 기준에서 다음 [보기]의 설명에 적합한 단계는?

> 보기
>
> 주로 비용과 편익 분석을 실시하여 구체적 수치를 활용하며 교육훈련을 통해 조직의 효과성 증감 정도를 파악하는 방법이다.

① 반응 평가 ② 학습 평가
③ 행동 평가 ④ 결과 평가

해설

① 반응 평가: 프로그램에 대한 전반적인 느낌과 만족도에 대한 평가
② 학습 평가: 교육훈련 참여자의 지식기술능력(KSA) 수준의 향상도를 평가
③ 행동 평가: 훈련이 종료된 후에 교육훈련 참여자들이 현장에 복귀하여 성과 행동에 일어난 변화를 평가

11 [2023년 5회]

[보기]에서 설명하는 교육훈련 방법으로 가장 적절한 것은?

> 보기
>
> 경영 실태를 간략히 재현한 모의 회사 몇 개를 만들어 훈련자가 그 회사의 간부로서 직접 모의 경영을 하여 의사결정 능력을 향상시키는 경영 훈련 방법이다.

① 사례 연구 ② 액션러닝
③ 비즈니스 게임 ④ 상호작용 분석

해설

① 사례 연구: 특정 주제에 관한 실제 사례를 작성하여 배부하고 토론하는 방법
② 액션러닝: 소수의 인원으로 구성된 학습자 집단이 경영 현장에서 성과와 직결되는 이슈 혹은 과제를 정해진 시점까지 해결하도록 하여 개인과 조직의 역량을 동시에 향상시키는 행동 지향적 교육 방식
④ 상호작용 분석: 감수성 훈련과 같이 피교육자로 하여금 자신의 행동에 대한 인식을 높이고, 동시에 행동 개선을 유도하는 행동 개발 방법

12

다음 [보기]의 (　　) 안에 들어갈 교육훈련 방법은?

> 보기
>
> 최근 입사 후 3년 이내 이직률이 높은 경우가 많아 회사마다 입사 초기부터 신입사원의 조직 내 원활한 적응을 위한 (　　　)의 중요성이 커지고 있다. 이를 통해 신입사원은 회사에 대한 좋은 인상, 친밀감, 애사심 등을 갖게 된다.

① 기능공 훈련 ② 입직 훈련
③ 위탁교육 훈련 ④ 직무현장 훈련

해설

입직 훈련은 신입사원을 대상으로 조직의 방침, 제반사항, 직무요건 등을 훈련하는 방법으로 조직 생활에 필요한 자세와 태도를 갖추게 하는 것이 목적이다.

13 [2024년 6회]

[보기]에서 설명하는 교육훈련 방법은 무엇인가?

> 보기
>
> 실제 상황과 비슷한 상황을 부여하는 방법으로 주로 문제 해결 능력이나 기획 능력을 향상시킬 때 이용한다.

① 액션러닝 ② 인바스켓법
③ 비즈니스 게임 ④ 행동모델링법

해설

① 액션러닝: 소수의 인원으로 구성된 학습자 집단이 경영 현장에서 성과와 직결되는 이슈 혹은 과제를 정해진 시점까지 해결하도록 하여 개인과 조직의 역량을 동시에 향상시키는 행동 지향적 교육 방식
③ 비즈니스 게임: 경영 실태를 간략히 재현한 모의 회사 몇 개를 만들어 훈련자가 그 회사의 간부로서 직접 모의 경영을 하여 의사결정 능력을 향상시키는 경영 훈련 방법
④ 행동모델링법: 관리자 및 종업원에게 어떤 상황에 대한 가장 이상적인 행동을 제시하고, 교육 참가자가 이 행동을 이해하고 그대로 반복하게 하여 행동 변화를 유도하는 방법

14

다음 중 교육훈련의 실시 계획에서 첫 번째 단계는?

① 교육훈련의 대상 선정
② 교육훈련의 내용 선정
③ 교육훈련의 필요성 인식
④ 교육훈련의 담당자 선정

해설

교육훈련은 '교육훈련의 필요성 인식 → 교육훈련의 목표 설정 → 교육훈련의 실시(대상자 선정, 교육훈련의 내용 및 담당자 선정 → 교육훈련 방법의 결정 → 교육훈련의 시기·기간 및 장소 결정) → 교육훈련 평가 활용' 순으로 실시한다.

| 정답 | 10 ④ 11 ③ 12 ② 13 ② 14 ③

15

다음 중 교육훈련 방법에 대한 설명으로 올바른 것은?

① 직장 내 훈련(OJT): 종업원을 일단 직무로부터 분리시켜서 일정 기간 오로지 교육에만 열중케 하는 것으로, 집단적으로 실행되는 것이 일반적이다.
② 직장 외 훈련(Off-JT): 작업을 하는 과정에서 직무에 관한 지식과 기술을 습득하게 하는 훈련 방식으로, 훈련은 주로 감독자에 의해서 개별적으로 실시된다.
③ 관리자 훈련(M.T.P.): 주로 기업 조직 내의 구성원 중에서 타인과 유대관계가 좋고 집단 내에서 지도력을 행사하는 총 감독자적 자질을 갖춘 대상자들에게 리더십 훈련을 시키는 데 목적을 둔 훈련이다.
④ 경영자 훈련(C.C.S): 주로 기업 전반의 관점에서 전문적 지식, 계획 능력, 종합적 판단력 등을 개발하고 기업의 사회적 책임을 인식하면서 최고 경영자로서 의사결정을 할 수 있도록 훈련 내용을 설계하는 훈련이다.

해설

①은 직장 외 훈련, ②는 직장 내 훈련, ③은 감독자 교육훈련에 대한 설명이다.

16 [2020년 1회]

다음 중 성장 욕구, 자아실현 욕구가 충족될 수 있도록 하는 훈련으로 자유로운 분위기가 형성된 상황에서 대부분의 사람들은 친밀하게 되고 각자 자기 자신에 대해 더 많은 것을 알 수 있다고 가정하여 타인이 자기를 보는 것처럼 자신을 봄으로써 자기 자신을 이해하고 행동을 바꾸게 하려는 교육훈련 방법은?

① 역할연기법 ② 행동모델법
③ 감수성 훈련 ④ 인바스켓법

해설

① 역할연기법: 특정한 상황을 설정하여 피훈련자에게 특정 역할에 관한 행동을 실행하도록 하는 방법
② 행동모델법: 관리자 및 종업원에게 어떤 상황에 대한 가장 이상적인 행동을 제시하고 교육 참가자가 그대로 반복하게 하여 행동 변화를 유도하는 방법
④ 인바스켓법: 피훈련자들에게 사전에 주어진 정보에 대한 문제를 종이쪽지에 적어 바구니 속에 넣고 섞은 후 하나씩 꺼내어 펴보며 문제를 해결하도록 하는 기법

17 [2019년 6회]

다음 중 [보기]의 (가), (나), (다)에 들어갈 용어는?

보기

- (가) 교육은 비교적 광범위한 경영 문제와 경영원리의 습득, 관리 기술의 지도를 목적으로 하는 훈련이다.
- (나) 교육은 직접 부하를 지휘, 감독하는 제일선의 감독자를 위한 교육훈련이다.
- (다) 교육은 주로 기업 전반의 관점에서 전문적 지식, 계획 능력, 종합적 판단력을 개발하고 기업의 사회적 책임을 인식하도록 하는 훈련이다.

	(가)	(나)	(다)
①	경영자	감독자	관리자
②	경영자	관리자	감독자
③	관리자	감독자	경영자
④	감독자	관리자	경영자

해설

재직자 교육훈련 방법 중 (가)는 관리자, (나)는 감독자, (다)는 경영자 훈련에 해당한다.

| 정답 | 15 ④ 16 ③ 17 ③

이론 실무 시뮬레이션 최신 기출문제

이동/승진/이직

빈출 키워드

- ☑ 배치전환
- ☑ 승진의 유형
- ☑ 연공주의와 능력주의
- ☑ 자발적 · 비자발적 이직

1 이동

1. 인사이동의 정의

기업에 채용된 근로자를 특정 직무에 배치한 후 근로자의 능력이나 조직 변화에 의해 수직적 · 수평적 배치의 변화를 가져오는 인적자원상의 절차를 의미한다.

수직적 인사이동	승진, 승격 등 직원의 종적인 인사이동
수평적 인사이동	기존의 직무에서 새로운 직무로 급여, 지위, 책임 등의 차원에서 별다른 변동 없이 이동하는 수평적 인사이동(배치전환 = 전환배치)

2. 효과적 인사이동의 원칙

(1) 적재적소주의 원칙

한정된 인적자원을 최대한 활용하고 근로자의 능력과 직무를 모두 고려하여 최상의 성과와 목표를 달성할 수 있도록 해야 한다(사내 공모제).

(2) 적정 인력주의 원칙

업무량의 예측에 기초를 두어 적정한 수의 인원 배치를 목적으로 한다.

(3) 능력주의 원칙

특정 직무를 수행할 능력을 보유한 직원 중에서 최고의 능력을 보유한 직원에게 직무를 할당하고 능력과 성과에 따라 합리적인 평가와 보상이 이루어질 수 있어야 한다.

(4) 인재육성주의 원칙

① 직원의 능력을 활용함과 동시에 직원이 학습하고 성장할 수 있도록 해야 하며, 정기적인 배치전환 및 인사이동을 통하여 풍부한 경험을 축적시키고 능력을 개발시켜야 한다.
② 인재를 사용만 하는 것이 아니라 육성도 해야 한다.

(5) 균형주의 원칙

특정 개인의 적재적소만 고려하는 것이 아니라 모두에게 공평한 인사이동의 기회가 주어지도록 조직 전체의 적재적소를 고려해야 한다.

+ 배치전환 = 전환배치(Transfer)의 유형 중요

- **생산 및 판매 변화에 의한 전환배치:** 제품 시장의 환경 변화로 생산 및 판매 상황의 변동에 따른 전환배치
- **순환근무:** 장기간 특정 근무를 할 경우 매너리즘에 빠지는 것을 막기 위한 전환배치
- **교대근무:** 근로자의 근무시간을 다른 시간대로 이동하는 전환배치
- **교정적 전환배치:** 작업 집단 내 인간관계에 문제가 생겨 상사와 부하의 갈등이 심화될 때 하는 전환배치

3. 인사이동의 목적 중요

① 생산성 향상
② 모티베이션 향상
③ 매너리즘 타파
④ 직무 만족도 증가
⑤ 능력 개발 및 인재 양성
⑥ 조직의 유연성 제고

2 승진

1. 의의

① 기업 내에서 개인이 현재 수행하는 직무보다 더 높은 상위 직무로 이동하는 것을 의미하며, 현재 수행하고 있는 직무보다 높은 책임과 권한을 가진 상위 자격에 해당하는 직책을 부여하는 제도이다.
② 종전의 직무에 비해 더 많은 능력을 필요로 하는 높은 수준의 직무로 수직적, 상향적으로 이동하는 것이 근로자에게 동기부여가 된다.

2. 승진관리의 원칙

(1) 적정성의 원칙(승진보상의 크기)

① 조직 구성원의 공헌에 따라 어느 정도의 승진과 보상을 해야 하는지 그 적정성과 크기를 파악해야 한다.
② 승진할 능력과 시기가 되었을 때 승진이 가능해야 한다는 원칙이다.

(2) 공정성의 원칙(승진보상의 배분)

조직이 조직 구성원에게 나누어 줄 수 있는 승진의 기회를 공정한 규칙하에 실질적으로 동등하게 부여했는지의 여부이다. 즉, 올바른 사람에게 배분했는가에 대한 원칙이다.

(3) 합리성의 원칙(공헌의 측정 기준)

① 조직 구성원이 조직의 목표 달성을 위해 공헌한 내용을 정확히 파악하기 위해 공헌도와 능력 수준을 무엇으로 간주할 것인가에 대한 원칙이다.
② 승진판단의 기준이 되는 측정기준, 측정내용이 합리적인지의 여부와 관련된 원칙이다.

3. 승진관리의 방침(수행 기준)

(1) 연공주의

① 조직 구성원 간 근속 기간의 차이에 따라 승진에 우선권을 주는 제도이다.
② 근속연수에 비례하여 개개인의 업무 능력과 숙련도가 신장된다는 사고에 근거한다.
③ 주로 안정성을 중요시하는 구성원이 선호한다.

> 연공주의와 능력주의의 조화
> 연공주의와 능력주의의 절충안으로 기업 환경의 변화에 부합되도록 연공주의와 능력주의를 적절히 조화시켜 승진관리에 적용해야 한다.

(2) 능력주의

① 조직 구성원이 조직의 목표 달성에 기여한 업무수행 성과에 따라 승진에 우선권을 주는 제도이다.
② 구성원에게 동기부여가 된다는 장점이 있으나, 지나친 경쟁심으로 인해 협동심을 저해한다는 단점이 있다.
③ 주로 조직의 성과를 우선시하는 경영자들이 지지한다.

(3) 연공주의와 능력주의의 비교 중요

구분	연공주의	능력주의
승진 기준	사람 중심, 신분 중심	직무 중심, 직무 능력 중심
합리성 여부	비합리적 기준	합리적 기준
승진 요소	근속연수, 연령, 학력, 경력	직무수행 능력, 업적, 성과
직종	일반직종	전문직종
계층	하위계층	상위계층
사회 행동의 가치 기준	전통적, 정의적 기준	가치적, 목적적 기준
사회 문화적 전통	• 가족주의 • 종신고용제 • 장유서열관 • 동양사회 • 운명 공동체적 풍토 • 집단주의	• 개인주의 • 단기고용제 • 능력서열관 • 서양사회 • 이익 공동체적 풍토
특성	• 집단 중심의 연고 질서 형성 • 적용이 용이함 • 승진관리의 안정성 • 객관적 기준	• 개인 중심의 경쟁 질서 형성 • 적용이 어려움 • 승진관리의 불안정 • 능력 평가에 대한 객관성 확보의 어려움

4. 승진의 유형 중요

구분	내용
직급승진	상위 직급으로 승진시키거나 공석이 발생할 경우(이직 또는 퇴직) 해당 직급에 적합한 자를 선발해 승진시키는 제도
직능자격승진	종업원이 보유한 직무수행 능력을 기준으로 승진시키는 제도
신분자격승진	직무내용과는 관계없이 구성원 개인의 근무연수, 학력, 연령 등의 인적 자격 요건에 따라 승진시키는 제도
역직*승진	조직 구조의 관리 체계를 위해 라인상의 직위를 상승시키는 제도(예 사원 → 대리 → 계장 → 과장 → 차장 → 부장)
대용승진	직무 중심이 아닌 융통성 있는 인사관리를 위해 직책과 권한 등 직무내용상의 실질적인 변화나 보상 없이 직위, 명칭 등을 변경하는 형식적인 형태의 제도로, 인사 체증과 사기 저하를 방지함
조직변화승진	승진 대상에 비해 직위가 부족한 경우 조직 변화를 통해 조직의 직위 계층을 늘려 근로자에게 승진의 기회를 확대시키는 제도
발탁승진	일정 기간의 직무수행 능력 및 업적만을 평가하여 특별히 유능한 사람에게 승진의 기회를 제공하는 제도

+ 승진 vs 승급

- 승진(Promotion): 기업 내에서 개인이 현재 수행하는 직무보다 더 나은 직무로 이동하는 것을 의미한다.
- 승급(Upgrading): 동일 조직 단위 내에서 기능 수준이 보다 높은 직무로 전환배치되는 것으로 어떤 의미에서는 소폭의 승진을 의미한다.

* 역직
조직을 운영하는 데 필요한 직위를 의미한다.

3 이직

1. 정의

근로자가 소속되어 있던 기업으로부터 이탈하는 것을 의미하며, 자발적 이직과 비자발적 이직으로 나눌 수 있다.

2. 자발적 이직과 비자발적 이직 중요

(1) 자발적 이직

전직	근로자가 스스로 새로운 직장으로 옮기는 것
사직	결혼, 이주, 질병 등의 개인적인 사유로 근로자가 스스로 회사를 그만두는 것
휴직	일정 기간 동안 해외 유학, 치료 등의 특정 목적으로 근로계약은 유지하면서 근무하지 못하게 되는 것

(2) 비자발적 이직

파면 · 해고	근로자의 불성실한 업무 태도나 매우 낮은 업무 성과로 인하여 조직이 근로자에게 고용관계의 종결을 알리는 것
일시해고	인력이 불필요하게 많아 일시적으로 근로자를 해고하는 것
정년퇴직	근로자의 근로기간 만료와 건강을 고려하여 조직에서 근로자를 퇴임시키는 것
명예퇴직	법정 퇴직 연령이나 고용계약상의 정년 전에 종업원들이 근속연수나 연령 등 일정한 기준을 충족하면 자발적인 의사에 따라 규정상의 퇴직금 이외의 금전적 보상 등을 지원하여 정년 전에 근로계약관계를 종료시키는 것으로, 조기 퇴직 우대제, 희망퇴직제, 선택정년제 등으로도 불림

기출&확인 문제

01

다음 중 기업 직무환경 요건에 적합한 근로자의 적정배치 실현과 함께 모든 직무에 대한 정기적인 배치전환 및 인사이동으로 풍부한 경험 축적, 능력 개발을 하는 인사이동의 원칙은?

① 능력주의 원칙 ② 균형주의 원칙
③ 적재적소의 원칙 ④ 인재육성주의 원칙

해설

인재육성주의 원칙에 대한 설명으로, 직원의 능력을 활용함과 동시에 직원이 학습하고 성장할 수 있도록 해야 한다.

① 능력주의 원칙: 특정 직무를 수행할 능력을 보유한 직원 중에서 최고의 능력을 보유한 직원에게 직무를 할당하고 능력과 성과에 따라 합리적인 평가와 보상이 이루어져야 한다는 원칙
② 균형주의 원칙: 특정 개인의 적재적소만 고려하는 것이 아니라 모두에게 공평한 인사이동의 기회가 주어지도록 조직 전체의 적재적소를 고려해야 한다는 원칙
③ 적재적소의 원칙: 한정된 인적자원을 최대한 활용하고 근로자의 능력과 직무를 모두 고려하여 최상의 성과와 목표를 달성할 수 있도록 해야 한다는 원칙

02 [2024년 5회]

승진의 유형 중 일정 기간의 직무수행 능력 및 업적만을 평가하여 특별히 유능한 사람에게 승진을 제공하는 제도는 무엇인가?

① 역직 승진 ② 직급 승진
③ 대용 승진 ④ 발탁 승진

해설

① 역직 승진: 조직 구조의 관리 체계를 위해 라인상의 직위를 상승시키는 제도
② 직급 승진: 상위 직급으로 승진시키거나 공석이 발생할 경우(이직 또는 퇴직) 해당 직급에 적합한 자를 선발해 승진시키는 제도
③ 대용 승진: 융통성 있는 인사관리를 위해 직책과 권한 등 직무내용상의 실질적인 변화나 보상 없이 직위, 명칭 등을 변경하는 형식적인 형태의 제도

03 [2022년 6회]

[보기]에서 설명하는 승진관리의 기본 원칙으로 가장 적절한 것은?

보기

'조직 구성원이 조직의 목표 달성을 위해 공헌한 내용을 정확히 파악하기 위해 공헌도와 능력 수준을 무엇으로 간주할 것인가'에 관련되는 내용을 승진 기준으로 삼을 것인가에 관한 것이다.

① 공정성의 원칙 ② 적정성의 원칙
③ 합리성의 원칙 ④ 체계성의 원칙

해설

- 공정성의 원칙: 조직이 조직 구성원에게 나누어 줄 수 있는 승진의 기회를 공정한 규칙하에 실질적으로 동등하게 부여했는지의 여부로 올바른 사람에게 배분했는가에 대한 원칙
- 적정성의 원칙: 조직 구성원의 공헌에 따라 어느 정도의 승진과 보상을 받아야 하는지 그 적정성과 크기를 파악해야 하는 원칙

04

다음 중 근로자가 보유한 직무수행 능력을 기준으로 한 승진 유형은?

① 직능자격승진 ② 연공승진
③ 역직승진 ④ 신분자격승진

해설

② 연공승진: 근속 기간에 우선권을 주어 오래 근무한 근로자의 공로를 인정하여 승진시키는 제도
③ 역직승진: 조직 구조의 관리 체계를 위해 라인상의 직위를 상승시키는 제도
④ 신분자격승진: 직무내용과는 관계없이 구성원 개인의 근무연수, 학력, 연령 등의 인적 자격 요건에 따라 승진시키는 제도

| 정답 | 01 ④ 02 ④ 03 ③ 04 ①

05

승진 정책 중 근로자의 승진을 결정하는 요소로 근로자의 직무수행 능력 및 업적을 기준으로 결정하는 제도는?

① 절충주의 승진 제도
② 보완주의 승진 제도
③ 능력주의 승진 제도
④ 연공서열주의 승진 제도

해설

능력주의 승진 제도에 대한 설명이다. 능력주의 승진 제도는 구성원에게 동기부여가 된다는 장점이 있으나 경쟁심으로 협동심이 저해될 수 있다는 단점이 있다.

06 [2023년 4회]

[보기]에서 설명하는 승진 유형으로 가장 적절한 것은?

보기

> 인사 체증과 사기 저하를 방지하기 위해서 직무내용이나 임금의 실질적인 변화 없이 직위, 명칭 또는 자격 호칭 등 직위 심벌 상의 형식적인 승진이다.

① 직급승진 ② 자격승진
③ 대용승진 ④ 역직승진

해설

① 직급승진: 상위 직급으로 승진시키거나 공석이 발생할 경우(이직 또는 퇴직) 해당 직급에 적합한 자를 선발해 승진시키는 제도
② 자격승진: 종업원의 자격 요건에 따라 승진시키는 제도
④ 역직승진: 조직 구조의 관리 체계를 위해 라인상의 직위를 상승시키는 제도

07 [2019년 5회]

다음 중 인적자원의 적정배치의 원칙으로 적절하지 않은 것은?

① 적절한 인재를 적절한 장소에 배치하는 적재적소의 원칙
② 종업원의 직무수행 능력을 기준으로 배치하는 능력주의 원칙
③ 특정 직무에 편중되지 않는 균형주의 원칙
④ 기업 내 모든 사원을 조직의 리더로 육성하기 위한 인재육성주의 원칙

해설

인재육성주의 원칙은 배치관리를 통하여 직원이 직무에 대한 다양한 경험을 쌓고 능력을 향상시킬 수 있도록 하는 원칙이다.

08 [2022년 3회]

조직 내 계급구조를 따라 상위 직급으로 이동하는 승진 유형은 무엇인가?

① 자격승진 ② 직급승진
③ 발탁승진 ④ 조직변화승진

해설

① 자격승진: 종업원의 자격 요건에 따라 승진시키는 제도
③ 발탁승진: 일정 기간의 직무수행 능력 및 업적만을 평가하여 특별히 유능한 사람에게 승진의 기회를 제공하는 제도
④ 조직변화승진: 승진 대상에 비해 직위가 부족한 경우 조직 변화를 통해 조직의 직위 계층을 늘려 근로자에게 승진의 기회를 확대시키는 제도

09 [2024년 6회]

비자발적 이직에 해당하지 않는 것은?

① 정년퇴직 ② 일시해고
③ 파면 · 해고 ④ 전직, 사직

해설

- 비자발적 이직: 파면 · 해고, 일시해고, 정년퇴직, 명예퇴직
- 자발적 이직: 전직, 사직, 휴직

| 정답 | 05 ③ 06 ③ 07 ④ 08 ② 09 ④

CHAPTER 03

경력개발관리

빈출 키워드

- ☑ 경력개발의 원칙
- ☑ 경력개발제도
- ☑ 경력정체
- ☑ 멘토링
- ☑ 현대적 리더십 이론

1 경력개발

1. 경력의 의미

한 개인생활에 관련성이 있는 일련의 업무활동으로 현재까지 직업상 어떤 일을 해오거나 직위, 직책을 맡아온 경험 또는 그 내용을 의미한다. 사람들은 특별한 경험을 하거나 사회적으로 경력을 쌓을 수 있는 기회가 주어졌을 때 그에 맞는 사람으로 성장한다. 이처럼 경력이란 개인이 평생 동안 겪게 될 다양한 경험의 과정을 뜻하며, 한 개인이 일과 관련하여 얻게 되는 경험 및 활동에서 지각된 일련의 태도와 행위를 의미한다.

2. 경력개발의 의미

한 개인이 설정한 경력목표를 달성하기 위해 경력계획을 수립하고 조직의 요구와 개인의 욕구가 일치될 수 있도록 각 개인의 경력을 개발하는 활동을 의미한다.

3. 경력개발의 3요소

① **경력목표:** 개인이 경력개발을 통하여 도달하고 싶은 미래의 지위

② **경력계획:** 경력목표를 설정하고 이를 달성하기 위한 경력경로를 구체적으로 선택하는 과정

③ **경력개발:** 개인적인 경력계획 달성을 위하여 개인 또는 조직이 실질적으로 참여하는 활동

+ 경력경로

개인이 경력을 쌓아가면서 수행하게 되는 여러 직무들의 배열을 의미한다. 즉, 경력과 관련된 직위 역할 등의 모든 경로이다.

4. 경력개발의 목적

기업의 경제적 측면	사회적 효율성 측면
• 근로자 인적자원의 효율적인 확보 • 조직의 체계적인 노하우 축적으로 경쟁력 제고 • 근로자의 기업 조직에 대한 일체감 제고로 기업 내 협동 시스템 구축	• 근로자의 성장 욕구 충족 • 근로자에게 안정감을 형성하고 미래 설계를 가능하게 함 • 근로자 자신의 경쟁력 향상

5. 경력개발의 원칙 중요

구분	내용
적재적소배치의 원칙	근로자의 적성, 지식, 경험, 기타 능력과 조직의 목표 달성에 필요한 직무가 잘 조화되도록 자격 요건과 적성, 선호 구조에 대한 정보를 충분히 파악하여야 함
승진경로의 원칙	기업의 모든 직위는 계층적인 승진경로로 형성되고 정의되며 기술로 평가되어야 하므로 명확한 승진경로를 확립하고 이에 따른 승진관리가 이루어져야 함
후진양성과 인재육성의 원칙	인재를 기업 외부에서 확보하는 방법보다 기업 내부에서 자체적으로 양성하는 것을 원칙으로 하여 근로자에게 성장에 대한 동기부여를 하도록 함
경력기회개발의 원칙	기업은 근로자의 경력상 필요한 부분을 알게 되면 그들을 위한 경력경로를 설계하고, 근로자의 경력기회를 제한할 수 있는 직무는 별도로 명시하며, 이를 관계자에게 통보하여 승진경로가 특정 부서에 치우치지 않도록 해야 함

6. 경력개발제도 중요

구분	내용
자기신고제도	근로자의 직무내용, 담당 직무에 있어서의 능력 활용 정도, 경력개발의 희망, 적성 여부, 전직 여부, 취득자격 등을 일정한 양식의 자기신고서에 작성하게 하여 인사부서에 신고하는 제도
직능자격제도	직무를 수행할 수 있는 능력의 발휘도와 신장도를 공정한 조사와 평가를 거쳐 자격에 따라 직능 등급으로 분류하고 그 자격을 취득한 사람에게 적합한 지위를 부여하는 제도
직무순환제도	• 담당 직무를 순차적으로 교체하여 기업의 직무 전반을 이해하고 지식, 기능, 경험을 풍부하게 하는 제도 • 개인을 조직의 여러 분야에 노출시켜 개인에게 폭넓은 경험을 제공하는 제도
종합평가센터제도	근로자의 장래성을 체계적으로 예측하여 경력개발을 추진하는 방법
기능목록제도 (인재목록제도)	• 근로자의 직무수행 능력 평가에 있어서 필요한 정보를 파악하기 위해 개인별 능력평가표를 활용하는 방법 • 근로자별로 기능 보유 색인을 작성하여 데이터베이스에 저장하고 인적자원관리와 경력개발에 활용하는 방법

+ 능력 개발 시스템제도

종업원 개개인의 적성에 맞는 진로를 선택하여 자신의 능력을 개발시켜 가는 과정에서 나타나는 직무순환과 연수참가나 자기계발을 위한 지식이나 기술을 습득하도록 하는 방법이다.

> 경력경로화
> 개인들이 미래에 보다 높은 수준의 직무를 수행할 수 있도록 비공식적 또는 공식적 교육훈련이나 직무경험을 제공하는 개별 활동의 연속으로, 조직에서 종업원들을 한 직무에서 다른 직무로 연속적으로 진전시키면서 훈련하는 개발 기법이다.

+ 홀(D. T. Hall)의 경력단계모형

홀은 '탐색(1단계) → 확립(2단계) → 유지(3단계) → 쇠퇴(4단계)'와 같은 경로를 겪는 것이 전반적인 과정이라 하였고, 각각의 단계별 경력욕구를 탐색 단계의 정체성 욕구, 확립 단계의 친교성 욕구, 유지 단계의 생산성 욕구, 쇠퇴 단계의 통합성 욕구로 정의하였다.

- **1단계(탐색 단계 – 주체 형성, Identity)**: 25세까지의 탐색 단계로, 조직 구성원은 자기 자신을 인식하고 학교 교육과 직장 경험을 통하여 여러 가지를 실험해 보면서 자기에게 적합한 직업을 선택하게 된다.
- **2단계(확립 단계 – 친교, Intimacy)**: 25세부터 45세까지의 확립 단계로, 선택한 직업 분야에 정착하기 위해 노력하고 결국에는 한 직업에 정착하는 단계이다.
- **3단계(유지 단계 – 생산, Generativity)**: 45세부터 65세까지의 유지 단계로, 조직은 개인에게 지식과 경험을 효과적으로 활용하여 중요한 업무를 수행하도록 하고, 개인은 경력개발을 통해 생산적 · 역동적으로 활동하여 생산성을 향상시키며, 부하들을 지도 · 개발한다. 조직 내에서 개인의 위치와 책임이 중요한 단계이다.
- **4단계(쇠퇴 단계 – 통합, Integrity)**: 보통 65세 이상의 시기로, 육체적 · 정신적 능력이 매우 약화되어 동기부여가 감퇴하며, 자신의 경력 등을 평가하고 직장 생활을 통합해 보면서 서서히 은퇴를 준비하는 단계이다.

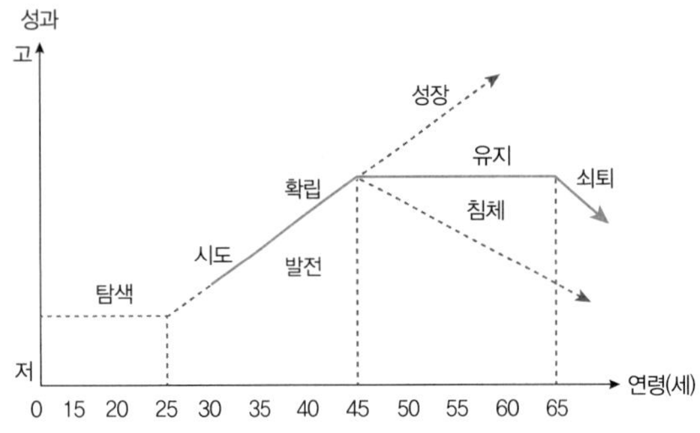

2 경력정체 중요

1. 의의

자신의 능력 혹은 기업의 구조적 한계로 더 올라갈 수도, 내려갈 수도 없는 상태를 말한다.

2. 문제점

① 조직에 대한 불만족으로 헌신도를 하락시킨다.
② 승진의 한계에 대한 문제뿐만 아니라 개인이 스스로 직무에 만족하지 못하여 문제가 발생하기도 한다.

3. 해결방안

① 조직에서 경력정체 인력에 대해 경력을 개발할 수 있도록 교육을 실시하여 경력정체 상황을 극복할 수 있는 기회를 제공한다.
② 경력정체 인력을 위한 새로운 직무를 개발한다.
③ 경력정체 인력의 유형 분석을 통한 대책을 마련한다.

멘토링
신입교육 대상자들과 고참 사원들 간의 개별적인 관계를 맺어 주고, 그들이 서로 개인적인 교류를 가지면서 교육, 훈련뿐만 아니라 회사 내 모든 사안에 대해 현명하게 대처하도록 훈련시키는 교육 방법이다.

3 현대적 리더십 이론 중요

구분	내용
변혁적 리더십	• 조직 구성원들이 리더를 신뢰할 수 있게 하는 카리스마(이상적인 영향)를 지니고 있으며, 조직의 변화를 가져올 수 있는 새로운 목표를 제시하고 성취할 수 있도록 하는 리더십 • 구성원들에게 동기부여 및 스스로 문제를 해결하도록 지적 자극을 통해 잠재 능력을 개발해 주고, 의사결정을 하게 함으로써 고차원적인 욕구를 추구하도록 가치체계를 변화시키는 리더십
거래적 리더십	지도자와 부하들 간에 각자 필요로 하는 것의 교환거래를 통해 변화를 가져오는 리더십
카리스마 리더십	• 모범적 · 기업가적 행동을 통하여 개인적 권력을 행사하거나 미래의 비전을 알아보고 현재 상태를 변화시키려고 노력할 뿐만 아니라, 조직을 둘러싸고 있는 환경을 정확히 평가하고 비전을 성취하는 리더십 • 리더가 확실한 비전을 제시하면 구성원들이 리더에 대한 강한 신뢰감으로 리더의 주장을 무조건적으로 수용하고 리더의 구체적인 간섭 없이도 자발적으로 조직에 헌신하도록 하는 리더십
코칭 리더십	전문가가 문제 해결방안을 직접 제시하기보다는 해결 당사자가 스스로 발견할 수 있도록 지원하는 리더십
슈퍼 리더십	• 부하들이 자신을 스스로 리드할 수 있는 역량과 기술을 갖추도록 여건을 조성하는 리더의 행위를 강조하는 리더십 • 리더가 먼저 리더의 행동을 보임으로써 부하에게 대리학습의 모델이 되고 부하 스스로가 리더가 될 수 있도록 목표 설정을 지원하고 코치의 역할을 하며 조직이 스스로 변화할 수 있도록 변화 담당자로서의 역할을 하는 리더십
셀프 리더십	자기 리더십이라고도 하며, 조직 내에서 리더만이 조직원을 관리하고 통제하는 것이 아니라 개인 스스로를 이끌어 조직 구성원 모두가 자율적으로 관리하고 이끌어나가는 리더십

기출 & 확인 문제

01 [2023년 3회]

경력개발의 기본 원칙으로 가장 적절하지 않은 것은?

① 직무개발의 원칙 ② 적재적소의 원칙
③ 후진양성의 원칙 ④ 승진경로의 원칙

해설

경력개발의 기본 원칙에는 적재적소 배치의 원칙, 승진경로의 원칙, 후진양성과 인재육성의 원칙, 경력기회개발의 원칙이 있다.

02

경력개발의 주요 목적에 대한 설명 중 기업의 경제적 측면과 가장 거리가 먼 것은?

① 근로자의 성장 욕구를 충족시켜 준다.
② 근로자의 경력개발을 통해 인적자원을 효율적으로 확보할 수 있다.
③ 기업은 조직의 노하우를 체계적으로 축적하여 경쟁력을 제고시킬 수 있다.
④ 근로자의 기업 조직에 대한 일체감을 제고시켜 기업 내 협동 시스템 구축이 보다 원활해진다.

해설

근로자의 성장 욕구를 충족시켜 주는 것은 사회적 효율성 측면에 해당한다.

03

다음 경력개발제도 중 기업에서 경험 있는 관리자가 하급자에게 지도, 상담, 충고를 통하여 공통된 가치 관리와 조직에 보편화된 지식을 제공함으로써 그들의 대인관계를 개발하고 경력관리에 도움을 주는 훈련 방법은?

① 멘토링 ② 직능자격제도
③ 경력 지향적 평가제도 ④ 능력 개발 시스템제도

해설

멘토링에 대한 설명이다. 멘토링은 고참 사원들이 신입교육 대상자들과 교류하면서 교육, 훈련뿐만 아니라 회사 내 모든 사안에 대처할 수 있도록 훈련시키는 교육 방법이다.

04 [2020년 3회]

다음 중 개인적인 경력개발계획을 달성하기 위해 개인 또는 조직이 실질적으로 참여하는 활동은?

① 경력목표 ② 경력경로
③ 경력계획 ④ 경력개발

해설

① 경력목표: 개인이 경력개발을 통하여 도달하고 싶은 미래의 지위
② 경력경로: 개인이 경력을 쌓아가면서 수행하게 되는 여러 직무들의 배열
③ 경력계획: 경력목표를 설정하고 이를 달성하기 위한 경력경로를 구체적으로 선택하는 과정

| 정답 | 01 ① 02 ① 03 ① 04 ④

05

경력개발관리의 목적으로 적절하지 않은 것은?

① 근로자의 성장 욕구를 충족시킨다.
② 경력자, 비경력자를 구분하여 구조조정에 활용한다.
③ 근로자의 기업 조직에 대한 일체감을 높여 능률 향상을 촉진시킨다.
④ 근로자의 경력개발을 통하여 인적자원을 효율적으로 확보할 수 있다.

해설

구조조정을 위해 경력개발을 수행하지는 않는다.

06

다음 경력개발관리의 요소 중 개인이 경력개발을 통하여 도달하고 싶은 미래의 지위를 의미하는 것은?

① 경력목표　② 경력경로
③ 경력계획　④ 경력정체

해설

② 경력경로: 개인이 경력을 쌓아가면서 수행하게 되는 여러 직무들의 배열
③ 경력계획: 경력목표를 설정하고 이를 달성하기 위한 경력경로를 구체적으로 선택하는 과정
④ 경력정체: 자신의 능력 혹은 기업의 구조적 한계로 더 올라갈 수도, 내려갈 수도 없는 상태

07 [2020년 6회]

다음 중 [보기]에서 설명하는 탐색 단계의 경력욕구는?

보기

홀(D.T.Hall)의 경력단계모형 중 1단계는 탐색 단계로 정규 교육 과정을 통해 조직생활에 필요한 일반 지식과 적성을 터득한다.

① 주체 형성(Identity)　② 친교(Intimacy)
③ 생산(Generativity)　④ 통합(Integrity)

해설

② 친교(Intimacy): 확립 단계인 2단계로, 선택한 직업 분야에 정착하기 위해 노력하고 결국에는 한 직업에 정착하는 단계
③ 생산(Generativity): 유지 단계인 3단계로, 조직은 개인에게 지식과 경험을 효과적으로 활용하여 중요한 업무를 수행하도록 하고, 개인은 경력개발을 통해 생산적·역동적으로 활동하여 생산성을 향상시키며, 부하들을 지도·개발하는 단계
④ 통합(Integrity): 쇠퇴 단계인 4단계로, 자신의 경력 등을 평가하고 직장 생활을 통합해 보면서 서서히 은퇴를 준비하는 단계

08 [2024년 4회]

리더가 부하들에게 교환적 의도를 가지고 접근하며, 경제적·물질적 성격의 교환관계를 통해 성과를 추진하는 리더십은?

① 코칭 리더십　② 셀프 리더십
③ 거래적 리더십　④ 변혁적 리더십

해설

① 코칭 리더십: 문제 해결방안을 전문가가 아닌, 당사자가 스스로 발견할 수 있도록 지원하는 리더십
② 셀프 리더십: 자기 리더십이라고도 하며, 리더만이 조직원을 관리하고 통제하는 것이 아니라 개인 스스로를 이끌어 조직 구성원 모두가 자율적으로 관리하고 이끌어나가는 리더십
④ 변혁적 리더십: 조직 구성원들이 리더를 신뢰할 수 있게 하는 카리스마(이상적인 영향)를 지니고 있으며, 조직의 변화를 가져올 수 있는 새로운 목표를 제시하고 성취할 수 있도록 하는 리더십

09 [2019년 5회]

현대적 리더십 이론 중 리더가 먼저 리더의 행동을 보임으로써 부하의 대리학습의 모델이 되고 부하 스스로가 리더가 될 수 있도록 목표 설정을 지원하고 코치의 역할을 하며 조직이 스스로 변화할 수 있도록 변화 담당자로서의 역할을 하는 리더십의 유형은?

① 셀프 리더십　② 코칭 리더십
③ 슈퍼 리더십　④ 카리스마 리더십

해설

슈퍼 리더십에 대한 설명이다. 슈퍼 리더십은 부하들이 자신을 스스로 리드할 수 있는 역량과 기술을 갖추도록 여건을 조성하는 리더의 행위를 강조하는 리더십이다.

| 정답 | 05 ② 06 ① 07 ① 08 ③ 09 ③

10 [2022년 4회]

문제 대응에 대해 전문가가 직접 제시하는 것이 아니라, 당사자가 해결책을 스스로 발견할 수 있도록 지원하는 리더십으로 가장 적절한 것은?

① 셀프 리더십 ② 코칭 리더십
③ 슈퍼 리더십 ④ 변혁적 리더십

해설

① 셀프 리더십: 리더만이 조직원을 관리하고 통제하는 것이 아니라 개인 스스로를 이끌어 조직 구성원 모두가 자율적으로 관리하고 이끌어나가는 리더십
③ 슈퍼 리더십: 리더가 먼저 리더의 행동을 보임으로써 부하에게 대리학습의 모델이 되고 부하 스스로가 리더가 될 수 있도록 목표 설정을 지원하고 코치의 역할을 하며 조직이 스스로 변화할 수 있도록 변화 담당자로서의 역할을 하는 리더십
④ 변혁적 리더십: 구성원들에게 동기부여 및 스스로 문제를 해결하도록 지적 자극을 통해 잠재 능력을 개발해 주고, 의사결정을 하게 함으로써 고차원적인 욕구를 추구하도록 가치체계를 변화시키는 리더십

11 [2019년 2회]

다음 중 경력개발 방법에 대한 설명으로 올바르지 않은 것은?

① 경력개발은 일정한 경력개발 목표 및 경력경로에 따라 종업원 개인의 경력을 적극적으로 개발하고 활용하여 조직과 개인의 통합적인 목적 달성에 기여하고 기업의 장기적 인재 확보와 육성개발, 적정배치의 실현, 종업원의 동기부여와 조직의 활성화를 이룰 수 있는 인재개발 시스템이다.
② 자기신고제도는 인재목록제도라고도 하며 종업원의 직무수행 능력을 평가하기 위한 개인별능력평가표에 의해 장·단기의 인력계획, 승진배치계획 내지 채용 계획에 이용하기 위하여 기업이 보유하고 있는 종업원의 기능, 종류 및 수준에 관한 재고표를 작성하고 종업원별로 갱신하여 기록함으로써 경력개발에 활용할 수 있는 제도이다.
③ 능력 개발 시스템제도는 종업원 개개인의 적성에 맞는 진로를 선택하여 자신의 능력을 개발시켜 가는 과정에서 나타나는 직무순환과 연수참가나 자기계발을 위한 지식이나 기술을 습득하도록 하는 방법이다.
④ 멘토링은 기업에서 경험 있는 관리자가 하급자에게 지도, 상담, 충고를 통하여 공통된 가치관이나 조직에 보편화된 지식을 제공함으로써 그들의 대인관계를 개발하고 경력관리에 도움을 주는 훈련 방법이다.

해설

②는 기능목록제도에 대한 설명이다. 자기신고제도는 근로자의 직무내용, 담당 직무에 있어서의 능력 활용 정도, 적성 여부, 취득자격 등을 자기신고서에 작성하게 하여 인사부서에 신고하는 제도이다.

12 [2024년 3회]

Hall의 경력단계모형은 종업원이 직장에 입사하고 퇴직할 때까지 일련의 과정을 연령, 욕구, 작업성 등과 연관하여 4단계로 구분한 것이다. 경력단계와 경력욕구의 조합 중 적절하지 않은 것은?

① 1단계(탐색 단계) – 주체 형성
② 2단계(확립과 전진 단계) – 친교
③ 3단계(유지 단계) – 소비
④ 4단계(쇠퇴 단계) – 통합

해설

3단계(유지 단계)의 경력욕구는 생산(성)이며, 경력개발을 통해 생산적·역동적으로 부하들을 지도·개발하는 단계이다.

| 정답 | 10 ② 11 ② 12 ③

CHAPTER

인사고과

빈출 키워드

- ☑ 인사고과의 원칙
- ☑ 인사고과의 구성 요건
- ☑ 인사고과 평가 오류

1 인사고과의 의의 및 목적

1. 의의

인사고과는 조직 구성원들의 행위를 조직의 목적에 더욱 적합하도록 유도하기 위하여 적용하는 인사평가제도로, 조직 구성원의 능력과 업적을 평가하여 조직에 대한 조직 구성원의 유용성을 파악하는 것을 의미한다.

① 인력개발을 위한 계획 활동으로서의 중요한 역할
② 인력 확보 활동에 중요한 정보 제공
③ 임금 결정의 중요한 기준

2. 목적

① 동기부여의 향상
② 임금관리의 합리화
③ 고용관리의 합리화
④ 교육훈련 및 능력 개발의 촉진
⑤ 경영자의 관리 능력 향상

+ 인사고과의 절차

인사고과의 목적 결정 → 고과 대상자 선정 → 고과 방식 및 고과 요소 선정 → 고과 실시 → 고과 자료 수집 및 정리 → 고과 자료 활용 및 보관

2 인사고과의 원칙 및 구성 요건

1. 원칙 중요

① 직무 기준의 원칙
② 공정성의 원칙
③ 독립성의 원칙
④ 납득성의 원칙
⑤ 추측 배제 및 고과 불소급의 원칙
⑥ 고과 오차, 오류 배제의 원칙

2. 구성 요건 중요

인사고과는 그 목적을 달성하기 위해 신뢰성, 타당성, 수용성, 실용성의 4가지 요건을 갖추어야 한다.

신뢰성	• 고과 내용이 얼마나 정확하게 측정되었는가에 관한 성질 • 평가도구나 방법이 동일한 조건에서 반복적용될 때 일관된 결과를 산출하는 정도를 의미함 • 평가결과의 일관성, 편차 없이 나타내는 정도의 안정성을 말함
타당성	• 고과 내용이 고과 목적을 얼마나 잘 반영하고 있는가에 관한 성질 • 평가도구나 방법이 측정하려는 대상을 제대로 측정하고 있는지를 의미함 • 평가항목이 해당 직무의 핵심 역량과 성과에 밀접하게 연관되어 있는지 검증하여 평가항목이 실제 직무수행 능력이나 성과 등 평가 목적에 부합하는지 나타내는 정도를 말함
수용성	• 인사고과제도가 적합하고 공정하게 운영되어 조직 구성원들이 그 결과를 받아들이는 성질 • 피평가자와 조직 구성원들이 평가제도 및 그 결과를 얼마나 긍정적으로 받아들이는지를 의미함 • 제도에 대한 저항없이 수용될 때 수용성이 높다고 할 수 있음
실용성	• 기업이 어떤 고과제도를 도입하는 것인지가 중요하며, 실질적으로 비용보다 편익이 더 큰지를 살펴보는 성질 • 평가제도가 실제 조직 현장에서 적용하고 운영하는데 있어 비용, 시간, 노력 등 자원 대비 효과가 충분한지를 나타냄 • 평가도구와 시스템이 운영비용이나 복잡성 측면에서 과도한 부담을 주지 않으면서도 조직의 유용한 정보를 제공할 수 있어야 하는 실행가능성과 경제성을 평가함

3 인사고과의 평가 방법

1. 상대평가 방법

서열법	• 근무 성적이나 근무 능력에 대해 서열을 매기는 방법 • 쉽게 활용할 수 있음 • 근로자의 수가 너무 많거나 적으면 순위의 의미가 없으며, 동일 직무에만 적용될 수 있고, 이종 직무나 부서 간의 비교에는 부적합함
쌍대비교법	• 구성원들 중에서 2명씩 골라 계속 비교하는 방법 • 비교의 빈도가 매우 높으나 서열 정리가 편리함
강제할당법	• 고과자의 관대화 정도를 방지하기 위하여 사전에 일정한 평가의 범위와 수를 결정해 놓고, 일정한 비율에 맞추어 강제로 할당하는 방법 • 결과가 정규분포에 가까울수록 타당성이 있다는 전제하에 전체를 몇 가지 등급으로 나누고 대상자를 할당하는 방법

2. 절대평가 방법

평정척도고과법	• 숙련, 노력, 근무 성적 등 평가에 필요한 분석적 평가 요소를 선정하고 점수로 수량화한 각 평가 요소의 척도에 해당 근로자가 어느정도 발휘하는지를 판단하여 그 정도를 표시하는 방법 • 가중치를 두거나 계량화가 가능하지만, 평가 요소 선정 및 고과 오류 방지가 어려움
체크리스트법 (대조리스트법)	• 평가에 적당한 몇 가지의 표준행동을 소정의 리스트에 구체적인 문장으로 작성하고 근로자의 능력, 근무 상태를 리스트와 비교하여 해당 사항에 체크한 후 채점기준표를 통해 등급을 정하는 방법 • 현혹효과가 적고 타 부서와 비교 및 계량화가 가능하며 계량화된 결과를 바탕으로 서열화할 수 있음 • 행동 기준의 선택이 어렵고, 점수화 절차가 복잡함
강제선택법	• 근로자의 행동이나 능력을 가장 적합하게 기술한 서술문 2개와 적합하지 않은 서술문 2개로 구성하는 방법 • 주관적인 평가를 최소화하여 관대화 경향을 방지할 수 있으나, 항목 설정 과정이 복잡하고 고과자의 심리적 압박감이 큼
자유기술법	• 가장 단순한 방법으로 근로자의 장단점과 성과 및 잠재적인 요인의 향상을 위한 의견을 사실적으로 서술하는 방법 • 간편하지만 비교가 어렵고 평가 결과가 상이할 수 있음 • 일종의 자기고과 방법으로 자기평가는 자유롭게 기술함
중요사건평가법 (중요사건기술법)	• 평가자가 일을 효과적 또는 비효과적으로 수행하는 요인에 대해 핵심적이고 중요한 행동에 초점을 맞추어 평가하는 방법 • 종업원의 성공적인 업적은 물론 실패한 업적까지 기록하였다가 그 기록을 토대로 평가하는 방법 • 정기적으로 중요 사건을 기술하므로 시간의 소요량이 많으며 계량적 자료를 얻을 수 없어 비교 및 서열화가 어려움
행위기준고과법 (행위기준 평정척도법)	• 인성적 특징을 중시하는 전통적인 평가 방법에 대한 비판에 기초하여 피평가자의 실제 행동을 관찰하여 평가하는 방법 • 중요사건평가법을 기초로 하여 더 정교하게 계량적으로 발전시킨 방법으로, 관리자가 실제로 효과적이거나 비효과적인 사건들에 대하여 기술하고, 이를 5~10점 범위로 나눈 척도에 따라 고과자가 평가하는 방법 • 이해가 쉽고 인사고과에 적극적인 관심과 참여를 유도할 수 있으나, 시간과 비용 소모가 큼

3. 목표에 따른 평가 방법 – 목표관리(MBO)

① 상사와 부하가 공동으로 목표를 설정하고 달성된 성과를 토의함으로써 개인과 조직의 목표를 통합하고 개인의 동기부여와 능력을 증진시키려는 방법이다.

② 직원은 의사결정에 참여할 기회를, 상사는 직원을 지원할 기회를 갖는다.

③ 근로자는 동기부여와 자기계발의 기회를 얻을 수 있다는 장점이 있으나, 근로자의 신뢰가 없는 경영환경에서는 효과적인 평가 방법이 아니므로 목표 유지와 실행에 많은 시간이 필요하다.

4. 평가센터 평가 방법

① 비슷한 조직에 있는 근로자를 평가센터에 합숙시키면서 개별 면접, 심리검사, 사례 연구 등으로 관찰하고 평가한다.

② 관리자로서의 리더십에 대한 잠재 능력을 파악할 수 있고 리더십과 그 능력의 장단점에 대해 충분한 정보를 제공해 준다는 점에서 관리자 및 신입직원 선발에도 활용되고 있다.

서술식고과법
자기 자신을 자유롭게 평가하나 객관성이 결여되는 자기신고법으로 종업원의 구체적인 행위를 관찰 및 기록하였다가 그 기록을 토대로 평가하는 객관적인 중요사건기술법과 같은 방법이다.

토의식고과법
인사담당자와 고과자들이 토의를 통해 얻은 정보를 고과에 반영하는 토의법으로 업적에 대한 분석 및 상담 등을 통해 보충적으로 평가하는 면접법을 포함하는 방법이다.

5. 평가 정보의 출처에 따른 평가 방법

관리자	• 일반적으로 평가 정보를 가지고 있는 사람 • 책임을 위한 기본적인 자격 요건을 가지고 있다고 전제함
동료	관리자가 종종 관찰하지 못하는 측면을 관찰할 수 있다는 점에서 성과 정보의 탁월한 출처가 됨
부하	관리자의 성과를 평가하는 데 가치 있는 정보를 제공함
본인 (= 자기평가)	근로자의 과업 수행 행태를 가장 잘 아는 사람은 자신이므로 자기평가는 귀중한 정보가 됨
고객 (= 조직 밖의 평가자)	• 직접적으로 서비스 성과를 관찰하는 사람 • 고객은 가장 좋은 성과 정보의 출처임
360도 다면평가	• 본인, 상사, 팀 구성원, 고객 등과 같은 복수인으로부터 성과에 대한 피드백을 얻기 위해 평가하는 방법 • 관리자는 성과에 대한 다양한 관점을 종합할 수 있으며, 근로자는 자신의 평가와 다른 사람들의 관점을 비교할 수 있음 • 다양한 집단들의 평가로 공정성과 신뢰성을 높일 수 있음 • 다면평가를 실시하는 규모에 따라 평가가 왜곡될 수 있음

4 인사고과 평가에 대한 오류 중요

상동적 태도	타인에 대한 평가가 그에 속한 특정 집단에 대한 지각을 기초로 이루어지는 것
현혹효과 (후광효과)	• 하나의 평가 요소에 대한 호의적 또는 비호의적인 인상이 다른 평가 요소에 영향을 미쳐 모든 요소를 동일하게 평가하는 경향 • 이를 방지하기 위해서는 여러 평가자들이 같은 사람을 독립적으로 평가해야 함
대비 오류 (대비효과)	• 고과자가 자신의 특성과 비교하여 피고과자를 평가하려는 경향 • 특정의 피고과자가 다음에 평가될 피고과자의 평가에 미치는 오류로 객관적인 기준 없이 개개인을 서로 비교할 때 나타나는 오류
관대화 경향	• 고과자가 피고과자를 가능한 후하게 평가하려는 경향 • 이를 방지하기 위해서 강제할당법이 사용되며, 평가 요소를 명확하게 하고 주의 깊게 평가해야 함
가혹화 경향 (엄격화 경향)	고과자가 전반적으로 피고과자를 가혹하게 평가하여 평가 결과의 분포가 평균 이하로 편중되는 경향
중심화 경향	피고과자의 대다수를 중간 정도로 판단하는 경향
시간적 오류 (=최근화 경향)	과거 행위보다 최근 행위에 더 큰 영향을 받아 판단하려는 경향
논리적 오류	서로 상관관계가 높은 평가 요소 간에 어느 한 쪽이 우수하면 다른 요소도 그럴 것이라고 판단하는 경향
연공 오류	피고과자의 연령, 학력 등이 평가에 영향을 미침

TIP

관대화, 가혹화, 중심화 경향 오류를 방지하는 방법으로 강제할당법을 사용한다.

기출 & 확인 문제

01 [2022년 5회]

인사고과에 대한 설명으로 가장 적절하지 않은 것은?

① 인사고과는 인력개발을 위한 계획 활동으로서의 중요한 역할을 한다.
② 인사고과의 평가 방법 중 체크리스트법은 서열화가 어렵다는 단점이 있다.
③ 인사고과는 조직 구성원들의 행위를 조직의 목적에 더욱 적절하도록 유도하기 위하여 적용하는 인사평가제도이다.
④ 인사고과의 원칙에는 직무 기준의 원칙, 공정성의 원칙, 독립성의 원칙, 납득성의 원칙, 추측 배제 및 고과 불소급의 원칙 등이 있다.

해설

체크리스트법은 타 부서와 비교 및 계량화가 가능하며, 계량화된 결과를 바탕으로 서열화가 가능하다.

02

평가에 적당한 행동표준을 설정하고, 평가 대상자의 능력이나 근무 상태가 이 항목에 해당되는지의 여부를 체크하여 평가하는 인사고과 방법은 무엇인가?

① 평정척도고과법 ② 대조표고과법
③ 서술식고과법 ④ 토의식고과법

해설

① 평정척도고과법: 숙련, 노력, 근무 성적 등 평가에 필요한 분석적 평가 요소를 선정하고 해당 근로자가 어느 정도 발휘하는지를 판단하여 그 정도를 표시하는 방법
③ 서술식고과법: 자기 자신을 자유롭게 평가하나 객관성이 결여되는 자기신고법으로 종업원의 구체적인 행위를 관찰 및 기록하였다가 그 기록을 토대로 평가하는 객관적인 중요사건기술법과 같은 방법
④ 토의식고과법: 인사담당자와 고과자들이 토의를 통해 얻은 정보를 고과에 반영하는 토의법으로 업적에 대한 분석 및 상담 등을 통해 보충적으로 평가하는 면접법을 포함하는 방법

03 [2024년 1회]

인사고가 평가 방법 중 절대평가 방법에 해당하는 것은?

① 서열법 ② 쌍대비교법
③ 강제할당법 ④ 행위기준고과법

해설

• 상대평가 방법: 서열법, 쌍대비교법, 강제할당법
• 절대평가 방법: 평정척도고과법, 중요사건평가법, 행위기준고과법 등

04

인사고과의 방법 중 근로자 스스로 자기 능력과 원하는 직무, 직무 환경, 교육훈련 등을 기술하여 정기적으로 보고하고 그것을 인력자원 조사의 자료로 활용하는 방법은?

① 면접법 ② 목표관리법
③ 자기신고법 ④ 중요사실기록법

해설

① 면접법: 직무분석자가 근로자나 감독자와 면접을 통하여 직무를 파악하는 방법
② 목표관리법: 종업원이 상사와 부하가 협의하여 작업 목표량을 정하고 달성된 성과를 같이 측정하여 인사고과의 자료로 활용하는 방법
④ 중요사실기록법: 기업 목표에 영향을 미치는 중요한 사실들을 기록하고 검토하여 업무 능력을 개선해 가는 방법

| 정답 | 01 ② 02 ② 03 ④ 04 ③

05 [2021년 5회]

인사고과의 기본 원칙으로 적절하지 않은 것은?

① 독립성의 원칙
② 직무 기준의 원칙
③ 승진경로의 원칙
④ 평가 오류 배제의 원칙

해설

인사고과의 기본 원칙에는 직무 기준의 원칙, 공정성의 원칙, 독립성의 원칙, 납득성의 원칙, 평가 오류 배제의 원칙, 추측 배제 및 고과 불소급의 원칙 등이 있다.

06 [2023년 6회]

인사고과 평가의 오류에 대한 설명으로 가장 적절하지 않은 것은?

① 관대화 경향은 고과자가 피고과자를 가능하면 후하게 평가하려는 경향을 말한다.
② 시간적 오류는 최근 행위보다 과거 행위에 더 큰 영향을 받아 판단하려는 경향이다.
③ 상동적 태도는 타인에 대한 평가가 그에 속한 특정 집단에 대한 지각을 기초로 이루어지는 것이다.
④ 엄격화 경향은 고과자가 전반적으로 피고과자를 가혹하게 평가하여 평가 결과의 분포가 평균 이하로 편중되는 경향을 말한다.

해설

시간적 오류는 과거 행위보다 최근 행위에 더 큰 영향을 받아 판단하려는 경향을 말한다.

07 [2021년 6회]

인사고과 오류 중에서 고과 대상자의 특정한 고과 요소로부터 받은 호의적 또는 비호의적 인상이 다른 고과 요소까지 영향을 미쳐 동일하게 평가하는 경향은?

① 관대화 경향 ② 엄격화 경향
③ 대비효과 ④ 현혹효과

해설

① 관대화 경향: 고과자가 피고과자를 가능한 후하게 평가하려는 경향
② 엄격화 경향: 고과자가 전반적으로 피고과자를 가혹하게 평가하여 평가 결과의 분포가 평균 이하로 편중되는 경향
③ 대비효과: 고과자가 자신의 특성과 비교하여 피고과자를 평가하려는 경향

08 [2024년 5회]

인사고과 평가 방법 중 평가자가 일을 효과적 또는 비효과적으로 수행하는 요인에 대해 핵심적이고 중요한 행동에 초점을 맞추어 평가하는 방법은 무엇인가?

① 체크리스트법 ② 행위기준고과법
③ 평정척도고과법 ④ 중요사건평가법

해설

① 체크리스트법: 몇 가지의 표준행동을 소정의 리스트에 구체적인 문장으로 작성하고 근로자의 능력, 근무 상태를 리스트와 비교하여 해당 사항에 체크한 후 채점기준표를 통해 등급을 정하는 방법
② 행위기준고과법: 관리자가 실제로 효과적이거나 비효과적인 사건들에 대하여 기술하고, 이를 5~10점 범위로 나눈 척도에 따라 고과자가 평가하는 방법
③ 평정척도고과법: 숙련, 노력, 근무 성적 등 평가에 필요한 분석적 평가 요소를 선정하고 점수로 수량화한 각 평가 요소의 척도에 해당 근로자가 어느 정도 발휘하는지를 판단하여 그 정도를 표시하는 방법

09 [2023년 5회]

[보기]의 인사고과의 구성 요건에 대한 설명 중 옳은 것으로만 묶인 것은?

보기

㉠ 타당성: 고과 내용이 얼마나 정확하게 측정되었는가에 관한 성질
㉡ 신뢰성: 고과 내용이 고과 목적을 얼마나 잘 반영하고 있는가에 관한 성질
㉢ 수용성: 인사고과제도가 적합하고 공정하게 운영되어 조직 구성원이 그 결과를 받아들이는 성질
㉣ 실용성: 기업이 어떤 고과제도를 도입하는 것인지가 중요하며, 실질적으로 비용보다 편익이 더 큰지를 살펴보는 성질

① ㉠, ㉡ ② ㉡, ㉢
③ ㉢, ㉣ ④ ㉠, ㉣

해설

㉠ 타당성: 고과 내용이 고과 목적을 얼마나 잘 반영하고 있는가에 관한 성질
㉡ 신뢰성: 고과 내용이 얼마나 정확하게 측정되었는가에 관한 성질

10

인사고과에서는 관대화 및 가혹화 경향과 같은 오류가 발생할 수 있다. 이를 방지하기 위한 방법으로 적절하지 않은 것은?

① 강제할당법을 사용한다.
② 구체적인 사실에 의거하여 평가한다.
③ 과거 경력, 학력 등을 평가 요소로 한다.
④ 평가 요소를 명확하게 하고, 사적인 감정을 제거하도록 사전에 교육훈련을 시킨다.

해설

과거 경력, 학력 등으로 평가한다면 연공오류가 발생할 수 있으므로 평가 요소를 보다 명확하게 하여 주의 깊게 평가해야 한다.

| 정답 | 05 ③ 06 ② 07 ④ 08 ④ 09 ③ 10 ③

11 [2024년 6회]

인사고과 평가에 대한 오류 중 피고과자의 대다수를 중간 정도로 판단하는 경향을 말하는 것은 무엇인가?

① 관대화 경향 ② 엄격화 경향
③ 중심화 경향 ④ 상동적 태도

해설

① 관대화 경향: 고과자가 피고과자를 가능한 후하게 평가하려는 경향
② 엄격화 경향: 고과자가 전반적으로 피고과자를 가혹하게 평가하여 평가 결과의 분포가 평균 이하로 편중되는 경향
④ 상동적 태도: 타인에 대한 평가가 그에 속한 특정 집단에 대한 지각을 기초로 평가하는 경향

12

다음 [보기]에서 설명하고 있는 평가 방법은?

보기

중요사건법을 기초로 하여 더 정교하게 계량적으로 발전시킨 것으로, 관리자가 실제로 효과적이거나 비효과적인 사건들에 대하여 기술을 하고, 이것을 5~10점 범위로 나눈 척도에 따라 고과자가 평가하는 방법이다.

① 자기평가법 ② 평가센터법
③ 행위기준고과법 ④ 목표에 의한 관리법

해설

행위기준고과법에 대한 설명이다. 행위기준고과법은 이해가 쉽고 인사고과에 적극적인 관심과 참여를 유도할 수 있으나, 시간과 비용 소모가 크다는 단점이 있다.

13 [2022년 3회]

[보기]에서 설명하는 인사평가 방법은 무엇인가?

보기

인사평가의 타당성, 신뢰성, 객관성을 높이고자 개발된 평가 방법으로 근무평가를 위해 자신, 직속 상사, 부하직원, 동료, 고객 등 외부인까지 평가자에 참여시키는 방법이다.

① 다면평가법 ② 자유기술법
③ 평정척도고과법 ④ 체크리스트법(대조리스트법)

해설

② 자유기술법: 가장 단순한 방법으로 근로자의 장단점과 성과 및 잠재적인 요인의 향상을 위한 의견을 사실적으로 서술하는 방법
③ 평정척도고과법: 숙련, 노력, 근무 성적 등 평가에 필요한 분석적 평가 요소를 선정하고 점수로 수량화한 각 평가 요소의 척도에 해당 근로자가 어느 정도 발휘하는지를 판단하여 그 정도를 표시하는 방법
④ 체크리스트법(대조리스트법): 평가에 적당한 몇 가지의 표준행동을 소정의 리스트에 구체적인 문장으로 작성하고 근로자의 능력, 근무 상태를 리스트와 비교하여 해당 사항에 체크한 후 채점기준표를 통해 등급을 정하는 방법

14 [2023년 5회]

특정의 피고과자가 다음에 평가될 피고과자의 평가에 미치는 오류로 객관적인 기준 없이 개개인을 서로 비교할 때 나타나는 오류에 해당하는 것은?

① 대비 오류 ② 상동적 오류
③ 논리적 오류 ④ 관대화 경향에 대한 오류

해설

② 상동적 오류(태도): 여러 사람에 대한 평가에서 그가 속한 집단의 특성에 근거하여 판단하려는 경향
③ 논리적 오류: 서로 상관관계가 높은 평가 요소 간에 어느 한 쪽이 우수하면 다른 요소도 그럴 것이라고 판단하는 경향
④ 관대화 경향에 대한 오류: 고과자가 피고과자를 가능한 후하게 평가하려는 경향

15 [2019년 6회]

다음 중 인사고과에서 중심화, 관대화, 가혹화의 오류를 방지하는 가장 좋은 방법은?

① 강제할당법을 사용한다.
② 자기신고법을 도입한다.
③ 피평가자들을 서로 평가하게 한다.
④ 논리적 평가 요소를 충분히 설명한다.

해설

중심화, 관대화, 가혹화의 오류를 방지하는 방법으로 강제할당법을 사용한다.

16 [2024년 4회]

인사고과 평가의 오류에 대한 설명으로 적절하지 않은 것은?

① 중심화 경향은 피고과자의 대다수를 중간 정도로 판단하는 경향이다.
② 관대화 경향은 고과자가 피고과자를 가능하면 후하게 평가하려는 경향을 말한다.
③ 엄격화 경향은 고과자가 전반적으로 피고과자를 가혹하게 평가하여 평가결과의 분포가 평균 이하로 편중되는 경향을 말한다.
④ 현혹효과는 피평가자에 대한 경직적인 편견을 가진 지각을 뜻하는 것으로서 타인에 대한 평가가 그가 속한 사회적 집단에 대한 지각을 기초로 해서 이루어지는 것을 말한다.

해설

현혹효과는 하나의 평가 요소에 대한 호의적 또는 비호의적인 인상이 다른 평가 요소에 영향을 미쳐 모든 요소를 동일하게 평가하는 경향을 말한다. 타인에 대한 평가가 그에 속한 특정 집단에 대한 지각을 기초로 이루어지는 것은 상동적 태도(상동적 오류)라 한다.

| 정답 | 11 ③ 12 ③ 13 ① 14 ① 15 ① 16 ④

임금 및 복리후생관리

Enterprise

Resource

Planning

l NCS 능력단위 요소

☑ 임금관리 0202020108_23v4

☑ 급여지급 0202020109_23v5

☑ 복리후생관리 0202020110_23v4

CHAPTER 01

임금

빈출 키워드

- ☑ 임금수준의 결정 요인
- ☑ 임금수준의 조정
- ☑ 특수임금제
- ☑ 통상임금과 평균임금

1 임금관리

1. 임금의 의의

임금은 사용자가 근로자에게 근로의 대가로 지급하는 금품(현금, 현물 포함)을 말하며, 임금, 봉급, 기타 여러 명칭으로 불린다.

2. 임금관리의 의의

① 기업이 근로자에게 지급해야 할 임금의 금액 및 제도를 합리적으로 계획·조직하고 그 성과를 통제·개선하여 인사관리의 목적 달성에 기여하고자 하는 것을 말한다.

② 임금관리는 조직 구성원 개개인의 임금 지급액 및 지급 방법, 임금의 사회적 수준, 생활급으로서의 적정성, 승진 가능성 등을 고려하여 합리적인 임금이 설정되어야 한다.

3. 임금관리의 3대 영역

① 임금수준의 관리

② 임금체계의 관리

③ 임금형태의 관리

4. 임금관리의 중요성

① 인재의 확보와 유지

② 종업원의 사기 향상

③ 종업원의 능력 개발

④ 기업문화의 변화와 조직의 분위기 개선

⑤ 기업의 비용관리에 따른 재무적 구조 영향

5. 임금관리의 기본 원칙

(1) 적정성의 원칙

임금수준이 기업, 종업원, 노동시장의 모든 입장에서 적정한 금액으로 결정되어야 한다.

(2) 합리성의 원칙

① 합리성의 원칙이 적용되는 분야는 임금 형태이다.

② 임금 계산 및 지급 방법의 임금 형태는 종업원의 능률 향상과 작업 의욕에 영향을 주기 때문에 합리성을 기반으로 해야 한다.

(3) 공정성의 원칙

임금수준의 형평성은 경쟁사나 동종업계의 임금수준과 비교했을 때 공정하다고 판단하는 정도, 동일 기업 내에서 직급 간 또는 직종 간 임금 차이를 공정하다고 판단하는 정도, 임금 인상 및 조정 등의 임금 결정 시 모든 과정이 정확한 정보에 의해 진행되는 정도를 의미한다.

2 임금관리의 구성

1. 임금수준관리

(1) 임금수준의 의의

① 기업이 일정 기간 근로자에게 지급하는 1인당 평균임금을 의미한다.
② 사회 수준(근로자의 생계비, 기업의 지급 능력, 노동시장 요인)을 고려하여 결정된다.

(2) 임금수준의 결정 요인 중요

근로자의 생계비 (임금수준 결정의 하한선)	• 임금은 근로자 소득의 원천이기 때문에 자신의 삶과 가족의 생계문제를 해결할 뿐만 아니라 다음의 노동력을 재생산할 수 있는 기반을 형성함 • 임금 산정의 최저 기준이자 근로자의 인간적인 삶을 보장해 주는 기초가 됨 • 생계비 보장을 기준으로 한 생계비 측정 방법과 근로자의 라이프 사이클에 의한 두 가지 방법으로 임금수준을 파악함 • 정부는 최저임금제도를 활용하여 근로자들의 최소 생계를 보장함
기업의 지급 능력 (임금수준 결정의 상한선)	• 기업의 지급 능력을 벗어난 임금은 결과적으로 기업경영을 어렵게 하기 때문에 임금수준은 기업의 지급 능력 범위 내에서 결정됨 • 지급 능력은 업종, 규모, 설비 능력 등에 따라 다양하기 때문에 생산성 분석과 수익성 분석을 통해 종합적으로 산정함
노동시장 요인	• 상한선(기업의 지급 능력)과 하한선(근로자의 생계비) 사이에서 노동시장 요인에 따라 결정됨 • 동일 업종의 타사 임금수준, 노동력의 수요와 공급 상황, 정부 규제, 노사 간의 임금 교섭 등이 있음

(3) 임금수준의 조정 중요

승급	임금 곡선상에서의 상향 이동으로, 일정 수준에 도달한 경우 미리 정해진 임금 곡선을 따라 근속연수, 연령, 직무수행 능력에 의한 기본급의 증가를 의미함
승격	직원의 일정 자격 요건에 의해 상급의 처우로 상승하는 제도로, 자격 등 신분의 향상(또는 직능자격제도에서는 업무수행 능력 단계의 향상), 하위 자격에서 상위 자격으로 자격이 변동되는 것을 의미하는 직급 격상을 의미함
베이스 업 (Base-up)	• 임금 곡선 자체의 상향 이동으로 근속연수, 연령, 직무수행 능력 등이 변하지 않는 근로자에 대한 임금 증가를 말함 • 임금 기준은 하나의 기업 또는 산업, 지역 등에서 직원의 평균임금액으로, 임금 수준을 나타내는 지표로 사용됨
최저임금제도	국가가 노사 간의 임금 결정 과정에 개입하여 최저임금 수준을 정하고, 근로자가 일정한 수준 이상의 임금을 사용자로부터 지급받도록 법으로 강제함으로써 저임금 근로자의 생계를 보호하는 제도

TIP
2025년 최저임금은 10,030원으로 2024년의 9,860원보다 1.72% 인상되었다.

2. 임금체계관리

(1) 임금체계의 의의

임금 지급 항목의 구성 내용 또는 종업원의 임금액을 결정하는 기준으로, 근로자의 개별 임금수준의 격차를 형성하는 주요 기준이 된다. 임금체계는 기준 내 임금과 기준 외 임금으로 구성되는데, 기준 내 임금은 정상적인 작업 조건하에서 근로자의 정상적 노동에 대해 지급되는 것이고, 기준 외 임금은 정상적 노동 이외의 노동에 대해 지급되는 것이다.

(2) 기준 내 임금 중요

노동협약에서 정한 소정 근로시간 내의 근로에 대하여 지급되는 임금이다.

① **연공급(필요가치 기준 → 연공 요소)**: 개개인의 학력, 자격, 연령 등을 감안하여 근속연수에 따라 임금수준을 결정한다.

장점	단점
• 생활 보장으로 기업에 대한 귀속 의식 확대 및 애사심 함양이 가능함 • 평가가 어려운 직무에서 적용이 용이함 • 연공주의의 풍토로 질서 확립 및 사기 유지가 가능함	• 동일 노동, 동일 임금 실시가 불가능함 • 성과와 능력을 제대로 반영하지 못해 고급 인력의 확보와 유지가 곤란함 • 인건비 부담의 가중과 임금관리의 경직성을 야기함

② **직무급(직무가치 기준 → 직무의 상대적 가치)**: 직무를 기준으로 임금을 결정하는 방식으로, 직무의 중요성과 곤란도 등에 따라 직무의 양과 질에 대한 상대적 가치를 평가하고, 그 결과에 따라 임금을 결정한다(직무분석과 직무평가가 선행되어야 함).

장점	단점
• 동일 노동, 동일 임금 지급이므로 공평함 • 효율적인 노동력 활용이 가능함 • 경영 조직 및 적정 조직 개선, 업무 방식의 합리화 • 각 직무 간 등급에 따라 공정한 임금격차 유지	• 주관적인 직무평가 • 적정배치가 어려움 • 절차가 복잡하고 직무수행의 유연성이 떨어짐 • 학력, 연공주의의 풍토로 저항 가능성이 높음 • 노동의 자유이동이 어려운 사회에 적용하기 곤란함

③ **직능급(직무수행 능력 기준 → 직능의 등급화)**: 직무급과 연공급이 절충된 형태로, 완전한 직무급의 도입이 어려운 경우 사용한다. 직무내용과 직무수행 능력에 따라 임금을 결정하며 직능에 따라 계급(사원, 대리, 과장 등)을 정하고, 여기에 연공적 요소를 더해 호봉의 등급을 결정한다.

장점	단점
• 능력에 따라 임금이 결정되므로 근로자의 불만 해소가 가능함 • 인재 확보와 근로자의 능력 개발에 유리함 • 종업원의 자기개발 의욕을 자극하여 생산성 향상에 기여함 • 직무의 다양성 실현으로 이직률 감소 및 동기부여 강화	• 직능에 대한 파악, 평가 및 기준, 직능 등급 분류 결정의 어려움 • 인건비 부담의 증가 • 경영질서 유지가 어려움 • 단순 노무직의 경우 도입이 어려움

④ **자격급**: 직무급과 연공급을 결합한 직능급을 좀 더 발전시킨 형태로, 근로자의 자격취득에 따라 임금에 차이를 두는 제도이다.

장점	단점
• 근로자의 자기발전 욕구를 함양시킴 • 임금액을 예상할 수 있어 근로의욕이 향상됨 • 적재적소에 인력 배치가 가능함 • 직무급의 경직성에 의한 인재 확보가 가능함	• 조직 분위기가 저해될 수 있음 • 지나치게 형식적인 자기 기준을 강조함 • 실제 업무에 소홀해질 우려가 있음

(3) 기준 외 임금

기준 외 임금은 표준적인 작업조건이 아닌 상황에서 지급되는 수당이다.

직책수당	직무수행상의 책임도, 난이도가 타 직원보다 큰 직책을 맡고 있는 경우 지급
특수작업수당	표준 작업과는 다른 특수한 작업환경에서 근무하는 경우 지급
특수근무수당	수위, 경비원 등에게 지급
기능수당	특별한 자격, 면허, 기능 보유자에게 지급
초과근무수당	시간 외 근무, 휴일근무, 철야근무 등 정규 시간을 넘어서 근무한 자에게 지급

(4) 부가적 임금

① 상여금
② 퇴직금
③ 복리후생 및 기타수당

3. 임금형태관리

> 임금형태
> 임금의 산정 방법, 임금의 지급 방법을 의미한다.

(1) 고정급제

시간급제	근로시간을 기준으로 임금을 산정
일급제	1일을 단위로 임금 비율을 정하고 근로일수를 곱하여 결정
주급제	1주를 단위로 임금 비율을 정하고 1주마다 결정
월급제	월간 근무일수와 관계없이 한 달 단위로 결정

(2) 개인성과급제

개인별로 성과급을 적용하는 것으로 개개인의 임금이 각자의 노동성과나 작업능률에 따라 지급되는 제도를 말한다.

구분	생산량	단위당 표준시간
고정임금률 (생산수준에 관계없이 일정)	단순성과급제도	표준시간급제도
변동임금률 (생산수준에 따라 변경)	복률성과급제도	할증성과급제도

① 생산량 기준

단순성과급제도 (Single Piece-Rate Plan)	단위당 고정임금률에 생산량을 곱하여 지급하는 방식이며, 계산이 간단하고, 생산량이 증가할수록 비례적으로 임금이 증가하여 동기부여효과 증가하나, 품질보다 양에 집중할 가능성이 있음
복률성과급제도 (Multiple Piece-Rate Plan)	단위당 변동임금률에 생산량을 곱하여 지급하는 방식으로, 일정 기준을 초과한 경우 더 높은 임금률을 적용함 • 테일러식(Taylor Differential Piece-Rate Plan): 기준 생산량 이하에는 낮은 임금을, 초과 시에는 높은 임금을 지급 • 메리크식(Merrick Multiple Piece-Rate Plan): 세 가지 이상의 임금률을 적용하여 생산량에 따라 차등 지급

② 단위당 표준시간 기준

표준시간급제도 (Standard Time Rate System)	• 특정 작업에 대한 표준 작업시간을 설정하고, 표준시간에 단위시간당 임금률을 곱하여 지급하는 방식 • 표준시간 내에 작업을 완료할 때 정해진 임금을 지급하고, 초과 작업에 대한 추가 보상은 없음
할증성과급제도 (Premium Bonus Plan)	표준시간 대비 작업시간을 절약한 경우 절약된 시간에 대해 추가 보상을 지급하는 방식으로, 최저임금을 보장하면서 일정 기준 이상의 작업성과를 달성했을 경우 일정 비율의 할증임금을 추가로 지급하는 방법 • 할시식(Halsey Plan): 절약된 시간의 일정 비율을 보너스로 지급 • 로완식(Rowan Plan): 절약된 시간 비율에 따라 보너스를 계산하여 지급 • 간트식(Gantt Plan): 기준 생산량 이하에서는 기본급만 지급하고, 초과 시에는 높은 보너스를 지급

(3) 집단성과급제 중요

스캔론 플랜 (Scanlon Plan)	근로자의 참여의식을 높이기 위하여 고안된 성과배분제도로, 경영자와 근로자의 비용 절감을 제안·평가하는 위원회제도를 활용하여 인건비의 절약분에 대한 배분액을 판매가치를 근거로 하여 배분하는 제도
럭커 플랜 (Rucker Plan)	노동협력 체계를 통해 부가가치의 증대를 달성하고 이에 따른 생산성 향상분을 일정 부가가치 분배율에 따라 노사 간 배분하는 방식으로, 조직이 창출한 부가가치 생산액을 종업원 인건비를 기준으로 배분하므로 종업원은 부가가치 증대를 위한 의사결정 과정에 참여함으로써 참여의식을 높임
이윤분배제(Profit Sharing System)	기본적 보상 외에 영업 수익의 일부를 근로자에게 지급하는 임금형태로, 근로자들을 기업의 소유주처럼 생각하게 이끄는 제도
임프로쉐어 플랜 (Improshare Plan)	화폐 단위가 아닌 물량으로 산정하는 방식이며 표준 노동시간 대비 절약된 노동시간분을 성과급으로 배분하는 제도로, 표준 생산시간과 실제 생산시간의 차이에서 발생하는 이익을 노사 간에 50%씩 나누어 갖는 형태
커스터마이즈드 플랜 (Customized Plan)	성과 측정 기준을 노동비용, 생산비용, 품질 향상, 소비자 만족 등 기업이 중요성을 부여하는 부분에 초점을 두고 있는 지표를 사용하여 각 기업환경에 맞게 수정하여 사용하는 방식

(4) 특수임금제

<table>
<tr><td>순응임률제</td><td colspan="2">기업의 임금 산정에 있어서 경제적 조건의 변화(물가 변동)나 기업의 사정에 순응하여 임금률을 자동으로 변동·조정하여 지급하는 제도</td></tr>
<tr><td>집단자극임금제</td><td colspan="2">근로자가 임금을 결정하고 지급하는 개인별 임금 제도와 달리 일정한 기준에 따라 분류한 집단별로 임금을 산정하여 지급하는 제도</td></tr>
<tr><td>종업원지주제</td><td colspan="2">회사 구성원이 자사 주식을 취득·소유하도록 특별한 편의를 제공하는 제도</td></tr>
<tr><td rowspan="3">연봉제</td><td colspan="2">근로자의 능력 및 실적에 따라 연간 임금수준을 결정하고 매월 균등 분할하여 지급하는 성과 중심의 임금 형태</td></tr>
<tr><td>장점</td><td>단점</td></tr>
<tr><td>• 능력과 실적이 임금과 직결되어 있으므로 능력주의, 실적주의를 통하여 동기를 부여하고 의욕을 고취시켜 조직의 활성화 및 사기를 증진시킴
• 국제적 감각을 가진 인재 확보가 용이함
• 기업의 복잡한 임금체계와 임금지급 구조를 단순화시켜 임금관리의 효율성이 증대됨</td><td>• 평가 결과의 객관성과 공정성에 대한 시비를 제기함
• 연봉액이 삭감될 경우 사기가 저하됨
• 종업원 상호 간의 불필요한 경쟁심과 위화감을 조성하고 불안감이 증대됨</td></tr>
<tr><td>임금피크제</td><td colspan="2">일정 연령 이후 임금이 줄어드는 대신 고용을 보장하는 제도로, 일정 근속연수 혹은 나이가 되어 임금이 정점에 다다른 후 일정하게 감소하는 임금 형태</td></tr>
</table>

스톡옵션	• 자금 부족으로 인재 확보가 어려운 벤처기업 등이 인재를 확보하기 위한 수단으로 도입하는 형태 • 직원들에게 자사의 주식을 일정 한도 내에서 시세보다 훨씬 적은 금액에 매입할 수 있도록 권리를 부여한 후 일정 기간이 경과하면 임의대로 처분할 수 있는 권한을 주는 제도로, 직급이나 근속연수와 관계없이 능력을 중심으로 제공되는 일종의 보상제도

3 「근로기준법」상 임금

1. 임금의 의미

임금이란 사용자*가 근로의 대가로 근로자*에게 임금, 봉급 등 그 밖에 어떠한 명칭으로든지 일체의 금품을 지급하는 것을 말한다.

2. 임금의 특성

(1) 기업의 특성

생산 원가 요소, 근로자 유치와 유지 요인, 기업 경쟁력 요인 등이 있다.

(2) 근로자의 특성

사회적 신분 상징, 동기부여 효과, 생계비 원천 등이 있다.

3. 임금 지급의 기본 원칙

통화 지급의 원칙	임금은 근로자에게 통화로 지급하여야 함
직접 지급의 원칙	임금은 반드시 근로자 본인에게 지급되어야 함
전액 지급의 원칙	임금은 전액을 지급하는 것이 원칙이며, 사용자가 일방적으로 임금에서 공제할 수 없음(단, 세금, 사회보험료 등의 공제는 제외함)
정기 지급의 원칙	임금은 매월 1회 이상 일정한 날짜를 정하여 지급해야 함(다만, 다음 중 어느 하나에 해당하는 임금의 경우에는 제외) • 1개월을 초과하는 기간의 출근 성적에 따라 지급하는 정근수당 • 1개월을 초과하는 일정 기간 동안 계속하여 근무한 경우에 지급되는 근속수당 • 1개월을 초과하는 기간에 걸친 사유에 따라 산정되는 장려금, 능률수당 또는 상여금 • 그 밖에 부정기적으로 지급되는 모든 수당

4. 통상임금과 평균임금 중요

(1) 통상임금 및 평균임금 산정의 필요성

「근로기준법」은 임금을 통상임금과 평균임금으로 나누고 연장근로, 야간근로, 휴일근로에 대한 가산임금 등 각종 법정수당과 보상금을 산정함에 있어 통상임금과 평균임금 중 한 가지를 적용하도록 하고 있다.

(2) 통상임금

① **정의**: 근로자에게 정기적, 일률적, 고정적으로 소정근로 또는 총근로에 대하여 지급하기로 정해진 시간급, 일급, 주급, 월급 또는 도급 금액을 말한다.

② **종류**: 직무수당, 직책수당, 조정수당, 물가수당, 면허수당 등 고정적으로 지급하는 수당

(3) 평균임금

① **정의**: 평균임금이란 이를 산정하여야 할 사유가 발생한 날 이전 3개월 동안에 그 근로자에게 지급된 임금의 총액을 그 기간의 총 일수로 나눈 금액을 말하며, 근로자가 취업한 후 3개월 미만인 경우에도 이에 준한다.

② **종류**: 휴일 · 연장 · 연차수당, 상여금, 퇴직급여 등 변동적으로 지급하는 수당

※ **사용자**
사업주 또는 사업 경영 담당자, 그 밖에 근로자에 관한 사항에 대하여 사업주를 위하여 행위하는 자를 말한다.

※ **근로자**
직업의 종류와 관계없이 임금을 목적으로 사업이나 사업장에 근로를 제공하는 자를 말한다.

(4) 통상임금과 평균임금을 기초로 산정하는 각종 수당

해고예고수당	「근로기준법」 제26조(해고의 예고) 사용자는 근로자를 해고(경영상 이유에 의한 해고를 포함)하려면 적어도 30일 전에 예고를 하여야 하고, 30일 전에 예고를 하지 아니하였을 때에는 30일분 이상의 통상임금을 지급하여야 함(다만, 다음 중 어느 하나에 해당하는 경우에는 제외) • 근로자가 계속 근로한 기간이 3개월 미만인 경우 • 천재 · 사변, 그 밖의 부득이한 사유로 사업을 계속하는 것이 불가능한 경우 • 근로자가 고의로 사업에 막대한 지장을 초래하거나 재산상 손해를 끼친 경우로서 고용노동부령으로 정하는 사유에 해당하는 경우
휴업수당	「근로기준법」 제46조(휴업수당) • 사용자의 귀책사유로 휴업하는 경우에 사용자는 휴업기간 동안 그 근로자에게 평균임금의 100분의 70 이상의 수당을 지급하여야 함(다만, 평균임금의 100분의 70에 해당하는 금액이 통상임금을 초과하는 경우에는 통상임금을 휴업수당으로 지급할 수 있음) • 위 조항에도 불구하고 부득이한 사유로 사업을 계속하는 것이 불가능하여 노동위원회의 승인을 받은 경우에는 위 조항의 기준에 못 미치는 휴업수당을 지급할 수 있음
연장 · 야간 및 휴일근로수당	「근로기준법」 제56조(연장 · 야간 및 휴일근로) • 사용자는 연장근로에 대하여는 통상임금의 100분의 50 이상을 가산하여 근로자에게 지급하여야 함 • 위 조항에도 불구하고 사용자는 휴일근로에 대하여는 다음의 기준에 따른 금액 이상을 가산하여 근로자에게 지급하여야 함 – 8시간 이내의 휴일근로: 통상임금의 100분의 50 – 8시간을 초과한 휴일근로: 통상임금의 100분의 100 • 사용자는 야간근로(오후 10시부터 다음 날 오전 6시 사이의 근로)에 대하여는 통상임금의 100분의 50 이상을 가산하여 근로자에게 지급하여야 함
연차유급휴가수당	「근로기준법」 제60조(연차유급휴가) • 사용자는 1년간 80퍼센트 이상 출근한 근로자에게 15일의 유급휴가를 주어야 함 • 사용자는 계속하여 근로한 기간이 1년 미만인 근로자 또는 1년간 80퍼센트 미만 출근한 근로자에게 1개월 개근 시 1일의 유급휴가를 주어야 함 • 사용자는 3년 이상 계속하여 근로한 근로자에게는 위 조항에 따른 휴가에 최초 1년을 초과하는 계속 근로 연수 매 2년에 대하여 1일을 가산한 유급휴가를 주어야 하며, 이 경우 가산휴가를 포함한 총 휴가 일수는 25일을 한도로 함 • 사용자는 위의 규정에 따른 휴가를 근로자가 청구한 시기에 주어야 하고, 그 기간에 대하여는 취업규칙 등에서 정하는 통상임금 또는 평균임금을 지급하여야 함(다만, 근로자가 청구한 시기에 휴가를 주는 것이 사업 운영에 막대한 지장이 있는 경우에는 그 시기를 변경할 수 있음) • 휴가는 1년간(계속하여 근로한 기간이 1년 미만인 근로자의 유급휴가는 최초 1년의 근로가 끝날 때까지의 기간을 말함) 행사하지 아니하면 소멸됨(다만, 사용자의 귀책사유로 사용하지 못한 경우에는 제외)
출산전후휴가수당	「고용보험법」 제75조(출산전후휴가 급여 등) 고용노동부장관은 출산전후휴가 또는 유산 · 사산휴가를 받은 경우와 배우자 출산휴가 또는 난임치료휴가를 받은 경우로서 요건을 모두 갖춘 경우에 출산전후휴가 급여 등을 지급함 「고용보험법」 제76조(지급 기간 등) • 출산전후휴가 급여 등은 휴가 기간에 대하여 「근로기준법」의 통상임금(휴가를 시작한 날을 기준으로 산정함)에 해당하는 금액을 지급함 • 출산전후휴가 급여 등의 지급 금액은 대통령령으로 정하는 바에 따라 그 상한액과 하한액을 정할 수 있음 • 출산전후휴가 급여 등의 신청 및 지급에 필요한 사항은 고용노동부령으로 정함

육아휴직 급여	「남녀고용평등과 일·가정 양립 지원에 관한 법률」 제19조(육아휴직) 육아휴직 급여는 만 8세 이하 또는 초등학교 2학년 이하의 자녀를 가진 근로자가 그 자녀를 양육하기 위해 육아휴직을 30일 이상 부여받고 소정의 수급요건을 충족하는 경우 육아휴직 기간에 대하여 **통상임금의 100분의 100**(월 최대 250만원)을 육아휴직 급여액으로 지급함
퇴직급여	「근로자퇴직급여 보장법」 제8조(퇴직금제도의 설정 등) **퇴직금제도를 설정하려는 사용자는 계속 근로기간 1년에 대하여 30일분 이상의 평균임금을 퇴직금으로 퇴직 근로자에게 지급할 수 있는 제도를 설정하여야 함**
재해보상 및 산업재해보상보험급여	•「근로기준법」 제79조(휴업보상): 업무상 부상 또는 질병에 걸려 요양 중에 있는 근로자에게 그 근로자의 요양 중 **평균임금의 100분의 60의 휴업보상**을 하여야 함 •「근로기준법」 제80조(장해보상): 근로자가 업무상 부상 또는 질병에 걸리고, 완치된 후 신체에 장해가 있는 경우, 장해 정도에 따라 **평균임금에 「별표」 신체장해등급과 재해보상표에서 정한 일수를 곱한 금액**의 장해보상을 해야 함 •「근로기준법」 제82조(유족보상): 근로자가 업무상 사망한 경우 사용자는 근로자가 사망한 후 지체 없이 그 유족에게 **평균임금 1,000일분의 유족보상**을 하여야 함 •「근로기준법」 제83조(장례비): 근로자가 업무상 사망한 경우 사용자는 근로자가 사망한 후 지체 없이 평균임금 90일분의 장례비를 지급하여야 함 •「근로기준법」 제84조(일시보상): 제78조에 따라 요양보상을 받는 근로자가 요양을 시작한 지 2년이 지나도 부상 또는 질병이 완치되지 아니하는 경우에는 사용자는 그 근로자에게 **평균임금 1,340일분의 일시보상**을 하여 그 후의 이 법에 따른 모든 보상책임을 면할 수 있음 •「산업재해보상보험법」 제36조(보험급여의 종류와 산정 기준 등): 대통령령으로 정하는 산정 방법에 따라 산정한 금액을 그 **근로자의 평균임금**으로 함
감급(減給) 제재의 제한	「근로기준법」 제95조(제재 규정의 제한) 취업규칙에서 근로자에 대하여 감급(減給)의 제재를 정할 경우에 그 **감액은 1회의 금액이 평균임금의 1일분의 2분의 1**을, 총액이 1임금 지급기의 임금 총액의 10분의 1을 초과하지 못함
구직급여	「고용보험법」 제45조(급여의 기초가 되는 임금일액) 구직급여의 산정 기초가 되는 임금일액은 수급자격의 인정과 관련된 마지막 이직 당시 산정된 **평균임금**으로 함

(5) 통상임금과 평균임금의 적용 대상 비교

통상임금 적용 대상	• 평균임금의 최저한도 • 해고예고수당 • 연장근로수당 • 야간근로수당	• 휴일근로수당 • 연차유급휴가수당 • 출산전후휴가급여 • 그 밖에 유급으로 표시된 보상 또는 수당
평균임금 적용 대상	• 퇴직급여 • 휴업수당 • 연차유급휴가수당	• 재해보상 및 산업재해보상보험급여 • 감급제재의 제한 • 구직급여

법정수당 vs 법정외수당(비법정수당, 약정수당)

- **법정수당**: 법적으로 지급이 강제되는 해고예고수당, 휴업수당, 유급휴일수당, 연장·야간 및 휴일근로수당, 연차유급휴가수당, 출산전후휴가수당, 생리수당 등 「근로기준법」 등 법률에서 제시한 수당을 의미한다.
- **법정외수당(비법정수당, 약정수당)**: 취업규칙이나 단체협약 등 기업 자체 내규에 따른 가족수당, 특근수당, 자격수당, 판매수당 등을 의미한다.

총액임금
근로자가 1년 동안 고정적으로 받는 기본급, 통상적 수당, 정기상여금, 연월차수당 등을 합산해 12로 나눈 액수를 말한다. 이때 연장근로수당, 야간근로수당, 휴일근로수당 등과 경영성과에 따라 지급되는 성과급적 상여금, 식사 등의 현물급여, 일·숙직비 등은 총액임금에서 제외한다.

4 퇴직금제도

1. 퇴직금의 의미

근로자가 일정 기간 기업에 종사한 경우에 자발적 또는 비자발적으로 고용관계가 파기되거나 소멸되어 받게 되는 보상이다.

① 사용자는 근로자가 퇴직한 경우에는 그 지급사유가 발생한 날부터 14일 이내에 퇴직금을 지급하여야 한다.

② 사용자는 퇴직하는 근로자에게 계속 근로기간 1년에 대하여 30일분 이상의 평균임금을 퇴직금으로 지급할 수 있는 제도를 설정하여야 한다.

③ 사용자는 근로자가 요구하는 경우에는 근로자가 퇴직하기 전에 해당 근로자의 계속 근로기간에 대한 퇴직금을 미리 정산하여 지급할 수 있다. 이 경우 미리 정산하여 지급한 후의 퇴직금 산정을 위한 계속 근로기간은 정산 시점부터 새로 계산한다.

2. 퇴직연금제도의 종류

(1) 확정급여형(DB형)

① 근로자가 퇴직 후 지급받을 퇴직금이 사전에 결정되어 있는 제도이다.

② 근로자는 퇴직 후 일정하게 정해진 금액을 수령하게 되고, 회사는 퇴직급여와 관련된 적립금의 운용을 책임진다.

(2) 확정기여형(DC형)

① 퇴직급여의 지급을 위해 회사가 부담해야 하는 부담금의 수준이 사전에 결정되어 있으며, 근로자의 적립금 운용에 대한 책임이 근로자 본인에게 있다.

② 사용자와 독립적이며 근로자 개인의 명의로 적립되므로 기업이 도산해도 퇴직급여를 모두 보장받을 수 있다. 따라서 기업 입장에서 부담할 금액은 정해져 있고 적립금이 운용 실적에 대해서 책임질 필요가 없다.

(3) 개인형 퇴직연금(IRP)

근로자가 퇴직 또는 이직 시 받은 퇴직금과 개인불입금을 본인 명의의 퇴직 계좌에 적립하여 연금 등 노후 자금으로 활용하는 제도이다.

3. 퇴직금 중간정산

① 무주택 근로자 본인 명의의 주택 구입, 6개월 이상 요양 등에 해당하는 경우에 신청할 수 있다.

② 근로자가 퇴직금 중간정산을 요구하더라도 사용자가 반드시 이를 따라야 하는 의무가 있는 제도는 아니다.

③ 별도의 특약이 없는 한 퇴직금 정산 후 퇴직금 산정을 위한 계속 근로연수는 정산 시점부터 새롭게 기산한다.

+ 퇴직 사유

- **자발적 퇴직:** 전직, 사직
- **비자발적 퇴직:** 일시해고, 정년퇴직, 징계* 해고, 명예퇴직

⊛ 징계
조직 구성원들이 지켜야 할 최저 행동기준을 규칙이나 규정으로 정하고 이를 위반하는 사람에 대하여 적정한 조치를 취하는 인적자원관리 과정이다.

기출&확인 문제

01 [2021년 4회]

임금 지급의 기본 원칙 중 '정기 지급의 원칙'을 적용하는 경우는?

① 1개월을 초과하는 기간의 출근 성적에 따라 지급하는 정근수당
② 1개월을 초과하는 일정 기간 동안 계속하여 근무한 경우에 지급되는 근속수당
③ 1개월을 초과하는 기간에 타 직원보다 큰 직책을 맡고 있을 경우 지급되는 직책수당
④ 1개월을 초과하는 기간에 발생한 사유에 따라 산정되는 장려금, 능률수당 또는 상여금

해설

정기 지급의 원칙은 임금을 매월 1회 이상 일정한 날짜에 지급하는 것을 의미한다. 직책수당은 기준 외 임금으로 정기 지급의 원칙을 따르며, ①, ②, ④는 정기 지급의 원칙에서 제외되는 수당이다.

02 [2023년 3회]

연봉제의 단점으로 가장 적절하지 않은 것은?

① 연봉액이 삭감될 경우 사기가 저하된다.
② 절차가 복잡하고 직무수행의 유연성이 떨어진다.
③ 평가 결과의 객관성과 공정성에 대한 시비를 제기할 수 있다.
④ 종업원 상호 간의 불필요한 경쟁심과 위화감을 조성하고 불안감이 증대된다.

해설

절차가 복잡하고 직무수행의 유연성이 떨어지는 것은 직무급의 단점에 해당한다.

03 [2022년 5회]

[보기]는 무엇에 대한 설명인가?

보기

> 임금수준의 전체적인 상향 조정 내지 임금 인상률을 의미한다. 즉, 연령, 근속연수, 직무수행 능력이라는 관점에서 동일 조건에 있는 자에 대한 임금의 증액으로 임금 곡선 자체를 상향 이동시키는 것이다.

① 베이스 업 ② 임금피크제
③ 최저임금제도 ④ 승급 또는 승격

해설

② 임금피크제: 일정 연령 이후 임금이 줄어드는 대신 고용을 보장하는 제도로, 일정 근속연수 혹은 나이가 되어 임금이 정점에 다다른 후 일정하게 감소하는 임금 형태
③ 최저임금제도: 근로자가 일정한 수준 이상의 임금을 사용자로부터 지급받도록 법으로 강제함으로써 저임금 근로자의 생계를 보호하는 제도
④ • 승급: 임금 곡선상에서의 상향 이동으로, 일정 수준에 도달한 경우 임금 곡선을 따라 근속연수, 연령, 직무수행 능력에 의한 기본급의 증가를 말함
  • 승격: 근로자의 일정 자격 요건에 의해 상급의 처우로 상승하는 제도로, 직급 격상을 의미함

04 [2024년 4회]

단위시간당 임금률에 표준시간을 곱하여 임금을 산출하는 방식의 성과급제는 무엇인가?

① 단순성과급제 ② 복률성과급제
③ 차별성과급제 ④ 표준시간급제

해설

① 단순성과급제: 단위당 고정임금률에 일정 시간당 생산량을 곱하여 지급하는 방식
② 복률성과급제: 단위당 변동임금률에 일정 시간당 생산량을 곱하여 지급하는 방식
③ 차별성과급제: 개개인이 달성한 성과에 따라 서로 다른 금액을 지급하는 방식

| 정답 | 01 ③ 02 ② 03 ① 04 ④

05 [2021년 5회]

다음 중 임금수준 조정 방법으로 적절하지 않은 것은?

① 승급 · 승격　　② 베이스 업
③ 최저임금제도　　④ 기업의 지급 능력

해설

기업의 지급 능력은 임금수준의 결정 요인에 해당한다.

06 [2023년 3회]

법정수당에 해당하지 않는 것은?

① 휴업수당　　② 판매수당
③ 해고예고수당　　④ 유급휴일수당

해설

- 법정수당: 법적으로 지급이 강제되는 해고예고수당, 휴업수당, 유급휴일수당, 연장·야간 및 휴일근로수당, 연차유급휴가수당, 출산전후휴가수당, 생리수당 등
- 법정외수당(비법정수당, 약정수당): 취업규칙이나 단체협약 등 기업 자체 내규에 따른 가족수당, 특근수당, 자격수당, 판매수당 등

07 [2022년 5회]

연차유급휴가에 대한 설명으로 가장 적절하지 않은 것은?

① 2022년 1월부터 5인 이상 사업장으로 확대 적용되어 시행되고 있다.
② 1년간 80% 이상 출근한 근로자에게 15일의 유급휴가를 주어야 한다.
③ 사용자는 3년 이상 계속하여 근로한 근로자에게는 3년부터 매 1년마다 1일을 가산하되 휴가 일수는 25일 한도로 한다.
④ 사용자는 계속하여 근로한 기간이 1년 미만인 근로자 또는 1년간 80% 미만 출근한 근로자에게 1개월 개근 시 1일의 유급휴가를 주어야 한다.

해설

사용자는 3년 이상 계속하여 근로한 근로자에게는 계속 근로 연수 매 2년에 대하여 1일을 가산한 유급휴가를 주어야 하며, 이 경우 가산휴가를 포함한 총 휴가 일수는 25일을 한도로 한다.

08 [2023년 4회]

임금 관련 설명으로 가장 적절한 것은?

① 시간급제와 상여급제는 특수임금제 임금형태에 속한다.
② 직무급, 직능급, 자격급은 임금체계 중 기준 외 임금에 해당한다.
③ 직책수당은 개개인의 학력, 자격, 연령 등을 감안하여 근속연수에 따라 지급하는 수당을 말한다.
④ 일정 근속연수 혹은 나이가 되어 임금이 줄어드는 대신 고용을 보장하는 제도를 '임금피크제'라고 한다.

해설

① 임금형태에는 고정급제, 능률급제, 특수임금제가 있으며, 시간급제는 고정급제, 상여급제는 능률급제에 해당한다.
② 직무급, 직능급, 자격급은 임금체계 중 기준 내 임금에 해당한다.
③ 직책수당은 직무수행상의 책임도, 난이도가 타 직원보다 큰 직책을 맡고 있는 경우에 지급하는 수당을 말한다.

09 [2025년 1회]

우리나라는 국가가 저임금 근로자의 최저 생활을 보호하기 위해 최저임금제도를 시행하고 있다. 2025년도 기준 최저임금 시급은 얼마인가?

① 10,030원　　② 10,080원
③ 9,960원　　④ 9,860원

해설

최저임금위원회 기준으로 2025년도 최저임금 시급은 10,030원이다.

10 [2023년 6회]

[보기]의 설명에 해당하는 성과급제는 무엇인가?

보기

근로자의 참여의식을 높이기 위하여 고안된 성과배분제도로 생산의 판매가치에 대한 인건비의 절약이 있는 경우 그 절약분을 분배하는 것이다.

① 럭커 플랜　　② 주식소유권
③ 스캔론 플랜　　④ 임프로쉐어

해설

- 럭커 플랜: 노동협력 체계를 통해 부가가치의 증대를 달성하고 이에 따른 생산성 향상분을 일정 부가가치 배분율에 따라 노사 간 배분하는 방식
- 임프로쉐어: 표준시간 대비 노동시간의 절약으로 발생한 이익을 근로자에게 성과급으로 배분하는 제도로 표준 생산 시간과 실제 생산 시간의 차이로 인한 이익을 노사 간에 50%씩 나누어 갖는 형태

| 정답 | 05 ④　06 ②　07 ③　08 ④　09 ①　10 ③

11 [2023년 5회]

최저임금제도에 대한 설명으로 가장 적절하지 않은 것은?

① 저임금 근로자의 생계를 보호하는 제도이다.
② 국가가 노사 간 임금 결정 과정에 개입하여 결정한다.
③ 임금수준을 나타내는 지표로 사용되는 직원의 평균임금액이다.
④ 근로자가 일정한 수준 이상의 임금을 사용자로부터 지급받도록 한다.

해설

임금수준을 나타내는 지표로 사용되는 직원의 평균임금액은 베이스 업(Base-up)이다.

12 [2021년 5회]

다음 중 직무급에 대한 설명으로 적절하지 않은 것은?

① 직무내용과 직무수행 능력에 따라 임금을 결정하는 방식이다.
② 직무의 중요성과 곤란도 등에 따라 직무의 양과 질에 대한 상대적 가치를 평가한다.
③ 동일 노동, 동일 임금의 원칙이 지켜지는 임금체계이다.
④ 노동의 자유이동이 어려운 사회에서는 적용이 곤란하다.

해설

직무내용과 직무수행 능력에 따라 임금을 결정하는 방식은 직능급에 대한 설명이다.

13 [2021년 1회]

다음 중 임금에 대한 설명으로 적합하지 않은 것은?

① 「근로기준법」은 임금을 통상임금과 평균임금으로 나누고 연장근로, 야간근로, 휴일근로에 대한 가산임금 등 각종 법정수당과 보상금을 산정함에 있어 통상임금과 평균임금 중 한 가지를 적용하도록 하고 있다.
② 통상임금은 근로자에게 정기적 또는 일률적으로 소정근로 또는 총근로에 대하여 지급하기로 정해진 시간급, 일급, 주급, 월급 또는 도급 금액을 말한다.
③ 평균임금이란 이를 산정하여야 할 사유가 발생한 날 이전 3개월 동안에 그 근로자에게 지급된 임금의 총액을 그 기간의 총 일수로 나눈 금액을 말한다.
④ 통상임금은 퇴직급여, 휴업수당, 연차유급휴가수당, 재해보상 및 산업재해보상보험급여, 감급제재의 제한, 구직급여 등 수당 또는 급여 등을 산정하는 데 기초가 된다.

해설

평균임금은 퇴직급여, 휴업수당, 연차유급휴가수당, 재해보상 및 산업재해보상보험급여, 감급제재의 제한, 구직급여 등 수당 또는 급여 등을 산정하는 데 기초가 된다.

14 [2020년 1회]

다음 [보기]에서 설명하는 것은?

보기

퇴직연금제도 중 근로자가 직장을 옮기거나 퇴직하면서 지급받는 퇴직급여를 근로자 본인 명의의 계좌에 적립하여 노후재원으로 활용하도록 하기 위한 것으로, 근로자가 직접 적립금을 운용하는 제도이다.

① IRP(개인형 퇴직연금제도) ② DB형 퇴직연금제도
③ 상여금 ④ DC형 퇴직연금제도

해설

- DB형 퇴직연금제도: 근로자가 퇴직 후 지급받을 퇴직금이 사전에 결정되어 있는 제도
- DC형 퇴직연금제도: 퇴직급여 지급을 위해 회사가 부담해야 하는 부담금의 수준이 사전에 결정되어 있는 제도

15 [2024년 3회]

성과배분제도 중 기본적 보상 외에 영업 수익의 일부를 근로자에게 지급하는 것으로 근로자들에게 기업의 소유주로 느끼게 하는 제도는 무엇인가?

① 럭커 플랜 ② 이윤분배제도
③ 순응임률제도 ④ 임프로쉐어 플랜

해설

① 럭커 플랜: 부가가치의 증대를 달성하고 이에 따른 생산성 향상분을 일정 부가가치 분배율에 따라 노사 간 배분하는 방식
③ 순응임률제도: 기업의 임금 산정에 있어서 경제적 조건의 변화(물가 변동)나 기업의 사정에 순응하여 임금률을 자동으로 변동 · 조정하여 지급하는 제도
④ 임프로쉐어 플랜: 표준시간 대비 노동시간의 절약으로 발생한 이익을 노사 간에 50%씩 나누고 종업원에게 성과급으로 배분하는 제도

16 [2024년 4회]

통상임금과 평균임금에 대한 설명으로 옳지 않은 것은?

① 평균임금 – 장해보상
② 평균임금 – 해고예고수당
③ 통상임금 – 연장근로가산수당
④ 통상임금 – 야간근로가산수당

해설

- 통상임금: 해고예고수당, 연장근로수당, 야간근로수당, 휴일근로수당, 연차유급휴가수당, 출산전후휴가수당 등
- 평균임금: 퇴직급여, 휴업수당, 연차유급휴가수당, 재해보상 및 산업재해보상보험급여, 감급제재의 제한, 구직급여

| 정답 | 11 ③ 12 ① 13 ④ 14 ① 15 ② 16 ②

복리후생

빈출 키워드
- ☑ 법정 복리후생
- ☑ 임의 복리후생
- ☑ 복리후생제도

1 복리후생

1. 의의

① 근로자와 그 가족의 생활수준을 향상시켜 근무의 효율성을 높이고자 제공하는 임금 이외의 여러 가지 복지정책을 말한다.

② 임금 이외의 간접적인 보상으로서 근로자의 건전한 노동력 확보 및 생산성 향상, 근로생활의 안정화와 질적 향상 등을 위한 부가급부*를 의미한다.

③ 재정적인 부분으로 특별상여, 주식배당, 유급휴가 등이 있으며, 비재정적인 부분으로 보험급여, 휴가시설, 여행 기회, 훈련개발 등이 있다.

* 부가급부
기업이 근로자를 위하여 부담하는 임금 이외의 복리후생 및 시설을 의미한다.

2. 효과

근로자	사용자
• 사기를 높이고 불만이 감소됨 • 경영자와의 관계(노사관계) 개선 • 복지에 대한 인식이 깊어짐 • 고용의 안정화, 생활수준 향상 • 기업의 경영방침 및 목적에 대한 이해도 향상 • 동기부여를 높이고, 고충을 덜어 줌 • 경력개발을 통한 자아실현(동기부여)	• 생산성 향상과 원가 절감 가능 • 팀워크 향상 및 인간관계 개선 • 근로자와 건설적인 대화 가능 • 결근, 지각, 사고, 불만 등의 감소 • 기업의 이미지 개선 • 우수 인력의 확보

3. 구분 중요

법정 복리후생	• 법규에 의해 일정 규모 이상의 기업들이 의무적으로 실시하여야 하는 복리후생 • 건강보험, 국민연금, 산재보험, 고용보험, 퇴직금제도, 유급휴가제도 등
임의 복리후생	• 법규가 아닌 기업의 의사 및 사정에 따라 실시하는 복리후생 • 교육 및 경력개발, 급식, 의료보건, 생활시설(기숙사) 지원, 문화체육시설 지원, 금융 및 공제제도 등

4. 복리후생관리의 원칙

적정성의 원칙	• 근로자의 욕구가 충족될 수 있어야 함 • 복리후생 비용이 기업 운영에 부담을 주지 않아야 함 • 경쟁 기업들과 비교하여 큰 차이가 없는 정도가 적정함
합리성의 원칙	근로자의 복리후생은 기업만의 책임이 아니므로 국가나 지역사회에서 추진하는 제도와 중복되지 않게 합리적으로 조정해야 함
협력성의 원칙	노사가 협의하여 기업 내 복리후생제도를 충실하게 설계하고 운영하면 복리후생제도에 대한 만족도와 구성원들의 복지가 향상됨

5. 복리후생의 설계 원칙

근로자 욕구 충족의 원칙	근로자와의 의사소통을 전제로 근로자의 욕구를 파악하고 충족할 수 있도록 설계함
근로자 참여의 원칙	근로자 여론조사를 실시하거나 노사 대표가 공동으로 참여할 것을 유도함
다수혜택의 원칙	전 근로자를 가입하게 하여 다수에게 혜택을 부여함
지급 능력의 원칙	기업의 수익성을 고려하여 현재와 미래의 복리후생비 지급 능력의 범위를 평가함

6. 복리후생제도

(1) 카페테리아식 복리후생 중요

① 여러 가지 복리후생제도를 마련해 놓고 근로자들이 각자의 필요에 따라 선택적으로 이용하도록 하는 제도이다.

② 일정 한도 내에서 근로자 각 개인이 그들의 기호에 따라 근로자들 자신이 원하는 제도나 시설을 선택할 수 있는 제도이다.

장점	단점
• 근로자의 욕구를 반영하여 동기부여를 강화함 • 근로자에게 선택권을 부여하여 타율적인 조직 분위기를 축소함 • 복리후생 항목에 대해 합리적 예산 배분이 가능함 • 복리후생 프로그램의 효과를 평가하기 용이함	• 근로자들이 잘못된 선택을 했을 경우 복리후생의 효과가 감소됨 • 프로그램의 관리가 복잡하고 운용 비용이 증가함 • 근로자들이 특정 복리후생 프로그램에 집중할 경우 기업의 비용 부담이 증가함(프로그램의 혜택 수준이 아주 높은 경우)

(2) 홀리스틱 복리후생

근로자를 전인적 인간으로서 육체적, 정신적, 심리적 측면에서 균형 잡힌 삶을 추구할 수 있도록 지원하는 제도이다.

(3) 라이프 사이클 복리후생

근로자의 연령에 따른 생활 패턴 및 의식 변화를 고려하여 복리후생 프로그램에 차이를 두는 제도이다.

+ 임금채권 보장제도

기업이 도산하여 임금, 휴업수당 및 퇴직금을 지급받지 못하고 퇴직한 근로자에게 국가가 사업주를 대신하여 체불금품 중 일정 금액의 체당금(임금, 휴업수당 및 퇴직금)을 지급하고, 국가는 근로자에게 지급된 체당금의 범위 내에서 당해 근로자가 사업주에 대하여 가지고 있던 미지급 임금 등의 청구권을 대신하여 행사하는 법적 복리후생제도이다.

2 4대 사회보험관리

국가가 법에 의한 강제성에 따라 시행하는 보험제도의 총칭이며, 사회보장정책의 주요 수단으로 근로자나 그 가족을 상해, 질병, 노령, 실업, 사망 등의 위협으로부터 보호하기 위해 실시한다. 업무상의 재해에 대해서는 산업재해보상보험, 질병과 부상에 대해서는 건강보험, 사망, 노령 등에 대해서는 국민연금보험, 실업에 대해서는 고용보험제도가 있으며, 이를 4대보험이라고 한다.

1. 건강보험

(1) 의의

① 건강보험은 국민건강을 증진시키기 위한 사회보장제도로 국민의 질병과 부상에 대한 예방, 진단과 치료, 재활, 출산, 사망 및 건강 증진에 대해 보험서비스를 제공한다.

② 국민들이 매월 보험료를 내면 그것을 축적해두었다가 질병 등 치료할 일이 생겼을 때 진료비의 일부분을 납부해 준다.

(2) 대상자

대상자	• 상시 1인 이상의 근로자를 사용하는 사업장에 고용된 근로자(연령 제한 없음) • 사용자, 공무원, 교직원, 시간제 근로자
대상 제외자	• 1개월 미만의 기간 동안 고용되는 일용근로자 • 현역병(임용하사 포함) 및 무관후보생 • 선거에 의해 취임하는 공무원으로서 매월 보수 또는 이에 준하는 급료를 받지 않은 자 • 소재지가 일정하지 않은 사업장의 근로자 및 사용자 • 비상근 근로자 또는 1월 간의 소정근로시간* 이 60시간 미만인 시간제 근로자(교직원, 공무원 포함) • 「의료급여법」에 의하여 의료급여를 받는 자 • 「독립유공자 예우에 관한 법률」 및 「국가 유공자 등 예우 및 지원에 관한 법률」에 의하여 의료보호를 받는 자로 건강보험의 적용 배제 신청을 한 자 • 근로자가 없거나 1개월 동안의 소정근로시간이 60시간 미만인 시간제 근로자만 고용하고 있는 사업장의 사업주

㊟ 소정근로시간
근로시간의 범위에서 근로자와 사용자 사이에 정한 근로시간

(3) 계산

① 건강보험료에서 말하는 보수 총액은 근로소득 원천징수영수증상의 과세 대상 급여와 국외 근로 부분을 합산한 금액이다.

> 건강보험료 = 보수월액* × 건강보험료율
> (건강보험료율 7.09%를 근로자, 사용자가 각각 3.545%씩 부담,
> 장기요양보험료율은 근로자, 사용자 각각 12.95%씩 부담)

㊟ 보수월액
직장 가입자가 당해 연도에 받은 보수 총액을 근무 월수로 나눈 금액

② 월 급여가 2,400,000원이라고 가정하면, 아래와 같이 계산된다.

구분	총액	근로자 부담액	사업주 부담액
건강보험료	170,160 원	85,080 원	85,080 원
장기요양보험료	22,020 원	11,010 원	11,010 원

2. 고용보험

(1) 의의

① 고용보험은 근로자가 실업한 경우에 생활에 필요한 급여를 지급함으로써 근로자의 생활 안정과 구직 활동을 촉진하려는 사회보장제도이다.

② 사업 외에 **산업구조조정의 촉진 및 실업 예방, 고용 촉진 등을 위한 고용안정사업, 직업능력 개발을 위한 직업능력 개발 사업을 상호 연계하여 실시하는 사회보장제도인 동시에** 적극적인 노동시장 정책이다.

(2) 대상자

① 가입사업장

- **일반사업장:** 근로자를 사용하는 모든 사업 또는 사업장은 의무적으로 고용보험에 가입한다(다만, 농업 · 임업 · 어업 중 법인이 아닌 경우 5인 이상 가입).
- **건설공사:** 주택건설사업자, 건설업자, 전기공사업자, 정보통신공사업자, 소방시설업자, 문화재수리업자가 아닌 자가 시공하는 총공사 금액 2천만원 미만 건설공사 또는 연면적이 100m² 이하인 건축물의 건축 또는 연면적이 200m² 이하인 건축물의 대수선에 관한 공사를 제외한 모든 공사는 가입한다.

② 적용 대상자: 「근로기준법」상 근로자

③ 적용 제외자

- **65세 이후에 고용되거나 자영업을 개시한 자:** 실업급여, 육아휴직 급여 등은 적용하지 않는다. 다만, 65세 전부터 피보험 자격을 유지하던 사람이 65세 이후에 계속하여 고용된 경우는 실업급여 등 고용보험 전 사업에 적용한다.
- 1개월간 소정근로시간이 60시간 미만인 자(1주간의 소정근로시간이 15시간 미만인 자는 포함)는 제외한다. 다만, 3개월 이상 계속하여 근로를 제공하는 자와 1개월 미만 동안 고용되는 일용근로자는 적용 대상이다.
- **「국가공무원법」과 「지방공무원법」에 따른 공무원:** 다만, 별정직 · 임기제 공무원은 본인의 의사에 따라 최초 임용된 날부터 3개월 이내 임의 가입 가능(실업급여만 적용)하다.
- 「사립학교교직원 연금법」 적용자
- **외국인 근로자:** 고용보험 적용 제외 대상이나, 일부 체류자격의 경우 당연, 임의, 상호주의로 구분 적용한다.
- 「별정우체국법」에 따른 별정우체국 직원

(3) 고용보험료 산정 기간

매년 1월 1일(보험관계 성립일)부터 12월 31일(사업폐지 · 종료일)까지이다.

(4) 고용보험료율

① 고용보험료는 사업주가 전년도 소득을 기준으로 산정한 보험료를 매월 고지 · 납부하며, 보험료의 부담은 사업주와 근로자가 각각 하여야 한다.

② **고용안정 · 직업능력 개발 사업 보험료에 대하여는 사업주가 전액 부담하여야 하나, 실업급여 보험료에 대하여는 노사가 각각 절반씩 부담한다.**

③ 고용보험료에서 근로자가 부담하는 것은 실업급여 보험료의 절반으로, 실업급여 보험료 중 근로자 부담분에 대하여는 사업주가 매월 임금 지급 시 원천징수한다.

고용보험료 = 월평균 보수월액 × 고용보험료율 (고용보험료율 근로자 부담 0.9%, 사업자 부담(150인 미만 기업) 1.15%(0.9% + 0.25%))

④ 월 급여가 2,400,000원이라고 가정하면, 아래와 같이 계산된다.

전체	국민연금	건강보험	고용보험	산재보험

2025년 기준(계산내용은 모의계산이기 때문에 실제와 다를 수 있습니다.)

월 급여 2,400,000 원 계산 초기화

근로자수
- 150인 미만 기업
- 150인 이상 (우선지원 대상기업)
- 150인 이상 1,000인 미만 기업
- 1,000인 이상 기업, 국가 지방자치단체

총액	근로자 부담액 (실업급여 부담금)	사업주 부담액 (실업급여+고용안정직능개발 부담금)
49,200 원	21,600 원	27,600 원

구분		근로자	사업주
실업급여 (2022.07.01 기준)		0.9%	0.9%
고용안정, 직업능력 개발사업	150인 미만 기업	-	0.25%
	150인 이상 (우선지원 대상기업)	-	0.45%
	150인 이상 1,000인 미만 기업	-	0.65%
	1,000인 이상 기업, 국가 지방자치단체	-	0.85%

(5) 근로자 고용정보관리제도

근로자를 새로 고용하거나 고용관계가 종료된 경우 사유 발생일이 속하는 달의 다음 달 15일까지, 사업장 최초 가입 신고 시 기한은 보험관계가 성립된 날로부터 14일 이내에 신고하여야 한다.

3. 국민연금

(1) 의의

가입자, 사용자 및 국가로부터 일정액의 보험료를 받고 이를 재원으로 노령연금, 유족연금, 장애연금 등을 지급함으로써 국민의 생활 안정과 복지 증진을 도모하는 사회보장제도이다. 가입자가 퇴직 등으로 소득을 잃은 경우 일정 소득을 보장한다.

(2) 종류

구분	내용
노령연금	국민연금에 가입하고 가입기간이 10년 이상인 가입자 또는 가입자였던 자에게 60세(특수직종 근로자는 55세)가 된 때부터 지급한다. 조기노령연금제도는 가입기간이 10년 이상인 가입자 또는 가입자였던 자로서 55세 이상자가 소득이 있는 업무에 종사하지 않는 경우 본인 희망에 따라 60세 이전에 청구한 때부터 일정 금액의 연금을 받을 수 있다.
장애연금	국민연금 가입자에게 장애가 생긴 경우 생활비 보전 목적의 연금으로 장애급수에 따라 지급되는 연금이다. 장애를 입게 된 즉시 지급하는 것이 아니라 장애 정도가 어느 정도 고정된 때의 상태에서 결정된 등급에 따라 1~3급은 매월 연금으로, 4급은 일시금으로 지급한다.
유족연금	가입자 또는 연금 수급자가 사망한 경우에 그에 의해 생계를 유지하던 유족이 받을 수 있는 급여이다.

반환일시금	국민연금 가입자 또는 가입자였던 사람이 장애, 노령, 유족연금의 수급 요건을 충족하지 못하는 경우, 가입 중에 납부하였던 연금 보험료에 일정한 이자를 가산하여 본인 또는 그 유족이 지급받을 수 있는 금액이다. 가입한 기간이 10년 미만인 자가 60세에 도달하였을 경우, 가입자 또는 가입자였던 자가 국적을 상실하거나 국외로 이주하는 때 등의 경우에 지급받을 수 있다.
사망일시금	가입자 또는 가입자였던 자가 사망하였으나 「국민연금법」에 따른 유족이 없어 유족연금 또는 반환일시금을 받을 수 없는 경우 생계유지를 함께하였던 자에게 지급되는 보상적 급여이다.

(3) 가입 대상자

① **가입 사업장:** 1인 이상의 근로자를 사용하는 모든 사업장과 대사관 등 주한외국기관으로 1인 이상의 대한민국 국민인 근로자를 사용하는 사업장

② **적용 대상자**
- 국민연금 적용 사업장에 종사하는 18세 이상 60세 미만의 근로자와 사용자
- 국내 거주하는 18세 이상 60세 미만의 국민으로 사업장 가입자가 아닌 자(지역가입자)

③ **적용 제외자**
- 타 공적연금가입자
- 노령연금수급권을 취득한 자 중 60세 미만의 특수직종 근로자
- 조기노령연금 수급권을 취득하고 그 지급이 정지되지 않은 자
- 퇴직연금 등 수급권자
- 「국민기초생활보장법」에 의한 수급자
- 일용근로자 또는 1개월 이내의 신고 기한부로 사용되는 근로자
  - 1개월 이상 계속 사용되는 경우는 제외
  - 다만, 건설 일용근로자는 1개월 동안의 월 8일 이상 근로 시, 일반 일용근로자는 1개월 동안의 월 8일 이상 또는 월 60시간 이상 근로 시 가입 대상임
- 1개월간 소정근로시간이 60시간 미만인 단시간 근로자(다만, 1개월간 근로시간이 60시간 미만이더라도 3개월 이상 계속하여 근로하는 대학 강사이거나 사용자의 동의를 받아 근로자로 적용되기를 희망하는 자, 둘 이상 사업장에서 근로를 제공하면서 1개월 소정근로시간의 합이 60시간 이상인 경우, 60시간 미만 사업장에서 근로자로 적용되기를 희망하는 자는 가입 대상임)
- 법인의 이사 중 근로소득이 없는 자

(4) 사업장 가입자 자격취득신고

① 사업장이 1인 이상의 근로자를 사용하게 된 때
② 적용사업장에 근로자 또는 사용자로 종사하게 된 때
③ 적용사업장에 종사하는 근로자가 18세 이상이 된 때
④ 일용근로자가 1개월 이상 계속 근로하고 1개월 근로일수가 8일 이상 또는 월 60시간 이상인 때
⑤ 단시간 근로자가 당연 적용사업장에 사용된 때 또는 근로자로 된 때
⑥ 적용사업장에 종사하는 근로자 또는 사용자가 기초수급자(의료 · 생계급여)에서 중지된 날의 다음 날

(5) 국민연금보험료의 계산

① 사업장 가입자는 기준 소득월액에 보험료율을 곱하여 해당하는 금액을 본인과 사용자가 각각 반씩 부담하여 매월 사용자가 납부한다.

국민연금보험료 = 가입자의 기준 소득월액 × 9%(연금보험료율)

② 기준 소득월액이란 국민연금의 보험료 및 급여 산정을 위하여 가입자가 신고한 소득월액에서 천원 미만을 절사한 금액을 말하며, 최저 39만원에서 최고 617만원까지의 범위로 결정하게 된다(2024.07.01. ~2025.06.30.). 따라서 신고한 소득월액이 39만원보다 적으면 39만원을 기준소득월액으로 하고, 617만원보다 많으면 617만원을 기준 소득월액으로 한다(2024.07.01.기준).

③ 월 급여가 2,400,000원이라고 가정하면, 아래와 같이 계산된다.

전체	국민연금	건강보험	고용보험	산재보험

2025년 기준(계산내용은 모의계산이기 때문에 실제와 다를 수 있습니다.)

월 급여 2,400,000 원 계산 초기화

연금보험료(전체)	근로자 부담금	사업주 부담금
216,000 원	108,000 원	108,000 원

구분	연금보험료(전체)	근로자	사업주
기준 소득월액	9%	4.5%	4.5%

> **국민연금의 보험료율**
> 현재 국민연금 보험료율은 기준소득월의 9%로 유지되고 있으나, 국민연금 개정안이 논의 중이며 향후 변경될 수 있다.

(6) 연금보험료의 납부

① 연금보험료는 취득일이 속한 달부터 상실일의 전날이 속한 달까지 납부(같은 달에 취득일과 상실일이 속한 경우는 최초 상실일이 속한 사업장에서 납부)하며, 납부기한은 해당 월의 다음 달 10일이다.

② 매월 연금보험료의 납부고지서에는 그 달 15일까지 신고된 취득·상실자로만 반영하므로 그 달 16일에서 말일 사이의 자격 변동자는 다음 달 고지 시 반영된다.

(7) 국민연금 자격의 취득과 상실

신규 입사자나 퇴사자가 있는 경우 해당 사유가 발생한 날이 속하는 달의 다음 달 15일까지 사업장가입자 자격취득·상실 신고서를 작성해 신고하고, 입력 마감일까지 신고된 변동자료에 의거하여 그 달의 보험료가 산정된다.

4. 산업재해보상보험(산재보험)

(1) 의의

산업재해근로자를 보호하기 위해 국가가 근로자에게 보험료를 징수한 재원으로 산재근로자에게 보상하는 제도이다. 산업재해보상보험은 근로자가 존재하는 모든 사업 또는 사업장에 적용되며, 근로자가 업무상 재해를 입을 경우 근로복지공단에 산재보상 신청 후 심사를 통해 지급된다.

(2) 특징

① 근로자의 업무상 재해에 대하여 사용자에게는 고의·과실의 유무를 불문하는 무과실 책임주의에 따른다.

② 보험사업에 소요되는 재원인 보험료는 원칙적으로 사업주가 전액 부담한다.

③ 산재보험 급여는 재해 발생에 따른 손해 전체를 보상하는 것이 아니라 평균임금을 기초로 하는 정률보상 방식으로 행한다.

④ 산재근로자와 그 가족의 생활을 보장하기 위해 국가가 책임을 지는 의무 보험이다.

(3) 산재보험료의 계산

> 산재보험료 = 사업장 근로자 전체의 개인별 월평균 보수의 전체 합계액 × 보험료율
> (산재보험은 사업주(기업)가 전액 부담하며 업종별 산재보험료율은 상이함)

(4) 가입 대상 사업장

① 일반사업장: 근로자를 사용하는 모든 사업 또는 사업장(다만, 농업 · 임업(벌목업 제외) · 어업 · 수렵업 중 법인이 아닌 경우 5인 이상)

② 건설공사: 규모 및 금액에 관계없이 모든 공사 현장

③ 가입 대상 제외 사업장

- 사업의 위험률, 규모 및 장소 등을 고려하여 대통령령으로 정하는 사업
- 농업 · 임업(벌목업은 1인 기준) · 어업 · 수렵업 중 법인이 아닌 자의 사업으로서 상시 근로자 수가 5명 미만인 사업
- 가구 내 고용 활동
- 다른 법령(「공무원재해보상법」, 「군인연금법」, 「선원법」·「어선원 및 어선재해보상보험법」 또는 「사립학교교직원연금법」)에 의하여 재해보상이 행하여지는 사업

보험료율 비교

구분	2024년		2025년	
	사업주	근로자	사업주	근로자
국민연금	4.5%		4.5%	
건강보험	3.545%		3.545%	
장기요양보험	건강보험료 × 12.95%		건강보험료 × 12.95%	
고용보험	1.15%	0.9%	1.15%	0.9%
산재보험	100% 사업주 부담, 업종별 산재보험료율 상이	–	100% 사업주 부담, 업종별 산재보험료율 상이	–

사회보험 요약 정리

구분	국민연금	건강보험	고용보험	산재보험
취득/변경/상실신고 기한	사유발생일이 속하는 달의 다음 달 15일까지	사유발생일로부터 14일 이내	• 사유발생일이 속하는 달의 다음 달 15일까지 • 피보험자격상실신고 시 자격상실일은 이직(퇴직)에 의해 피보험 자격을 상실하는 경우 이직일(퇴직일)의 다음 날 예 퇴사일: 2025.05.20. → 상실일: 2025.05.21.	사유발생일이 속하는 달의 다음 달 15일까지
신고서류	사업장가입자 자격상실신고서	직장가입자 자격상실신고서	피보험자격상실신고서	근로자고용종료 신고서
보험료산정	기준소득월액[1] × 보험료율	보수월액[2] × 보험료율	보수월액 × 보험료율	보수월액 × 보험료율

Ⓐ 기준소득월액
취득신고한 소득월액에서 천원 미만은 절사한 금액

Ⓐ 보수월액
취득신고 시 신고한 보수월액

기출 & 확인 문제

01 [2023년 5회]

카페테리아식 복리후생에 대한 설명으로 가장 적절하지 않은 것은?

① 프로그램 관리가 용이하고 운용 비용이 절감될 수 있다.
② 종업원의 다양한 욕구 충족 및 수혜자 간의 형평성을 제고시킬 수 있다.
③ 복지후생 비용을 사전에 예측할 수 있기 때문에 효율적인 비용관리가 가능하다.
④ 종업원이 선택하지 않은 항목을 줄임으로써 복지후생 예산을 합리적으로 배분할 수 있다.

해설

카페테리아식 복리후생은 프로그램의 관리가 복잡하고 운용 비용이 증가한다는 단점이 있다.

02 [2023년 6회]

복리후생의 설계 원칙으로 가장 적절하지 않은 것은?

① 다수혜택의 원칙 ② 지급 능력의 원칙
③ 근로자 결정의 원칙 ④ 근로자 욕구 충족의 원칙

해설

복리후생의 설계 원칙에는 근로자 욕구 충족의 원칙, 근로자 참여의 원칙, 다수혜택의 원칙, 지급 능력의 원칙이 있다.

03

다음 중 [보기]에서 설명하는 제도는 무엇인가?

보기

기업이 도산하여 임금과 휴업수당 및 퇴직금을 지급받지 못하고 퇴직한 근로자에게 국가가 사업주를 대신하여 체불금품 중 일정 금액의 체당금을 지급하고, 국가는 근로자에게 지급된 체당금의 범위 내에서 당해 근로자가 사업주에 대하여 가지고 있던 미지급 임금 등의 청구권을 대신하여 행사하는 제도이다.

① 퇴직금 추계제도 ② 임금체계 결정제도
③ 임금채권 보장제도 ④ 퇴직연금 보험제도

해설

임금채권 보장제도에 대한 설명이다.

04 [2023년 3회]

건강보험에 대한 설명으로 가장 적절하지 않은 것은?

① 고용기간이 1개월 미만인 일용근로자는 적용 제외 대상이다.
② 적용 대상으로 상시 1인 이상의 근로자를 사용하는 모든 사업장이 해당한다.
③ 사용자는 가입자 부담 금액을 원천징수하여, 사용자부담금과 함께 납부하여야 한다.
④ 자격 상실 시에는 당해 사업장의 건강보험이 상실된 날로부터 30일 이내에 신고하여야 한다.

해설

건강보험의 취득·변경·상실 신고기한은 사유 발생일로부터 14일 이내에 신고하여야 한다.

05

다음 중 복리후생제도의 원칙으로 가장 적합하지 않은 것은?

① 근로자에게 혜택을 주면서 기업의 비용에 부담을 주지 않는 적정성을 유지해야 한다.
② 국가나 지역사회의 복리후생 시설과 중복되지 않도록 해야 한다.
③ 노사협력을 확보하는 차원에서 이루어져야 한다.
④ 다양성을 기반으로 그 수가 많을수록 좋다.

해설

다양성을 기반으로 그 수가 많을수록 좋은 것은 아니다. 기업의 비용에 부담을 주지 않는 적정성을 유지해야 한다.

| 정답 | 01 ① 02 ③ 03 ③ 04 ④ 05 ④

06 [2024년 4회]

고용보험 적용제외 대상이 아닌 것은?

① 외국인 근로자
② 별정우체국 직원
③ 60세 이후에 고용된 자
④ 1월간 소정근로시간이 60시간 미만인 근로자

해설

고용보험 적용제외 대상자는 외국인 근로자, 별정우체국 직원, 65세 이후에 고용되거나 자영업을 개시한 자, 1개월간 소정근로시간이 60시간 미만인 근로자, 공무원 등이 있다.

07 [2021년 6회]

법정 복리후생제도의 유형으로 적절하지 않은 것은?

① 사회보장보험
② 산전 · 산후 유급휴가
③ 퇴직금 및 퇴직연금
④ 경조금 및 학자금 지원

해설

- 법정 복리후생: 건강보험, 국민연금, 산재보험, 고용보험, 퇴직금제도, 유급휴가제도 등
- 임의 복리후생: 교육 및 경력개발, 급식, 의료보건, 생활시설(기숙사) 지원, 문화체육시설 지원, 금융 및 공제제도, 경조금 및 학자금 지원 등

08

다음 중 국민연금 가입 대상자는?

① 퇴직연금 등 수급권자
② 모든 18세 이상 65세 미만 근로자
③ 사업장 가입자가 아닌 국내에 거주하는 18세 이상 60세 미만의 국민
④ 일용근로자 또는 1개월 이내의 신고 기한부로 사용되는 근로자

해설

국민연금 적용 대상자는 국민연금 적용 사업장에 종사하는 18세 이상 60세 미만의 근로자와 사용자, 국내에 거주하는 18세 이상 60세 미만의 국민으로 사업장 가입자가 아닌 자(지역가입자)이다.

09

다음 중 국민연금 급여의 종류에 대한 설명으로 적합하지 않은 것은?

① 노령연금: 10년 이상 가입하고 수령 연령에 도달한 이후부터 사망 시까지 지급한다.
② 유족연금: 가입 중 사망한 경우 그 유족에게 지급한다.
③ 반환일시금: 가입 기간 10년 미만인 자가 60세에 도달할 시 지급한다.
④ 장애연금: 가입 전에 발생한 질병 또는 부상으로 장애가 있는 자에게도 그 장애가 존속하는 동안 지급한다.

해설

장애연금은 국민연금 가입자에게 장애가 생긴 경우 생활비 보전 목적의 연금으로 장애 급수에 따라 지급되는 연금이다.

10 [2024년 6회]

산재보험에 관한 설명 중 옳지 않은 것은?

① 보험사업에 소요되는 재원인 보험료는 사업주가 전액 부담한다.
② 산재보험 급여는 평균임금을 기초로 하는 정률보상 방식으로 행한다.
③ 근로자의 업무상 재해에 대하여 사용자에게는 고의 · 과실의 유무를 불문하는 무과실 책임주의에 따른다.
④ 산재보험은 산재근로자와 가족의 생활을 보장하기 위해 기업이 책임을 지는 의무보험이다.

해설

산재보험은 산재근로자와 가족의 생활을 보장하기 위해 국가가 책임을 지는 의무보험이다.

11

복리후생제도에 대한 설명으로 가장 적절하지 않은 것은?

① 라이프 사이클 복리후생은 근로자의 직위 변화에 따른 생활 패턴 및 의식 변화를 고려하는 제도이다.
② 홀리스틱 복리후생은 근로자를 전인적 인간으로서 균형 잡힌 삶을 추구할 수 있도록 지원하는 제도이다.
③ 카페테리아식 복리후생은 여러 가지 제도 중 근로자들이 각자의 필요에 따라 선택적으로 이용하도록 하는 제도이다.
④ 임금채권 보장제도는 기업이 도산하여 임금, 휴업수당 및 퇴직금을 지급받지 못하고 퇴직한 근로자를 보호하기 위한 제도이다.

해설

라이프 사이클 복리후생은 근로자의 연령 변화에 따른 생활 패턴 및 의식 변화를 고려하여 복리후생 프로그램에 차이를 두는 제도이다.

| 정답 | 06 ③ 07 ④ 08 ③ 09 ④ 10 ④ 11 ①

12 [2021년 5회]

다음 중 고용보험료율에 대한 설명으로 적절하지 않은 것은?

① 고용보험료는 사업주가 전년도 소득을 기준으로 산정한 보험료를 매월 고지·납부하며, 보험료의 부담은 사업주와 근로자가 각각 하여야 한다.
② 고용안정·직업능력 개발 사업 보험료에 대하여는 사업주가 전액 부담하여야 하나, 실업급여 보험료에 대하여는 노사가 각각 절반씩 부담한다.
③ 고용보험료에서 근로자가 부담하는 것은 실업급여 보험료의 절반으로, 실업급여 보험료 중 근로자 부담분에 대하여는 근로자가 직접 납부한다.
④ 고용보험료는 월평균 보수월액에 고용보험료율을 곱하여 계산한다.

해설

고용보험료에서 근로자가 부담하는 것은 실업급여 보험료의 절반으로, 실업급여 보험료 중 근로자 부담분에 대하여는 사업주가 매월 임금 지급 시 원천징수한다.

13 [2021년 4회]

다음 중 국민연금 가입 대상 제외자는?

① 18세 이상 60세 미만 사용자
② 18세 이상 60세 미만 근로자
③ 노령연금수급권을 취득한 60세 미만 특수직종 근로자
④ 사업장 가입자가 아닌 국내에 거주하는 18세 이상 60세 미만의 국민

해설

- 국민연금 적용 대상자: 국민연금 적용 사업장에 종사하는 18세 이상 60세 미만의 근로자와 사용자, 국내에 거주하는 18세 이상 60세 미만의 국민으로 사업장 가입자가 아닌 자(지역가입자)
- 국민연금 적용 제외자: 노령연금수급권 취득자 중 60세 미만의 특수직종 근로자, 타 공적연금가입자, 조기노령연금 수급권자, 퇴직연금 수급권자 등

14 [2019년 4회]

4대 사회보험 중 가입자, 사용자 및 국가로부터 일정액의 보험료를 받고, 이를 재원으로 하여 노령연금, 장애연금 등을 지급함으로써 국민의 생활 안정과 복지 증진을 도모하는 제도는?

① 국민연금 ② 고용보험
③ 건강보험 ④ 산업재해보상보험

해설

국민연금에 대한 설명으로, 가입자가 소득 활동을 하는 동안 납부한 보험료를 기반으로 나이가 들거나 장애, 사망 등으로 소득이 없는 경우 국가가 생활 보장을 위하여 정기적으로 지급하는 연금이다.

15 [2019년 2회]

다음 중 [보기]에서 설명하는 용어는?

보기

> 실업의 예방, 고용의 촉진 및 근로자의 직업능력 개발과 향상을 꾀하고, 국가의 직업 지도와 직업 소개 기능을 강조하며, 근로자가 실업한 경우에 생활에 필요한 급여를 실시하여 근로자의 생활 안정과 구직 활동을 촉진함으로써 경제·사회 발전에 이바지하려는 제도이다.

① 국민연금보험 ② 산업재해보상보험
③ 건강보험 ④ 고용보험

해설

① 국민연금보험: 가입자, 사용자 및 국가로부터 일정액의 보험료를 받고 이를 재원으로 노령연금, 유족연금, 장애연금 등을 지급함으로써 국민의 생활 안정과 복지 증진을 도모하는 사회보장제도
② 산업재해보상보험: 산업재해근로자를 보호하기 위해 국가가 근로자에게 보험료를 징수한 재원으로 산재근로자에게 보상하는 제도
③ 건강보험: 국민건강을 증진시키기 위한 사회보장제도

16 [2021년 4회]

다음 중 [보기]가 설명하는 것은?

보기

> 근로자를 전인적 인간으로서 육체적, 심리적, 정신적 측면에서 균형된 삶을 추구할 수 있도록 지원하는 복리후생제도이다.

① 카페테리아식 복리후생 ② 홀리스틱 복리후생
③ 전생애 복리후생 ④ 건강 복리후생

해설

홀리스틱 복리후생에 대한 설명이다. 카페테리아식 복리후생은 여러 가지 복리후생제도를 마련해 놓고 근로자들이 각자의 필요에 따라 선택적으로 이용하도록 하는 제도를 말한다.

| 정답 | 12 ③ 13 ③ 14 ① 15 ④ 16 ②

소득세와 연말정산

빈출 키워드

- ☑ 원천징수제도
- ☑ 지급명세서
- ☑ 연말정산
- ☑ 세액공제

1 소득세의 기본 개념

1. 소득세의 특징

① **개인 단위 과세제도:** 개인별로 과세하며, 원칙적으로 세대별 혹은 부부별로 합산하지 않는다.

② **과세소득의 규정:** 유형별 포괄주의와 열거주의, 소득원천설을 근간으로 한 열거주의 과세방식이나, 금융소득 등의 일부 소득은 유형별 포괄주의를 채택한다.

③ **과세 방법:** 종합과세, 분리과세, 분류과세

④ **세율 구조:** 누진세율을 적용(8단계 초과 누진세율 적용)하며, 부담 능력에 따른 응능과세라고 한다.

⑤ **원천징수제도 운용:** 세원의 탈루를 최소화하고 납세의 편의를 도모하기 위해서 시행한다.

⑥ **인적공제제도:** 인적사항을 고려하므로 인세에 해당한다.

⑦ **신고납세제도:** 직접세(납세자와 담세자*가 동일), 종가세(금액에 따라 과세하는 세금)

* 담세자
조세의 실제 부담자를 의미한다.

2. 소득세 과세 방법의 종류

(1) 종합과세

① 원천이나 유형이 다른 종류의 소득을 모두 하나의 과세표준에 합산하여 과세하는 방법이다.

② **종합과세 대상소득:** 이자, 배당, 사업(부동산임대), 근로, 연금, 기타소득

(2) 분리과세

① 일정한 소득을 지급할 때 당해 소득의 지급자가 원천징수를 통하여 과세당국에 납부함으로써 납세의무를 종결시키는 과세 방법이다.

② **분리과세 대상 소득:** 2,000만원 이하 금융소득(이자, 배당), 일용직 근로, 연금, 기타소득(복권당첨소득) 중 일정한 소득

TIP
사업소득에는 분리과세 소득이 없다.

(3) 분류과세

① 종합과세 대상에 합산하지 않고 원천이나 구분된 일정 소득을 각각 별도의 과세표준으로 하여 과세하는 방법이다.

② **분류과세 대상 소득:** 양도소득, 퇴직소득

3. 소득세 과세대상 소득의 범위

종합소득	이자소득, 배당소득, 사업소득, 근로소득, 연금소득, 기타소득
퇴직소득	근로자가 퇴직 시 사용자로부터 받는 소득
양도소득	부동산 등 자산의 양도로 인하여 발생하는 소득

4. 소득세의 과세기간과 확정신고기한

구분	과세기간	확정신고기한
원칙	1/1~12/31	다음 연도 5월 1일부터 5월 31일까지
사망 시	1/1~사망한 날	상속개시일이 속하는 달의 말일부터 6개월이 되는 날
출국 시	1/1~출국한 날	출국일 전일

2 소득세의 납세

1. 소득세의 납세의무자

소득세의 납세의무자는 원칙적으로 개인(거주자 및 비거주자)이다.

(1) 거주자와 비거주자의 구분

구분	정의	과세소득의 범위
거주자 (무제한 납세의무자)	국내에 주소를 두거나 1과세기간 중 183일 이상의 거소를 둔 개인	국내외 원천소득
비거주자 (제한 납세의무자)	거주자가 아닌 자로서 국내 원천소득이 있는 개인	국내 원천소득

(2) 거주자와 비거주자의 의제

다음에 해당하는 자는 비록 국외에 1년 이상 거주하더라도 무조건 거주자로 의제한다.

① 국외에서 근무하는 공무원

② 거주자 또는 내국법인의 국외사업장 등에 파견된 임직원

2. 소득세의 납세지

납세지란 납세자가 신고, 신청, 납부 등의 행위를 하는 관할세무서를 결정하는 기준이다.

거주자	주소지(주소지가 없는 경우에는 거소지)
비거주자	• 국내 사업장(국내 사업장이 두 곳 이상인 경우 주된 국내 사업장)의 소재지 • 국내 사업장이 없는 경우에는 국내 원천소득이 발생하는 장소

3. 소득세의 신고 · 납부

중간예납	과세기간 중 1~6월분에 해당되는 소득세의 일부를 미리 납부 가능함
확정신고 납부기한	다음 연도 5월 1일~5월 31일까지 과세표준 확정신고 및 납부해야 함

4. 소득세의 계산구조

(1) 각 소득의 소득금액

① 이자소득, 배당소득, 사업소득, 근로소득, 연금소득, 기타소득의 6가지 소득에 대한 소득금액은 총수입금액에서 각종 필요경비를 차감하여 소득금액을 계산한다.

소득금액 = 총수입금액 − 필요경비

② 총수입금액이란 벌어들인 소득 총액이고, 필요경비란 총수입금액을 얻기 위해 쓴 비용이다.

- 이자소득과 배당소득은 필요경비를 인정하지 않는다.
- 사업소득은 총수입금액에서 실제 발생한 비용을 필요경비로 인정한다. 단, 장부를 기장하지 않는다면 기준경비율 또는 단순경비율을 적용하여 필요경비를 추산한다.
- 근로소득과 연금소득은 실제 발생한 필요경비를 적용하지 않고 근로소득공제와 연금소득공제를 적용하여 계산한다.
- 기타소득은 총수입금액에 실제 발생한 필요경비를 인정하는 것과 총수입금액의 60% 또는 80%를 필요경비로 인정하여 계산한다.

(2) 종합소득금액

① 각각의 이자소득금액, 배당소득금액, 사업소득금액, 근로소득금액, 연금소득금액, 기타소득금액을 모두 합산하면 종합소득금액이 된다.

> 종합소득금액 = 이자소득금액 + 배당소득금액 + 사업소득금액 + 근로소득금액 + 연금소득금액 + 기타소득금액

② 근로소득이 있는 근로자의 경우 근로소득금액 자체가 종합소득금액이 되고, 근로소득 외의 다른 소득이 있는 근로자의 경우 근로소득금액에 다른 소득금액을 합한 금액이 종합소득금액이 된다.

(3) 종합소득 과세표준

① 종합소득금액에서 종합소득공제를 차감하면 종합소득 과세표준이 된다.

> 종합소득 과세표준 = 종합소득금액 − 종합소득공제

② 종합소득공제는 각각의 인적 사정에 대한 배려와 여러 가지 정책적인 목적에서 차감되는 금액이므로 이는 과세표준의 감소 효과가 있다.

(4) 종합소득 산출세액

종합소득 과세표준에 과세표준별 기본 세율을 곱하면 산출세액을 구할 수 있다. 산출세액은 소득에 대해 내야 할 세금 총액을 말한다.

> 종합소득 산출세액 = 종합소득 과세표준 × 기본 세율

과세표준별 기본 세율

과세표준	기본 세율
1,400만원 이하	6%
1,400만원 초과 5,000만원 이하	15%
5,000만원 초과 8,800만원 이하	24%
8,800만원 초과 1억 5천만원 이하	35%
1억 5천만원 초과 3억원 이하	38%
3억원 초과 5억원 이하	40%
5억원 초과 10억원 이하	42%
10억원 초과	45%

(5) 종합소득 결정세액

산출세액에서 세액공제 및 특별세액공제와 세액감면을 차감하면 최종적으로 납부해야 할 세금이 결정되는데, 이를 결정세액이라고 한다.

(6) 납부할 세액

결정세액에서 이미 납부한 세액을 차감하면 실제 내야 할 세금을 구할 수 있는데, 이를 납부할 세액이라고 한다.

3 원천징수제도 중요

1. 원천징수의 의의

소득 또는 수입금액을 지급하는 자(원천징수 의무자)가 그 금액을 지급할 때, 상대방(원천납세 의무자)이 내야 할 세금을 국가를 대신하여 징수하고 납부하는 조세 징수 방법이다.

2. 원천징수의 종류

(1) 완납적 원천징수

① 원천징수에 의하여 납세의무가 종결되는 원천징수를 말한다.

② 현행 「소득세법」상 완납적 원천징수 대상 소득은 다음과 같다.

- 분리과세 이자소득, 분리과세 배당소득, 분리과세 연금소득, 분리과세 기타소득
- 일용근로자의 근로소득
- 국내 사업장이 없는 비거주자의 소득

(2) 예납적 원천징수

① 당해 원천징수에 의하여 납세의무가 종결되는 것이 아니라 확정신고 시 납부할 세액에 대한 예납적 성격의 원천징수를 말하며, 당해 원천징수세액은 자진 납부세액 계산 시 기납부세액으로 공제한다.

② 완납적 원천징수를 제외한 원천징수는 예납적 원천징수에 속한다.

3. 원천징수세액의 납부 중요

① 원천징수 의무자는 원천징수한 세금을 소득 지급일이 속하는 달의 다음 달 10일까지 관할세무서 또는 금융기관에 납부해야 한다.

② 단, 세무서장의 승인을 받은 경우에는 6개월마다 반기별 납부*도 가능하다.

4. 원천징수와 관련된 서류

(1) 원천징수영수증

① 원천징수 의무자가 소득을 받는 사람에게 소득을 지급했다는 것을 증명하기 위해 소득자에게 주는 서류를 원천징수영수증이라고 한다.

② 원천징수영수증은 소득의 지급 사실뿐만 아니라 소득자로부터 세금을 원천징수했다는 것을 증명하는 서류이기도 하다.

(2) 지급명세서 중요

① 원천징수 의무자와 소득자의 인적사항과 소득금액의 지급 시기, 소득 금액 등을 기재한 과세 자료를 말한다.

② 원천징수 의무자는 소득세를 원천징수했다는 사실과 내용을 지급명세서에 적어 세무서에 제출해야 한다.

* 반기별 납부
상시고용 인원이 20인 이하인 소규모 업체로 매년 1월부터 6월까지의 소득지급분에 대해서는 7월 10일까지, 7월부터 12월까지의 소득지급분에 대해서는 다음 해 1월 10일까지 신고·납부하는 제도를 말한다.

③ 지급명세서는 그 지급일이 속하는 연도의 다음 해 2월 말일까지(근로소득, 퇴직소득, 원천징수 대상 사업소득은 다음 해 3월 10일까지) 원천징수 관할세무서장이나 지방국세청장 또는 국세청장에게 제출해야 한다.

5. 원천징수이행상황신고서

① 원천징수이행상황신고서는 한 달 동안 원천징수한 대상 소득과 세금에 관한 내용을 정리한 표를 말한다.

② 회사에 따라서 근로소득만 지급하는 회사가 있는 반면 근로소득과 기타소득, 사업소득 등 여러 소득을 지급하는 회사도 있다. 따라서 원천징수하는 세금의 종류도 다양하다. 즉, 원천징수 의무자 중 한 달 동안 여러 종류의 소득을 지급하게 되고 이 소득에 대해 원천징수를 하는 경우에는 원천징수이행상황신고서를 작성해야 한다.

③ 원천징수 의무자는 소득 지급일의 다음 달 10일까지 원천징수한 세액을 납부함과 동시에 반드시 원천징수이행상황신고서를 세무서에 제출해야 한다.

> 지급명세서의 제출
> • 일용근로자의 근로소득 제출일: 지급일이 속하는 달의 다음 달 말일
> • 휴·폐업의 경우 제출일: 휴·폐업일이 속하는 달의 다음 다음 달 말일

+ 원천징수 대상 소득별 원천징수세율

소득의 구분	원천징수세율
이자소득	• 일반적인 경우: 14% • 비영업대금의 이익: 25% • 비실명 이자소득: 45%(「금융실명거래 및 비밀보장에 관한 법률」 적용분 90%)
배당소득	• 일반적인 경우: 14% • 출자공동사업자의 배당소득: 25% • 비실명 배당소득: 45%(「금융실명거래 및 비밀보장에 관한 법률」 적용분 90%)
특정사업소득	인적용역과 의료보건용역 수입금액의 3%, 봉사료 수입금액의 5%
근로소득	• 간이세액표에 의하여 원천징수 • 일용근로자의 근로소득: 6%
연금소득	• 공적연금소득: 간이세액표에 의하여 원천징수 • 사적연금소득: 5%(70세 미만), 4%(70세 이상 80세 미만), 3%(80세 이상)
기타소득	기타소득금액의 20%(복권당첨소득 중 3억원 초과분은 30%)
퇴직소득	기본 세율

4 근로소득의 과세 방법

1. 근로소득의 구분

(1) 근로소득에 해당하는 것

① 근로를 제공함으로써 받는 봉급, 급료, 상여, 수당 등의 급여

② 법인의 주주총회, 사원총회 등 의결기관의 결의에 따라 상여로 받는 소득

③ 「법인세법」에 따라 상여로 처분된 금액(인정상여)

④ 퇴직함으로써 받는 소득으로 퇴직소득에 속하지 않는 소득

⑤ 종업원 등 또는 대학의 교직원이 지급받는 직무발명 보상금(퇴직 후 지급받으면 기타소득으로 과세)

⑥ 아래 근로소득에 포함되는 항목

• 기밀비(판공비 포함)·교제비 기타 이와 유사한 명목으로 받는 것으로서 업무를 위하여 사용된 것이 분명하지 않은 급여

- 종업원이 받는 공로금 · 위로금 · 개업 축하금 · 학자금 · 장학금(종업원의 수학 중인 자녀가 사용자로부터 받는 학자금 · 장학금을 포함), 기타 이와 유사한 성질의 급여
- 근로수당 · 가족수당 · 전시수당 · 물가수당 · 출납수당 · 직무수당, 기타 이와 유사한 성질의 급여
- 보험회사, 「자본시장과 금융투자업에 관한 법률」에 따른 투자매매업자 또는 투자 중개업자 등의 종업원이 받는 집금(集金)수당과 보험가입자의 모집, 증권매매의 권유 또는 저축을 권장하여 받는 대가, 그 밖에 이와 유사한 성질의 급여
- 급식수당 · 주택수당 · 피복수당, 기타 이와 유사한 성질의 급여
- 주택을 제공받음으로써 얻는 이익
- 종업원이 주택(주택에 부수된 토지를 포함)의 구입 · 임차에 소요되는 자금을 저리 또는 무상으로 대여받음으로써 얻는 이익
- 법인의 임원 또는 종업원이 해당 법인 또는 해당 법인과 특수관계에 있는 법인으로부터 부여받은 주식매수선택권을 해당 법인 등에서 근무하는 기간 중 행사함으로써 얻은 이익(주식매수선택권 행사 당시의 시가와 실제 매수가액과의 차액을 말하며, 주식에는 신주인수권을 포함)

(2) 근로소득이 아닌 것

① 사회통념상 타당하다고 인정되는 경조금

② 퇴직급여로 지급하기 위하여 적립되는 급여(퇴직을 원인으로 지급받는 공로금, 위로금은 원칙적으로 퇴직소득으로 봄)

③ 주식매수선택권을 퇴직 후 행사하여 얻은 이익(기타소득)

④ 퇴직 후 지급하는 직무발명 보상금(기타소득)

+ 근로소득의 구분

구분		사택 제공 이익	주택자금 대여 이익
임원	출자임원	근로소득 ○	근로소득 ○ (중소기업 종업원은 비과세)
	소액주주	비과세 근로소득	
	비출자임원		
근로자			

2. 비과세 근로소득

구분	내용
실비변상적 성질의 급여	• 일직료, 숙직료 또는 여비로서 실비변상 정도의 금액 • 자가운전보조금: 월 20만원 한도(종업원의 소유 차량(종업원이 본인 명의로 임차한 차량 포함)을 종업원이 직접 운전하고, 사용자의 업무에 이용하며, 시내출장 등에 따른 실제 여비를 지급받지 않고 급여에 포함하여 지급할 것) • 선원이 받는 승선수당 등: 월 20만원 한도 • 「유아교육법」, 「초 · 중등교육법」, 「고등교육법」 등에 의한 교육기관의 교원 및 연구원 등이 받는 연구보조비: 월 20만원 한도 • 방송, 통신, 신문사 등의 기자가 받는 취재수당: 월 20만원 한도 • 근로자가 천재 지변, 기타 재해로 인하여 받는 급여 등 • 벽지수당: 월 20만원 한도 • 제복을 착용하여야 하는 자가 받는 제복 · 제모, 제화 및 특수한 작업이나 역무에 종사하는 사람이 받는 작업복이나 그 직장에서만 착용하는 피복

복리후생적 성질의 급여	• 비출자임원, 소액주주임원, 임원이 아닌 종업원, 국가 또는 지방자치단체로부터 근로소득을 지급받는 사람이 사택을 제공받음으로써 얻는 이익 • 중소기업 종업원의 주택 구입, 임차자금을 저리 또는 무상으로 대여받음으로써 얻는 이익 • 「영유아보육법」에 따라 직장 내 어린이집을 설치·운영하거나 위탁 보육을 하는 사업주가 부담하는 보육 비용 • 종업원이 계약자이거나 종업원 또는 그 배우자 및 기타의 가족을 수익자로 하는 보험 및 신탁 또는 공제와 관련하여 사용자가 부담하는 다음의 보험료 신탁부금 또는 공제부금 – 단체순수보장성 보험 및 단체환급부 보장성 보험 중 연 70만원 이하의 보험료 – 임직원의 고의가 아닌 업무상 행위로 인한 손해 배상청구를 보험금의 지급사유로 하고 임직원을 피보험자로 하는 보험의 보험료
연장 근로수당	• **공장 또는 광산에서 근로를 제공하는 생산 및 관련 종사자, 어업을 영위하는 자**, 돌봄 서비스 종사자, 운전 및 운송 관련직 종사자, 운송·청소·경비 관련 단순 노무직 종사자 중 기획재정부령으로 정하는 자, 미용 관련 서비스 종사자, 숙박시설 서비스 종사자, 조리 및 음식 서비스직 종사자, 매장 판매 종사자, 통신 관련 판매직 종사자, 음식·판매·농림·어업·계기·자판기·주차관리 및 기타 서비스 관련 단순 노무직 종사자 중 기획재정부령으로 정하는 자에게 고용되어 근로를 제공하는 자 • **직전 연도 총급여액이 3,000만원 이하로서 월정액급여가 210만원 이하인 자** 월정액급여 = 급여 총액 – 상여 등 부정기적 급여 – 실비변상적 성질의 급여 – 복리후생적 성질의 급여 – 연장·야간·휴일근로수당 등 • 광산근로자, 일용근로자: 전액 비과세 • 위 근로자 외의 **생산직 근로자(선원 포함): 연 240만원 비과세**
식사/식사대	• 사내급식 등을 통하여 근로자가 제공받는 식사, 기타 음식물: 전액 • **식사, 음식물을 제공받지 않는 근로자가 받는 식사대: 월 20만원**
기타의 비과세 근로소득	• 대통령령으로 정하는 복무 중인 병(兵)이 받는 급여 • **「산업재해보상보험법」에 따라 수급권자가 받는 요양급여, 휴업급여, 장해급여, 간병급여, 유족급여, 유족특별급여, 장해특별급여**, 장의비 또는 근로의 제공으로 인한 부상·질병·사망과 관련하여 근로자나 그 유족이 받는 배상·보상 또는 위자(慰藉)의 성질이 있는 급여 • **「근로기준법」 또는 「선원법」에 따라 근로자·선원 및 그 유족이 받는** 요양보상금, 휴업보상금, 상병보상금(傷病補償金), 일시보상금, **장해보상금, 유족보상금**, 행방불명보상금, 소지품 유실보상금, 장의비 및 장제비 • 「고용보험법」에 따라 받는 **실업급여, 육아휴직 급여, 육아기 근로시간 단축 급여**, 출산전후휴가 급여, 「제대군인 지원에 관한 법률」에 따라 받는 전직지원금, 「국가공무원법」·「지방공무원법」에 따른 공무원 또는 「사립학교교직원 연금법」·「별정우체국법」을 적용받는 사람이 관련 법령에 따라 받는 **육아휴직수당** • 「국민연금법」에 따라 받는 반환일시금(사망으로 받는 것만 해당) 및 사망일시금 • **근로자 또는 그 배우자의 6세 이하(해당 과세기간 개시일을 기준으로 판단) 자녀의 보육과 관련하여 사용자로부터 받는 급여로서 월 20만원 이내의 금액** • 근로자 본인 또한 배우자의 출산과 관련하여 출생일 이후 2년 이내에 사용자로부터 지급받는 급여: 전액 • 법소정 요건을 충족시킨 본인 학자금 • 국외 근로소득 – 일반근로자: 100만원(해외건설근로자, 외항, 원양어선원은 500만원) – 공무원 등: 국외 등에서 근무하고 받는 수당 중 당해 근로자가 국내에서 근무할 경우에 지급받을 금액 상당액을 초과하여 받는 금액 • 「국민건강보험법」, 「고용보험법」 또는 「노인장기요양보험법」에 따라 국가, 지방자치단체 또는 사용자가 부담하는 보험료 • 「발명진흥법」상 지급받는 **직무발명 보상금으로서 700만원 이하의 보상금**

3. 수입 시기

구분	내용
급여	근로를 제공한 날
잉여금 처분에 의한 상여	당해 법인의 잉여금 처분결의일
인정상여	당해 사업연도 중 근로를 제공한 날

4. 일용근로자의 원천징수세액

일용근로자의 근로소득은 종합소득 과세표준에 합산하지 않고 다음의 계산식에 의한 세액을 원천징수함으로써 납세의무가 종결된다.

원천징수세액 = (일급여액 − 150,000원) × 6% − 근로소득세액공제(산출세액 × 55%)

TIP
상용근로소득은 종합과세 대상이나, 일용근로소득은 분리과세 대상이다. 따라서 근로소득에 대해서는 매년 2월에 연말정산을 통해 종합과세한다.

5 연말정산 중요

원천징수 의무자가 근로자에게 지급한 총급여액에 대한 근로소득세액을 종합과세의 방법으로 세액을 계산하여 확정한 후, 매월 급여 지급 시 간이세액표에 의하여 이미 원천징수하여 납부한 세액과 비교한 후 과부족을 정산하는 절차이다.

1. 연말정산 개요

(1) 연말정산 의무자

일반적으로 근로소득을 지급하는 모든 개인 · 법인(국가, 지방자치단체 등 포함)은 연말정산의 의무가 있다.

(2) 연말정산 시기 중요

구분	연말정산 시기	신고 · 납부기한	지급명세서의 제출기한
월별 납부자	다음 해 2월 말일	다음 해 3/10	다음 해 3/10
반기별 납부자		다음 해 7/10	

TIP
상시고용 인원이 20인 이하인 경우 반기별 납부자로 분류되며, 소득의 지급일이 속하는 반기의 다음 달 10일까지 신고 · 납부한다.

(3) 2개 이상의 근로소득이 있는 경우 연말정산

종된 근무지의 근로소득 원천징수영수증을 발급받아 주된 근무지의 원천징수 의무자에게 제출하여 연말정산한다.

(4) 중도입사자 연말정산

전근무지의 근로소득 원천징수영수증을 발급받아 해당 연도 근로소득에 합산하여 연말정산한다.

(5) 연말정산 시 근로자 제출서류 중요

근로소득공제신고서, 기부금명세서, 의료비지급명세서, 신용카드소득공제 신청서 등의 소득공제 및 세액공제를 적용받기 위한 서류를 제출한다.

2. 과세표준 및 세액의 계산구조

(1) 종합소득세액의 계산구조

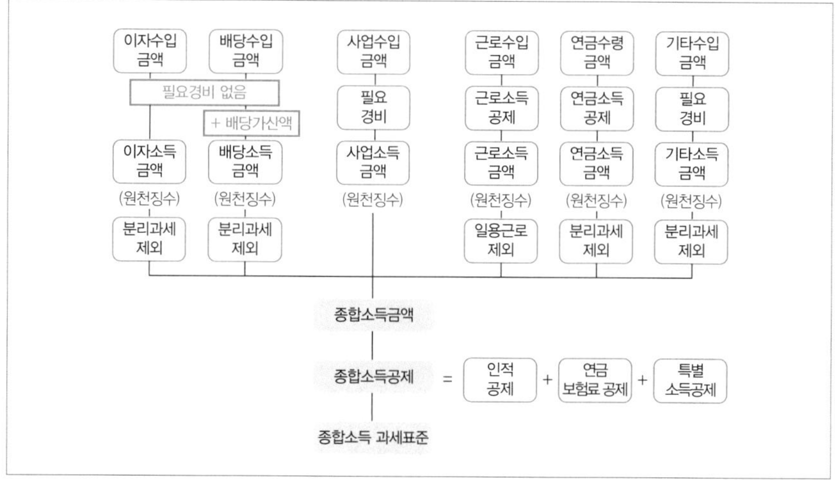

종합소득 과세표준×세율
=종합소득 산출세액 −세액공제 · 감면(배당세액공제, 외국납부세액공제, 근로소득세액공제, 특별세액공제 등)
=종합소득 결정세액 +가산세 −기납부세액(중간예납세액, 원천징수세액, 수시부과세액)
=차감납부세액

(2) 종합소득 기본 세율

과세표준	기본 세율
1,400만원 이하	6%
1,400만원 초과 5,000만원 이하	15%
5,000만원 초과 8,800만원 이하	24%
8,800만원 초과 1억 5천만원 이하	35%
1억 5천만원 초과 3억원 이하	38%
3억원 초과 5억원 이하	40%
5억원 초과 10억원 이하	42%
10억원 초과	45%

3. 종합소득공제

<table>
<tr><th colspan="2">구분</th><th>내용</th></tr>
<tr><td rowspan="2">인적
공제</td><td>기본
공제</td><td>• 기본공제액 = 기본공제 대상자의 수 × 150만원
• 기본요건
– 연령: 20세 이하 또는 60세 이상
– 연간 소득금액 합계액: 100만원 이하(총급여 500만원 이하의 근로소득만 있는 부양가족을 포함함)
• 당해 거주자(본인): 무조건 기본공제 대상임
• 배우자: 연간 소득금액이 100만원 이하인 자(연령 요건은 없음)
• 부양가족(배우자의 직계존속 · 형제자매 포함): 연간 소득금액이 100만원 이하인 자로서 당해 거주자와 생계를 같이하는 다음의 자
– 직계존속(계부 · 계모 포함*): 60세 이상인 자
*직계존속이 재혼한 배우자를 직계존속 사후에도 부양하는 경우를 포함함
– 직계비속*(재혼한 경우 배우자의 비속 포함)과 동거 입양자: 20세 이하인 자
*해당 직계비속(입양자)과 그 배우자가 모두 장애인인 경우 그 배우자를 포함함
– 형제자매: 20세 이하 또는 60세 이상인 자
–「국민기초생활보장법」 제2조 제2호의 수급자
– 6개월 이상 양육한 위탁아동, 보호기간이 연장된 20세 이하인 위탁아동 포함

〈부양가족 요건과 판정 시기〉
1) 부양가족 요건
해당 과세기간 종료일 현재 주민등록표상의 생계를 함께하는 가족으로서 당해 거주자의 주소 또는 거소지에서 현실적으로 생계를 같이하는 자를 의미한다. 다만 아래의 경우에는 동거하지 않아도 생계를 같이하는 자로 본다.
① 배우자 및 직계비속, 입양자(항상 생계를 같이하는 자로 봄)
② 이외의 부양가족의 경우에는 취학, 질병의 요양, 근무상/사업상 형편 등으로 일시 퇴거 중인 경우
③ 주거 형편상 별거 중인 직계존속
2) 판정 시기
공제 대상자의 판정 시기는 해당 연도의 과세기간 종료일 현재의 상황에 따라 판정한다. 다만, 과세기간 종료일 전에 사망 또는 장애가 치유된 경우 사망일 전일 또는 치유일 전일의 상황에 따라 판정한다. 연령 기준이 정해진 공제의 경우에는 해당 과세기간 중 기준 연령에 해당하는 날이 하루라도 있는 경우에는 공제 대상자에 해당한다.</td></tr>
<tr><td>추가
공제</td><td>• 경로우대자 공제: 기본공제 대상자 중 70세 이상인 자가 있는 경우 – 100만원
• 장애인 공제: 기본공제 대상자 중 장애인이 있는 경우 – 200만원
• 부녀자 공제: 해당 과세기간의 종합소득금액이 3,000만원 이하인 거주자로서 본인이 배우자가 없는 여성으로 부양가족이 있는 세대주이거나 배우자가 있는 여성인 경우 – 50만원
• 한부모 소득공제: 배우자가 없는 자로서 부양자녀(20세 이하)가 있는 경우(부녀자 공제와 중복 적용 배제) – 100만원</td></tr>
<tr><td colspan="2">연금
보험료
공제</td><td>종합소득이 있는 거주자가 다음에 해당하는 보험료 등을 납부한 경우에는 당해 연도의 종합소득금액에서 당해 연도에 납부한 보험료 등을 공제함
•「국민연금법」에 의하여 부담하는 연금보험료
•「공무원연금법」, 「군인연금법」 등에 의하여 근로자가 부담하는 기여금 또는 부담금</td></tr>
<tr><td colspan="2">주택담보
노후연금
이자비용공제</td><td>• 공제 대상자: 연금소득이 있는 거주자가 주택 담보 노후연금을 받은 경우
• 공제한도: 200만원(연금소득금액을 초과하는 경우 초과 금액은 없는 것으로 함)</td></tr>
</table>

특별 소득 공제	사회 보험료 공제	근로소득이 있는 거주자(일용근로자는 제외)가 해당 과세기간에 「국민건강보험법」, 「고용보험법」 또는 「노인장기요양보험법」에 따라 근로자가 부담하는 보험료를 지급한 경우 그 금액을 해당 과세기간의 근로소득금액에서 공제함
	주택 임차자금 차입금 원리금 상환액 공제	과세기간 종료일 현재 주택을 소유하지 않은 세대의 세대주(세대의 구성원, 법 소정 외국인 포함)로서 근로소득이 있는 거주자가 국민주택 규모의 주택(주거용 오피스텔 포함)을 임차하기 위하여 주택임차자금차입금의 원리금 상환액을 지급하는 경우 – 주택임차자금 원리금상환액×40%
	장기주택 저당차입금 이자상환액 공제	근로소득이 있는 거주자로서 주택을 소유하지 않거나 1주택을 보유한 세대의 세대주(세대의 구성원, 법 소정 외국인 포함)가 취득 당시 기준 시가 6억원 이하인 주택을 취득하기 위하여 그 주택에 저당권을 설정하고 금융회사나 주택도시기금으로부터 차입한 장기주택저당차입금의 이자를 상환하는 경우 – 이자상환액×100%
	주택청약 종합저축 등에 대한 소득공제	총급여액 7,000만원 이하의 근로소득자인 무주택세대주 및 그 배우자가 해당 과세연도법에 따른 청약저축, 주택청약종합저축, 근로자 주택마련저축에 납입한 금액이 있는 경우 – 불입액의 40%

4. 「조세특례제한법」상 소득공제

(1) 신용카드 등 사용금액에 대한 소득공제 중요

구분	내용
신용카드 범위	신용카드 · 직불카드 · 제로페이 · 기명식 선불카드 · 기명식 선불전자지급수단 또는 전자화폐 · 현금영수증 · 학원수강료 등 지로납부액(무기명식 선불카드 및 외국에서 발행한 신용카드 제외)
공제 대상	총급여의 25% 초과 사용금액
공제율	결제수단 · 대상별 차등 적용
공제한도	총급여 기준별 차등 적용
사용자 범위	• 본인 · 배우자 또는 생계를 같이하는 직계존 · 비속(단, 배우자의 직계존속은 포함, 형제자매는 제외) • 본인 이외의 자는 소득요건은 적용되나, 연령요건은 적용하지 않음

공제율 (결제수단 · 대상별 차등 적용)

구분	공제율
신용카드	15%
현금영수증 · 직불카드 등	30%
문화체육사용분(도서 · 신문 · 공연 · 박물관 · 미술관 · 영화관람료, 수영장 · 체력단련장 시설이용료)	30%
전통시장 · 대중교통	40%

공제한도 (총급여 기준별 차등 적용)

공제한도 \ 총급여		7천만원 이하	7천만원 초과
기본공제한도		300만원	250만원
추가공제한도	전통시장	300만원	200만원
	대중교통		
	도서 · 공연 등		–

TIP
수영장 및 체력단련장 시설이용료는 2025.07.01. 이후 지출하는 분부터 적용한다.

신용카드소득공제와 중복공제

의료비 특별세액공제는 신용카드소득공제와 중복공제가 가능하지만 교육비 특별세액공제는 신용카드소득공제와 중복공제가 되지 않는다(단, 취학 전 아동의 학원비와 체육시설 수강료, 중·고등학생 교복 구입비, 장애인 특수교육비는 중복공제 가능).

(2) 개인연금저축소득공제

불입액의 40%와 72만원 중 적은 금액

5. 세액공제 중요

구분	공제 요건	세액공제
외국납부 세액공제	외국납부세액이 있는 경우	• 공제액 = 외국납부세액 • 한도액 = 산출세액 × 국외 원천소득 ÷ 종합소득금액
배당세액공제	배당소득에 배당가산액을 합산한 경우	• 공제액 = 배당가산액 • 한도액 = 산출세액 − 종합소득비교과세액
근로소득 세액공제	근로소득이 있는 경우	• 공제액 = 근로소득 산출세액 × 55%(산출세액 130만원 초과분은 30%) • 단, 일용근로자는 한도 없이 산출세액의 55%를 적용
기장세액공제	간편장부 대상자가 기장한 경우	• 기장된 사업소득에 대한 산출세액 × 20% • 한도액 = 100만원
재해손실 세액공제	재해상실 비율이 20% 이상인 경우	• 공제액 = 소득세액 × 재해상실 비율 • 한도액 = 재해상실자산가액
자녀세액공제	종합소득이 있는 거주자의 기본공제 대상자에 해당하는 자녀(입양자, 위탁아동포함하며, 이하 '공제 대상 자녀'라고 함) 및 손자녀로서 8세 이상의 사람에 대해서는 자녀의 수에 따라 금액을 공제함	• 1명: 연 25만원 • 2명: 연 55만원 • 3명 이상: 연 55만원 + 2명을 초과하는 1명당 연 40만원을 합한 금액
	해당 과세기간에 출산하거나 입양 신고한 공제 대상 자녀가 있는 경우	• 출산하거나 입양 신고한 공제 대상 자녀가 첫째인 경우: 연 30만원 • 출산하거나 입양 신고한 공제 대상 자녀가 둘째인 경우: 연 50만원 • 출산하거나 입양 신고한 공제 대상 자녀가 셋째 이상인 경우: 연 70만원
연금계좌 납입세액공제	종합소득이 있는 거주자	연금계좌에 납입한 금액(이연퇴직소득, 다른 계좌에서 이체된 금액은 제외) 중 12%, 15%를 해당 과세기간의 종합소득 산출세액에서 공제(연금계좌 중 연금저축계좌에 납입한 금액이 연 600만원을 초과하는 경우에는 그 초과하는 금액은 없는 것으로 하고, 연금저축계좌에 납입한 금액 중 600만원 이내의 금액과 퇴직연금계좌에 납입한 금액을 합한 금액이 연 900만원을 초과하는 경우에는 그 초과하는 금액은 없는 것으로 함) 총한도 900만원 = ① 연금저축납부액(600만원 한도) + ② 퇴직연금

6. 특별세액공제(보험료, 의료비, 교육비, 기부금)

근로소득자만 받을 수 있으며, 해당 거주자가 신청한 경우에 한해서만 적용한다. 단, 성실사업자 또는 성실신고확인서를 제출한 사업자는 교육비 세액공제 및 의료비 세액공제(해당액의 20%, 15%)를 적용받을 수 있다.

(1) 보험료 세액공제

① 근로소득이 있는 거주자(일용직은 제외)가 해당 과세기간에 보장성 보험의 계약에 따라 지급하는 경우 그 금액의 12%(장애인 전용 보장성 보험료 15%)에 해당하는 금액을 종합소득산출세액에서 공제한다. 단, 연 100만원을 초과하는 경우 그 초과 금액은 없는 것으로 한다.

② 신설: 주택임차보증금 반환 보증보험료 추가(다만, 보증 대상 임차보증금이 3억원을 초과하는 경우에는 제외) – 12%

- 보험료 세액공제액 = 일반 보장성 보험료 납입액의 12%(장애인 전용 보장성 보험료 납입액의 15%)
- 일반 보장성 보험료 100만원 한도, 장애인 전용 보장성 보험료 100만원 한도

(2) 의료비 세액공제 중요

근로소득이 있는 거주자가 기본공제 대상자(나이, 소득 제한 없음)를 위하여 해당 과세기간에 의료비를 지급한 경우 15%(미숙아 및 선천성이상아 의료비 20%, 난임시술비 30%)에 해당하는 금액을 공제한다.

- 의료비 세액공제액 = (일반의료비 지출액 + 본인 등 의료비 지출액) × 15% + 난임시술비 × 30%
- 일반의료비 = Min[총급여의 3% 초과액, 700만원]
- 전액 의료비 공제 대상자인 본인, 장애인, 65세 이상 노인의료비, 과세기간 개시일 현재 6세 이하, 건강보험 산정특례자*
- 일반의료비 대상자는 전액 공제 대상자 이외의 자

의료비 공제 대상

- 진찰, 치료, 질병 예방을 위한 의료기관 지출액
- 치료 · 요양을 위한 의약품
- 장애인 보장구 및 의료기기 구입과 임차 비용
- 의사, 한의사 등의 처방에 의한 비용
- 시력보정용 안경, 콘택트렌즈 구입비(1인당 50만원 한도)
- 보청기 구입비
- 보철, 임플란트, 스케일링 등
- 라식, 라섹 비용
- 임신 관련 비용(초음파, 인공수정을 위한 검사 및 시술비)
- 출산 관련 분만 비용(「의료법」상 의료기관만 인정, 조산원은 의료기관임)
- 예방접종, 의료기관에 지출한 식대, 건강검진비
- 산후조리원 비용 의료비 세액공제 적용(「소득세법」 시행령 제118의 5)
  - 산후조리 비용의 총급여액 조건 없이 적용
  - 산후조리원에 지급하는 비용 한도 200만원, 세액공제율 15%

* 건강보험 산정특례자
중증질환, 희귀난치성 질환, 결핵으로 진단받아 본인부담 산정특례 대상자로 등록한 자

> 의료비 공제 대상 제외 금액
- 해외 의료기관에 지출한 의료비
- 미용성형 의료비
- 건강증진 비용
- 실손 의료비 보험금으로 보전 받은 금액

(3) 교육비 세액공제

근로소득이 있는 거주자가 그 거주자와 기본공제 대상자(나이 제한 없음, 소득 제한 존재)를 위한 교육비 지급액의 15%에 해당하는 금액을 공제한다. 다만, 소득세 또는 증여세가 비과세되는 대통령령으로 정하는 교육비는 공제하지 않는다.

① 교육비 공제 대상인 기본공제 대상자는 배우자, 직계비속, 형제자매, 입양자, 위탁아동을 말한다(직계존속은 제외).

② 장애인 특수교육비는 나이 제한, 소득 제한이 없기 때문에 직계존속도 공제 가능하다. 이때 교육비는 수업료, 입학금, 보육 비용, 수강료, 공교육비를 말하며, 사교육비는 제외한다(대학원 교육비는 본인만 공제).

③ 든든학자금 및 일반 상환학자금 대출의 원리금 상환액(생활비 대출금액은 제외), 초·중·고등학생을 위한 교육비(급식비, 교과서 대금, 교복 구입비(중·고등학교의 학생에 한해 1인당 한도 50만원), 방과 후 학교 수강료, 교재 구입비 등 포함), 초·중·고등학생의 수련활동 및 수학여행 현장체험학습비(한도 30만원), 유치원·어린이집 등에서 실시하는 방과 후 학교 수업료 및 특별활동비와 교재 구입비도 공제 대상에 포함된다.

④ 국외교육기관에 지급한 교육비(유치원, 초·중·고, 대학교)는 공제 대상에 포함된다.

⑤ 대학입학전형료, 수능응시료는 공제 대상에 포함된다.

⑥ 직업능력 개발 훈련시설에서 실시하는 직업능력 개발 훈련을 위하여 지급한 수강료는 공제 대상에 포함된다. 다만, 지원금 등을 받는 경우에는 이를 제외한 금액으로 한다.

⑦ 인가받지 않은 놀이방 등은 공제 대상에 해당하지 않는다.

(4) 기부금 세액공제

① 공제 요건

- 사업소득만 있는 자는 기부금을 필요경비에 산입하여 기부금 공제를 받을 수 없다. 단, 사업소득과 그 외 소득이 함께 있다면 기부금을 필요경비 산입과 기부금 세액공제 중 선택이 가능하다.
- 기부금 세액공제는 특례기부금과 일반기부금을 합한 금액의 15%로 그 금액이 1천만원 초과 시 초과분은 30%를 적용하여 세액공제한다.
- 부양가족의 경우 소득 요건을 충족해야 하나, 나이 요건은 충족하지 않아도 된다.

② 기부금의 종류

특례기부금	• 국가 등에 무상으로 기증하는 금품 • 국방헌금과 위문금품 • 이재민 구호금품(천재지변) • 사립학교 등에 지출하는 기부금 • 사회복지공동모금회에 출연하는 금액 • 독립기념관, 대한적십자사 기부금 • 특별재난지역을 복구하기 위하여 자원봉사한 경우 그 용역의 가액 • 정치자금기부금(본인만 공제 대상): 10만원까지는 정치자금세액공제를 적용, 10만원 초과분은 법정기부금으로 구분
우리사주조합에 지출하는 기부금	우리사주조합원이 아닌 거주자에 한함
일반기부금	• 종교단체 기부금 • 종교단체 외 – 노동조합에 납부한 회비, 사내근로복지기금에 지출한 기부금 – 사회복지 등 공익 목적의 기부금 – 무료·실비 사회복지시설, 불우이웃돕기 결연기관 기부금

TIP

종친회 기부금, 동창회비 기부금은 비지정기부금으로 공제 대상이 되지 않는다.

(5) **월세 세액공제**

① **대상자:** 해당 과세기간 총급여액이 8,000만원 이하의 무주택 세대주 근로자(종합소득금액이 7,000만원 이하), 성실사업자의 경우 월세의 15%를 세대주 또는 그 구성원(기본공제 대상자)이 공제받을 수 있다(무주택 외국인 근로자도 포함).

② **세액공제**

월세액(연 1,000만원 한도)×15% (단, 총급여액 5,500만원 이하인 근로자(종합소득금액 4,500만원 이하)는 17% 적용)

(6) **혼인세액공제**

혼인신고를 한 거주자가 생애 1회에 한하여 혼인신고를 한 연도에 50만원을 공제받을 수 있다.

> 혼인세액공제의 적용기간
> 2024~2026년에 혼인신고를 한 거주자로서 2025.01.01. 이후 과세표준을 신고하거나 연말 정산하는 분부터 적용한다.

(7) **전자신고 세액공제**

① **납세자가 직접 전자신고 시:** 2만원 세액공제

② **세무대리인이 대리 전자신고 시:** 신고 건수당 2만원(한도 300만원)

(8) **정치자금의 세액공제 및 소득공제**

거주자(개인)가 「정치자금법」에 따라 정당 등에 기부한 정치자금의 경우 10만원 한도 내의 금액은 기부금액의 100/110을 세액공제하고, 10만원을 초과한 금액은 기부금으로 보고 특별세액공제를 한다(본인만 공제 대상).

+ 특별세액공제 기준 요약

구분	보험료		의료비	교육비		기부금
	일반	장애인		일반	장애인특수	
나이 요건	○	×	×	×	×	×
소득 요건	○	○	×	○	×	○
세액공제	12%	15%	15%, 20%, 30%	15%		15%, 30%

※ 근로기간에 지출한 비용만 세액공제 대상이 되며, 예외적으로 기부금 세액공제는 1년 동안 지출한 금액 모두 대상이 됨

> TIP
> 보험료, 의료비, 교육비에 대한 특별세액공제 적용 시 과세기간 종료일 이전에 혼인, 이혼 등으로 기본공제 대상자에 해당하지 않게 된 부양가족에 대해 지급한 보험료, 의료비, 교육비가 있는 경우에는 사유 발생일까지 이미 지출한 금액에 세액공제를 한다.

7. 표준세액공제

근로소득자는 연 13만원, 성실사업자는 연 12만원, 근로소득자가 아닌 자는 연 7만원을 공제하기로 한다.

8. 소득세 신고 및 중간예납

사업소득이 있는 거주자는 중간예납의 의무가 있다. 따라서 사업소득이 있는 거주자는 상반기 1월부터 6월까지의 소득세를 미리 납부한다. 원칙적으로 중간예납은 고지납부해야 하며 납부기한은 11월 30일까지로 한다(단, 소액부징수*가 50만원 미만인 경우에는 징수하지 않음). 예외적으로 사업부진자 중간예납 기준액(직전연도의 종합소득에 대한 소득세 납부세액)의 30%에 미달하는 경우 중간예납추계액을 신고·납부할 수 있다.

> * 소액부징수
> - 원천징수액이 1천원 미만인 경우(이자소득은 제외함)
> - 중간예납세액이 50만원 미만인 경우
> - 납세조합의 징수세액이 1천원 미만인 경우

(1) 중간예납 대상 제외자

① 신규사업자

② 사업소득 중 수시로 부과하는 소득

③ 보험모집인, 방문판매인, 음료 배달원과 같이 연말정산 대상 사업소득으로서 원천징수 의무자가 직전 연도 사업소득세의 연말정산을 한 경우

④ 납세조합이 소득세를 매월 원천징수하여 납부하는 경우

(2) 확정신고와 납부

① **확정신고:** 당해 연도의 종합소득, 퇴직소득, 양도소득이 있는 거주자는 당해 소득의 과세표준을 당해 다음 연도 5월 1일부터 5월 31일까지 납세지 관할세무서장에게 신고하여야 한다. 확정신고 시 해당 과세기간의 과세표준이 없거나 결손금액만 존재하는 경우에도 확정신고를 하여야 한다.

② **납부:** 거주자는 해당 연도의 과세표준에 대한 종합소득, 퇴직소득, 양도소득의 산출세액에서 감면세액, 공제세액, 기납부세액을 공제한 금액을 과세표준 확정신고기한까지 납세지 관할세무서에 납부한다.

(3) 분납

납부할 세액이 1,000만원을 초과하는 거주자는 납부기간 경과 후 2개월 이내에 분납할 수 있다.

① **납부할 세액이 2,000만원 이하인 경우:** 1,000만원을 초과하는 금액

② **납부할 세액이 2,000만원 초과인 경우:** 세액의 50% 이하의 금액

기출 & 확인 문제

01 [2024년 3회]

원천징수제도에 대한 설명으로 적절하지 않은 것은?

① 세무서장의 승인을 받은 경우에는 6개월마다 반기별 납부도 가능하다.
② 납세의무 종결 여부에 따라 완납적 원천징수, 예납적 원천징수로 분류한다.
③ 원천징수 의무자와 소득자의 인적사항과 소득금액의 지급 시기, 소득금액 등을 기재한 지급명세서를 제출해야 한다.
④ 원천징수 의무자는 원천징수한 세금을 소득 지급일이 속하는 달의 다음 달 20일까지 관할세무서 또는 금융기관에 납부해야 한다.

해설

원천징수 의무자는 원천징수한 세금을 소득 지급일이 속하는 달의 다음 달 10일까지 관할세무서 또는 금융기관에 납부해야 한다.

02 [2022년 5회]

연말정산 인적공제 중 추가공제에 대한 설명으로 가장 옳지 않은 것은?

① 경로우대 공제는 기본공제 대상자 중 만 70세 이상일 때 1인당 100만원이다.
② 장애인 공제는 기본공제 대상자 중 장애인에 해당하며 1명당 100만원을 공제한다.
③ 부녀자 공제는 종합소득금액이 3천만원 이하인 거주자가 배우자가 있는 여성 근로자이거나 기본공제 대상자가 있는 여성 근로자로서 세대주인 경우 50만원이다.
④ 한부모 공제는 배우자가 없는 자로서 기본공제 대상인 직계비속 또는 입양자가 있는 경우 100만원이다.

해설

장애인 공제는 기본공제 대상자 중 장애인에 해당하며 1명당 200만원을 공제한다.

03 [2024년 4회]

소득세 납세의무자에 대한 설명 중 다음 (A)에 알맞은 것은?

보기

거주자란 국내에 주소를 두거나 (A)일 이상의 거소를 둔 개인을 말한다.

① 100 ② 180
③ 183 ④ 360

해설

• 거주자: 국내에 주소를 두거나 1과세기간 중 183일 이상의 거소를 둔 개인
• 비거주자: 거주자가 아닌 자로서 국내 원천소득이 있는 개인

04 [2021년 4회]

다음 중 [보기]가 설명하는 것은?

보기

이자, 배당, 사업, 근로, 연금, 기타소득의 6가지 소득을 합산하여 과세하는 것이다.

① 종합과세 ② 분류과세
③ 분리과세 ④ 병합과세

해설

• 분류과세: 종합과세 대상에 합산하지 않고 원천이나 구분된 일정 소득을 각각 별도의 과세표준으로 하여 과세하는 방법
• 분리과세: 일정한 소득을 지급할 때 당해 소득의 지급자가 원천징수를 통하여 과세당국에 납부함으로써 납세의무를 종결시키는 과세 방법

| 정답 | 01 ④ 02 ② 03 ③ 04 ①

05 [2024년 4회]

근로소득에서 비과세소득에 해당되지 않는 것은?

① 이자소득 ② 실업급여
③ 근로장학금 ④ 자가운전보조금

해설

비과세 근로소득에는 실업급여, 근로장학금, 자가운전보조금, 벽지수당, 월 20만원 이하의 식사대, 직무발명보상금 등이 있고, 이자소득은 근로소득이 아닌 원천징수 대상 소득이다.

06 [2024년 3회]

다음 중 [보기]가 설명하는 것은?

보기

소득과세방법으로 장기간에 걸쳐 발생하는 퇴직소득 또는 양도소득은 다른 소득과 합산하지 않고 별도로 과세한다.

① 종합과세 ② 분리과세
③ 분류과세 ④ 병합과세

해설

- 종합과세: 원천이나 유형이 다른 종류의 소득을 모두 하나의 과세표준에 합산하여 과세하는 방법
- 분리과세: 일정한 소득을 지급할 때 당해 소득의 지급자가 원천징수를 통하여 과세당국에 납부함으로써 납세의무를 종결시키는 과세 방법

07 [2023년 3회]

[보기]의 내용에 적절한 원천징수 대상 소득은 무엇인가?

보기

간이세액표에 의하여 원천징수하며, 일용근로자의 경우 소득의 6%를 징수한다.

① 근로소득 ② 기타소득
③ 퇴직소득 ④ 이자소득

해설

② 기타소득: 기타소득금액의 20%
③ 퇴직소득: 기본 세율
④ 이자소득: 일반적인 경우 14%, 비영업대금의 이익인 경우 25%

08 [2023년 5회]

소득세에 대한 설명으로 가장 적절하지 않은 것은?

① 과세권자가 국가인 국세이다.
② 납세의무자와 담세자가 일치하는 보통세이다.
③ 부부나 가족의 소득을 합산하지 않는 개인 단위 과세이다.
④ 납세의무자가 과세표준 확정신고를 함으로써 소득세 납세의무가 확정된다.

해설

납세의무자와 담세자가 일치하는 직접세이다.

09 [2024년 1회]

비과세 근로소득에 대한 설명으로 적절하지 않은 것은?

① 별도의 식사를 제공받지 않는 경우 월 30만원의 식대
② 국외에 주재하며 근로를 제공하고 받는 보수 중 월 100만원 국외근로소득
③ 관련 법령에 의거하여 연구 활동에 직접 종사하는 자의 월 20만원 이내의 연구보조비
④ 근로자 또는 배우자의 출산, 6세 이하 자녀보육과 관련하여 지급하는 월 10만원 이내의 자녀보육수당

해설

별도의 식사를 제공받지 않는 경우에는 월 20만원까지 비과세이며, 초과 10만원은 과세이다.

10 [2020년 1회]

다음 중 연말정산 시 근로자 제출서류로 가장 적절하지 않은 것은?

① 근로소득공제신고서
② 소득공제 입증서류
③ 의료비지급명세서
④ 원천징수이행상황신고서

해설

원천징수이행상황신고서는 연말정산 후 회사가 관할세무서에 제출해야 하는 서류이다.

| 정답 | 05 ① 06 ③ 07 ① 08 ② 09 ① 10 ④

11 [2024년 1회]

연말정산에 대한 설명으로 적절하지 않은 것은?

① 연말정산 월별 납부자의 신고·납부기한은 다음 해 3월 10일이다.
② 연말정산 반기별 납부자의 신고·납부기한은 다음 해 7월 10일이다.
③ 2개 이상의 근로소득이 있는 경우 주된 근무지의 원천징수영수증을 종된 근무지의 원천징수 의무자에게 제출한다.
④ 중도입사자의 연말정산은 전근무지의 근로소득 원천징수영수증을 발급받아 해당 연도 근로소득에 합산하여 연말정산한다.

해설

2개 이상의 근로소득이 있는 경우 종된 근무지의 원천징수영수증을 발급받아 주된 근무지의 원천징수 의무자에게 제출한다.

12 [2022년 4회]

근로소득의 연말정산과 관련하여 인적공제의 추가공제에 해당하지 않는 항목은?

① 장애인 공제 ② 한부모 공제
③ 위탁아동 공제 ④ 경로우대자 공제

해설

6개월 이상 양육한 위탁아동, 보호기간이 연장된 20세 이하인 위탁아동은 기본공제 대상자에 해당한다.

13 [2021년 5회]

다음 중 [보기]가 설명하는 과세 방법은 무엇인가?

> 보기
> 기준 금액 이하인 금융소득, 일용근로소득, 소액연금, 복권당첨소득 등에 대하여 원천징수로서 납세의무를 종결하는 것

① 종합과세 ② 분리과세
③ 분류과세 ④ 병합과세

해설

- 종합과세: 원천이나 유형이 다른 종류의 소득을 모두 하나의 과세표준에 합산하여 과세하는 방법
- 분류과세: 종합과세 대상에 합산하지 않고 원천이나 구분된 일정 소득을 각각 별도의 과세표준으로 하여 과세하는 방법

14

특정의 소득 지급자가 그 소득을 지급할 때, 지급받는 자가 부담할 세액을 국가를 대신하여 일정한 기간 내에 징수하고 국가에 납부하는 소득세 및 법인세 납세 방법은 무엇인가?

① 원천징수 ② 분류과세
③ 종합과세 ④ 분리과세

해설

원천징수에 대한 설명으로 원천징수 의무자는 원천징수한 세금을 소득 지급일이 속하는 달의 다음 달 10일까지 관할세무서 또는 금융기관에 납부해야 한다.

15 [2023년 6회]

과세표준별 기본 세율에 대한 설명으로 옳지 않은 것은?

① 과세표준 1,400만원 이하: 6%
② 과세표준 1,400만원 초과 5,000만원 이하: 12%
③ 과세표준 5,000만원 초과 8,800만원 이하: 24%
④ 과세표준 8,800만원 초과 1억 5천만원 이하: 35%

해설

과세표준 1,400만원 초과 5,000만원 이하: 15%

16 [2024년 5회]

[보기]의 (A)에 알맞은 숫자는 무엇인가?

> 보기
> 일용근로자의 원천징수세액: (일급여액 − 150,000원) × 6% − 근로소득세액공제[산출세액 × (A)%]

① 45 ② 55
③ 65 ④ 75

해설

일용근로자의 원천징수세액 = (일급여액 − 150,000원) × 6% − 근로소득세액공제(산출세액 × 55%)

| 정답 | 11 ③ 12 ③ 13 ② 14 ① 15 ② 16 ②

이론 | 실무 시뮬레이션 | 최신 기출문제

이론

PART 05

노사관계

Enterprise
Resource
Planning

| NCS 능력단위 요소

☑ 노사관계 계획 0202020201_19v2
☑ 단체교섭 0202020204_19v2
☑ 노동쟁의 대응 0202020206_19v2

CHAPTER 01

노사관계

빈출 키워드
- ☑ 근로시간
- ☑ 노동조합의 형태
- ☑ 숍제도
- ☑ 단체교섭의 유형
- ☑ 부당노동행위

1 근로시간관리

1. 근로시간관리의 의의

① 근로자가 사용자(사업주 또는 경영 담당자)와의 근로계약에 따라 실제로 노동하는 시간(휴게시간 제외)을 근로시간이라고 한다.

② 근로시간은 중요한 근로조건이며 근로자에게 노동의 재생산성을 유지시키고 근로자의 기본적 생활을 보장하기 위해서 제한이 필요하다.

- **기업 입장에서의 근로시간관리:** 노동력을 활용할 수 있는 자원, 비용 발생의 원인
- **근로자 입장에서의 근로시간관리:** 육체적 · 정신적 구속 시간, 근로소득 발생의 원천

2. 근로시간제의 유형

(1) 법정 근로시간제(「근로기준법」 제50조)

① 휴게시간을 제외하고 1일 8시간, 1주 40시간을 초과할 수 없다.

② 근로시간을 산정함에 있어 작업을 위하여 근로자가 사용자의 지휘 · 감독 아래에 있는 대기시간 등은 근로시간으로 본다.

> 미성년자의 근로시간
> 15세 이상 18세 미만인 자의 근로시간은 1일에 7시간, 1주에 35시간을 초과하지 못한다. 다만, 당사자 사이의 합의에 따라 1일에 1시간, 1주에 5시간을 한도로 연장할 수 있다(「근로기준법」 제69조).

(2) 3개월 이내의 탄력적 근로시간제(「근로기준법」 제51조)

① 탄력적 근로시간제란 취업규칙(취업규칙에 준하는 것 포함)에서 정하는 바에 따라 일정한 기간 내에서 어느 주 또는 어느 날의 근로시간을 탄력적으로 배치하여 운용하는 근로시간제를 말한다.

② 일정한 기간을 단위로, 총 근로시간이 기준 근로시간 이내인 경우 그 기간 내 어느 주 또는 어느 날의 근로시간이 기준 근로시간을 초과하더라도 연장근로가 되지 않는 근로시간제를 말한다.

- **2주 단위 이내 탄력적 근로시간제:** 2주 이내의 일정한 단위기간을 평균하여 특정 주에 1주간 40시간, 특정 일에 1일 8시간 초과 근로가 가능하다(다만, 특정 주의 근로시간은 48시간 초과 불가).
- **3개월 단위 이내 탄력적 근로시간제:** 3개월 이내의 단위기간을 평균하여 특정 주에 1주간 40시간, 특정 일에 1일 8시간 초과 근로가 가능하다(다만, 특정 주의 근로시간은 52시간, 특정 일의 근로시간은 12시간 초과 불가).
- 15세 이상 18세 미만의 근로자와 임신 중인 여성 근로자에 대하여는 적용하지 않는다.
- 사용자는 근로자를 근로시킬 경우 기존의 임금수준이 낮아지지 않도록 임금보전방안을 강구하여야 한다.

(3) 선택적 근로시간제(「근로기준법」 제52조)

① 사용자가 취업규칙에 따라 업무의 시작 및 종료 시각을 근로자의 결정에 맡기기로 한 근로자에 대하여 근로자 대표와의 서면 합의에 따라 다음의 사항을 정하면 1개월(신상품 또는 신기술의 연구개발 업무의 경우에는 3개월로 한다) 이내의 정산기간을 평균하여 1주간의 근로시간이 40시간을 초과하지 않는 범위에서 1주간에 40시간을, 1일에 8시간을 초과하여 근로하게 할 수 있다.

② 사용자는 1개월을 초과하는 정산기간을 정하는 경우에는 다음의 조치를 하여야 한다.

- 근로일 종료 후 다음 근로일 시작 전까지 근로자에게 연속하여 11시간 이상의 휴식시간을 줘야 한다. 다만, 천재지변 등 대통령령으로 정하는 불가피한 경우에는 근로자 대표와의 서면 합의가 있으면 이에 따른다.
- 매 1개월마다 평균하여 1주간의 근로시간이 40시간을 초과한 시간에 대해서는 통상임금의 100분의 50 이상을 가산하여 근로자에게 지급해야 한다. 이 경우 연장·야간 및 휴일근로는 적용하지 않는다.

+ 의무적 근로시간대와 선택적 근로시간대 중요

의무적 근로시간대(Core Time)는 근로자가 반드시 근로하여야 할 시간대이며, 선택적 근로시간대는 근로자가 스스로 결정하여 근로의 제공 여부를 결정할 수 있는 시간대를 말한다.

※ 예 의무적 근로시간대: 10시~14시, 선택적 근로시간대: 7시~20시

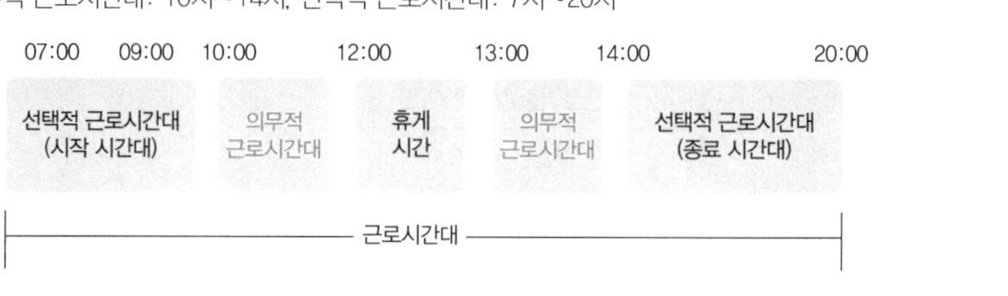

(4) 간주 근로시간제

근로자가 출장, 기타의 사유로 인하여 근로시간의 전부 또는 일부를 사업장 밖에서 근로하여 근로시간 산정이 어려운 경우 근로시간에 관계없이 일정 합의시간을 근로시간으로 본다.

(5) 재량 근로시간제

취재, 연구, 설계 및 분석, 디자인 업무 등과 같이 업무의 수행 방법이나 수단, 시간 배분 등이 근로자의 재량에 따라 결정되어 근로시간보다 성과에 의해 근무 여부를 판단할 수 있는 경우 노사 간의 합의시간을 근로시간으로 본다.

(6) 교대근무제

근로자들을 2개 이상의 조로 편성하여 각 조가 교대로 일정한 기일마다 근무시간이 바뀌는 근무 형태를 말한다.

3. 근로유형의 최근 동향

(1) 집중근무제 중요

① 근무시간 중 일정 시간대를 정하여 해당 시간에는 업무의 흐름이 끊어지는 것을 방지하여 업무에 몰입하게 하는 제도이다.

② 이 시간에는 전화를 받거나 걸지 않고 각종 회의 소집이나 업무 지시도 일체 하지 않으며, 커피, 흡연, 외부 방문객도 철저하게 통제함으로써 업무에만 집중할 수 있게 한다.

(2) 24시간 선택적 근무제

근로자가 하루 24시간 중 어느 때나 근무시간을 선택하여 근무할 수 있도록 하는 근무 형태이다.

(3) 원격근무제

정보, 시간 및 공간의 효율성을 높이기 위해 이동사무실, 재택근무제 등을 활용하여 개개인에게 부여되는 업무를 수행하는 근무 형태이다.

(4) 파트타임제

정규 근로시간보다 짧은 시간을 정하여 몇 시간 동안만 일하는 방식을 말한다.

(5) 비정규직 중요

① 일반적으로 정규직 근로자와 근로시간, 근로계약시간, 근로계약기간, 고용 형태 등에 있어서 차이가 있는 근로자를 말한다.

② 비정규직 근로자의 유형은 다양하지만, 비정규직 근로자 보호법의 대상이 되는 근로자는 기간제 근로자, 단시간 근로자, 파견 근로자이다.

> 비정규직 근로자 대상
> - 기간제 근로자: 기간의 정함이 있는 근로계약을 체결한 근로자
> - 단시간 근로자: 1주 동안의 소정 근로시간이 그 사업장에서 같은 종류의 업무에 종사하는 통상 근로자의 1주 동안의 소정근로시간에 비하여 짧은 근로자
> - 파견 근로자: 파견 사업자가 고용한 근로자로서 근로자 파견의 대상이 되는 자

4. 근로시간 중요

근거	법정 근로시간		연장근로
	1일	1주	
원칙 (「근로기준법」 제50조)	8시간	40시간	1주 12시간 미만 (「근로기준법」 제53조)
산후 1년이 지나지 아니한 여성 (「근로기준법」 제71조)	8시간	40시간	1일 2시간, 1주 6시간, 1년 150시간 미만 (「근로기준법」 제71조)
임신 중인 여성 (「근로기준법」 제70조)	8시간	40시간	불가 (「근로기준법」 제74조 ⑤)
15세 이상 18세 미만의 연소자 (「근로기준법」 제69조)	7시간	35시간	1일 1시간, 1주 5시간 (「근로기준법」 제69조)
유해·위험한 작업으로서 고기압에서 작업을 행하는 근로자 (「산업안전보건법」 제139조)	6시간	34시간	불가

(1) 법정(기준) 근로시간

근로시간은 1일 8시간, 1주일 40시간이며, 당사자 간의 합의로 그 이상 근로하면 초과된 시간에 대해 연장근로 가산 수당을 지급해야 한다.

(2) 연장·야간 및 휴일근로(「근로기준법」 제56조)

① **연장근로:** 「근로기준법」의 법정 근로시간을 초과하는 근로를 의미한다. 성인 근로자의 경우에는 1일 8시간, 1주 40시간을 초과하는 시간의 근로, 소년 근로자(15세 이상 18세 미만의 연소자)의 경우에는 1일 7시간, 1주 35시간을 초과하는 시간의 근로를 뜻한다. 연장근로수당에 대해서는 통상임금의 100분의 50 이상을 가산하여 근로자에게 지급하여야 한다.

② **야간근로:** 오후 10시부터 다음 날 오전 6시까지의 근로를 의미한다. 근로시간의 일부만 야간근로시간에 포함되더라도 해당 시간의 근로는 야간근로가 된다. 야간근로에 대해서는 통상임금의 100분의 50 이상을 가산하여 근로자에게 지급하여야 한다.

③ **휴일근로:** 사용자는 휴일근로에 대해서 다음의 기준에 따른 금액 이상을 가산하여 근로자에게 지급하여야 한다.
- **8시간 이내의 휴일근로:** 통상임금의 100분의 50
- **8시간을 초과한 휴일근로:** 통상임금의 100분의 100

④ 야간근로와 휴일근로의 제한(「근로기준법」 제70조)
- 사용자는 18세 이상의 여성을 오후 10시부터 오전 6시까지의 시간 및 휴일에 근로시키려면 그 근로자의 동의를 받아야 한다.
- 사용자는 임산부와 18세 미만자를 오후 10시부터 오전 6시까지의 시간 및 휴일에 근로시키지 못한다. 다만, 다음의 어느 하나에 해당하는 경우로서 고용노동부 장관의

인가를 받으면 그러하지 아니하다.
- 18세 미만자의 동의가 있는 경우
- 산후 1년이 지나지 아니한 여성의 동의가 있는 경우
- 임신 중인 여성이 명시적으로 청구하는 경우

• 사용자는 고용노동부 장관의 인가를 받기 전에 근로자의 건강 및 모성 보호를 위하여 그 시행 여부와 방법 등에 관하여 그 사업 또는 사업장의 근로자 대표와 성실하게 협의하여야 한다.

(3) 휴게시간(「근로기준법」 제54조)

① 휴게시간에 대해서는 회사가 임금을 지급할 의무가 없으며, 점심시간도 휴게시간에 포함된다.

② 휴게시간은 법정 근로시간에 포함되지 않으며, 사용자는 근로자의 근로시간이 4시간인 경우에는 30분 이상, 8시간인 경우에는 1시간 이상의 휴게시간을 주어야 하며, 휴게시간은 근로자가 자유롭게 이용할 수 있다.

③ 근로시간 및 휴게시간의 특례(「근로기준법」 제59조)

• 다음의 어느 하나에 해당하는 사업에 대하여 사용자가 근로자 대표와 서면으로 합의한 경우에는 주 12시간을 초과하여 연장근로를 하게 하거나 휴게시간을 변경할 수 있다.
- 육상운송 및 파이프라인 운송업(다만, 「여객자동차 운수사업법」에 따른 노선(路線) 여객자동차운송 사업은 제외)
- 수상운송업
- 항공운송업
- 기타 운송 관련 서비스업
- 보건업

• 위 해당하는 사업의 경우 사용자는 근로일 종료 후 다음 근로일 개시 전까지 근로자에게 연속하여 11시간 이상의 휴게시간을 주어야 한다.

(4) 휴일과 휴가

① 법정과 약정휴일 · 휴가

구분	법정	약정
의의	법에 근거하여 의무적으로 부여함	• 부여 여부 및 조건이 단체협약 · 취업규칙 등을 통해 결정됨 • 임금 지급 여부도 결정하는 바에 따름
휴일	• 주휴일(개근 시 유급) • 근로자의 날(유급)	기타 기업의 휴일(창립기념일 등)
휴가	연차유급휴가, 생리휴가, 출산휴가 등	경조휴가, 포상휴가, 하계휴가 등

② 휴일의 종류

주휴일	• 사용자는 근로자에 대하여 1주일에 평균 1회 이상의 유급휴일을 주어야 함 • 주 1회의 유급휴일을 가질 수 있는 자는 1주간 소정의 근로일수를 개근한 자에 한함 • 주휴일은 반드시 일요일일 필요가 없으며, 특정 일을 정하여 부여하면 됨
근로자의 날	근로자의 날(5월 1일)은 「근로자의 날 제정에 관한 법률」에 의해 유급휴일로 지정
공휴일	• 「관공서의 공휴일에 관한 규정」에 의해 관공서가 쉬는 날 • 공휴일은 「노동법」에 기업의 쉬는 날로 정해져 있지 않으므로 당연히 근로자의 휴일이 되는 것은 아니며, 단체협약 · 취업규칙 등에 그 기업의 휴일로 명시해야 비로소 휴일이 됨

③ 휴일 관련 임금

유급휴일수당	유급휴일에 근로를 제공하지 않더라도 지급되는 수당
휴일근로임금	휴일로 정해진 날에 근로를 제공하였을 때 지급되는 근로의 대가
휴일근로가산수당	휴일로 정해진 날에 근로를 제공하였을 때 가산하여 지급하는 수당

④ 휴가의 종류

연차유급휴가 (「근로기준법」 제60조)		• 1년간 80% 이상 출근한 근로자에게 15일의 유급휴가를 주어야 함 • 사용자는 계속하여 근로한 기간이 1년 미만인 근로자 또는 1년간 80% 미만 출근한 근로자에게 1개월 개근 시 1일의 유급휴가를 주어야 함 • 사용자는 3년 이상 계속하여 근로한 근로자에게는 위에 따른 휴가에 최초 1년을 초과하는 계속 근로 연수 매 2년에 대하여 1일을 가산한 유급휴가를 주되, 가산휴가를 포함한 총 휴가 일수는 25일을 한도로 함 • 사용자는 규정에 따른 휴가를 근로자가 청구한 시기에 주어야 하고, 그 기간에 대하여는 취업규칙 등에서 정하는 통상임금 또는 평균임금을 지급하여야 함. 다만, 근로자가 청구한 시기에 휴가를 주는 것이 사업 운영에 막대한 지장이 있는 경우에는 그 시기를 변경할 수 있음 • 규정에 따른 휴가는 1년간 행사하지 아니하면 소멸됨(다만, 사용자의 귀책사유로 사용하지 못한 경우에는 제외)
모성 및 육아보호휴가	생리휴가 (「근로기준법」 제73조)	사용자는 여성 근로자가 청구하면 월 1일의 생리휴가를 주어야 함(격일제 근로, 주5일제 근로, 수습 근로자, 임시적 근로, 단시간 근로자에게도 부여)
	임산부의 보호 (「근로기준법」 제74조 ①)	임신 중인 여성에 대하여 출산전후를 통하여 90일(한 번에 둘 이상 자녀를 임신한 경우 120일)의 출산전후휴가를 부여하며 이 경우 휴가기간의 배정은 출산 후 45일(한 번에 둘 이상 자녀를 임신한 경우 60일) 이상이 되어야 함
	육아휴직 (「남녀고용평등법」 제19조)	근로자가 만 8세 이하 또는 초등학교 2학년 이하의 자녀(입양한 자녀 포함)를 양육하기 위하여 사업주에 신청하는 휴직으로, 근로자의 육아 부담을 해소하고 계속 근로를 지원함으로써 근로자의 생활 안정 및 고용 안정을 도모하기 위해 시행됨

⑤ (선택적) 보상휴가제: 사용자는 근로자 대표와의 서면합의에 의하여 연장·야간 및 휴일 근로에 대하여 지급되는 임금을 대신하여 유급휴가 부여가 가능하다(「근로기준법」 제57조).

+ 직장 내 괴롭힘의 금지(「근로기준법」 제76조의 2)

사용자 또는 근로자는 직장에서의 지위 또는 관계 등의 우위를 이용하여 업무상 적정 범위를 넘어 다른 근로자에게 신체적·정신적 고통을 주거나 근무환경을 악화시키는 행위를 하여서는 안된다.

TIP

휴가는 근로의무가 있는 근로일에 근로의무의 면제를 법률이나 사용자의 승낙에 의하여 획득한 날을 의미하며, 실제로는 근로일이므로 휴가를 취소하더라도 가산임금대상은 아니다.

TIP

육아휴직 기간은 1년 이내로 한다. 다만, 요건을 충족하는 근로자의 경우 6개월 이내에서 추가로 육아휴직을 사용할 수 있다.

2 노사관계관리

1. 노사관계의 의의

① 노동자와 사용자 또는 노동자와 경영자의 관계를 의미한다. 이러한 관계가 확장되어 노동조합과 경영자, 노동조합의 연합체와 경영단체의 관계로 발전되었다.

② 노사관계는 기업경영과 인적자원관리에 있어 매우 중요한 관리의 대상이 되었고, 본질적으로 임금 등의 노동조건과 관련하여서 대립적인 관계를 갖는다.

2. 노사관계관리의 방향

현대적 노사관계관리는 지금까지의 대립적 노사관계를 안정적이고 협력적으로 발전시키는 관리 활동을 통해 기업의 생산성 향상을 통한 성과 증대와 기업의 유지·발전, 성과의 공정한 분배, 노동의 인간화를 통한 근로자들의 보람 있는 근로 생활을 실현해야 한다.

+ 노사관계관리의 방향

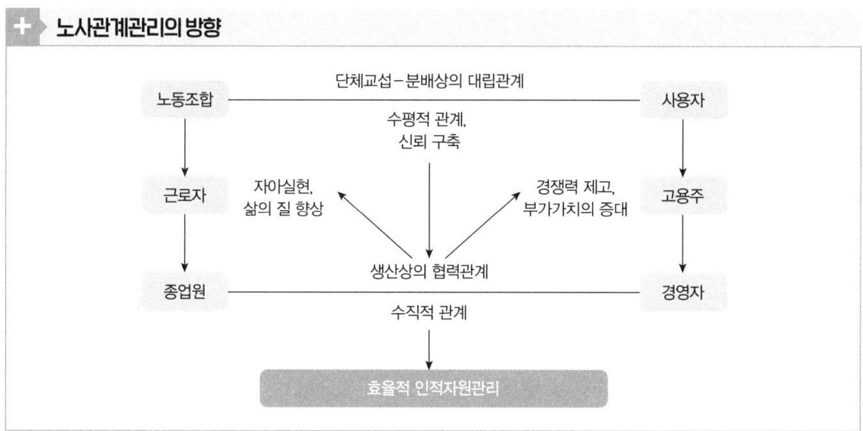

3 노동조합

1. 의의

① 근로자가 자주적으로 단결하여 근로조건의 유지·개선, 기타 근로자의 경제적·사회적 지위 향상 도모를 목적으로 하는 단체 또는 그 연합단체를 의미한다. 즉, 근로자들이 노동조건(임금, 노동시간, 작업조건, 작업환경, 고용보장 등)의 결정 문제와 관련하여 경영자와 대등한 입장에서 교섭하여 근로자들의 지위를 확보하기 위해 조직한 근로자들의 단체를 말한다.

② 노동조합은 헌법에 의거하여 근로자의 자주적 노동 3권*을 보장하며, 근로자의 근로조건을 개선함으로써 경제적·사회적 지위 향상과 국민경제에 기여함을 목적으로 한다.

+ 노동3권

노동자가 헌법상 기본권으로 가지는 세 가지 권리

- **단결권**: 근로자가 근로조건을 유지·개선하기 위하여 단결할 수 있는 권리. 즉, 근로자가 일하는 환경·조건을 개선하고 근로자의 사회·경제적 지위를 향상하기 위해 단결할 수 있는 권리
- **단체교섭권**: 근로자의 노동조합이 사용자와 근로조건의 유지·개선에 관하여 교섭할 수 있는 권리
- **단체행동권**: 근로자가 근로조건의 유지·개선을 위하여 사용자에 대항하여 단체적인 행동을 할 수 있는 권리

2. 기능

(1) 경제적 기능

① 노동조합의 가장 기본적인 기능은 근로자들의 근로조건을 유지 · 개선하는 데 목적을 두고 경제적 이익을 추구하는 것이다. 즉, 임금 인상, 노동시간 단축, 부당한 권리침해 방지, 작업환경 개선, 해고 반대, 퇴직금 또는 보건안전 등에 대한 경제적 문제 해결을 목적으로 한다.

② 노동조합은 단체교섭과 경영참가 및 쟁의행위를 통해 경제적 문제를 해결하려고 한다.

(2) 공제적 기능

조합원의 각종 경조행사 시 부조하는 경우를 비롯해서 조합원이 질병, 재해, 노령, 사망, 실업 등으로 노동력을 상실했을 때, 조합원의 생활 안정을 위해 준비된 조합 기금을 지급하여 상부상조하는 사회보장제도라고 할 수 있다.

(3) 정치 · 사회적 기능

노동조합은 임금 및 근로조건의 개선을 위한 노사 간의 교섭과 분쟁을 조정하고 해결하기 위해서 「노동관계법」의 개정, 정부의 세제, 물가 정책, 사회보험제도, 기타 경제 · 사회 정책에 대하여 근로자의 복지 증진을 위한 주장을 관철하기 위한 활동을 할 수 있다.

3. 형태 중요

직업별 노동조합	동일한 직업이나 직종에 종사하는 숙련 노동자들이 자신들의 경제적 이익을 확보하기 위하여 만든 형태
일반 노동조합	산업, 직업에 관계없이 하나 또는 여러 개의 산업에 걸쳐 흩어져 있는 일반 노동자들에 의해 조직되는 형태
산업별 노동조합	• 직업별 노동조합과는 달리 조합원의 범위를 확장하여 동일 산업 내의 모든 노동자들로 구성되는 형태 • 직종과 상관없이 동일 산업에서 숙련 및 미숙련 노동자 모두를 포괄하는 노동조합을 의미함
기업별 노동조합	• 동일 기업에 종사하는 노동자에 의하여 조직되는 기업 내 조합 • 근로조건을 통일적으로 결정할 수 있고 사용자와의 관계가 밀접하기 때문에 공동체 의식으로 노사협조에 공헌 가능

4. 가입 방법

(1) 기본적 숍제도 중요

클로즈드 숍 (Closed Shop)	조합원 자격이 있는 근로자만 채용하고 일단 채용된 근로자도 조합원의 자격을 상실하면 근로자가 될 수 없도록 하며, 노조의 통제력(지배력)이 가장 높은 제도
유니언 숍 (Union Shop)	기업이 근로자를 채용할 때 조합원이 아닌 자를 근로자로 채용할 수는 있지만, 일단 채용된 이후에는 일정 기간 내에 자동으로 노조에 가입하게 되는 제도
오픈 숍 (Open Shop)	조합원 신분과 무관하게 근로자가 될 수 있도록 하는 제도

(2) **변형적 숍제도**

에이전시 숍 (Agency Shop)	채용된 근로자에 대해 특정 노동조합의 가입을 강제하지 않는 반면, 비조합원에 대해서도 조합원들의 조합비에 상당하는 일정한 금액을 정기적으로 노동조합에 납입하도록 하는 제도
메인터넌스 숍 (Maintenance Shop)	노동조합에 가입한 이후 일정 기간 동안은 노동조합원으로서 자격을 유지해야 하는 제도
프리퍼렌셜 숍 (Preferential Shop)	근로자 채용 시 비조합원보다는 조합원에 대하여 고용상의 혜택을 부여하는 제도

(3) **체크오프제도(Check off System)** 중요

조합비를 징수할 때 사용자가 노동조합의 의뢰를 받아 급여계산 시 조합비를 일괄공제하여 전달해 주는 방법으로, 일괄공제제도라고도 한다.

4 단체교섭

1. 정의

노동조합과 사용자 또는 사용자 단체가 임금, 근로시간, 근로조건 등에 관한 협약을 체결하기 위해 대표자를 통해 집단적으로 타협을 모색하고 관리하는 절차를 의미한다.

2. 유형 중요

기업별 교섭	• 하나의 사업장 또는 기업을 단위로 단일 사용자와 단일 노조가 교섭하는 방식 • 특정의 기업 또는 사업장 단위로 조직된 기업별 노동조합의 대표와 기업의 사용자 대표 사이에 이루어지는 단체교섭방식
통일 교섭	전국 또는 지역 단위의 산업별·직업별 노동조합 대표와 이에 대응하는 사용자 단체 대표 사이에 이루어지는 단체교섭방식
대각선 교섭	• 산업별 노동조합이나 지역별 노동조합과 이 노동조합에 소속된 개별 기업의 사용자 간에 교섭이 이루어지는 방식 • 전국적 또는 지역별·산업별 노동조합의 대표와 개별 기업의 사용자 대표 사이에 이루어지는 단체교섭방식
공동 교섭	• 기업별 노동조합의 단위조합 또는 지부가 산업별의 상부 노동단체와 공동으로 당해 기업의 사용자 대표와 교섭하는 방식 • 상급단체인 산업별 연합단체가 하급단체인 기업별 노조나 기업단위의 노조지부와 공동으로 개별 기업의 사용자와 교섭하는 방식
집단 교섭	복수의 기업별 단위노동조합이나 지부가 지역별 또는 업종별로 집단을 구성하여 이에 대응하는 복수기업의 사업자 대표와 집단적으로 단체교섭을 하는 방식

3. 절차

교섭 준비 → 예비 교섭 → 본 교섭 → 마무리 교섭 → 교섭의 평가

5 단체협약

1. 정의

노동조합과 단체 사이의 단체교섭으로 결정된 임금, 근로시간 등의 근로조건 및 기타 노사관계에 관한 제반사항에 대한 합의를 의미하며, 단체협약의 기능으로는 평화적 기능, 경영안정 기능, 근로조건 개선 기능 등이 존재한다.

2. 효력

규범적 효력	단체협약 체결 당사자 간이 아닌 근로자와 사용자 간의 근로관계를 구속하는 효력으로 근로자의 대우 및 근로조건(임금, 퇴직금, 상여금, 복리후생, 근로시간, 정년, 재해보상 등)에 대한 강제적 효력
채무적 효력	협약 당사자의 권리, 의무에 관한 조항을 의미함
지역적 구속력	동일 지역의 동종 근로자에 대하여 단체협약의 효력을 확대·적용하는 효력
일반적 구속력	하나의 공장이나 사업장을 단위로 한 동종의 과반수 이상의 노동조합원에 대하여 적용하는 단체협약의 규범적 효력을 나머지 동종의 비조합 근로자에 대해서도 확대·적용하는 사업장 단위의 일반적 구속력

+ 고충처리제도

단체협약의 해석 및 적용 과정에서 발생한 종업원의 불평·불만 등의 내용을 해결하기 위한 제도

6 노동쟁의

1. 정의

단체교섭 시 단체협약을 체결하지 못하는 경우로, 노동조합과 사용자 또는 사용자 단체 간의 임금, 근로시간, 복지, 해고, 기타 대우 등 근로조건 결정에 관한 주장의 차이로 발생한 분쟁 상태를 의미한다.

2. 노동쟁의의 행위 유형

(1) 근로자 측 쟁의행위

파업	• 노동조합의 대표적인 노동쟁의 형태 • 노동조합을 사용자의 지배 관리로부터 분리시키며 사용자에 대한 근로자의 노동력 제공을 전면적으로 거부하는 행위
태업	노동조합이 조합원의 노동력을 부분적으로 통제하여 근로자의 작업 수행 과정에서 작업 속도를 떨어뜨리거나 조잡한 작업 수행으로 작업 능률과 품질의 저하를 초래하는 행위
보이콧	제품 구입 거절, 근로계약 거절 등의 형태로 나타나는 집단적 불매운동
피케팅	• 쟁의 중 사업장 또는 공장에 대한 감시와 근로 희망자들의 출입을 저지하며, 파업 참여에 협력할 것을 호소하는 행위 • 쟁의행위의 효과적 수행을 위한 부수적 행위
생산통제	노동조합이 사업장 및 공장 내 생산시설 및 원자재 일체를 점유하고, 사용자의 지휘 명령을 배제한 상태에서 기업을 경영하며 생산활동을 통제하는 행위
준법투쟁	「근로기준법」 등 노동관계법 규정을 엄격히 준수하면서 잔업이나 휴일근무 등을 거부함으로써 사업장 업무를 곤란하게 하는 행위

(2) 사용자 측 쟁의행위

직장폐쇄	쟁의 중에 사업장에 대한 생산시설을 폐쇄하여 근로자의 직장 출입을 차단함으로써 근로자의 노동력 제공을 집단적으로 거부하는 행위
조업계속 (대체고용)	사용자가 노동조합 측의 쟁의행위에 참가하지 않고 있는 근로자 중 근로 희망자와 관리자 등을 동원하여 조업을 계속하는 행위로 대체고용에 의하여 이루어질 수 있음

3. 노동쟁의 조정제도

조정	• 노동자 측과 고용주 측에 의해 중립적이고 전문적인 제3자가 초대되어 계약 협상 과정에서 발생하는 문제를 분쟁 당사자들이 협상을 통해서 스스로 해결방안을 찾을 수 있도록 제3자가 노사분쟁에 따른 합의를 도와주는 노력 • 당사자 일방이 행정관청에 신청하면 노사 및 공익을 대표하는 위원 3인으로 구성되어 관계 당사자 간의 의견을 듣고 공정하고 적절한 판단으로 작성한 의견을 쌍방에 제시하여 그의 수락을 권고하여 쟁의를 해결하려는 방법
중재	노동쟁의 시 노동관계 당사자 중 일방이 신청을 할 때 노동위원회가 이의 중재를 위한 중재위원회를 구성하여 쌍방의 주장 및 의견을 받아 결과를 도출하는 것으로, 이를 확정하면 노사 쌍방은 단체협약과 동일하게 따라야 함
긴급조정	노동쟁의행위에 대한 정부의 긴급조치 조정제도로, 고용노동부 장관이 긴급 조정을 결정하면 중앙노동위원회가 노사 당사자에게 통보하며, 관계 당사자는 즉시 쟁의 행위를 중지해야 함

7 부당노동행위

1. 의미

사용자가 노동조합의 정당한 권리를 침해하는 행위이다. 즉, 불이익 대우, 황견계약 등과 같이 사용자가 근로자의 노동에 대한 정당한 기본권리 행위 또는 노동조합 활동에 대하여 방해하는 행위를 말하는 것으로, 근로자의 노동 3권 행사의 보장을 철저히 하기 위하여 이에 대한 사용자의 침해행위를 신속하게 시정하기 위한 제도이다.

2. 유형 중요

불이익 대우	근로자가 노동조합에 가입 또는 가입 시도를 하였거나 노동조합을 조직하려고 한 경우 노동조합의 업무를 위해 정당한 행위를 한 것을 이유로 근로자를 해고하거나 근로자에게 불이익(전근, 전환배치, 출근정지, 휴직, 복직 거부 등)을 주는 행위
황견계약	고용조건으로 근로자가 노동조합에 가입하지 않을 것 또는 탈퇴할 것, 특정한 노동조합의 조합원이 될 것을 정해놓는 행위
단체교섭의 거부	노동조합의 대표자, 노동조합으로부터 위임을 받은 자와의 단체교섭 체결, 기타의 단체교섭을 정당한 이유 없이 거부하거나 해태하는 행위
지배개입 및 경비원조	사용자가 근로자 노동조합의 조직 또는 운영을 지배하거나 이에 개입하는 행위, 노동조합의 전임자에게 급여를 지급하거나 노동조합의 운영비를 원조하는 행위
정당한 단체행동 참가에 대한 해고 및 불이익 대우	근로자가 정당한 단체행위에 참가한 것, 노동위원회에 대하여 사용자가 규정에 위반한 것을 신고하거나 그에 관한 증언을 한 것, 기타 행정관청에 증거를 제출한 것을 이유로 그 근로자를 해고하거나 불이익을 주는 행위

8 경영참가제도와 노사관계

1. 경영참가제도의 의의

경영참가제도란 근로자나 근로자를 대표하는 노동조합이 기업의 경영에 실질적으로 참가하여 경영자와 함께 경영상의 권한과 책임을 분담하는 제도를 말한다.

2. 경영참가제도의 유형

> 직접 참여와 간접 참여
> - 직접 참여: 스캔론 플랜, 럭커 플랜, 노사협의제도, 노사공동결정제도
> - 간접 참여: 종업원지주제도

(1) 자본 참가

종업원 지주제도	회사가 근로자에게 회사 주식을 유상 또는 무상의 방법으로 취득하게 하여 근로자를 주주로서 기업경영에 참가시키는 제도
스톡옵션제도	임직원들에게 저렴한 가격으로 일정 수량의 주식을 매입할 수 있는 권리를 부여하고, 일정 기간이 지나면 임의대로 처분할 수 있게 하는 제도

(2) 성과 참가(이윤 참가)

스캔론 플랜	• 근로자의 참여의식을 높이기 위하여 위원회제도를 활용해 근로자의 경영참여와 개선된 생산의 판매가치를 기초로 한 성과배분제 • 경영자와 근로자의 비용 절감 제안을 평가하는 위원회제도를 활용하는 제도 • 인건비의 절약분에 대한 배분액을 판매가치를 근거로 하여 배분하는 제도
럭커 플랜	• 부가가치의 증대를 목표로 하여 이를 노사협력 체제에 의하여 달성하고 이에 따라 증가된 생산성 향상분을 기업의 부가가치 배분율로 노사 간에 배분하는 성과배분제 • 조직이 창출한 부가가치 생산액을 종업원 인건비를 기준으로 배분하는 제도 • 종업원은 부가가치 증대를 위한 의사결정 과정에 참가함으로써 참여의식을 높임

(3) 의사결정 참가

노사협의제도	• 천재지변의 대응, 생산성 하락, 경영성과 전달 등과 같이 단체교섭에서 결정되지 않는 사항을 사용자 측과 근로자 측이 서로 협력하도록 하기 위한 제도로, 근로조건에 대한 결정권이 있는 전체 근로자가 상시 30인 이상인 경우 의무적으로 설치해야 함 • 근로자 내지 노동조합의 대표가 경영에 참가하여 정보 제공, 의사교환, 적극적인 문제 제기 등 경영에 영향을 주는 행위를 할 수 있으나, 최종 결정은 경영자가 행함
노사공동 결정제도	노동자, 근로자 또는 노동조합의 대표가 기업의 최고 결정기관에 직접 참가하여 기업경영의 여러 문제를 노사 공동으로 결정하는 제도

기출&확인 문제

01

다음 [보기]에서 설명하고 있는 용어는?

보기

「근로기준법」에서 제한하는 근로시간으로 현행법에 의해 휴게시간을 제외하고 1주 40시간, 1일 8시간을 초과할 수 없다. 다만 당사자 간에 합의하면 1주간 12시간을 한도로 연장할 수 있다.

① 법정 근로시간　　② 선택적 근로시간
③ 재량 근로시간　　④ 의무적 근로시간

해설

법정 근로시간에 대한 설명으로, 특별한 사정이 있을 경우 고용노동부 장관의 사전 또는 사후의 인가나 승인을 받아 기준 시간을 연장할 수 있다.
② 선택적 근로시간제: 사용자가 취업규칙에 따라 업무의 시작 및 종료 시각을 근로자의 결정에 맡기는 근로시간제
③ 재량 근로시간제: 취재, 연구, 설계 및 분석, 디자인 업무 등과 같이 근로시간보다 성과에 의해 근무 여부를 판단할 수 있는 경우 노사 간 합의시간을 근로시간으로 하는 근로시간제
④ 의무적 근로시간: 근로자가 반드시 근로하여야 할 근로시간대

02 [2024년 3회]

[보기]에서 설명하는 것은?

보기

취재, 연구, 설계 및 분석, 디자인 업무 등과 같이 업무수행 방법이나 수단, 시간배분 등이 근로자의 재량에 따라 결정되어 근로시간보다 성과에 의해 근무 여부를 판단할 수 있는 경우 노사 간의 합의시간을 근로시간으로 보는 제도이다.

① 재량 근로시간제　　② 연장 근로시간제
③ 선택적 근로시간제　　④ 탄력적 근로시간제

해설

② 연장 근로시간제: 근로기준법의 법정 근로시간을 초과하는 근로시간제로 성인 근로자의 경우에는 1일 8시간, 1주 40시간을 초과하는 시간의 근로, 소년 근로자(15세 이상 18세 미만의 연소자)의 경우에는 1일 7시간, 1주 35시간을 초과하는 시간의 근로를 뜻한다.
③ 선택적 근로시간제: 사용자가 취업규칙에 따라 업무의 시작 및 종료 시각을 근로자의 결정에 맡기는 근로시간제
④ 탄력적 근로시간제: 일정한 기간 내에서 어느 주 또는 어느 날의 근로시간을 탄력적으로 배치하여 운용하는 근로시간제

03 [2024년 1회]

[보기]의 설명으로 가장 적절한 것은?

보기

노동자들이 근로조건 향상을 위하여 노동조합을 조직할 권리

① 단결권　　② 단체교섭권
③ 경영참가권　　④ 단체행동권

해설

② 단체교섭권: 노동자가 노동조합이나 기타 노동단체의 대표를 통해 사용자와 노동조건에 관하여 교섭하는 권리
③ 경영참가권: 회사의 경영에 관여하고 회사와 관련된 중요한 일을 의결할 수 있는 권리
④ 단체행동권: 노동자가 노동조건의 유지, 개선을 위하여 사용자에 대항하여 단체적인 행동을 할 수 있는 권리

04 [2020년 5회]

다음은 노동조합의 변형적 가입 방법의 하나로 사용자 측이 비조합원의 고용도 가능하지만, 조합원에 대하여 고용상 차별적 우대를 하는 제도는?

① 클로즈드 숍　　② 유니언 숍
③ 에이전시 숍　　④ 프리퍼렌셜 숍

해설

① 클로즈드 숍: 조합원 자격이 있는 근로자만 채용하고 일단 채용된 근로자도 조합원의 자격을 상실하면 근로자가 될 수 없도록 하는 제도
② 유니언 숍: 기업이 근로자를 채용할 때 조합원이 아닌 자를 근로자로 채용할 수는 있지만, 일단 채용된 이후에는 일정 기간 내에 자동적으로 노조에 가입하게 되는 제도
③ 에이전시 숍: 채용된 근로자에 대해 특정 노동조합의 가입을 강제하지 않는 반면, 비조합원에 대해서도 조합원들의 조합비에 상당하는 일정한 금액을 정기적으로 노동조합에 납입하도록 하는 제도

| 정답 | 01 ① 02 ① 03 ① 04 ④

05 [2024년 6회]

[보기]에서 설명하는 노동조합 제도는 무엇인가?

> 보기
>
> 조합비를 징수할 때 사용자가 노동조합의 의뢰에 의하여 급여계산 시 조합비를 일괄 공제하여 전달해 주는 방법

① 유니언 숍 ② 에이전시 숍
③ 클로즈드 숍 ④ 체크오프 제도

해설

① 유니언 숍: 기업이 근로자를 채용할 때 조합원이 아닌 자를 근로자로 채용할 수는 있지만, 일단 채용된 이후에는 일정 기간 내에 자동으로 노조에 가입하게 되는 제도
② 에이전시 숍: 채용된 근로자에 대해 특정 노동조합의 가입을 강제하지 않는 반면, 비조합원에 대해서도 조합원들의 조합비에 상당하는 일정한 금액을 정기적으로 노동조합에 납입하도록 하는 제도
③ 클로즈드 숍: 조합원 자격이 있는 근로자만 채용하고 일단 채용된 근로자도 조합원의 자격을 상실하면 근로자가 될 수 없도록 하며, 노조의 통제력(지배력)이 가장 높은 제도

06 [2021년 6회]

다음 중 [보기]에서 설명하고 있는 것은?

> 보기
>
> 정규 근로시간보다 짧은 시간을 정하여 몇 시간 동안만 일하는 방식이다.

① 파트타임제 ② 집중근무제
③ 원격근무제 ④ 파견근로제

해설

② 집중근무제: 근무시간 중 일정 시간대를 정하여 해당 시간에는 업무의 흐름이 끊어지는 것을 방지하여 업무에 몰입하게 하는 제도
③ 원격근무제: 정보, 시간 및 공간의 효율성을 높이기 위해 이동사무실, 재택근무제 등을 활용하여 개개인에게 부여되는 업무를 수행하는 근무 형태
④ 파견근로제: 파견 사업자가 근로자를 고용하는 형태

07

다음 부당노동행위의 유형 중 황견계약에 대한 설명으로 가장 적합한 것은?

① 노동조합 측으로부터의 단체협약 체결이나 기타의 단체교섭을 정당한 이유 없이 거부하거나 해태하는 행위
② 근로자가 조합원이라는 것을 이유로 그 근로자를 다른 근로자와 차별 대우하여 해고하거나 불이익을 주는 행위
③ 근로자가 노동조합을 조직 또는 운영하는 것을 지배하거나 이에 개입하는 행위와 노동조합의 운영비를 원조하는 행위
④ 고용조건으로 근로자가 노동조합에 가입하지 않을 것 또는 탈퇴할 것, 특정한 노동조합의 조합원이 될 것을 정해놓는 행위

해설

①은 단체교섭의 거부, ②는 불이익 대우, ③은 지배개입 및 경비원조에 대한 설명이다.

08 [2024년 4회]

야간·휴일 근무에 대한 설명으로 적절하지 않은 것은?

① 야간근로는 오후 12시부터 다음날 오전 8시까지 근무를 말한다.
② 사용자는 임산부와 18세 미만자를 야간 또는 휴일에 근로시키지 못한다.
③ 사용자는 18세 이상의 여성을 야간근로를 시키려면 근로자의 동의를 받아야 한다.
④ 사용자는 휴일근로한 근로자에서 8시간 이내는 통상임금의 100분의 50, 8시간을 초과한 경우는 통상임금의 100분의 100을 지급하여야 한다.

해설

야간근로는 오후 10시부터 다음날 오전 6시까지의 근로를 의미한다.

09

노동조합의 기능 중 조합원의 각종 경조사 시 부조하는 경우를 비롯해서 조합원이 질병, 재해, 노령, 사망, 실업 등으로 일시적으로나 영구적으로 노동력을 상실했을 때, 조합원의 생활 안정을 위해 준비된 조합 기금을 지급하여 상부상조하는 대내적 기능을 무엇이라고 하는가?

① 경제적 기능 ② 공제적 기능
③ 정치적 기능 ④ 문화적 기능

해설

공제적 기능에 대한 설명으로, 노동조합의 기능에는 이외에도 경제적 기능, 정치·사회적 기능이 있다.

- 경제적 기능: 근로자들의 근로조건을 유지·개선하는 데 목적을 두고 임금 인상, 노동시간 단축, 작업환경 개선 등에 대한 경제적 문제를 해결하기 위한 기능
- 정치·사회적 기능: 노동조합이 임금 및 근로조건의 개선을 위한 노사 간의 교섭과 분쟁을 조정하고 해결하기 위해서 근로자의 복지 증진을 위한 주장을 관철하기 위한 활동

10 [2020년 4회]

다음 중 노동쟁의에 대한 설명으로 적합하지 않은 것은?

① 노동쟁의는 조정, 중재 등의 조정제도가 있다.
② 사용자 측 쟁의행위로 직장폐쇄, 대체고용 등이 있다.
③ 근로자 측 쟁의행위로 파업, 태업, 보이콧 등이 있다.
④ 노동쟁의는 노동관계 당사자 간의 임금수준의 의견 불일치로만 발생한다.

해설

노동쟁의란 노동관계 당사자 간의 임금수준뿐만 아니라 근로시간, 복리후생, 채용 및 해고 등의 근로조건에 대한 의견 불일치로 발생한 분쟁 상태를 의미한다.

| 정답 | 05 ④ 06 ① 07 ④ 08 ① 09 ② 10 ④

11 [2020년 6회]

다음 중 탄력적 근로시간제에 대한 설명으로 적합하지 않은 것은?

① 취업규칙에 정하는 바에 따라 업무의 시작 및 종료의 시간을 근로자의 결정에 맡기기로 한 근로시간제를 말한다.
② 일정한 기간을 단위로, 총 근로시간이 기준 근로시간 이내인 경우 그 기간 내 어느 주 또는 어느 날의 근로시간이 기준 근로시간을 초과하더라도 연장근로가 되지 않는 근로시간제를 말한다.
③ 15세 이상 18세 미만의 근로자와 임신 중인 여성 근로자에 대해서는 적용하지 않는다.
④ 사용자는 근로자를 근로시킬 경우 기존의 임금수준이 낮아지지 않도록 임금보전 방안을 강구하여야 한다.

해설

취업규칙에 정하는 바에 따라 업무의 시작 및 종료의 시간을 근로자의 결정에 맡기기로 한 근로시간제는 선택적 근로시간제이다.

12 [2020년 4회]

다음 [보기] 중 법정휴가에 해당하는 것은?

보기

ㄱ. 연차휴가	ㄴ. 경조휴가
ㄷ. 하계휴가	ㄹ. 출산전후휴가

① ㄱ, ㄴ　　② ㄱ, ㄹ
③ ㄱ, ㄴ, ㄷ　　④ ㄱ, ㄴ, ㄹ

해설

- 법정휴가: 연차휴가, 출산전후휴가, 생리휴가
- 약정휴가: 경조휴가, 하계휴가, 포상휴가

13 [2023년 4회]

정보, 시간 및 공간의 효율성을 높이기 위해 이동사무실, 재택근무제 등을 활용하여 개개인에게 부여되는 업무를 수행하는 근무제도는 무엇인가?

① 비정규직　　② 원격근무제
③ 간주타임제　　④ 재량근무제

해설

① 비정규직: 일반적으로 정규직 근로자와 근로시간, 근로계약시간, 근로계약기간, 고용형태 등에 차이가 있는 근로자를 의미함
③ 간주타임제: 근로자가 출장, 기타의 사유로 인하여 근로시간의 전부 또는 일부를 사업장 밖에서 근로하여 근로시간 산정이 어려운 경우 근로시간에 관계없이 일정 합의 시간을 근로시간으로 함
④ 재량근무제(재량 근로시간제): 취재, 연구, 설계 및 분석, 디자인 업무 등과 같이 업무의 수행 방법이나 수단, 시간 배분 등이 근로자의 재량에 따라 결정되어 근로시간보다 성과에 의해 근무 여부를 판단할 수 있는 경우 노사 간의 합의시간을 근로시간으로 함

14

다음 노동쟁의 조정제도 중 자주적 해결을 기초로 하는 것은?

① 조정　　② 중재
③ 긴급조정　　④ 고충처리제도

해설

조정이란 제3자인 전문가를 초대하여 계약 협상 과정에서 발생하는 문제를 제거하도록 도움을 주는 것으로 자주적 해결을 기초로 하는 노동쟁의 조정제도이다.

15

다음 중 「근로기준법」에 제시된 15세 이상 18세 미만 연소 근로자의 1일 및 1주 법정 기준 근로시간(당사자와 합의 이전)으로 가장 올바른 것은?

① 6시간, 34시간　　② 7시간, 35시간
③ 8시간, 40시간　　④ 10시간, 50시간

해설

15세 이상 18세 미만인 자의 근로시간은 1일에 7시간, 1주에 35시간을 초과하지 못한다. 다만, 당사자 사이의 합의에 따라 1일에 1시간, 1주에 5시간을 한도로 연장할 수 있다.

16 [2022년 6회]

[보기]에서 설명하는 단체교섭제도로 가장 적절한 것은?

보기

전국적 혹은 지역적인 산업별 또는 직업별 노동조합 대표와 이에 대응하는 사용자 단체 대표 사이에 이루어지는 교섭방식이다.

① 공동 교섭　　② 통일 교섭
③ 대각선 교섭　　④ 기업별 교섭

해설

① 공동 교섭: 기업별 노동조합의 단위조합 또는 지부가 산업별의 상부 노동단체와 공동으로 당해 기업의 사용자 대표와 교섭하는 방식
③ 대각선 교섭: 전국적 또는 지역별·산업별 노동조합의 대표와 개별 기업의 사용자 대표 사이에 이루어지는 단체교섭방식
④ 기업별 교섭: 하나의 사업장 또는 기업을 단위로 단일 사용자와 단일 노조가 교섭하는 방식

| 정답 | 11 ① 12 ② 13 ② 14 ① 15 ② 16 ②

17 [2024년 5회]

비정규직 근로자보호법의 대상이 되는 근로자에 해당하지 않는 것은?

① 파견 근로자 ② 원격 근로자
③ 단시간 근로자 ④ 기간제 근로자

해설

비정규직 근로자보호법의 대상이 되는 근로자는 기간제 근로자, 단시간 근로자, 파견 근로자이다.

18 [2022년 3회]

단체협약의 효력으로 적절하지 않은 것은?

① 채무적 효력: 협약 당사자의 권리, 의무에 관한 조항
② 지역적 구속력: 동일 지역의 동종 근로자에 대하여 단체협약의 효력을 확대 · 적용하는 효력
③ 일반적 구속력: 단체협약의 규범적 효력을 조합 근로자에게만 확대 · 적용하는 노동조합 단위의 일반적 구속력
④ 규범적 효력: 단체협약 체결 당사자 간이 아닌 근로자와 사용자 간의 근로관계를 구속하는 효력으로 근로자의 대우 및 근로조건에 대한 강제적 효력

해설

일반적 구속력은 단체협약의 규범적 효력을 동종의 비조합 근로자에게 확대 · 적용하는 사업장 단위의 일반적 구속력이다.

19 [2023년 4회]

노사관계에 관한 설명으로 가장 적절하지 않은 것은?

① 노사관계는 노동조합과 경영자의 관계로 개별 노동자와 무관하다.
② 노사관계는 본질적으로 노동조건과 관련하여 대립적인 관계를 갖는다.
③ 노동자는 헌법상 기본권으로 단결권, 단체교섭권, 단체행동권을 가진다.
④ 현대적 노사관계는 효율적 인적자원관리를 통해 생산상의 협력 관계를 추구한다.

해설

노사관계는 노동자와 사용자 또는 노동자와 경영자의 관계를 의미한다. 이러한 관계가 확장되어 노동조합과 경영자, 노동조합의 연합체와 경영단체와의 관계로 발전되었다.

20 [2024년 3회]

[보기]는 무엇에 대한 설명인가?

> 보기
>
> 노동조합이 조합원의 노동력을 부분적으로 통제하여 근로자의 작업 수행 과정에서 작업속도를 떨어뜨리거나 조잡한 작업 수행으로 작업능률과 품질의 저하를 초래하는 행위

① 태업 ② 파업
③ 피케팅 ④ 보이콧

해설

② 파업: 노동조합을 사용자의 지배 관리로부터 분리시키며 사용자에 대한 근로자의 노동력 제공을 전면적으로 거부하는 행위
③ 피케팅: 쟁의 중 사업장 또는 공장에 대한 감시와 근로 희망자들의 출입을 저지하며, 파업 참여에 협력할 것을 호소하는 행위
④ 보이콧: 제품 구입 거절, 근로계약 거절 등의 형태로 나타나는 집단적 불매운동

21 [2019년 5회]

다음 중 [보기]에서 설명하는 것은?

> 보기
>
> 근로시간제 중 노사합의로 일정한 기간 동안 근로해야 할 총 근로시간만 정하고 각 근로일에 있어서의 근로시간과 그 시작 및 종료 시각을 근로자의 자유에 맡김으로써 효율적인 시간 활용을 통해 업무 효율을 증대시키고자 하는 제도이다.

① 탄력적 근로시간제 ② 선택적 근로시간제
③ 간주 근로시간제 ④ 재량 근로시간제

해설

선택적 근로시간제에 대한 설명으로, 매일의 출 · 퇴근시간을 근로자의 결정하에 조정할 수 있다.

22 [2019년 5회]

다음 중 전국적 또는 지역별 · 산업별 노동조합의 대표와 개별 기업의 사용자 대표 사이에 이루어지는 단체교섭방식은?

① 통일 교섭 ② 대각선 교섭
③ 기업별 교섭 ④ 집단 교섭

해설

대각선 교섭에 대한 설명으로, 지역별 노동조합이나 산업별 노동조합과 이 노동조합에 소속된 개별 기업의 사용자 간에 교섭이 이루어지는 방식이다.

| 정답 | 17 ② 18 ③ 19 ① 20 ① 21 ② 22 ②

23 [2023년 6회]

부당노동행위에 해당하지 않는 것은?

① 직장폐쇄　　② 황견계약
③ 불이익 대우　　④ 단체교섭 거부

해설

직장폐쇄는 사용자 측 쟁의행위에 해당한다.

24 [2022년 5회]

[보기]는 무엇에 대한 설명인가?

보기

직업별 조합과는 달리 동일 산업 내의 모든 노동자들로 조합원의 범위를 확장한 노동조합의 형태이다. 즉, 조합원의 범위를 확장하여 직종과 상관없이 동일 산업에서 숙련 및 미숙련 노동자 모두를 포괄하는 노동조합을 의미한다.

① 산업별 노동조합　　② 지역별 노동조합
③ 기업별 노동조합　　④ 공무원 노동조합

해설

② 지역별 노동조합: 일정 지역 내의 동일한 산업 또는 직종의 단위로 노동조합을 조직하는 것
③ 기업별 노동조합: 동일 기업에 종사하는 노동자에 의하여 조직되는 기업 내 조합
④ 공무원 노동조합: 공무원들이 자주적으로 단결하여 근로조건의 유지 및 개선, 기타 근로자의 경제·사회적 지위의 향상 도모 등을 목적으로 조직하는 단체 또는 연합체

25 [2024년 3회]

[보기]에서 설명하고 있는 노동조합의 가입 방법은 무엇인가?

보기

기업이 근로자를 채용할 때 조합원이 아닌 자를 근로자로 채용할 수는 있지만, 채용이 된 이후에는 일정 기간 내에 자동으로 노조에 가입하게 되는 제도

① 유니온 숍　　② 클로즈드 숍
③ 에이전시 숍　　④ 메인터넌스 숍

해설

② 클로즈드 숍: 조합원 자격이 있는 근로자만 채용하고 일단 채용된 근로자도 조합원의 자격을 상실하면 근로자가 될 수 없도록 하며, 노조의 통제력(지배력)이 가장 높은 제도
③ 에이전시 숍: 채용된 근로자에 대해 특정 노동조합의 가입을 강제하지 않는 반면, 비조합원에 대해서도 조합원들의 조합비에 상당하는 일정한 금액을 정기적으로 노동조합에 납입하도록 하는 제도
④ 메인터넌스 숍: 노동조합에 가입한 이후 일정 기간 동안은 노동조합원으로서 자격을 유지해야하는 제도

26 [2021년 4회]

다음 [보기]의 설명 중 노사협의제도와 관련된 내용으로 묶인 것은?

보기

㉠ 근로조건에 대한 결정권이 있는 전체 근로자가 상시 30인 이상인 경우 의무적으로 설치해야 함
㉡ 근로자의 참여의식을 높이기 위하여 위원회제도의 활용을 통한 근로자의 경영참여와 개선된 생산의 판매가치를 근거로 함
㉢ 근로자 또는 노동조합 대표가 정보 제공, 의사교환 등 경영에 영향을 주는 행위를 할 수 있으나, 최종 결정은 경영자가 행함
㉣ 근로자 또는 노동조합 대표가 기업의 최고 결정기관에 직접 참가하여 기업경영의 여러 문제를 노사 공동으로 결정하는 제도

① ㉠, ㉢　　② ㉡, ㉣
③ ㉡, ㉢　　④ ㉠, ㉣

해설

㉡은 스캔론 플랜, ㉣은 노사공동결정제도에 대한 설명이다.

27 [2024년 3회]

경영참가제도의 유형 분류 중 적절하지 않은 것은?

① 이윤 참가 – 스캔론 플랜
② 성과 참가 – 스톡옵션제도
③ 자본 참가 – 종업원지주제도
④ 의사결정 참가 – 노사협의제도

해설

• 자본 참가: 종업원지주제도, 스톡옵션제도
• 성과 참가(이윤 참가): 스캔론 플랜, 럭커 플랜
• 의사결정 참가: 노사협의제도, 노사공동결정제도

| 정답 | 23 ① 24 ① 25 ① 26 ① 27 ②

낮에 꿈꾸는 사람은
밤에만 꿈꾸는 사람에게는 찾아오지 않는
많은 것을 알고 있다.

– 에드거 앨런 포(Edgar Allan Poe)

실무 시뮬레이션

Enterprise
Resource
Planning

| 프로그램 설치 & 백데이터 복원

☑ [에듀윌 도서몰]－[도서자료실]－[부가학습자료]에서 다운로드
☑ PART 06 → 2025 핵심 ERP 프로그램 설치
☑ 백데이터 파일은 반드시 압축 해제 후 복원
☑ 오류 발생 시 플래너 뒷면의 FAQ 참고

iCUBE 핵심 ERP 프로그램 설치 방법

QR코드를 촬영해 프로그램 설치 방법을 확인하세요!

1 iCUBE 핵심 ERP 프로그램 설치 시 유의사항

아래 컴퓨터 사양보다 낮은 환경에서는 2025 핵심 ERP 프로그램을 설치할 수 없다.

설치 가능 OS	Microsoft Windows7 이상(Mac OS X, Linux 등 설치 불가)
CPU	Intel Core2Duo / i3 1.8Ghz 이상
Memory	3GB 이상
DISK	10GB 이상의 C:₩ 여유 공간

2 2025 iCUBE 핵심 ERP 설치 방법

(1) 에듀윌 도서몰(book.eduwill.net) 홈페이지에 접속한다.

(2) 로그인 후, [도서자료실]–[부가학습자료]를 클릭한다.

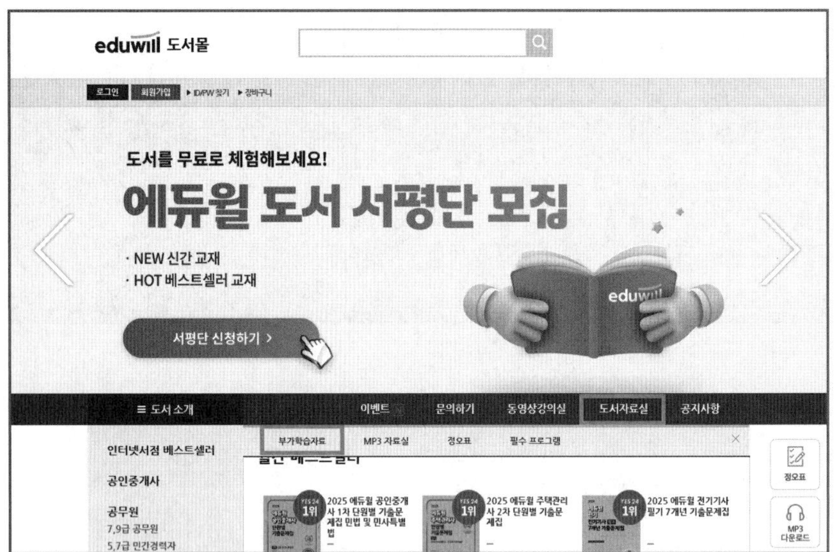

(3) 카테고리를 ERP 정보관리사로 선택한 후 검색한다.

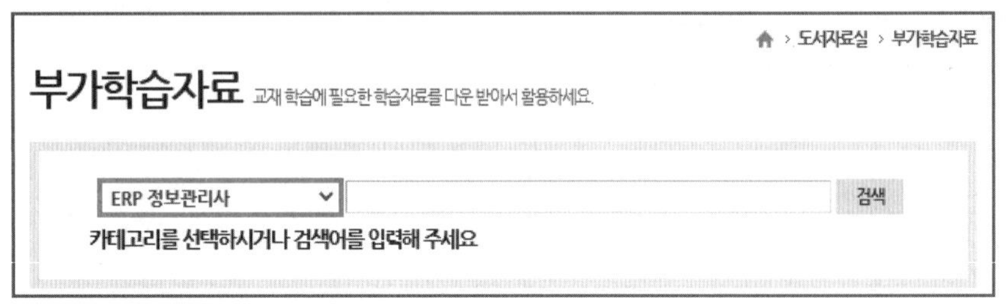

TIP

2025 버전에는 2024년 실무 백데이터가 호환되지 않으므로 PART 06 실무 시뮬레이션은 2025 버전, PART 07 최신 기출문제는 2024 버전을 다운로드하여 학습해야 한다.

(4) 2025 에듀윌 ERP 정보관리사 인사 2급 교재의 다운로드 버튼을 클릭한 후 iCUBE 핵심 ERP 프로그램을 다운로드한다.

(5) 압축된 파일을 풀고 'CoreCubeSetup.exe'를 실행한다.

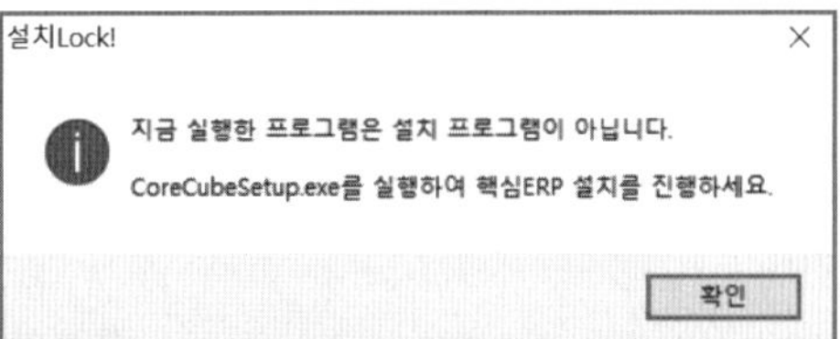

TIP
'CoreCube.exe'를 실행한 경우 '지금 실행한 프로그램은 설치 프로그램이 아닙니다'라는 창이 뜨면서 설치를 진행할 수 없다. 반드시 'CoreCubeSetup.exe'를 실행해야 한다.

(6) 설치가 진행되면 '핵심 ERP 설치 전 사양체크'가 실행된다.

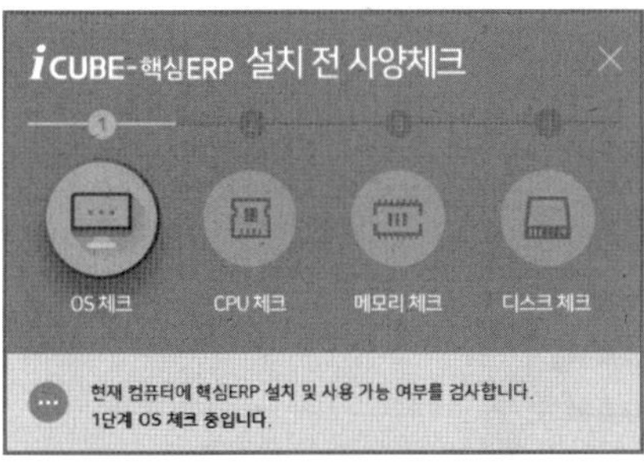

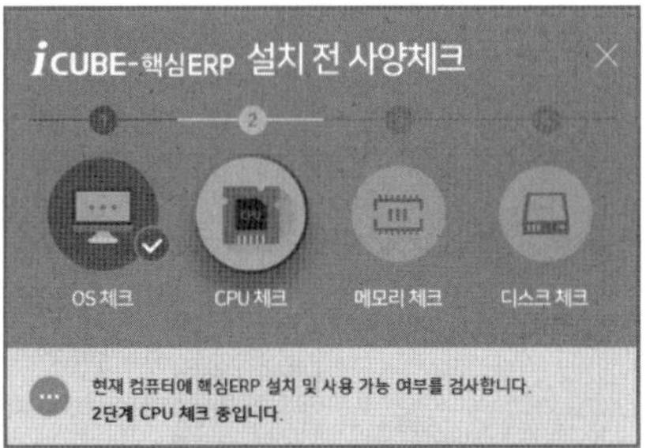

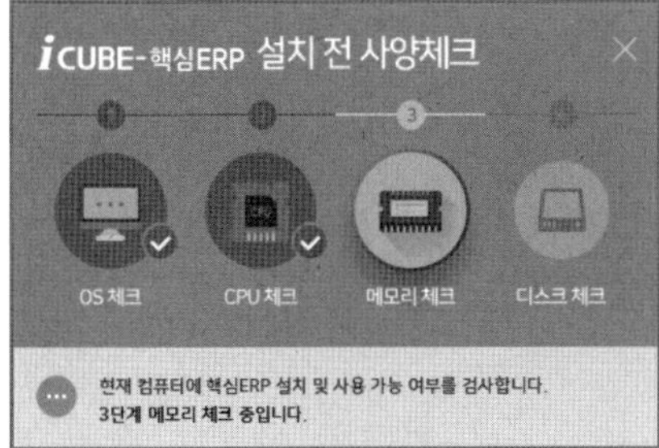

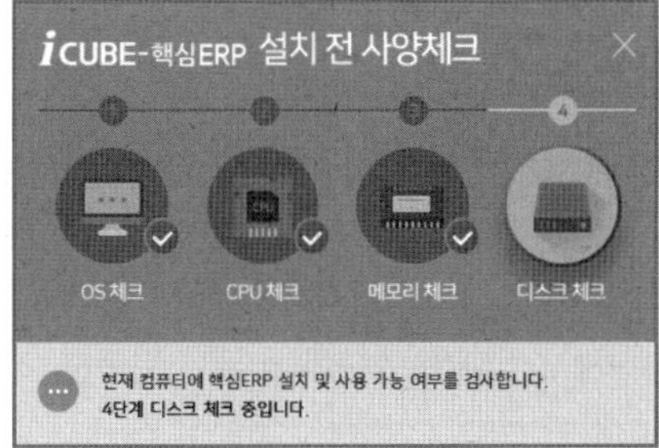

TIP
4단계에 걸쳐 현재 컴퓨터의 사양을 체크하여 핵심 ERP 설치 가능 여부를 확인한다. 4단계를 모두 충족해야만 핵심 ERP 프로그램 설치가 진행된다.

(7) 설치가 완료되면 iCUBE 핵심 ERP를 실행시켜 첫 화면에서 백데이터를 복원하거나 최초 로그인 방법인 시스템관리자로 로그인한다.

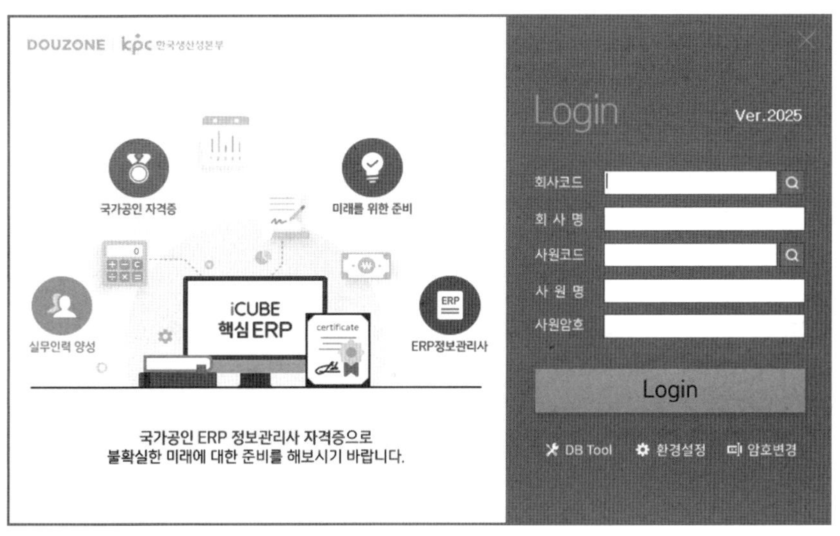

TIP
설치 중 오류 발생 시, [에듀윌 도서몰]–[도서자료실]–[부가학습자료]–ERP 정보관리사 검색 후 '핵심 ERP 프로그램 설치 매뉴얼'을 다운로드하여 확인한다.

3 2025 iCUBE 핵심 ERP 백데이터 설치 방법

(1) [에듀윌 도서몰]-[도서자료실]-[부가학습자료]-ERP 정보관리사로 검색한다.

(2) 인사 2급의 다운로드 버튼을 클릭한 후 '백데이터'를 다운로드한다.

(3) 다운로드한 백데이터는 복원 전에 반드시 압축 해제한다.

4 2025 iCUBE 핵심 ERP 백데이터 사용 방법

(1) 백데이터 복원 방법

① iCUBE 핵심 ERP 첫 화면에서 'DB Tool' 버튼을 클릭한다.

② iCUBE 핵심 ERP DB TOOL 화면에서 'DB복원'을 클릭한다.

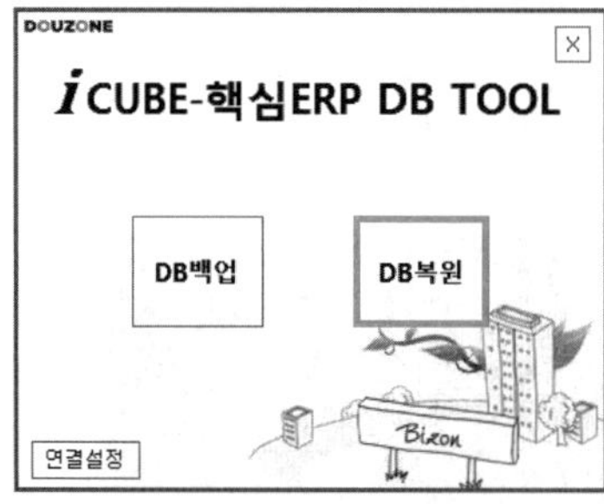

③ '기본백업폴더 복원'을 지정하여 복원하는 경우, [C:₩iCUBECORE₩iCUBECORE_DB₩BAK] 경로에 있는 백데이터가 복원된다.

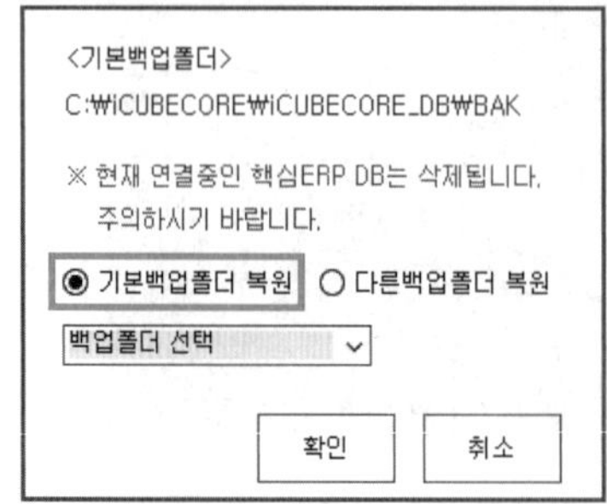

> **TIP**
> 백데이터를 복원한 후에는 p.169의 '최초 로그인 방법'으로 로그인할 수 없다. 이 경우 임의의 회사로 로그인한 후 회사등록을 하면 된다.

④ '다른백업폴더 복원'을 지정하여 복원하는 경우, '폴더 찾아보기' 창에서 복원할 폴더를 선택하고 확인을 클릭하면 지정한 폴더에 있는 백데이터가 복원된다.

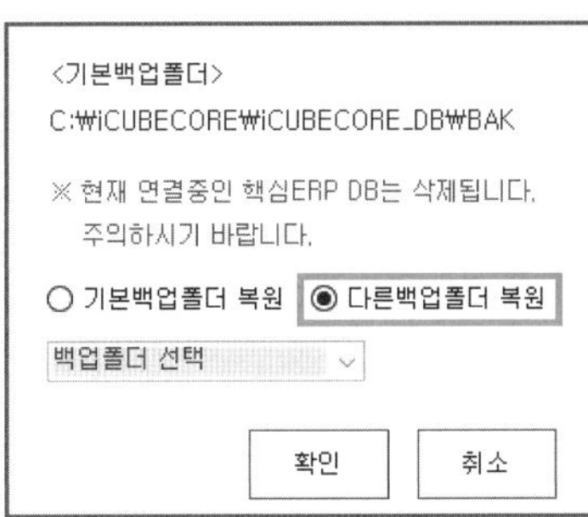

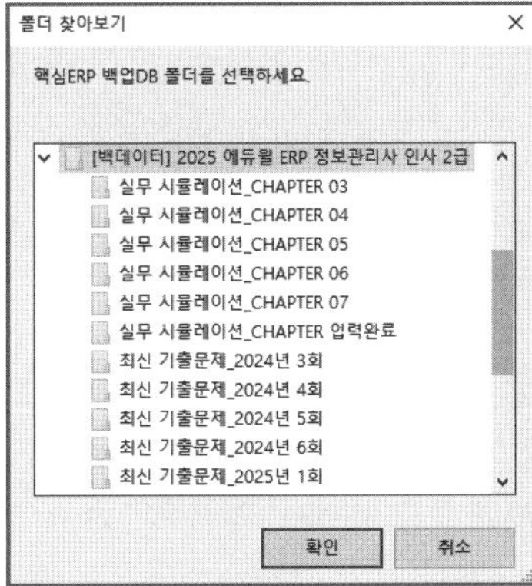

(2) 백데이터 백업 방법

① iCUBE 핵심 ERP 첫 화면에서 'DB Tool' 버튼을 클릭한다.

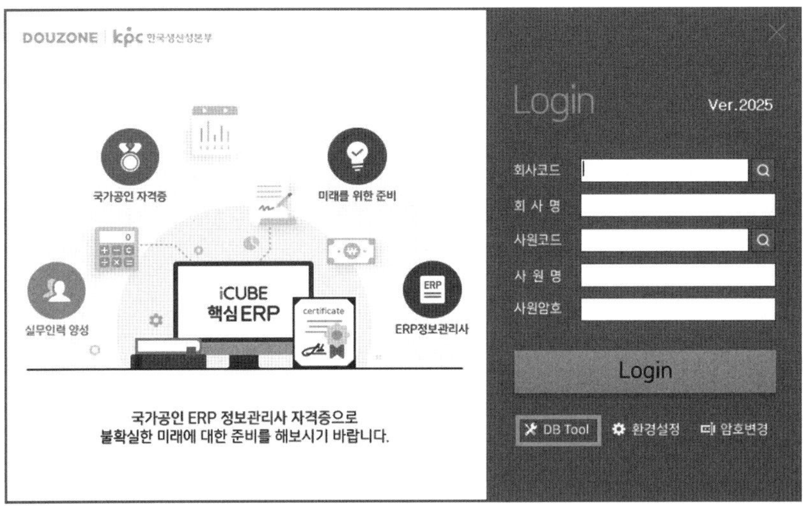

TIP

- 다운로드한 백데이터 파일을 압축 해제하지 않고 복원하는 경우 '폴더 찾아보기 창'에서 백데이터가 조회되지 않는다.
- 복원 시 현재 작업 중인 백데이터는 모두 삭제되므로 중요한 백데이터는 반드시 백업해 놓아야 한다.

② iCUBE 핵심 ERP DB TOOL 화면에서 'DB백업'을 클릭한다.

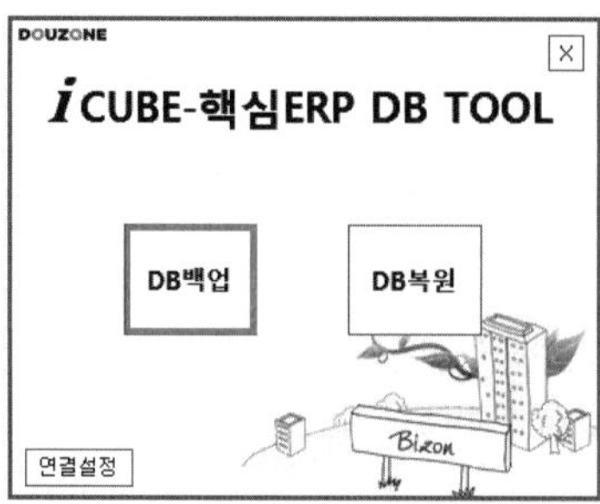

③ '기본폴더 백업'으로 백업하는 경우, [C:₩iCUBECORE₩iCUBECORE_DB₩BAK] 경로에 백업된다.

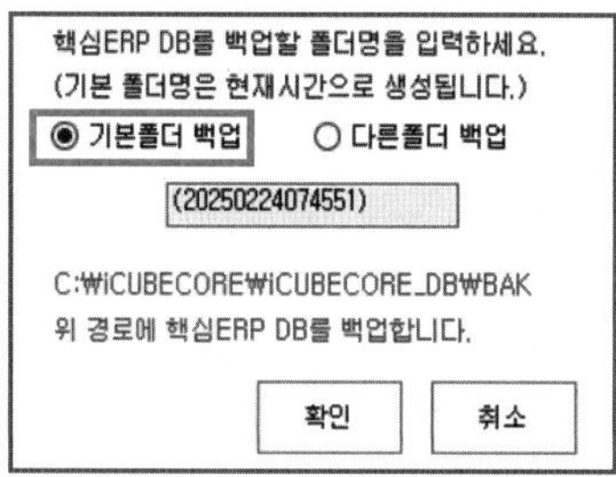

④ '다른폴더 백업'으로 백업하는 경우, '확인' 버튼을 클릭한 후 백데이터를 저장할 폴더를 직접 지정하여 백업할 수 있다.

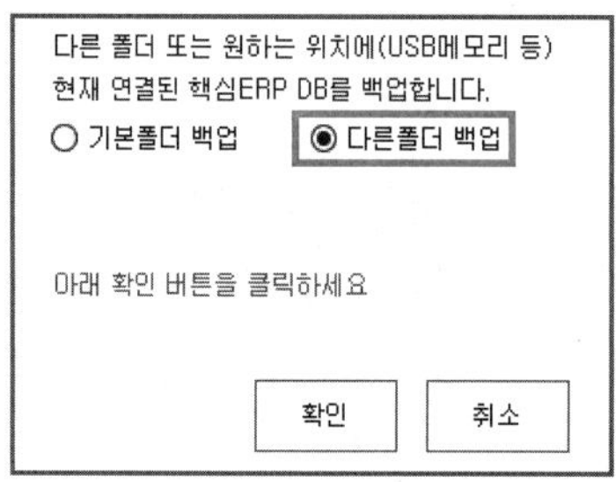

⑤ 폴더 선택 후 아래와 같이 백업 작업이 완료되면 지정한 폴더에 백데이터가 생성된 것을 확인할 수 있다.

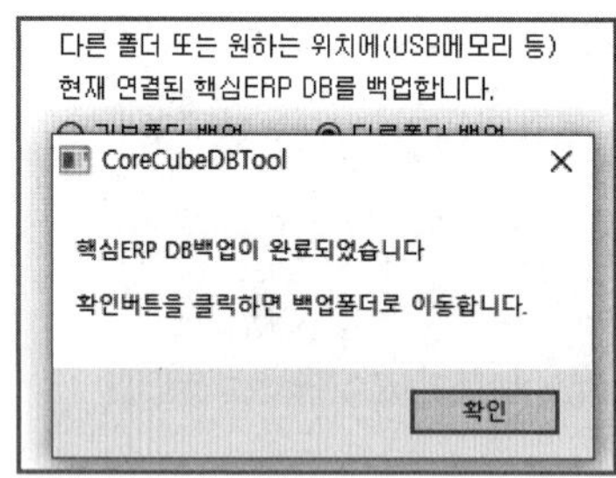

시스템관리

1 최초 로그인 방법

① 로그인 화면에서 회사코드를 '0000'으로 입력한다.
② 사원코드와 암호를 대문자 'SYSTEM'으로 입력하고 'Login' 버튼을 클릭하여 시작한다.

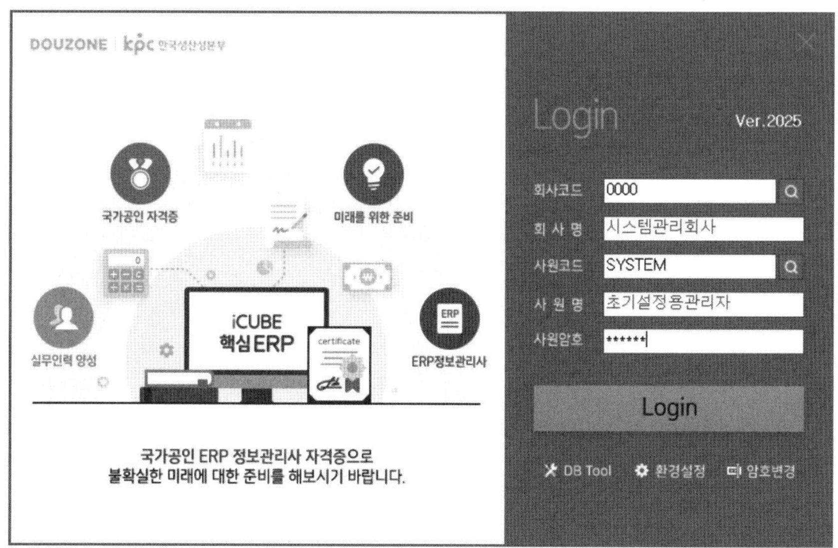

> **TIP**
> PART 06 실무 시뮬레이션은 2025 버전, PART 07 최신 기출문제는 2024 버전의 핵심 ERP 프로그램을 다운로드하여 학습해야 한다.

2 회사등록정보

(1) 회사등록

시스템관리 ▶ 회사등록정보 ▶ 회사등록

회사등록은 ERP에서 최초로 수행해야 하는 작업이다. [회사등록] 메뉴에 등록된 내용이 각종 출력물상의 회사 인적사항에 표시되며, 계산에 영향을 주기 때문에 정확하게 입력해야 한다. 회사등록 시 노란색으로 표시되는 부분은 필수 입력사항으로 반드시 입력해야 하며, 사업자등록번호와 주민등록번호가 빨간색으로 표기되는 경우 입력에 오류가 있음을 의미한다.

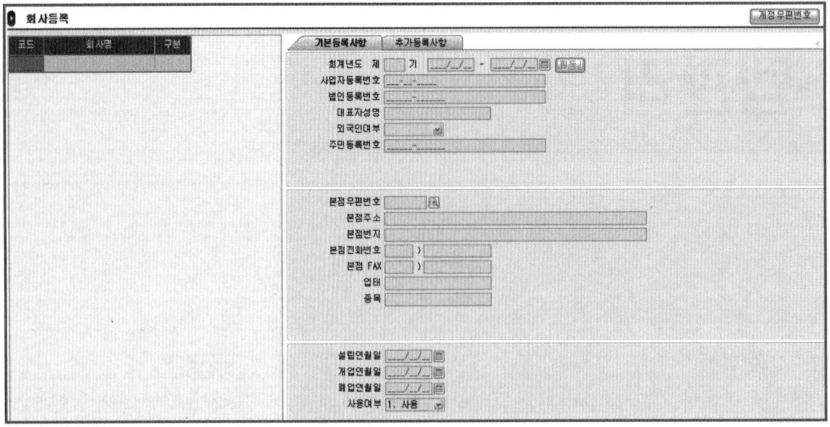

실무 연습문제 회사등록

다음 (주)채움전자의 본사 사업자등록증을 참고하여 회사등록을 하시오(회사코드는 2001번, 회계연도는 18기 2025/01/01~2025/12/31이며, 회사설립연월일과 개업연월일은 동일함).

사업자등록증
(법인사업자)
등록번호: 119-86-55012

법인명(단체명): (주)채움전자
대　　표　　자: 한두희(701010-1245917)
개 업 연 월 일: 2008년 1월 10일
법인등록번호: 110401-0100010
사업장소재지: 서울특별시 영등포구 국회대로 553
본 점 소 재 지: 서울특별시 영등포구 국회대로 553
사 업 의　종 류: [업태] 제조　[종목] 전자제품
교　부　사　유: 신규

2008년 1월 10일
영등포세무서장 (인)

정답

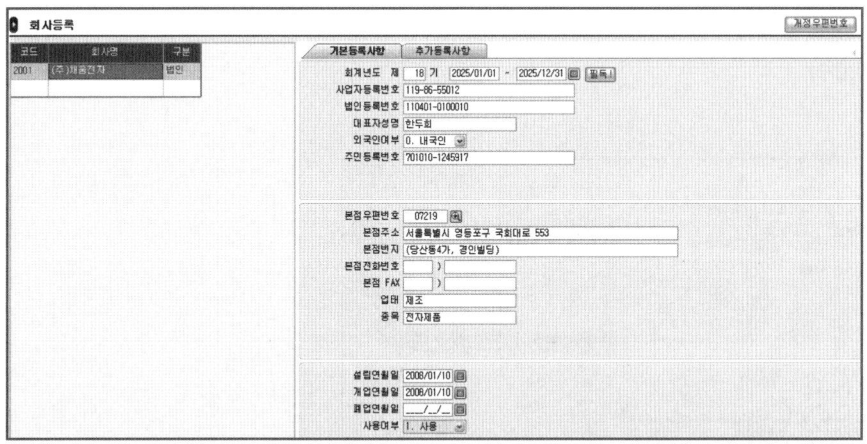

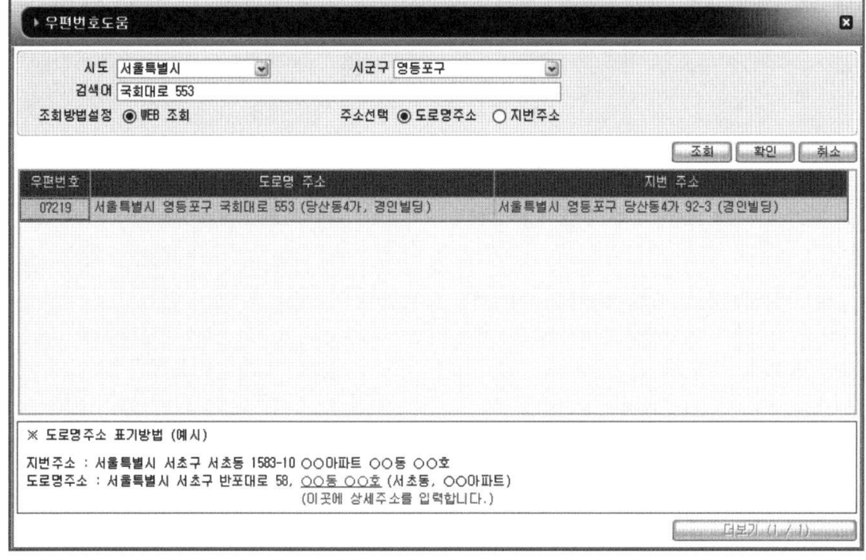

TIP

- 본점 우편번호는 코드를 입력하지 않은 상태로 돋보기 모양 을 클릭하여 '우편번호 도움' 창에서 해당 주소를 조회하여 입력한다. 주소가 업데이트되어 조회되지 않을 경우 직접 입력한다.
- 사업자등록증상의 내용을 모두 입력한 후 맨 아래까지 Enter를 누른다.
- 회사를 등록한 후에는 최초 로그인했던 0000.시스템관리회사로 로그인할 수 없다.
- 돋보기 모양 이 있는 경우 빈칸에 커서를 두고 F2를 눌러 도움창을 조회할 수 있다.

(2) 사업장등록

ERP 메뉴 찾아가기

재로그인 ▶ 시스템관리 ▶ 회사등록정보 ▶ 사업장등록

회사등록 후 등록한 회사로 재로그인하여 사업장을 등록한다(회사코드: 2001, 회사명: (주)채움전자, 사원코드: SYSTEM, 사원암호: SYSTEM).

「부가가치세법」상 사업장은 각각의 독립된 하나의 과세단위가 되며, 이는 재화나 용역을 공급받는 사업장을 중심으로 납세의무를 이행하도록 하여 탈루를 방지하고 납세관리를 용이하게 하기 위함이다. ERP 프로그램에서 사업장등록을 함으로써 각 사업장별로 회계처리와 부가가치세신고를 할 수 있다. 사업자등록증의 개수만큼 사업장등록을 하며, 주사업장과 총괄사업장을 등록할 수 있다.

실무 연습문제 사업장등록 – 관할세무서 등록

앞의 사업자등록증을 참고하여 사업장등록 화면에서 관할세무서를 지정하시오(사업장코드는 1000번이며, 이행상황신고구분은 0.월별임).

정답

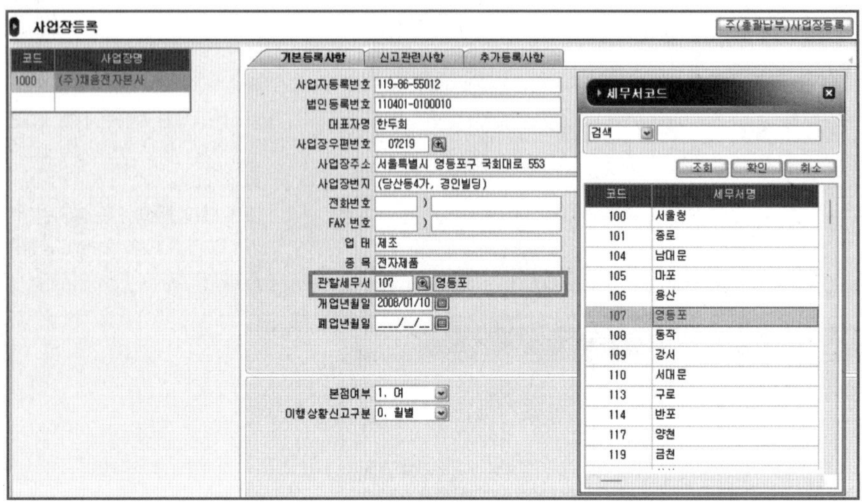

① 주사업장 총괄납부

- 「부가가치세법」상 신고 · 납부는 각 사업장별 신고 · 납부가 원칙이나, 사업자가 2개 이상의 사업장을 가지고 있는 경우에는 사업자의 신고에 의해 납부(환급)세액을 합산하고 주된 사업장에서 총괄하여 납부가 가능하다.
- 신고는 각 사업장별로 하며 납부(환급)만 총괄하여 관리할 수 있다.

실무 연습문제 사업장등록 – 지점등록

다음 (주)채움전자 천안지점의 사업자등록증을 참고하여 사업장등록을 하시오(사업장코드는 본사 – 1000번, 천안지점 – 2000번으로 하고, 본사에 부가가치세 총괄납부 신청을 하였다).

⊕ 기출 유형 파악하기
24년 4회 1번 | p.298

부가가치세 총괄납부승인번호	20201235		
원천징수이행상황신고 구분	0.월별	본 · 지점의 전자신고 ID	1234567
본사 주업종코드	232201(제조업)	천안지점 주업종코드	322001(제조업)
본사 지방세신고지 (행정동)	영등포구청 (1156053500)	천안지점 지방세신고지 (행정동)	천안시 동남구청 (4413157000)
본사 지방세신고지 (법정동)	서울특별시 영등포구 (1156000000)	천안지점 지방세신고지 (법정동)	충청남도 천안시 동남구 (4413100000)

사업자등록증
(법인사업자)
등록번호: 504-81-23635

법인명(단체명): (주)채움전자 천안지점
대 표 자: 한두희(701010-1245917)
개 업 연 월 일: 2008년 1월 10일
법인등록번호: 110111-3089112
사업장소재지: 충청남도 천안시 동남구 신방통정로 2
본 점 소 재 지: 충청남도 천안시 동남구 신방통정로 2
사 업 의 종 류: [업태] 제조 [종목] 전자제품
교 부 사 유: 신규

2008년 1월 10일
천안세무서장 (인)

정답

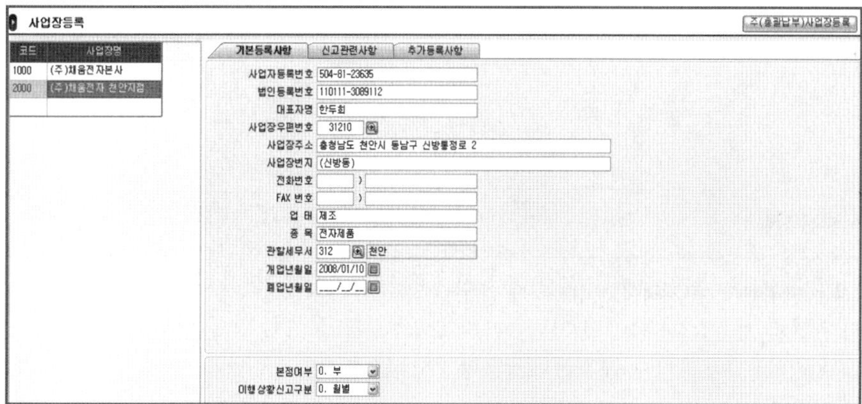

• 우측 상단의 '주(총괄납부)사업장등록' 버튼을 클릭하여 주(총괄납부)사업장등록에 본사 사업장코드, 승인번호를 입력하고 종사업장등록에 본사와 천안지점을 입력한다.

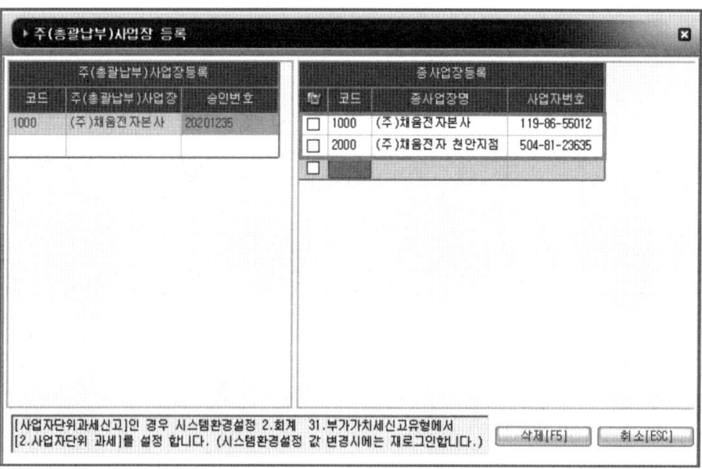

• '본사, 천안지점' 각각 '신고관련사항' 탭에 주어진 전자신고 ID, 주업종코드, 지방세신고지를 입력한다.

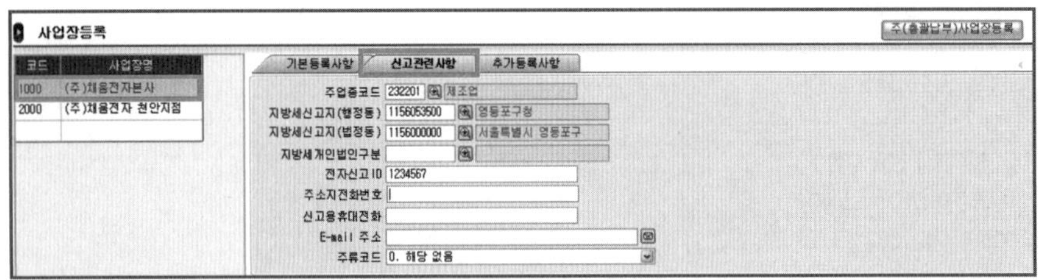

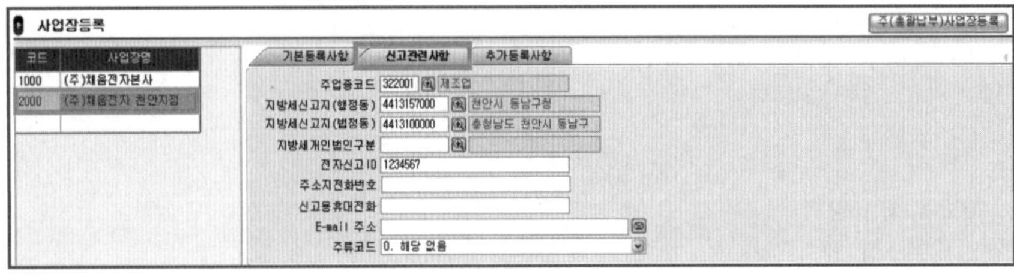

② **사업자단위 과세제도:** 사업자가 2개 이상의 사업장을 가지고 있는 경우 사업자의 신고에 의해 본점 또는 주사무소에서 부가가치를 총괄 신고·납부하여 경정 세금계산서 교부가 가능하다.

(3) 부문과 부서등록

ERP 메뉴 찾아가기

시스템관리 ▶ 회사등록정보 ▶ 부서등록

부서란 회사의 조직 내의 작업을 하는 단위로서, 구체적이고 상세하게 나눈 조직체계를 의미한다. 회사는 업무 영역에 따라 총무부, 경리부, 관리부, 인사부, 생산부 등의 부서를 구분하여 관리하며, 각 부서 단위의 관리업무가 존재한다. 부문은 부서의 총괄 개념으로 부서등록을 하기 전에 먼저 부문등록을 입력한다.

실무 연습문제 부문과 부서등록

다음의 내용을 바탕으로 (주)채움전자의 부문과 부서를 등록하시오.

⊕ 기출 유형 파악하기
24년 6회 2번 | p.284

부문코드	부문명	사용기간
1000	관리부문	2025/01/01~
2000	영업부문	2025/01/01~
3000	자재부문	2025/01/01~
4000	생산부문	2025/01/01~

부서코드	부서명	사업장코드	사업장명	부문코드	부문명	사용기간
1100	임원실	1000	(주)채움전자본사	1000	관리부문	2025/01/01
1200	관리부	1000	(주)채움전자본사	1000	관리부문	2025/01/01
2100	영업1부	1000	(주)채움전자본사	2000	영업부문	2025/01/01
2200	영업2부	1000	(주)채움전자본사	2000	영업부문	2025/01/01~ 2027/12/31
3100	자재부	2000	(주)채움전자 천안지점	3000	자재부문	2025/01/01
4100	생산부	2000	(주)채움전자 천안지점	4000	생산부문	2025/01/01

정답

[부서등록] 메뉴 우측 상단의 '부문등록' 버튼을 클릭하여 (주)채움전자의 부문을 먼저 등록하고 각 부서를 등록한다.

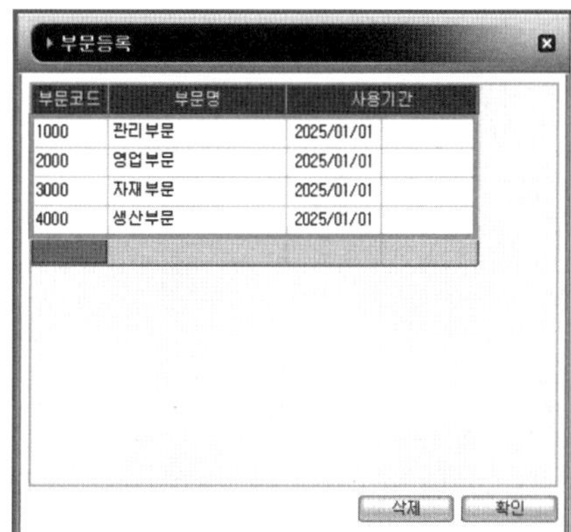

부문등록

부문코드	부문명	사용기간	
1000	관리부문	2025/01/01	
2000	영업부문	2025/01/01	
3000	자재부문	2025/01/01	
4000	생산부문	2025/01/01	

부서등록

부서코드	부서명	사업장코드	사업장명	부문코드	부문명	사용기간	사용기간
1100	임원실	1000	(주)채움전자본사	1000	관리부문	2025/01/01	
1200	관리부	1000	(주)채움전자본사	1000	관리부문	2025/01/01	
2100	영업1부	1000	(주)채움전자본사	2000	영업부문	2025/01/01	
2200	영업2부	1000	(주)채움전자본사	2000	영업부문	2025/01/01	2027/12/31
3100	자재부	2000	(주)채움전자 천안···	3000	자재부문	2025/01/01	
4100	생산부	2000	(주)채움전자 천안···	4000	생산부문	2025/01/01	

(4) 사원등록

ERP 메뉴 찾아가기

시스템관리 ▶ 회사등록정보 ▶ 사원등록

사원이란 회사 업무를 수행하는 가장 기본적인 단위이다. [사원등록] 메뉴는 사원에게 입력방식 등의 권한을 부여하는 메뉴로, 등록한 내용은 [인사정보등록] 메뉴와 연동된다.
회사에 소속된 모든 사원을 등록하고 ERP를 사용하지 않는 사원의 경우에도 사원등록을 하며 '사용자 여부'를 '0.부'로 입력한다. ERP 시스템을 사용하는 사용자라도 자료의 입력 및 조회 범위를 회사 전체로 지정할 것인지, 사업장 단위, 부서 단위, 사원 단위로 지정할 것인지 결정해야 한다. 또한 전표 구분을 미결, 승인, 수정으로 나누어 사용자권한을 설정한다.

① 회계 입력방식

구분	내용
0.미결	• 회계 모듈에서 전표입력 시 자동으로 미결전표 생성 • 승인권자의 승인이 필요하며 장부기록은 되지 않음
1.승인	• 회계 모듈에서 전표입력 시 자동으로 승인전표 생성 • 전표를 수정 및 삭제하려면 승인 해제 후 수정 가능
2.수정	• 회계 모듈에서 전표입력 시 자동으로 승인전표 생성 • 승인 해제를 하지 않아도 전표의 수정 및 삭제 가능

② 조회권한

구분	내용
미사용	ERP 로그인이 불가능하며, 접근이 통제됨
1.회사	회사 모든 데이터의 입력 및 조회 가능
2.사업장	로그인한 사원이 속한 사업장의 데이터만 입력 및 조회 가능
3.부서	로그인한 사원이 속한 부서의 데이터만 입력 및 조회 가능
4.사원	로그인한 사원 자신의 정보만 입력 및 조회 가능

실무 연습문제 사원등록

다음 내용을 바탕으로 (주)채움전자의 사원등록 정보를 입력하시오(화면 상단의 부서란은 공란으로 두고 입력할 것).

사원코드	사원명	부서명	입사일	사용자 여부	인사 입력방식	회계 입력방식	조회 권한	품의서 권한	검수조서 권한
2009001	한두희	임원실	2009/01/01	여	승인	승인	회사	미결	미결
2009002	배문주	관리부	2009/01/01	여	승인	수정	회사	미결	미결
2009003	손명희	영업1부	2009/01/01	여	승인	승인	회사	승인	미결
2009004	김소연	영업2부	2009/02/01	여	미결	미결	사업장	승인	미결
2009005	최동인	자재부	2009/03/01	여	미결	미결	사업장	승인	미결
2010001	정진수	생산부	2010/01/01	부	미결	미결	미사용	미결	미결
2010002	김동진	생산부	2010/02/01	여	승인	승인	회사	승인	미결

정답

사원등록

부서 [ ] - [ ] 사원명검색 [ ] ☐ 사용자만

사원코드	사원명	사원명(영문)	부서코드	부서명	입사일	퇴사일	사용자여부	암호	인사입력방식	회계입력방식	조회권한	품의서권한	검수조서권한	비상연락망
2009001	한두희		1100	임원실	2009/01/01		여		승인	승인	회사	미결	미결	
2009002	배문주		1200	관리부	2009/01/01		여		승인	수정	회사	미결	미결	
2009003	손명희		2100	영업1부	2009/01/01		여		승인	승인	회사	승인	미결	
2009004	김소연		2200	영업2부	2009/02/01		여		미결	미결	사업장	승인	미결	
2009005	최동인		3100	자재부	2009/03/01		여		미결	미결	사업장	승인	미결	
2010001	정진수		4100	생산부	2010/01/01		부		미결	미결	미사용	미결	미결	
2010002	김동진		4100	생산부	2010/02/01		여		승인	승인	회사	승인	미결	

(5) 시스템환경설정

ERP 메뉴 찾아가기

시스템관리 ▸ 회사등록정보 ▸ 시스템환경설정

시스템환경설정은 ERP 시스템을 사용하기 전에 회사의 상황에 맞도록 각 모듈 및 공통적인 부문의 옵션(파라미터)을 설정하는 메뉴이다. 시스템환경설정은 추후 ERP 운용 프로세스에도 영향을 미치기 때문에 신중하게 선택해야 하며, 시스템환경설정을 변경한 후 이를 적용하기 위해서는 반드시 재로그인을 하여야 한다.

⊕ 기출 유형 파악하기

24년 5회 1번 | p.291

TIP

부서명과 같이 기 입력된 자료를 선택할 때 코드란에서 F2를 누른 후 코드도움 창에서 해당 자료를 선택하거나 코드란에 내용을 입력한 후 Enter를 누른다.

TIP

사원등록 후에는 사원코드 변경이 불가능하다. 사원등록 후 사원코드를 변경해야 하는 경우 상단의 [삭제(F5)]를 클릭하여 삭제한 후 재등록한다.

시스템환경설정

조회구분 0. 전체 환경요소

구분	코드	환경요소명	유형구분	유형설정	선택범위	비고
공통	01	본지점회계여부	여부	0	0.미사용1.사용	
공통	02	수량소숫점자리수	자리수	2	선택범위:0~6	
공통	03	원화단가소숫점자리수	자리수	2	선택범위:0~6	
공통	04	외화단가소숫점자리수	자리수	2	선택범위:0~6	
공통	05	비율소숫점자리수	자리수	3	선택범위:0~6	
공통	06	금액소숫점자리수	자리수	0	선택범위:0~4	
공통	07	외화소숫점자리수	자리수	2	선택범위:0~4	
공통	08	환율소숫점자리수	자리수	3	선택범위:0~6	
공통	10	끝전 단수처리 유형	유형	1	0.반올림, 1.절사, 2 절상	
공통	11	비율%표시여부	여부	0	여:1 부:0	
공통	14	거래처코드도움창	유형		0. 표준코드도움 1.대용량코드도움	
회계	20	예산통제구분	유형	0	0.결의부서 1.사용부서 2.프로젝트	
회계	21	예산관리여부	여부	0	여:1 부:0	
회계	22	입출금전표사용여부	여부	1	여:1 부:0	
회계	23	예산관리개시월	유형	01	예산개시월:01~12	
회계	24	거래처등록보조화면사용	여부	1	여:1 부:0	
회계	25	거래처코드자동부여	여부	0	0-사용않함, 3~10-자동부여자리수	
회계	26	자산코드자동부여	여부	0	여:1 부:0	
회계	27	전표출력기본양식	유형	1	전표출력기본양식 1~15	
회계	28	다국어재무제표 사용	유형	0	0.사용안함 1.영어 2.일본어 3.중국어	
회계	29	등록자산상각방법	유형	2	1.상각안함 2.월할상각 3.반년법상각	
회계	30	처분자산상각방법	유형	2	1.상각안함 2.월할상각	
회계	31	부가가치세 신고유형	유형	0	0.사업장별 신고 1.사업자단위 신고(폐…	
회계	32	전표입력 품의내역검색 조회…	여부	0	0-사용자 조회권한 적용,1-미적용	
회계	34	전표복사사용여부	여부	0	0.미사용1.사용	
회계	35	금융CMS연동	유형	88	00.일반,03.기업,05.KEB하나(구.외환 CM…	

① 공통

코드	환경요소명	내용
01	본지점회계여부	본점과 지점 간 재무상태표와 손익계산서, 결산을 따로 관리할 것인지에 대한 여부를 결정한다.
02~08	소숫점자리수	전 모듈에서 공통적으로 사용될 수량, 원화단가, 외화단가, 비율, 금액, 외화, 환율의 소숫점자리수를 설정한다.
10	끝전 단수처리 유형	끝자리 수를 0.반올림, 1.절사, 2.절상의 유형으로 선택한다.
11	비율 '%'표시여부	• 비율 표시에 %를 사용할지의 여부를 선택한다. • 전 모듈에 설정된다.

② 회계

코드	환경요소명	내용
20	예산통제구분	• 예산통제를 사용할 경우에 선택한다. • 0.결의부서: 전표를 입력하는 부서별로 예산을 통제하는 경우에 사용한다. 즉, 전표입력부서와 전표통제부서가 동일하다. • 1.사용부서: 계정과목의 관리항목별 사용부서를 설정한 후 해당 사용부서로 통제할 경우에 사용한다. • 2.프로젝트: 프로젝트를 설정한 후 프로젝트별 통제 시 사용한다.
21	예산관리여부	예산통제를 할 경우에는 '1.여', 통제를 하지 않을 경우에는 '0.부'를 선택한다.
22	입출금전표사용여부	전표입력을 할 때 입금, 출금전표를 사용할 경우에는 '1.여', 대체전표만 사용할 경우에는 '0.부'를 선택한다.
23	예산관리개시월	예산통제를 하려는 시작 월을 입력한다.

본지점회계여부

사업장별로 데이터를 저장하고 등록된 사업장의 데이터를 통합하여 조회할 수 있다. 전표입력에서 로그인한 사원이 소속된 사업장에 따라 회계단위가 선택된다. 회계 관련 전 메뉴에서 회계단위를 변경하여 입력, 조회할 수 있으며, 복수사업장의 경우 부가가치세 신고 및 세무신고를 위해 사업장을 복수로 등록하고 부서 및 사원을 해당 사업장 소속으로 등록하게 된다.

24	거래처등록 보조화면사용	• 1.여: 전표입력 시 거래처코드에서 + 또는 00000을 입력하면 거래처등록 화면이 나와서 전표입력에서 신규거래처를 등록할 수 있다. • 0.부: 전표입력에서 거래처등록을 할 수 없다. 즉, 기초정보관리의 거래처등록에서만 가능하다.
25	거래처코드자동부여	• 0.사용안함: 사용자가 코드를 직접 입력한다. • 3~10 자동부여자리수: 거래처 등록 시 자동으로 코드번호가 부여된다.
26	자산코드자동부여	• 1.여: 고정자산 등록 시 자동으로 코드번호가 부여된다. • 0.부: 사용자가 코드를 직접 입력한다.
27	전표출력기본양식	프로그램이 지원하는 전표양식 중 기본으로 사용할 양식을 선택한다.
28	다국어재무제표 사용	재무제표를 0.사용안함, 1.영어, 2.일본어, 3.중국어로 사용할 수 있다.
29	등록자산상각방법	보유하고 있는 자산의 상각방법을 선택할 수 있다.
30	처분자산상각방법	처분하는 자산의 상각방법을 선택할 수 있다.
31	부가가치세 신고유형	0.사업장별 신고, 2.사업자단위 과세 중 부가가치세 신고유형을 선택한다.

실무 연습문제 시스템환경설정

(주)채움전자의 ERP 시스템에 다음의 조건으로 시스템환경설정을 하시오.

조회구분	코드	환경요소명	선택범위
공통	01	본지점회계여부	미사용
공통	06	금액소숫점자리수	0
회계	25	거래처코드자동부여	사용안함
회계	29	등록자산상각방법	월할상각
인사	02	더존 SMART연말정산 사용여부	사용

정답

시스템환경설정

조회구분 1. 공통 환경요소

구분	코드	환경요소명	유형구분	유형설정	선택범위	비고
공통	01	본지점회계여부	여부	0	0.미사용1.사용	
공통	02	수량소숫점자리수	자리수	2	선택범위:0~6	
공통	03	원화단가소숫점자리수	자리수	2	선택범위:0~6	
공통	04	외화단가소숫점자리수	자리수	2	선택범위:0~6	
공통	05	비율소숫점자리수	자리수	3	선택범위:0~6	
공통	06	금액소숫점자리수	자리수	0	선택범위:0~4	
공통	07	외화소숫점자리수	자리수	2	선택범위:0~4	
공통	08	환율소숫점자리수	자리수	3	선택범위:0~6	
공통	10	끝전 단수처리 유형	유형	1	0.반올림, 1.절사, 2 절상	
공통	11	비율%표시여부	여부	0	여:1 부:0	
공통	14	거래처코드도움창	유형		0. 표준코드도움 1.대용량코드도움	

이론

실무 시뮬레이션

최신 기출문제

시스템환경설정

조회구분 2. 회계 환경요소

구분	코드	환경요소명	유형구분	유형설정	선택범위	비고
회계	20	예산통제구분	유형	0	0.결의부서 1.사용부서 2.프로젝트	
회계	21	예산관리여부	여부	0	여:1 부:0	
회계	22	입출금전표사용여부	여부	1	여:1 부:0	
회계	23	예산관리개시월	유형	01	예산개시월:01-12	
회계	24	거래처등록보조화면사용	여부	1	여:1 부:0	
회계	25	거래처코드자동부여	여부	0	0-사용않함, 3-10-자동부여자리수	
회계	26	자산코드자동부여	여부	0	여:1 부:0	
회계	27	전표출력기본양식	유형	1	전표출력기본양식 1-15	
회계	28	다국어재무제표 사용	유형	0	0.사용안함 1.영어 2.일본어 3.중국어	
회계	29	등록자산상각방법	유형	2	1.상각안함 2.월할상각 3.반년법상각	
회계	30	처분자산상각방법	유형	2	1.상각안함 2.월할상각	
회계	31	부가가치세 신고유형	유형	0	0.사업장별 신고 1.사업자단위 신고(폐지) 2.사업자단위 과세	
회계	32	전표입력 품의내역검색 조회…	여부	0	0-사용자 조회권한 적용,1-미적용	
회계	34	전표복사사용여부	여부	0	0.미사용1.사용	
회계	35	금융CMS연동	유형	88	00.일반,03.기업,05.KEB하나(구.외환 CMS플러스),06.국민,11.…	
회계	37	거래처코드자동부여 코드값…	유형	0	0 - 최대값 채번, 1 - 최소값 채번	
회계	39	고정자산 비망가액 존재여부	여부	1	여:1 부:0	
회계	41	고정자산 상각완료 시점까지…	여부	0	1.여 0.부	
회계	45	거래처등록의 [프로젝트/부…	유형	2	0.적용안함, 1.[빠른부가세]입력만 적용, 2.[빠른부가세+분개…	

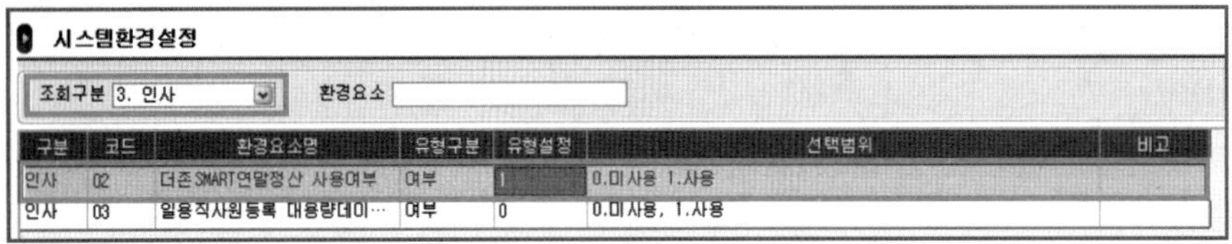

시스템환경설정

조회구분 3. 인사 환경요소

구분	코드	환경요소명	유형구분	유형설정	선택범위	비고
인사	02	더존SMART연말정산 사용여부	여부	1	0.미사용 1.사용	
인사	03	일용직사원등록 대용량데이…	여부	0	0.미사용, 1.사용	

(6) 사용자권한설정

시스템관리 ▶ 회사등록정보 ▶ 사용자권한설정

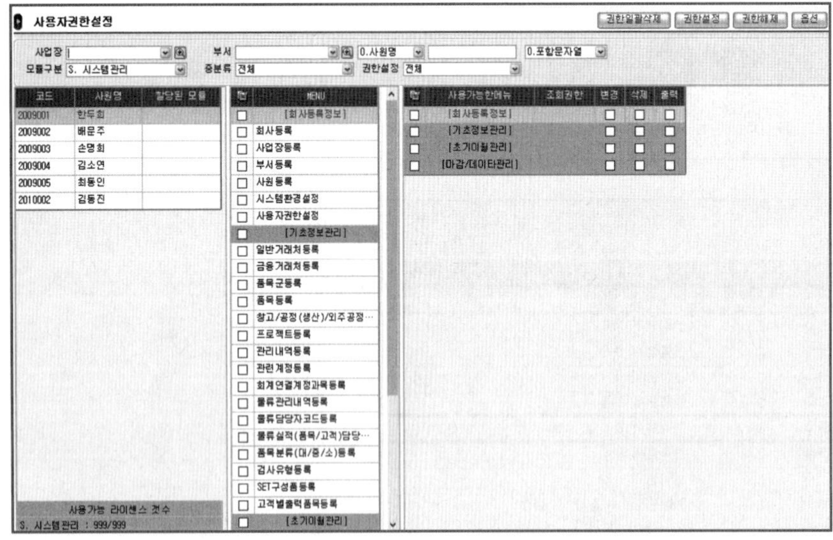

[사용자권한설정] 메뉴는 ERP 사용자들의 권한을 설정하는 메뉴이다. 사원등록에서 등록한 입력방식과 조회권한을 토대로 접근 가능한 메뉴별로 세부권한을 부여하며, 사용자별로 권한설정이 선행되어야 한다.

① 변경: 해당 메뉴에 내용을 입력 및 수정할 수 있다.
② 삭제: 해당 메뉴에 조회된 내용을 삭제할 수 있다.
③ 출력: 해당 메뉴에 조회된 내용을 출력할 수 있다.

실무 연습문제 사용자권한설정

(주)채움전자의 업무영역을 고려하여 사원별로 사용권한을 부여하시오.

사원코드	사원명	시스템	영업	구매/자재	무역	생산	인사/급여	회계	원가
2009001	한두희	전권	전권	전권	전권	전권	전권	전권	전권
2009002	배문주	전권	전권	전권	전권	전권	전권	전권	전권
2009003	손명희	–	–	전권	전권	전권	전권	–	–
2009004	김소연	–	전권	전권	전권	전권	전권	전권	전권
2009005	최동인	–	전권	전권	전권	전권	전권	전권	전권
2010001	정진수	–	–	–	–	–	–	–	–
2010002	김동진	–	–	전권	전권	전권	전권	–	–

기출 유형 파악하기
24년 6회 3번 | p.284

정답

• 한두희의 권한설정: '모듈구분: S.시스템관리' 선택 → 사원명 선택 → MENU 선택 → '권한설정' 버튼을 클릭하여 조회권한을 회사로 선택한 후 '확인' 버튼을 누른다. '모듈구분: B.영업관리～C.원가관리'까지 동일한 방법으로 설정한다.

TIP
MENU 선택 시 표의 왼쪽 상단에 있는 ☑ 표시를 클릭하면 전체 항목이 선택된다.

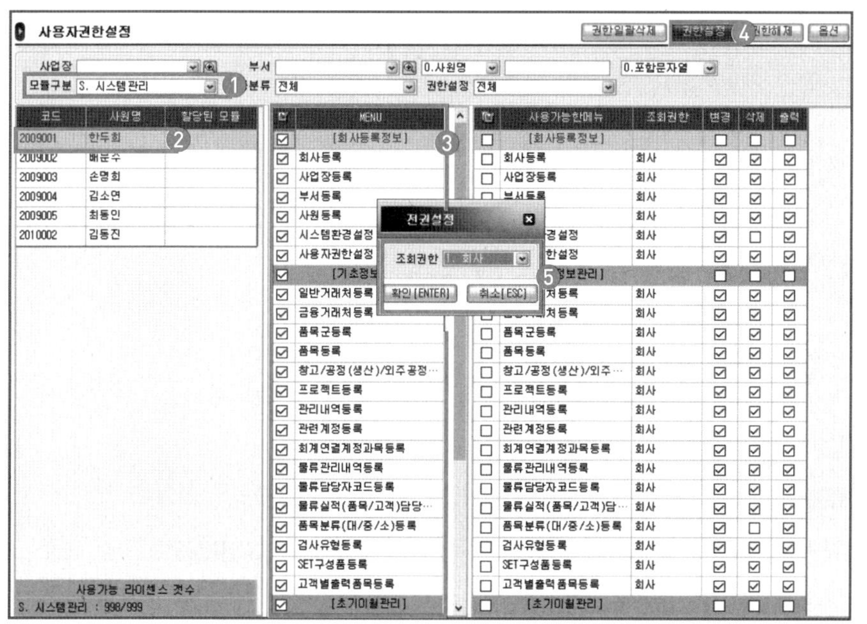

이론
실무 시뮬레이션
최신 기출문제

• 한두희의 권한 복사: 한두희 사원 클릭 → 마우스 오른쪽 버튼 클릭 → 권한 복사를 클릭한다.

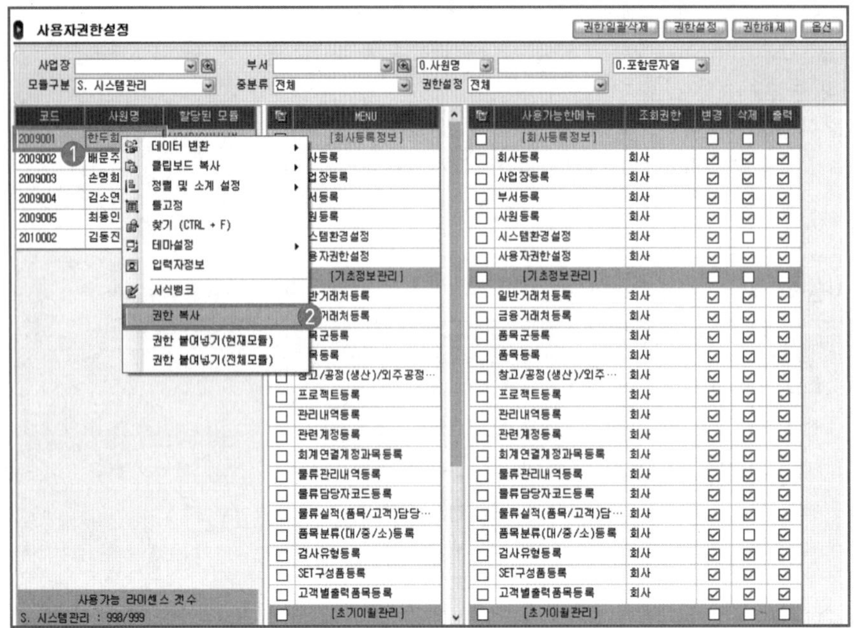

• 배문주에 권한 붙여넣기: 배문주 사원 클릭 → 마우스 오른쪽 버튼 클릭 → 권한 붙여넣기(전체모듈)를 클릭한 후 확인한다.

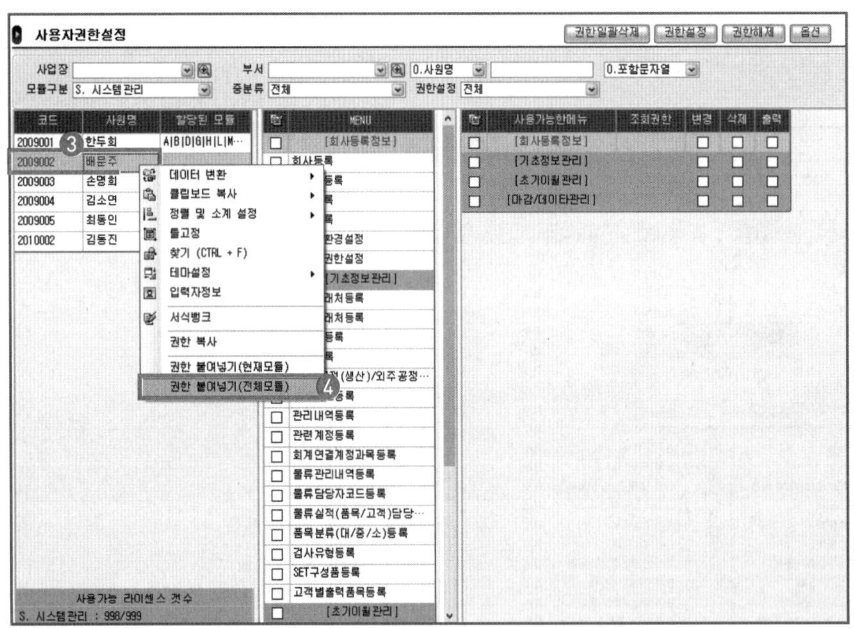

• 손명희 사원의 권한설정 후 권한 복사 → 권한이 동일한 김동진 사원에게 권한 붙여넣기(전체모듈)를 클릭한 후 확인한다.
• 김소연 사원의 권한설정 후 권한 복사 → 권한이 동일한 최동인 사원에게 권한 붙여넣기(전체모듈)를 클릭한 후 확인한다.

TIP

시험에서는 이미 권한설정이 되어 있는 부분을 조회하는 형식의 문제가 출제되고 있다.

• 권한을 잘못 설정한 경우 '모듈구분 → 사원명 선택 → 사용가능한메뉴 선택 → 권한해제'를 통해 해제할 수 있다.

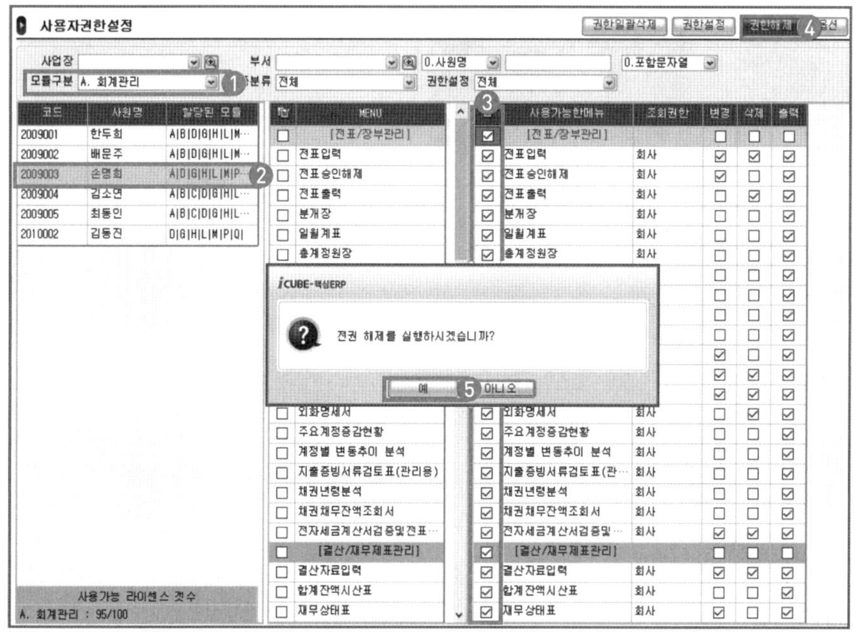

TIP

권한설정 및 권한해제를 수행한 후 반드시 '재로그인'을 해야 한다.

인사기초정보관리

2025 버전 핵심 ERP 프로그램에서 [백데이터] 파일의 '실무 시뮬레이션_CHAPTER 03' DB를 복원한 후 '회사코드: 2001, 회사명: (주)채움전자, 사원코드: 2009002, 사원명: 배문주'로 로그인한다.

> **TIP**
> 로그인 시 사원암호는 입력하지 않는다.

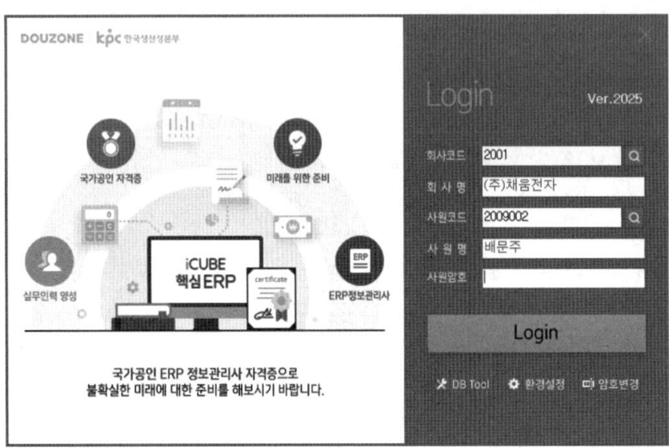

1. 인사관리 프로세스

인사관리 흐름도

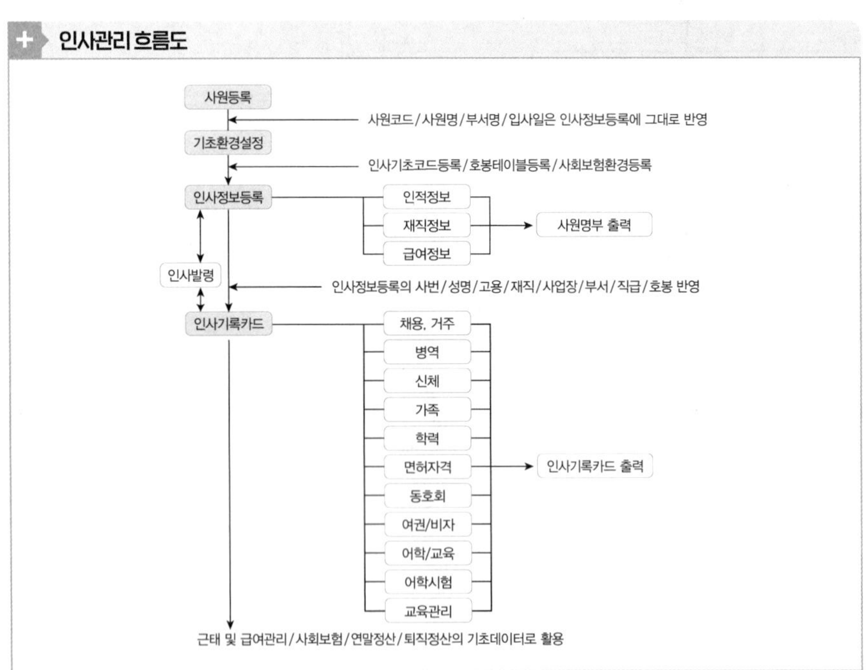

(1) 소득/세액공제환경설정

ERP 메뉴 찾아가기

인사/급여관리 ▶ 기초환경설정 ▶ 소득/세액공제환경설정

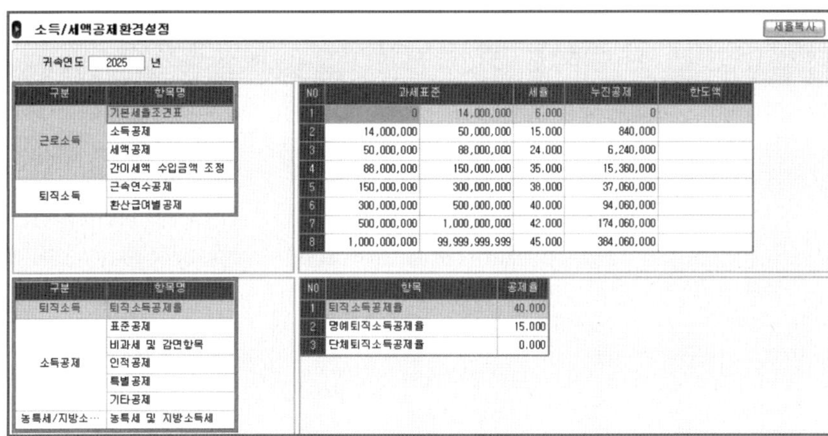

소득/세액공제환경설정 [세율복사]

귀속연도 2025 년

구분	항목명
근로소득	기본세율조건표
	소득공제
	세액공제
	간이세액 수입금액 조정
퇴직소득	근속연수공제
	환산급여별공제

NO	과세표준		세율	누진공제	한도액
1	0	14,000,000	6.000	0	
2	14,000,000	50,000,000	15.000	840,000	
3	50,000,000	88,000,000	24.000	6,240,000	
4	88,000,000	150,000,000	35.000	15,360,000	
5	150,000,000	300,000,000	38.000	37,060,000	
6	300,000,000	500,000,000	40.000	94,060,000	
7	500,000,000	1,000,000,000	42.000	174,060,000	
8	1,000,000,000	99,999,999,999	45.000	384,060,000	

구분	항목명
퇴직소득	퇴직소득공제율
소득공제	표준공제
	비과세 및 감면항목
	인적공제
	특별공제
	기타공제
농특세/지방소…	농특세 및 지방소득세

NO	항목	공제율
1	퇴직소득공제율	40.000
2	명예퇴직소득공제율	15.000
3	단체퇴직소득공제율	0.000

급여관리, 퇴직관리, 연말정산을 자동산출하기 위한 기초 데이터가 설정된 메뉴로, 세율이 저장 및 관리되며 해당 세율을 적용하여 소득세와 지방소득세를 산출한다.

귀속연도를 설정하고, 해당 귀속연도에 소득세액이 없는 경우 '세율복사' 버튼을 이용한다.

(2) 인사기초코드등록

ERP 메뉴 찾아가기

인사/급여관리 ▶ 기초환경설정 ▶ 인사기초코드등록

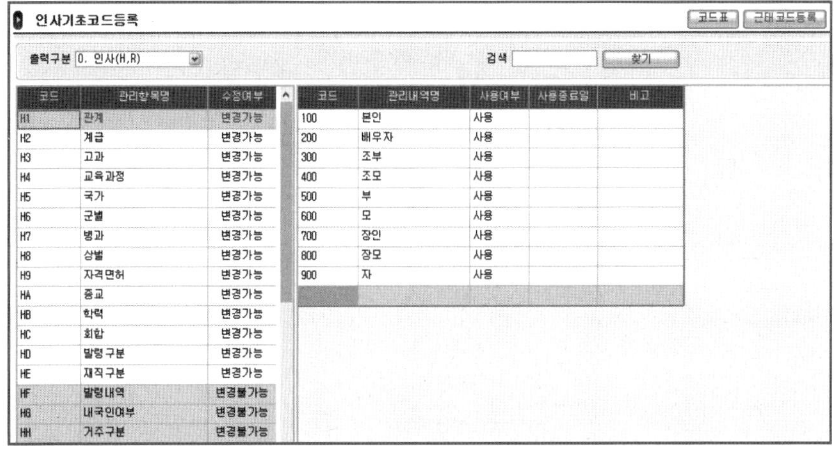

인사기초코드등록 [코드표] [근태코드등록]

출력구분 0. 인사(H,R)　검색 [찾기]

코드	관리항목명	수정여부
H1	관계	변경가능
H2	계급	변경가능
H3	고과	변경가능
H4	교육과정	변경가능
H5	국가	변경가능
H6	군별	변경가능
H7	병과	변경가능
H8	상별	변경가능
H9	자격면허	변경가능
HA	종교	변경가능
HB	학력	변경가능
HC	회합	변경가능
HD	발령구분	변경가능
HE	재직구분	변경가능
HF	발령내역	변경불가능
HG	내국인여부	변경불가능
HH	거주구분	변경불가능

코드	관리내역명	사용여부	사용종료일	비고
100	본인	사용		
200	배우자	사용		
300	조부	사용		
400	조모	사용		
500	부	사용		
600	모	사용		
700	장인	사용		
800	장모	사용		
900	자	사용		

시스템 사용에 필요한 모든 정보는 코드화하여 [인사기초코드등록] 메뉴에 등록한다. 기본 데이터는 프로그램 설치 시 저장되며 사용자의 관리에 맞추어 추가 등록하여 사용한다.

① **관리항목명:** 회사등록 시 자동 생성

② **수정여부:** 변경가능, 변경불가능 중 선택

- **변경가능:** 관리내역명 추가/삭제/수정 가능
- **변경불가능:** 관리내역명 등록 및 수정 불가능

③ 관리내역명: 수정여부가 변경가능일 경우 추가 입력 가능

④ 사용여부: 사용, 미사용 중 선택

- 0.미사용: 시스템에서 사용 불가능
- 1.사용: 시스템에서 사용 가능

실무 연습문제 인사기초코드등록

다음 자료를 참고하여 (주)채움전자의 인사기초코드등록을 하시오(사용여부는 모두 1.사용으로 함).

⊕ 기출 유형 파악하기
25년 1회 3번 | p.277

출력구분	내용	
0.인사(H,R)	H9.자격면허	10.ERP정보관리사 인사1급
		20.ERP정보관리사 회계1급
	HT.근속년수구분	003.3년 이하
		004.4년 이하
		005.5년 이하
		006.6년 이하
		007.7년 이하
		008.8년 이하
		009.9년 이하
		010.10년 이하
2.급여(P)	P2.지급코드	P10.직책수당
		P20.가족수당
		P30.자격수당
		P40.식대
	PA.호봉코드	G02.직급수당(1.계산식에 추가함)
		G03.호봉수당(1.계산식에 추가함)
4.사원그룹(G)	G2.직종	003.기술직(비과세 적용)
		004.현장직
	G3.직책	120.부사장
		150.전무
		650.생산계장
		910.생산사원
	G4.직급	120.부사장
		150.전무
		650.생산계장
		910.생산사원

정답

• 0.인사(H.R)–H9.자격면허 입력화면

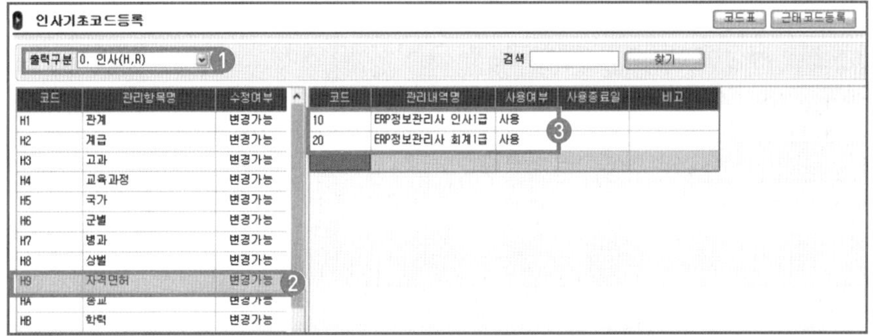

• 0.인사(H.R)–HT.근속년수구분 입력화면

• 2.급여(P)–P2.지급코드 입력화면

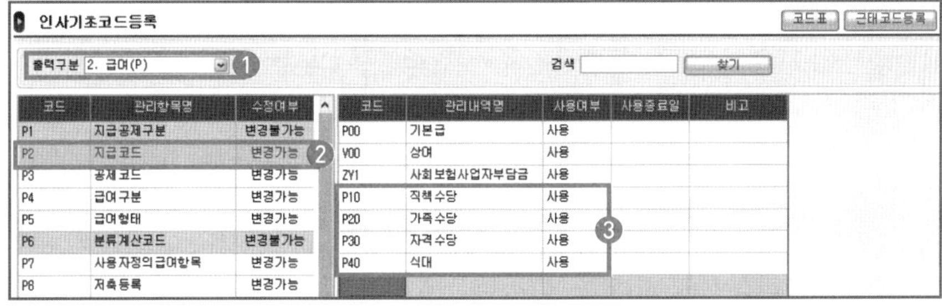

• 2.급여(P)–PA.호봉코드 입력화면

직급수당, 호봉수당 비고란에 1을 입력한다.

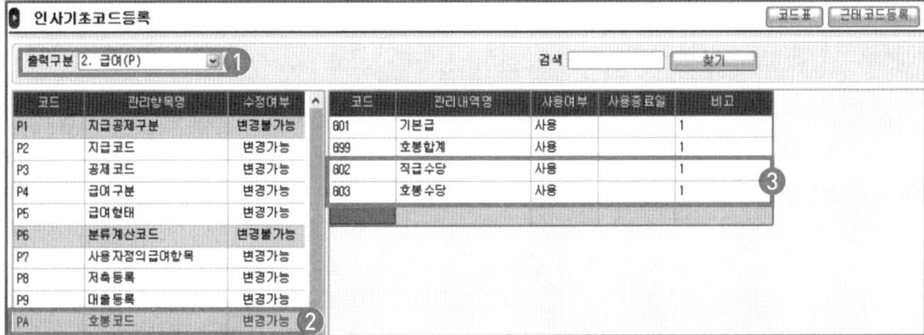

• 4.사원그룹(G)–G2.직종 입력화면

003.기술직은 생산직 비과세를 적용하므로 비고란에 1을 입력한다.

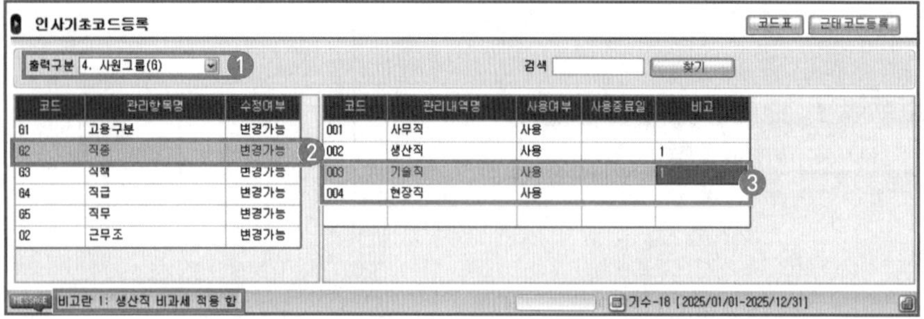

• 4.사원그룹(G)–G3.직책 입력화면

인사기초코드등록

출력구분 4. 사원그룹(G) ❶ 검색 찾기

코드	관리항목명	수정여부
G1	고용구분	변경가능
G2	직종	변경가능
G3	직책	변경가능 ❷
G4	직급	변경가능
G5	직무	변경가능
O2	근무조	변경가능

코드	관리내역명	사용여부	사용종료일	비고
100	대표이사	사용		
200	상무	사용		
300	이사	사용		
400	부장	사용		
500	차장	사용		
600	과장	사용		
700	대리	사용		
800	주임	사용		
900	사원	사용		
120	부사장	사용		
150	전무	사용		
650	생산계장	사용		
910	생산사원	사용		

• 4.사원그룹(G)–G4.직급 입력화면

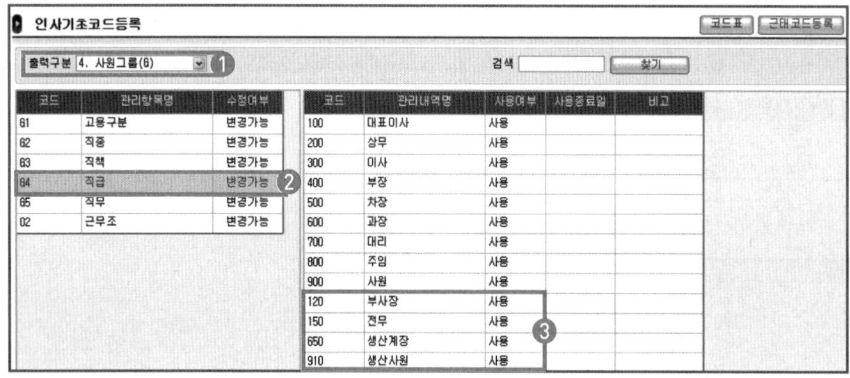

(3) 호봉테이블등록

인사/급여관리 ▶ 기초환경설정 ▶ 호봉테이블등록

호봉테이블등록 프로세스

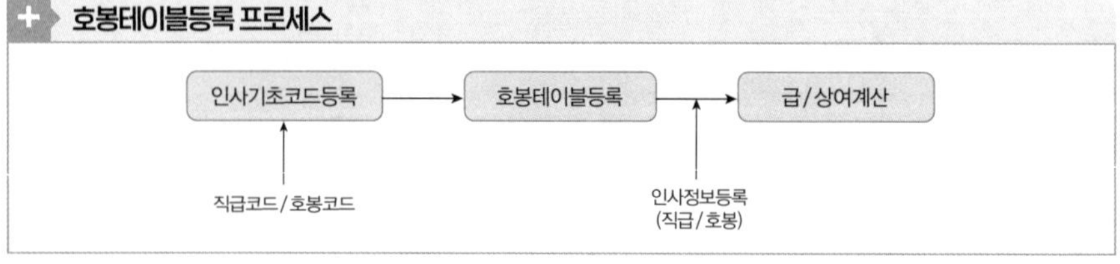

TIP

• G1.고용구분
 – 비고 0: 일용직사원등록에 조회되는 직종
 – 비고 1: 인사정보등록에 조회되는 직종
• G2.직종
 – 비고 1: 생산직 비과세 적용 대상
• G3.직책/G5.직무
 – 등록된 관리코드는 [인사정보등록] 및 [일용직사원등록] 메뉴에서 사용
• G4.직급
 – [인사정보등록], [호봉테이블] 메뉴에서 사용

실무 연습문제 호봉등록

다음 자료를 참고하여 (주)채움전자의 호봉을 등록하시오.

코드	관리내역명	코드	관리내역명
C01	1호봉	C06	6호봉
C02	2호봉	C07	7호봉
C03	3호봉	C08	8호봉
C04	4호봉	C09	9호봉
C05	5호봉	C10	10호봉

정답

- 방법 1: [인사/급여관리]–[기초환경설정]–[인사기초코드등록] 메뉴에서 '출력구분: 2.급여(P)', '관리항목명: PE.호봉'에 C01.1호봉~C10.10호봉을 입력하면 [호봉테이블등록] 메뉴에 반영된다.

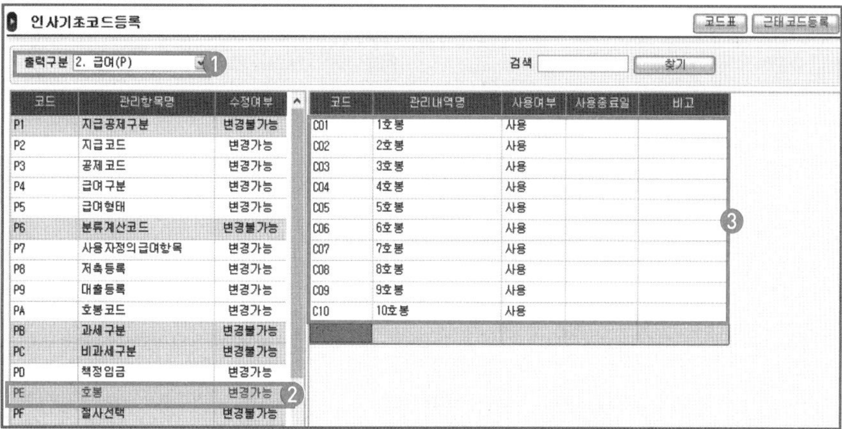

- 방법 2: [호봉테이블등록] 메뉴에서 우측 상단의 '코드설정' 버튼을 클릭하고 '관리항목명: PE.호봉'에 C01.1호봉~C10.10호봉을 입력하면 [호봉테이블등록] 메뉴에 반영된다.

실무 연습문제 호봉테이블등록

2025년 1월부터 적용되는 (주)채움전자의 호봉테이블을 등록하시오.

호봉테이블등록 | 일괄등록 | 일괄인상 | 호봉복사 | 코드설정

코드	직급
100	대표이사
120	부사장
150	전무
200	상무
300	이사
400	부장
500	차장
600	과장
650	생산계장
700	대리
800	주임

호봉	기본급	직급수당	호봉수당	합계
1호봉				
2호봉				
3호봉				
4호봉				
5호봉				
6호봉				
7호봉				
8호봉				
9호봉				
10호봉				

호봉이력: 적용시작연월 | 적용종료연월

(단위: 원)

구분		초기치	증가액
부장	기본급	6,000,000	100,000
	직급수당	50,000	20,000
	호봉수당	20,000	10,000
차장	기본급	5,000,000	50,000
과장	기본급	3,500,000	50,000
대리	기본급	3,000,000	50,000
주임	기본급	2,800,000	50,000
사원	기본급	2,500,000	50,000
생산계장	기본급	10,300	200
생산사원	기본급	8,000	200

정답

직급 선택 → '적용시작연월: 2025/01' 입력 → '일괄등록' 버튼 클릭 → 초기치와 증가액 입력 → '적용' 버튼을 클릭하여 일괄등록한다.

- 부장

기출 유형 파악하기
24년 6회 4번 | p.284

• 차장

호봉테이블등록
일괄등록
일괄인상
호봉복사
코드설정
대상직급
코드
직급
100 대표이사
120 부사장
150 전무
200 상무
300 이사
400 부장
500 차장
600 과장
650 생산계장
700 대리
800 주임
호봉이력
적용시작연월
적용종료연월
2025/01
호봉
호봉테이블
기본급
직급수당
호봉수당
합계
1호봉
2호봉
3호봉
4호봉
5호봉
6호봉
7호봉
8호봉
9호봉
10호봉
호봉일괄등록
호봉구간 [C01]1호봉 ~ [C10]10호봉
호봉
초기치
증가액
기본급 5,000,000 50,000
직급수당
호봉수당
적용
취소

• 과장

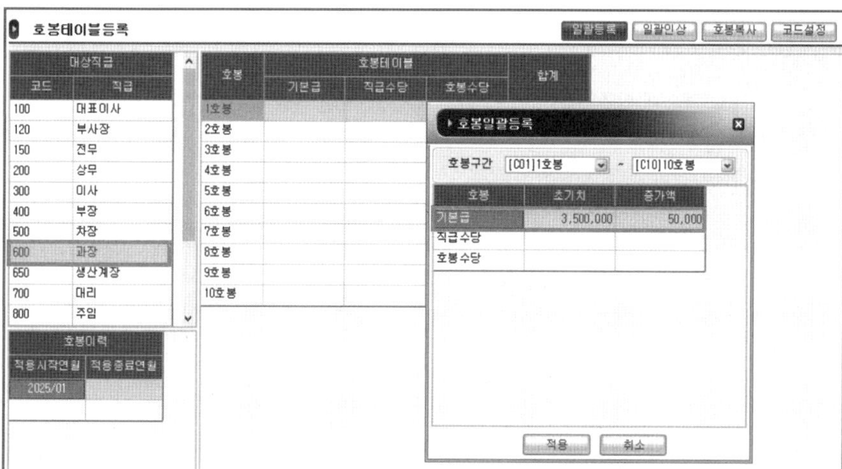
호봉테이블등록
일괄등록
일괄인상
호봉복사
코드설정
대상직급
코드
직급
100 대표이사
120 부사장
150 전무
200 상무
300 이사
400 부장
500 차장
600 과장
650 생산계장
700 대리
800 주임
호봉이력
적용시작연월
적용종료연월
2025/01
호봉
호봉테이블
기본급
직급수당
호봉수당
합계
1호봉
2호봉
3호봉
4호봉
5호봉
6호봉
7호봉
8호봉
9호봉
10호봉
호봉일괄등록
호봉구간 [C01]1호봉 ~ [C10]10호봉
호봉
초기치
증가액
기본급 3,500,000 50,000
직급수당
호봉수당
적용
취소

• 대리

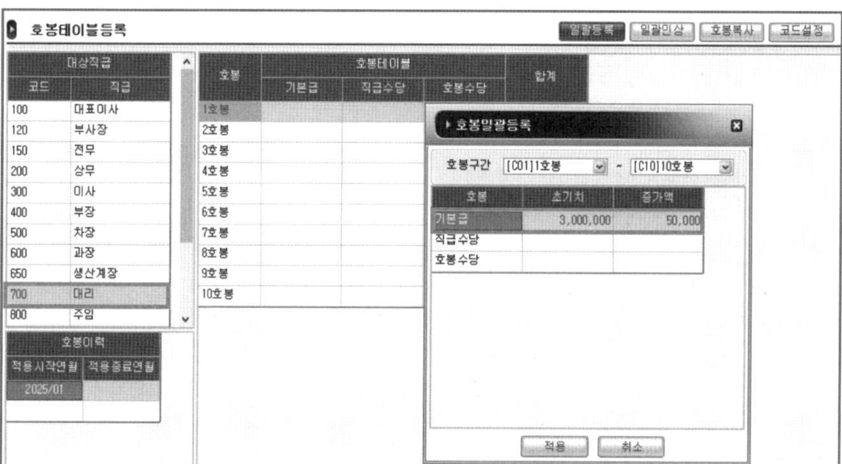
호봉테이블등록
일괄등록
일괄인상
호봉복사
코드설정
대상직급
코드
직급
100 대표이사
120 부사장
150 전무
200 상무
300 이사
400 부장
500 차장
600 과장
650 생산계장
700 대리
800 주임
호봉이력
적용시작연월
적용종료연월
2025/01
호봉
호봉테이블
기본급
직급수당
호봉수당
합계
1호봉
2호봉
3호봉
4호봉
5호봉
6호봉
7호봉
8호봉
9호봉
10호봉
호봉일괄등록
호봉구간 [C01]1호봉 ~ [C10]10호봉
호봉
초기치
증가액
기본급 3,000,000 50,000
직급수당
호봉수당
적용
취소

• 주임

호봉테이블등록
일괄등록
일괄인상
호봉복사
코드설정
대상직급
코드
직급
150 전무
200 상무
300 이사
400 부장
500 차장
600 과장
650 생산계장
700 대리
800 주임
900 사원
910 생산사원
호봉이력
적용시작연월
적용종료연월
2025/01
호봉
호봉테이블
기본급
직급수당
호봉수당
합계
1호봉
2호봉
3호봉
4호봉
5호봉
6호봉
7호봉
8호봉
9호봉
10호봉
호봉일괄등록
호봉구간 [C01]1호봉 ~ [C10]10호봉
호봉
초기치
증가액
기본급 2,800,000 50,000
직급수당
호봉수당
적용
취소

• 사원

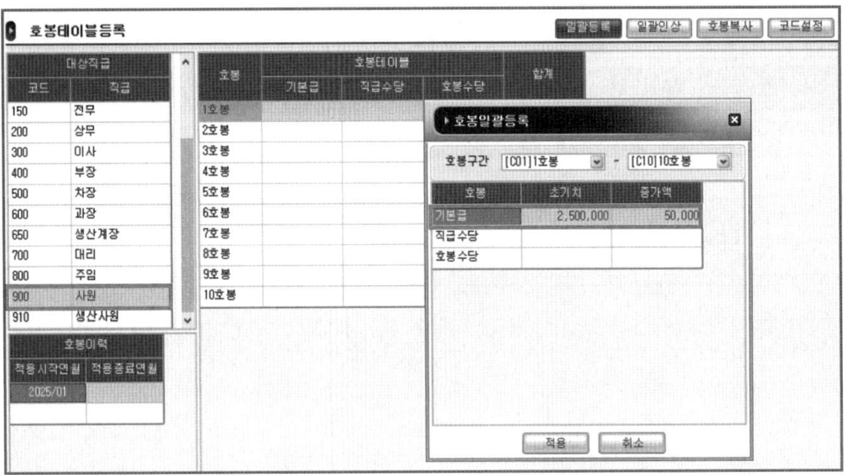
호봉테이블등록
일괄등록
일괄인상
호봉복사
코드설정
대상직급
코드
직급
150 전무
200 상무
300 이사
400 부장
500 차장
600 과장
650 생산계장
700 대리
800 주임
900 사원
910 생산사원
호봉이력
적용시작연월
적용종료연월
2025/01
호봉
호봉테이블
기본급
직급수당
호봉수당
합계
1호봉
2호봉
3호봉
4호봉
5호봉
6호봉
7호봉
8호봉
9호봉
10호봉
호봉일괄등록
호봉구간 [C01]1호봉 ~ [C10]10호봉
호봉
초기치
증가액
기본급 2,500,000 50,000
직급수당
호봉수당
적용
취소

• 생산계장

호봉테이블등록
일괄등록
일괄인상
호봉복사
코드설정
대상직급
코드
직급
150 전무
200 상무
300 이사
400 부장
500 차장
600 과장
650 생산계장
700 대리
800 주임
900 사원
910 생산사원
호봉이력
적용시작연월
적용종료연월
2025/01
호봉
호봉테이블
기본급
직급수당
호봉수당
합계
1호봉
2호봉
3호봉
4호봉
5호봉
6호봉
7호봉
8호봉
9호봉
10호봉
호봉일괄등록
호봉구간 [C01]1호봉 ~ [C10]10호봉
호봉
초기치
증가액
기본급 10,300 200
직급수당
호봉수당
적용
취소

• 생산사원

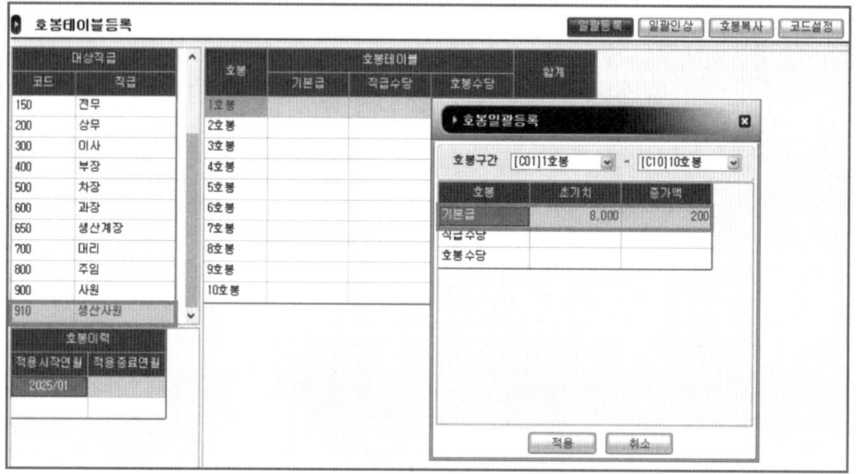

[호봉테이블등록] 메뉴의 기능

• **호봉복사**: 다른 직급에 동일한 호봉을 복사할 경우 이용한다.

예 당 회사는 2025년 1월 '300.이사' 직급의 호봉을 '400.부장' 직급의 호봉과 동일하게 등록하고자 한다.

> 대상직급을 선택하고 하단의 호봉이력에 '적용시작연월: 2025/01'을 입력한 후 우측 상단의 '호봉복사'를 클릭한다. 호봉복사 창 직급란에서 F2를 누르고 '직급: 400.부장'을 적용하여 부장의 2025/01 호봉을 이사의 호봉으로 복사한다.

• **일괄인상**: 호봉 구간별로 데이터를 일괄인상할 경우 사용한다. 호봉에서 정해진 비율(%)만큼 일괄인상하는 경우에는 정률을 이용하며, 호봉에서 정해진 금액만큼 일괄인상하는 경우에는 정액을 이용한다.

예 당 회사는 2025년 1월 '300.이사' 지급의 호봉을 일괄인상을 통해 '기본급 10%, 직급수당 7.5%' 정률인상하고 '호봉수당 20,000원'을 정액인상한다.

> '대상직급: 300.이사'를 선택한 후 우측 상단의 '일괄인상'을 클릭한다. 호봉일괄인상 창에 '기본급 10%, 직급수당 7.5%'를 입력한 후 '정률적용'을 클릭하고 다시 우측 상단의 '일괄인상'을 클릭하여 '호봉수당 20,000원'을 입력한 후 '정액적용'을 클릭한다.

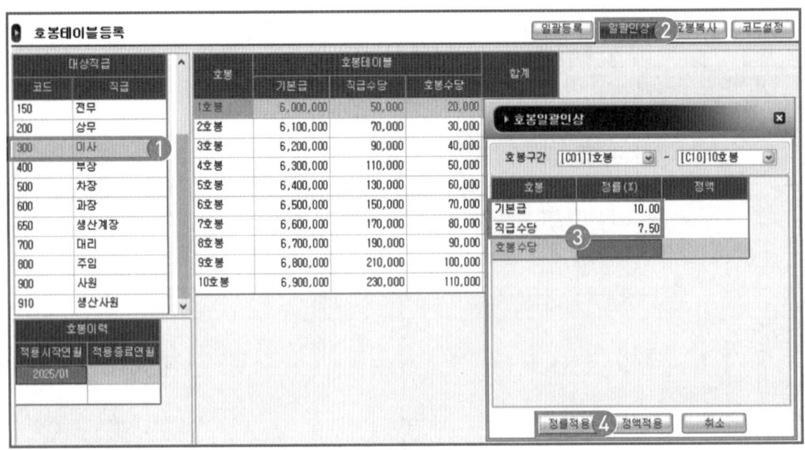

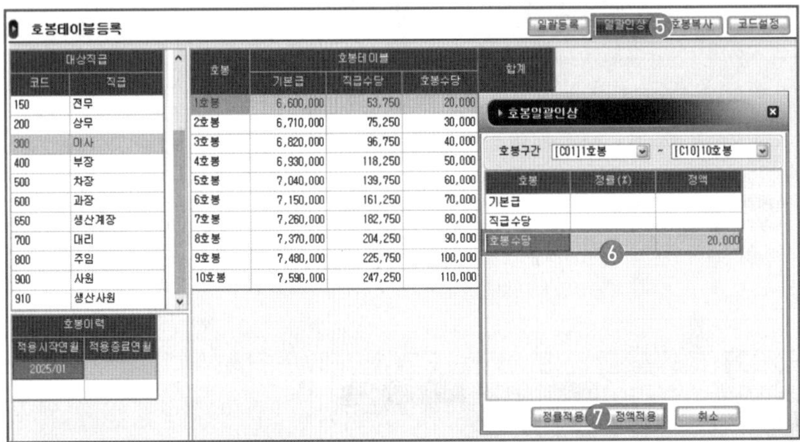

- **코드설정**: [인사/급여관리]-[기초환경설정]-[인사기초코드등록] 메뉴에 직급, 호봉코드, 호봉을 입력하지 않았을 경우 [호봉테이블] 메뉴에서 '코드설정' 버튼을 누른 후 직접 입력하여 사용할 수 있다.
- **호봉테이블등록**: 호봉코드와 호봉은 [인사기초코드등록] 메뉴의 출력구분 2.급여(P)에서 관리항목별로 등록하며, PE.호봉은 호봉급 등록을 의미하고, 'C'로 시작하는 코드를 부여하여 사용한다.

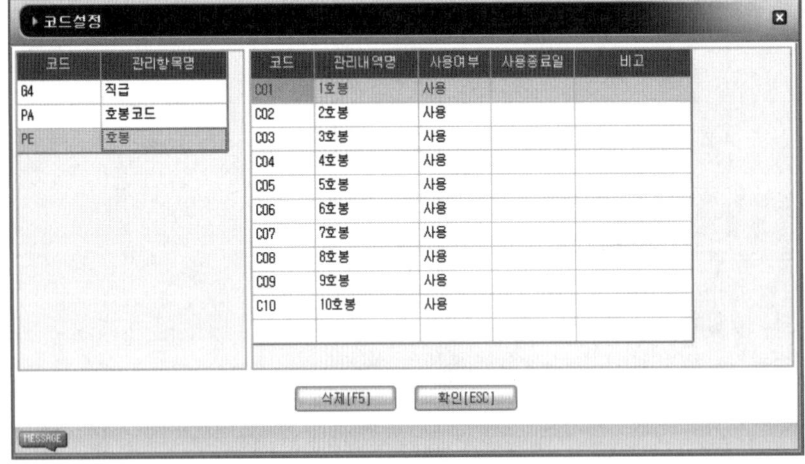

(4) 사회보험환경등록

ERP 메뉴 찾아가기

인사/급여관리 ▶ 기초환경설정 ▶ 사회보험환경등록

4대 사회보험을 관리하기 위한 사업장의 현황과 귀속연도별로 적용될 기본 요율을 관리하는 메뉴이다. 등록되는 정보는 사원별로 [인사정보등록] 메뉴의 급여정보 탭에 반영되고, 급여에서 해당 요율을 반영하여 자동계산된다.

실무 연습문제 사회보험환경등록

(주)채움전자의 2025년도 사회보험요율 정보를 참고하여 ERP 시스템에 등록하시오(단, 고용보험 및 산재보험은 보수총액 방식에 의함).

구분	건강보험		국민연금	사학연금	고용보험				산재보험	
	건강보험	장기요양			고용보험	실업급여	고용안정	직업능력	산재보험	산재부담금
요율	7.09%	12.95%	9%	8.5%	0.9%	1%	0.15%	0.1%	0.6%	0.05%

정답

• 건강보험

사회보험환경등록 [사회보험정보]
귀속연도 2025 년
건강보험 | 국민연금 | 고용/산재보험 | 사업장별
건강보험
건강보험부담율 7.090
장기요양보험료율 12.950635 [건강보험료 갱신]

• 국민/사학연금

사회보험환경등록 [사회보험정보]
귀속연도 2025 년
건강보험 | 국민연금 | 고용/산재보험 | 사업장별
국민연금
국민연금 개인부담율 4.50 [국민연금보험료 갱신]
국민연금 사업자부담율 4.50
사학연금
사학연금 개인부담율 8.50 [사학연금부담율 갱신]

• 고용/산재보험

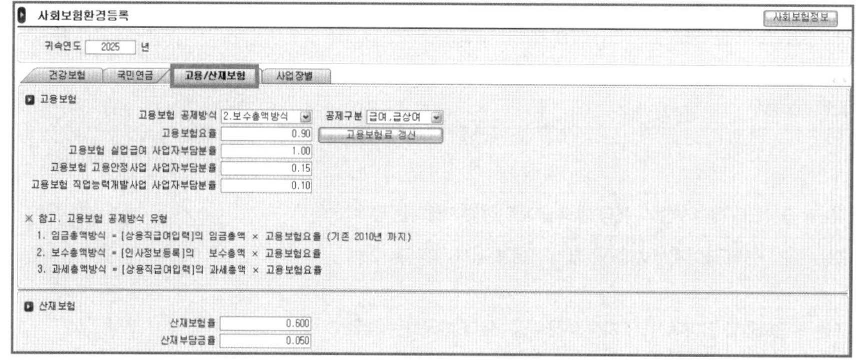

TIP

- 건강보험료 갱신을 클릭하면 표준보수월액에 따른 보험료가 자동 산출되며 [인사정보등록] 건강보험료가 일괄 갱신된다.
- 단, [인사정보등록]에 건강보험료를 [직접입력] 또는 재직구분이 [5.퇴직]인 경우에는 자동갱신되지 않는다.

실무 연습문제 사회보험환경등록

(주)채움전자본사의 사회보험 정보를 ERP 시스템에 등록하시오.

구분	사업장번호/사업장관리번호	관할지사 명칭	관계성립일
건강보험	01-0369-2-3211	건강보험공단 영등포지사	2009/01/10
국민연금	01-0369-2-3211	국민연금공단 영등포지사	2009/01/10
고용보험	01-0369-2-3211	근로복지공단 영등포지사	2009/01/10
산재보험	01-0369-2-3211	근로복지공단 영등포지사	2009/01/10

정답

사업장별 탭에 제시된 정보를 입력한다.

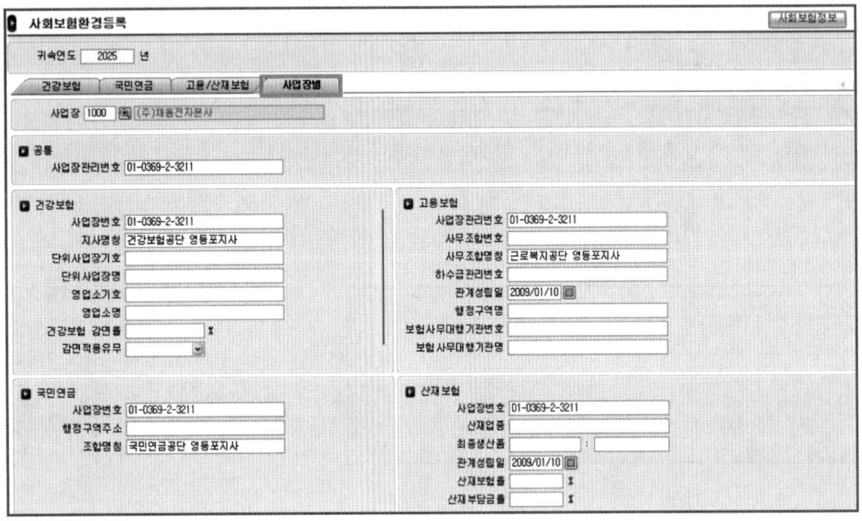

사회보험환경등록 사회보험정보
귀속연도 2025 년
건강보험 국민연금 고용/산재보험 사업장별
사업장 1000 (주)채움전자본사
공통
사업장관리번호 01-0369-2-3211
건강보험
사업장번호 01-0369-2-3211
지사명칭 건강보험공단 영등포지사
단위사업장기호
단위사업장명
영업소기호
영업소명
건강보험 감면율 %
감면적용유무
고용보험
사업장관리번호 01-0369-2-3211
사무조합번호
사무조합명칭 근로복지공단 영등포지사
하수급관리번호
관계성립일 2009/01/10
행정구역명
보험사무대행기관번호
보험사무대행기관명
국민연금
사업장번호 01-0369-2-3211
행정구역주소
조합명칭 국민연금공단 영등포지사
산재보험
사업장번호 01-0369-2-3211
산재업종
최종생산품 :
관계성립일 2009/01/10
산재보험율 %
산재부담금율 %

(5) 인사/급여환경설정

ERP 메뉴 찾아가기

인사/급여관리 ▶ 기초환경설정 ▶ 인사/급여환경설정

급여 산정 시 적용될 기본 근로 규정(급여계산 기준, 근태 기준, 신고 기준 등)을 설정하는 메뉴이다.

① 귀속월 구분

001.전월	기준 월이 전월인 경우
002.당월	기준 월이 현재 속한 달인 경우

② 급여계산 기준

001.월	중도 입·퇴사자 또는 수습사원의 급여계산 시 해당 월의 급여를 정상 지급하는 경우
002.일	중도 입·퇴사자 또는 수습사원의 급여계산 시 해당 월의 급여를 실제 근무일수만큼 지급하는 경우
003.월일	중도 입·퇴사자 또는 수습사원의 급여계산 시 지정된 근무일수보다 미달하는 경우 '일'의 방식으로, 초과하는 경우 '월'의 방식으로 지급하는 경우

③ 근태 기준

한달 정상일	한달 기준 근무일수 입력
한달 정상시간	한달 기준 근무시간 입력
하루시간	하루 기준 근무시간 입력
월일수 산정	한달의 일수를 설정하는 항목 • 000.당월일: 귀속 월의 실제 일수를 적용 • 001.한달 정상일: 한달 정상일에 등록된 일수를 적용

실무 연습문제 인사/급여환경설정

(주)채움전자의 근태 및 급여 지급 규정이다. 아래 내용을 토대로 인사/급여환경설정을 하시오.

- 당 회사 사원의 급여 귀속월은 '당월' 기준이며 시작일은 '1일'이다.
- 중도 입 · 퇴사자의 급여 지급 시
  - 신규 입사자의 경우 입사일로부터 일할 계산하여 지급한다.
  - 퇴사자의 경우 20일 이상 근무 시 월할 계산하며, 20일 미만 근무한 경우 일할 계산하여 지급한다.
- 수습기간 및 급여 지급 방식
  - 신규 입사자는 3개월간의 수습기간을 두고 급여의 70%를 지급한다.
  - 수습 시작과 종료되는 월의 급여는 일할 계산하여 지급한다.
- 근태 기준 설정 시 실제 당월일수를 기준으로 한달 월일수를 산정한다.
- 이행상황신고서 집계 시 '귀속연월 및 지급연월' 기준을 모두 일치하는 데이터를 집계한다.
- 지방소득세 집계 시 '귀속연월 및 지급연월' 기준을 모두 일치하는 데이터를 집계한다.

⊕ 기출 유형 파악하기
24년 5회 5번 | p.291

정답

인사/급여환경설정

NO	출결마감기준 직종	귀속월구분	시작일
1	사무직	당월	1
2	생산직	당월	1
3			

구분	환경요소	기준	기준일(월)수
급여계산기준	입사자 급여계산	일	
	수습직 지급기간		3개월
	수습직 급여계산	일	
	수습직 지급률		70%
	퇴사자 급여계산	월일	20일
	상여세액계산기준		
	외국인비과세율		
	근속기간 계산기준		
근태기준설정	한달 정상일		30일
	한달 정상시간		240시간
	하루시간		8시간
	월일수 산정	당월일	
신고기준설정	원천세 신고유형		
	이행상황신고서집계방식	귀속,지급연월	
	지방소득세/주민세(종업원분)집…	귀속,지급연월	
사업/기타/이자…	전표생성제외여부	부	

- 직종별로 월 근태집계시 귀속월의 시작일과 종료일을 지정합니다.
- 본란에서 지정된 기간에 대한 근태실적으로 급여가 계산됩니다.

인사/급여환경설정

NO	출결마감기준 직종	귀속월구분	시작일
1	사무직	당월	1
2	생산직	당월	1
3			

구분	항목	설정코드	비고
사회보험설정	건강보험정산코드		
	국민연금정산코드		
	고용보험정산코드		
공제항목설정	학자금상환코드		

TIP

귀속월 구분이 '전월'이며 시작일이 25일인 경우에는 급여 또는 근태기간은 전월 25일부터 당월 24일까지를 의미한다. 즉, 종료일은 당월 24일이다.

NO	출결마감기준 직종	귀속월구분	시작일
1	사무직	전월	25
2			

TIP

사회보험정산코드 입력 시 [집계항목]탭에서 설정한다.

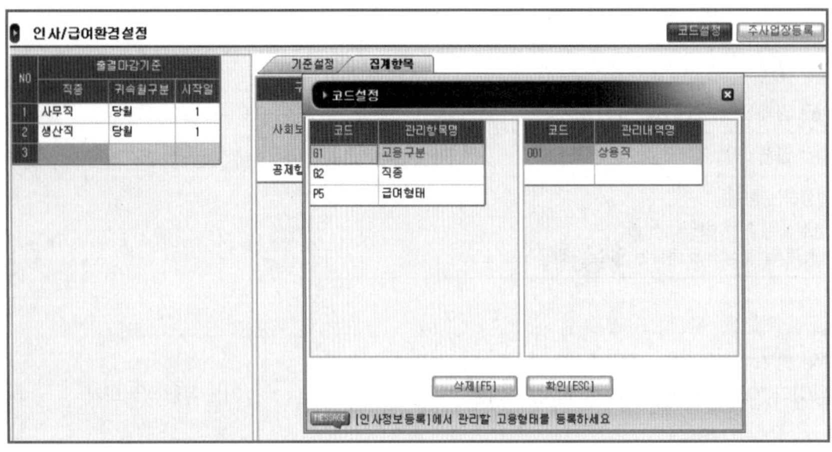

> **TIP**
> - G1.고용구분: [인사정보등록] 메뉴에서 관리할 고용형태를 등록한다.
> - G2.직종: 생산직 비과세를 적용하는 직종을 등록한다.
> - P5.급여형태: 급여계산 시 급여계산 기준을 설정하지 않을 급여형태를 등록한다.

(6) 지급공제항목등록

ERP 메뉴 찾아가기

인사/급여관리 ▶ 기초환경설정 ▶ 지급공제항목등록

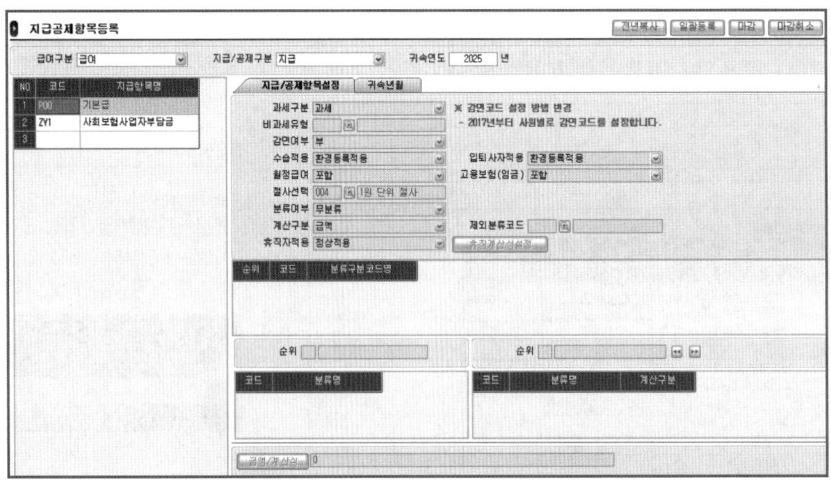

급여 및 상여에 지급/공제항목의 계산식 및 지급/공제 범위를 등록하는 메뉴이다.

① **지급항목명**: [인사기초코드등록] 메뉴 P2.지급코드와 P3.공제코드의 항목이 반영됨

② **지급/공제항목설정 탭**

- **과세구분**: 지급항목의 과세, 비과세를 의미함
- **비과세유형/감면여부**: 과세 구분을 비과세로 선택해야 활성화되며, 「소득세법」상 비과세 수당인 경우 적용

• 수습적용/입퇴사자적용

환경등록적용	[인사/급여환경설정] 메뉴에서 설정한 값으로 급여가 계산됨
정상적용	[인사/급여환경설정] 메뉴에 등록된 계산식에 의해 계산됨(설정한 값은 무시)
일할적용	등록된 계산식에 의해 계산된 금액을 일할로 적용함

• **월정급여**: 생산직의 연장근로소득을 비과세 적용할 경우 월정급여 '포함'을 선택한 금액을 기준으로 직전연도 총급여 3,000만원 이하이며, 월정액이 210만원 이하인 사원에게 비과세 처리함

• **고용보험**: 고용보험료 산정 시 지급 총액에 제외되는 항목을 설정함

• 분류여부

무분류	모든 사원에게 동일하게 적용하는 경우 선택함
분류	범위를 설정하여 적용할 경우 선택함
제외조건	• 설정된 코드를 제외하고 계산식을 적용하고자 할 때 선택하며, 소수를 제외시키고 다수에게 적용하는 경우 선택함 • 제외조건식 설정 방법: 분류여부에서 제외조건을 선택하고 제외분류코드를 설정한 경우, 설정한 제외분류코드 중에서 제외코드를 선택한 후 설정함

• **계산구분**: 분류여부를 '무분류'로 선택한 경우 활성화되며, 금액, 계산 중 선택함

금액	정액을 지급/공제할 경우 선택함
계산	조건에 의하여 지급/공제 금액이 산출되는 경우 선택함

• 휴직자적용

정상적용	상단의 계산구분 설정에 따라 금액이 계산됨
휴직계산식적용	휴직계산식설정 버튼을 클릭하여 계산식을 설정하면 해당 계산식으로 계산됨

• **분류계산식 설정**: 분류여부를 '분류'로 선택한 경우 활성화됨

분류구분코드명	지급/공제항목설정 탭에서 설정된 분류계산 코드 중 1순위부터 설정함
계산구분	'금액'을 선택한 경우 해당 금액을 입력하고, '계산'을 선택한 경우 하단의 '금액/계산식'을 클릭하고 계산식코드를 선택하여 계산식을 설정함
전년복사	전년 귀속으로 등록한 '지급/공제항목'의 설정이 복사됨
일괄등록	[인사기초코드등록] 메뉴의 P2.지급코드, P3.공제코드에 등록된 모든 지급/공제항목이 일괄등록됨
마감취소	작업 후 메뉴를 종료하면 자동으로 마감됨

+ 지급공제항목등록 프로세스

실무 연습문제 지급공제항목등록 – 기본급

다음은 (주)채움전자의 급여 중 지급항목에 대한 규정이다. 자동계산될 수 있도록 ERP 시스템에 설정하시오(단, 1순위는 직종별, 2순위는 급여형태로 입력하며 이외의 설정은 프로그램 설정 기준을 이용한다).

[기본급]

사무직 연봉제	[인사정보등록]의 책정임금 중 '월급'을 적용하여 산정
사무직 월급제	직급과 호봉에 따라 [호봉테이블–호봉합계]를 적용하여 산정
생산직 시급제	'총정상근무시간'에 [호봉테이블]의 기본 시급을 곱하여 산정

⊕ 기출 유형 파악하기
24년 6회 6번 | p.285

정답

[사무직 연봉제 작업 순서]

- '급여구분: 급여', '지급/공제구분: 지급', '귀속연도: 2025' 입력
- 우측 상단의 '마감취소' 버튼 클릭(로그인 암호는 입력하지 않음)
- '지급항목명: 기본급' 선택
- '과세구분: 과세', '분류여부: 분류' 선택
- 코드란에서 F2를 눌러 관리내역코드도움 창에서 관리내역명 '직종별', '급여형태'를 선택
- 순위(직종별) 코드란에서 F2를 눌러 '분류명: 001.사무직' 선택
- 순위(급여형태) 코드란에서 F2를 눌러 '분류명: 연봉, 계산구분: 계산', 급여계산식 창의 급여관련코드 탭에서 '책정임금: F02.월급' 선택

TIP
'마감취소' 버튼 클릭 시 로그인 암호는 입력하지 않으며, '메뉴를 닫으면 자동 재마감 됩니다' 창이 뜨면 '확인'을 누른다.

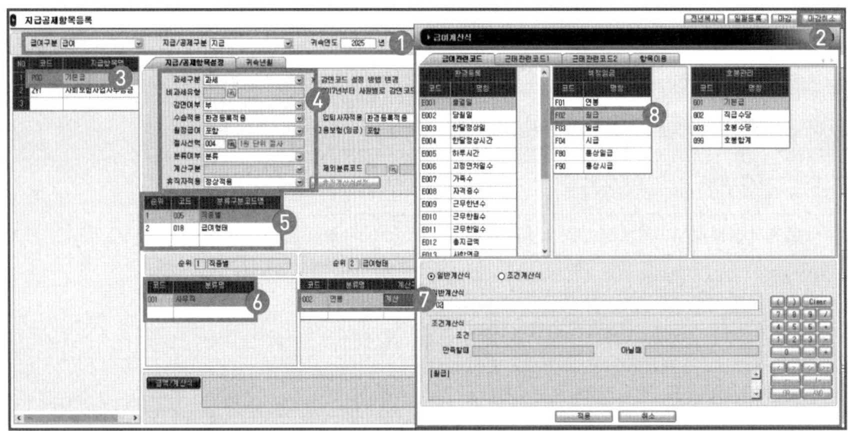

[사무직 월급제 작업 순서]

- ①~⑥까지 위 작업 순서와 동일
- 순위(급여형태) 코드란에서 F2를 눌러 '분류명: 월급, 계산구분: 계산' 선택
- 급여계산식 창의 급여관련코드 탭에서 '호봉관리: G99.호봉합계' 선택

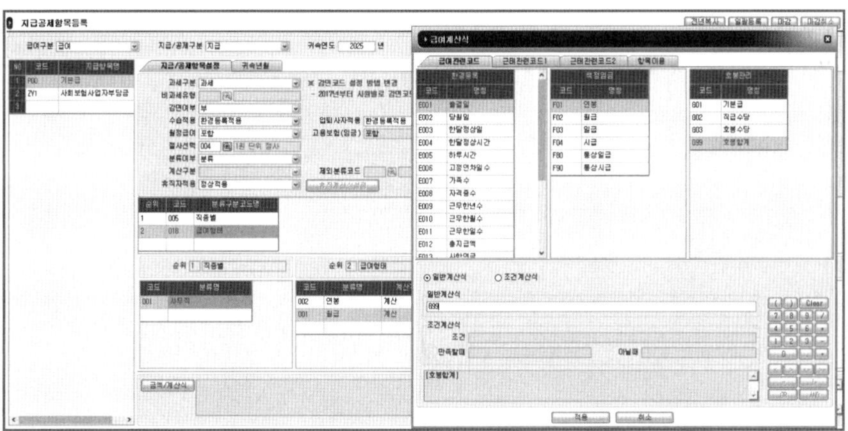

[생산직 시급제 작업 순서]

- ①~⑤까지 위 작업 순서와 동일
- 순위(직종별) 코드란에서 F2를 눌러 '002.생산직' 선택
- 순위(급여형태) 코드란에서 F2를 눌러 '분류명: 시급', '계산구분: 계산' 선택
- 급여계산식 창의 근태관련코드1 탭에서 '총정상근무시간', 급여관련코드 탭에서 '호봉관리: G01.기본급' 선택 (일반계산식: T01TTT*G01)

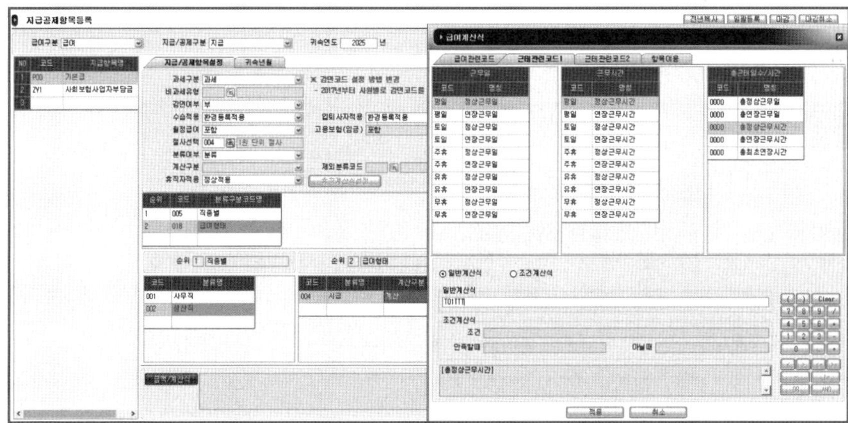

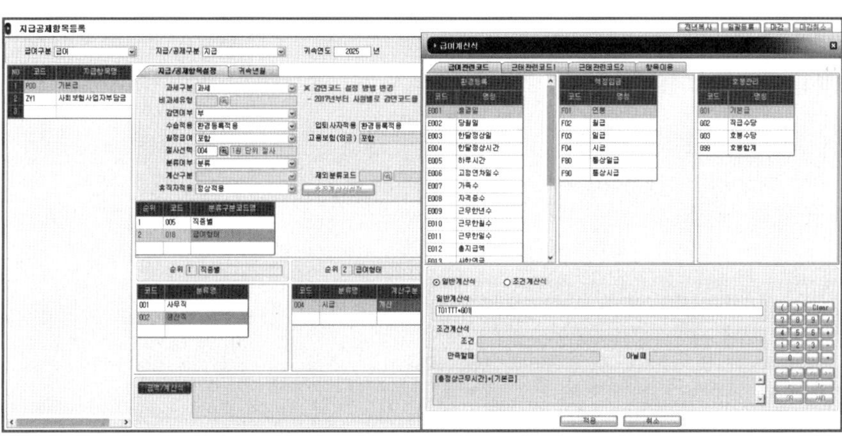

실무 연습문제 지급공제항목등록 – 직책수당

(주)채움전자의 급여 중 지급항목에 대한 규정이다. 자동계산될 수 있도록 ERP 시스템에 설정하시오(단, 이외 필요한 조건은 프로그램 등록기준을 이용한다).

[직책수당]

직책	부장	차장	과장	대리
금액	200,000원	150,000원	100,000원	50,000원

• 과세여부: 과세 • 감면여부: 부 • 월정급여: 포함

정답

• 부장
  – '급여구분: 급여', '지급/공제구분: 지급', '귀속연도: 2025' 입력
  – '지급항목명: 직책수당', '과세구분: 과세', '감면여부: 부', '월정급여: 포함', '분류여부: 분류' 선택
  – 코드란에서 F2를 눌러 '분류구분코드명: 직책별' 선택
  – 순위(직책별) 코드란에서 F2를 눌러 '분류명: 부장', '계산구분: 금액' 선택
  – 하단의 금액/계산식에 '200,000원' 입력
• 차장, 과장, 대리도 동일한 방법으로 입력

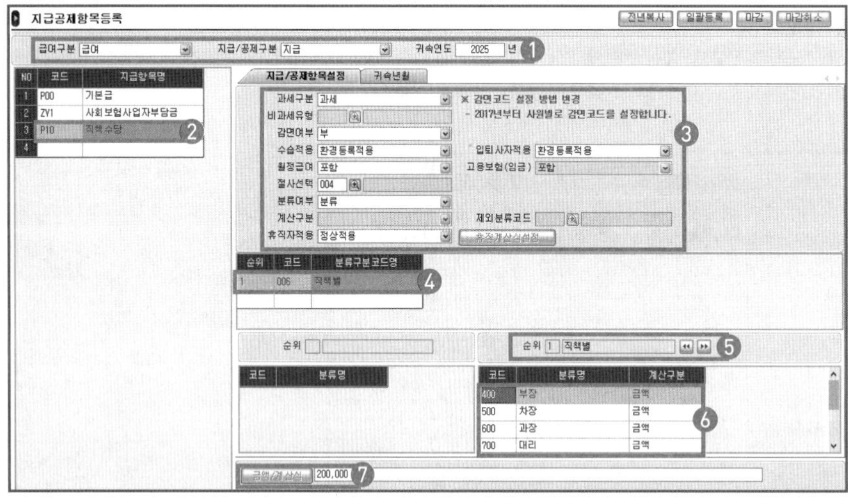

실무 연습문제 지급공제항목등록 – 가족수당

(주)채움전자의 급여 중 지급항목에 대한 규정이다. 자동계산될 수 있도록 ERP 시스템에 설정하시오(단, 이외 필요한 조건은 프로그램 등록기준을 이용한다).

기출 유형 파악하기
24년 3회 6번 | p.306

• P20.가족수당: 전 직종에 대해 배우자와 자녀 1인당 각 40,000원 지급
• 과세여부: 과세 • 감면여부: 부 • 월정급여: 포함

정답

• 배우자
  – '급여구분: 급여', '지급/공제구분: 지급', '귀속연도: 2025' 입력
  – '지급항목명: 가족수당', '과세구분: 과세', '감면여부: 부', '월정급여: 포함', '분류여부: 분류' 선택
  – 코드란에서 F2를 눌러 '분류구분코드명: 가족별' 선택
  – 순위(가족별) 코드란에서 F2를 눌러 '분류명: 배우자', '계산구분: 금액' 선택
  – 하단의 금액/계산식에 '40,000원' 입력

• 자녀도 동일한 방법으로 입력

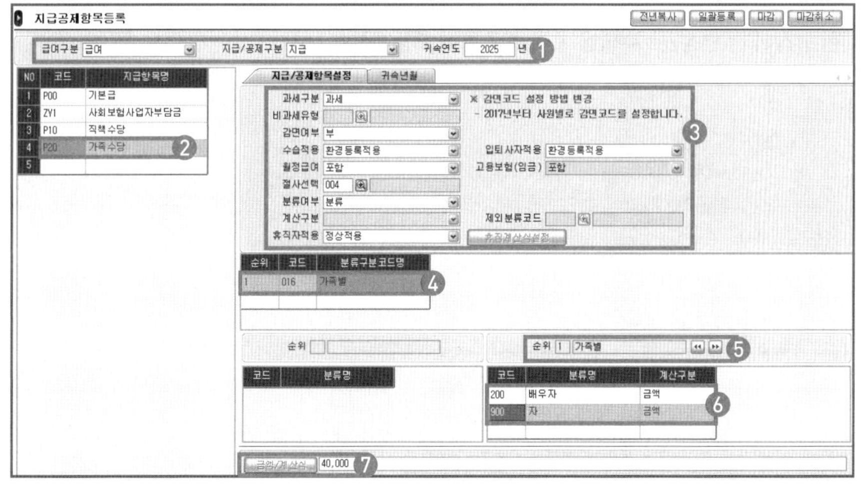

실무 연습문제 지급공제항목등록 – 식대

(주)채움전자의 급여 중 지급항목에 대한 규정이다. 자동계산될 수 있도록 ERP 시스템에 설정하시오(단, 이외 필요한 조건은 프로그램 등록기준을 이용한다).

• P40.식대: 전 직종에 대해 매달 200,000원씩 지급
• 과세여부: 비과세 • 감면여부: 부 • 월정급여: 제외

정답

• '급여구분: 급여', '지급/공제구분: 지급', '귀속연도: 2025' 입력
• '지급항목명: 식대', '과세구분: 비과세', '감면여부: 부', '월정급여: 제외', '분류여부: 무분류', '계산구분: 금액' 선택
• 하단의 금액/계산식에 '200,000원' 입력

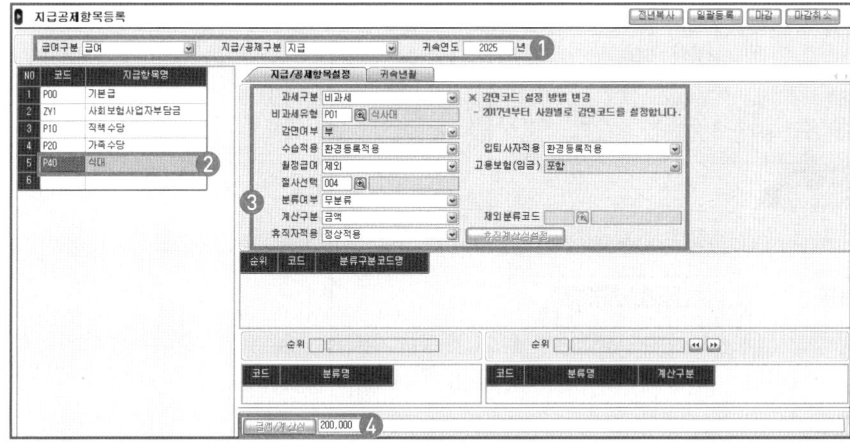

TIP

'식대: 비과세' 설정 시에는 비과세 유형란에서 F2로 조회하여 '비과세 코드: P01.식사대'를 적용한다.

TIP

'과세구분: 비과세'로 변경하는 경우 '비과세/감면 설정이 변경된 경우 반드시 [상용직급여입력]의 '과세집계' 버튼을 클릭하여 비과세/감면 코드를 재반영해 주어야 합니다' 창이 뜨면 '확인'을 클릭한다.

실무 연습문제 지급공제항목등록 – 연장근로수당

(주)채움전자의 급여 중 지급항목에 대한 규정이다. 연장근로수당을 추가 등록하여 자동계산될 수 있도록 ERP 시스템에 설정하시오(단, 이외 필요한 조건은 프로그램 등록기준을 이용한다).

- P50.연장근로수당: 생산직 사원에게 매달 100,000원씩 지급
- 분류구분: 직종별
- 과세여부: 비과세
- 감면여부: 부
- 월정급여: 제외

정답

- [인사기초코드등록] 메뉴에서 P2.지급코드의 관리내역에 'P50.연장근로수당' 입력

- '급여구분: 급여', '지급/공제구분: 지급', '귀속연도: 2025' 입력
- '지급항목명: 연장근로수당', '과세구분: 비과세', '감면여부: 부', '월정급여: 제외', '분류여부: 분류' 선택
- 코드란에서 F2를 눌러 '분류구분코드명: 직종별' 선택
- 순위(직종별) 코드란에서 F2를 눌러 '분류명: 생산직, 계산구분: 금액' 선택
- 하단의 금액/계산식에 '100,000원' 입력

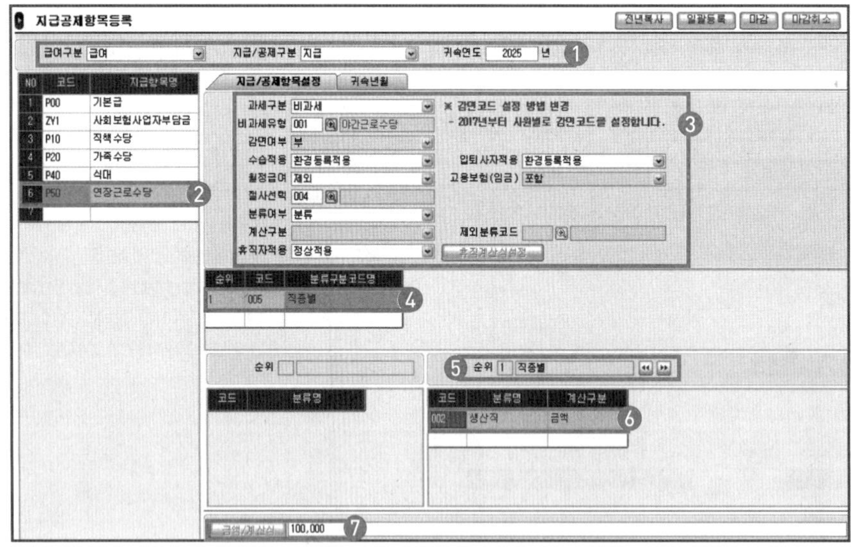

실무 연습문제 지급공제항목등록 – 영업촉진비

(주)채움전자의 급여 중 지급항목에 대한 규정이다. 자동계산될 수 있도록 ERP 시스템에 설정하시오(단, 이외 필요한 조건은 프로그램 등록기준을 이용한다).

- P60.영업촉진비 항목을 [지급공제항목등록] 메뉴에 직접 등록한 후 지급 기준을 설정하시오.
- 과세여부: 과세 • 감면여부: 부 • 월정급여: 포함
- P60.영업촉진비: 직책에서 대표이사와 부장을 제외한 사원에게 100,000원씩 지급한다.

정답

- [지급공제항목등록] 메뉴에서 '지급항목명: P60.영업촉진비'를 직접 추가 입력한다.

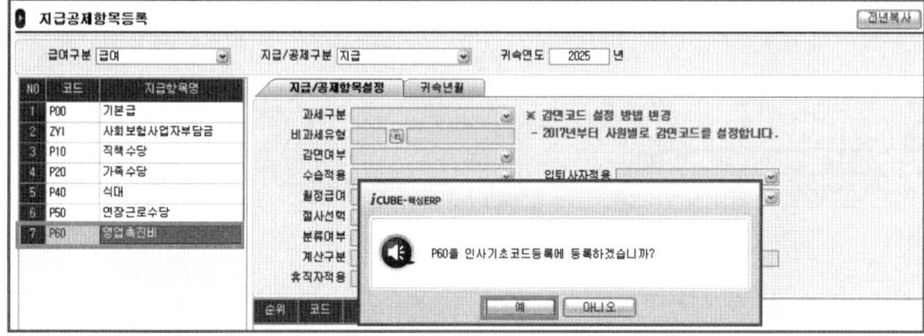

- '급여구분: 급여', '지급/공제구분: 지급', '귀속연도: 2025' 입력
- '지급항목명: 영업촉진비', '과세구분: 과세', '감면여부: 부', '월정급여: 포함', '분류여부: 제외조건' 선택
- '제외분류코드: 직책별' 선택
- 금액/계산식을 클릭하여 급여계산식 창의 제외조건코드 탭에서 '제외코드: 100.대표이사, 400.부장'을 선택하고 제외조건식에 '만족할 때: 0원, 아닐 때: 100,000원' 입력 후 적용

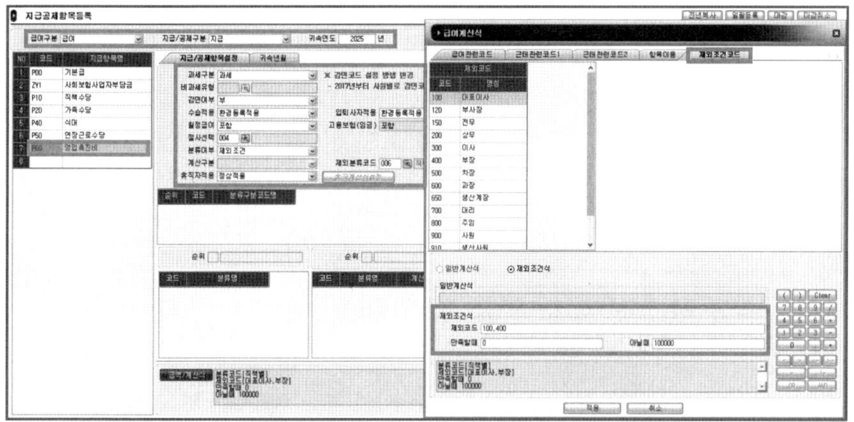

실무 연습문제 지급공제항목등록 – 급여 공제

(주)채움전자의 급여 중 공제항목에 대한 규정이다. 자동계산될 수 있도록 ERP 시스템에 설정하시오(단, 이외 필요한 조건은 프로그램 등록기준을 이용한다).

> S30.종교단체외지정기부금(노동조합비 등), 노동조합원에 한하여 10,000원씩 정액공제

정답

- '급여구분: 급여', '지급/공제구분: 공제', '귀속연도: 2025' 입력
- '지급항목명: 종교단체외지정기부금(노동조합비 등)' 선택
- '분류여부: 분류' 선택
- 코드란에서 F2를 눌러 '분류구분코드명: 노조별' 선택
- 순위(노조별) 코드란에서 F2를 눌러 '분류명: 여, 계산구분: 금액' 선택
- 금액/계산식에 '10,000원' 입력

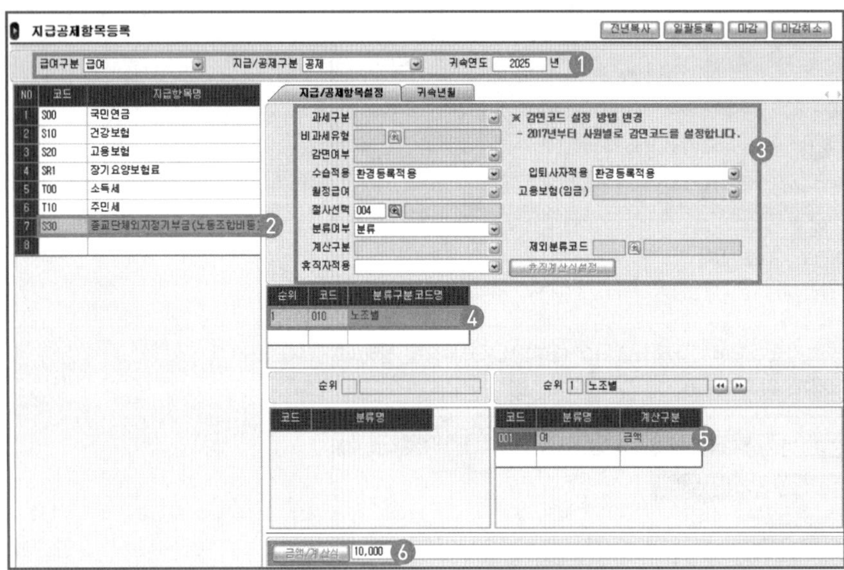

실무 연습문제 지급공제항목등록 – 상여 지급

(주)채움전자의 상여 지급에 관한 정보를 ERP 시스템에 등록하시오(단, 1순위는 직종별, 2순위는 급여형태로 입력하며 이외 필요한 조건은 프로그램 등록기준을 이용한다).

⊕ 기출 유형 파악하기
24년 4회 6번 I p.298

> 1. 지급항목(상여)
>   - 사무직 월급제(호봉테이블의 호봉합계) 지급
>   - 사무직 연봉제(책정임금의 월급) 지급
>   - 과세여부: 과세 • 감면여부: 부 • 월정급여: 포함
> 2. 공제항목
>   고용보험, 소득세, 주민세

정답

[사무직 월급제 작업 순서]
- '급여구분: 상여', '지급/공제구분: 지급', '귀속연도: 2025' 입력
- '지급항목명: 상여', '과세구분: 과세', '감면여부: 부', '월정급여: 포함', '분류여부: 분류' 선택

- 코드란에서 F2를 눌러 '분류구분코드명: 직종별, 급여형태' 선택
- 순위(직종별) 코드란에서 F2를 눌러 '분류명: 사무직' 선택
- 순위(급여형태) 코드란에서 '분류명: 월급', '계산구분: 계산' 선택
- 급여계산식 창의 급여관련코드 탭에서 '호봉관리: 호봉합계' 선택

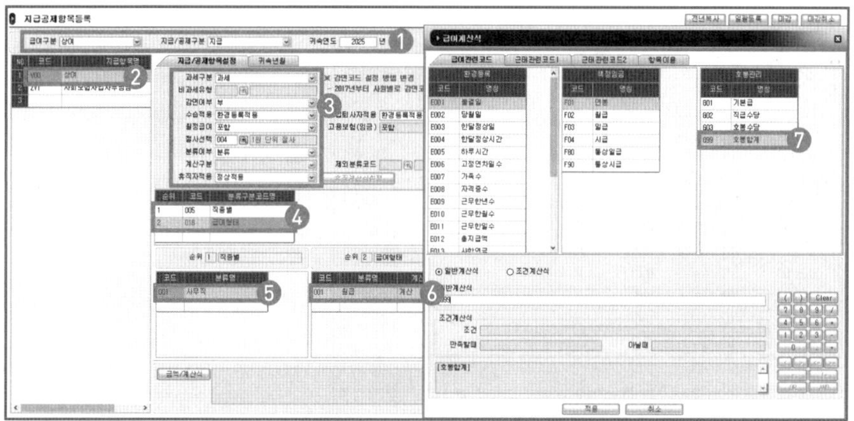

[사무직 연봉제 작업 순서(위 작업 순서와 동일)]

- 순위(직종별) 코드란에서 F2를 눌러 '분류명: 사무직' 선택
- 순위(급여형태) 코드란에서 '분류명: 연봉, 계산구분: 계산' 선택
- 급여계산식 창의 급여관련코드 탭에서 '책정임금: 월급' 선택

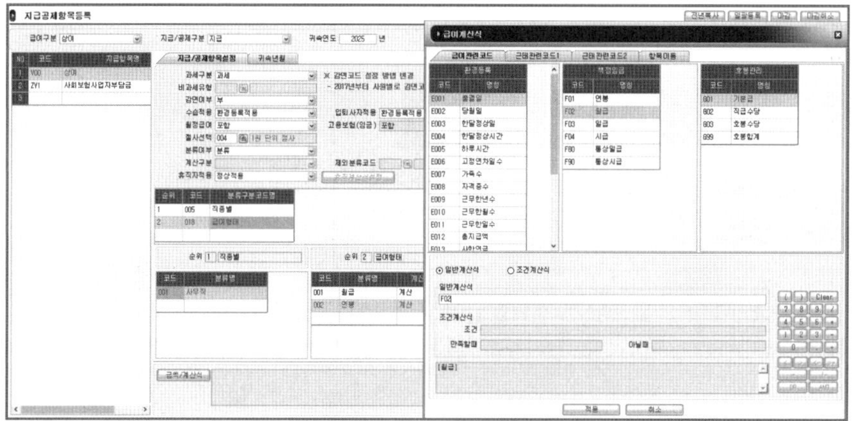

[공제항목 작업 순서]

- '급여구분: 상여', '지급/공제구분: 공제', '귀속연도: 2025' 입력
- '고용보험', '소득세', '주민세'를 각각 클릭하여 귀속년월 탭을 확인

TIP

[지급공제항목등록] 메뉴 작업 후 확인 시 귀속년월 탭에서 조회된 내용이 왼쪽 화면과 다를 수 있다. 다음 작업 메뉴인 (7) 급/상여지급일자등록 입력 후 확인하면 자동으로 체크되어 있다.

- '급여구분: 급여', '지급/공제구분: 공제', '귀속연도: 2025' 입력
- '고용보험', '소득세', '주민세'를 각각 클릭하여 귀속년월 탭을 확인

지급공제항목등록

전년복사 | 일괄등록 | 마감 | 마감취소

급여구분 급여 | 지급/공제구분 공제 | 귀속연도 2025 년

NO	코드	지급항목명
1	S00	국민연금
2	S10	건강보험
3	S20	고용보험
4	S30	종교단체외지정기부금(노동조합비
5	SR1	장기요양보험료
6	T00	소득세
7	T10	주민세
8		

지급/공제항목설정 | 귀속년월

NO	귀속월	지급일자	동시발행	급여구분	순번	
1	2025/01	2025/01/25	분리	급여	1	☑
2	2025/02	2025/02/25	분리	급여	1	☑
3	2025/03	2025/03/25	분리	급여	1	☑
4	2025/04	2025/04/25	분리	급여	1	☑
5	2025/05	2025/05/25	분리	급여	1	☑
6	2025/06	2024/06/25	동시	급여,상여	1	☑
7	2025/07	2025/07/25	분리	급여	1	☑
8	2025/08	2025/08/25	분리	급여	1	☑
9	2025/09	2025/09/25	분리	급여	1	☑
10	2025/10	2025/10/25	분리	급여	1	☑
11	2025/11	2025/11/25	분리	급여	1	☑
12	2025/12	2025/12/25	동시	급여,상여	1	☑

> **TIP**
> 급여나 상여 지급 및 공제 시 귀속연도는 프로그램에 자동 반영되기 때문에 각 탭에서 각각 클릭해 주는 절차를 생략해도 된다. 혹시 반영이 안 된다면 각각 클릭하여 확인하거나 프로그램 오류일 수 있으므로 재로그인하는 방법을 추천한다.

(7) 급/상여지급일자등록

ERP 메뉴 찾아가기

인사/급여관리 ▸ 기초환경설정 ▸ 급/상여지급일자등록

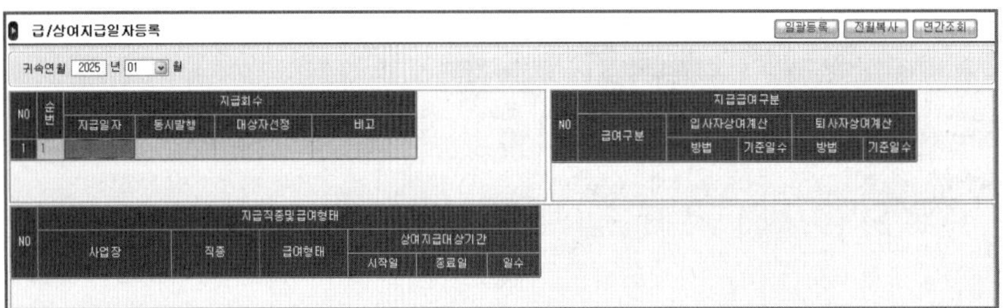

급여와 상여를 지급하는 일자를 등록하는 메뉴이다. 중도 입·퇴사자에 대한 급여 지급 방식은 [인사/급여환경설정] 메뉴에서, 상여 지급 방식은 [급/상여지급일자등록] 메뉴에서 입력한다.

사업장, 직종, 급여형태별로 각각 입력할 수 있으며, 일괄등록 기능을 이용해 해당하는 조건만 선택하여 일괄적으로 등록할 수도 있다.

> **TIP**
> 매월 급/상여지급일자를 등록해도 되지만, 매월 지급일자가 동일한 경우 '전월복사' 기능을 이용한다.

① 동시발행

001.동시	급여와 상여를 동시에 지급하는 경우(급여와 상여를 같은 지급일자에 등록 가능)
002.분리	급여와 상여를 별도로 지급하는 경우

② 대상자 선정

0.직종및급여형태별	• [지급직종 및 급여형태]에 반영된 정보와 일치하는 대상자만 [상용직 급여입력 및 계산] 메뉴에 자동으로 반영됨 • [지급직종 및 급여형태]에 반영되지 않은 대상자는 [상용직 급여입력 및 계산] 메뉴에서 임의로 조회하여 추가할 수 없음
1.사용자직접등록	• [지급직종 및 급여형태]에 반영된 정보와 일치하는 대상자는 [상용직 급여입력 및 계산] 메뉴에서 직접 [대상자선정]을 진행하여 대상자를 반영함 • [지급직종 및 급여형태]에 반영된 정보와 일치하지 않는 대상자는 [상용직 급여입력 및 계산] 메뉴에서 임의로 조회하여 추가할 수 없음

③ 상여지급대상기간: 대상자를 선정하는 기준이며, 산출적용기간을 의미한다. 상여지급 대상 기간 동안의 해당 입/퇴사자 상여계산 설정 시 적용되며 상여세액 계산과는 관계 없다.

실무 연습문제 급/상여지급일자등록

(주)채움전자의 급/상여지급일자등록과 관련된 내용이다. 해당 사항을 적절히 입력하시오.

+ 기출 유형 파악하기
25년 1회 6번 | p.277

• 당월 급여는 매월 25일에 지급하고, 6월과 12월에는 상여금을 지급한다. 급여와 상여금은 동시에 지급한다.

[급여 대상자]

본사 사무직(월급, 연봉)	본사 생산직(시급)
지점 사무직(월급)	지점 생산직(시급)

• 신입사원과 퇴사자의 상여금은 일할 계산하여 지급한다.
• 1월부터 12월까지의 1년분에 대한 급/상여지급일을 등록한다.
• 상여금은 사무직(전체)에게 지급한다.
• 입사자와 퇴사자의 상여지급시 '일할' 지급한다.

정답

[2025년 1월 급/상여지급일자등록]

• '귀속연월: 2025/01' 선택 후 '지급일자: 2025/01/25', '동시발행: 분리', '대상자선정: 직종및급여형태별', '급여구분: 급여' 입력
• 우측 상단의 '일괄등록' 버튼을 클릭하고 '사업장: 본사, 천안지점'의 해당 내용을 선택한 후 적용

〈본사〉

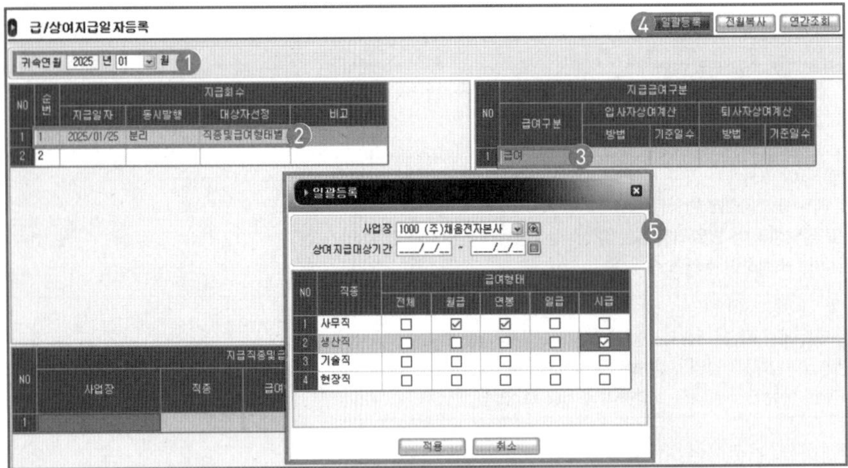

〈지점〉

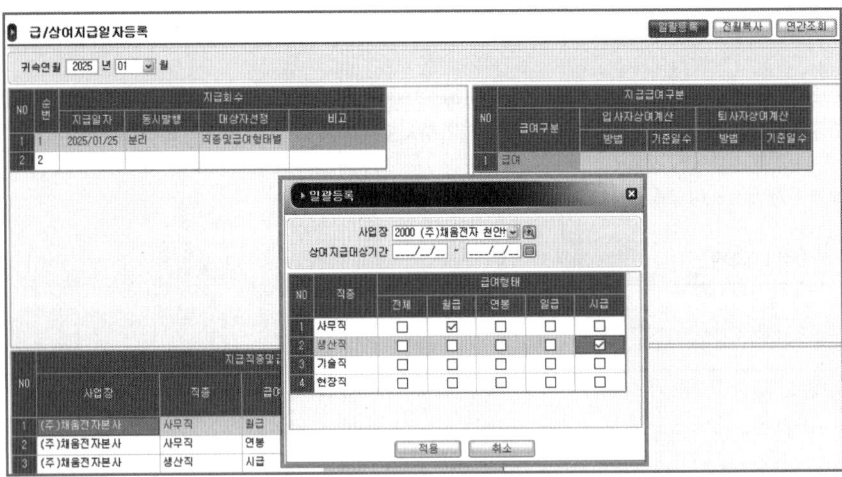

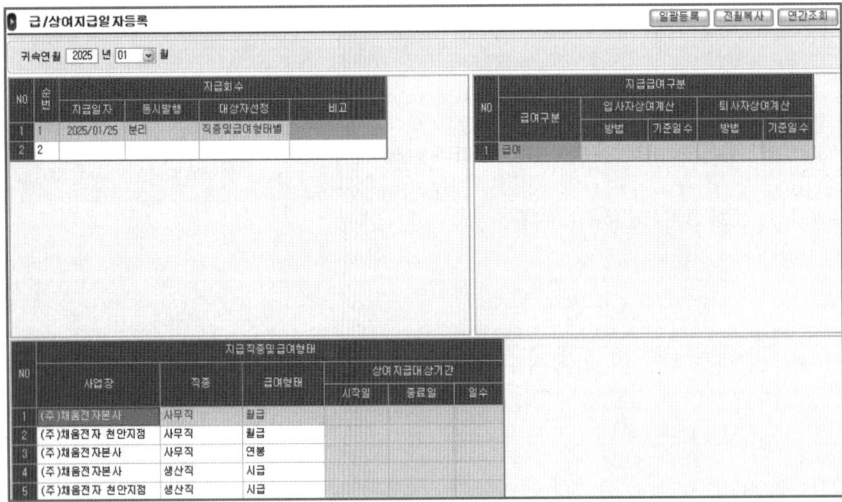

[2025년 2월~5월, 7월~11월 전월복사 입력]

- '귀속연월: 2025/02' 선택
- 우측 상단의 '전월복사' 버튼을 클릭하고 전월 내역 선택
- '지급일자: 2025/02/25'로 수정
- 3월~5월, 7월~11월도 동일한 방법으로 입력

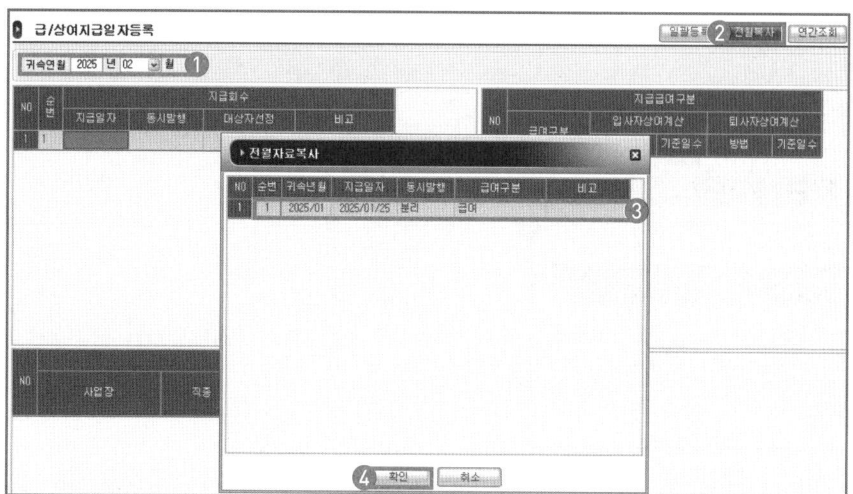

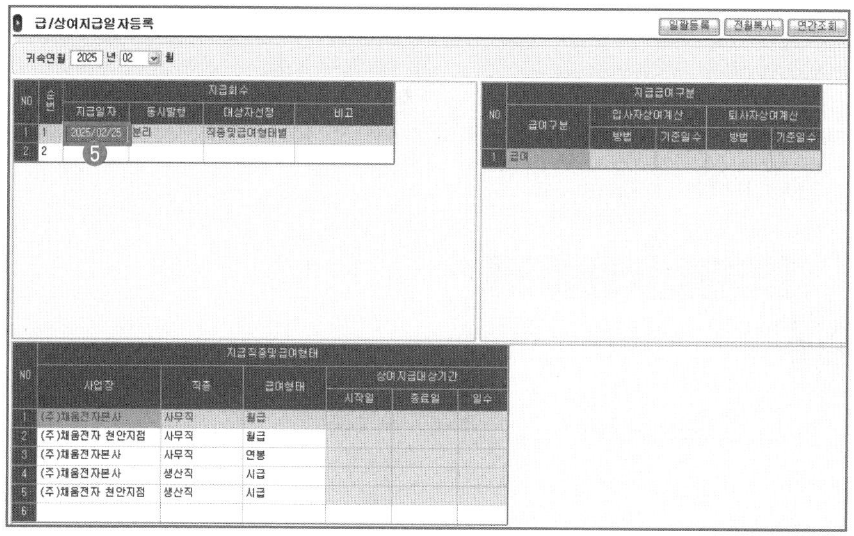

[2025년 6월 급/상여지급일자등록]

- '귀속연월: 2025/06' 선택 후 '지급일자: 2025/06/25', '동시발행: 동시', '대상자선정: 직종및급여형태별', '급여구분: 급여' 입력
- 우측 상단의 '일괄등록' 버튼을 클릭하고 '사업장: 본사, 천안지점'의 해당 내용을 선택한 후 적용

〈본사-6월 급여〉

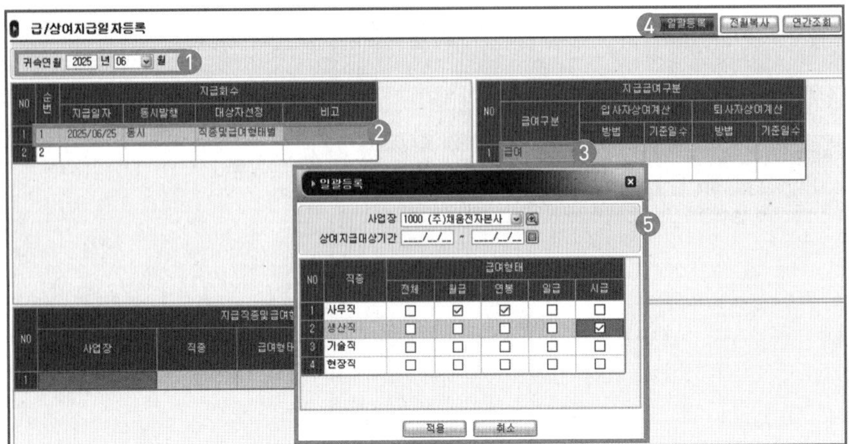

〈지점-6월 급여〉

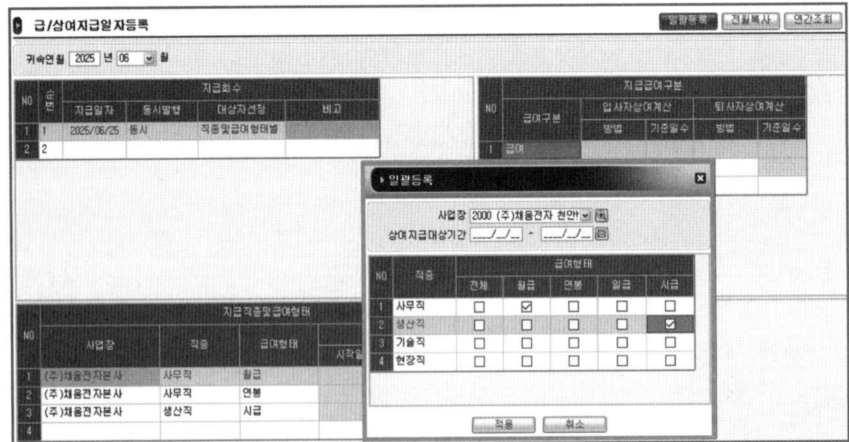

- '귀속연월: 2025/06' 선택 후 '지급일자: 2025/06/25', '동시발행: 동시', '대상자선정: 직종및급여형태별' 선택
- '급여구분: 상여, 입·퇴사자상여계산 방법: 일' 선택
- 우측 상단의 '일괄등록' 버튼을 클릭하고 '사업장: 본사/지점', '상여지급대상기간: 2025/01/01~2025/06/30' 입력, 사무직 급여형태 전체 선택 후 적용

〈본사/지점-6월 상여〉

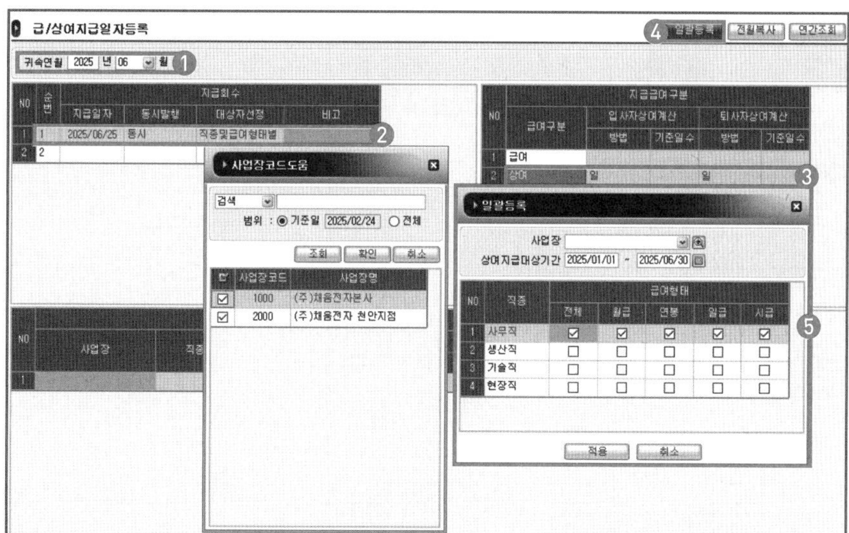

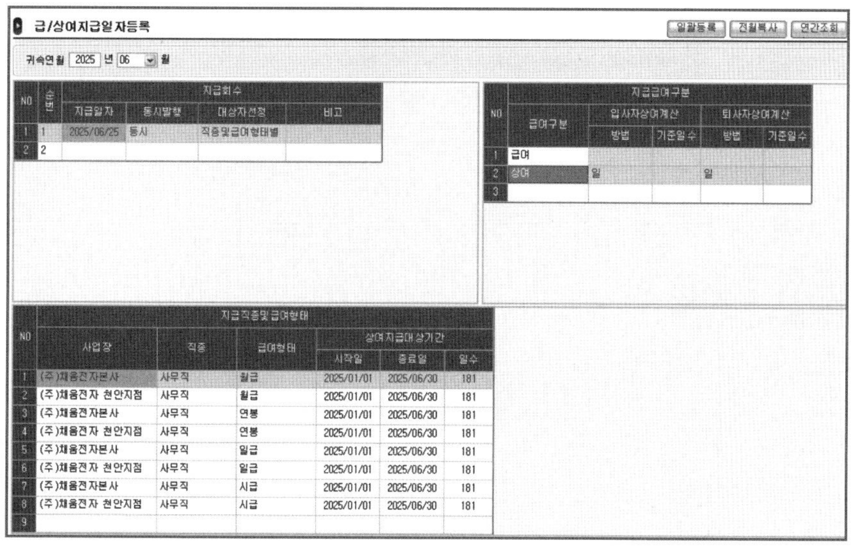

급/상여지급일자등록

귀속연월 2025 년 06 월

NO	순번	지급일자	동시발행	대상자선정	비고
1	1	2025/06/25	동시	직종및급여형태별	
2	2				

NO	급여구분	입사자상여계산 방법	입사자상여계산 기준일수	퇴사자상여계산 방법	퇴사자상여계산 기준일수
1	급여				
2	상여	일		일	
3					

NO	사업장	직종	급여형태	상여지급대상기간 시작일	종료일	일수
1	(주)채움전자본사	사무직	월급	2025/01/01	2025/06/30	181
2	(주)채움전자 천안지점	사무직	월급	2025/01/01	2025/06/30	181
3	(주)채움전자본사	사무직	연봉	2025/01/01	2025/06/30	181
4	(주)채움전자 천안지점	사무직	연봉	2025/01/01	2025/06/30	181
5	(주)채움전자본사	사무직	일급	2025/01/01	2025/06/30	181
6	(주)채움전자 천안지점	사무직	일급	2025/01/01	2025/06/30	181
7	(주)채움전자본사	사무직	시급	2025/01/01	2025/06/30	181
8	(주)채움전자 천안지점	사무직	시급	2025/01/01	2025/06/30	181
9						

[2025년 12월 전월복사(상여)]

- '귀속연월: 2025/12' 선택
- 우측 상단의 '전월복사' 버튼을 클릭하고 '지급일자: 2025/06/25' 내역을 선택
- '지급일자: 2025/12/25', '상여지급대상기간 시작일: 2025/07/01, 종료일: 2025/12/31'로 수정

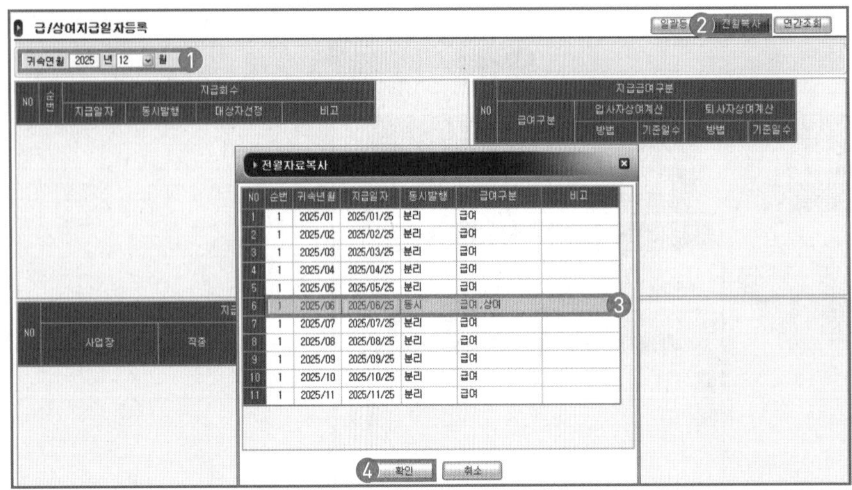

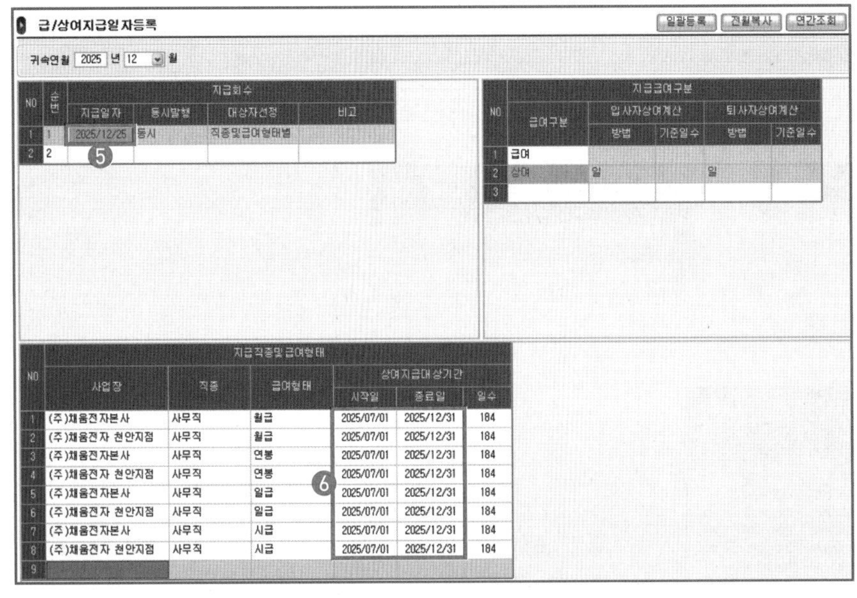

TIP

상여지급대상기간의 시작일과 종료일은 '종료일 → 시작일' 순으로 수정해야 한다.

(8) 인사정보등록

인사/급여관리 ▶ 인사관리 ▶ 인사정보등록

[인사정보등록] 메뉴는 인사관리 사원의 인적정보, 재직정보, 급여정보를 등록·관리하는 메뉴이다. 사원 목록에서 [시스템관리]-[회사등록정보]-[사원등록] 메뉴에 입력된 사원의 자료를 조회할 수 있으며 [시스템관리]-[회사등록정보]-[사용자권한설정] 메뉴에서 적용한 조회권한의 범위에 해당하는 사원만 조회된다.

실무 연습문제 인사정보등록

(주)채움전자의 사원에 대한 인사정보를 ERP 시스템에 등록하시오(표기하지 않은 정보는 입력하지 않아도 되며, 모든 주민등록번호는 정확하다고 가정할 것).

〈한두희〉

인사기초정보					
사번	2009001	성명	한두희	영문성명	–
주민등록번호	701010-1245917	생년월일	1970/10/10	E-mail	123@naver.com
주소	서울특별시 강남구 역삼로 109			전화번호	02-2602-4821
비상연락	010-1111-0001	입사일	2009/01/01	계정유형	임원계정
고용형태	상용직	직책	대표이사	직급	대표이사
급여형태	연봉	직종	사무직	호봉	–
세대주여부	여	장애인구분	비해당	거주자구분	거주자
국적(관리용)	대한민국	국적(신고용)	KR.한국		
급여공제정보					
국민연금	7,500,000원	건강보험(월평균보수액)	7,500,000원	건강보험증 NO.	5-2222
고용보험	7,500,000원	노조가입	부	급여이체은행	국민은행
계좌번호	123-02-123456				
책정임금					
책정임금	2025/01/01		지급코드	연봉 90,000,000원	

정답

- 인적정보 탭

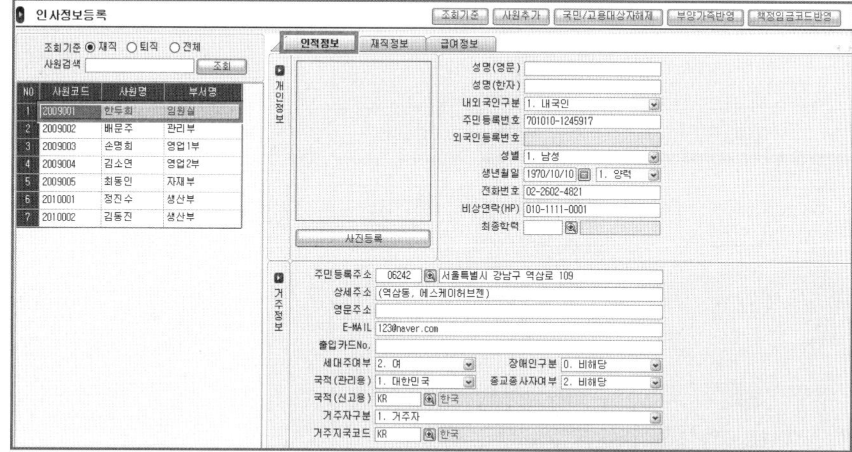

⊕ 기출 유형 파악하기
24년 4회 7번 | p.299

TIP

고용보험 가입대상은 근로자를 사용하지 않거나, 50인 미만 근로자를 사용하는 자영업자(개인사업장은 사업주, 법인은 대표이사)로, 가입대상 자영업자는 법 소정의 요건을 갖춘 자에 한한다.

• 재직정보 탭

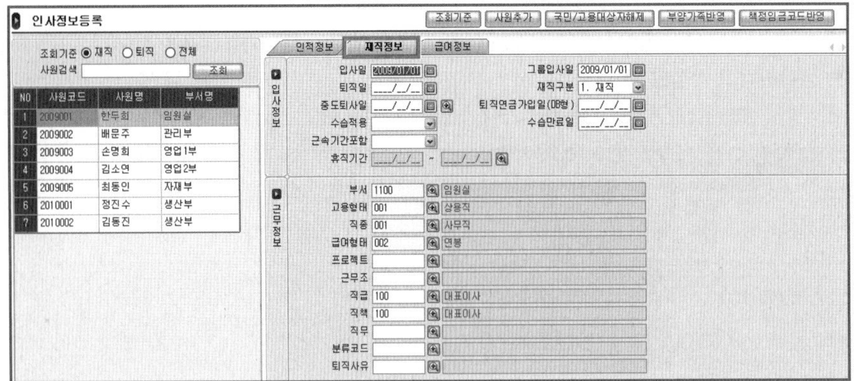

• 급여정보 탭

  – 국민연금: 기준소득 상한선 6,170,000원, 기준소득 하한선 390,000원이다. '한두희' 사원의 국민연금은 7,500,000원으로 최고 상한선인 6,170,000원을 입력하여 계산한다. (하한선 미만은 하한선 입력, 상한선 초과는 상한선 입력, 하한선~상한선일 경우 제시된 금액을 입력한다.)

  – 건강보험, 고용보험: 급여공제정보에 제시된 금액을 입력하여 계산한다.

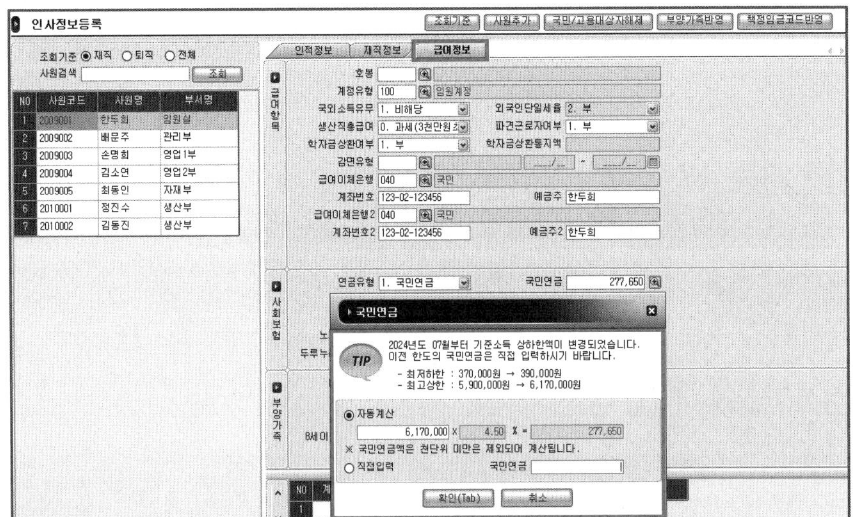

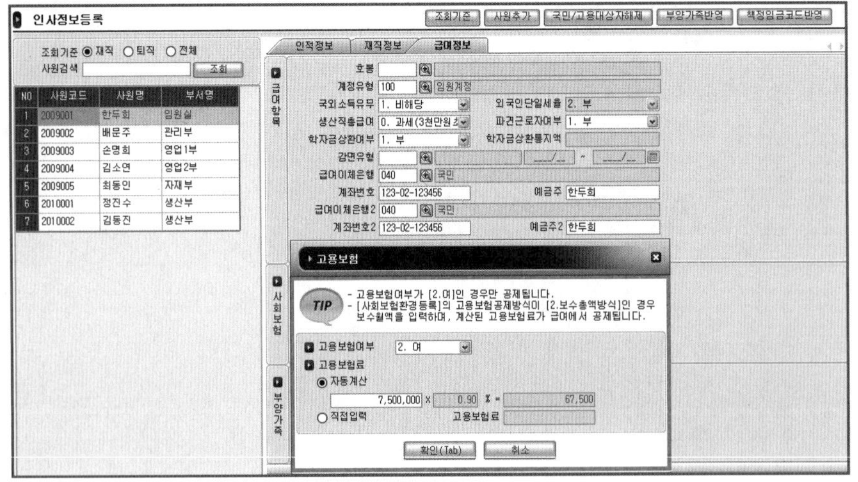

TIP

상한액은 2025년 기준이므로 2026년에는 입력이 되지 않는다. 이 경우 '직접입력'을 선택하여 금액을 입력하고 CHAPTER 04부터 DB를 복원하여 학습한다.

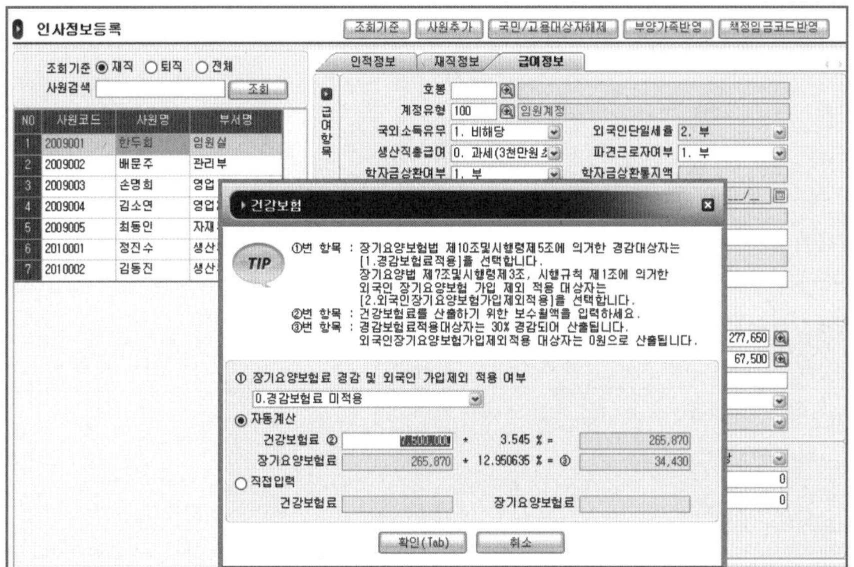

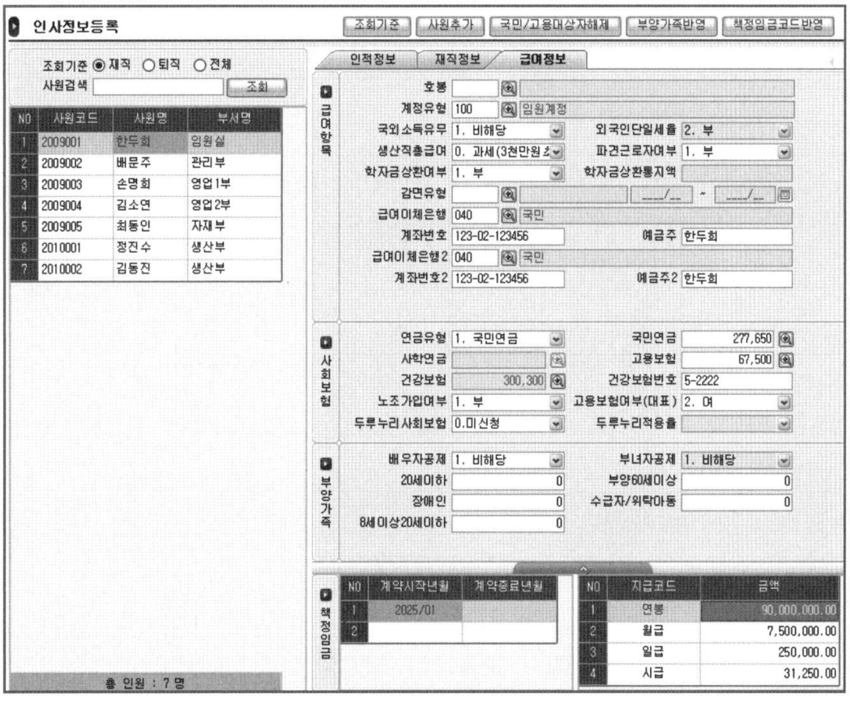

TIP

- 연봉을 입력하는 경우 책정임금의 계약시작년월을 입력하고 '책정임금 계약을 추가하시겠습니까?' 창이 뜨면 '확인'을 누르고 입력한다.
- 책정임금 입력 시 금액란에 커서를 두고 Ctrl+F3을 눌러 암호입력 창에서 로그인 암호 입력 없이 확인을 클릭한 후 연봉을 입력한다.

〈배문주〉

인사기초정보					
사번	2009002	성명	배문주	영문성명	–
주민등록번호	810702 – 2154915	생년월일	1981/07/02	E–mail	456@naver.com
주소	서울특별시 노원구 공릉로27길 100			전화번호	02 – 3456 – 5678
비상연락	010 – 1111 – 0002	입사일	2009/01/01	계정유형	사원계정
고용형태	상용직	직책	부장	직급	부장
급여형태	월급	직종	사무직	호봉	3호봉
세대주여부	여	장애인구분	비해당	거주자구분	거주자
국적(관리용)	대한민국	국적(신고용)	KR.한국		
급여공제정보					
국민연금	6,330,000원	건강보험(월평균보수액)	6,330,000원	건강보험증 NO.	8 – 2222
고용보험	6,330,000원	노조가입	여	급여이체은행	국민은행
계좌번호	123 – 122 – 123456				

정답

• 인적정보 탭

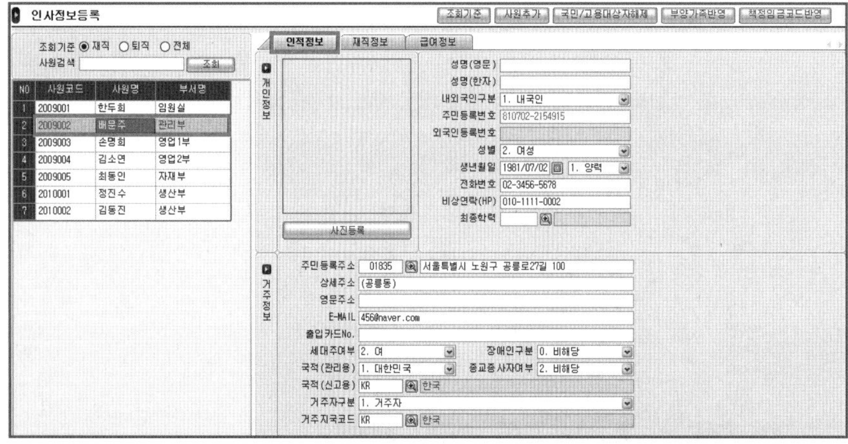

• 재직정보 탭

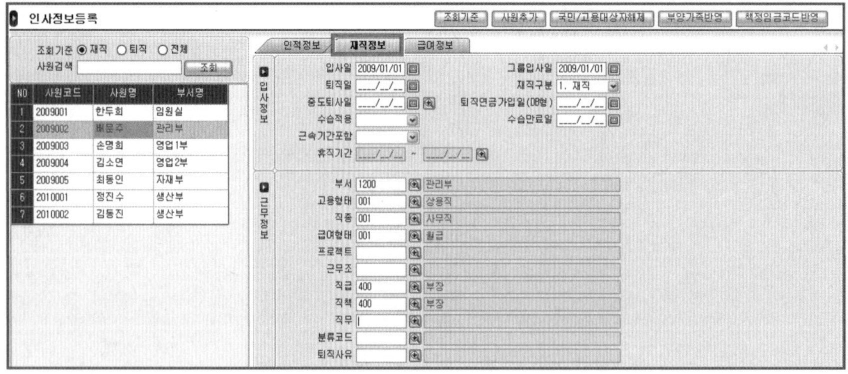

• 급여정보 탭

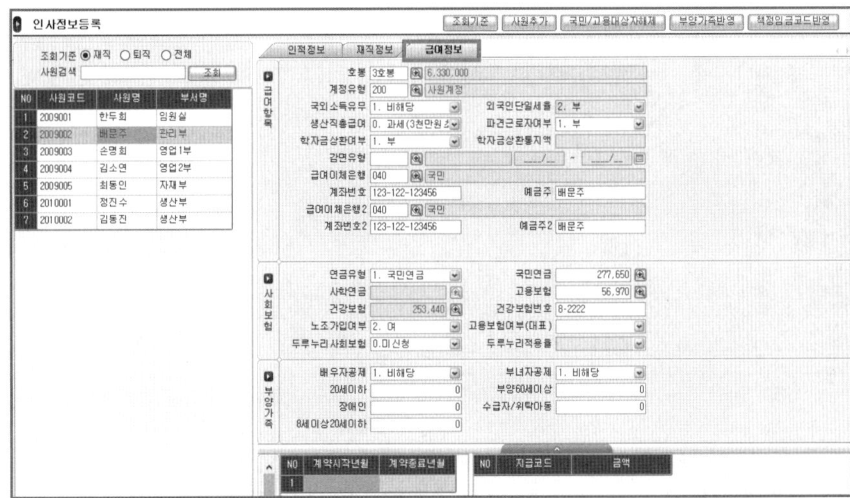

〈손명희〉

인사기초정보					
사번	2009003	성명	손명희	영문성명	–
주민등록번호	811102 – 2154325	생년월일	1981/11/02	E–mail	–
주소	서울특별시 마포구 월드컵로 31–15			전화번호	02 – 8811 – 5678
비상연락	010 – 1111 – 0003	입사일	2009/01/01	계정유형	사원계정
고용형태	상용직	직책	과장	직급	과장
급여형태	월급	직종	사무직	호봉	8호봉
세대주여부	여	장애인구분	비해당	거주자구분	거주자
국적(관리용)	대한민국	국적(신고용)	KR.한국		
급여공제정보					
국민연금	3,850,000원	건강보험 (월평균보수액)	3,850,000원	건강보험증 NO.	7 – 2222
고용보험	3,850,000원	노조가입	여	급여이체은행	카카오뱅크
계좌번호	458 – 122 – 123456				

정답

• 인적정보 탭

TIP

사회보험 항목 중 '고용보험여부(대표)'란에는 값을 입력하지 않는다.

• 재직정보 탭

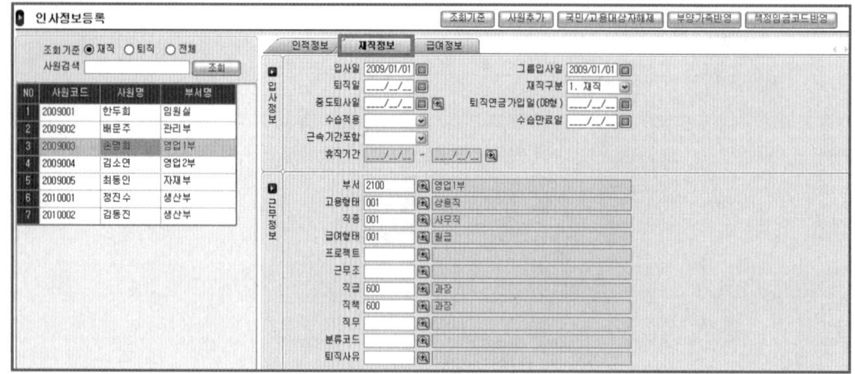

• 급여정보 탭

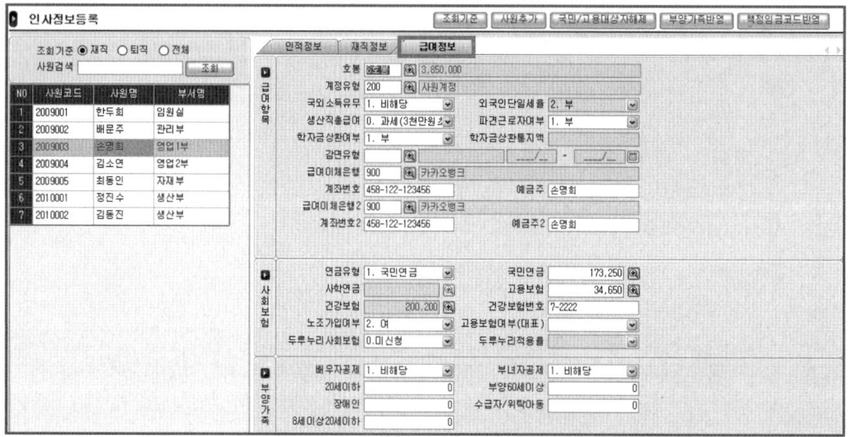

〈김소연〉

인사기초정보					
사번	2009004	성명	김소연	영문성명	–
주민등록번호	800505 – 2157272	생년월일	1980/05/05	E–mail	–
주소	서울특별시 구로구 신도림로 105			전화번호	02 – 755 – 5678
비상연락	010 – 1111 – 0005	입사일	2009/02/01	계정유형	사원계정
고용형태	상용직	직책	부장	직급	부장
급여형태	월급	직종	사무직	호봉	9호봉
세대주여부	여	장애인구분	비해당	거주자구분	거주자
국적(관리용)	대한민국	국적(신고용)	KR.한국		
급여공제정보					
국민연금	7,110,000원	건강보험 (월평균보수액)	7,110,000원	건강보험증 NO.	7 – 2221
고용보험	7,110,000원	노조가입	여	급여이체은행	우리은행
계좌번호	458 – 225 – 123456	학자금상환여부	여	학자금상환통지액	500,000

⊕ 기출 유형 파악하기

24년 3회 7번 l p.306

• 인적정보 탭

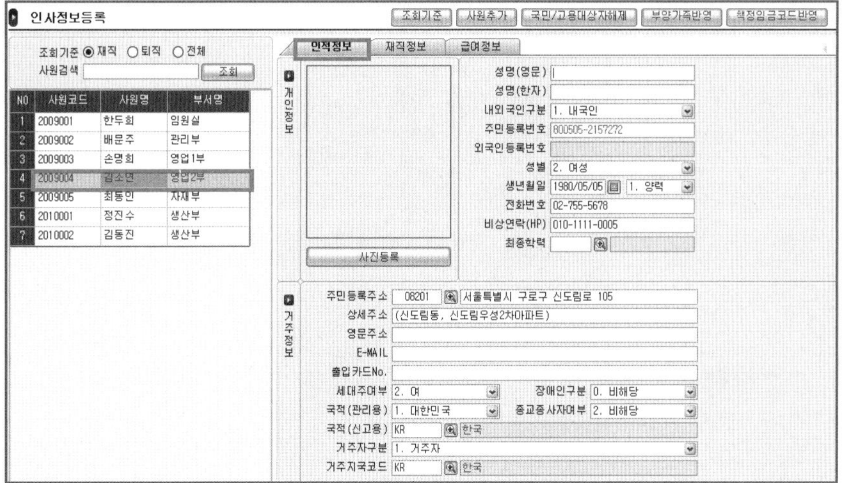

• 재직정보 탭

• 급여정보 탭

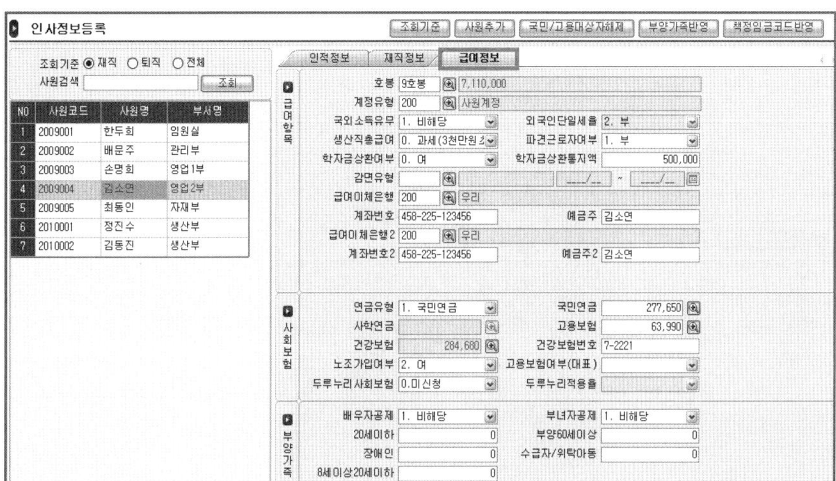

〈최동인〉

<table>
<tr><th colspan="6">인사기초정보</th></tr>
<tr><td>사번</td><td>2009005</td><td>성명</td><td>최동인</td><td>영문성명</td><td>–</td></tr>
<tr><td>주민등록번호</td><td>820131 – 1157782</td><td>생년월일</td><td>1982/01/31</td><td>E-mail</td><td>–</td></tr>
<tr><td>주소</td><td colspan="3">서울특별시 서대문구 통일로 103</td><td>전화번호</td><td>02 – 755 – 5678</td></tr>
<tr><td>비상연락</td><td>010 – 1111 – 0005</td><td>입사일</td><td>2009/03/01</td><td>계정유형</td><td>사원계정</td></tr>
<tr><td>고용형태</td><td>상용직</td><td>직책</td><td>대리</td><td>직급</td><td>대리</td></tr>
<tr><td>급여형태</td><td>월급</td><td>직종</td><td>사무직</td><td>호봉</td><td>9호봉</td></tr>
<tr><td>세대주여부</td><td>여</td><td>장애인구분</td><td>비해당</td><td>거주자구분</td><td>거주자</td></tr>
<tr><td rowspan="2">국적(관리용)</td><td rowspan="2">대한민국</td><td rowspan="2">국적(신고용)</td><td rowspan="2">KR.한국</td><td>수습적용</td><td>여</td></tr>
<tr><td>수습만료일</td><td>2009/05/31</td></tr>
<tr><th colspan="6">급여공제정보</th></tr>
<tr><td>국민연금</td><td>3,400,000원</td><td>건강보험
(월평균보수액)</td><td>3,400,000원</td><td>건강보험증
NO.</td><td>8 – 2222</td></tr>
<tr><td>고용보험</td><td>3,400,000원</td><td>노조가입</td><td>여</td><td>급여이체은행</td><td>신한은행</td></tr>
<tr><td>계좌번호</td><td colspan="5">235 – 225 – 123457</td></tr>
</table>

기출 유형 파악하기
24년 6회 7번 | p.285

정답

• 인적정보 탭

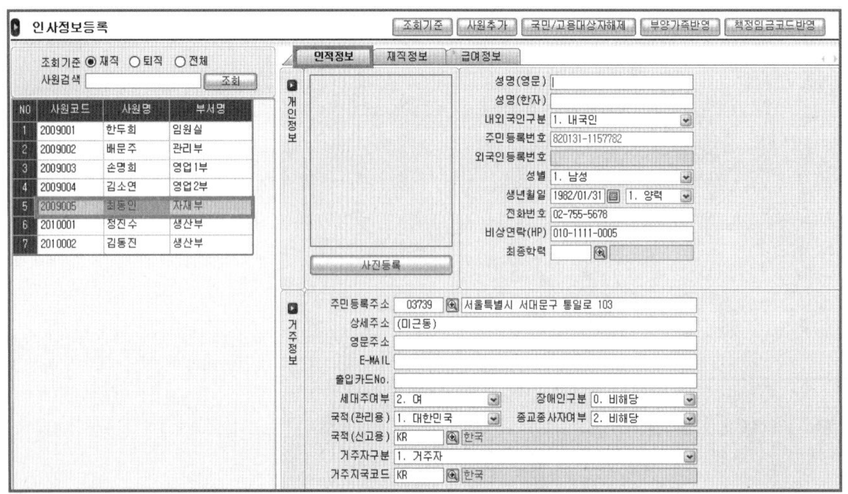

• 재직정보 탭

• 급여정보 탭

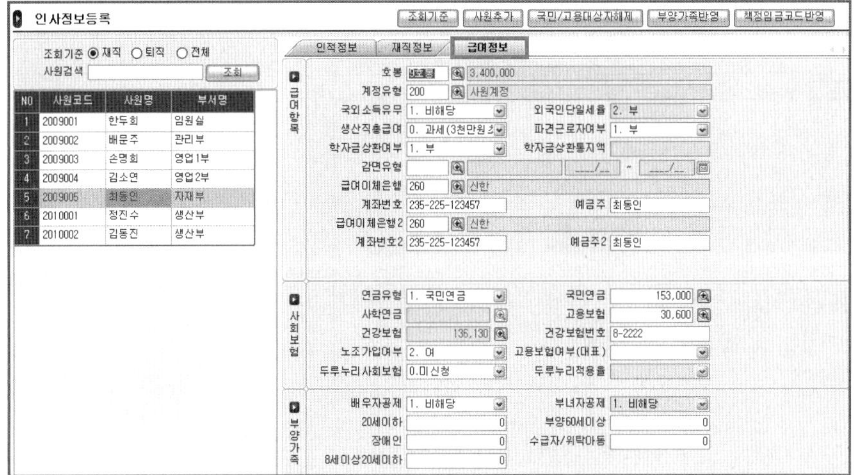

〈정진수〉

인사기초정보					
사번	2010001	성명	정진수	영문성명	–
주민등록번호	870406－1236455	생년월일	1987/04/06	E-mail	–
주소	충청남도 천안시 서북구 오성로 103			전화번호	041－555－5656
비상연락	010－1111－0006	입사일	2010/01/01	계정유형	제조계정
고용형태	상용직	직책	생산계장	직급	생산계장
급여형태	시급	직종	생산직	호봉	8호봉
세대주여부	여	장애인구분	비해당	거주자구분	거주자
국적(관리용)	대한민국	국적(신고용)	KR.한국		
급여공제정보					
국민연금	4,000,000원	건강보험 (월평균보수액)	4,000,000원	건강보험증 NO.	10－2222
고용보험	4,000,000원	노조가입	여	급여이체은행	카카오뱅크
계좌번호	1535－211－17255				
감면유형	중소기업취업감면(70%): 2024/01~2027/12				

⊕ 기출 유형 파악하기

24년 5회 11번 I p.292

정답

• 인적정보 탭

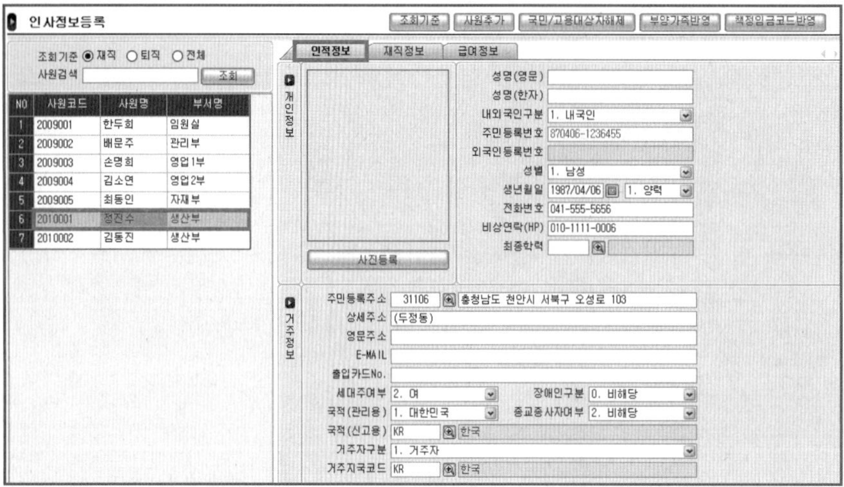

• 재직정보 탭

• 급여정보 탭

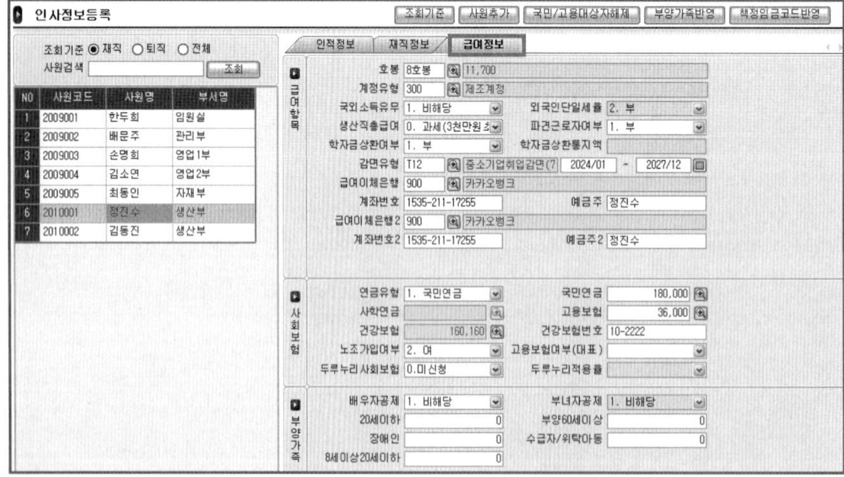

〈김동진〉

인사기초정보					
사번	2010002	성명	김동진	영문성명	–
주민등록번호	880710 – 1237724	생년월일	1988/07/10	E–mail	–
주소	충청남도 천안시 서북구 두정로 108			전화번호	041 – 544 – 5657
비상연락	010 – 1111 – 0007	입사일	2010/02/01	계정유형	제조계정
고용형태	상용직	직책	생산사원	직급	생산사원
급여형태	시급	직종	생산직	호봉	6호봉
세대주여부	여	장애인구분	비해당	거주자구분	거주자
국적(관리용)	대한민국	국적(신고용)	KR.한국		
급여공제정보					
국민연금	2,800,000원	건강보험 (월평균보수액)	2,800,000원	건강보험증 NO.	12 – 2222
고용보험	2,800,000원	노조가입	여	급여이체은행	신한은행
계좌번호	4235 – 325 – 123457				
휴직정보	• 휴직기간: 2025/05/01~2025/05/31(복직일: 2025/06/01) • 휴직코드: 100.휴직([인사기초코드등록] 메뉴에 직접 추가하여 입력) • 휴직지급율: 70% • 퇴직기간 적용: 안함				

정답

• 인적정보 탭

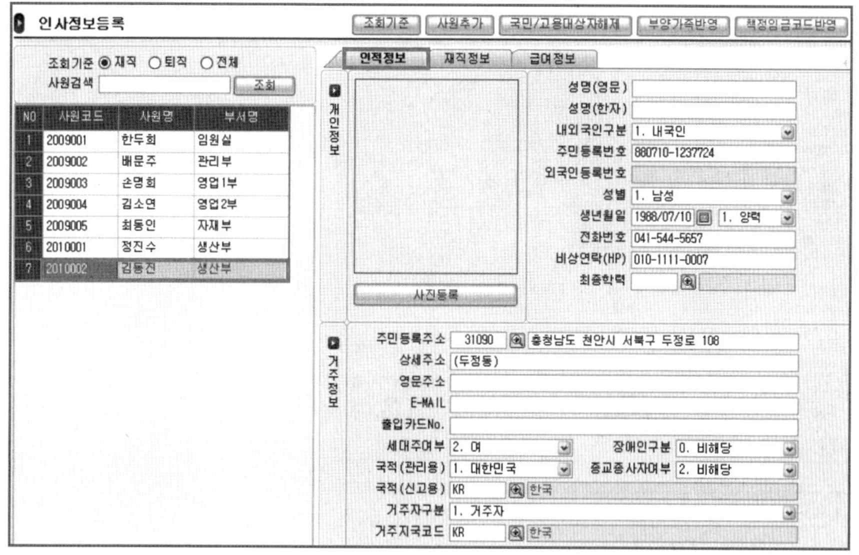

기출 유형 파악하기
24년 5회 7번 I p.292

• 재직정보 탭

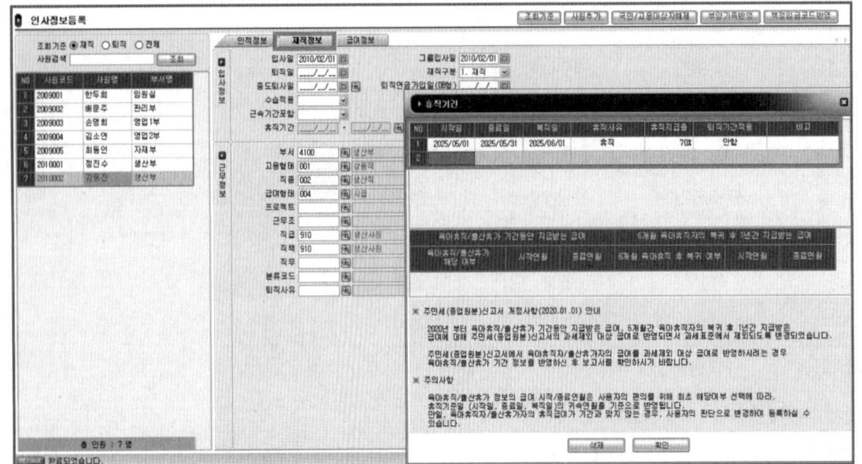

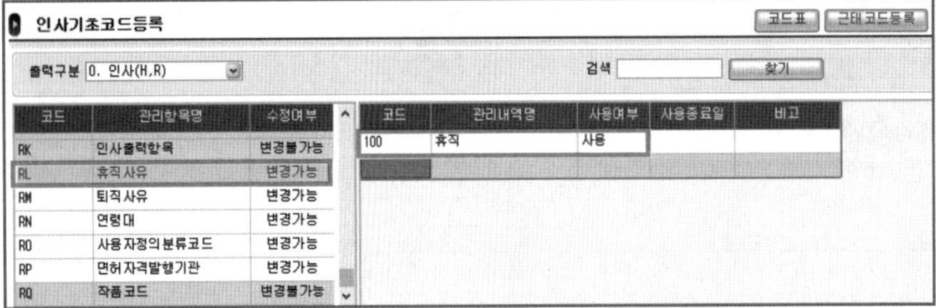

• 급여정보 탭

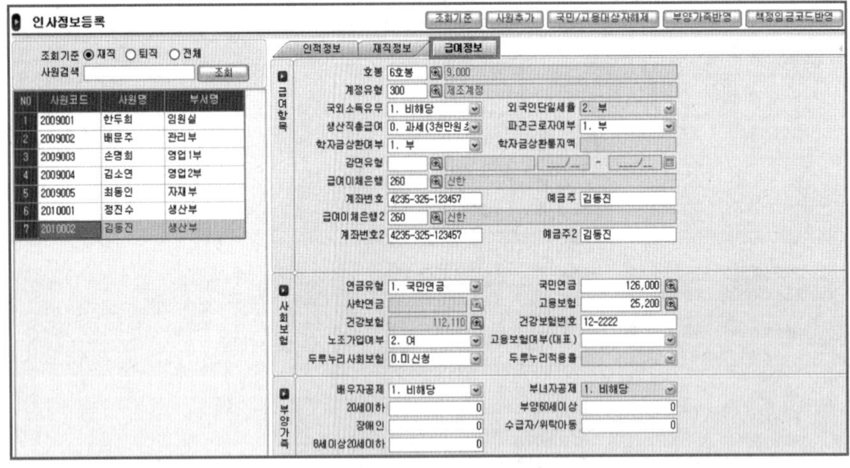

TIP

휴직기간을 클릭하여 휴직정보 입력 시 휴직사유란에서 F2를 누르고 [인사기초코드등록] 메뉴에 직접 추가한 휴직코드를 입력한다.

(9) 인사기록카드와 인사기록카드2

인사/급여관리 ▸ 인사관리 ▸ 인사기록카드

실무 연습문제 인사기록카드

(주)채움전자의 배문주 사원에 대한 기타 인사정보를 ERP 시스템의 [인사기록카드]와 [인사기록카드2] 메뉴에 등록하시오.

배문주 사원의 인사기록카드와 인사기록카드2

- 성명: 배문주(사원코드: 2009002)
- 부양가족 현황

사원코드	부양관계	주민등록번호	동거여부	수당	비고
배철재	부	551212-1468175	여	해당	일용직 근로소득 6,000,000원
홍희순	모	580420-2458561	여	해당	근로소득 5,000,000원(타소득 없음)

- 학력 및 학과(150.홍익대학교 대학원 등록): 2014/03/03 ~ 2016/02/23, 홍익대학교 대학원 경영학과 졸업(소재지: 서울)
- 경력: 삼정물류(2003/03/15 ~ 2006/07/31), 담당업무: 총무, 직위: 대리, 근속기간: 포함
- 면허자격
  - ERP정보관리사 인사 1급(취득일: 2010/08/31, 발행기관: 한국생산성본부, 수당: 해당)
  - ERP정보관리사 회계 1급(취득일: 2010/08/31, 발행기관: 한국생산성본부, 수당: 해당)
- 동호회: 수영동호회(가입일자: 2003/01/01)

정답

- [인사기록카드] 메뉴의 가족 탭

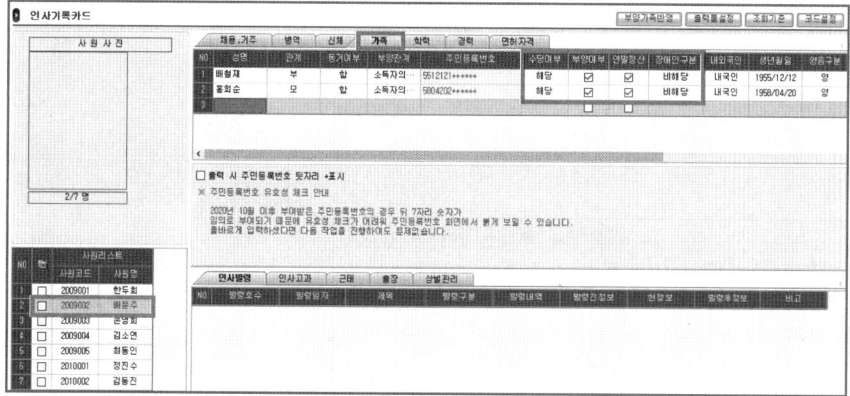

- 프로그램상 동거여부는 동거 중인 경우 '함', 동거 중이지 않은 경우 '안함'으로 표시한다.
- 주민등록번호는 정확한 것으로 가정한다.
- 수당여부 항목을 '해당'으로 등록한 경우에는 계산식에 적용되어 급여에 가족수당이 반영된다.
- '부양여부'에 체크된 가족은 기본공제 대상자에 해당하는 부양가족을 의미한다.
- '연말정산'에 체크된 가족은 [연말정산자료입력] 메뉴의 부양가족명세에 자동 반영된다.

기본공제 대상자

- 기본요건
  - **연령**: 20세 이하 또는 60세 이상
  - **연간 소득금액 합계액**: 100만원 이하(총급여 500만원 이하의 근로소득만 있는 부양가족 포함)
- **당해 거주자(본인)**: 무조건 기본공제 대상임
- **배우자**: 연간 소득금액이 100만원 이하인 자(연령 요건은 없음)
- **부양가족(배우자의 직계존속 · 형제자매 포함)**: 연간 소득금액이 100만원 이하인 자로서 당해 거주와 생계를 같이하는 다음의 자
  - **직계존속(계부 · 계모 포함)**: 60세 이상인 자
  - **직계비속(재혼한 경우 배우자의 비속 포함)과 동거 입양자**: 20세 이하인 자(이 경우 해당 직계비속(입양자)과 그 배우자가 모두 장애인인 경우 그 배우자 포함)
  - **형제자매**: 20세 이하 또는 60세 이상인 자
  - 「국민기초생활보장법」 제2조 제2호의 수급자
  - 6개월 이상 양육한 위탁아동

- [인사기록카드] 메뉴의 학력 탭

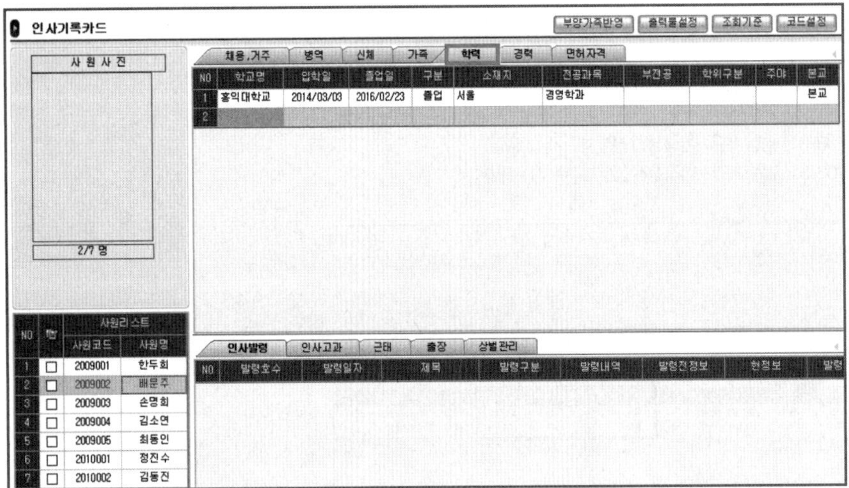

- [인사기록카드] 메뉴의 경력 탭

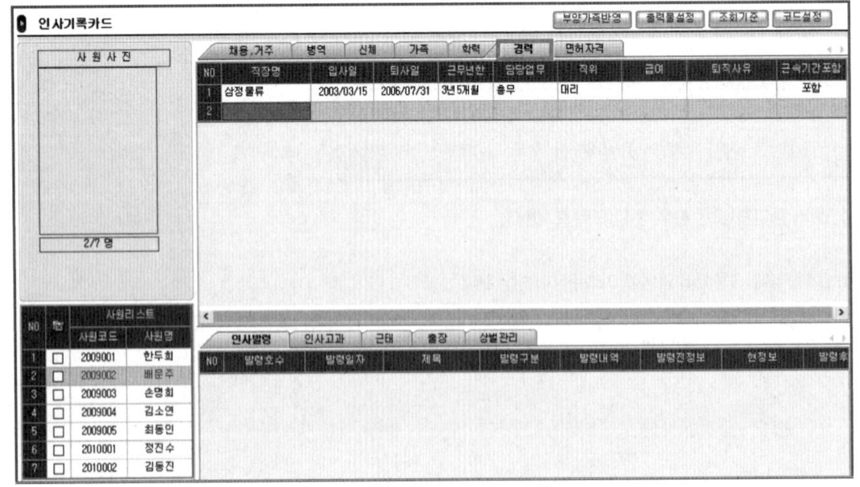

TIP

학교명은 F2를 누르고 입력하며, 해당 학교가 등록되어 있지 않다면 [인사/급여관리]-[기초환경설정]-[인사기초코드등록] 메뉴의 '관리항목명: HY. 학교'에 등록한 후 [인사기록카드] 메뉴에 반영한다(해당 란에 직접 입력도 가능).

• [인사기록카드] 메뉴의 면허자격 탭

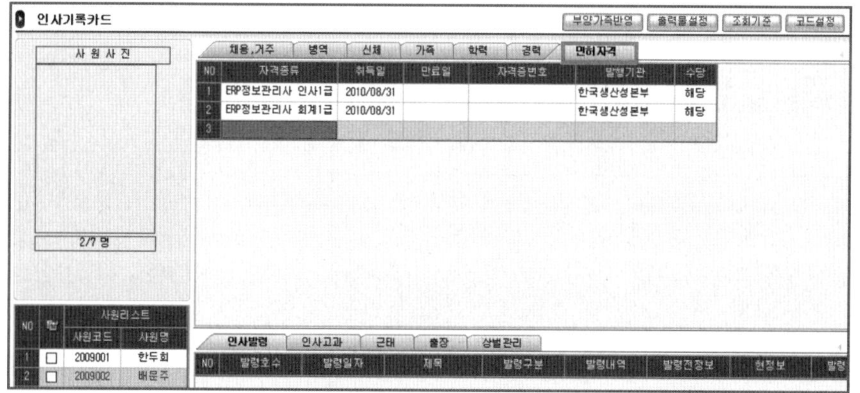

NO	자격종류	취득일	만료일	자격증번호	발행기관	수당
1	ERP정보관리사 인사1급	2010/08/31			한국생산성본부	해당
2	ERP정보관리사 회계1급	2010/08/31			한국생산성본부	해당
3						

• [인사기록카드2] 메뉴의 동호회 탭

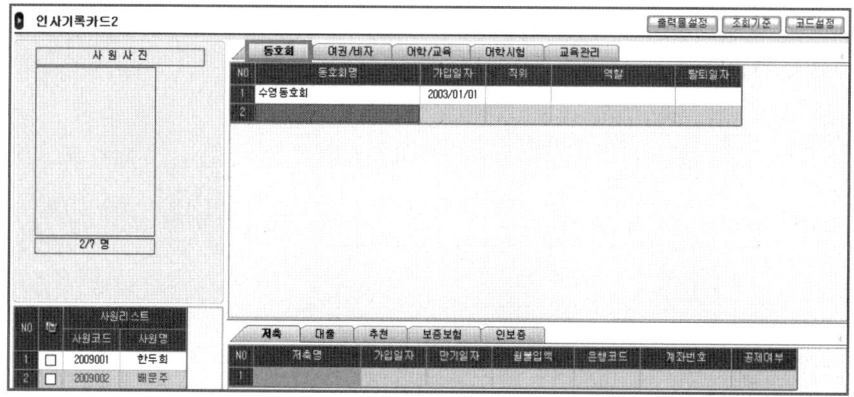

NO	동호회명	가입일자	직위	역할	탈퇴일자
1	수영동호회	2003/01/01			
2					

실무 연습문제 인사기록카드 – 부양가족

다음은 (주)채움전자 직원들의 부양가족 사항이다. ERP 시스템에 부양가족을 등록하시오(단, 별도의 조건이 있는 경우를 제외하고 부양가족대상, 연말정산 소득공제 대상이라고 가정할 것).

⊕ 기출 유형 파악하기
25년 1회 9번 I p.278

〈김소연〉

성명	부양관계	주민등록번호	동거여부	수당	비고
손성호	배우자	780912 – 1873740	여	비해당	총급여액 5,000만원
손영훈	자	080319 – 3288381	여	해당	–
손상진	자	101102 – 3192951	여	해당	–

정답

배우자 손성호는 총급여액이 5,000만원으로 기본공제 대상자가 아니므로 부양여부, 연말정산에 체크하지 않는다.

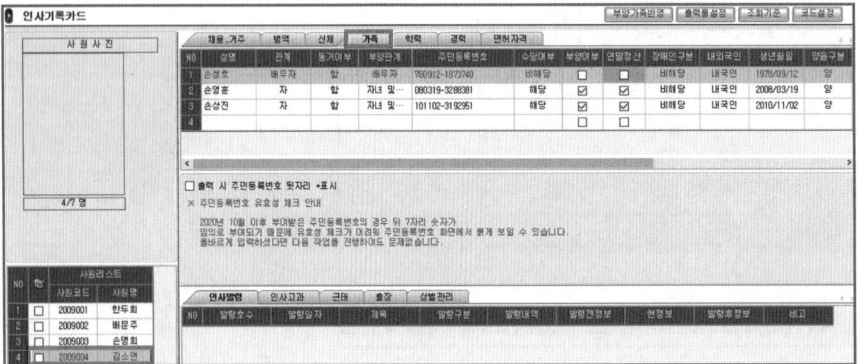

〈최동인〉

성명	부양관계	주민등록번호	동거여부	수당	비고
이수연	배우자	800822-2321245	여	해당	이자소득 연 120만원
최민호	자	090123-4231245	여	해당	-
최성호	부	450712-1837226	부	비해당	타 지역 별도 거주
정순희	모	471122-2574456	부	비해당	

정답

배우자 이수연은 이자소득이 있으나 분리과세되는 금액이기 때문에 소득금액 이하가 되며, 최성호와 정순희는 거주지가 다르나 요건을 충족한다면 기본공제를 받을 수 있기 때문에 부양여부, 연말정산에 체크해야 한다.

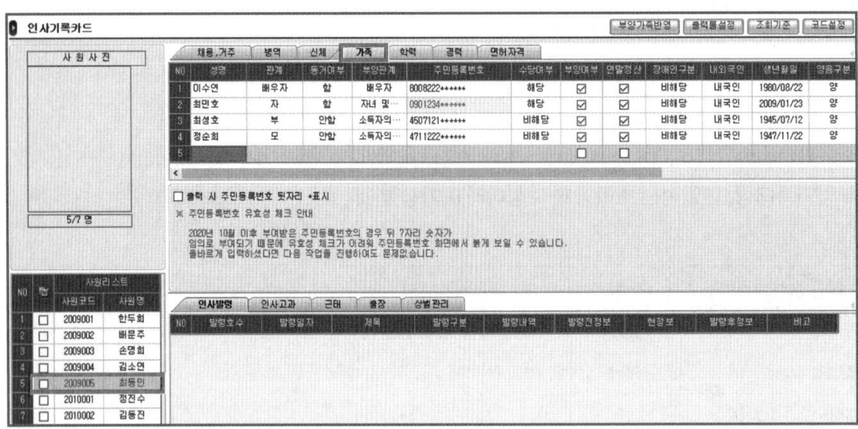

⑽ 교육관리

ERP 메뉴 찾아가기

인사/급여관리 ▶ 인사관리 ▶ 교육관리

회사 사내 혹은 사외 교육을 관리하며 교육 대상자를 선정하여 등록하는 메뉴이다.

① 교육등록 탭

- **코드:** [인사기초코드등록] 메뉴의 'H4.교육과정'에 등록한 코드를 등록
- **시작일/종료일:** 해당 교육코드의 시작일, 종료일 입력(단, 동일한 교육코드에 동일한 시작일, 종료일로는 등록 불가능)
- **교육일수:** 시작일 ~ 종료일까지의 일수가 자동 산정되며, 사용자가 직접 수정 가능
- **1인당 교육비:** 고용안정센터 지원 교육인 경우 해당 교육비 입력
- **고용보험 환급액:** 고용안정센터 지원 교육인 경우 환급 교육비 입력
- **비고:** 교육 관련 추가 등록사항 입력

② 교육 대상자 설정 탭

- 교육등록 탭에서 등록한 교육코드를 등록
- 교육코드 등록 시 교육등록 탭에서 입력한 교육 정보가 표기됨
- **사원추가:** 해당 교육의 대상자 추가(사원코드 항목에서 F2 코드도움을 통해 등록 가능)

실무 연습문제 교육관리

다음 자료를 바탕으로 교육등록과 교육 대상자 설정을 하시오.

- 교육명: 100.임직원승진교육
- 시작일 ~ 종료일: 2025/08/01~2025/08/20
- 교육일수: 20일
- 교육시간: 매일 8시간
- 교육장소: KG 에듀 교육원
- 1인당 교육비: 600,000원
- 고용보험환급액: 420,000원
- 사내구분: 사외
- 교육 대상자: 한두희, 배문주, 김소연

정답

- 교육등록 탭

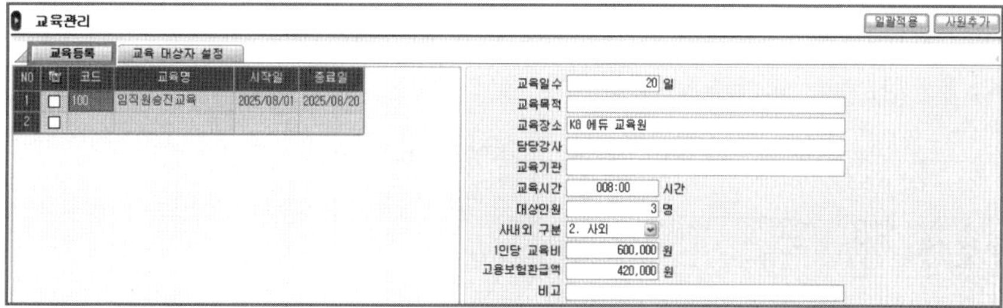

- 교육 대상자 설정 탭
  - 교육코드란에서 F2를 누르고 '교육코드: 100.임직원승진교육'을 입력
  - 우측 상단의 '사원추가' 버튼을 클릭한 후, 해당 교육 대상자 선택

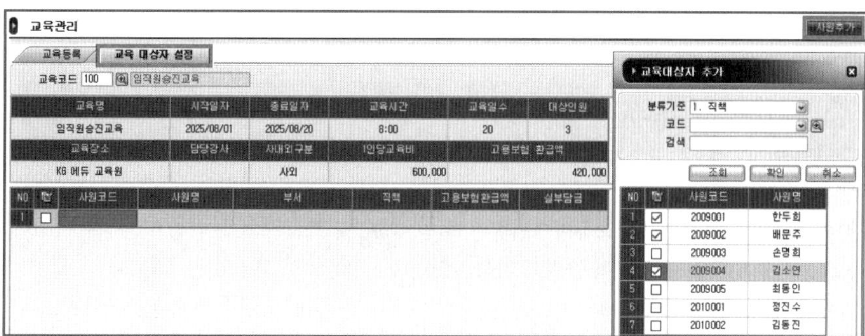

(11) 교육평가

ERP 메뉴 찾아가기

인사/급여관리 ▸ 인사관리 ▸ 교육평가

교육 참가자의 교육 이수 여부와 점수를 등록하는 메뉴이다.

① **교육명**: [교육관리] 메뉴에 등록한 교육 중 선택
② **교육일수**: 교육 참가자의 출석일수 입력([교육관리] 메뉴에 등록한 기본 정보가 자동으로 반영되며, 직접 수정도 가능)
③ **이수시간**: 교육 참가자의 교육 참가시간 입력([교육관리] 메뉴에 등록한 기본 정보가 자동으로 반영되며, 직접 수정도 가능)
④ **이수여부**: 최종 이수여부 선택
⑤ **출석점수/태도점수/평가점수**: 교육평가 지침에 따른 해당 점수 입력
⑥ **합계**: 출석점수, 태도점수, 평가점수의 합계
⑦ **교육평가**: 교육 참가자의 최종 평가를 텍스트로 입력 가능(교육평가 내역 종료 후 '마감' 버튼을 클릭하여 해당 사원의 데이터 수정 제한 가능)

실무 연습문제 교육평가

다음 자료를 바탕으로 교육평가 내용을 등록하시오.

⊕ 기출 유형 파악하기
24년 3회 8번 | p.306

평가 대상자	이수시간	이수여부	출석점수	태도점수	평가점수	교육평가
한두희	8시간	이수	20점	20점	10점	C
배문주	8시간	이수	20점	30점	20점	B
김소연	8시간	미이수	5점	10점	20점	D

정답

교육평가 내용을 입력하고 전체 사원에 체크한 후 우측 상단의 '마감' 버튼을 클릭한다.

교육평가 [마감] [마감취소]

교육명 100 임직원승진교육

교육명	시작일자	종료일자	교육시간	교육일수	대상인원
임직원승진교육	2025/08/01	2025/08/20	008:00	20	3
교육장소	담당강사	사내외구분	1인당교육비	고용보험 환급액	
KG 에듀 교육원		사외	600,000	420,000	

NO		사원코드	사원명	부서	직책	교육일수	이수시간	이수여부	출석점수	태도점수	평가점수	합계	교육평가	비고
1	□	2009001	한두희	임원실	대표이사	20	008:00	이수	20.00	20.00	10.00	50.00	C	
2	□	2009002	배문주	관리부	부장	20	008:00	이수	20.00	30.00	20.00	70.00	B	
3	□	2009004	김소연	영업2부	부장	20	008:00	미이수	5.00	10.00	20.00	35.00	D	

(12) 교육현황

ERP 메뉴 찾아가기

인사/급여관리 ▸ 인사관리 ▸ 교육현황

[교육관리], [교육평가] 메뉴에 등록한 사원별교육현황 및 교육별사원현황 탭의 조회 및 출력이 가능한 메뉴로 사원별, 교육별 출력할 내역만 선택하여 출력이 가능하다.

① **사원별교육현황**: 왼쪽에는 사원 목록, 오른쪽에는 사원별 교육 내역이 조회됨

② **교육별사원현황**: 왼쪽에는 교육 목록, 오른쪽에는 교육별 사원 목록이 조회됨

교육현황

교육기간 2025/08/01 ~ 2025/08/20 사업장 부서

사원별교육현황 / 교육별사원현황

NO	현	코드	교육명
1	□	100	임직원승진교육

NO	사원코드	사원명	시작일	종료일	교육시간	교육일수	이수여부	출석점수	태도점수	평가점수	합계	교육평가
1	2009001	한두희	2025/08/01	2025/08/20	8:00	20	이수	20.00	20.00	10.00		C
2	2009002	배문주	2025/08/01	2025/08/20	8:00	20	이수	20.00	30.00	20.00		B
3	2009004	김소연	2025/08/01	2025/08/20	8:00	20	미이수	5.00	10.00	20.00		D

기출 유형 파악하기
24년 6회 8번 | p.285

⒀ 인사발령등록

ERP 메뉴 찾아가기

인사/급여관리 ▶ 인사관리 ▶ 인사발령등록

[인사발령등록] → [인사정보등록]에서 입력된 자료 불러오기 → [인사발령(사원별)] → [인사발령공고] → [인사기록카드]의 변경된 자료 확인 → [인사발령리포트] → [사원정보현황] 순으로 작업한다.

실무 연습문제 인사발령등록

다음과 같은 (주)채움전자의 정기 인사발령 사항을 인사정보 및 인사기록카드에 반영하고 인사발령관리와 사원이력관리를 하시오.

인사발령

인사명령: 2025-001호 2025/01/01

1. 정기승진

부서	성명	발령전 직책/직급/호봉	현정보 직책/직급/호봉	발령후 직책/직급/호봉	시행일자
영업부	손명희	대리/10호	과장/8호	차장/1호	2025/01/01

상기와 같이 발령되었음을 공고합니다. 끝.

2025년 1월 1일

(주)채움전자

대표이사 한두희

정답

• [인사발령등록] 메뉴
  – '발령호수: 2025-001', '제목: 정기승진', '발령구분: 승진', '발령일자: 2025/01/01' 입력
  – '발령자: 한두희' 입력
  – 우측 상단의 '사원추가' 버튼을 클릭하여 '조회조건: 사원', '기준일: 2025/01/01'로 조회하여 '성명: 손명희' 선택 후 적용

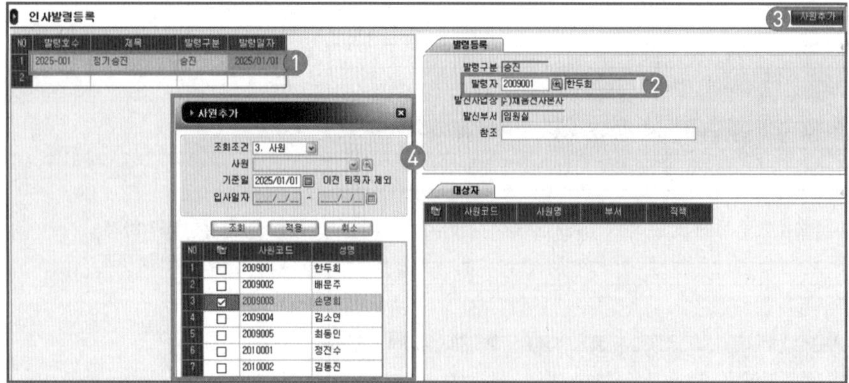

- [인사발령(사원별)] 메뉴
  - '발령호수: 2025-001', '발령구분: 승진' 선택
  - 자동 등록된 발령대상자 체크
  - 발령내역에서 F2를 누르고 직책, 직급, 호봉란에 주어진 내용을 입력한 후 우측 상단의 '발령적용' 버튼 클릭

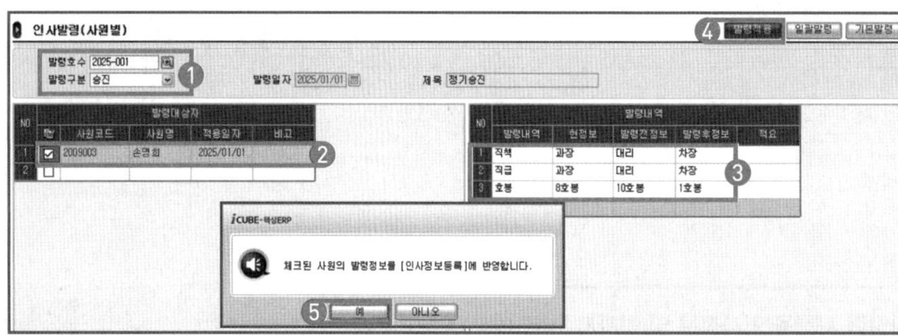

- [인사정보등록] 메뉴
  - 재직정보 탭에서 변경된 직급, 직책을 확인

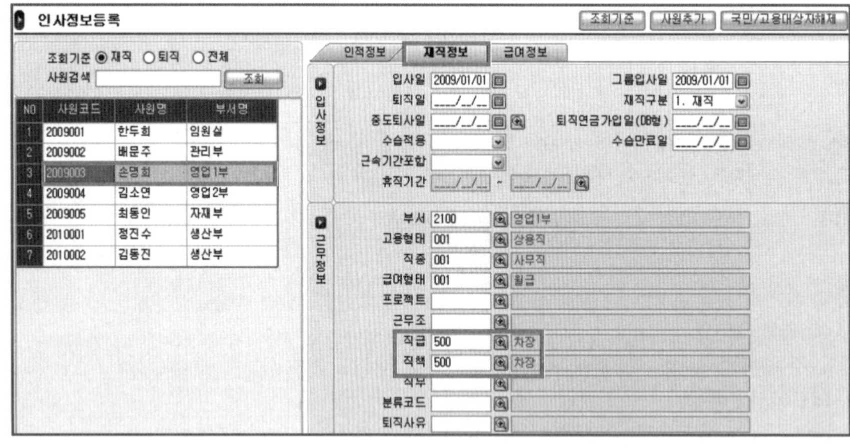

⊕ 기출 유형 파악하기
24년 6회 9번 | p.285

– 급여정보 탭에서 국민연금, 고용보험, 건강보험의 기준 소득금액을 5,000,000원으로 수정한 후 재계산

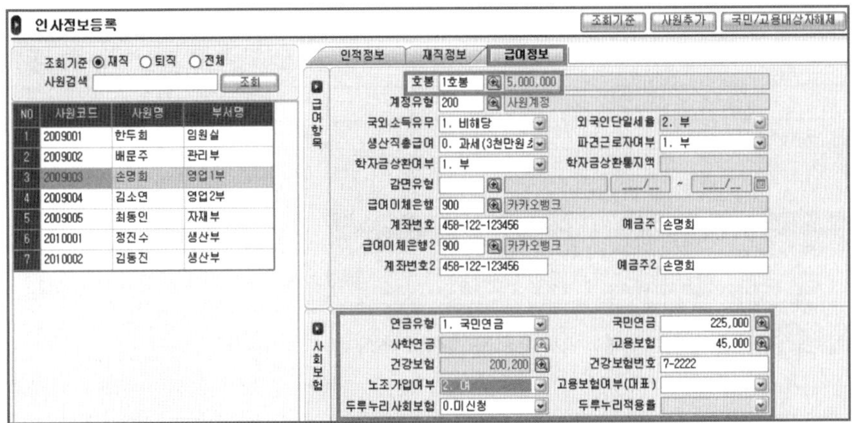

• [인사기록카드] 메뉴의 인사발령 탭에서도 확인 가능

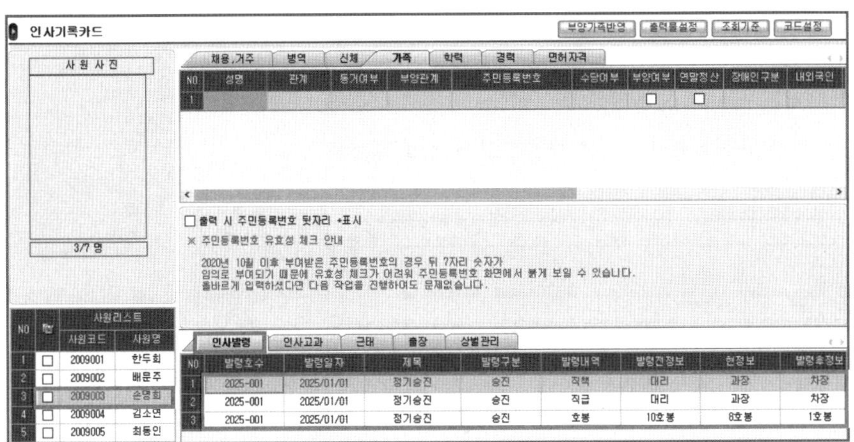

• [인사발령공고] 메뉴

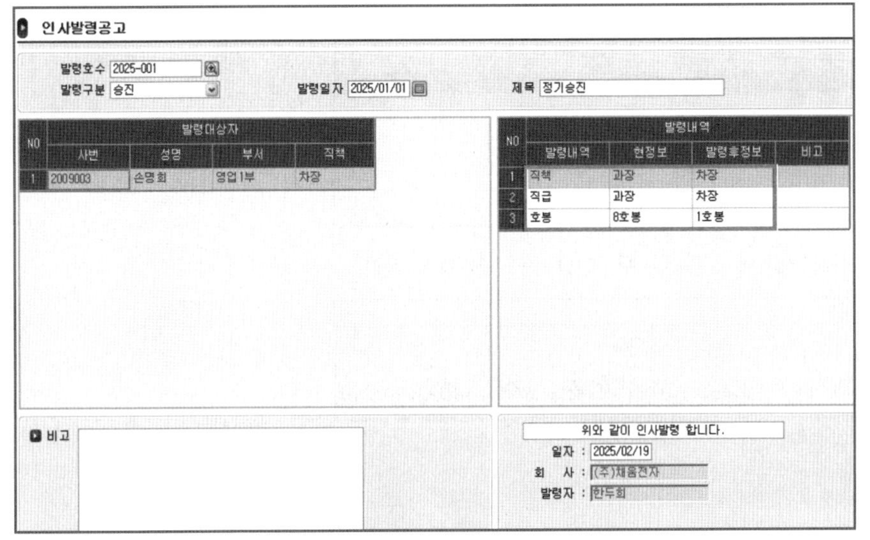

TIP

발령내역을 조회하는 메뉴가 무엇인지, 발령내역의 정보에 대해 묻는 문제가 출제된다. [인사발령공고] 메뉴 하단의 일자는 조회 시점의 날짜로 표기되므로 고려하지 않아도 된다.

⒁ 기타 인사관리 메뉴

① [인사발령리포트] 메뉴: 조회 조건에 따라 개인별, 발령구분별, 발령호수별, 발령내역별 탭에서 조회 및 출력

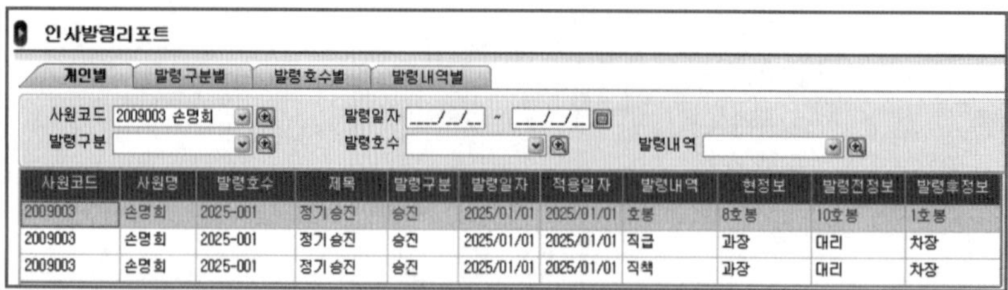

> **TIP**
> 현 정보와 발령 후 정보를 비교하는 문제가 출제된다.

② [사원정보현황] 메뉴: [인사기록카드], [인사기록카드2] 메뉴에서 등록한 사원의 추가 등록정보를 조회 및 출력

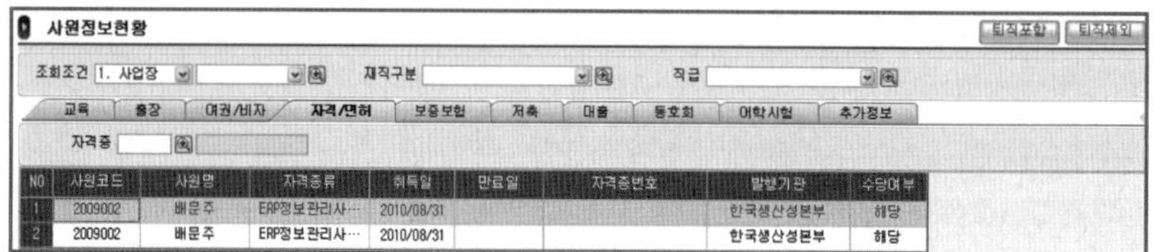

> **TIP**
> 퇴직 포함, 퇴직 제외를 고려하여 조회하는 문제가 출제될 수 있다.

③ [인사고과/상벌현황] 메뉴: [인사기록카드] 메뉴에서 등록한 사원의 고과, 상벌 정보를 조회 및 출력

④ [사원입퇴사현황] 메뉴: [인사정보등록] 메뉴의 입사일, 퇴사일을 기준으로 사원 목록 조회 및 출력

> ⊕ 기출 유형 파악하기
> 24년 5회 9번 | p.292

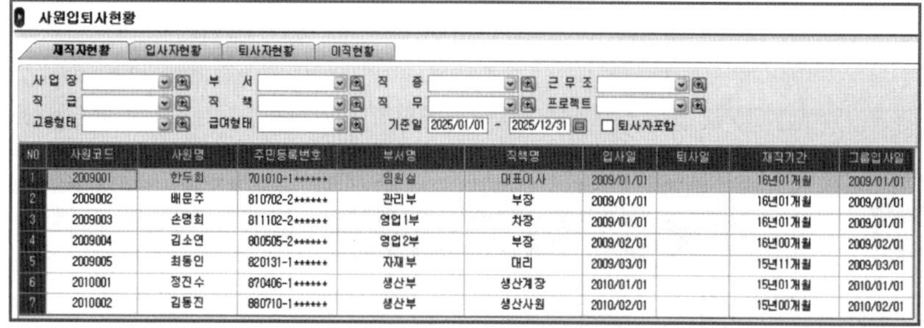

> **TIP**
> 이직현황 탭에서는 이직률을 조회할 수 있다.

⑤ [책정임금현황] 메뉴: [인사정보등록] 메뉴에서 등록한 책정임금 내역을 조회 및 출력

⑥ [근속년수현황] 메뉴: 사원들의 근속연수현황을 연수별로 조회(기준일: 2010/05/10으로 조회)

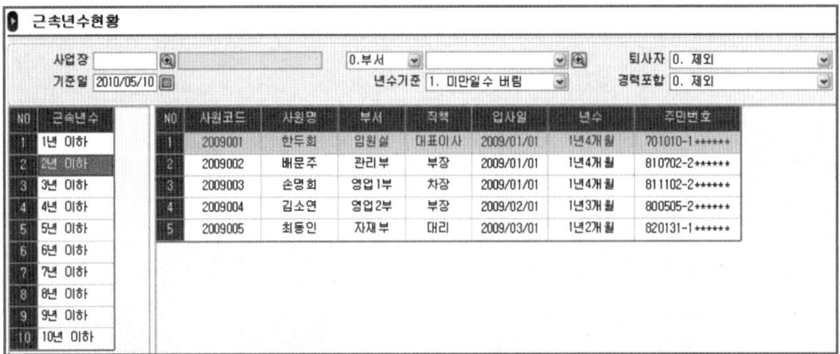

• 년수기준: 월 미만 일수에 대한 근속연수 산정기준

1.미만일수 버림	해당 일수를 제외한 근속연월
2.미만일수 올림	해당 일수를 한 달로 산정한 근속연월
3.미만일수 표시	해당 일수

• 경력포함: [인사기록카드] 메뉴의 경력기간을 근속기간으로 계산할 경우에 포함할지의 여부를 선택

⊕ 기출 유형 파악하기

24년 5회 10번 I p.292

TIP

• 근속연수에 따라 특별수당지급액을 계산하는 문제가 출제된다.

• 1년 이하, 2년 이하 이외의 근속연수를 입력하려면 [인사기초코드등록] 메뉴에서 'HT.근속년수구분'에 직접 등록해야 한다.

CHAPTER

급여관리

2025 버전의 핵심 ERP 프로그램에서 [백데이터] 파일의 '실무 시뮬레이션_CHAPTER 04' DB를 복원한 후 '2001.(주)채움전자, 2009002.배문주'로 로그인한다.

1. 근태결과입력

ERP 메뉴 찾아가기

인사/급여관리 ▶ 급여관리 ▶ 근태결과입력

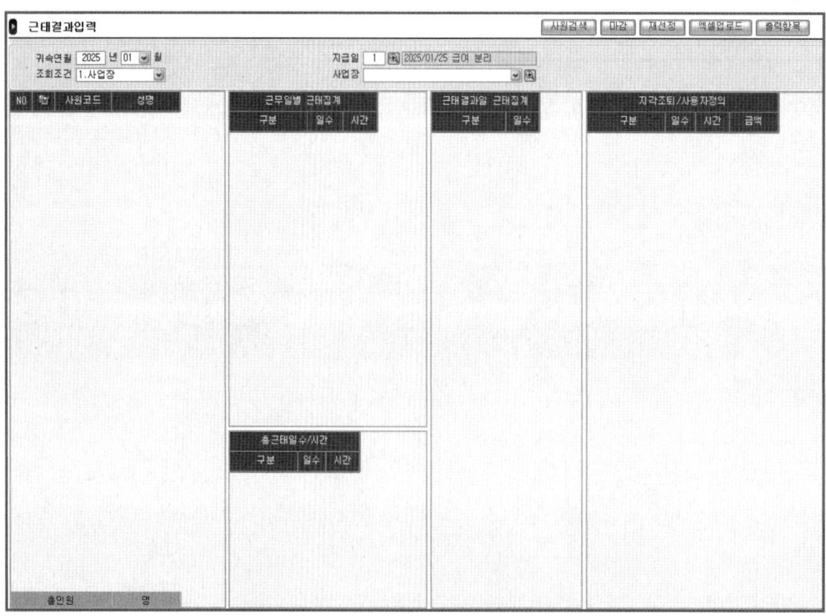

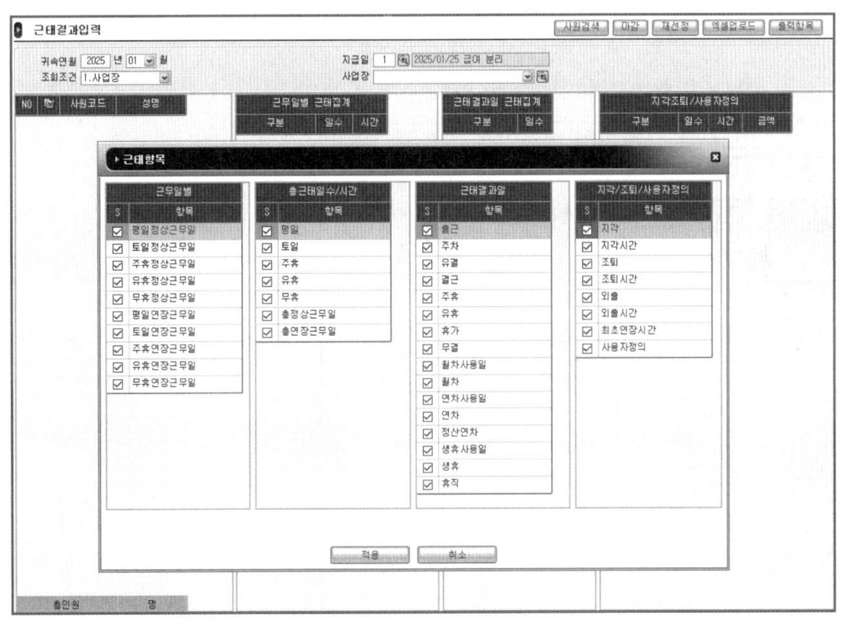

[근태결과입력]은 개인별 연장근로시간, 지각, 휴가 등의 근태 내역을 입력하는 메뉴이다.

① 근무일별 근태집계: 근무일별 일수와 시간 입력

② 총근태일수/시간: 총정상근무일과 시간, 총연장근무일과 시간 등의 총근태일수 및 시간을 입력

③ 근태결과일 근태집계: 출근 등의 근태결과일 입력

④ 지각/조퇴/사용자정의
- 지각, 조퇴, 외출의 일수와 시간 입력
- [인사기초코드등록] 메뉴의 T4.근태결과일코드에서 Z코드로 등록한 코드가 조회됨
- 급여 작업 시 일수나 시간을 직접 입력하여 활용 가능

실무 연습문제 근태결과입력

(주)채움전자의 2025년 1월~12월 근태집계 데이터이다. 각 사원별 매월 근태 데이터를 입력하시오.

⊕ 기출 유형 파악하기
24년 3회 13번 | p.307

성명	평일정상근무일	평일정상근무 시간	평일연장근무일	평일연장근무 시간
정진수	20	160	10	20
김동진	20	160	12	24

정답

[정진수 근태결과 입력]

• [근태결과입력] 메뉴에서 '정진수' 사원에 체크한 후 '근무일별 근태집계'에 주어진 데이터를 입력

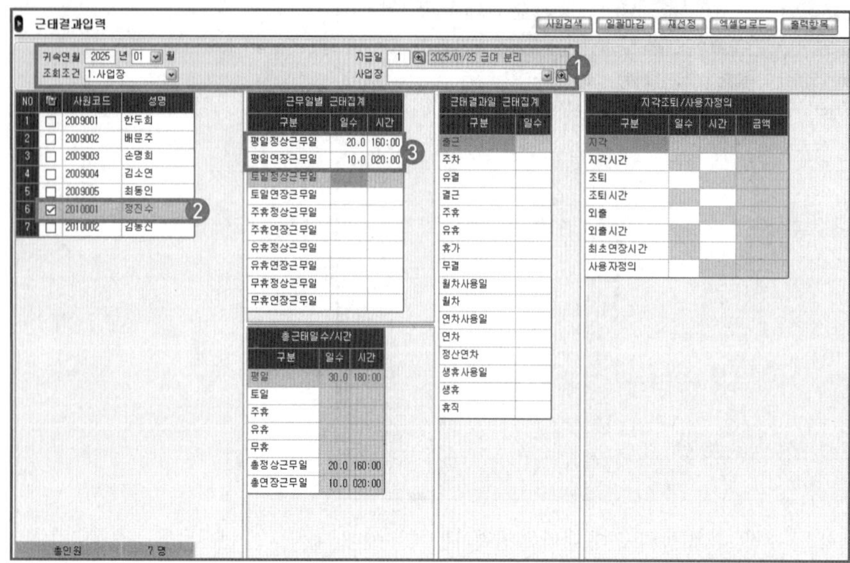

[김동진 근태결과 입력]

• [근태결과입력] 메뉴에서 '김동진' 사원에 체크한 후 '근무일별 근태집계'에 주어진 데이터를 입력

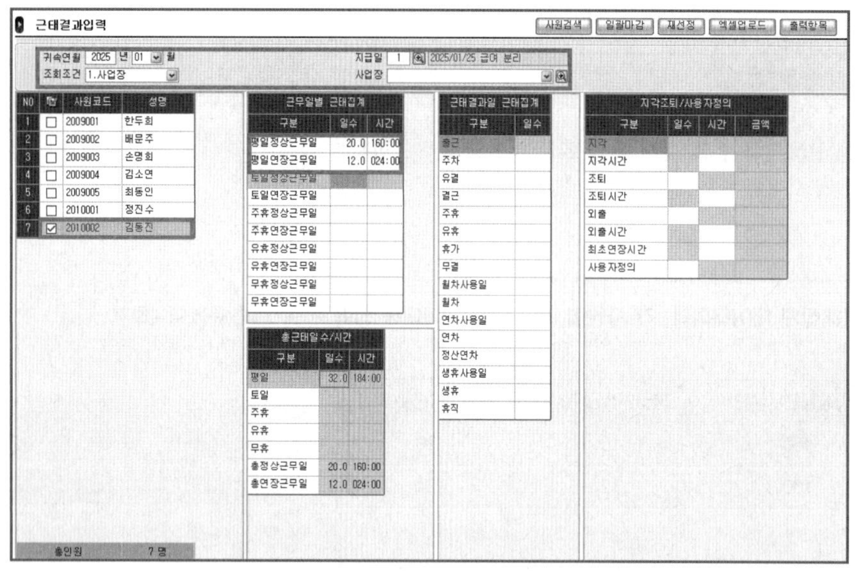

[일괄마감]

• 1월부터 12월까지 동일하게 '정진수', '김동진' 사원의 근태 내역 입력
• 월마다 '정진수', '김동진' 사원에 체크한 후 우측 상단의 '일괄마감' 버튼 클릭

TIP

각 사원을 체크하여 근태결과를 입력한 후 반드시 매월 마감하여야 한다.

2. 상용직급여입력및계산

ERP 메뉴 찾아가기

인사/급여관리 ▸ 급여관리 ▸ 상용직급여입력및계산

상용직 직원에게 지급할 급여를 계산하는 메뉴이다. [근태결과입력] 메뉴에 입력된 근태 집계내역을 기초로 [지급공제항목등록] 메뉴에서 등록한 계산식에 의하여 해당 수당이 산정되어 급여내역에 반영된다.

① **급여계산:** [지급공제항목등록] 메뉴에서 등록한 계산식을 근거로 수당 및 공제항목의 급여와 소득세 등을 자동으로 계산

② **재선정**
- **대상자 선정:** [급/상여지급일자등록] 메뉴의 지급직종, 급여형태, 사업장 및 상여지급 대상기간에 해당하는 지급 대상자를 다시 조회하여 추가 및 삭제
- **사원정보:** [인사정보등록] 메뉴에 등록된 사원정보로 급여 대상자의 사원정보를 업데이트

③ **마감:** 급여 데이터에 대한 수정을 불가능하게 하는 메뉴

④ **연말정산:** 입력한 귀속연도의 연말정산 차감징수세액을 공제항목에 반영
- **급여로 저장:** 조회된 공제금액을 해당하는 급여공제항목에 반영
- **급여에서 삭제:** 급여공제항목에 반영되었던 연말정산 차감징수세액을 삭제

> **TIP**
> 급여 입력 시, 사원이 조회되지 않는 것은 [인사정보등록] 메뉴에서 해당 사원의 필수 입력사항인 고용형태, 직종, 급여형태를 입력하지 않았기 때문이다. 정보가 제대로 입력되어 있는지 확인하고 수정한 후 [상용직급여입력및계산] 메뉴에서 재선정 작업을 한다.

실무 연습문제 상용직급여입력및계산

(주)채움전자의 1월부터 12월까지의 급여를 계산하시오(단, 급여계산에 의해 처리할 것).

기출 유형 파악하기
24년 4회 11번 | p.299

정답

- '귀속연월: 2025/01', '지급일: 2025/01/25'
- 급여계산할 사원 선택
- 우측 상단의 '급여계산' 버튼을 클릭하여 급여를 계산
- 우측 상단의 '마감' 버튼 클릭
- 위와 같은 작업을 1월부터 12월까지 동일하게 반복 입력

> **TIP**
> '마감' 버튼 클릭 시 '금액 수정이 불가하도록 급여 데이터를 마감하시겠습니까?' 창이 뜨면 '확인'을 클릭하여 마감한다.

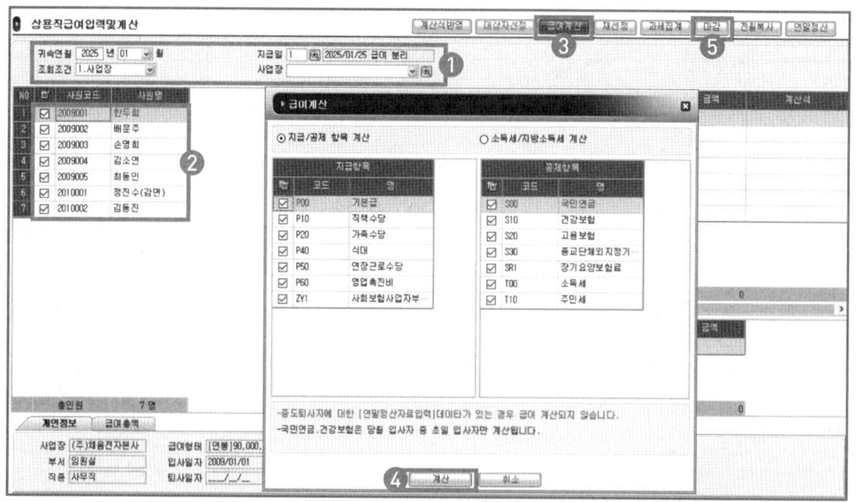

〈한두희〉

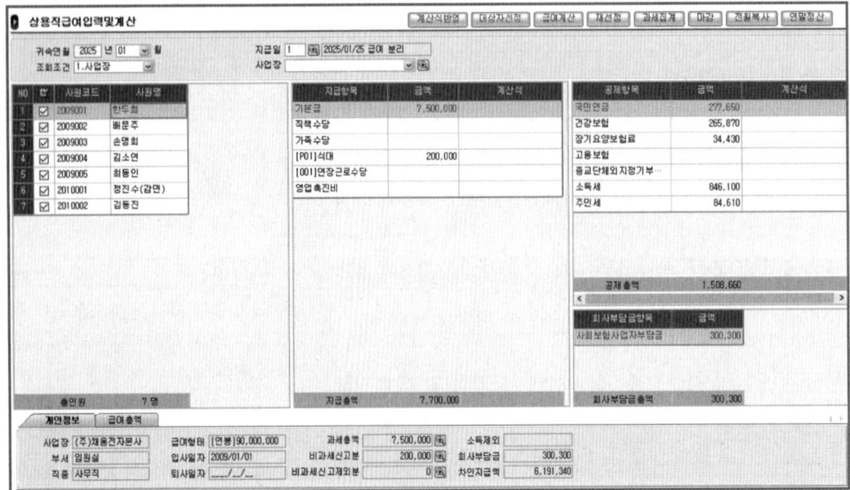

상용직급여입력및계산
계산식반영 대상자선정 급여계산 재선정 과세집계 마감 전월복사 연말정산
귀속연월 2025 년 01 월
조회조건 1.사업장
지급일 1 2025/01/25 급여 분리
사업장
NO 사원코드 사원명
1 2009001 한두희
2 2009002 배문주
3 2009003 손명희
4 2009004 김소연
5 2009005 최동인
6 2010001 정진수(감면)
7 2010002 김동진
총인원 7 명
지급항목 금액 계산식
기본급 7,500,000
직책수당
가족수당
[P01]식대 200,000
[001]연장근로수당
영업촉진비
지급총액 7,700,000
공제항목 금액 계산식
국민연금 277,650
건강보험 265,870
장기요양보험료 34,430
고용보험
종교단체외지정기부…
소득세 846,100
주민세 84,610
공제총액 1,508,660
회사부담금항목 금액
사회보험사업자부담금 300,300
회사부담금총액 300,300
개인정보 급여총액
사업장 (주)채움전자본사
부서 임원실
직종 사무직
급여형태 [연봉]90,000,000
입사일자 2009/01/01
퇴사일자 ____/__/__
과세총액 7,500,000
비과세신고분 200,000
비과세신고제외분 0
소득제외
회사부담금 300,300
차인지급액 6,191,340

〈배문주〉

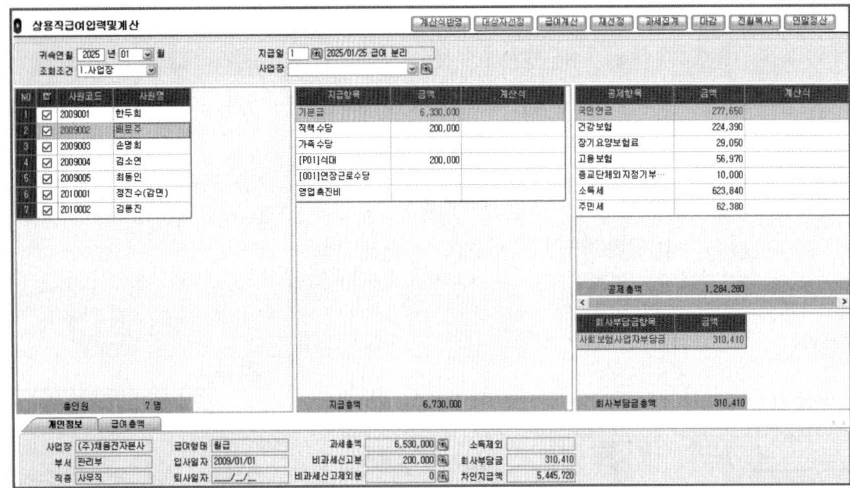

상용직급여입력및계산
계산식반영 대상자선정 급여계산 재선정 과세집계 마감 전월복사 연말정산
귀속연월 2025 년 01 월
조회조건 1.사업장
지급일 1 2025/01/25 급여 분리
사업장
NO 사원코드 사원명
1 2009001 한두희
2 2009002 배문주
3 2009003 손명희
4 2009004 김소연
5 2009005 최동인
6 2010001 정진수(감면)
7 2010002 김동진
총인원 7 명
지급항목 금액 계산식
기본급 6,330,000
직책수당 200,000
가족수당
[P01]식대 200,000
[001]연장근로수당
영업촉진비
지급총액 6,730,000
공제항목 금액 계산식
국민연금 277,650
건강보험 224,390
장기요양보험료 29,050
고용보험 56,970
종교단체외지정기부… 10,000
소득세 623,840
주민세 62,380
공제총액 1,284,280
회사부담금항목 금액
사회보험사업자부담금 310,410
회사부담금총액 310,410
개인정보 급여총액
사업장 (주)채움전자본사
부서 관리부
직종 사무직
급여형태 월급
입사일자 2009/01/01
퇴사일자 ____/__/__
과세총액 6,530,000
비과세신고분 200,000
비과세신고제외분 0
소득제외
회사부담금 310,410
차인지급액 5,445,720

〈손명희〉

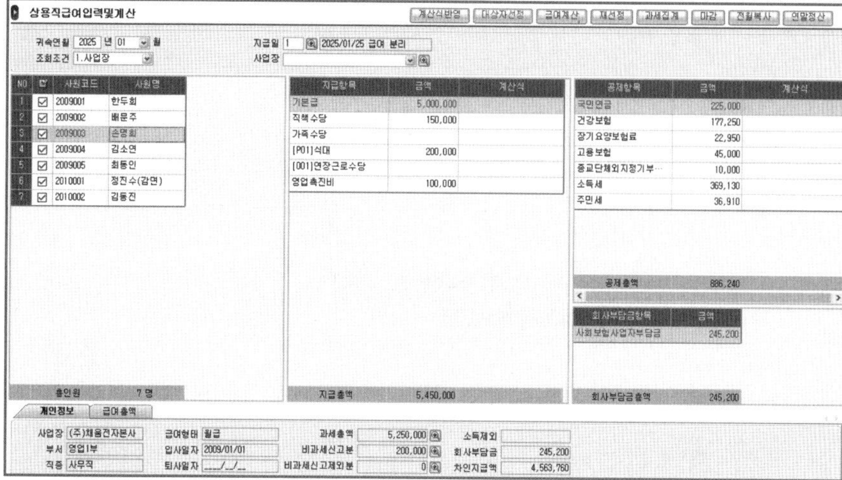

상용직급여입력및계산
계산식반영 대상자선정 급여계산 재선정 과세집계 마감 전월복사 연말정산
귀속연월 2025 년 01 월
조회조건 1.사업장
지급일 1 2025/01/25 급여 분리
사업장
NO 사원코드 사원명
1 2009001 한두희
2 2009002 배문주
3 2009003 손명희
4 2009004 김소연
5 2009005 최동인
6 2010001 정진수(감면)
7 2010002 김동진
지급항목 금액 계산식
기본급 5,000,000
직책수당 150,000
가족수당
[P01]식대 200,000
[001]연장근로수당
영업촉진비 100,000
공제항목 금액 계산식
국민연금 225,000
건강보험 177,250
장기요양보험료 22,950
고용보험 45,000
종교단체외지정기부… 10,000
소득세 369,130
주민세 36,910
공제총액 886,240
회사부담금항목 금액
사회보험사업자부담금 245,200
총인원 7 명
지급총액 5,450,000
회사부담금총액 245,200
개인정보 급여총액
사업장 (주)채움전자본사
부서 영업1부
직종 사무직
급여형태 월급
입사일자 2009/01/01
퇴사일자 ____/__/__
과세총액 5,250,000
비과세신고분 200,000
비과세신고제외분 0
소득제외
회사부담금 245,200
차인지급액 4,563,760

〈김소연〉

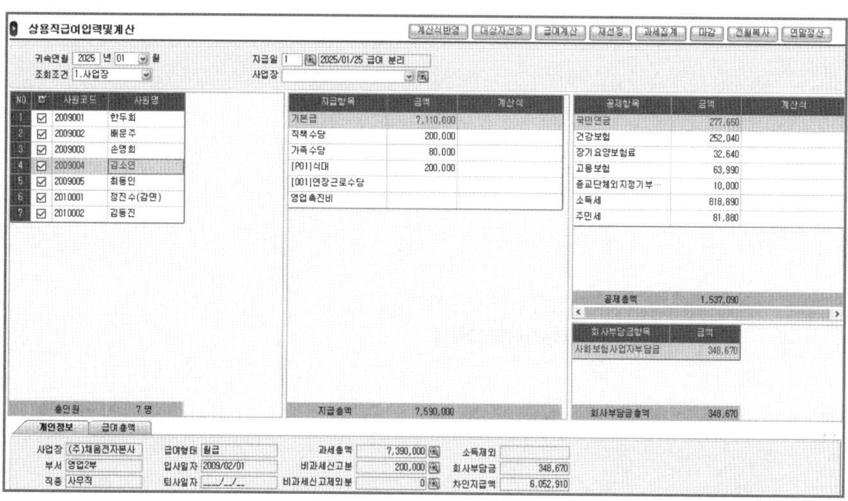

상용직급여입력및계산
계산식반영 대상자선정 급여계산 재선정 과세집계 마감 전월복사 연말정산
귀속연월 2025 년 01 월
조회조건 1.사업장
지급일 1 2025/01/25 급여 분리
사업장
NO 사원코드 사원명
1 2009001 한두희
2 2009002 배문주
3 2009003 손명희
4 2009004 김소연
5 2009005 최동인
6 2010001 정진수(감면)
7 2010002 김동진
지급항목 금액 계산식
기본급 7,110,000
직책수당 200,000
가족수당 80,000
[P01]식대 200,000
[001]연장근로수당
영업촉진비
공제항목 금액 계산식
국민연금 277,650
건강보험 252,040
장기요양보험료 32,640
고용보험 63,990
종교단체외지정기부… 10,000
소득세 818,890
주민세 81,880
공제총액 1,537,090
회사부담금항목 금액
사회보험사업자부담금 348,670
총인원 7 명
지급총액 7,590,000
회사부담금총액 348,670
개인정보 급여총액
사업장 (주)채움전자본사
부서 영업2부
직종 사무직
급여형태 월급
입사일자 2009/02/01
퇴사일자 ____/__/__
과세총액 7,390,000
비과세신고분 200,000
비과세신고제외분 0
소득제외
회사부담금 348,670
차인지급액 6,052,910

〈최동인〉

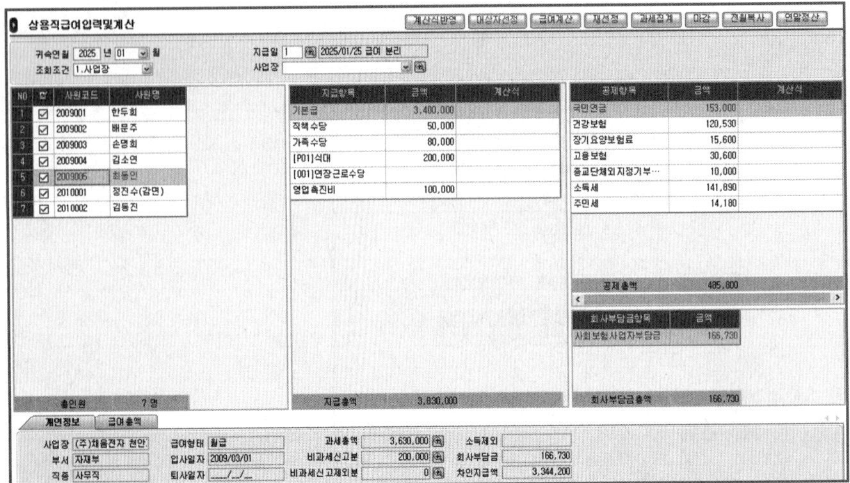

상용직급여입력및계산

계산식반영 | 대상자선정 | 급여계산 | 재선정 | 과세집계 | 마감 | 전월복사 | 연말정산

귀속연월 2025 년 01 월　　지급일 1　2025/01/25 급여 분리
조회조건 1.사업장　　사업장

NO	사원코드	사원명
1	2009001	한두희
2	2009002	배문주
3	2009003	손명희
4	2009004	김소연
5	2009005	최동인
6	2010001	정진수(감면)
7	2010002	김동진
총인원		7 명

지급항목	금액	계산식
기본급	3,400,000	
직책수당	50,000	
가족수당	80,000	
[P01]식대	200,000	
[001]연장근로수당		
영업촉진비	100,000	
지급총액	3,830,000	

공제항목	금액	계산식
국민연금	153,000	
건강보험	120,530	
장기요양보험료	15,600	
고용보험	30,600	
종교단체외지정기부…	10,000	
소득세	141,890	
주민세	14,180	
공제총액	485,800	

회사부담금항목	금액
사회보험사업자부담금	166,730
회사부담금총액	166,730

개인정보 | 급여총액

사업장	(주)채움전자 천안	급여형태	월급	과세총액	3,630,000	소득재외	
부서	자재부	입사일자	2009/03/01	비과세신고분	200,000	회사부담금	166,730
직종	사무직	퇴사일자	__/__/__	비과세신고제외분	0	차인지급액	3,344,200

〈정진수〉

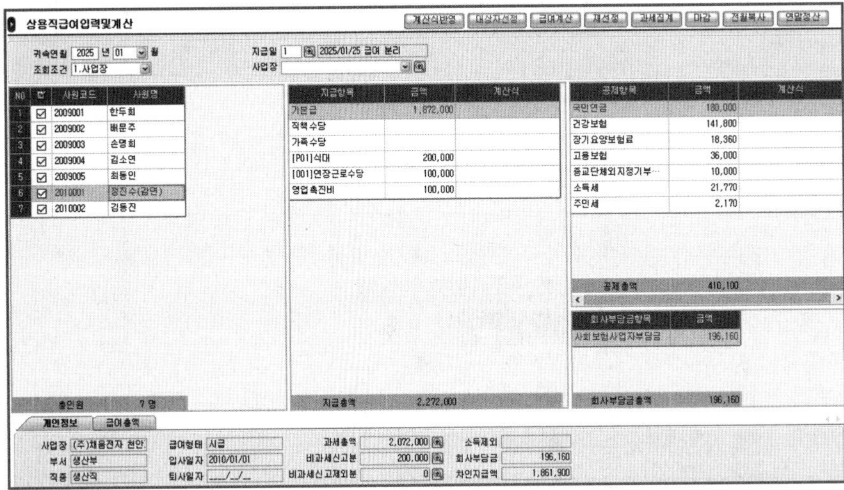

상용직급여입력및계산

계산식반영 | 대상자선정 | 급여계산 | 재선정 | 과세집계 | 마감 | 전월복사 | 연말정산

귀속연월 2025 년 01 월　　지급일 1　2025/01/25 급여 분리
조회조건 1.사업장　　사업장

NO	사원코드	사원명
1	2009001	한두희
2	2009002	배문주
3	2009003	손명희
4	2009004	김소연
5	2009005	최동인
6	2010001	정진수(감면)
7	2010002	김동진
총인원		7 명

지급항목	금액	계산식
기본급	1,872,000	
직책수당		
가족수당		
[P01]식대	200,000	
[001]연장근로수당	100,000	
영업촉진비	100,000	
지급총액	2,272,000	

공제항목	금액	계산식
국민연금	180,000	
건강보험	141,880	
장기요양보험료	18,360	
고용보험	36,000	
종교단체외지정기부…	10,000	
소득세	21,770	
주민세	2,170	
공제총액	410,100	

회사부담금항목	금액
사회보험사업자부담금	196,160
회사부담금총액	196,160

개인정보 | 급여총액

사업장	(주)채움전자 천안	급여형태	시급	과세총액	2,072,000	소득재외	
부서	생산부	입사일자	2010/01/01	비과세신고분	200,000	회사부담금	196,160
직종	생산직	퇴사일자	__/__/__	비과세신고제외분	0	차인지급액	1,861,900

〈김동진〉

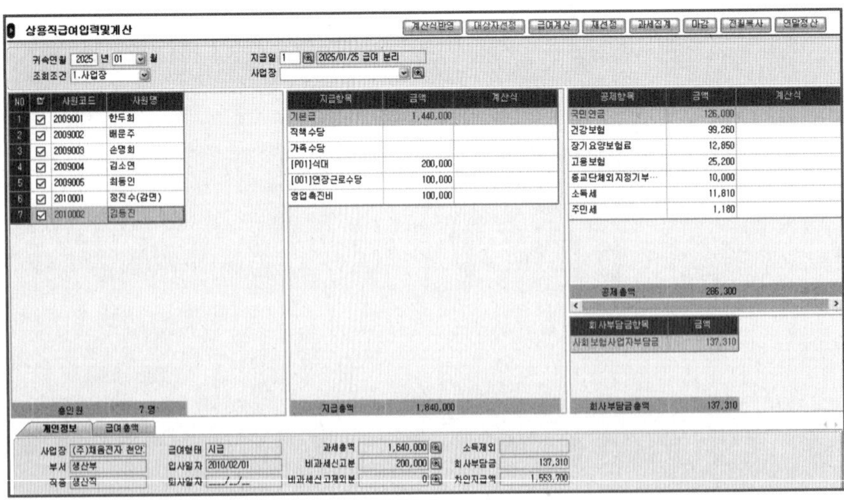

상용직급여입력및계산

계산식반영 | 대상자선정 | 급여계산 | 재선정 | 과세집계 | 마감 | 전월복사 | 연말정산

귀속연월 2025 년 01 월　　지급일 1　2025/01/25 급여 분리
조회조건 1.사업장　　사업장

NO	사원코드	사원명
1	2009001	한두희
2	2009002	배문주
3	2009003	손명희
4	2009004	김소연
5	2009005	최동인
6	2010001	정진수(감면)
7	2010002	김동진
총인원		7 명

지급항목	금액	계산식
기본급	1,440,000	
직책수당		
가족수당		
[P01]식대	200,000	
[001]연장근로수당	100,000	
영업촉진비	100,000	
지급총액	1,840,000	

공제항목	금액	계산식
국민연금	126,000	
건강보험	99,260	
장기요양보험료	12,850	
고용보험	25,200	
종교단체외지정기부…	10,000	
소득세	11,810	
주민세	1,180	
공제총액	286,300	

회사부담금항목	금액
사회보험사업자부담금	137,310
회사부담금총액	137,310

개인정보 | 급여총액

사업장	(주)채움전자 천안	급여형태	시급	과세총액	1,640,000	소득재외	
부서	생산부	입사일자	2010/02/01	비과세신고분	200,000	회사부담금	137,310
직종	생산직	퇴사일자	__/__/__	비과세신고제외분	0	차인지급액	1,553,700

3. 급여대장 및 명세

(1) 급여대장

인사/급여관리 ▶ 급여관리 ▶ 급여대장

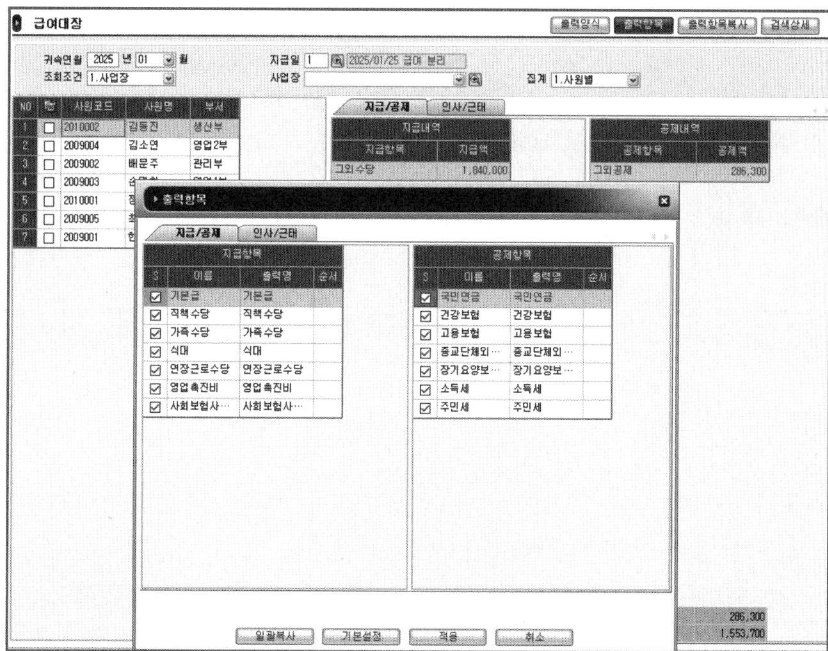

[인사/급여관리]−[급여관리]−[상용직급여입력및계산] 메뉴에서 최종 마감한 급/상여 데이터의 대장을 조회 및 출력하는 메뉴이다. [급여대장]은 사원들의 급여와 상여금을 계산한 것을 정보 이용자에게 알려주기 위한 방법으로 반드시 처리해야 할 프로세스이다.

+ 기출 유형 파악하기

24년 3회 17번 | p.308

TIP

급여대장 우측 상단의 '출력항목' 버튼을 클릭하여 '지급/공제' 탭과 '인사/근태' 탭에 표시할 정보를 선택하여 출력할 수 있다.

(2) 급여명세

ERP 메뉴 찾아가기

인사/급여관리 ▶ 급여관리 ▶ 급여명세

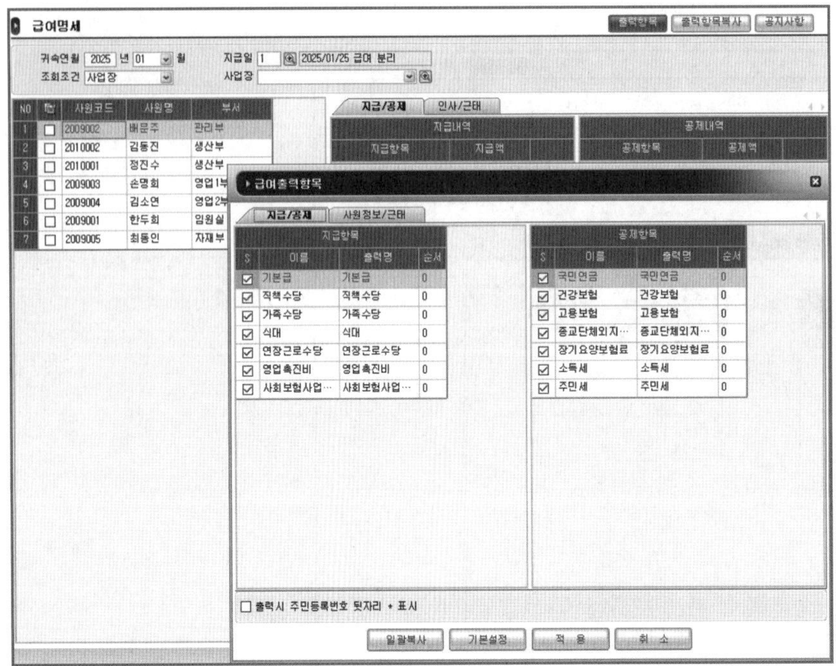

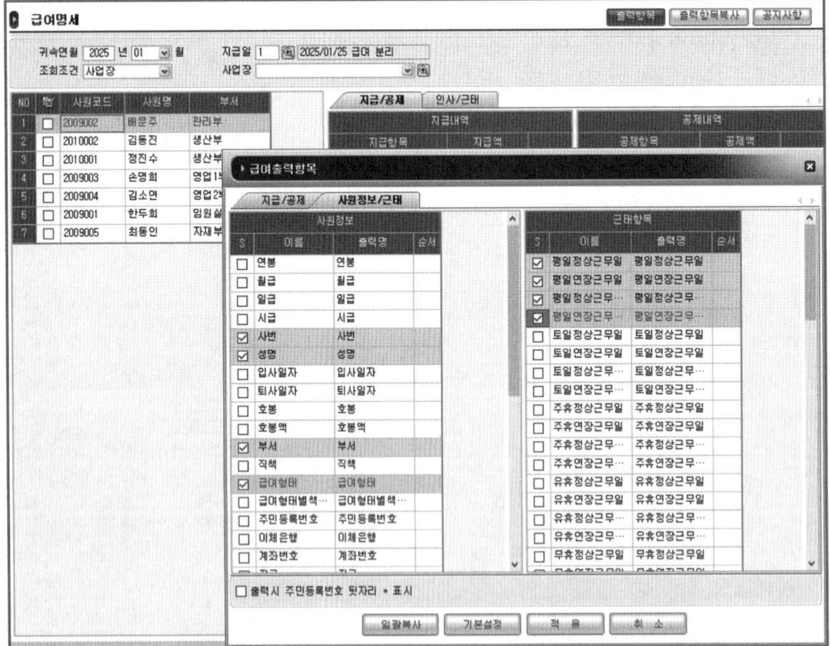

[인사/급여관리]-[급여관리]-[상용직급여입력및계산] 메뉴에서 최종 마감한 급/상여 데이터의 명세를 조회 및 출력하는 메뉴이다. [급여명세]는 사원들의 급여와 상여금을 계산한 것을 정보 이용자에게 알려주기 위한 방법으로 반드시 처리해야 할 프로세스이다.

TIP

급여명세 우측 상단의 '출력항목' 버튼을 클릭하여 '지급/공제' 탭과 '사원정보/근태' 탭에 표시할 정보를 선택하여 출력할 수 있다.

4. 급/상여이체현황

ERP 메뉴 찾아가기

인사/급여관리 ▶ 급여관리 ▶ 급/상여이체현황

급/상여이체현황

소득구분 1.급상여 | 귀속연월 2025 년 01 월 | 지급일 1 2025/01/25 급여 분리
무급자 1.제외 | 은행코드 | 조회조건 1.사업장

은행	사원코드	사원명	계좌번호	예금주명	실지급액	지급일자
국민	2009001	한두희	123-02-123456	한두희	6,191,340	2025/01/25
국민	2009002	배문주	123-122-123456	배문주	5,445,720	2025/01/25
은행 소계					11,637,060	
은행 누계					11,637,060	
신한	2009005	최동인	235-225-123457	최동인	3,344,200	2025/01/25
신한	2010002	김동진	4235-325-123457	김동진	1,553,700	2025/01/25
은행 소계					4,897,900	
은행 누계					16,534,960	
우리	2009004	김소연	458-225-123456	김소연	6,052,910	2025/01/25
은행 소계					6,052,910	
은행 누계					22,587,870	
카카오뱅크	2009003	손명희	458-122-123456	손명희	4,563,760	2025/01/25
카카오뱅크	2010001	정진수	1535-211-17255	정진수	1,861,900	2025/01/25
은행 소계					6,425,660	
은행 누계					29,013,530	
총계	7명				29,013,530	

급여와 상여의 이체 현황을 각 은행별로 조회하거나 출력할 수 있다.

5. 월별급/상여지급현황

ERP 메뉴 찾아가기

인사/급여관리 ▶ 급여관리 ▶ 월별급/상여지급현황

월별급/상여지급현황

조회기간 2025 년 01 월 ~ 2025 년 06 월 | 지급일 | 지급구분
조회구분 1.사업장 | 사업장

부서	사원코드	사원명	기본급	직책수당	가족수당	식대	연장근로수당	영업촉진비	상여	사회보험사업자	지급합계	급여합계	국민연금	건강보험
관리부	2009002	배문주	37,980,000	1,200,000		1,200,000			6,330,000	1,862,460	46,710,000	48,572,460	1,665,900	1,346,340
			37,980,000	1,200,000		1,200,000			6,330,000	1,862,460	46,710,000	48,572,460	1,665,900	1,346,340
부서 소계			37,980,000	1,200,000		1,200,000			6,330,000	1,862,460	46,710,000	48,572,460	1,665,900	1,346,340
생산부	2010001	정진수	11,232,000			1,200,000	600,000	600,000		1,176,960	13,632,000	14,808,960	1,080,000	850,800
생산부	2010002	김동진	8,640,000			1,200,000	600,000	600,000		823,860	11,040,000	11,863,860	756,000	595,560
			19,872,000			2,400,000	1,200,000	1,200,000		2,000,820	24,672,000	26,672,820	1,836,000	1,446,360
부서 소계			19,872,000			2,400,000	1,200,000	1,200,000		2,000,820	24,672,000	26,672,820	1,836,000	1,446,360
영업1부	2009003	손명희	30,000,000	900,000		1,200,000		600,000	5,000,000	1,471,200	37,700,000	39,171,200	1,350,000	1,063,500
			30,000,000	900,000		1,200,000		600,000	5,000,000	1,471,200	37,700,000	39,171,200	1,350,000	1,063,500
부서 소계			30,000,000	900,000		1,200,000		600,000	5,000,000	1,471,200	37,700,000	39,171,200	1,350,000	1,063,500
영업2부	2009004	김소연	42,660,000	1,200,000	480,000	1,200,000			7,110,000	2,092,020	52,650,000	54,742,020	1,665,900	1,512,240
			42,660,000	1,200,000	480,000	1,200,000			7,110,000	2,092,020	52,650,000	54,742,020	1,665,900	1,512,240
부서 소계			42,660,000	1,200,000	480,000	1,200,000			7,110,000	2,092,020	52,650,000	54,742,020	1,665,900	1,512,240
임원실	2009001	한두희	45,000,000			1,200,000			7,500,000	1,801,800	53,700,000	55,501,800	1,665,900	1,595,220
			45,000,000			1,200,000			7,500,000	1,801,800	53,700,000	55,501,800	1,665,900	1,595,220
부서 소계			45,000,000			1,200,000			7,500,000	1,801,800	53,700,000	55,501,800	1,665,900	1,595,220
자재부	2009005	최동인	20,400,000	300,000	480,000	1,200,000		600,000	3,400,000	1,000,380	26,380,000	27,380,380	918,000	723,180
			20,400,000	300,000	480,000	1,200,000		600,000	3,400,000	1,000,380	26,380,000	27,380,380	918,000	723,180
부서 소계			20,400,000	300,000	480,000	1,200,000		600,000	3,400,000	1,000,380	26,380,000	27,380,380	918,000	723,180
총계	7명		195,912,000	3,600,000	960,000	8,400,000	1,200,000	2,400,000	29,340,000	10,228,680	241,812,000	252,040,680	9,101,700	7,686,840

월별급/상여지급현황을 조회구분에 따라 조회하는 메뉴이다.

① **조회기간**: 조회하고자 하는 급여 지급 귀속연월을 선택

② **조회구분**: 1.사업장/2.부서/3.근무조/4.프로젝트 중 선택

③ **사업장/부서/근무조/프로젝트**: 조회하고자 하는 사업장/부서/근무조/프로젝트를 선택(중복 선택 가능)

기출 유형 파악하기
25년 1회 17번 | p.280

TIP

은행별로 지급액을 비교하는 문제에서 지급액은 은행별 '누계'가 아닌, '소계' 금액을 확인해야 한다.

기출 유형 파악하기
25년 1회 20번 | p.280

6. 사원별급상여변동현황

ERP 메뉴 찾아가기

인사/급여관리 ▶ 급여관리 ▶ 사원별급상여변동현황

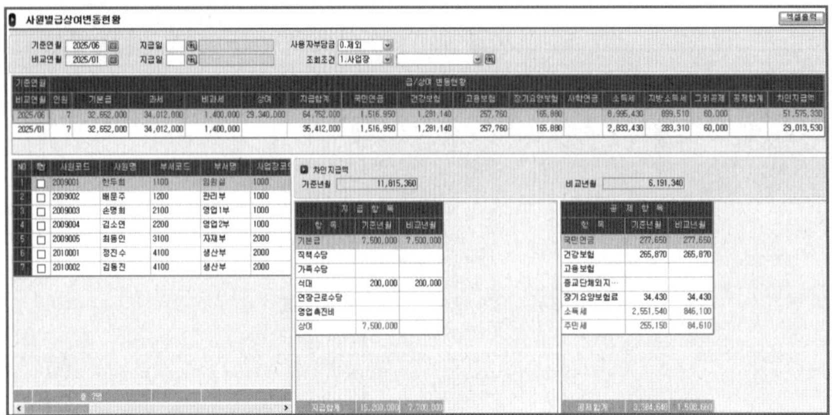

사원별급상여변동현황

기준연월 2025/06 / 비교연월 2025/01 / 사용자부담금 0.제외 / 조회조건 1.사업장

기준연월/비교연월	인원	기본급	과세	비과세	상여	지급합계	국민연금	건강보험	고용보험	장기요양보험	사학연금	소득세	지방소득세	그외공제	공제합계	차인지급액
2025/06	7	32,652,000	34,012,000	1,400,000	29,340,000	64,752,000	1,516,950	1,281,140	257,760	165,880		8,995,430	899,510	60,000		51,575,330
2025/01	7	32,652,000	34,012,000	1,400,000		35,412,000	1,516,950	1,281,140	257,760	165,880		2,833,430	283,310	60,000		29,013,530

NO	사원코드	사원명	부서코드	부서명	사업장코드
1	2009001	한두희	1100	임원실	1000
2	2009002	배문주	1200	관리부	1000
3	2009003	손명희	2100	영업1부	1000
4	2009004	김소연	2200	영업2부	1000
5	2009005	최동인	3100	자재부	2000
6	2010001	정진수	4100	생산부	2000
7	2010002	김동진	4100	생산부	2000
	총 7명				

차인지급액: 기준년월 11,815,360 / 비교년월 6,191,340

지급항목	기준년월	비교년월
기본급	7,500,000	7,500,000
직책수당		
가족수당		
식대	200,000	200,000
연장근로수당		
영업촉진비		
상여	7,500,000	
지급합계	15,200,000	7,700,000

공제항목	기준년월	비교년월
국민연금	277,650	277,650
건강보험	265,870	265,870
고용보험		
종교단체외지…		
장기요양보험료	34,430	34,430
소득세	2,551,540	846,100
주민세	255,150	84,610
공제합계	3,384,640	1,508,660

기준연월과 비교연월을 설정하여 '조회조건: 1.사업장, 2.부서, 3.근무조'별로 기본급, 과세 금액, 비과세 금액 등 급여/상여 변동사항을 비교할 수 있다.

7. 급상여집계현황

ERP 메뉴 찾아가기

인사/급여관리 ▶ 급여관리 ▶ 급상여집계현황

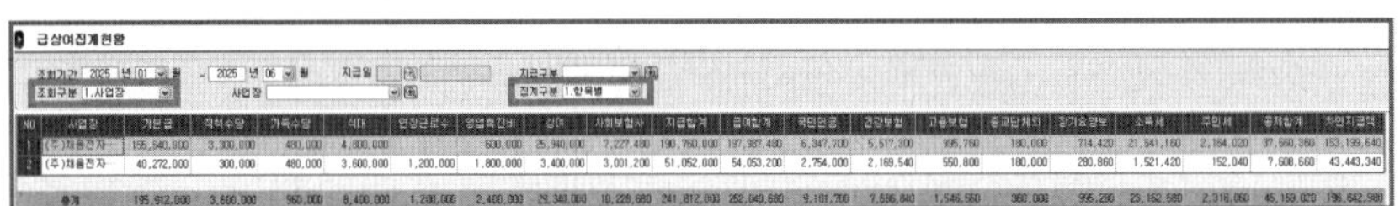

급상여집계현황

조회기간 2025 년 01 월 ~ 2025 년 06 월 / 조회구분 1.사업장 / 집계구분 1.항목별

NO	사업장	기본급	직책수당	가족수당	식대	연장근로수당	영업촉진비	상여	사회보험사	지급합계	급여합계	국민연금	건강보험	고용보험	종교단체외	장기요양보	소득세	주민세	공제합계	차인지급액
1	(주)채움전자…	155,540,000	3,300,000	480,000	4,800,000		600,000	25,940,000	7,227,480	190,760,000	197,987,480	6,347,700	5,517,300	995,760	180,000	714,420	21,541,160	2,164,020	37,560,360	153,199,640
2	(주)채움전자	40,272,000	300,000	480,000	3,600,000	1,200,000	1,800,000	3,400,000	3,001,200	51,052,000	54,053,200	2,754,000	2,169,540	550,800	180,000	280,860	1,521,420	152,040	7,608,660	43,443,340
	총계	195,912,000	3,600,000	960,000	8,400,000	1,200,000	2,400,000	29,340,000	10,228,680	241,812,000	252,040,680	9,101,700	7,686,840	1,546,560	360,000	995,280	23,162,580	2,316,060	45,169,020	196,642,980

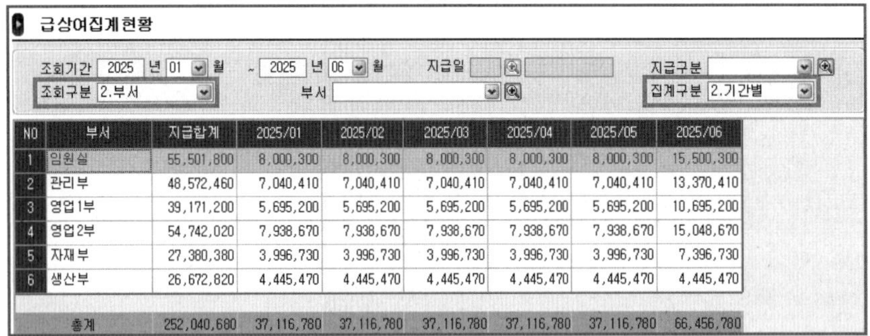

급상여집계현황

조회기간 2025 년 01 월 ~ 2025 년 06 월 / 지급일 / 지급구분 / 조회구분 2.부서 / 부서 / 집계구분 2.기간별

NO	부서	지급합계	2025/01	2025/02	2025/03	2025/04	2025/05	2025/06
1	임원실	55,501,800	8,000,300	8,000,300	8,000,300	8,000,300	8,000,300	15,500,300
2	관리부	48,572,460	7,040,410	7,040,410	7,040,410	7,040,410	7,040,410	13,370,410
3	영업1부	39,171,200	5,695,200	5,695,200	5,695,200	5,695,200	5,695,200	10,695,200
4	영업2부	54,742,020	7,938,670	7,938,670	7,938,670	7,938,670	7,938,670	15,048,670
5	자재부	27,380,380	3,996,730	3,996,730	3,996,730	3,996,730	3,996,730	7,396,730
6	생산부	26,672,820	4,445,470	4,445,470	4,445,470	4,445,470	4,445,470	4,445,470
	총계	252,040,680	37,116,780	37,116,780	37,116,780	37,116,780	37,116,780	66,456,780

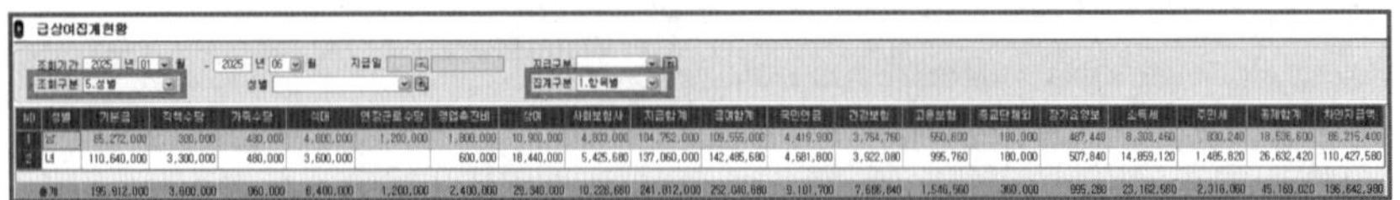

급상여집계현황

조회기간 2025 년 01 월 ~ 2025 년 06 월 / 조회구분 5.성별 / 집계구분 1.항목별

NO	성별	기본급	직책수당	가족수당	식대	연장근로수당	영업촉진비	상여	사회보험사	지급합계	급여합계	국민연금	건강보험	고용보험	종교단체외	장기요양보	소득세	주민세	공제합계	차인지급액
1	남	85,272,000	300,000	480,000	4,800,000	1,200,000	1,800,000	10,900,000	4,803,000	104,752,000	109,555,000	4,419,900	3,764,760	550,800	180,000	487,440	8,303,460	830,240	18,536,600	86,215,400
2	여	110,640,000	3,300,000	480,000	3,600,000		600,000	18,440,000	5,425,680	137,060,000	142,485,680	4,681,800	3,922,080	995,760	180,000	507,840	14,859,120	1,485,820	26,632,420	110,427,580
	총계	195,912,000	3,600,000	960,000	8,400,000	1,200,000	2,400,000	29,340,000	10,228,680	241,812,000	252,040,680	9,101,700	7,686,840	1,546,560	360,000	995,280	23,162,580	2,316,060	45,169,020	196,642,980

기출 유형 파악하기

24년 6회 19번 | p.287

TIP

2025년도와 2024년도를 사업장, 부서, 근무조별로 비교하는 문제가 출제될 수 있다.

급/상여 지급 · 공제항목을 항목별, 기간별로 집계하여 조회한다.

① **조회기간**: 조회하려는 급여 지급 귀속기간을 선택

② **조회구분**: 1.사업장/2.부서/3.근무조/4.프로젝트/5.성별 중 선택

③ **사업장/부서/근무조/프로젝트/성별**: 조회하려는 사업장/부서/근무조/프로젝트/성별을 선택(중복 선택 가능)

④ **집계구분**: 1.항목별/2.기간별 중 집계할 기준 선택

8. 항목별급상여지급현황

기출 유형 파악하기
24년 4회 19번 | p.301

ERP 메뉴 찾아가기

인사/급여관리 ▸ 급여관리 ▸ 항목별급상여지급현황

항목별급상여지급현황

귀속연월 2025 년 01 월 ~ 2025 년 12 월　지급구분 100 급여
사업장　집계구분 1.부서별

항목	합계	임원실	관리부	영업1부	영업2부	자재부	생산부
기본급	391,824,000	90,000,000	75,960,000	60,000,000	85,320,000	40,800,000	39,744,000
직책수당	7,200,000		2,400,000	1,800,000	2,400,000	600,000	
가족수당	1,920,000				960,000	960,000	
식대	16,800,000	2,400,000	2,400,000	2,400,000	2,400,000	2,400,000	4,800,000
연장근로수당	2,400,000						2,400,000
영업촉진비	4,800,000			1,200,000		1,200,000	2,400,000
사회보험사업자부…	20,457,360	3,603,600	3,724,920	2,942,400	4,184,040	2,000,760	4,001,640
지급합계	424,944,000	92,400,000	80,760,000	65,400,000	91,080,000	45,960,000	49,344,000
합계	445,401,360	96,003,600	84,484,920	68,342,400	95,264,040	47,960,760	53,345,640
국민연금	18,203,400	3,331,800	3,331,800	2,700,000	3,331,800	1,836,000	3,672,000
건강보험	15,373,680	3,190,440	2,692,680	2,127,000	3,024,480	1,446,360	2,892,720
고용보험	3,093,120		683,640	540,000	767,880	367,200	734,400
종교단체외지정기…	720,000		120,000	120,000	120,000	120,000	240,000
장기요양보험료	1,990,560	413,160	348,600	275,400	391,680	187,200	374,520
소득세	46,325,160	13,564,080	10,371,000	6,288,600	13,058,640	2,639,880	402,960
주민세	4,632,120	1,356,400	1,037,060	628,820	1,305,760	263,880	40,200
공제합계	90,338,040	21,855,880	18,584,780	12,679,820	22,000,240	6,860,520	8,356,800
차인지급액	334,605,960	70,544,120	62,175,220	52,720,180	69,079,760	39,099,480	40,987,200
인원	7	1	1	1	1	1	2

항목별급상여지급현황

귀속연월 2025 년 01 월 ~ 2025 년 12 월　지급구분 100 급여
사업장　집계구분 2.직종별

항목	합계	사무직	생산직	기술직	현장직
기본급	391,824,000	352,080,000	39,744,000		
직책수당	7,200,000	7,200,000			
가족수당	1,920,000	1,920,000			
식대	16,800,000	12,000,000	4,800,000		
연장근로수당	2,400,000		2,400,000		
영업촉진비	4,800,000	2,400,000	2,400,000		
사회보험사업자부…	20,457,360	16,455,720	4,001,640		
지급합계	424,944,000	375,600,000	49,344,000		
합계	445,401,360	392,055,720	53,345,640		
국민연금	18,203,400	14,531,400	3,672,000		
건강보험	15,373,680	12,480,960	2,892,720		
고용보험	3,093,120	2,358,720	734,400		
종교단체외지정기…	720,000	480,000	240,000		
장기요양보험료	1,990,560	1,616,040	374,520		
소득세	46,325,160	45,922,200	402,960		
주민세	4,632,120	4,591,920	40,200		
공제합계	90,338,040	81,981,240	8,356,800		
차인지급액	334,605,960	293,618,760	40,987,200		
인원	7	5	2		

항목별급상여지급현황

귀속연월 2025 년 01 월 ~ 2025 년 06 월 지급구분 100 급여
사업장 집계구분 3.기간별

항목	합계	2025년 01월	2025년 02월	2025년 03월	2025년 04월	2025년 05월	2025년 06월
기본급	195,912,000	32,652,000	32,652,000	32,652,000	32,652,000	32,652,000	32,652,000
직책수당	3,600,000	600,000	600,000	600,000	600,000	600,000	600,000
가족수당	960,000	160,000	160,000	160,000	160,000	160,000	160,000
식대	8,400,000	1,400,000	1,400,000	1,400,000	1,400,000	1,400,000	1,400,000
연장근로수당	1,200,000	200,000	200,000	200,000	200,000	200,000	200,000
영업촉진비	2,400,000	400,000	400,000	400,000	400,000	400,000	400,000
사회보험사업자부…	10,228,680	1,704,780	1,704,780	1,704,780	1,704,780	1,704,780	1,704,780
지급합계	212,472,000	35,412,000	35,412,000	35,412,000	35,412,000	35,412,000	35,412,000
합계	222,700,680	37,116,780	37,116,780	37,116,780	37,116,780	37,116,780	37,116,780
국민연금	9,101,700	1,516,950	1,516,950	1,516,950	1,516,950	1,516,950	1,516,950
건강보험	7,686,840	1,281,140	1,281,140	1,281,140	1,281,140	1,281,140	1,281,140
고용보험	1,546,560	257,760	257,760	257,760	257,760	257,760	257,760
종교단체외지정기…	360,000	60,000	60,000	60,000	60,000	60,000	60,000
장기요양보험료	995,280	165,880	165,880	165,880	165,880	165,880	165,880
소득세	23,162,580	2,833,430	2,833,430	2,833,430	2,833,430	2,833,430	8,995,430
주민세	2,316,060	283,310	283,310	283,310	283,310	283,310	899,510
공제합계	45,169,020	6,398,470	6,398,470	6,398,470	6,398,470	6,398,470	13,176,670
차인지급액	167,302,980	29,013,530	29,013,530	29,013,530	29,013,530	29,013,530	22,235,330
인원	42	7	7	7	7	7	7

항목별 급여 및 상여 지급 현황을 1.부서별, 2.직종별, 3.기간별, 4.프로젝트별, 5.근무조별로 집계하여 조회하는 메뉴이다.

① **귀속연월**: 조회하려는 급여 지급 귀속연월을 선택

② **지급구분**: 100.급여, 200.상여 등 사용자가 추가한 급여구분(중복 선택 가능)

③ **사업장**: 조회하려는 사업장을 선택(중복 선택 가능)

④ **집계구분**: 급/상여지급 내역을 1.부서별, 2.직종별, 3.기간별, 4.프로젝트별, 5.근무조별로 각 수당의 지급 금액 또는 각 집계별 인원수 확인

9. 급여통계현황

인사/급여관리 ▶ 급여관리 ▶ 급여통계현황

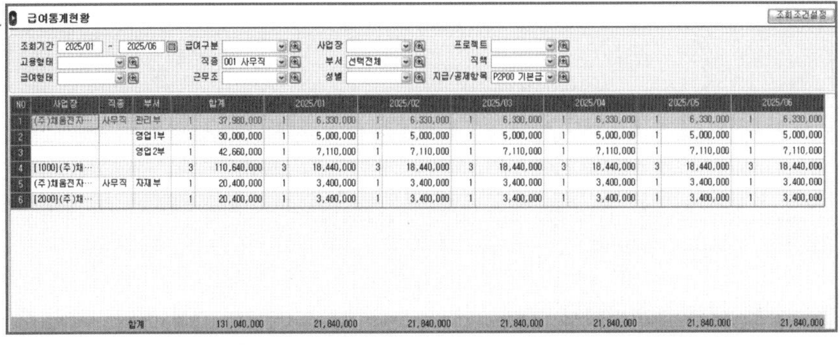

NO	사업장	직종	부서	합계		2025/01		2025/02		2025/03		2025/04		2025/05		2025/06	
1	(주)채움전자…	사무직	관리부	1	37,980,000	1	6,330,000	1	6,330,000	1	6,330,000	1	6,330,000	1	6,330,000	1	6,330,000
2			영업1부	1	30,000,000	1	5,000,000	1	5,000,000	1	5,000,000	1	5,000,000	1	5,000,000	1	5,000,000
3			영업2부	1	42,660,000	1	7,110,000	1	7,110,000	1	7,110,000	1	7,110,000	1	7,110,000	1	7,110,000
4	[1000](주)채…			3	110,640,000	3	18,440,000	3	18,440,000	3	18,440,000	3	18,440,000	3	18,440,000	3	18,440,000
5	(주)채움전자…	사무직	자재부	1	20,400,000	1	3,400,000	1	3,400,000	1	3,400,000	1	3,400,000	1	3,400,000	1	3,400,000
6	[2000](주)채…			1	20,400,000	1	3,400,000	1	3,400,000	1	3,400,000	1	3,400,000	1	3,400,000	1	3,400,000
	합계				131,040,000		21,840,000		21,840,000		21,840,000		21,840,000		21,840,000		21,840,000

사원의 사업장, 프로젝트, 직종, 부서, 직책, 급여형태 등 [인사정보등록] 메뉴에 설정된 고용형태, 성별 등 다양한 조회조건을 설정하여 조회하는 메뉴이다. 위의 화면은 '조회기간: 2025/01~2025/06', '직종: 사무직', '부서: 관리부, 영업1부, 영업2부, 자재부', '지급/공제항목: 기본급', '조회조건설정: 사업장, 직종, 부서'로 조회한 결과이다.

① **조회기간**: 조회할 기간 선택

② **급여구분**: 급여, 상여 중 급여구분 선택(중복 선택 가능)

③ **사업장/프로젝트/고용형태/직종/부서/직책/급여형태/근무조**: 급여 작업 당시 저장된 사원의 사업장, 프로젝트, 고용형태, 직종, 부서, 직책, 급여형태, 근무조 선택(중복 선택 가능)

④ **고용형태/성별**: [인사정보등록] 메뉴에 설정된 고용형태, 성별을 선택(중복 선택 가능)

⑤ **지급/공제항목**: [상용직급여입력] 메뉴의 지급/공제항목 선택(중복 선택 가능), 필수 입력 항목

> **TIP**
> 지급항목을 범위로 선택하고자 하는 경우 첫 번째 항목에 체크한 후 Shift를 누른 채, 마지막 항목을 체크하면 첫 번째 항목부터 마지막 항목까지 모든 항목이 체크된다.

조회조건설정

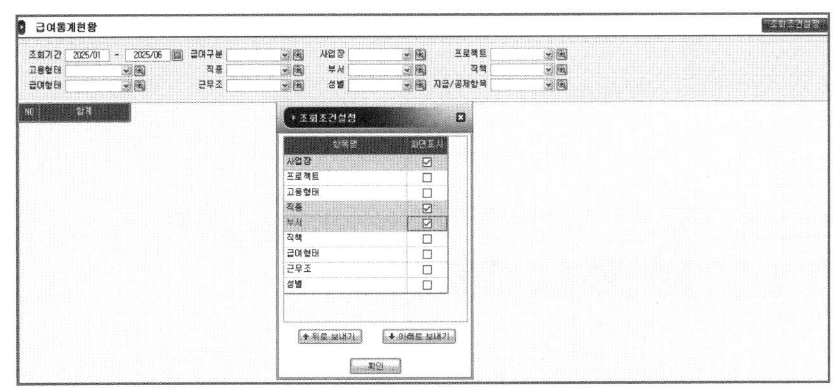

- 조회조건을 설정하지 않은 경우 조회되지 않으므로 조회조건을 먼저 설정해야 한다.
- 항목별로 표시할 순서를 '위로 보내기' 버튼과 '아래로 보내기' 버튼을 사용하여 설정한다.
- 조회조건설정에서 화면표시 항목을 여러 개 지정한 경우 첫 번째 항목부터 순차적으로 데이터가 조회된다.
- 화면표시에 체크한 첫 번째 항목으로 소계가 나온다.

10. 급/상여증감현황

ERP 메뉴 찾아가기

인사/급여관리 ▶ 급여관리 ▶ 급/상여증감현황

급/상여증감현황

기준연월 2025 년 01 월 비교연월 2025 년 04 월 ~ 2025 년 06 월 지급구분
집계구분 0.사업장 사업장

항목	기준년월	누계	2025/04	2025/05	2025/06
기본급	32,652,000	97,956,000	32,652,000	32,652,000	32,652,000
직책수당	600,000	1,800,000	600,000	600,000	600,000
가족수당	160,000	480,000	160,000	160,000	160,000
식대	1,400,000	4,200,000	1,400,000	1,400,000	1,400,000
연장근로수당	200,000	600,000	200,000	200,000	200,000
영업촉진비	400,000	1,200,000	400,000	400,000	400,000
상여		29,340,000			29,340,000
사회보험사업…	1,704,780	5,114,340	1,704,780	1,704,780	1,704,780
지급총계	35,412,000	135,576,000	35,412,000	35,412,000	64,752,000
합계	37,116,780	140,690,340	37,116,780	37,116,780	66,456,780
국민연금	1,516,950	4,550,850	1,516,950	1,516,950	1,516,950
건강보험	1,281,140	3,843,420	1,281,140	1,281,140	1,281,140
고용보험	257,760	773,280	257,760	257,760	257,760
종교단체외지…	60,000	180,000	60,000	60,000	60,000
장기요양보험료	165,880	497,640	165,880	165,880	165,880
소득세	2,833,430	14,662,290	2,833,430	2,833,430	8,995,430
주민세	283,310	1,466,130	283,310	283,310	899,510
공제총계	6,398,470	25,973,610	6,398,470	6,398,470	13,176,670
차인지급액	29,013,530	109,602,390	29,013,530	29,013,530	51,575,330

기준연월을 설정하고 비교연월을 선택하여 두 급여 간 증감액을 비교할 수 있는 메뉴이다.

11. 연간급여현황

⊕ 기출 유형 파악하기
24년 6회 16번 I p.287

ERP 메뉴 찾아가기

인사/급여관리 ▶ 급여관리 ▶ 연간급여현황

연간급여현황 간이지급명세서(EXCEL)

조회기간 2025 년 01 월 - 2025 년 03 월 분류기준 지급/공제 지급구분
사업장 조회구분 부서 사용자부담금 0.제외

NO	조회구분 부서	사원코드	사원명	합계 지급총액	합계 공제총액	2025/01 지급	2025/01 공제	2025/02 지급	2025/02 공제	2025/03 지급	2025/03 공제
1	관리부	2009002	배윤주	20,190,000	3,852,840	6,730,000	1,284,280	6,730,000	1,284,280	6,730,000	1,284,280
2	조회구분[부서…			20,190,000	3,852,840	6,730,000	1,284,280	6,730,000	1,284,280	6,730,000	1,284,280
3	생산부	2010001	정진수	6,816,000	1,230,300	2,272,000	410,100	2,272,000	410,100	2,272,000	410,100
4	생산부	2010002	김동진	5,520,000	858,900	1,840,000	286,300	1,840,000	286,300	1,840,000	286,300
5	조회구분[부서…			12,336,000	2,089,200	4,112,000	696,400	4,112,000	696,400	4,112,000	696,400
6	영업1부	2009003	손명희	16,350,000	2,658,720	5,450,000	886,240	5,450,000	886,240	5,450,000	886,240
7	조회구분[부서…			16,350,000	2,658,720	5,450,000	886,240	5,450,000	886,240	5,450,000	886,240
8	영업2부	2009004	김소연	22,770,000	4,611,270	7,590,000	1,537,090	7,590,000	1,537,090	7,590,000	1,537,090
9	조회구분[부서…			22,770,000	4,611,270	7,590,000	1,537,090	7,590,000	1,537,090	7,590,000	1,537,090
10	임원실	2009001	한두희	23,100,000	4,525,980	7,700,000	1,508,660	7,700,000	1,508,660	7,700,000	1,508,660
11	조회구분[부서…			23,100,000	4,525,980	7,700,000	1,508,660	7,700,000	1,508,660	7,700,000	1,508,660
12	자재부	2009005	최동인	11,490,000	1,457,400	3,830,000	485,800	3,830,000	485,800	3,830,000	485,800
13	조회구분[부서…			11,490,000	1,457,400	3,830,000	485,800	3,830,000	485,800	3,830,000	485,800
	총계 :7명			106,236,000	19,195,410	35,412,000	6,398,470	35,412,000	6,398,470	35,412,000	6,398,470

조회기간 동안의 급여 및 상여의 전체 현황을 지급/공제, 과세/비과세로 구분하여 조회 및 출력할 수 있는 메뉴이다.

12. 수당별연간급여현황

기출 유형 파악하기
25년 1회 18번 | p.280

ERP 메뉴 찾아가기

인사/급여관리 ▶ 급여관리 ▶ 수당별연간급여현황

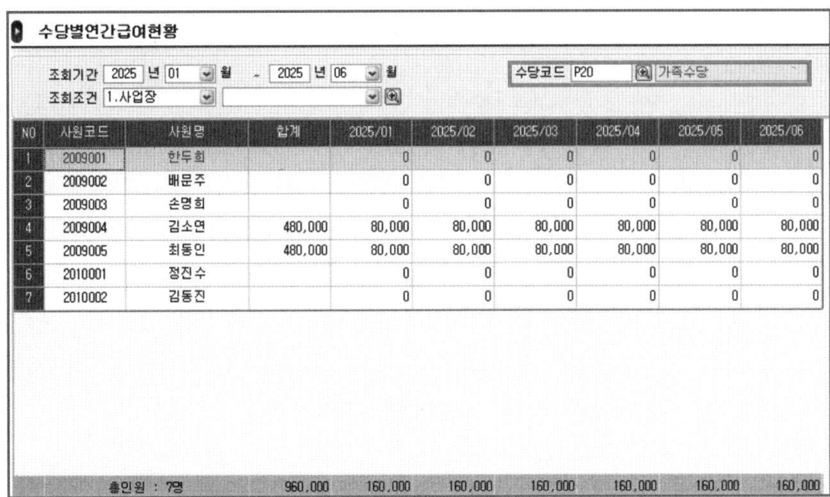

수당별연간급여현황

조회기간 2025 년 01 월 ~ 2025 년 06 월 수당코드 P20 가족수당
조회조건 1.사업장

NO	사원코드	사원명	합계	2025/01	2025/02	2025/03	2025/04	2025/05	2025/06
1	2009001	한두희		0	0	0	0	0	0
2	2009002	배문주		0	0	0	0	0	0
3	2009003	손명희		0	0	0	0	0	0
4	2009004	김소연	480,000	80,000	80,000	80,000	80,000	80,000	80,000
5	2009005	최동인	480,000	80,000	80,000	80,000	80,000	80,000	80,000
6	2010001	정진수		0	0	0	0	0	0
7	2010002	김동진		0	0	0	0	0	0
	총인원 : 7명		960,000	160,000	160,000	160,000	160,000	160,000	160,000

사원별 급여 총액을 사업장/부서/근무조/프로젝트별로 선택하고, 수당코드는 기본급 또는 연장근로수당, 직책수당 등을 조회 및 출력할 수 있는 메뉴이다.

① **조회기간:** 사원별 급여 총액을 조회하려는 귀속기간의 범위로 선택

② **수당코드:** 조회할 수당코드 선택

③ **조회조건:** 1.사업장/2.부서/3.근무조/4.프로젝트 중 선택

CHAPTER 5 세무관리

2025 버전의 핵심 ERP 프로그램에서 [백데이터] 파일의 '실무 시뮬레이션_CHAPTER 05' DB를 복원한 후 '2001.(주)채움전자, 2009002.배문주'로 로그인한다.

1. 원천징수이행상황신고서

ERP 메뉴 찾아가기

인사/급여관리 ▸ 세무관리 ▸ 원천징수이행상황신고서

원천징수이행상황신고서는 회사가 원천징수하여 지급한「소득세법」상의 소득금액과 원천징수된 세액을 세무서에 보고하는 보고서로, 간이세액표에 의해 산출된 근로소득에 대한 원천징수세액, 일용직 사원의 원천징수세액, 중도 퇴사자의 연말정산을 통한 원천징수세액, 이자소득, 배당소득, 사업소득, 기타소득 등에 대한 원천징수세액을 표기한다. 급여 지급 시 공제된 소득세는 다음 달 10일까지 신고·납부하여야 한다.

① 제출연도와 신고사업장을 선택하고 '신고서추가' 버튼을 클릭한다.

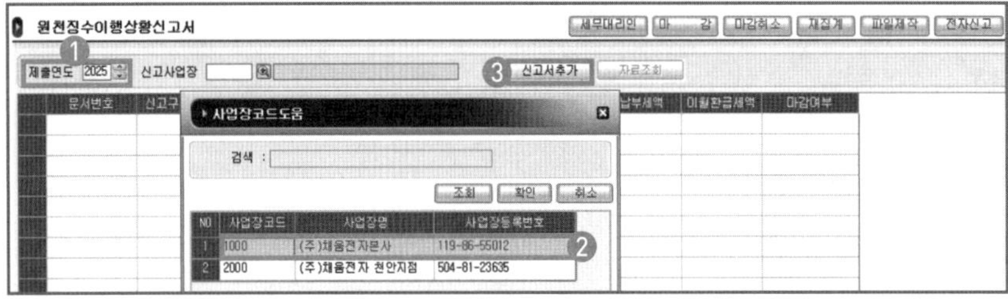

② 추가된 신고서의 귀속연월과 지급연월을 선택한다.

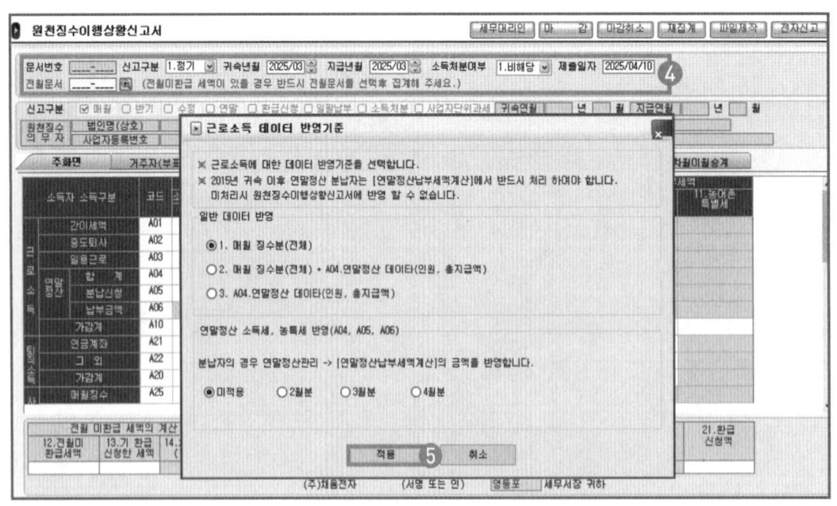

TIP

귀속연월과 지급연월 입력 시 주의한다. 예를 들어 5월분 급여 지급일이 6월 5일인 경우 귀속연월은 5월, 지급연월은 6월로 입력해야 한다.

③ 전월문서에서 전월미환급세액이 있을 경우 반드시 입력한다.

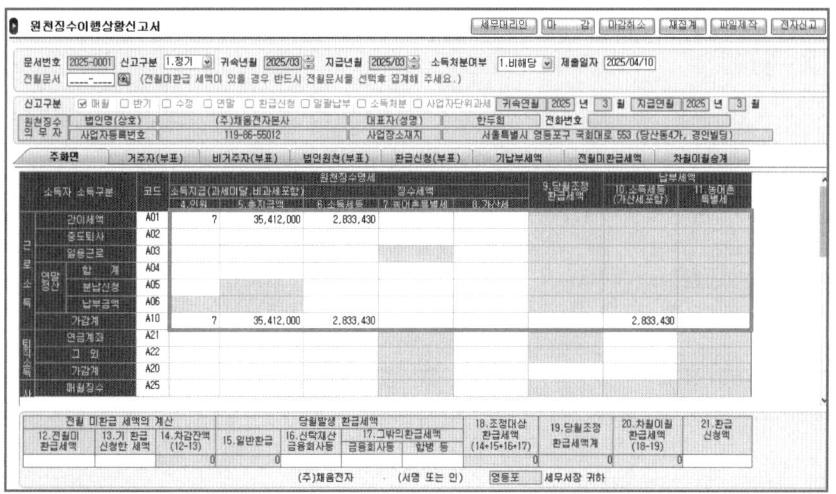

2. 지방소득세특별징수명세/납부서

인사/급여관리 ▸ 세무관리 ▸ 지방소득세특별징수명세/납부서

[상용직급여입력및계산], [퇴직금산정], [사업/기타/이자배당소득관리] 메뉴에 입력된 데이터의 지방소득세를 조회하고 '납부서 및 영수필통지서'와 '징수 및 조정명세서'를 출력할 수 있는 메뉴이다.

① 신고사업장을 선택하고 제출일자를 입력한 후, 우측 상단의 '신고서생성' 버튼을 클릭하여 조회한다.

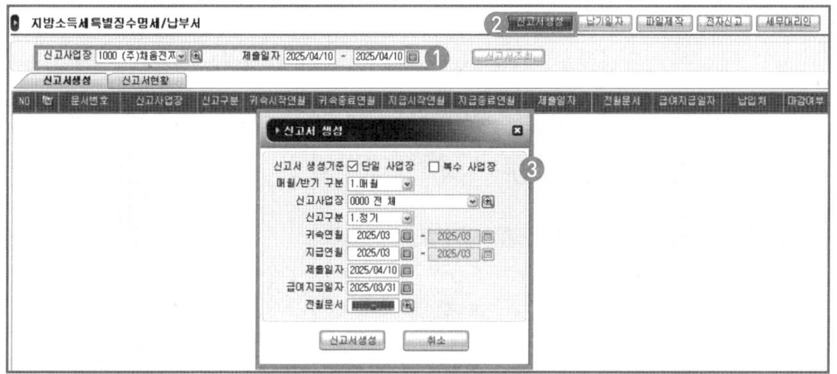

TIP
프로그램 조회 일자로 제출일자가 자동 입력되므로 신고서 생성 시 제출일자를 확인해야 한다.

이론 | 실무 시뮬레이션 | 최신 기출문제

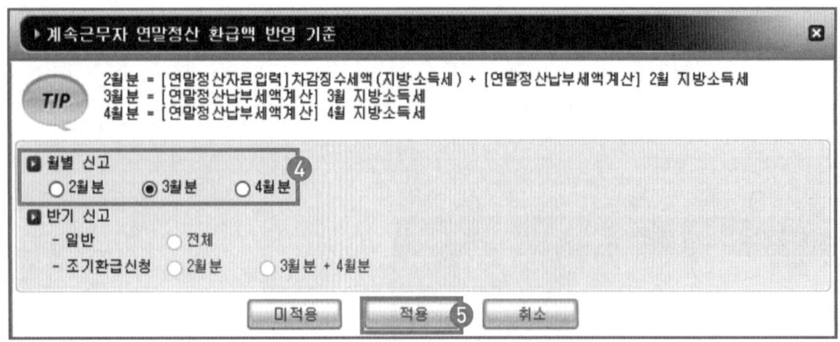

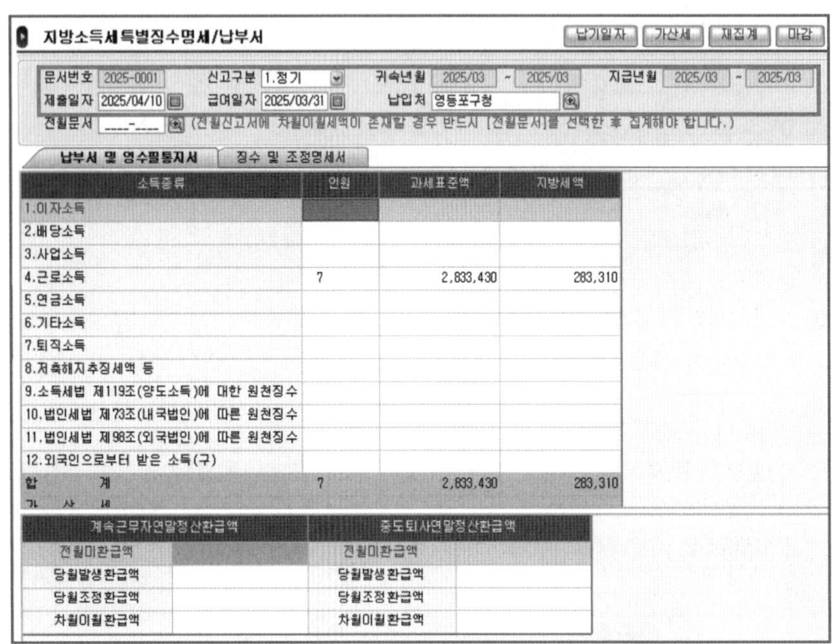

지방소득세특별징수명세/납부서

문서번호 2025-0001 신고구분 1.정기 귀속년월 2025/03 ~ 2025/03 지급년월 2025/03 ~ 2025/03
제출일자 2025/04/10 급여일자 2025/03/31 납입처 영등포구청
전월문서 (전월신고서에 차월이월세액이 존재할 경우 반드시 [전월문서]를 선택한 후 집계해야 합니다.)

납부서 및 영수필통지서 | 징수 및 조정명세서

소득종류	인원	과세표준액	지방세액
1.이자소득			
2.배당소득			
3.사업소득			
4.근로소득	7	2,833,430	283,310
5.연금소득			
6.기타소득			
7.퇴직소득			
8.저축해지추징세액 등			
9.소득세법 제119조(양도소득)에 대한 원천징수			
10.법인세법 제73조(내국법인)에 따른 원천징수			
11.법인세법 제98조(외국법인)에 따른 원천징수			
12.외국인으로부터 받은 소득(구)			
합계	7	2,833,430	283,310

계속근무자연말정산환급액		중도퇴사연말정산환급액	
전월미환급액		전월미환급액	
당월발생환급액		당월발생환급액	
당월조정환급액		당월조정환급액	
차월이월환급액		차월이월환급액	

② 징수 및 조정명세서 탭에서 '신고구분: 1.정기', '소득구분: 4.근로소득'으로 조회한다.

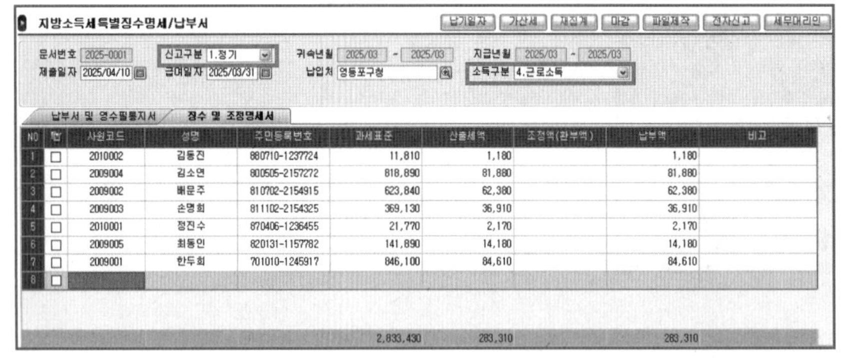

지방소득세특별징수명세/납부서

문서번호 2025-0001 신고구분 1.정기 귀속년월 2025/03 ~ 2025/03 지급년월 2025/03 ~ 2025/03
제출일자 2025/04/10 급여일자 2025/03/31 납입처 영등포구청 소득구분 4.근로소득

납부서 및 영수필통지서 | 징수 및 조정명세서

NO	사원코드	성명	주민등록번호	과세표준	산출세액	조정액(환부액)	납부액	비고
1	2010002	김동진	880710-1237724	11,810	1,180		1,180	
2	2009004	김소연	800505-2157272	818,890	81,880		81,880	
3	2009002	배문주	810702-2154915	623,840	62,380		62,380	
4	2009003	손명희	811102-2154325	369,130	36,910		36,910	
5	2010001	정진수	870406-1236455	21,770	2,170		2,170	
6	2009005	최동인	820131-1157782	141,890	14,180		14,180	
7	2009001	한두희	701010-1245917	846,100	84,610		84,610	
8								
				2,833,430	283,310		283,310	

TIP

우측 상단의 '마감' 버튼을 클릭하면 재조회를 할 수 없다. 제출일자 및 급여일자를 입력한 후 조회해야 한다.

전표관리

2025 버전의 핵심 ERP 프로그램에서 [백데이터] 파일의 '실무 시뮬레이션_CHAPTER 06' DB를 복원한 후 '2001.(주)채움전자, 2009002.배문주'로 로그인한다.

1. 계정과목설정

ERP 메뉴 찾아가기

인사/급여관리 ▶ 전표관리 ▶ 계정과목설정

계정과목설정 시 선행 작업

- [시스템관리]-[기초정보관리]-[회계연결계정과목등록] 메뉴에서 '모듈: 인사관리, 전표코드: 급여'를 선택한 후 우측 상단의 '초기설정' 버튼을 클릭한다.
- 전체 선택 후 적용을 클릭하여 '연결계정을 초기화 하시겠습니까?' 창이 뜨면 '예'를 선택한다. 회계연결계정과목등록은 ERP 인사, 생산, 물류 각 모듈에서 회계모듈로 자료를 이관하여 자동으로 회계전표를 발행할 수 있도록 회계처리과정을 미리 설정해 놓는 메뉴이다.

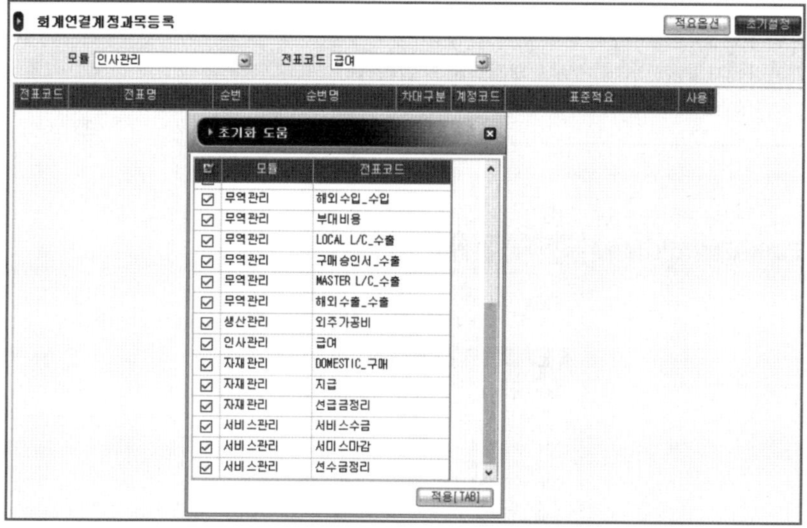

회계연결계정과목등록

적요옵션 | 초기설정

모듈 인사관리 | 전표코드 급여

전표코드	전표명	순번	순번명	차대구분	계정코드	표준적요	사용
H1	급여	1	제조부문임원급여	대체차변	50300	제조부문임원급여	사용
H1	급여	2	600번대임원급여	대체차변	60300	제조부문임원급여	사용
H1	급여	3	700번대임원급여	대체차변	70300	임원급여	사용
H1	급여	4	판관부문임원급여	대체차변	80100	임원급여	사용
H1	급여	5	제조부문급료	대체차변	50300	생산직남자직원급여	사용
H1	급여	6	제조부문임금	대체차변	50400	생산직여직원급여	사용
H1	급여	7	600번대급료	대체차변	60300	생산직남자직원급여	사용
H1	급여	8	600번대임금	대체차변	60400	생산직여직원급여	사용
H1	급여	9	700번대급여	대체차변	70300	남자직원급여	사용
H1	급여	10	700번대임금	대체차변	70400	국민연금예수금	사용
H1	급여	11	제조부문잡급	대체차변	53600	제조부문잡급	사용
H1	급여	12	600번대잡급	대체차변	63600	제조부문잡급	사용
H1	급여	13	700번대잡급	대체차변	73600	관리부문잡급	사용
H1	급여	14	판관부문잡급	대체차변	80500	관리부문잡급	사용
H1	급여	15	판관부문급료와임금	대체차변	80200	관리직원급여	사용
H1	급여	17	600번대복리후생비	대체차변	61100	복리후생비	사용
H1	급여	18	700번대복리후생비	대체차변	71100	복리후생비	사용
H1	급여	19	판관부문복리후생비	대체차변	81100	복리후생비	사용
H1	급여	20	제조부문제수당	대체차변	50600	제수당	사용
H1	급여	21	600번대제수당	대체차변	60600	제수당	사용
H1	급여	22	700번대제수당	대체차변	70600	제수당	사용
H1	급여	23	판관부문제수당	대체차변	80400	제수당	사용
H1	급여	24	제조부문차량유지비	대체차변	52200	차량유지비	사용

- 위 작업을 수행하면 [인사관리] 메뉴에서 전표관리와 연결되어 '급/상여지급공제' 항목에 대한 미결전표를 회계관리로 자동으로 넘겨준다. 이때 전표는 미결전표로 넘어간다. 현재 수행사원이 수정권한이 있더라도 전표는 미결전표로 발행된다.
- 전표관리는 산출된 급여와 상여 데이터를 회계처리하기 위해 자동으로 전표를 발생시키는 부분으로, 발생된 전표는 회계모듈의 전표입력에서 확인할 수 있다.

[계정과목설정] 메뉴에서 계정유형, 항목구분을 선택하여 임원계정, 사원계정, 제조계정을 설정한다. 불러온 항목에 따라 계정과목란에서 F2를 누르고 해당 계정과목을 입력한다.

① 임원계정

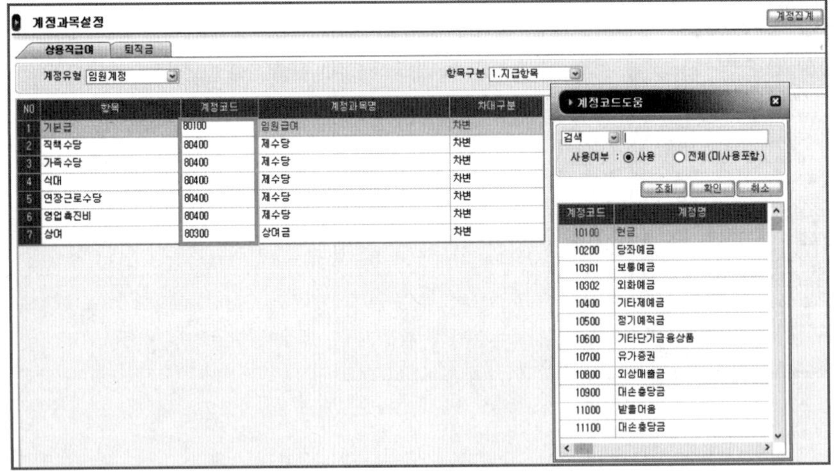

계정과목설정

계정집계

상용직급여 | 퇴직금

계정유형 임원계정 | 항목구분 1.지급항목

NO	항목	계정코드	계정과목명	차대구분
1	기본급	80100	임원급여	차변
2	직책수당	80400	제수당	차변
3	가족수당	80400	제수당	차변
4	식대	80400	제수당	차변
5	연장근로수당	80400	제수당	차변
6	영업촉진비	80400	제수당	차변
7	상여	80300	상여금	차변

계정코드도움

검색

사용여부 : ◉ 사용 ○ 전체(미사용포함)

조회 | 확인 | 취소

계정코드	계정명
10100	현금
10200	당좌예금
10301	보통예금
10302	외화예금
10400	기타제예금
10500	정기예적금
10600	기타단기금융상품
10700	유가증권
10800	외상매출금
10900	대손충당금
11000	받을어음
11100	대손충당금

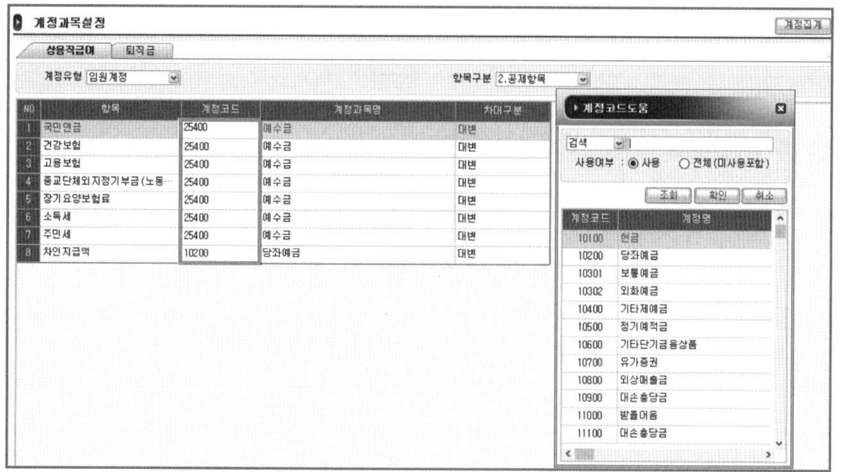
계정과목설정
계정집계
상용직급여 퇴직금
계정유형 임원계정
항목구분 2.공제항목
NO 항목 계정코드 계정과목명 차대구분
1 국민연금 25400 예수금 대변
2 건강보험 25400 예수금 대변
3 고용보험 25400 예수금 대변
4 종교단체외지정기부금(노동… 25400 예수금 대변
5 장기요양보험료 25400 예수금 대변
6 소득세 25400 예수금 대변
7 주민세 25400 예수금 대변
8 차인지급액 10200 당좌예금 대변
계정코드도움
검색
사용여부 : 사용 전체(미사용포함)
조회 확인 취소
계정코드 계정명
10100 현금
10200 당좌예금
10301 보통예금
10302 외화예금
10400 기타제예금
10500 정기예적금
10600 기타단기금융상품
10700 유가증권
10800 외상매출금
10900 대손충당금
11000 받을어음
11100 대손충당금

② 사원계정

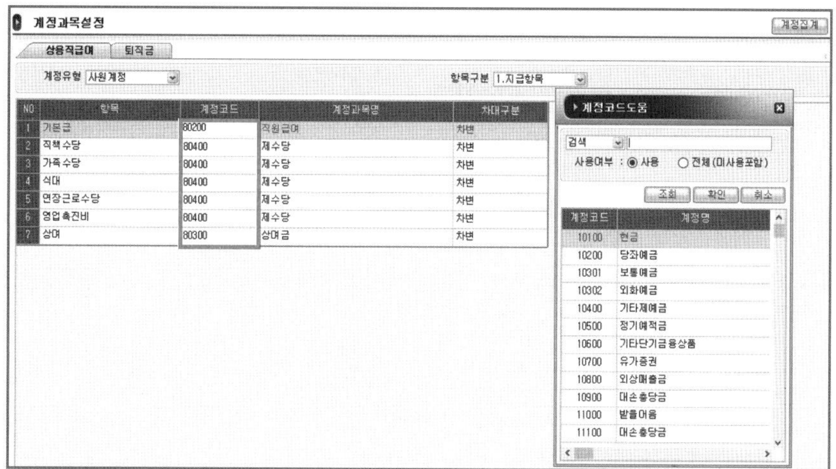
계정과목설정
계정집계
상용직급여 퇴직금
계정유형 사원계정
항목구분 1.지급항목
NO 항목 계정코드 계정과목명 차대구분
1 기본급 80200 직원급여 차변
2 직책수당 80400 제수당 차변
3 가족수당 80400 제수당 차변
4 식대 80400 제수당 차변
5 연장근로수당 80400 제수당 차변
6 영업촉진비 80400 제수당 차변
7 상여 80300 상여금 차변
계정코드도움
검색
사용여부 : 사용 전체(미사용포함)
조회 확인 취소
계정코드 계정명
10100 현금
10200 당좌예금
10301 보통예금
10302 외화예금
10400 기타제예금
10500 정기예적금
10600 기타단기금융상품
10700 유가증권
10800 외상매출금
10900 대손충당금
11000 받을어음
11100 대손충당금

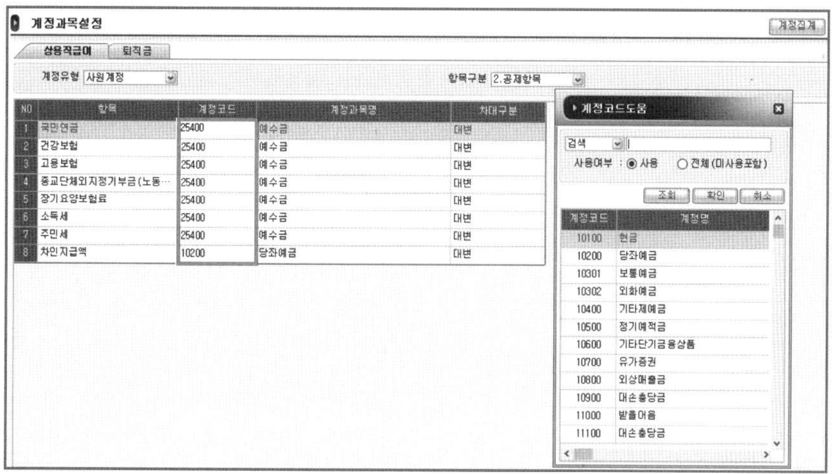
계정과목설정
계정집계
상용직급여 퇴직금
계정유형 사원계정
항목구분 2.공제항목
NO 항목 계정코드 계정과목명 차대구분
1 국민연금 25400 예수금 대변
2 건강보험 25400 예수금 대변
3 고용보험 25400 예수금 대변
4 종교단체외지정기부금(노동… 25400 예수금 대변
5 장기요양보험료 25400 예수금 대변
6 소득세 25400 예수금 대변
7 주민세 25400 예수금 대변
8 차인지급액 10200 당좌예금 대변
계정코드도움
검색
사용여부 : 사용 전체(미사용포함)
조회 확인 취소
계정코드 계정명
10100 현금
10200 당좌예금
10301 보통예금
10302 외화예금
10400 기타제예금
10500 정기예적금
10600 기타단기금융상품
10700 유가증권
10800 외상매출금
10900 대손충당금
11000 받을어음
11100 대손충당금

③ 제조계정

계정과목설정
계정집계
상용직급여
퇴직금
계정유형 제조계정
항목구분 1.지급항목
NO 항목 계정코드 계정과목명 차대구분
1 기본급 50400 임금 차변
2 직책수당 50600 제수당 차변
3 가족수당 50600 제수당 차변
4 식대 50600 제수당 차변
5 연장근로수당 50600 제수당 차변
6 영업촉진비 50600 제수당 차변
7 상여 50500 상여금 차변
계정코드도움
검색
사용여부 : 사용 전체(미사용포함)
조회 확인 취소
계정코드 계정명
10100 현금
10200 당좌예금
10301 보통예금
10302 외화예금
10400 기타제예금
10500 정기예적금
10600 기타단기금융상품
10700 유가증권
10800 외상매출금
10900 대손충당금
11000 받을어음
11100 대손충당금

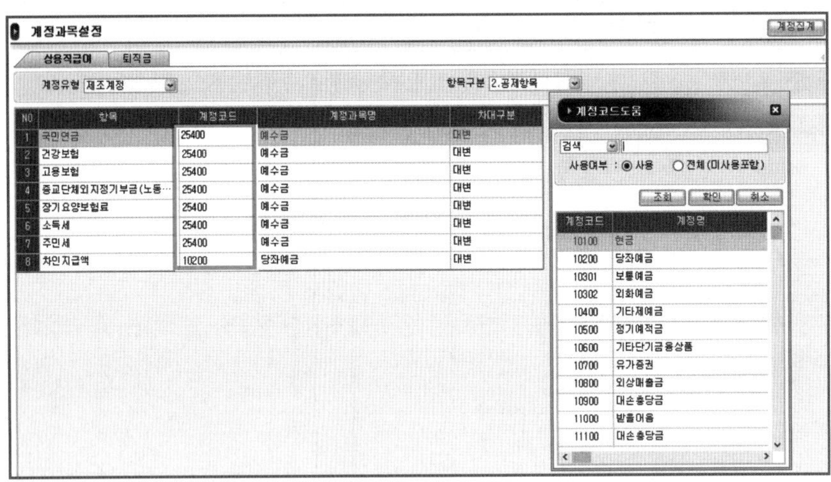

계정과목설정
계정집계
상용직급여
퇴직금
계정유형 제조계정
항목구분 2.공제항목
NO 항목 계정코드 계정과목명 차대구분
1 국민연금 25400 예수금 대변
2 건강보험 25400 예수금 대변
3 고용보험 25400 예수금 대변
4 종교단체외지정기부금(노동… 25400 예수금 대변
5 장기요양보험료 25400 예수금 대변
6 소득세 25400 예수금 대변
7 주민세 25400 예수금 대변
8 차인지급액 10200 당좌예금 대변
계정코드도움
검색
사용여부 : 사용 전체(미사용포함)
조회 확인 취소
계정코드 계정명
10100 현금
10200 당좌예금
10301 보통예금
10302 외화예금
10400 기타제예금
10500 정기예적금
10600 기타단기금융상품
10700 유가증권
10800 외상매출금
10900 대손충당금
11000 받을어음
11100 대손충당금

2. 소득자별계정유형설정

ERP 메뉴 찾아가기

인사/급여관리 ▶ 전표관리 ▶ 소득자별계정유형설정

소득자별 계정유형을 지정하는 메뉴이다.

① 사원계정

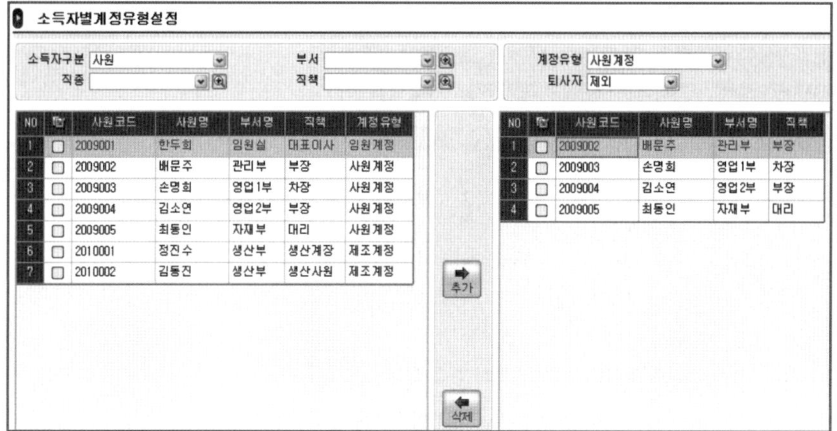

② 제조계정

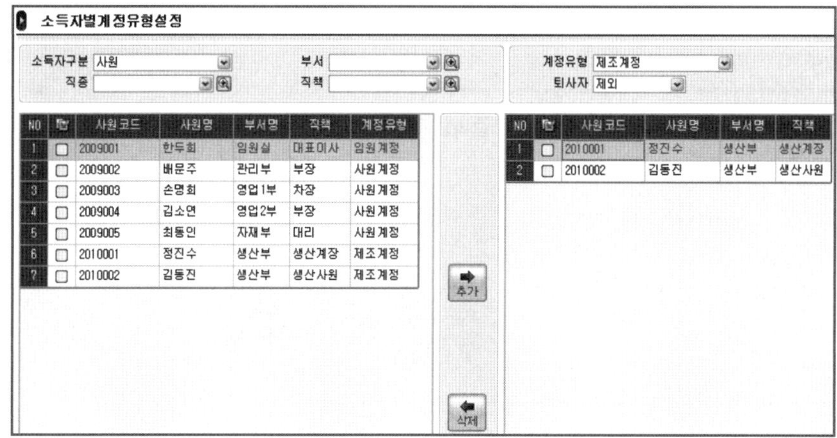

TIP

소득자별 계정유형은 각 소득자의 [인사정보등록], [소득자등록(거주자기타소득)], [소득자등록(거주자사업소득)] 메뉴에서도 등록할 수 있다.

3. 전표집계및생성

ERP 메뉴 찾아가기

인사/급여관리 ▶ 전표관리 ▶ 전표집계및생성

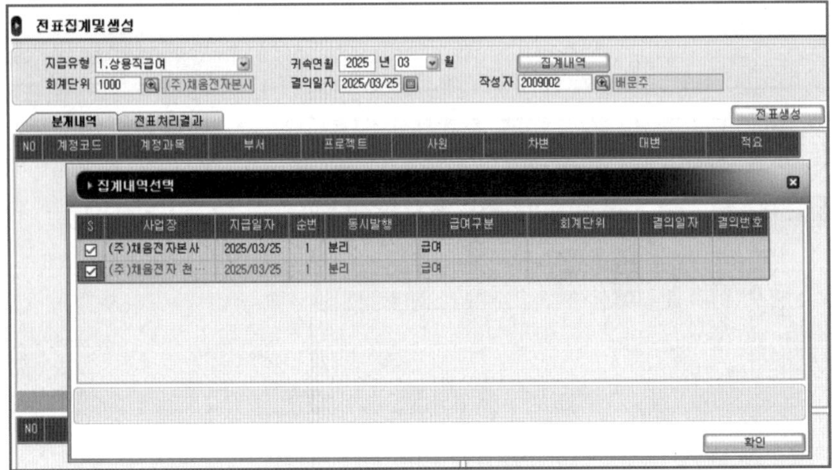

근태관리와 급여관리를 통해 계산된 급여와 상여금 데이터를 [인사/급여관리] 모듈에서 [회계관리] 모듈로 이관하여 전표처리를 생성 및 삭제하는 메뉴이다. 지급유형, 회계단위, 귀속연월, 결의일자를 입력한 후 Enter를 누르고 집계내역을 클릭하면 전표가 생성된다.

실무 연습문제 전표집계및생성

[전표집계및생성] 메뉴에서 다음 자료를 기준으로 전표를 생성하고 전표처리결과를 확인하시오.

- 지급유형: 1.상용직급여
- 회계단위: 1000.(주)채움전자본사
- 작성자: 2009002.배문주
- 귀속연월: 2025/03
- 결의일자: 2025/03/25

정답

- 전표생성 반영 후

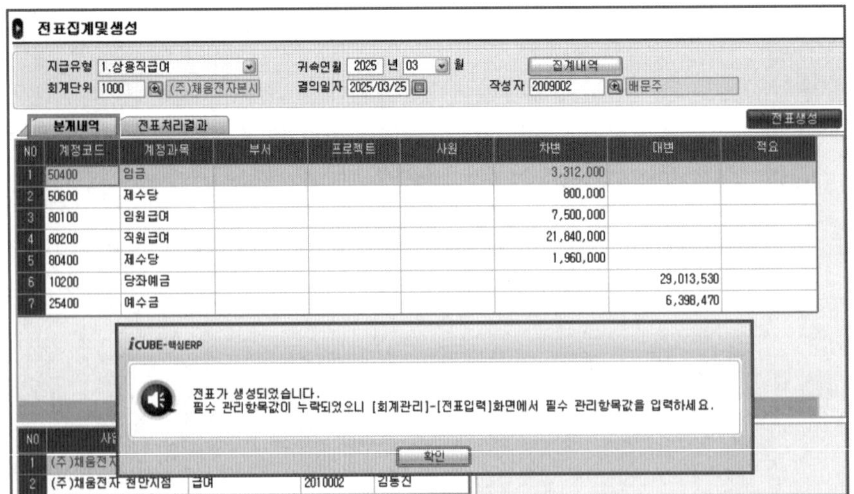

• 전표처리결과

전표집계및생성

지급유형 1.상용직급여 | 귀속연월 2025 년 03 월 | 집계내역
회계단위 1000 (주)채움전자본사 | 결의일자 2025/03/25 | 작성자 2009002 배문주

분개내역 | 전표처리결과 | 전표삭제

NO	결의일자	결의번호	사업장(회계단위)	결의부서	결의사원	승인구분	승인일자
1	2025/03/25	1	(주)채움전자본사	관리부	배문주	미결	

NO	구분	계정코드	계정과목	코드	거래처명	금액	적요명
1	차변	50400	임금			3,312,000	
2	차변	50600	제수당			800,000	
3	차변	80100	임원급여			7,500,000	
4	차변	80200	직원급여			21,840,000	
5	차변	80400	제수당			1,960,000	
6	대변	10200	당좌예금			29,013,530	
7	대변	25400	예수금			6,398,470	

프로젝트 | 사용부서 | 관리번호
발생일자 0000/00/00 | 만기일자 0000/00/00 | 처리유형 | 관리수량
관리금액 | 관리율 | 사용자정의 | 사용자정의

차변		금액		대변		금액
50400	임금	3,312,000	/	10200	당좌예금	29,013,530
50600	제수당	800,000	/	25400	예수금	6,398,470
80100	임원급여	7,500,000				
80200	직원급여	21,840,000				
80400	제수당 외	1,960,000				
차변합계		35,412,000	/	대변합계		35,412,000

TIP

전표처리결과 탭에서 상단의 결의일자란에 '2025/03/25'를 입력하여 전표처리결과 내역을 확인한다.

CHAPTER 07 일용직관리

2025 버전의 핵심 ERP 프로그램에서 [백데이터] 파일의 '실무 시뮬레이션_CHAPTER 07' DB를 복원한 후 '2001.(주)채움전자, 2009002.배문주'로 로그인한다.

1. 일용직사원등록

ERP 메뉴 찾아가기

인사/급여관리 ▶ 일용직관리 ▶ 일용직사원등록

일용직 근로자란 일반회사의 경우 3개월 미만의 근로자, 건설회사의 경우 1년 미만의 근로자를 의미한다.

실무 연습문제 일용직사원등록

(주)채움전자는 2025년 영업부의 판매촉진을 위해 일용직 사원을 고용하기로 하였다. 이에 따라 일용직 사원 1명의 2주간(2025/03/06~2025/03/17 10일간, 주말근무 제외, 평일 8시간 근무) 근무 내용을 일용직사원등록에 등록하시오.

기출 유형 파악하기
24년 5회 15번 | p.293

성명	박인해
사번	20212001
주민등록번호	900621 – 1653422
부서	영업1부
고용보험직종	104.판매 관련 단순직
급여형태	일급 200,000원, 말일에 일괄지급
계좌번호/은행	123 – 456 – 789/국민
입사일자, 퇴직일자	2025/03/06, 2025/03/17
생산직비과세 적용	안 함
고용보험여부	여
국민연금여부	부
건강보험여부	부
이직사유	회사사정에 의한 이직
일자리 안정자금	신청

정답

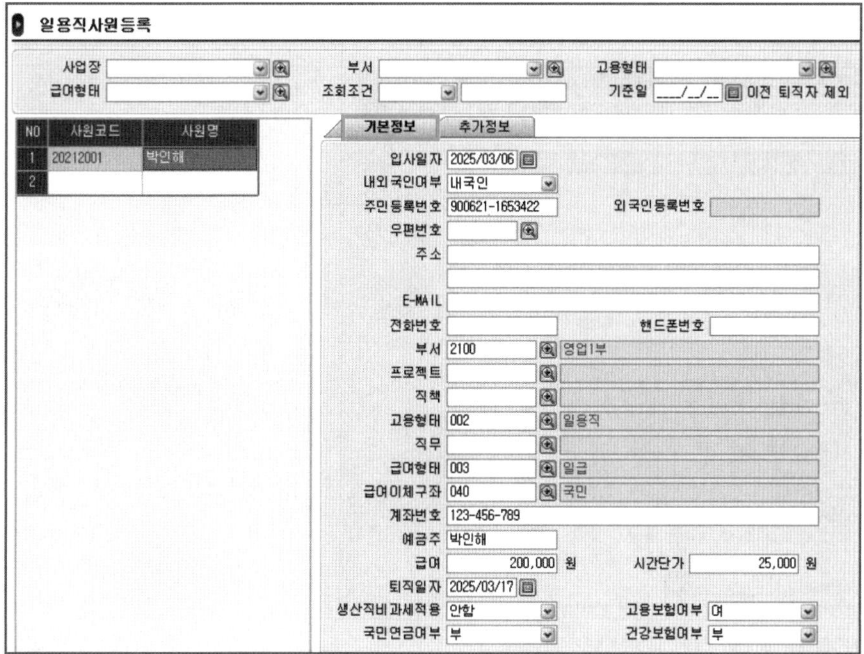

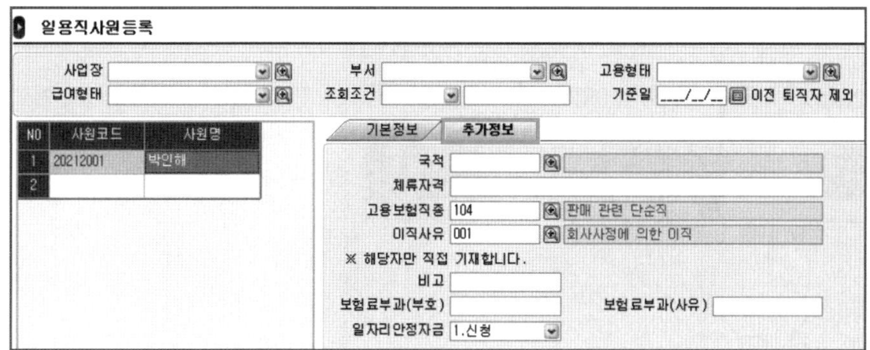

2. 일용직급여지급일자등록

ERP 메뉴 찾아가기

인사/급여관리 ▸ 일용직관리 ▸ 일용직급여지급일자등록

일용직 사원의 급여 지급일자를 등록하고 해당 지급일자에 대상자를 등록한다.

실무 연습문제 일용직급여지급일자등록

(주)채움전자 일용직 사원 박인해의 사례를 바탕으로 일용직급여지급일자등록을 하시오.

⊕ 기출 유형 파악하기
25년 1회 14번 | p.279

정답

- '귀속연월: 2025/03'을 입력한 후 우측 상단의 '지급일 설정'을 클릭
- 지급일 설정 창에서 '지급일자: 2025/03/17', '출결기간: 2025/03/06 ~ 2025/03/17', '지급형태: 2.일정기간지급'을 적용

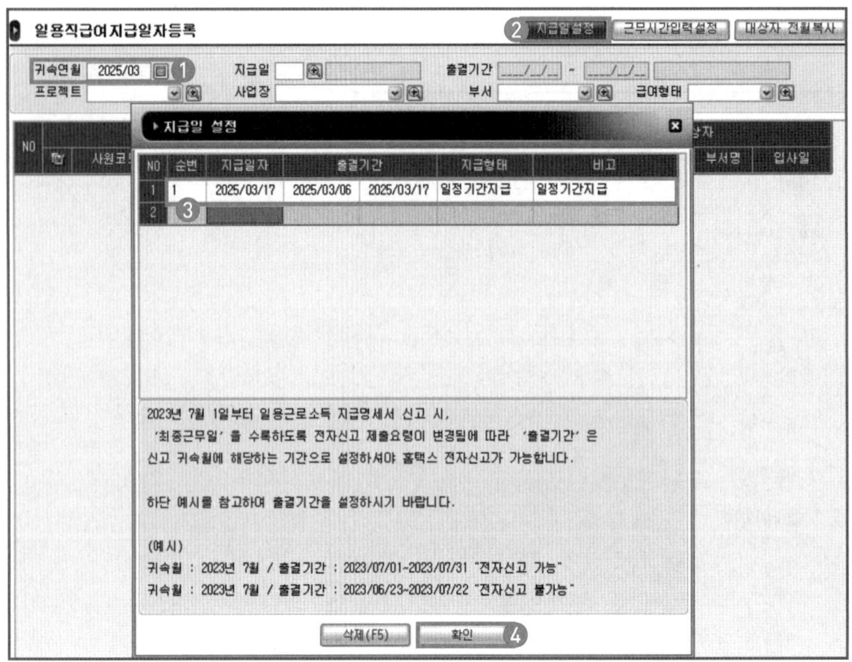

- '귀속연월: 2025/03', '지급일: 1.2025/03/17' 입력, 부서: '영업1부', 급여형태: '일급' 입력
- '박인해' 사원을 선택하여 '일용직급여대상자'에 추가

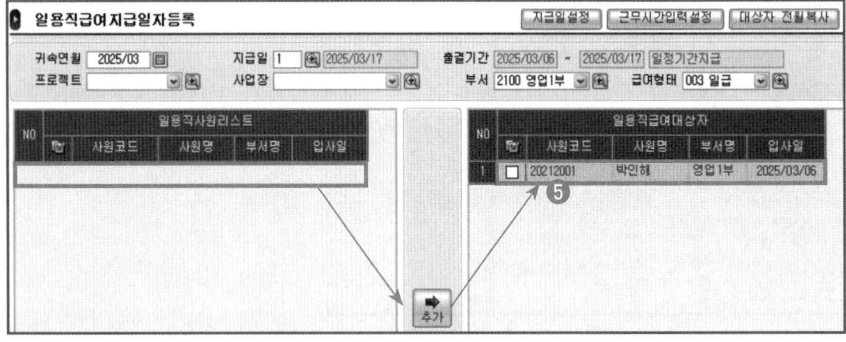

3. 일용직급여입력및계산

ERP 메뉴 찾아가기

인사/급여관리 ▸ 일용직관리 ▸ 일용직급여입력및계산

지급일자별로 설정한 대상자의 근태시간과 급여액을 입력한다.

① 소득세 지급액

(일당 − 150,000원) × 6% × (1 − 55%) = 원천징수세액

② 소득세 지급 형태

매일지급	매일 데이터에서 소액부징수처리된 후 소득세가 계산됨
일정기간지급	출결기간 동안의 총지급액을 기준으로 소액부징수처리되어 소득세가 계산됨

실무 연습문제 일용직급여입력및계산

(주)채움전자 일용직 사원 박인해의 사례를 바탕으로 일용직급여입력및계산을 적용하시오.

기출 유형 파악하기
24년 4회 15번 | p.300

정답

- '귀속연월: 2025/03', '지급일: 1.2025/03/17' 입력
- '박인해' 사원을 선택
- 우측 상단의 '일괄적용'을 클릭한 후 '평일 8시간'을 입력한 후 적용

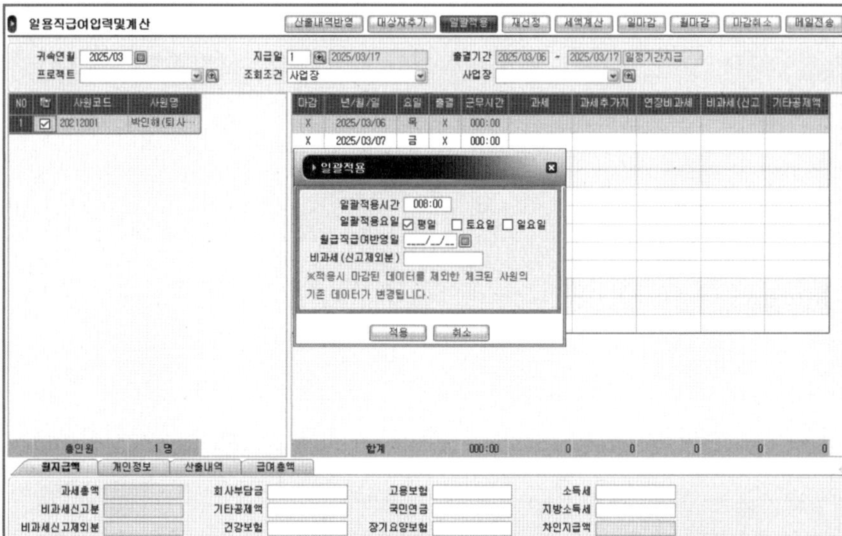

고난도 실전 예제 일용직사원 등록 및 일용직급여입력 및 계산

2025년 3월 귀속 일용직 급여작업 전, 아래 자료를 기준으로 '정다솜' 사원의 사원정보를 직접 입력하고 [일용직급여지급일자등록]에 대상자를 반영하여 급여계산을 하시오.

보기

1. 사원정보 입력
   - 사원코드/사원명: 20251002.정다솜
   - 입사일자: 2025/03/09
   - 주민등록번호: 920304-1234567
   - 부서: 4100.생산부
   - 급여형태: 004.시급
   - 급여/시간단가: 35,650원
   - 생산직비과세 적용: 함
   - 국민/건강/고용보험여부: 여
2. 일용직 급여지급
   - 지급일자: 2025/03/31
   - 출결기간: 2025/03/09~2025/03/31
   - 지급형태: 매일지급
   - 근무시간: 평일 10시간 근무, 토요일 2시간 근무
   - 비과세(신고제외분): 8,000원(평일만 적용)

정답

- [일용직사원등록] 메뉴
  - 기본정보 탭에서 '정다솜' 사원의 정보를 입력한다.

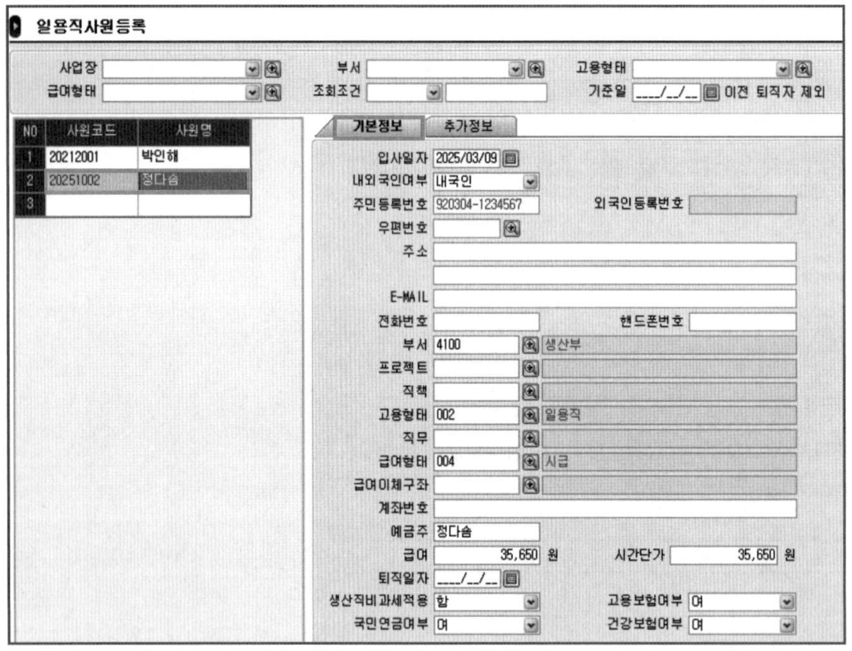

• [일용직급여지급일자등록] 메뉴
 – '귀속연월: 2025/03' 입력 후 우측 상단 '지급일 설정'을 클릭
 – '지급일자: 2025/03/31', '출결기간: 2025/03/09 ~ 2025/03/31', '지급형태: 매일지급' 입력 후 확인

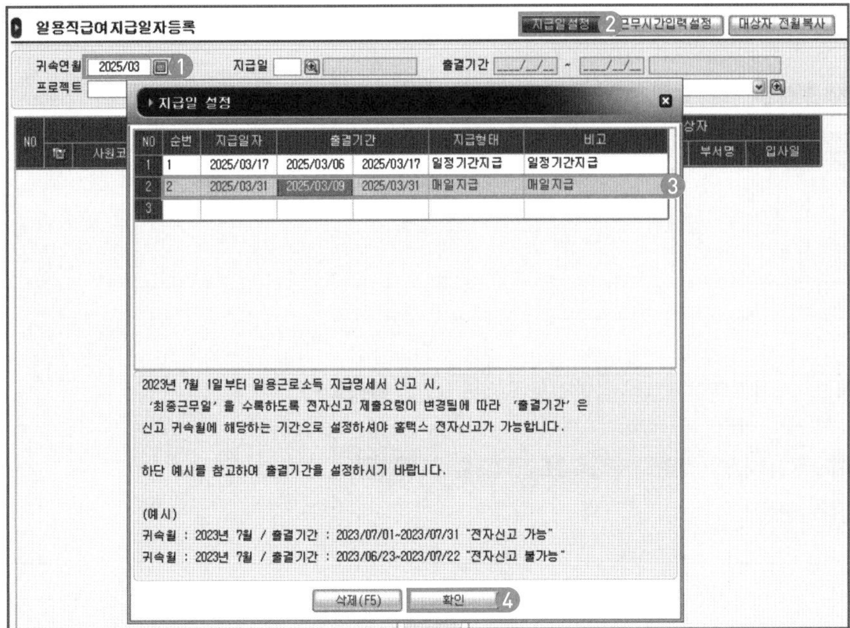

 – '지급일: 2.매일지급', '부서: 4100.생산부', '급여형태: 004.시급' 입력
 – '정다솜' 사원을 선택하여 '일용직급여대상자'에 추가

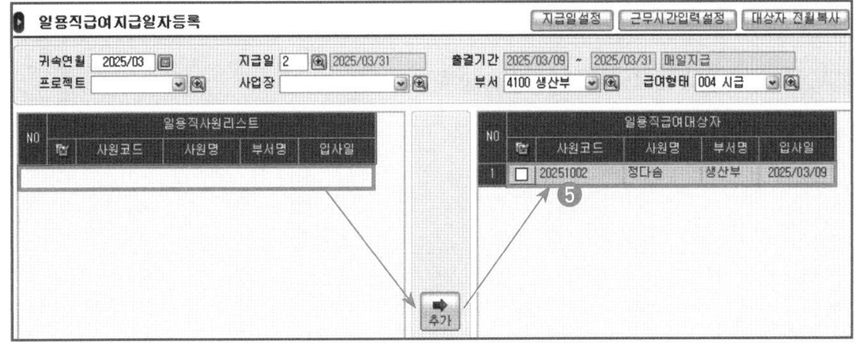

• [일용직급여입력및계산] 메뉴
  – '귀속연월: 2025/03', '지급일: 2.매일지급' 입력
  – '정다솜' 사원에 체크하고 우측 상단의 '일괄적용'을 클릭한 후 평일, 토요일을 각각 적용

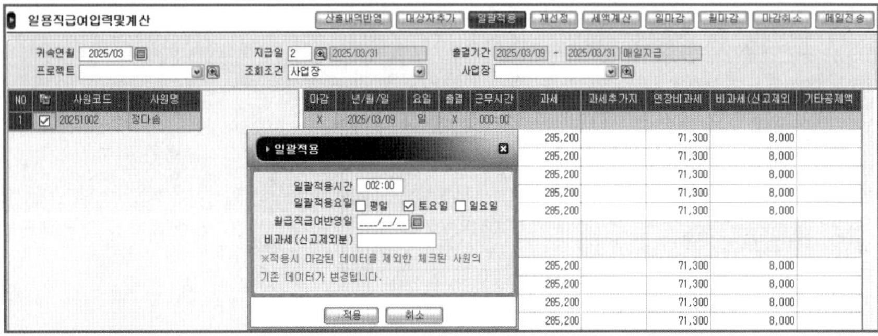

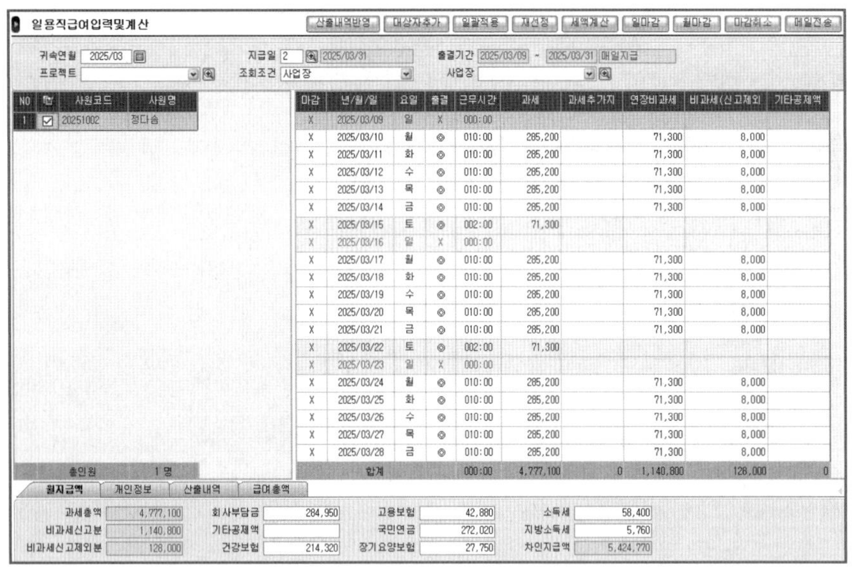

마감	년/월/일	요일	출결	근무시간	과세	과세추가지	연장비과세	비과세(신고제외)	기타공제액
X	2025/03/09	일	X	000:00					
X	2025/03/10	월	◎	010:00	285,200		71,300	8,000	
X	2025/03/11	화	◎	010:00	285,200		71,300	8,000	
X	2025/03/12	수	◎	010:00	285,200		71,300	8,000	
X	2025/03/13	목	◎	010:00	285,200		71,300	8,000	
X	2025/03/14	금	◎	010:00	285,200		71,300	8,000	
X	2025/03/15	토	◎	002:00	71,300				
X	2025/03/16	일	X	000:00					
X	2025/03/17	월	◎	010:00	285,200		71,300	8,000	
X	2025/03/18	화	◎	010:00	285,200		71,300	8,000	
X	2025/03/19	수	◎	010:00	285,200		71,300	8,000	
X	2025/03/20	목	◎	010:00	285,200		71,300	8,000	
X	2025/03/21	금	◎	010:00	285,200		71,300	8,000	
X	2025/03/22	토	◎	002:00	71,300				
X	2025/03/23	일	X	000:00					
X	2025/03/24	월	◎	010:00	285,200		71,300	8,000	
X	2025/03/25	화	◎	010:00	285,200		71,300	8,000	
X	2025/03/26	수	◎	010:00	285,200		71,300	8,000	
X	2025/03/27	목	◎	010:00	285,200		71,300	8,000	
X	2025/03/28	금	◎	010:00	285,200		71,300	8,000	
	합계			000:00	4,777,100	0	1,140,800	128,000	0

과세총액	4,777,100	회사부담금	284,950	고용보험	42,880	소득세	58,400
비과세신고분	1,140,800	기타공제액		국민연금	272,020	지방소득세	5,760
비과세신고제외분	128,000	건강보험	214,320	장기요양보험	27,750	차인지급액	5,424,770

TIP

CHAPTER 07까지 전체 입력작업 완료된 내용은 '실무 시뮬레이션–CHAPTER 입력완료' DB를 복원하여 확인할 수 있다.

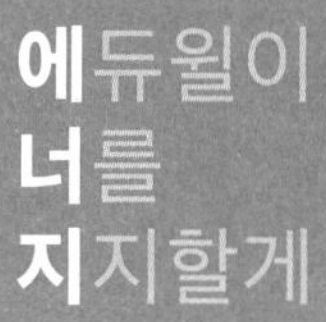

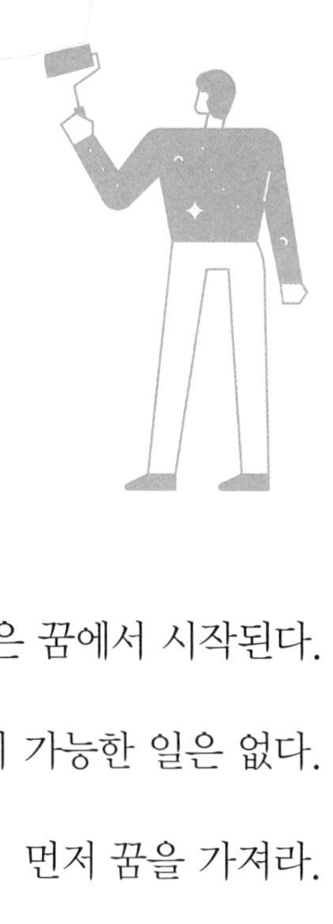

모든것은 꿈에서 시작된다.

꿈 없이 가능한 일은 없다.

먼저 꿈을 가져라.

오랫동안 꿈을 그리는 사람은

마침내 그 꿈을 닮아간다.

– 앙드레 말로

최신 기출문제

Enterprise
Resource
Planning

| 프로그램 설치 & 백데이터 복원

- ☑ [에듀윌 도서몰]–[도서자료실]–[부가학습자료]에서 다운로드
- ☑ PART 07 → 2024 핵심 ERP 프로그램 설치
- ☑ 백데이터 파일은 반드시 압축 해제 후 복원
- ☑ 오류 발생 시 플래너 뒷면의 FAQ 참고

기출문제 2025년 1회

이론

01

정형화된 데이터 기반의 자료 작성, 단순 반복 업무 처리, 고정된 프로세스 단위 업무 수행이 이루어지는 RPA 적용단계는 무엇인가?

① 인지자동화
② 예측모델구축
③ 기초프로세스 자동화
④ 데이터 기반의 머신러닝(기계학습) 활용

02

[보기]는 무엇에 대한 설명인가?

보기
- 인터넷을 통해서 모든 사물을 서로 연결하여 정보를 상호 소통하는 지능형 정보기술 및 서비스
- 해당 기기들이 내장 센서를 통해 데이터를 수집하고 인터넷을 통해 서로 연결·통신하며, 수집된 정보 기반으로 자동화된 프로세스나 제어기능을 수행함
- 스마트 가전, 스마트 홈, 의료, 원격검침, 교통 등 다양한 산업 분야에 적용됨

① 사물인터넷(Internet of Things)
② 클라우드 컴퓨팅(Cloud Computing)
③ 인공신경망(Artificial Neural Network)
④ 사이버 물리시스템(Cyber Physical System)

03

'Best Practice'를 목적으로 ERP 패키지를 도입하여 시스템을 구축하고자 할 경우 가장 적절하지 않은 방법은?

① BPR과 ERP 시스템 구축을 병행하는 방법
② ERP 패키지에 맞추어 BPR을 추진하는 방법
③ 기존 업무 처리에 따라 ERP 패키지를 수정하는 방법
④ BPR을 실시한 후에 이에 맞도록 ERP 시스템을 구축하는 방법

04

기업에서 ERP 시스템을 도입하기 위해 분석, 설계, 구축, 구현 등의 단계를 거친다. 이 과정에서 필수적으로 거쳐야하는 'GAP 분석' 활동의 의미를 적절하게 설명한 것은?

① TO-BE 프로세스 분석
② TO-BE 프로세스에 맞게 모듈을 조합
③ 현재 업무(AS-IS) 및 시스템 문제 분석
④ 패키지 기능과 TO-BE 프로세스와의 차이 분석

05

인적자원관리 패러다임의 변화에 대한 설명으로 적절하지 않은 것은?

① 연공 중심 → 성과 중심
② 역할 중심 → 사람 중심
③ 비용 관점 → 수익 관점
④ 일방적 통보 → 쌍방향 소통

06

직무 관련 용어에 대한 설명으로 적절하지 않은 것은?

① 요소: 목표를 위하여 수행되는 하나의 명확한 작업 활동
② 직종: 직업이라고도 불리며, 동일하거나 유사한 직군들의 집단
③ 직무: 작업의 종류와 수준이 동일하거나 유사한 직위들의 집단
④ 직위: 근로자 개인에게 부여된 하나 또는 그 이상의 과업들의 집단

07

직무분석의 절차(단계) 중 실시 단계에 수행하는 내용으로 가장 적절하지 않은 것은?

① 직무분석표 작성
② 분석방법의 결정
③ 직무정보의 수집
④ 직무정보의 분석

08

직무평가의 방법 중 요소비교법의 장·단점에 대한 설명으로 적절하지 않은 것은?

① 평가의 타당도 및 신뢰도가 우수하다.
② 평가 과정이 단순하여 비용과 시간이 절약된다.
③ 평가요소에 대한 주관이 개입될 가능성이 높아진다.
④ 기준 직무를 통하여 평가하므로 유사한 직무 및 기업 내의 전체 직무를 평가하는데 용이하다.

09

도구를 선발 대상자들에게 적용했을 때 안정적이고 일관성 있는 결과를 얻어낼 수 있는지를 판단하는 기준을 나타내는 것은?

① 타당성　② 효율성
③ 효용성　④ 신뢰성

10

직장 내 훈련(On the Job Training)에 대한 설명으로 적절하지 않은 것은?

① 낮은 비용으로 시행이 용이하다.
② 도제훈련, 직무교육훈련 등이 있다.
③ 훈련과 직무가 직결되므로 경제적이다.
④ 전문적인 지식과 기능을 전달하기 용이하다.

11

경력개발의 원칙에 해당하지 않는 것은?

① 균형주의 원칙
② 승진경로의 원칙
③ 적재적소배치의 원칙
④ 경력기회개발의 원칙

12

리더십 이론 중 문제해결 방안을 전문가가 직접 제시하기보다는 해결 당사자가 해결방안을 스스로 발견할 수 있도록 지원하는 리더십은 무엇인가?

① 셀프 리더십
② 슈퍼 리더십
③ 코칭 리더십
④ 카리스마 리더십

13

평균임금의 적용 대상에 해당하지 않는 것은?

① 휴업수당
② 감급제재의 제한
③ 평균임금의 최저한도
④ 재해보상 및 산업재해보상보험급여

14

비과세 근로소득에 해당하는 것은?

① 월 30만원 한도의 자가운전보조금
② 직무발명 보상금으로서 500만원 이하의 보상금
③ 직전 연도 총급여액이 3,000만원 이하로서 월정액 급여가 240만원 이하인 자가 받는 연장근로수당
④ 근로자 또는 그 배우자의 출산이나 10세 이하 자녀의 보육과 관련하여 지급받는 월 20만원의 금액

15

우리나라는 국가가 저임금근로자의 최저생활을 보호하기 위해 최저임금제도를 시행하고 있다. 최근 발표된 2025년도 적용연도 기준 최저임금 시급은 얼마인가?

① 10,020원　② 10,030원
③ 10,040원　④ 10,050원

16

4대 보험에 해당하지 않는 것은?

① 건강보험　② 개인연금
③ 고용보험　④ 국민연금

17

법정휴가에 해당하지 않는 것은?

① 연차휴가　② 보상휴가
③ 출산휴가　④ 경조휴가

18

[보기]의 설명으로 가장 적절한 것은?

보기

근로자의 노동조합이 사용자와 근로조건의 유지·개선에 관하여 의논하고 절충할 수 있는 권리

① 단결권　② 단체행동권
③ 경영참가권　④ 단체교섭권

19

근로자 측 노동쟁의 행위에 해당하지 않는 것은?

① 보이콧　② 피케팅
③ 긴급조정　④ 생산통제

20

[보기]에서 설명하는 경영참가 제도는 무엇인가?

보기

근로자의 참여의식을 높이기 위하여 위원회제도를 활용해 근로자의 경영참여와 개선된 생산의 판매가치를 기초로 한 성과배분제

① 럭커 플랜
② 스캔론 플랜
③ 스톡옵션제도
④ 종업원지주제도

실무 시뮬레이션

프로그램 버전	iCUBE 핵심 ERP 2024
로그인 정보	• 회사: 2002.인사2급 회사A • 사원: ERP13I02.이현우
DB 파일명	[백데이터] 2025 에듀윌 ERP 인사 2급 > PART 07 최신 기출문제_2025년 1회

01

다음 중 핵심 ERP 사용을 위한 기초 사원등록 정보를 확인하고, '사용자'로 등록된 사원의 등록 내역으로 알맞지 않은 것은 무엇인가?

① 부서는 '3100.관리부'이다.
② 입사일은 '2002/12/01'이다.
③ 회계입력방식은 '승인'이다.
④ '조회권한'은 '회사'이다.

02

다음 중 핵심 ERP 사용을 위한 기초 부서 정보를 확인하고, 그 내역으로 알맞지 않은 것은 무엇인가?

① 현재 사용하지 않는 부서는 총 2개이다.
② '2000.영업부문'에 속한 부서는 모두 사용 중이다.
③ 〈2000.인사2급 인천지점〉 사업장에 속한 부서는 모두 사용 중이다.
④ '6100.경리부'는 '3000.관리부문(인천지점)'에 속해 있으며, '2021/12/31'에 사용 종료되었다.

03

다음 중 인사기초코드등록의 '4.사원그룹(G)' 출력 구분에 대한 설명으로 올바르지 않은 것은 무엇인가?

① 생산직 연장근로 비과세 적용대상 코드를 만들려면, 'G2.직종'의 비고에 '1'을 입력해야 한다.
② 'G5.직무' 중 '004.생산' 직무는 [일용직사원등록] 메뉴에서만 관리하고 있는 코드이다.
③ [일용직사원등록] 메뉴에서 현재 조회되고 있는 고용형태는 '002.일용직', '003.인턴직'이다.
④ 'G3.직책'은 [인사정보등록] 및 [일용직사원등록] 메뉴에서 관리하고 있는 코드이다.

04

당 회사는 2025년 1월 '800.주임' 직급의 호봉을 아래 [보기]와 같이 일괄등록하고자 한다. 호봉등록을 완료하였을 때, 6호봉 기준의 '호봉합계'는 얼마인가?

보기
- 기본급: 초기치 2,300,000원, 증가액 100,000원
- 직급수당: 초기치 120,000원, 증가액 50,000원
- 일괄인상: 기본급 3.5%, 직급수당 4.0% 정률인상

① 3,127,300원　② 3,282,800원
③ 3,438,300원　④ 3,593,800원

05

당 회사의 인사/급여기준에 대한 설정을 확인하고, 관련된 설명으로 옳지 않은 것은 무엇인가? (단, 환경설정 기준은 변경하지 않는다)

① 지방소득세 특별징수 명세/납부서의 데이터는 '귀속연월', '지급연월'이 모두 일치하는 경우 집계된다.
② 한 달의 일수는 귀속 월의 실제 일수를 기준으로 반영한다.
③ 입사자의 경우 지정한 '기준일수' 미만 근무 시, 월 급여를 '일할' 지급한다.
④ 원천징수이행상황신고서의 신고 진행 시, 주사업장에서 종사업장까지 일괄로 취합하여 신고한다.

06

당 회사의 2024년 12월 귀속 급/상여 지급일자 등록을 확인하고, 그 내역으로 옳지 않은 것은 무엇인가?

① '상여' 지급 시, '상여지급대상기간' 내 입사자는 실제 근무일수 기준으로 상여소득을 지급한다.
② '급여' 지급 시, '지급직종및급여형태' 기준으로 [상용직급여입력및계산] 메뉴에 대상자가 자동으로 반영된다.
③ '상여' 지급 시, '상여지급대상기간' 내 '생산직' 근로자에 대해서만 상여를 지급한다.
④ '급여'를 지급하는 일자에 '상여'를 추가하여 지급할 수 있다.

07

당 회사의 인사정보를 확인하고 관련된 설명으로 올바르지 않은 것은 무엇인가?

① '20001101.박용덕' 사원의 직급은 '400.부장'이며, 노조에 가입되어 있다.
② '20030701.엄현애' 사원의 급여 이체은행은 '040.국민'은행이며, 20세 이하 부양가족이 존재한다.
③ '20110101.김윤미' 사원은 '8100.관리부' 소속이며, 국외소득이 존재한다.
④ '20140901.강민우' 사원은 배우자 공제가 적용되며, 학자금상환 대상자로 상환통지액은 100,000원이다.

08

당 회사는 전체 사업장의 '993.임직원정기교육(2025년)' 교육평가가 우수한 사원을 대상으로 포상을 지급하기로 하였다. 아래 [보기]를 확인하여 대상자들의 총지급금액으로 알맞은 것은 무엇인가?

보기
- 교육평가 A등급: 150,000원
- 교육평가 B등급: 50,000원

① 500,000원 ② 550,000원
③ 600,000원 ④ 650,000원

09

당 회사 '20030701.엄현애' 사원에 대해 '가족' 정보를 확인하고, 등록 정보에 대한 설명으로 올바르지 않은 것은 무엇인가?

① 부양가족 중 연말정산 '인적공제 및 공제항목별명세' 미적용 대상자는 존재하지 않는다.
② 부양가족 중 '가족수당' 적용 대상자는 존재하지 않는다.
③ 부양가족 중 연말정산 '장애인공제' 적용 대상자가 존재한다.
④ 부양가족 중 동거를 하고 있지 않은 대상자는 존재하지 않는다.

10

당 회사는 창립기념일을 맞아 2024년 12월 31일 기준으로 전체 사업장의 만 20년 이상 장기근속자에 대해 특별근속수당을 지급하기로 하였다. 아래 [보기]를 기준으로 지급한 총 특별근속수당은 얼마인가? (단, 퇴사자는 제외하며, 미만일수는 올리고, 모든 경력사항은 제외한다)

보기
- 20년 이상: 200,000원
- 25년 이상: 250,000원

① 1,800,000원 ② 1,850,000원
③ 2,000,000원 ④ 2,050,000원

11

당 회사의 2025년 1월 귀속 급여(지급일자: 2025/01/25)에 해당하는 대상자 중 '20130701.신별' 사원의 변경된 책정임금을 반영하여 급여작업을 진행하고자 한다. [보기]를 기준으로 직접 '책정임금'을 변경하고 모든 지급 대상자에 대해 급여를 계산할 때, 해당 지급일자의 '과세' 총액은 얼마인가? (단, 그 외 급여계산에 필요한 조건은 프로그램에 등록된 기준을 이용한다)

보기
- 사원명: 20130701.신별
- 계약시작년월: 2025/01
- 연봉: 45,000,000원

① 39,997,490원 ② 40,180,820원
③ 40,597,490원 ④ 41,224,310원

12

당 회사는 2025년 1월 귀속 '특별급여' 소득을 지급하고자 한다. 아래 [보기]의 지급대상 요건으로 지급일자를 직접 추가하여 모든 지급 대상자에 대해 급여를 계산할 때, '과세' 총액은 얼마인가? (단, 그 외 급여계산에 필요한 조건은 프로그램에 등록된 기준을 이용한다)

보기
- 특별급여 지급일자: 2025/01/31
- 동시발행 및 대상자선정: 분리, 직종및급여형태별
- 특별급여 지급대상: 〈2000.인사2급 인천지점〉 사업장을 제외한 사업장의 모든 직종 및 급여형태

① 31,296,500원 ② 32,426,120원
③ 33,117,430원 ④ 34,201,560원

13

당 회사는 사원별 '지각, 조퇴, 외출시간'을 기준으로 '기본급 공제액'을 계산하여 해당 금액을 '기본급'에서 공제하고 지급한다. 아래 [보기]의 기준을 토대로 2024년 12월 귀속 '20130102.김용수' 사원의 근태내역을 확인하고, '기본급 공제액'을 계산하면 얼마인가? (단, 공제액을 계산하면서 발생되는 모든 원 단위 금액은 절사하며, 책정임금 시급은 원 단위 금액을 절사하지 않고 계산한다)

보기
- 기본급 공제액 = 1유형 공제액 + 2유형 공제액
- 1유형 공제액: (지각시간 + 외출시간) × 2 × 책정임금 시급
- 2유형 공제액: 조퇴시간 × 2.5 × 책정임금 시급

① 534,280원 ② 542,450원
③ 566,750원 ④ 582,120원

14

당 회사는 일용직 사원에 대해 사원별 지급형태를 구분하여 일용직 급여를 지급하고 있다. 아래 [보기]를 확인하여 2025년 1월 귀속 지급일 중 '매일지급' 대상자를 직접 반영 후 급여계산 할 때, 해당 지급일의 급여내역에 대해 옳지 않은 것은? (단, 급여계산에 필요한 조건은 프로그램에 등록된 기준대로 확인한다)

보기
- 지급형태: '매일지급' 지급일
- 지급 대상자: 부서가 '4100.생산부'이고 급여형태가 '004.시급'인 사원
- 평일 10시간 근무, 토요일 4시간 근무
- 비과세: 12,000원(평일만 적용)

① 해당 지급일자의 대상자는 5명이며, 신고대상 항목이 아닌 비과세는 총 1,380,000원 지급되었다.
② '0014.백석준' 사원은 급여를 현금으로 지급받으며, 장기요양보험료는 66,000원 공제되었다.
③ 해당 지급일자의 대상자는 총 31일 중 27일을 근무하였으며, 과세 총액은 33,107,540원이다.
④ '0016.문리리' 사원은 신고대상 항목인 비과세를 지급받지 않았고, 소득세가 공제되지 않았다.

15

2025년 1월 귀속 일용직 급여 작업 전, 아래 [보기]를 기준으로 '0004.김향기' 사원의 사원정보를 직접 변경하고 급여계산을 했을 때, 2025년 1월 귀속 해당 일용직 대상자들의 실지급액 총계는 얼마인가? (단, 그 외 급여계산에 필요한 조건은 프로그램 등록된 기준을 따른다)

보기
1. 사원정보 변경
   - 생산직비과세 적용: 함
   - 국민/건강/고용보험여부: 여
2. 일용직 급여지급
   - 지급형태: '일정기간지급' 지급일
   - 평일 10시간 근무, 토요일 2시간 근무 가정

① 50,233,410원 ② 50,867,750원
③ 51,221,110원 ④ 52,369,240원

이론 실무 시뮬레이션 최신 기출문제

16

당 회사의 〈2000.인사2급 인천지점〉 사업장 기준 2024년 4분기의 '과세/비과세' 총액은 각각 얼마인가? (단, 사용자부담금은 포함한다)

	과세총액	비과세총액
①	119,992,470원	6,450,000원
②	119,992,470원	11,308,290원
③	266,228,310원	13,800,000원
④	266,228,310원	25,389,030원

17

당 회사는 〈2000.인사2급 인천지점〉 사업장에 대해 2024년 12월 귀속(지급일 1번)에 이체한 급/상여를 확인하고자 한다. 이체현황에 대한 설명으로 옳지 않은 것은? (단, 무급자는 제외한다)

① 계좌이체를 통해 급/상여를 지급받지 않는 사원은 존재하지 않는다.
② 해당 사업장의 급/상여 지급 대상자는 총 11명이며, 총 실지급액은 36,314,410원이다.
③ '신한은행'을 통해 급/상여를 지급받는 인원은 3명이며, 총 이체금액은 11,056,710원이다.
④ '기업은행'에 이체된 금액은 '국민은행'에 이체된 금액보다 적다.

18

당 회사는 2024년 4분기 급여 작업에 대해 수당별 지급현황을 확인하고자 한다. 다음 중 〈1000.인사2급 회사본사〉 사업장 기준 'T00.소득세'가 가장 많이 공제된 사원은 누구인가?

① 20130102.김용수
② 20120101.정수연
③ 20010402.제갈형서
④ 20000601.이종현

19

당 회사는 전체 사업장 기준 2024년 12월 귀속(지급일 1번) 급여에 대한 대장을 확인하고자 한다. 부서별로 대장을 집계하여 확인했을 때, 부서별 지급/공제항목의 금액으로 옳지 않은 것은?

① 1200.경리부 – 자격수당: 160,000원
② 9100.교육부 – 건강보험: 263,720원
③ 2100.국내영업부 – 소득세: 739,270원
④ 4100.생산부 – 야간근로수당: 100,000원

20

당 회사는 부서별 월별 급/상여 지급현황을 확인하고자 한다. 2024년 4분기 '3100.관리부' 부서 기준으로 조회 시, 부서 전체 월별 급/상여 지급/공제항목 내역으로 알맞지 않은 것은?

① 근속수당: 1,950,000원
② 사회보험부담금: 2,331,180원
③ 급여합계: 64,059,990원
④ 장기요양보험료: 231,000원

기출문제 2024년 6회

이론

01

머신러닝 워크플로우 프로세스의 순서를 고르시오.

① 데이터 수집 → 점검 및 탐색 → 전처리 및 정제 → 모델링 및 훈련 → 평가 → 배포
② 점검 및 탐색 → 데이터 수집 → 전처리 및 정제 → 모델링 및 훈련 → 평가 → 배포
③ 데이터 수집 → 전처리 및 정제 → 모델링 및 훈련 → 평가 → 배포 → 점검 및 탐색
④ 데이터 수집 → 전처리 및 정제 → 점검 및 탐색 → 모델링 및 훈련 → 평가 → 배포

02

[보기]에서 가장 성공적인 ERP 도입이 기대되는 회사를 고르시오.

보기

- 회사 A: 현재 업무 방식이 최대한 반영될 수 있도록 업무 단위에 맞추어 ERP 도입을 추진 중이다.
- 회사 B: 시스템의 전문 지식이 풍부한 IT 및 전산 관련 부서 구성원으로 도입 TFT를 결성하였다.
- 회사 C: ERP 도입 과정에서 부서 간 갈등 발생 시, 최고 경영층의 개입이 최소화될 수 있도록 하향식(Top-Down) 의사결정을 배제한다.
- 회사 D: 프로세스 개선을 위해 효율적인 업무 프로세스를 재정립하고, 성공적인 ERP 도입을 위해 유능한 컨설턴트를 고용하고자 한다.

① 회사 A　② 회사 B
③ 회사 C　④ 회사 D

03

빅데이터의 주요 특성(5V)으로 옳지 않은 것은?

① 속도　② 다양성
③ 정확성　④ 일관성

04

ERP 아웃소싱(Outsourcing)에 대한 설명으로 적절하지 않은 것은?

① ERP 자체 개발에서 발생할 수 있는 기술력 부족을 해결할 수 있다.
② ERP 아웃소싱을 통해 기업이 가지고 있지 못한 지식을 획득할 수 있다.
③ ERP 시스템 구축 후에는 IT 아웃소싱 업체로부터 독립적으로 운영할 수 있다.
④ ERP 개발, 구축, 운영, 유지 보수 등에 필요한 인적 자원 절약 효과를 거둘 수 있다.

05

테일러의 과학적 관리법에 관한 설명으로 가장 거리가 먼 것은?

① 조직 이론의 기초가 된다.
② 차별적 성과급을 지급했다.
③ 동작 연구와 시간 연구를 한다.
④ 표준화, 전문화, 단순화를 추구한다.

06

작업의 종류와 수준이 동일하거나 유사한 직위들의 집단을 무엇이라고 하는가?

① 직무　② 과업
③ 요소　④ 직군

07

(주)생산성에서는 [보기]와 같이 사내 인트라넷을 통해 인적자원을 모집하고자 한다. (주)생산성의 모집 방법을 고르시오.

보기

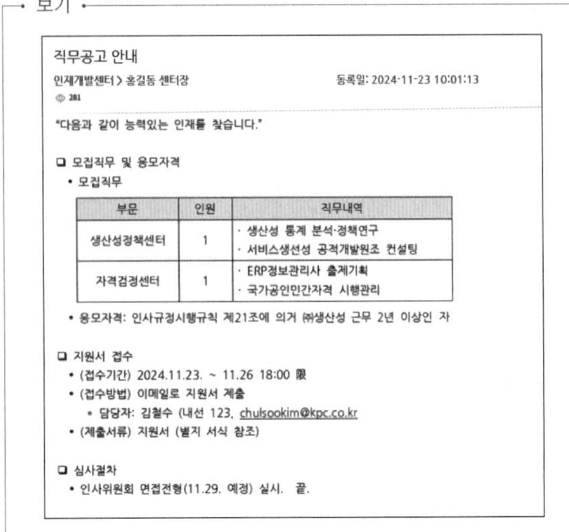

직무공고 안내

인재개발센터 > 홍길동 센터장 　　　　등록일: 2024-11-23 10:01:13

281

"다음과 같이 능력있는 인재를 찾습니다."

❑ 모집직무 및 응모자격

- 모집직무

부문	인원	직무내역
생산성정책센터	1	· 생산성 통계 분석·정책연구 · 서비스생선성 공적개발원조 컨설팅
자격검정센터	1	· ERP정보관리사 출제기획 · 국가공인민간자격 시행관리

- 응모자격: 인사규정시행규칙 제21조에 의거 ㈜생산성 근무 2년 이상인 자

❑ 지원서 접수

- (접수기간) 2024.11.23. ~ 11.26 18:00 限
- (접수방법) 이메일로 지원서 제출
  - 담당자: 김철수 (내선 123, chulsookim@kpc.co.kr
- (제출서류) 지원서 (별지 서식 참조)

❑ 심사절차

- 인사위원회 면접전형(11.29. 예정) 실시. 끝.

① 인턴십　② 헤드헌터
③ 종업원 파견　④ 사내 공모제

08

인력의 수요가 공급보다 많을 경우 해야 될 조치로 적절하지 않은 것은?

① 아웃소싱　② 직무공유제
③ 파견근로 활용　④ 초과근로 활용

09

[보기]의 면접 방법에 해당하는 것은?

보기

다수의 면접자가 한 사람의 피면접자를 상대로 하는 면접 방식으로 관리직 또는 전문직 선발 시 많이 활용하는 방법이다.

① 패널 면접　② 압박 면접
③ 정형적 면접　④ 비지시적 면접

10

인사고과 평가에 대한 오류 중 피고과자의 대다수를 중간 정도로 판단하는 경향을 말하는 것은 무엇인가?

① 관대화 경향　② 엄격화 경향
③ 중심화 경향　④ 상동적 태도

11

[보기]에서 설명하는 교육훈련 방법은 무엇인가?

보기

실제 상황이나 비슷한 상황을 부여하는 방법으로 주로 문제 해결 능력이나 기획 능력을 향상시킬 때 이용한다.

① 액션러닝　② 인바스켓법
③ 비즈니스 게임　④ 행동모델링법

12

비자발적 이직에 해당하지 않는 것은?

① 정년퇴직　② 일시해고
③ 파면 · 해고　④ 전직, 사직

13

임금수준의 결정 요인으로 가장 거리가 먼 것은?

① 노동시장 요인
② 직무의 특수성
③ 근로자의 생계비
④ 기업의 지급 능력

14

산재보험에 관한 설명 중 옳지 않은 것은?

① 보험사업에 소요되는 재원인 보험료는 사업주가 전액 부담한다.
② 산재보험 급여는 평균임금을 기초로 하는 정률보상 방식으로 행한다.
③ 근로자의 업무상 재해에 대하여 사용자에게는 고의·과실의 유무를 불문하는 무과실 책임주의에 따른다.
④ 산재보험은 산재근로자와 가족의 생활을 보장하기 위해 기업이 책임을 지는 의무보험이다.

15

임금수준의 결정요인에 대한 설명으로 옳은 것은?

① 임금수준이란 기업이 일정 기간 근로자에게 지급하는 금액의 총량을 뜻한다.
② 기업은 근로자와 특수계약을 통해 최저임금제도보다 낮은 임금을 지급해도 된다.
③ 기업은 업종, 규모, 설비 등에 고려하여 지급 능력 안에서 임금의 상한선을 결정한다.
④ 대부분 해당 기업이 속해 있는 업계 평균임금에 초점을 두기 때문에, 동종업계에 속한 기업 간 임금 차이는 5% 이상 발생하지 않는다.

16

연말정산에 대한 설명으로 적절하지 않은 것은?

① 연말정산 월별 납부자의 신고·납부기한은 다음 해 2월 10일이다.
② 연말정산 반기별 납부자의 신고·납부기한은 다음 해 7월 10일이다.
③ 2개 이상의 근로소득이 있는 경우 종된 근무지의 원천징수영수증을 주된 근무지의 원천징수 의무자에게 제출하여 연말정산한다.
④ 중도 입사자의 연말정산은 전 근무지의 근로소득 원천징수영수증을 발급받아 해당 연도 근로소득에 합산하여 연말정산한다.

17

근로시간제 유형에 관한 설명 중 옳지 않은 것은?

① 2주 단위 이내 탄력적 근로시간제에서는 특정일에 1일 8시간을 초과하여 근로하게 할 수 있다.
② 선택적 근로시간제의 경우 1주간의 근로시간이 40시간을 초과한 시간에 대해서는 연장·야간 및 휴일근로로 적용해야 한다.
③ 재량 근로시간제에서는 업무의 수행 방법이나 수단, 시간 배분 등을 근로자가 결정하며, 근로시간보다 성과에 의해 근무 여부를 판단한다.
④ 간주 근로시간제에서는 근로자가 어떠한 사유로 인하여 사업장 밖에서 근로하여 근로시간 산정이 어려운 경우에 일정 합의시간을 근로시간으로 본다.

18

법정외수당(약정수당)에 해당하지 않는 것은?

① 근속수당　　② 휴업수당
③ 가족수당　　④ 직무수당

19

[보기]에서 설명하는 노동조합 제도는 무엇인가?

보기

조합비를 징수할 때 사용자가 노동조합의 의뢰에 의하여 조합비를 급여계산 시 일괄 공제하여 전달해 주는 방법

① 유니언 숍　　② 에이전시 숍
③ 클로즈드 숍　　④ 체크오프 제도

20

경영참가제도의 유형 분류 중 적절하지 않은 것은?

① 이윤 참가 – 스캔론 플랜
② 성과 참가 – 스톡옵션제도
③ 자본 참가 – 종업원지주제도
④ 의사결정 참가 – 노사협의제도

실무 시뮬레이션

프로그램 버전	iCUBE 핵심 ERP 2024
로그인 정보	• 회사: 2005.인사2급 회사B • 사원: ERP13I02.이현우
DB 파일명	[백데이터] 2025 에듀윌 ERP 인사 2급 > PART 07 최신 기출문제_2024년 6회

01

다음 중 핵심 ERP 사용을 위한 기초 사원등록 정보를 확인하고, '사용자'로 등록된 사원의 등록 내역으로 옳지 않은 것은?

① 인사입력방식은 '승인'이다.
② 회계입력방식은 '승인'이다.
③ 조회권한은 '회사'이다.
④ 품의서권한은 '미결'이다.

02

다음 중 핵심 ERP 사용을 위한 기초 부서 정보를 확인한 내용으로 옳지 않은 것은?

① 2024/11/23 기준, 사용 중인 부서는 총 9개다.
② '2200.해외영업부'는 2025년부터 사용하지 않는 부서이다.
③ 2006년부터 사용된 부서는 모두 '1000.관리부문' 소속이다.
④ '3000.관리부문(인천지점)'은 현재 사용하지 않는 부문이다.

03

당 회사의 'ERP13I02.이현우' 사원의 'H.인사/급여관리' 모듈의 설정 내역을 확인하고, 관련된 설명으로 옳지 않은 것은?

① 근로자의 부양가족에 대한 정보를 인사기록카드에 입력할 수 있다.
② 회사 내 모든 근로자의 급여 대장을 출력할 수 있다.
③ 본인이 속한 사업장의 근로자에 대해서만 연말정산자료 입력 작업을 할 수 있다.
④ 발생한 급여에 대해 전표집계 및 생성 작업을 할 수 없다.

04

당 회사는 2024년 1월 '800.주임' 직급의 호봉을 아래 [보기]와 같이 일괄등록하고자 한다. 호봉등록을 완료한 후 6호봉의 '호봉합계' 금액으로 옳은 것은?

보기
- 기본급: 초기치 2,700,000원, 증가액 120,000원
- 직급수당: 초기치 70,000원, 증가액 15,000원
- 일괄인상: 기본급 6.5% 정률인상, 직급수당 12,500원 정액인상

① 3,300,000원 ② 3,445,000원
③ 3,514,500원 ④ 3,672,000원

05

당 회사의 인사/급여기준에 대한 설정을 확인하고, 관련된 설명으로 옳은 것은? (단, 환경설정 기준은 변경하지 않는다)

① '생산직' 직종의 출결 기준일은 전월 25일부터 당월 말일까지다.
② 퇴사자의 경우 '기준일수'와는 관계없이 월 급여를 '일할' 지급한다.
③ 지방소득세 신고서의 데이터는 '귀속연월' 또는 '지급연월'이 일치하는 경우 집계된다.
④ 2024년 11월 귀속 기준으로 월일수 산정 시, 한달 정상일로 설정된 30일을 적용한다.

06

2024년도 귀속 급여구분에 등록된 '지급항목'에 대한 설명으로 옳은 것은?

① 'P00.기본급'은 각 근로자의 호봉테이블에 해당하는 금액이 지급된다.
② 근로자에게 자녀가 존재하는 경우 'P02.가족수당'으로 50,000원이 지급된다.
③ 3년 이상 5년 미만 근속한 근로자는 'P06.근속수당'으로 '근무한 년수×시급'만큼 지급된다.
④ 재직구분이 'J06.육아휴직'인 근로자는 'P40.육아수당'으로 200,000원이 지급된다.

07

당 회사 '20110401.강민주' 사원의 정보로 옳지 않은 것은?

① 현재 세대주가 아니며, 종교종사자도 아니다.
② 입사일과 그룹입사일이 다르며, 수습기간을 거친 이력이 있다.
③ 현재 '4100.생산부' 소속이며, 생산직 총급여 비과세를 적용하는 사원이다.
④ 가장 최근 책정된 임금의 적용시작년월은 2023/01이고, 책정된 월급은 2,603,750원이다.

08

당 회사는 2024년 4분기에 '990.2024년 법정의무교육'을 진행하고 있다. 보기의 근로자들 중 이수여부가 다른 근로자는 누구인가?

① 20000502.김종욱
② 20010401.노희선
③ 20030701.엄현애
④ 20120101.정수연

09

당 회사는 '2024년 4/4분기 인사발령'을 사원별로 진행하고자 한다. '20241001' 발령호수의 발령내역을 확인하고, 그 설명으로 옳지 않은 것은?

① 해당 발령호수의 발령일자는 2024/10/01이고, 발령내역은 부서, 직책, 직급이 등록되어 있다.
② 현재 '해외영업부'에 속한 대상자들의 부서는 모두 발령 후 '관리부'로 변경된다.
③ 발령 후 직급이 변경되는 대상자는 '20010401.노희선'과 'ERP13102.이호재'만 해당한다.
④ 발령 후 직책이 변경되는 대상자는 모두 현정보가 '관리부' 소속인 사원들이다.

10

회사는 창립기념일을 맞아 2023년 12월 31일 기준으로 모든 사업장의 만 15년 이상 장기근속자에 대해 특별근속수당을 지급하기로 하였다. 아래 [보기]를 기준으로 총 지급한 특별근속수당은 얼마인가? (단, 퇴사자는 제외하며, 미만일수는 버리고, 이전 경력은 제외한다)

보기

- 15년 이상~20년 이하: 150,000원
- 20년 초과: 200,000원

① 1,550,000원 ② 1,700,000원
③ 1,850,000원 ④ 2,000,000원

11

당 회사의 2024년 11월 귀속 급여(지급일자: 2024/11/25)에 해당하는 대상자 중 '20120101.정수연' 사원이 개인적인 사유로 휴직을 신청하였다. '20120101.정수연' 사원의 휴직 내역을 [보기]와 같이 등록한 뒤 모든 지급 대상자를 급여 계산할 때, 모든 지급 대상자들의 '과세' 총액의 합으로 옳은 것은? (단, 그 외 급여계산에 필요한 조건은 프로그램에 등록된 기준을 이용한다)

보기

- 시작일, 종료일: 2024/11/11, 2024/11/22
- 휴직사유: 300.질병휴직
- 휴직지급율: 75%
- 퇴직기간적용: 함

① 82,278,080원 ② 82,288,080원
③ 82,538,080원 ④ 82,548,080원

12

당 회사는 2024년 11월 귀속 '특별급여' 소득을 지급하고자 한다. 아래 [보기]와 같이 직접 지급 일자를 생성하고 지급 대상 요건을 등록하여 급여계산 시, '20161107.박선우' 사원의 '과세' 총액으로 옳은 것은? (단, 그 외 급여계산에 필요한 조건은 프로그램에 등록된 기준을 이용한다)

보기
- 급여구분: 특별급여(지급일자: 2024/12/10)
- 동시발행 및 대상자선정: 분리, 직종 및 급여형태별
- 지급직종: 사무직(연봉/일급), 생산직(월급/일급)
- 지급사업장: 〈1000.인사2급 회사본사〉, 〈2000.인사2급 인천지점〉

① 1,141,660원 ② 1,341,660원
③ 1,577,580원 ④ 1,764,330원

13

당 회사는 사원별 '지각, 조퇴, 외출시간'에 대해 급여에서 공제하고 지급하려고 한다. 아래 [보기]의 기준을 토대로 산정할 경우, 2024년 10월 귀속(지급일 1번) '20130701.김수영' 사원의 지각, 조퇴, 외출시간에 따른 공제금액으로 옳은 것은? (단, 프로그램에 등록된 기준을 그대로 적용하며 원 단위는 절사한다)

보기
- 시급: '20130701.김수영' 사원의 책정임금 시급
- 공제금액: (지각시간 + 조퇴시간 + 외출시간) × 시급

① 108,840원 ② 111,460원
③ 124,570원 ④ 134,330원

14

당 회사는 일용직 사원에 대해 사원별 지급형태를 구분하여 일용직 급여를 지급하고 있다. 아래 [보기]를 확인하여 2024년 11월 귀속 지급일 중 '매일지급' 대상자를 직접 반영 후 급여계산 할 때, 해당 지급일의 급여내역에 대해 옳지 않은 것은? (단, 급여계산에 필요한 조건은 프로그램에 등록된 기준대로 확인한다)

보기
- 지급형태: '매일지급' 지급일
- 지급 대상자: '시급직'인 '1200.경리부', '4100.생산부' 사원
- 평일 9시간 근무, 토요일 4시간 근무
- 비과세: 12,000원(평일만 적용)

① 해당 지급일자의 대상자는 총 30일 중 26일을 근무하였으며, 실지급액은 18,279,140원이다.
② 해당 지급일자의 대상자 중 가장 많은 소득세를 공제한 사원은 '0016.김소현'이다.
③ '0007.황시윤' 사원을 제외한 나머지 사원들의 급여에서 국민연금이 공제되었으며, 총 695,470원이 공제되었다.
④ '4100.생산부' 소속의 사원들은 모두 현금으로 급여를 지급받으며, 총 14,141,250원이 지급된다.

15

2024년 11월 귀속 일용직 급여작업 전, 아래 [보기]를 기준으로 '0019.류성준' 사원의 사원정보를 직접 변경하고 급여계산을 했을 때, 해당 지급일의 실지급 총액으로 옳은 것은? (단, 그 외 급여계산에 필요한 조건은 프로그램에 등록된 기준을 따른다)

보기
1. 사원정보 변경
   - 생산직비과세 적용: 함
   - 국민/건강/고용보험여부: 여
2. 일용직 급여지급
   - 지급형태: '일정기간지급' 지급일
   - 평일 10시간 근무, 토요일 2시간 근무 가정
   - 비과세(신고제외분): 10,000원(평일만 적용)

① 19,204,360원 ② 19,950,760원
③ 20,593,200원 ④ 21,279,180원

16

당 회사의 〈2000.인사2급 인천지점〉 사업장 기준 2024년 3분기의 지급총액 및 공제총액으로 옳은 것은? (단, 사용자부담금은 제외한다)

	지급총액	공제총액
①	117,188,850원	15,923,130원
②	135,231,810원	15,923,130원
③	135,231,810원	19,184,160원
④	141,080,130원	19,184,160원

17

당 회사는 〈1000.인사2급 회사본사〉 사업장을 제외한 사업장에 대해 2024년 10월 귀속(지급일 1번)에 이체한 급/상여를 확인하고자 한다. 이체 현황에 대한 설명으로 옳지 않은 것은? (단, 무급자는 제외한다)

① 계좌이체를 통해 급/상여를 지급받지 않는 사원이 존재한다.
② '국민은행'을 통해 급여를 지급받는 인원은 4명이며, 총 이체 금액은 14,056,160원이다.
③ 해당 조회조건의 사업장들에 지급된 급/상여의 총 실지급액은 53,734,650원이다.
④ 급/상여는 2024/10/25에 지급하였고, 가장 많은 급/상여를 지급받은 사원은 '20010402.박국현'이다.

18

당 회사는 2024년 3분기에 발생한 급/상여를 부서별로 조회하고자 한다. '4100.생산부' 기준으로 조회했을 때, 해당 부서의 지급/공제 항목 금액의 총계로 옳지 않은 것은? (단, 지급구분은 '100.급여'로 조회한다)

① 기본급: 39,507,930원
② 근속수당: 4,450,000원
③ 국민연금: 1,777,500원
④ 건강보험: 1,400,520원

19

당 회사는 모든 사업장을 대상으로 급/상여 지급액 등 변동사항을 확인하고자 한다. 아래 [보기]를 기준으로 조회했을 때, 급/상여 변동 상태에 대한 설명으로 옳지 않은 것은? (단, 모든 기준은 조회된 데이터를 기준으로 확인한다)

보기
- 기준연월: 2024/10(지급일: 2024/10/25)
- 비교연월: 2023/10(지급일: 2023/10/25)
- 사용자부담금: 0.제외

① 기준연월과 비교연월의 기본급의 차이는 없으나, 과세금액이 2,379,670원만큼 차이가 난다.
② 사회보험 항목 중 기준연월과 비교연월의 차이가 없는 항목은 '국민연금'이 유일하다.
③ '20010402.박국현' 사원의 근속수당은 비교연월에 비해 277,770원만큼 감소했다.
④ '20130701.김수영' 사원의 장기요양보험료는 비교연월에 비해 150원만큼 증가했다.

20

당 회사는 2024년 3분기에 지급한 급여에 대한 수당별 금액을 확인하고자 한다. '4100.생산부'와 '5100.자재부' 소속 사원 중 보기의 사원만 놓고 비교했을 때, 'P06.근속수당'의 총합이 가장 높은 사원으로 옳은 것은?

① 20190701.장석훈
② 20130701.김수영
③ 20110401.강민주
④ 20040301.오진형

기출문제 2024년 5회

이론

01

ERP와 인공지능(AI), 빅데이터(Big Data), 사물인터넷(IoT) 등 혁신 기술과의 관계에 대한 설명으로 가장 적절하지 않은 것은?

① 현재 ERP는 기업 내 각 영역의 업무 프로세스를 지원하여 독립적으로 단위별 업무 처리를 추구하는 시스템으로 발전하고 있다.
② 제조업에서는 빅데이터 분석 기술을 기반으로 생산 자동화를 구현하고 ERP와 연계하여 생산 계획의 선제적 예측과 실시간 의사결정이 가능하다.
③ ERP에서 생성되고 축적된 빅데이터를 활용하여 기업의 새로운 업무 개척이 가능해지고, 비즈니스 간 융합을 지원하는 시스템으로 확대가 가능하다.
④ 현재 ERP는 인공지능 및 빅데이터 분석 기술과의 융합으로 전략경영 등의 분석 도구를 추가하여 상위계층의 의사결정을 지원할 수 있는 지능형 시스템으로 발전하고 있다.

02

ERP 구축 전에 수행되는 단계적으로 시간의 흐름에 따라 비즈니스 프로세스를 개선해가는 점증적 방법론은 무엇인가?

① ERD(Entity Relationship Diagram)
② BPI(Business Process Improvement)
③ MRP(Material Requirement Program)
④ SFS(Strategy Formulation & Simulation)

03

ERP 시스템의 SCM 모듈을 실행함으로써 얻는 장점으로 가장 적절하지 않은 것은?

① 공급사슬에서의 가시성 확보로 공급 및 수요 변화에 대한 신속한 대응이 가능하다.
② 정보 투명성을 통해 재고 수준 감소 및 재고 회전율(Inventory Turnover) 증가를 달성할 수 있다.
③ 공급사슬에서의 계획(Plan), 조달(Source), 제조(Make) 및 배송(Deliver) 활동 등 통합 프로세스를 지원한다.
④ 마케팅(Marketing), 판매(Sales) 및 고객서비스(Customer Service)를 자동화함으로써 현재 및 미래 고객들과 상호작용할 수 있다.

04

ERP의 특징에 대한 설명으로 가장 옳지 않은 것은?

① Open Multi-Vendor: 특정 H/W 업체에만 의존하는 open 형태를 채용, C/S형의 시스템 구축이 가능하다.
② 통합 업무 시스템: 세계 유수 기업이 채용하고 있는 Best Practice Business Process를 공통화, 표준화시킨다.
③ Parameter 설정에 의한 단기간의 도입과 개발이 가능: Parameter 설정에 의해 각 기업과 부문의 특수성을 고려할 수 있다.
④ 다국적, 다통화, 다언어: 각 나라의 법률과 대표적인 상거래 습관, 생산 방식이 시스템에 입력되어 있어서 사용자는 이 가운데 선택하여 설정할 수 있다.

05

포드 시스템의 3S 원칙에 해당하지 않는 것은?

① 표준화 ② 구조화
③ 전문화 ④ 단순화

06

인적자원관리 체계의 기능적 인적자원관리 중 노동력관리에 해당하는 것은?

① 임금관리 ② 고용관리
③ 근로시간관리 ④ 산업안전관리

07

[보기]의 직무분석 방법으로 가장 적절한 것은?

> 보기
> 직무분석자가 전체 작업 과정 동안 무작위로 많은 관찰을 하여 직무 행동에 대한 정보를 얻는 방법

① 작업 기록법
② 워크 샘플링법
③ 마코브 체인법
④ 업무일지 분석법

08

직무전문화에 관한 설명으로 적합하지 않은 것은?

① 종업원의 숙련도를 증대시킬 수 있다.
② 직무의 비인간화 등의 문제점이 발생할 수 있다.
③ 전체적인 과업을 보다 작은 요소로 분할하여 담당하게 한다.
④ 직무의 내용을 고도화하여 작업상의 책임과 권한을 늘리며, 능력을 발휘할 수 있게 한다.

09

인적자원계획 방법 중 수리적(정량적) 기법에 해당하지 않는 것은?

① 추세분석　② 회귀분석
③ 선형계획법　④ 전문가 예측법

10

인사고과 평가 방법 중 평가자가 일을 효과적 또는 비효과적으로 수행하는 요인에 대해 핵심적이고 중요한 행동에 초점을 맞추어 평가하는 방법은 무엇인가?

① 체크리스트법　② 행위기준고과법
③ 평정척도고과법　④ 중요사건평가법

11

직장 내 훈련(OJT)에 관한 설명으로 적절하지 않은 것은?

① 훈련과 직무가 직결되며, 경제적이다.
② 전문적인 지식과 기능을 전달할 수 있다.
③ 교육 훈련의 내용과 수준의 통일성을 갖추기 힘들다.
④ 교육생의 수준에 맞게 실무와 밀착된 교육 훈련을 할 수 있다.

12

승진의 유형 중 일정 기간의 직무수행 능력 및 업적만을 평가하여 특별히 유능한 사람에게 승진의 기회를 제공하는 제도는 무엇인가?

① 역직 승진　② 직급 승진
③ 대용 승진　④ 발탁 승진

13

각종 소득 중 종합과세 대상 소득이 아닌 것은?

① 사업소득　② 양도소득
③ 기타소득　④ 연금소득

14

연말정산에 관한 설명 중 적절하지 않은 것은?

① 연말정산 시기는 다음 해 3월 10일이다.
② 연말정산 반기별 납부자의 신고·납부 기한은 다음 해 7월 10일이다.
③ 중도 입사자는 전 근무지의 근로소득 원청징수영수증을 발급받아 해당 연도 근로소득에 합산하여 연말정산한다.
④ 2개 이상의 근로소득이 있는 경우에는 종된 근무지의 원천징수영수증을 주된 근무지의 원천징수 의무자에게 제출한다.

15

[보기]의 (   )에 들어갈 임금의 종류를 고르시오.

보기

(   )을 산정하여야 할 사유가 발생한 날 이전 3개월 동안에 그 근로자에게 지급된 임금의 총액을 그 기간의 총 일수로 나눈 금액

① 기준임금　② 총액임금
③ 통상임금　④ 평균임금

16

법정 복리후생제도의 유형으로 적절하지 않은 것은?

① 사회보장보험
② 산전·산후 유급휴가
③ 퇴직금 및 퇴직연금
④ 경조금 및 학자금 지원

17

[보기]의 (A)에 알맞은 숫자는 무엇인가?

보기

일용근로자의 원천징수세액: [일급여액 – 150,000원] × 6% – 근로소득세액공제[산출세액 × (A)%]

① 45　② 55
③ 65　④ 75

18

[보기]에서 설명하는 노동조합의 가입 방법은 무엇인가?

보기

기업이 근로자를 채용할 때 조합원이 아닌 자를 근로자로 채용할 수는 있지만 일단 채용된 후에는 일정 기간 내에 자동으로 노조에 가입하게 되는 제도

① 오픈 숍　② 유니언 숍
③ 에이전시 숍　④ 클로즈드 숍

19

노동쟁의 조정제도에 해당하지 않는 것은?

① 조정　② 중재
③ 대체고용　④ 긴급조정

20

비정규직 근로자 보호법의 대상이 되는 근로자에 해당하지 않는 것은?

① 파견 근로자　② 원격 근로자
③ 단시간 근로자　④ 기간제 근로자

실무 시뮬레이션

프로그램 버전	iCUBE 핵심 ERP 2024
로그인 정보	• 회사: 2002.인사2급 회사A • 사원: ERP13I02.이현우
DB 파일명	[백데이터] 2025 에듀윌 ERP 인사 2급 > PART 07 최신 기출문제_2024년 5회

01

다음 중 핵심 ERP 사용을 위한 기초 사원등록 정보를 확인하고, '사용자'로 등록된 사원의 등록내역으로 알맞지 않은 것은 무엇인가?

① 조회권한은 '사업장'이다.
② 입사일은 2002/12/01이고 '3100.관리부'에 소속되어 있다.
③ 회계입력방식은 '수정'이다.
④ 품의서권한은 '미결'이다.

02

다음 중 핵심 ERP 사용을 위한 기초 부서 정보를 확인하고, 그 내역으로 알맞지 않은 것은 무엇인가?

① 〈3000.관리부문(인천지점)〉에 속한 부서는 '3100.관리부', '6100.경리부'가 존재하며 이 중 '6100.경리부'는 현재 사용하지 않는 부서이다.
② '9100.교육부'는 〈3000.인사2급 강원지점〉 사업장에 속해 있으며, 사용시작일은 '2021/01/01' 이다.
③ '2000.영업부문'에 속해 있는 부서는 모두 사용 중이다.
④ 〈2000.인사2급 인천지점〉 사업장에 속한 부서는 모두 사용 중이다.

03

당 회사의 사용자권한설정의 '인사/급여관리' 모듈에 대한 '이현우' 사원의 설정 내역을 확인하고 관련된 설명으로 올바르지 않은 것은 무엇인가?

① [급여명세] 메뉴에서는 본인이 소속된 사업장의 자료만 조회할 수 있다.
② [전표관리]에 속한 메뉴에서는 모든 자료에 대해서 삭제가 불가능하다.
③ [인사관리]에 속한 메뉴에서는 회사에 속한 모든 근로자의 자료를 출력할 수 있다.
④ [소득자별정보현황] 메뉴에서는 본인의 자료만 변경할 수 있다.

04

당 회사는 2024년 9월 '800.주임' 직급의 호봉을 아래 [보기]와 같이 일괄 등록하고자 한다. 호봉등록을 완료한 후 6호봉 '호봉합계' 금액은 얼마인가?

보기
• 기본급: 초기치 2,500,000원, 증가액 100,000원
• 직급수당: 초기치 120,000원, 증가액 50,000원
• 일괄인상: 기본급 3.5% 정률인상, 직급수당, 10,000원 정액인상

① 3,105,000원 ② 3,331,500원
③ 3,485,000원 ④ 3,638,500원

05

당 회사의 인사/급여기준에 대한 설정을 확인하고, 관련 설명으로 올바른 것은 무엇인가? (단, 환경설정 기준은 변경하지 않는다)

① '생산직' 직종의 출결마감기준일은 전월 25일부터 당월 말일까지이다.
② 퇴사자의 경우 지정한 '기준일수' 초과근무 시, 월 급여를 '일할' 지급한다.
③ 지방소득세 신고서의 데이터는 '귀속/지급연월'이 모두 일치하는 경우에만 집계된다.
④ 2024년 8월 귀속 기준으로 월일수 산정 시, 한달 정상일로 설정된 30일을 적용한다.

06

당 회사의 2024년 귀속 기준 지급/공제항목설정을 확인하고, 그 설명으로 옳지 않은 것은? (단, 지급/공제항목설정 기준은 변경하지 않는다)

① 'P06.근속수당'은 '수습직'에게는 지급하지 않는 항목이며, 근속기간이 6년인 경우 100,000원을 지급한다.
② 'P11.특별급여'는 '사무직' 직종에게 지급 시, 책정임금의 월급을 기준으로 65%로 지급하고, '생산직' 직종에게 지급 시, 책정임금의 월급을 기준으로 75%로 지급한다.
③ 'P30.야간근로수당'은 비과세 적용 기준요건인 '월정급여'에 포함되는 지급항목이다.
④ 'P50.자격수당'은 '100.정보기술자격(ITQ)' 자격 대상자인 경우 80,000원을 지급한다.

07

당 회사의 인사정보를 확인하고 관련된 설명으로 올바르지 않은 것은 무엇인가?

① '20001102.정영수' 사원의 근무조는 '2조'이며, 노조에 가입되어 있다.
② '20010402.제갈형서' 사원의 직급은 '부장'이며, 급여 이체은행은 '국민' 은행이다.
③ '20130701.신별' 사원은 휴직이력이 존재하고, 휴직사유는 '육아휴직'이며 급여형태는 '연봉'이다.
④ '20140901.강민우' 사원의 현재 책정된 임금의 연봉은 '35,000,000원'이며, 학자금상환 대상자이다.

08

당 회사는 전체 사업장의 '992.임직원역량강화교육' 교육평가가 우수한 사원을 대상으로 포상을 지급하기로 하였다. 아래 [보기]를 기준으로 지급한 대상자들의 총 지급금액으로 알맞은 것은 무엇인가?

보기
- 교육평가 A등급: 200,000원
- 교육평가 B등급: 100,000원

① 800,000원 ② 900,000원
③ 1,100,000원 ④ 1,200,000원

09

당 회사는 〈2000.인사2급 인천지점〉 사업장의 2023년 하반기(2023/07/01~2023/12/31) '이직률'을 확인하고자 한다. 해당 기간동안 〈2000.인사2급 인천지점〉 사업장의 평균 이직률은 얼마인가? (단, 모든 정보는 프로그램에 입력된 기준으로 확인한다)

① 0.08 ② 0.17
③ 0.69 ④ 1.39

10

당 회사는 창립기념일을 맞아 2024년 8월 31일 기준으로 전체 사업장의 만 15년 이상 장기근속자에 대해 특별근속수당을 지급하기로 하였다. 아래 [보기]를 기준으로 지급한 총 특별근속수당은 얼마인가? (단, 퇴사자는 제외하며, 미만일수는 올리고, 모든 경력사항을 제외한다)

보기
- 15년 이상~20년 미만: 100,000원
- 20년 이상: 150,000원

① 1,450,000원 ② 1,600,000원
③ 1,800,000원 ④ 1,950,000원

11

당 회사의 2024년 9월 귀속 급여(지급일자: 2024/09/25)에 해당하는 대상자 중 '2016018.박지성' 사원이 중소기업취업감면 대상자로 변경되었다. '2016018.박지성' 사원의 감면유형 및 기간을 [보기]와 같이 등록한 뒤 모든 지급 대상자에 대해 급여를 계산할 때, '소득세' 총액은 얼마인가? (단, 그 외 급여계산에 필요한 조건은 프로그램에 등록된 기준을 이용한다)

보기
- 감면코드: T13.중소기업취업감면(90%감면)
- 감면기간: 2024/09~2026/08

① 1,599,560원 ② 1,619,430원
③ 1,656,850원 ④ 2,150,000원

12

당 회사는 2024년 9월 귀속 '특별급여' 소득을 지급하고자 한다. 아래 [보기]의 지급대상 요건으로 지급일자를 직접 추가하여 모든 지급 대상자에 대해 급여를 계산할 때, '과세' 총액은 얼마인가? (단, 그 외 급여계산에 필요한 조건은 프로그램에 등록된 기준을 이용한다)

보기
- 특별급여지급일자: 2024/09/30
- 동시발행 및 대상자선정: 분리, 직종및급여형태별
- 특별급여지급대상: 〈2000.인사2급 인천지점〉 사업장을 제외한 사업장의 모든 직종 및 급여형태

① 27,792,450원 ② 29,176,840원
③ 31,296,500원 ④ 34,217,690원

13

당 회사는 초과근무에 대해 수당을 지급하고 있다. 아래 [보기]를 기준을 토대로 2024년 8월 귀속의 '20020603.이성준' 사원의 '초과근무수당'을 계산하면 얼마인가? (단, 근무수당을 계산하면서 발생되는 모든 원 단위 금액은 절사하며, 책정임금 시급은 원 단위 금액을 절사하지 않고 계산한다)

보기

- 초과근무수당 = 1유형 근무수당 + 2유형 근무수당
- 초과근무시급: 책정임금 시급
- 1유형 근무수당 = (평일연장근무시간 + 토일정상근무시간) × 2 × 초과근무 시급
- 2유형 근무수당 = (평일심야근무시간 + 토일연장근무시간) × 2.5 × 초과근무 시급

① 598,130원 ② 607,330원
③ 621,890원 ④ 645,990원

14

당 회사는 일용직 사원에 대해 사원별 지급형태를 구분하여 일용직 급여를 지급하고 있다. 아래 [보기]를 확인하여 2024년 9월 귀속 지급일 중 '매일지급' 대상자를 직접 반영 후 급여계산 할 때, 해당 지급일의 급여내역에 대한 설명으로 바르지 않은 것은 무엇인가? (단, 급여계산에 필요한 조건은 프로그램에 등록된 기준대로 확인한다)

보기

- 지급형태: '매일지급' 지급일
- 지급 대상자: '시급직'인 '1200.경리부', '4100.생산부' 사원
- 평일 10시간 근무, 토요일 2시간 근무
- 비과세: 12,000원(평일만 적용)

① 해당 지급일자의 대상자는 총 30일 중 25일을 근무하였으며, 과세총액은 41,317,520원이다.
② '0006.이희성' 사원은 급여를 계좌로 지급받으며, 신고 대상인 비과세 항목은 지급받지 않았다.
③ '0009.강하나' 사원에게 연장 비과세는 총 252,000원 지급되었고, 소득세는 57,750원 공제되었다.
④ '0015.한주원' 사원은 4대 사회보험 및 소득세가 공제되지 않고 급여를 지급받았다.

15

2024년 9월 귀속 일용직 급여작업 전, 아래 [보기]를 기준으로 '0017.조혜나' 사원의 사원정보를 직접 변경하고 급여계산을 했을 때, 해당 지급일에 실제 지급된 금액의 합계는 얼마인가? (단, 그 외 급여계산에 필요한 조건은 프로그램에 등록된 기준을 따른다)

보기

1. 사원정보 변경
   - 생산직비과세 적용: 안함
   - 국민/건강/고용보험여부: 부
2. 일용직 급여지급
   - 지급형태: '일정기간지급' 지급일
   - 평일 10시간 근무, 토요일 4시간 근무 가정
   - 비과세(신고제외분): 12,000원(평일만 적용)

① 32,687,360원 ② 33,091,400원
③ 35,880,620원 ④ 36,658,390원

16

당 회사의 〈1000.인사2급 회사본사〉 사업장 기준 2024년 2분기의 과세총액 및 비과세총액은 각각 얼마인가? (단, 사용자부담금은 포함한다)

	과세총액	비과세총액
①	113,675,620원	5,100,000원
②	113,675,620원	10,248,420원
③	118,775,620원	14,258,210원
④	118,775,620원	16,308,930원

17

당 회사는 전체 사업장 기준 2024년 8월 귀속 급여에 대한 대장을 확인하고자 한다. 부서별로 대장을 집계하여 확인했을 때, 부서별 지급/공제항목의 금액으로 옳지 않은 것은?

① 교육부 - 근속수당: 500,000원
② 국내영업부 - 고용보험: 147,180원
③ 생산부 - 사회보험부담금: 602,150원
④ 자재부 - 야간근로수당: 100,000원

18

근무조 별로 월별 급/상여 지급현황을 조회하고자 한다. 2024년 2분기 '002.2조' 근무조 기준으로 조회 시, 근무조 전체 월별 급/상여 지급/공제항목 내역으로 알맞지 않은 것은 무엇인가? (단, 지급구분은 '100.급여'로 조회한다)

① 근속수당: 2,400,000원
② 고용보험: 292,590원
③ 사회보험부담금: 3,083,940원
④ 소득세: 4,713,240원

19

당 회사는 전체 사업장을 대상으로 급/상여 지급액 등 변동사항을 확인하고자 한다. 2024년 8월 변동 상태에 대한 설명으로 알맞지 않은 것은 무엇인가? (단, 모든 기준은 조회된 데이터를 기준으로 확인한다)

보기
- 기준연월: 2024/08
- 비교연월: 2023/08
- 사용자부담금: 포함

① '20030701.엄현애' 사원의 경우 지급항목 중 '근속수당' 항목이 50,000원 증가하였다.
② 전체 '국민연금' 및 '고용보험' 공제액은 감소하였다.
③ 전체 급/상여 지급대상 '인원' 및 '비과세' 지급액은 변동 사항이 없다.
④ 전체 '소득세' 공제액 및 '기본급' 지급액은 변동 사항이 없다.

20

당 회사는 〈2000.인사2급 인천지점〉 사업장에 대해 수당별 지급/공제현황을 확인하고자 한다. 다음 보기의 사원 중 2024년 상반기 동안 'T00.소득세'가 가장 적게 공제된 사원은 누구인가?

① 20140501.김화영
② 20010401.노희선
③ 20140903.정용빈
④ 20040301.오진형

기출문제 2024년 4회

이론

01

클라우드 컴퓨팅 서비스 유형에 대한 설명으로 가장 적절하지 않은 것은?

① PaaS는 데이터베이스와 스토리지 등을 제공하는 서비스이다.
② ERP 소프트웨어 개발을 위한 플랫폼을 클라우드 서비스로 제공받는 것을 PaaS라고 한다.
③ ERP 구축에 필요한 IT 인프라 자원을 클라우드 서비스로 빌려 쓰는 형태를 IaaS라고 한다.
④ ERP, CRM 솔루션 등의 소프트웨어를 클라우드 서비스를 통해 제공받는 것을 SaaS라고 한다.

02

ERP와 전통적인 정보 시스템(MIS) 특성 간의 차이점에 대한 설명으로 가장 적절하지 않은 것은?

① 전통적인 정보 시스템의 시스템 구조는 폐쇄형이나 ERP는 개방성을 갖는다.
② 전통적인 정보 시스템의 업무 범위는 단위 업무이고, ERP는 통합 업무를 처리한다.
③ 전통적인 정보 시스템의 업무 처리 대상은 Process 중심이나 ERP는 Task 중심이다.
④ 전통적인 정보 시스템의 저장 구조는 파일 시스템을 이용하나 ERP는 관계형 데이터베이스 시스템(RDBMS) 등을 이용한다.

03

기업에서 ERP 시스템을 도입하기 위해 분석, 설계, 구축, 구현 등의 단계를 거친다. 이 과정에서 필수적으로 거쳐야 하는 'GAP 분석' 활동의 의미를 적절하게 설명한 것은?

① TO-BE 프로세스 분석
② TO-BE 프로세스에 맞게 모듈을 조합
③ 현재업무(AS-IS) 및 시스템 문제 분석
④ 패키지 기능과 TO-BE 프로세스와의 차이 분석

04

'Best Practice' 도입을 목적으로 ERP 패키지를 도입하여 시스템을 구축하고자 할 경우 가장 적절하지 않은 방법은?

① BPR과 ERP 시스템 구축을 병행하는 방법
② ERP 패키지에 맞추어 BPR을 추진하는 방법
③ 기존 업무 처리에 따라 ERP 패키지를 수정하는 방법
④ BPR을 실시한 후에 이에 맞도록 ERP 시스템을 구축하는 방법

05

과학적 관리의 인사관리에 대한 설명으로 적절하지 않은 것은?

① 과업관리 도입
② 고임금 · 저노무비의 실천
③ 매슬로우의 욕구 계층 이론과 맥그리거의 XY 이론
④ 작업 분석 및 시간 · 동작 연구 실시로 차별적 성과급 제도 도입

06

[보기]의 직무분석 방법에 대한 방법에 해당하는 것은?

보기
전체 작업 과정 동안 무작위로 많은 관찰을 하여 직무 행동에 대한 정보를 얻는 방법

① 관찰법　　② 종합적 방법
③ 워크 샘플링법　　④ 업무일지 분석법

07

직무설계의 목적에 대한 설명으로 가장 적절하지 않은 것은?

① 노사협상력 증대
② 작업의 생산성 향상
③ 종업원의 동기부여 향상
④ 신기술에 대한 신속한 대응

08

인력 부족 시 대응 전략에 해당하지 않는 것은?

① 아웃소싱 ② 임시직 고용
③ 다운사이징 ④ 파견근로 활용

09

면접자는 지원자에게 악의, 적대가 있는 것으로 가정하고, 지원자를 당황하게 한 후 반응을 관찰하여 감정적인 자제 등을 평가하는 면접시험의 유형은 무엇인가?

① 집단 면접 ② 개별 면접
③ 스트레스 면접 ④ 비구조적 면접

10

인사고과 평가의 오류에 대한 설명으로 적절하지 않은 것은?

① 중심화 경향은 피고과자의 대다수를 중간 정도로 판단하는 경향이다.
② 관대화 경향은 고과자가 피고과자를 가능하면 후하게 평가하려는 경향을 말한다.
③ 엄격화 경향은 고과자가 전반적으로 피고과자를 가혹하게 평가하여 평가 결과의 분포가 평균 이하로 편중되는 경향을 말한다.
④ 현혹효과는 피평가자에 대한 경직적인 편견을 가진 지각을 뜻하는 것으로서 타인에 대한 평가가 그가 속한 사회적 집단에 대한 지각을 기초로 해서 이루어지는 것을 말한다.

11

교육훈련 방법 중 '적절한 소수의 사람들이 모여서 집단 회의를 열고 집단의 리더가 제기한 문제에 대하여 참가자 각자가 생각나는 아이디어를 자연스럽게 자발적으로 제시하여 이것들로부터 유용한 아이디어를 가능한 한 많이 얻어 문제의 해결책을 찾아보고자 하는 방법'은 무엇인가?

① 액션러닝 ② 심포지엄
③ 인바스켓법 ④ 브레인스토밍

12

리더가 부하들에게 교환적 의도를 가지고 접근하며, 경제적·물질적 성격의 교환관계를 통해 성과를 추진하는 리더십은?

① 코칭 리더십 ② 셀프 리더십
③ 거래적 리더십 ④ 변혁적 리더십

13

통상임금과 평균임금에 대한 설명으로 옳지 않은 것은?

① 평균임금 – 장해보상
② 평균임금 – 해고예고수당
③ 통상임금 – 연장근로가산수당
④ 통상임금 – 야간근로가산수당

14

단위시간당 임금률에 표준시간을 곱하여 임금을 산출하는 방식의 성과급제는 무엇인가?

① 단순성과급제 ② 복률성과급제
③ 차별성과급제 ④ 표준시간급제

15

고용보험 적용 제외 대상이 아닌 것은?

① 외국인 근로자
② 별정우체국 직원
③ 60세 이후에 고용된 자
④ 1월간 소정근로시간이 60시간 미만인 근로자

16

근로소득에서 비과세 소득에 해당되지 않는 것은?

① 이자소득
② 실업급여
③ 근로장학금
④ 자가운전보조금

17

소득세 납세의무자에 대한 설명 중 다음 (A)에 알맞은 것은?

보기

거주자란 국내에 주소를 두거나 (A)일 이상의 거소를 둔 개인을 말한다.

① 100
② 180
③ 183
④ 360

18

야간·휴일 근무에 대한 설명으로 적절하지 않은 것은?

① 야간근로는 오후 12시부터 다음날 오전 8시까지 근무를 말한다.
② 사용자는 임산부와 18세 미만자를 야간 또는 휴일에 근로시키지 못한다.
③ 사용자는 18세 이상의 여성을 야간근로를 시키려면 근로자의 동의를 받아야 한다.
④ 사용자는 휴일 근로한 근로자에서 8시간 이내는 통상임금의 100분의 50, 8시간을 초과한 경우는 통상임금의 100분의 100을 지급하여야 한다.

19

직업이나 산업, 직업에 관계없이 하나 또는 수 개의 산업에 걸쳐 흩어져 있는 일반 근로자들에 의해 폭넓게 규합하는 노동조합의 형태는 무엇인가?

① 일반 노동조합
② 직업별 노동조합
③ 기업별 노동조합
④ 산업별 노동조합

20

부당노동행위의 유형에 해당하지 않는 것은?

① 황견계약
② 불이익 대우
③ 단체교섭의 거부
④ 사용자의 대체고용

실무 시뮬레이션

프로그램 버전	iCUBE 핵심 ERP 2024
로그인 정보	• 회사: 2005.인사2급 회사B • 사원: ERP13I02.이현우
DB 파일명	[백데이터] 2025 에듀윌 ERP 인사 2급 > PART 07 기출문제_2024년 4회

01

다음 중 핵심 ERP 사용을 위한 기초 사업장 정보를 확인하고, 그 내역으로 알맞지 않은 것은 무엇인가?

① 〈1000.인사2급 회사본사〉 사업장의 업태는 '제조,도매'이다.
② 〈2000.인사2급 인천지점〉 사업장은 당 회사의 종사업장이다.
③ 〈2000.인사2급 인천지점〉 사업장의 주업종코드는 '369301.제조업'이다.
④ 〈3000.인사2급 강원지점〉 사업장은 원천징수이행상황 신고 시, '반기' 신고를 하는 유일한 사업장이다.

02

다음 중 핵심 ERP 사용을 위한 기초 부서 정보를 확인하고, 그 내역으로 알맞은 것은 무엇인가?

① '4000.생산부문'에 속한 부서는 모두 사용 중이다.
② 현재 사용하지 않는 부서는 총 3개이다.
③ 〈1000.인사2급 회사본사〉 사업장에 속한 부서는 모두 사용 중이다.
④ '1300.기획부'는 '2000.영업부문'에 속해 있으며, 사용종료일은 2021/12/31이다.

03

다음 중 인사기초코드등록의 '4.사원그룹(G)' 출력구분에 대한 설명으로 올바르지 않은 것은 무엇인가?

① 'G4.직급'은 [인사정보등록] 메뉴에서만 관리하고 있는 코드이다.
② [일용직사원등록] 메뉴에서 현재 조회되고 있는 고용형태는 '002.생산직'이다.
③ 생산직 연장근로 비과세 적용대상 코드를 만들려면, 'G2.직종'의 비고에 '1'을 입력해야 한다.
④ [인사정보등록] 메뉴에서 조회되는 고용형태 코드를 만들려면, 'G1.고용구분'에 비고가 '1'인 고용형태 코드를 생성해야 한다.

04

당 회사는 2024년 7월 '700.대리' 직급의 호봉을 아래 [보기]와 같이 일괄등록하고자 한다. '700.대리' 직급의 호봉등록을 완료하였을 때, 7호봉 기준의 '호봉합계'는 얼마인가?

보기
• 기본급: 초기치 2,500,000원, 증가액 100,000원
• 직급수당: 초기치 120,000원, 증가액 50,000원
• 일괄인상: 기본급 4.5%, 직급수당 3.0% 정률인상

① 3,239,500원 ② 3,672,100원
③ 3,828,100원 ④ 3,984,100원

05

당 회사의 인사/급여 설정기준을 확인하고 관련된 설명으로 옳지 않은 것은 무엇인가? (단, 환경설정 기준은 변경하지 않는다)

① '수습직'의 지급 기간은 3개월이고, 지급율은 70%이다.
② 한달의 일수는 한달 정상일에 입력된 기준일(월)수를 반영한다.
③ 원천징수이행상황 신고서의 데이터는 '귀속연월'이 같은 경우에 집계된다.
④ 퇴사자의 경우 지정한 '기준일수' 초과근무 시, 월 급여를 '일할' 지급한다.

06

당 회사의 2024년 6월 귀속 급/상여 지급일자 등록을 확인하고, 그 내역으로 옳지 않은 것은 무엇인가?

① 급여와 상여는 동일한 지급일에 동시에 지급한다.
② '지급직종및급여형태' 기준으로 급여 대상자를 사용자가 직접 선택하여 반영한다.
③ 해당 지급일자에 '특별급여'를 추가하여 지급할 수 있다.
④ '상여지급대상기간' 내 퇴사자는 실제 근무한 일수 만큼 상여 소득을 지급한다.

07

당 회사의 인사 정보를 확인하고 관련된 설명으로 올바르지 않은 것은 무엇인가?

① '20000601.이종현' 사원은 '2100.국내영업부' 소속이며, 급여 이체은행은 '030.기업' 은행이다.
② '20001102.정영수' 사원의 직책은 '700.매니저'이며, 노조에 가입되어 있다.
③ '20040301.오진형' 사원은 생산직 총급여 비과세 대상자이며, 국외소득이 존재한다.
④ '20110101.배유진' 사원은 세대주이며, 수습적용 이력이 존재하고 수습만료일은 2020/08/10이다.

08

당 회사는 전체 사업장의 '991.임직원역량강화교육(2024년)' 교육 평가가 우수한 사원을 대상으로 포상을 지급하기로 하였다. 아래 [보기]를 기준으로 지급한 총 지급액은 얼마인가?

보기
- 교육평가 A등급: 100,000원
- 교육평가 B등급: 50,000원

① 250,000원 ② 300,000원
③ 400,000원 ④ 450,000원

09

당 회사 '20000502.김종욱' 사원에 대해 '가족' 정보를 확인하고, 등록 정보에 대한 설명으로 올바르지 않은 것은 무엇인가?

① 부양가족 중 연말정산 '장애인공제' 적용 대상자가 존재한다.
② 부양가족 중 연말정산 '인적공제 및 공제항목별명세' 미적용 대상자가 존재한다.
③ 부양가족 중 '가족수당' 적용 대상자는 존재하지 않는다.
④ 부양가족 중 '외국인'은 존재하지 않는다.

10

당 회사는 창립기념일을 맞아 2024년 6월 30일 기준으로 전체 사업장의 만 15년 이상 장기근속자에 대해 특별근속수당을 지급하기로 하였다. 아래 [보기]를 기준으로 지급한 총 특별근속수당은 얼마인가? (단, 퇴사자는 제외하며, 미만일수는 올리고, 모든 경력사항을 포함한다)

보기
- 15년 이상: 150,000원
- 20년 이상: 200,000원

① 2,100,000원 ② 2,250,000원
③ 2,400,000원 ④ 2,550,000원

11

〈당 회사는 2024년 7월 귀속 급여(지급일자: 2024/07/25) 지급〉 시, '20110101.배유진' 사원의 변경된 책정임금을 반영하여 급여 작업을 진행하고자 한다. [보기]를 기준으로 직접 '책정임금'을 변경하고 모든 지급 대상자에 대해 급여를 계산할 때, 해당 지급일자의 '과세' 총액은 얼마인가? (단, 그 외 급여계산에 필요한 조건은 프로그램에 등록된 기준을 이용한다)

보기
- 사원명: 20110101.배유진
- 계약시작년월: 2024/07
- 연봉: 50,000,000원

① 79,104,510원 ② 80,414,110원
③ 82,333,010원 ④ 82,998,070원

12

당 회사는 2024년 7월 귀속 특별급여(지급일자: 2024/07/31) 소득을 지급하고자 한다. 아래 [보기]를 기준으로 '특별급여' 지급항목의 지급 요건을 직접 변경하고 모든 지급 대상자에 대해 급여를 계산할 때, 해당 지급일자의 '과세' 총액은 얼마인가? (단, 그 외 급여계산에 필요한 조건은 프로그램에 등록된 기준을 이용한다)

보기

1. 지급항목: P07.특별급여
2. 분류코드: 005.직종별
   - 001.사무직(금액: 150,000원)
   - 002.생산직(금액: 250,000원)

① 14,751,490원 ② 15,251,490원
③ 16,464,160원 ④ 17,120,100원

13

당 회사는 사원별 '지각/조퇴/외출시간'을 기준으로 '기본급 공제액'을 계산하여 해당 금액을 '기본급'에서 공제하고 지급한다. 아래 [보기]의 기준을 토대로 2024년 6월 귀속 '20010402.박국현' 사원의 근태내역을 확인하고, '기본급 공제액'을 계산하면 얼마인가? (단, 공제액을 계산하면서 발생되는 모든 원 단위 금액은 절사하며, 책정임금 시급은 원 단위 금액을 절사하지 않고 계산한다)

보기

- 기본급 공제액 = 1유형 공제액 + 2유형 공제액
- 1유형 공제액: (지각시간 + 외출시간) × 1.5 × 책정임금 시급
- 2유형 공제액 = (조퇴시간) × 2 × 책정임금 시급

① 208,320원 ② 212,450원
③ 226,150원 ④ 241,180원

14

당 회사는 일용직 사원에 대해 사원별 지급형태를 구분하여 일용직 급여를 지급하고 있다. 아래 [보기]를 확인하여 2024년 7월 귀속 지급일 중 '매일지급' 대상자를 직접 반영 후 급여계산 할 때, 해당 지급일의 급여내역에 대한 설명 중 올바르지 않은 것은 무엇인가? (단, 급여계산에 필요한 조건은 프로그램에 등록된 기준대로 확인한다)

보기

- 지급형태: '매일지급' 지급일
- 지급 대상자: 부서가 '5100.자재부'이고 급여형태가 '004.시급'인 사원
- 평일 10시간 근무, 토요일 2시간 근무
- 비과세: 12,000원(평일만 적용)

① 해당 지급일자에 신고대상 항목이 아닌 비과세는 총 1,104,000원 지급되었다.
② 해당 지급일자에 실제 지급된 금액이 가장 적은 사원은 '0015.박동민' 사원이며, 해당 사원에게 실제 지급된 금액은 3,974,820원이다.
③ '0010.유성룡' 사원은 급여를 현금으로 지급받으며, 고용보험은 29,760원 공제되었다.
④ 해당 지급일자의 대상자는 총 31일 중 27일을 근무하였으며, 모든 대상자는 생산직 비과세 적용 대상자이다.

15

2024년 7월 귀속 일용직 급여작업 전, 아래 [보기]를 기준으로 '0007.황시윤' 사원의 사원정보를 직접 변경하고 급여계산을 했을 때, 2024년 7월 귀속 해당 일용직 대상자들의 실지급액 총계는 얼마인가? (단, 그 외 급여계산에 필요한 조건은 프로그램에 등록된 기준을 따른다)

보기

1. 사원정보 변경
   - 생산직비과세 적용: 안함
   - 국민연금/건강보험여부: 여
2. 일용직 급여지급
   - 지급형태: '일정기간지급' 지급일
   - 평일 10시간 근무, 토요일 2시간 근무 가정

① 30,790,640원 ② 31,646,070원
③ 31,911,710원 ④ 32,163,390원

16

당 회사의 〈2000.인사2급 인천지점〉 사업장 기준 2024년 2분기의 지급/공제총액은 각각 얼마인가? (단, 사용자부담금은 제외한다)

	지급총액	공제총액
①	84,022,140원	10,576,400원
②	86,330,340원	10,576,400원
③	194,693,130원	24,159,730원
④	200,537,490원	24,159,730원

17

당 회사는 〈2000.인사2급 인천지점〉 사업장에 대해 2024년 6월 귀속(지급일 1번)에 이체한 급/상여를 확인하고자 한다. 이체현황에 대한 설명으로 옳지 않은 것은? (단, 무급자는 제외한다)

① 해당 사업장의 급/상여 이체 대상의 총인원은 11명이며, 총 실지급액은 93,052,060원이다.
② 계좌이체를 통해 급/상여를 지급받지 않는 사원은 존재하지 않는다.
③ '기업은행'에 이체된 금액은 '신한은행'에 이체된 금액보다 적다.
④ '우리은행'을 통해 급/상여를 지급받는 인원은 3명이며, 총 이체금액은 21,602,030원이다.

18

당 회사는 2024년 상반기 급여작업에 대해 수당별 지급현황을 확인하고자 한다. 다음 중 〈2000.인사2급 인천지점〉 사업장 기준 'P06.근속수당'을 가장 적게 지급받은 사원은 누구인가?

① 20010401.노희선
② 20010402.박국현
③ 20001101.박용덕
④ 20020603.이성준

19

당 회사는 전체 사업장에 대해 2024년 2분기 급여 집계 현황을 '부서별'로 구분하여 집계하고자 한다. 2024년 2분기 동안 지급구분이 '급여'인 내역 중 '소득세'가 가장 많이 공제된 '부서'로 알맞은 것은 무엇인가?

① 총무부 ② 경리부
③ 관리부 ④ 생산부

20

당 회사는 부서별 월별 급/상여 지급현황을 확인하고자 한다. 2024년 6월 귀속 '5100.자재부' 부서 기준으로 조회 시, 부서 전체 월별 급/상여 지급/공제항목 내역으로 알맞지 않은 것은?

① 지급합계: 29,274,370원
② 소득세: 2,036,800원
③ 사회보험부담금: 504,750원
④ 공제합계: 3,295,310원

정답 및 해설 p.117

기출문제 2024년 3회

이론

01

ERP 시스템의 프로세스, 화면, 필드, 그리고 보고서 등 거의 모든 부분을 기업의 요구사항에 맞춰 구현하는 방법을 무엇이라 하는가?

① 정규화(Normalization)
② 트랜잭션(Transaction)
③ 컨피규레이션(Configuration)
④ 커스터마이제이션(Customization)

02

ERP 아웃소싱(Outsourcing)에 대한 설명으로 적절하지 않은 것은?

① ERP 자체 개발에서 발생할 수 있는 기술력 부족을 해결할 수 있다.
② ERP 아웃소싱을 통해 기업이 가지고 있지 못한 지식을 획득할 수 있다.
③ ERP 개발과 구축, 운영, 유지보수에 필요한 인적 자원을 절약할 수 있다.
④ ERP 시스템 구축 후에는 IT 아웃소싱 업체로부터 독립적으로 운영할 수 있다.

03

ERP 도입 기업의 사원들을 위한 ERP 교육을 계획할 때, 고려사항으로 가장 적절하지 않은 것은?

① 전사적인 참여가 필요함을 강조한다.
② 지속적인 교육이 필요함을 강조한다.
③ 최대한 ERP 커스터마이징이 필요함을 강조한다.
④ 자료의 정확성을 위한 철저한 관리가 필요함을 강조한다.

04

ERP와 인공지능(AI), 빅데이터(Big Data), 사물인터넷(IoT) 등 혁신 기술과의 관계에 대한 설명으로 가장 적절하지 않은 것은?

① 현재 ERP는 기업 내 각 영역의 업무 프로세스를 지원하여 독립적으로 단위별 업무 처리를 추구하는 시스템으로 발전하고 있다.
② 제조업에서는 빅데이터 분석 기술을 기반으로 생산 자동화를 구현하고 ERP와 연계하여 생산 계획의 선제적 예측과 실시간 의사결정이 가능하다.
③ ERP에서 생성되고 축적된 빅데이터를 활용하여 기업의 새로운 업무 개척이 가능해지고, 비즈니스 간 융합을 지원하는 시스템으로 확대가 가능하다.
④ 현재 ERP는 인공지능 및 빅데이터 분석 기술과의 융합으로 전략경영 등의 분석 도구를 추가하여 상위계층의 의사결정을 지원할 수 있는 지능형 시스템으로 발전하고 있다.

05

행동과학적 인사관리 중 동기부여 이론에 해당하지 않는 것은?

① 맥그리거 – XY 이론
② 허즈버그 – 2요인 이론
③ 매슬로우 – 욕구의 5단계 이론
④ 허시와 블랜차드 – 3차원 모델

06

직무평가의 요소 중 책임 요소에 해당하는 것은?

① 육체적, 정신적 노력 등
② 위험도, 작업시간, 작업환경, 작업위험 등
③ 관리감독, 기계설비, 직무개선 책임, 원재료 등
④ 도전성, 교육, 경험, 몰입, 창의성, 지식, 기술 등

07

인적자원계획 방법 중 내부적 공급예측 방법에 해당하지 않은 것은?

① 대체도　② 마코브분석
③ 관리자 목록　④ 델파이 기법

08

외부모집에 대한 설명 중 적절하지 않은 것은?

① 모집 비용 및 시간이 감소한다.
② 인력개발 비용의 축소가 가능하다.
③ 유능한 인재확보가 가능하다는 장점이 있다.
④ 내부 지원자의 사기를 저하시킨다는 단점이 있다.

09

[보기]에서 설명하는 배치 원칙은?

보기

사람을 소모시키면서 사용하지 않고 성장시키면서 사용해야 한다는 원칙이다.

① 균형주의 원칙
② 인재육성주의 원칙
③ 적재적소주의 원칙
④ 실력(능력)주의 원칙

10

인사고과 평가에 대한 오류 중 타인에 대한 평가가 속한 특정 집단에 대한 지각을 기초로 이루어지는 것을 말하는 것은?

① 현혹 효과　② 상동적 태도
③ 관대화 경향　④ 중심화 경향

11

직장 외 훈련(Off the Job Training)에 대한 설명으로 옳지 않은 것은?

① 낮은 비용으로 시행이 용이하다.
② 많은 교육생에게 계획적인 훈련이 가능하다.
③ 강의식 훈련, 비즈니스게임 등의 방법이 있다.
④ 교육 훈련의 결과를 현장에 바로 활용하기 어렵다.

12

Hall의 경력단계모형은 종업원이 직장에 입사하고 퇴직할 때까지 일련의 과정을 연령, 욕구, 작업성 등과 연관하여 4단계로 구분한 것이다. 경력단계와 경력 욕구의 조합 중 적절하지 않은 것은?

① 1단계(탐색 단계) – 주체 형성
② 2단계(확립과 전진 단계) – 친교
③ 3단계(유지 단계) – 소비
④ 4단계(쇠퇴 단계) – 통합

13

[보기]에서 설명하고 있는 것은?

보기

임금의 산정 방법, 임금의 지급 방법을 의미한다.

① 임금구성　② 임금형태
③ 임금수준　④ 임금체계

14

성과배분제도 중 기본적 보상 외에 영업 수익의 일부를 근로자에게 지급하는 것으로 근로자들에게 기업의 소유주로 느끼게 하는 제도는 무엇인가?

① 럭커 플랜　② 이윤분배제도
③ 순응임률제도　④ 임프로쉐어 플랜

15

4대보험에 해당하지 않는 것은?

① 국민연금 ② 퇴직연금
③ 고용보험 ④ 산업재해보상보험

16

다음 중 [보기]가 설명하는 것은?

보기
소득 과세 방법으로 장기간에 걸쳐 발생하는 퇴직소득 또는 양도소득은 다른 소득과 합산하지 않고 별도로 과세한다.

① 종합과세 ② 분리과세
③ 분류과세 ④ 병합과세

17

원천징수제도에 대한 설명으로 적절하지 않은 것은?

① 세무서장의 승인을 받은 경우에는 6개월마다 반기별 납부도 가능하다.
② 납세의무 종결 여부에 따라 완납적 원천징수, 예납적 원천징수로 분류한다.
③ 원천징수 의무자와 소득자의 인적사항과 소득금액의 지급 시기, 소득금액 등을 기재한 지급명세서를 제출해야 한다.
④ 원천징수 의무자는 원천징수한 세금을 소득 지급일이 속하는 달의 다음 달 20일까지 관할세무서 또는 금융기관에 납부해야 한다.

18

[보기]에서 설명하는 것은?

보기
취재, 연구, 설계 및 분석, 디자인 업무 등과 같이 업무 수행 방법이나 수단, 시간 배분 등이 근로자의 재량에 따라 결정되어 근로시간보다 성과에 의해 근무 여부를 판단할 수 있는 경우 노사 간의 합의시간을 근로시간으로 보는 제도이다.

① 재량 근로시간제
② 연장 근로시간제
③ 선택적 근로시간제
④ 탄력적 근로시간제

19

[보기]에서 설명하고 있는 노동조합의 가입 방법은 무엇인가?

보기
기업이 근로자를 채용할 때 조합원이 아닌 자를 근로자로 채용할 수는 있지만, 채용이 된 이후에는 일정 기간 내에 자동으로 노조에 가입하게 되는 제도

① 유니언 숍(Union Shop)
② 클로즈드 숍(Closed Shop)
③ 에이전시 숍(Agency Shop)
④ 메인터넌스 숍(Maintenance Shop)

20

[보기]는 무엇에 대한 설명인가?

보기
노동조합이 조합원의 노동력을 부분적으로 통제하여 근로자의 작업 수행 과정에서 작업 속도를 떨어뜨리거나 조잡한 작업 수행으로 작업 능률과 품질의 저하를 초래하는 행위

① 태업 ② 파업
③ 피케팅 ④ 보이콧

실무 시뮬레이션

프로그램 버전	iCUBE 핵심 ERP 2024
로그인 정보	• 회사: 2002.인사2급 회사A • 사원: ERP13I02.이현우
DB 파일명	[백데이터] 2025 에듀윌 ERP 인사 2급 > PART 07 최신 기출문제_2024년 3회

01

다음 중 핵심 ERP 사용을 위한 기초 사원등록 정보를 확인하고, '사용자'로 등록된 사원의 등록내역으로 알맞지 않은 것은 무엇인가?

① 인사입력방식은 '미결'이다.
② 회계입력방식은 '수정'이다.
③ 조회권한은 '회사'이다.
④ 검수조서권한은 '미결'이다.

02

다음 중 핵심 ERP 사용을 위한 기초 부서 정보를 확인하고, 그 내역으로 알맞지 않은 것은 무엇인가?

① '1000.관리부문'에 속해 있는 부서는 모두 사용 중이다.
② 〈3000.인사2급 강원지점〉 사업장에 속한 부서는 '8100.관리부', '9100.교육부'가 존재하며 모두 현재 사용 중인 부서이다.
③ '1300.관리부'는 〈1000.인사2급 회사본사〉 사업장에 속해 있으며, 사용종료일은 2012/12/31이다.
④ '5000.자재부문'에 속해 있는 부서는 '5100.자재부'만 존재한다.

03

당 회사의 사용자권한설정의 '인사/급여관리' 모듈에 대한 '이현우' 사원의 설정 내역을 확인하고 관련된 설명으로 올바르지 않은 것은 무엇인가?

① [인사정보등록] 메뉴에서는 회사에 속한 모든 근로자의 자료를 삭제할 수 있다.
② [퇴직정산관리]에 속한 메뉴에서는 회사에 속한 모든 근로자의 자료를 출력할 수 있다.
③ [일용직관리]에 속한 메뉴에서는 회사에 속한 모든 근로자의 자료를 변경할 수 있다.
④ [소득자별소득현황] 메뉴에서는 본인의 자료에 대해서만 자료를 출력할 수 있다.

04

당 회사는 2024년 5월 '700.대리' 직급의 호봉을 아래 [보기]와 같이 일괄등록하고자 한다. 호봉등록을 완료한 후 5호봉의 '호봉합계' 금액은 얼마인가?

보기
- 기본급: 초기치 2,500,000원, 증가액 70,000원
- 직급수당: 초기치 30,000원, 증가액 25,000원
- 일괄인상: 기본급 3.5% 정률인상, 직급수당 10,000원 정액인상

① 2,877,300원
② 3,017,300원
③ 3,212,200원
④ 3,504,550원

05

당 회사의 인사/급여기준에 대한 설정을 확인하고, 관련 설명으로 올바른 것은 무엇인가? (단, 환경설정 기준은 변경하지 않는다)

① 입사자의 경우 지정한 '기준일수' 이하 근무 시, 월 급여를 '일할' 지급한다.
② 수습직의 경우 80%의 급여를 3개월간 지급받는다.
③ 원천세 신고유형은 '사업자단위과세신고'로 설정되어 있고, 사업자단위과세 신고 시, 모든 사업장은 〈1000.인사2급 회사본사〉 사업장의 종사업장으로 포함하여 신고한다.
④ 2024년 5월 귀속 기준으로 월일수 산정 시, 한달 정상일로 설정된 30일을 적용한다.

06

2024년 귀속 기준 지급/공제항목설정을 확인하고, 그 설명으로 옳지 않은 것은? (단, 지급/공제항목설정 기준은 변경하지 않는다)

① 'P02.가족수당'은 과세 지급항목이며, 가족수당 대상에 따라 금액을 지급한다.
② 'P06.근속수당'은 '수습적용' 대상자에게는 지급하지 않는 항목이며, 근속기간이 5년 이상 10년 미만인 경우 50,000원을 지급한다.
③ 'P11.특별급여'는 '입/퇴사자'에게 지급 시, '인사/급여환경설정'의 환경설정에 따라 지급하며, '휴직자'에게도 정상적으로 지급하는 항목이다.
④ 'V00.상여'는 '입사자'에게는 지급하지 않는 항목이며, 책정임금의 월급의 1.5배로 지급된다.

07

당 회사의 인사정보를 확인하고 관련된 설명으로 올바르지 않은 것은 무엇인가?

① '20001101.박용덕' 사원은 장애인복지법에 의한 장애인이며, 노조에 가입되어 있다.
② '20010401.노희선' 사원의 현재 책정된 임금의 월급은 2,875,000원이며, 직책은 '700.대리'이다.
③ '20140501.김화영' 사원은 수습적용 대상자였으며, 수습기간은 2014/06/30에 만료되었다.
④ '20140903.정용빈' 사원은 학자금상환 대상자로 상환통지액은 200,000원이다.

08

당 회사는 임직원정기교육을 진행하였다. 아래 [보기] 기준으로 교육평가 내역을 직접 확인 시, 다음 중 교육평가 결과가 '상'이 아닌 사원은 누구인가?

보기
- 교육명: 991.임직원정기교육(2024년)
- 시작/종료일: 2024/01/01~2024/01/31

① 이종현 ② 신별
③ 김화영 ④ 강민우

09

당 회사는 '2024년 6월 인사발령'을 사원별로 진행하고자 한다. '20240601' 발령호수의 '김희수' 사원의 발령 내역을 확인하고, 그 설명으로 옳지 않은 것은?

① 발령 적용 후 '부서', '근무조' 및 '직급'이 모두 변경된다.
② 발령 적용 후 '직급'이 '대리'로 변경된다.
③ 현재 '경리부' 소속이며, 발령 적용 후 '관리부'로 소속이 변경된다.
④ 현재 '근무조'는 '3조'이며, 발령 적용 후 '근무조'는 '2조'로 변경된다.

10

회사는 창립기념일을 맞아 2024년 4월 30일 기준으로 전체 사업장의 만 15년 이상 장기근속자에 대해 특별근속수당을 지급하기로 하였다. 아래 [보기]를 기준으로 지급한 총 특별근속수당은 얼마인가? (단, 퇴사자는 제외하며, 미만일수는 올리고, 이전 경력은 제외한다)

보기
- 15년 이상~20년 미만: 150,000원
- 20년 이상: 200,000원

① 2,200,000원 ② 2,350,000원
③ 2,500,000원 ④ 2,700,000원

11

당 회사의 2024년 5월 귀속 급여(지급일자: 2024/05/25)에 해당하는 대상자 중 '20130102.김용수' 사원이 중소기업 취업감면 대상자로 변경되었다. '20130102.김용수' 사원의 감면유형 및 기간을 [보기]와 같이 등록한 뒤 모든 지급 대상자에 대해 급여를 계산할 때, '소득세' 총액은 얼마인가? (단, 그 외 급여계산에 필요한 조건은 프로그램에 등록된 기준을 이용한다)

보기
- 감면코드: T13.중소기업취업감면(90%감면)
- 감면기간: 2024/05~2026/04

① 1,716,140원 ② 1,876,590원
③ 2,026,530원 ④ 2,404,310원

12

당 회사는 2024년 5월 귀속 '특별급여' 소득을 지급하고자 한다. 아래 [보기]의 지급대상 요건으로 지급일자를 직접 추가하여 모든 지급 대상자에 대해 급여를 계산할 때, '과세' 총액은 얼마인가? (단, 그 외 급여계산에 필요한 조건은 프로그램에 등록된 기준을 이용한다)

보기
- 특별급여 지급일자: 2024/05/31
- 동시발행 및 대상자선정: 분리, 직종및급여형태별
- 특별급여 지급대상: 〈1000.인사2급 회사본사〉 사업장을 제외한 사업장의 사무직(월급)

① 10,742,100원 ② 13,576,490원
③ 15,317,390원 ④ 20,401,940원

13

당 회사는 초과근무에 대해 수당을 지급하고 있다. 아래 [보기]의 기준을 토대로 2024년 4월 귀속 급여 구분 '20010402.제갈형서' 사원의 '초과근무수당'을 계산하면 얼마인가? (단, 근무수당을 계산하면서 발생되는 모든 원 단위 금액은 절사하고, 책정임금 시급은 원 단위 금액을 절사하지 않고 계산한다)

보기
- 초과근무수당 = 1유형 근무수당 + 2유형 근무수당
- 초과근무 시급: 책정임금 시급
- 1유형 근무수당 = (평일연장근무시간 + 토일정상근무시간) × 1.5 × 초과근무 시급
- 2유형 근무수당 = (평일심야근무시간 + 토일연장근무시간) × 2 × 초과근무 시급

① 668,400원 ② 674,020원
③ 721,450원 ④ 745,230원

14

당 회사는 일용직 사원에 대해 사원별 지급형태를 구분하여 일용직 급여를 지급하고 있다. 아래 [보기]를 확인하여 2024년 5월 귀속 지급일 중 '매일지급' 대상자를 직접 반영 후 급여계산 할 때, 해당 지급일의 급여내역에 대해 바르지 않은 것은 무엇인가? (단, 급여계산에 필요한 조건은 프로그램에 등록된 기준대로 확인한다)

보기
- 지급형태: '매일지급' 지급일
- 지급 대상자: '시급직'인 '생산부', '자재부' 사원
- 평일 10시간 근무, 토요일 2시간 근무
- 비과세: 10,000원(평일만 적용)

① 해당 지급일자에 실제 지급된 금액은 총 51,914,040원이다.
② '0016.문리리' 사원은 소득세가 공제되지 않고 급여가 지급되었다.
③ 해당 지급일자의 대상자는 총 31일 중 27일을 근무하였으며, 급여를 계좌로 지급받는 사원이 존재한다.
④ 해당 지급일자의 대상자 중 신고대상이 아닌 비과세 항목을 지급받지 않은 사원이 존재한다.

15

2024년 5월 귀속 일용직 급여작업 전, 아래 [보기]를 기준으로 '0015.한주원' 사원의 사원정보를 직접 변경하고 급여계산을 했을 때, 해당 지급일에 실제 지급된 금액의 합계는 얼마인가? (단, 그 외 급여계산에 필요한 조건은 프로그램에 등록된 기준을 따른다)

보기

1. 사원정보 변경
   - 생산직비과세 적용: 함
   - 국민/건강/고용보험여부: 여
2. 일용직 급여지급
   - 지급형태: '일정기간지급' 지급일
   - 평일 12시간 근무, 토요일 2시간 근무 가정
   - 비과세(신고제외분): 12,000원(평일만 적용)

① 34,871,200원　② 44,256,990원
③ 44,535,340원　④ 51,124,300원

16

당 회사의 전체 사업장 기준 2024년 1분기의 지급총액 및 공제총액은 각각 얼마인가? (단, 사용자부담금은 포함한다)

	지급총액	공제총액
①	118,675,620원	16,302,030원
②	123,824,040원	16,302,030원
③	279,578,310원	35,077,680원
④	291,167,340원	35,077,680원

17

당 회사는 전체 사업장 기준 2024년 4월 귀속(지급일 1번)의 급여에 대한 대장을 확인하고자 한다. 근무조별로 대장을 집계하여 확인했을 때, 근무조별 지급/공제항목의 금액으로 옳지 않은 것은?

① 1조: 근속수당 1,000,000원
② 1조: 소득세 1,702,400원
③ 2조: 직무발명보상금 900,000원
④ 3조: 건강보험 842,440원

18

부서별로 월별 급상여 지급현황을 조회하고자 한다. 2024년 1분기 '3100.관리부' 부서 기준으로 조회 시, 부서 전체 월별 급상여 지급/공제항목 내역으로 알맞지 않은 것은 무엇인가? (단, 지급구분은 100.급여로 조회한다)

① 식비: 1,800,000원
② 직무발명보상금: 2,250,000원
③ 장기요양보험료: 315,750원
④ 차인지급액: 57,501,240원

19

당 회사는 전체 사업장을 대상으로 급/상여 지급액 등 변동사항을 확인하고자 한다. 아래 [보기] 기준으로 조회한 변동 상태에 대한 설명으로 알맞지 않은 것은 무엇인가? (단, 모든 기준은 조회된 데이터를 기준으로 확인한다)

보기

- 기준연월: 2024/03
- 비교연월: 2023/03
- 사용자부담금 '포함'

① 전체 급/상여 지급대상 '인원' 및 '기본급' 지급액은 변동사항이 없다.
② 전체 '건강보험' 및 '고용보험' 공제액은 감소하였다.
③ '0000601.이종현' 사원의 경우 지급항목 중 '사회보험부담금' 항목 외에는 변동사항이 없다.
④ 전체 '소득세' 공제액 및 실제 지급한 '차인지급액'은 증가하였다.

20

당 회사는 〈2000.인사2급 인천지점〉 사업장에 대해 수당별 지급현황을 확인하고자 한다. 다음 중 2024년 1분기 동안 'P06.근속수당'을 가장 적게 지급 받은 사원은 누구인가?

① 2016018.박지성
② 20020603.이성준
③ 20130701.신별
④ 20140903.정용빈

우리는 모두 별이고, 반짝일 권리가 있다.

– 마릴린 먼로

여러분의 작은 소리
에듀윌은 크게 듣겠습니다.

본 교재에 대한 여러분의 목소리를 들려주세요.
공부하시면서 어려웠던 점, 궁금한 점,
칭찬하고 싶은 점, 개선할 점, 어떤 것이라도 좋습니다.

에듀윌은 여러분께서 나누어 주신 의견을
통해 끊임없이 발전하고 있습니다.

에듀윌 도서몰 book.eduwill.net
- 부가학습자료 및 정오표: 에듀윌 도서몰 → 도서자료실
- 교재 문의: 에듀윌 도서몰 → 문의하기 → 교재(내용, 출간) / 주문 및 배송

2025 에듀윌 ERP 정보관리사 인사 2급
한권끝장+무료특강

발 행 일	2025년 3월 27일 초판
편 저 자	배문주
펴 낸 이	양형남
개 발	정상욱, 김규리
펴 낸 곳	(주)에듀윌
등록번호	제25100-2002-000052호
주 소	08378 서울특별시 구로구 디지털로34길 55 코오롱싸이언스밸리 2차 3층
I S B N	979-11-360-3701-5(13320)

www.eduwill.net

대표전화 1600-6700

에듀윌 ERP 정보관리사

인사 2급 한권끝장+무료특강

정답 및 해설

기출문제

정답 및 해설

2025년 1회

p.274~280

이론

01	③	02	①	03	③	04	④	05	②	06	①	07	②	08	②	09	④	10	④
11	①	12	③	13	③	14	②	15	②	16	②	17	④	18	④	19	③	20	②

01 ③

- 기초프로세스 자동화(1단계): 정형화된 데이터 기반의 자료 작성, 단순 반복 업무 처리, 고정된 프로세스 단위 업무를 수행하는 단계
- 데이터 기반의 머신러닝 활용(2단계): 이미지에서 텍스트 데이터 추출, 자연어 처리로 정확도와 가능성을 향상시키는 단계
- 인지 자동화(3단계): RPA가 업무 프로세스를 스스로 학습하면서 자동화하는 단계로, 빅데이터 분석을 통해 사람이 수행하는 복잡한 작업과 의사결정을 내리는 단계

02 ①

사물인터넷은 인터넷을 통해서 모든 사물을 서로 연결하여 정보를 상호 소통하는 지능형 정보기술 및 서비스로, 해당 기기들이 내장 센서를 통해 데이터를 수집하고 인터넷을 통해 서로 연결·통신하며, 수집된 정보 기반으로 자동화된 프로세스나 제어기능을 수행한다. 사물인터넷은 스마트 가전, 스마트 홈, 의료, 원격검침, 교통 등 다양한 산업 분야에 적용되고 있다.

03 ③

기존 업무 처리에 따라 ERP 패키지를 수정하는 방법은 패키지 도입 시 실패 요인으로 작용한다.

04 ④

'GAP 분석'이란 패키지 기능과 TO-BE 프로세스와의 차이 분석을 의미한다.

05 ②

인적자원관리는 사람 중심에서 역할 중심으로 변화하였다.

06 ①

- 과업: 목표를 위하여 수행되는 하나의 명확한 작업 활동
- 요소: 작업이 나누어질 수 있는 최소 단위

07 ②

• 준비 단계: 예비조사, 직무 단위 결정, 분석자 선임 및 훈련, 분석 방법 결정
• 실시 단계: 직무내용, 직무요건을 분석하여 직무정보의 수집 및 직무분석표 작성
• 정리 단계: 직무기술서, 직무명세서 작성

08 ②

요소비교법은 평가 과정이 복잡하고 비용과 시간이 많이 소요된다.

09 ④

선발도구의 조건에는 타당성, 효용성, 신뢰성이 있다.
• 타당성: 시험이 당초에 측정하려고 의도하였던 것을 얼마나 정확하게 측정하고 있는지를 밝히는 정도
• 효용성: 선발에서 평가도구의 성적이 미래직무성과를 얼마나 예측할 수 있는지를 판단하는 기준
• 신뢰성: 도구를 선발 대상자들에게 적용했을 때 안정적이고 일관성 있는 결과를 얻어낼 수 있는지를 판단하는 기준

10 ④

직장 내 훈련(On the Job Training)은 전문적인 지식과 기능을 전달하기 어렵다.

11 ①

경력개발의 원칙으로 적재적소배치의 원칙, 승진경로의 원칙, 후진양성과 인재육성의 원칙, 경력기회개발의 원칙이 있다.

12 ③

| 오답 풀이 |

① 셀프 리더십: 조직 내에서 리더만이 조직원을 관리하고 통제하는 것이 아니라 조직원이 자기 스스로를 이끌어 조직 구성원 모두가 자율적으로 관리하고 이끌어나가는 리더십
② 슈퍼 리더십: 리더가 먼저 리더의 행동을 보임으로써 부하에게 대리학습의 모델이 되고 부하 스스로 리더가 될 수 있도록 목표설정을 지원하고 코치의 역할을 하며 조직이 스스로 변화할 수 있도록 변화 담당자로서의 역할을 하는 리더십
④ 카리스마 리더십: 모범적 · 기업가적 행동을 통해 개인적 권력을 행사하거나 미래의 비전을 알아보고 현재 상태를 변화시키려고 노력할 뿐만 아니라, 조직을 둘러싸고 있는 환경을 정확히 평가하고 비전을 성취하는 리더십

13 ③

• 평균임금 적용 대상: 퇴직급여, 휴업수당, 연차유급휴가수당, 재해보상 및 산업재해보상보험급여, 감급제재의 제한, 구직급여
• 통상임금 적용 대상: 평균임금의 최저한도, 휴일근로수당, 해고예고수당, 연차유급휴가수당, 연장근로수당, 출산전후휴가급여, 야간근로수당 등

14 ②

| 오답 풀이 |

① 월 20만원 한도의 자가운전보조금
③ 직전 연도 총급여액이 3,000만원 이하로서 월정액 급여가 210만원 이하인 자가 받는 연장근로수당
④ 근로자 또는 그 배우자의 6세 이하 자녀의 보육과 관련하여 지급받는 월 20만원의 금액

15 ②

2025년 최저임금은 10,030원으로 2024년의 9,860원보다 1.72% 인상되었다.

16 ②

4대 보험은 국가가 법에 의한 강제성에 따라 시행하는 것으로 건강보험, 국민연금, 고용보험, 산업재해보상보험이 이에 해당한다.

17 ④

- 법정휴가: 연차유급휴가, 생리휴가, 출산휴가 등
- 약정휴가: 경조휴가, 포상휴가, 하계휴가 등

18 ④

- 단결권: 근로자가 근로조건을 유지 · 개선하기 위하여 단결할 수 있는 권리 즉, 근로자가 일하는 환경 · 조건을 개선하고 근로자의 사회 · 경제적 지위를 향상하기 위해 단결할 수 있는 권리
- 단체교섭권: 근로자의 노동조합이 사용자와 근로조건의 유지 · 개선에 관하여 교섭할 수 있는 권리
- 단체행동권: 근로자가 근로조건의 유지 · 개선을 위하여 사용자에 대항하여 단체적인 행동을 할 수 있는 권리

19 ③

- 노동쟁의 조정제도: 조정, 중재, 긴급조정
- 근로자 측 노동쟁의 행위: 파업, 태업, 보이콧, 피케팅, 생산통제, 준법투쟁

20 ②

| 오답 풀이 |

① 럭커 플랜: 조직이 창출한 부가가치 생산액을 종업원 인건비를 기준으로 배분하는 제도
③ 스톡옵션제도: 임직원들에게 저렴한 가격으로 일정 수량의 주식을 매입할 수 있는 권리를 부여하고, 일정 기간이 지나면 임의대로 처분할 수 있게 하는 제도
④ 종업원지주제도: 회사가 근로자에게 회사 주식을 유상 또는 무상의 방법으로 취득하게 하여 근로자를 주주로서 기업경영에 참가시키는 제도

실무 시뮬레이션

01	③	02	③	03	②	04	②	05	④	06	①	07	④	08	①	09	④	10	②
11	③	12	①	13	①	14	②	15	①	16	②	17	④	18	③	19	④	20	③

01 ③

'사용자만'에 체크한 후 조회한다.
③ 회계입력방식은 '수정'이다.

[시스템관리] – [회사등록정보] – [사원등록]

사원등록

부서 ~ 사원명검색 ☑ 사용자만

사원코드	사원명	사원명(영문)	부서코드	부서명	입사일	퇴사일	사용자여부	암호	인사입력방식	회계입력방식	조회권한	품의서권한	검수조서권한
ERP13102	이현우		3100	관리부	2002/12/01		여		미결	수정	회사	미결	승인

02 ③

③ 〈2000.인사2급 인천지점〉 사업장에 속한 부서 중 '6100.경리부'는 현재 사용하지 않는다.

[시스템관리] – [회사등록정보] – [부서등록]

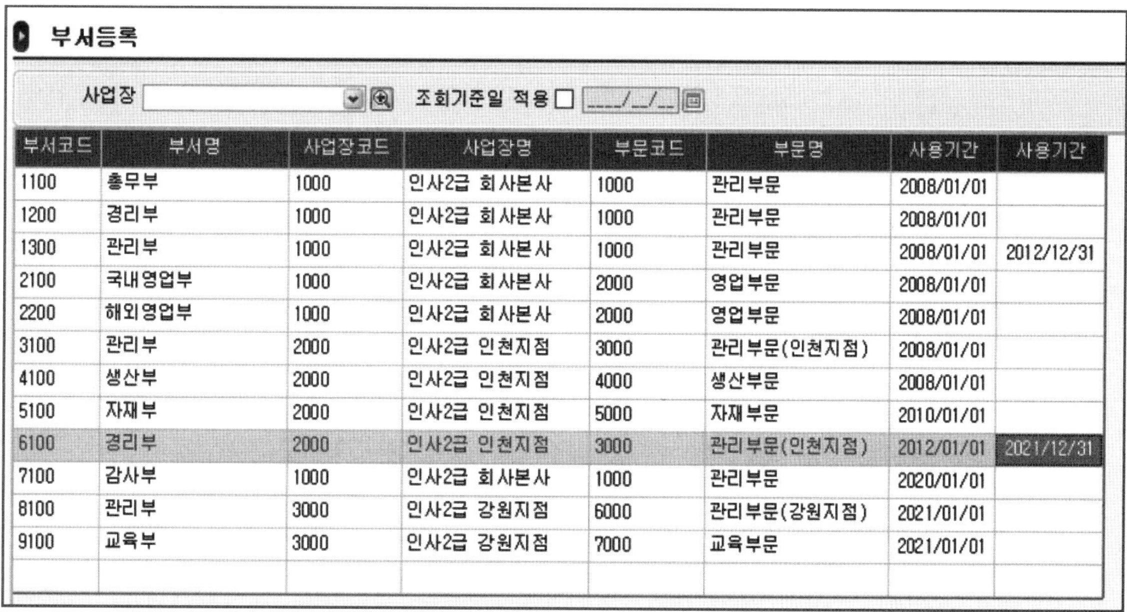

부서등록

사업장 조회기준일 적용 ☐ ____/__/__

부서코드	부서명	사업장코드	사업장명	부문코드	부문명	사용기간	사용기간
1100	총무부	1000	인사2급 회사본사	1000	관리부문	2008/01/01	
1200	경리부	1000	인사2급 회사본사	1000	관리부문	2008/01/01	
1300	관리부	1000	인사2급 회사본사	1000	관리부문	2008/01/01	2012/12/31
2100	국내영업부	1000	인사2급 회사본사	2000	영업부문	2008/01/01	
2200	해외영업부	1000	인사2급 회사본사	2000	영업부문	2008/01/01	
3100	관리부	2000	인사2급 인천지점	3000	관리부문(인천지점)	2008/01/01	
4100	생산부	2000	인사2급 인천지점	4000	생산부문	2008/01/01	
5100	자재부	2000	인사2급 인천지점	5000	자재부문	2010/01/01	
6100	경리부	2000	인사2급 인천지점	3000	관리부문(인천지점)	2012/01/01	2021/12/31
7100	감사부	1000	인사2급 회사본사	1000	관리부문	2020/01/01	
8100	관리부	3000	인사2급 강원지점	6000	관리부문(강원지점)	2021/01/01	
9100	교육부	3000	인사2급 강원지점	7000	교육부문	2021/01/01	

TIP '조회기준일 적용'을 체크하여 기준일 현재의 데이터를 확인할 수 있다. 이때 '조회기준일 적용'란의 선택을 해제하면 사용기간이 종료된 부서가 조회된다.

03 ②

'출력구분: 4.사원그룹(G)'에서 조회된 내용과 보기를 비교한다.

② 'G5.직무' 중 '004.생산' 직무는 '인사정보등록' 및 '일용직사원등록' 메뉴에서 관리하고 있는 코드이다.

[인사/급여관리] – [기초환경설정] – [인사기초코드등록]

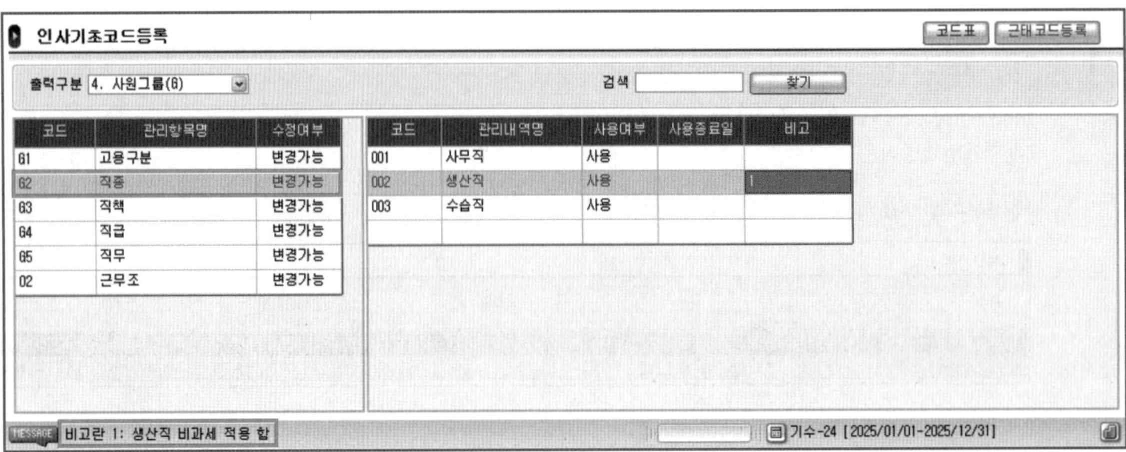

인사기초코드등록

출력구분 4. 사원그룹(G) 검색 찾기

코드	관리항목명	수정여부
G1	고용구분	변경가능
G2	직종	변경가능
G3	직책	변경가능
G4	직급	변경가능
G5	직무	변경가능
O2	근무조	변경가능

코드	관리내역명	사용여부	사용종료일	비고
001	사무직	사용		
002	생산직	사용		1
003	수습직	사용		

비고란 1: 생산직 비과세 적용 함

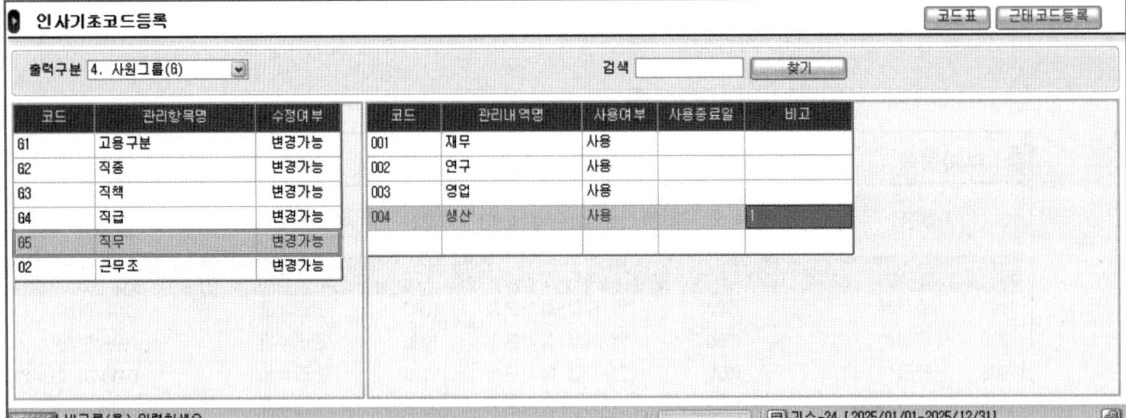

인사기초코드등록

출력구분 4. 사원그룹(G) 검색 찾기

코드	관리항목명	수정여부
G1	고용구분	변경가능
G2	직종	변경가능
G3	직책	변경가능
G4	직급	변경가능
G5	직무	변경가능
O2	근무조	변경가능

코드	관리내역명	사용여부	사용종료일	비고
001	재무	사용		
002	연구	사용		
003	영업	사용		
004	생산	사용		1

비고를(을) 입력하세요.

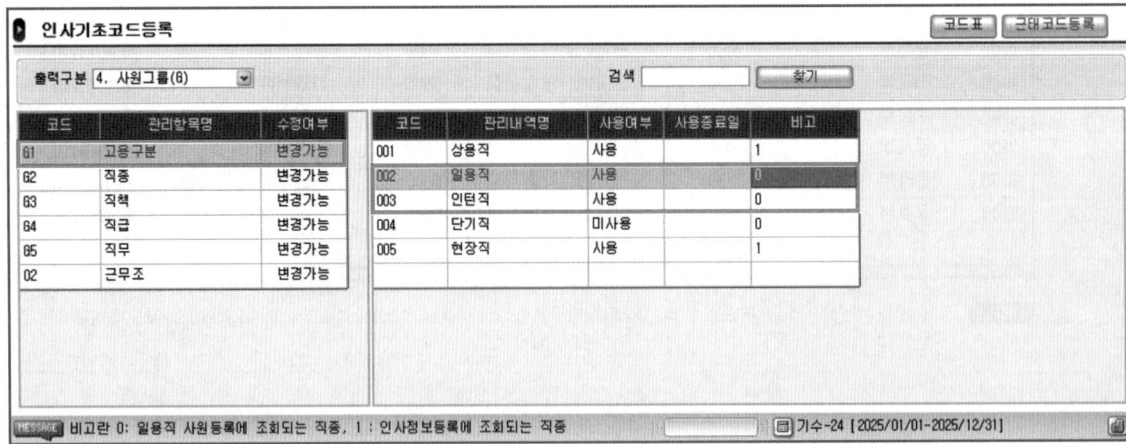

인사기초코드등록

출력구분 4. 사원그룹(G) 검색 찾기

코드	관리항목명	수정여부
G1	고용구분	변경가능
G2	직종	변경가능
G3	직책	변경가능
G4	직급	변경가능
G5	직무	변경가능
O2	근무조	변경가능

코드	관리내역명	사용여부	사용종료일	비고
001	상용직	사용		1
002	일용직	사용		0
003	인턴직	사용		0
004	단기직	미사용		0
005	현장직	사용		1

비고란 0: 일용직 사원등록에 조회되는 직종, 1 : 인사정보등록에 조회되는 직종

04 ②

'800.주임'의 '호봉이력: 2025/01' 입력 후 우측 상단의 '일괄등록'을 클릭하여 [보기]에 주어진 기본급과 직급수당의 초기치와 증가액을 '적용'한다. 우측상단의 '일괄인상'을 클릭하여 [보기]에 주어진 기본급과 직급수당을 '정률적용'한 후 '6호봉'의 합계를 확인한다.

[인사/급여관리] – [기초환경설정] – [호봉테이블등록]

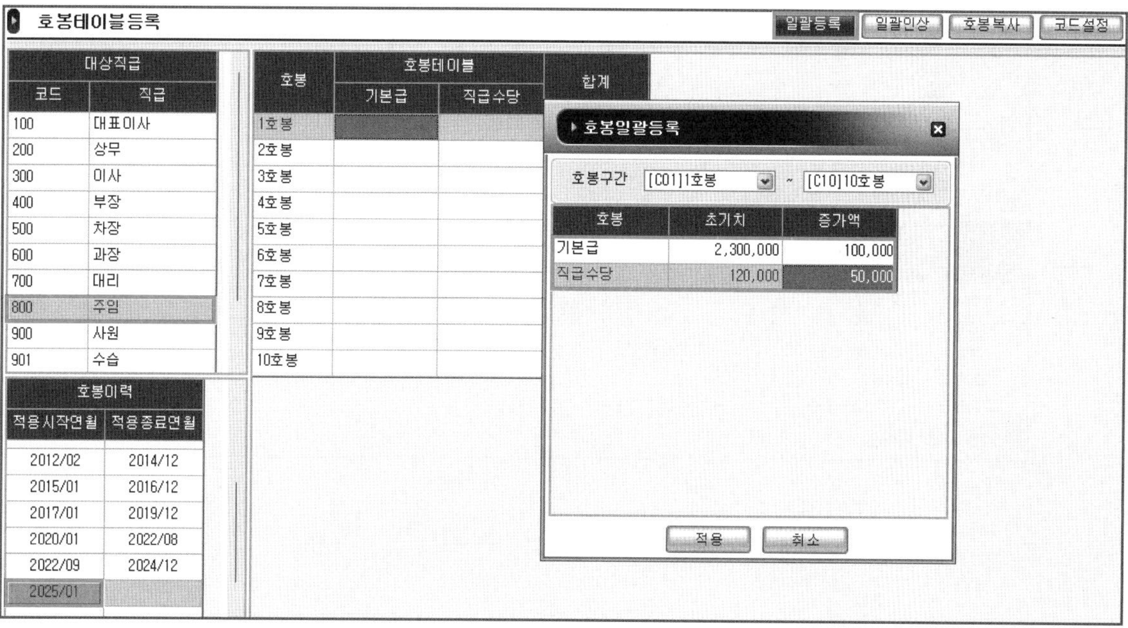

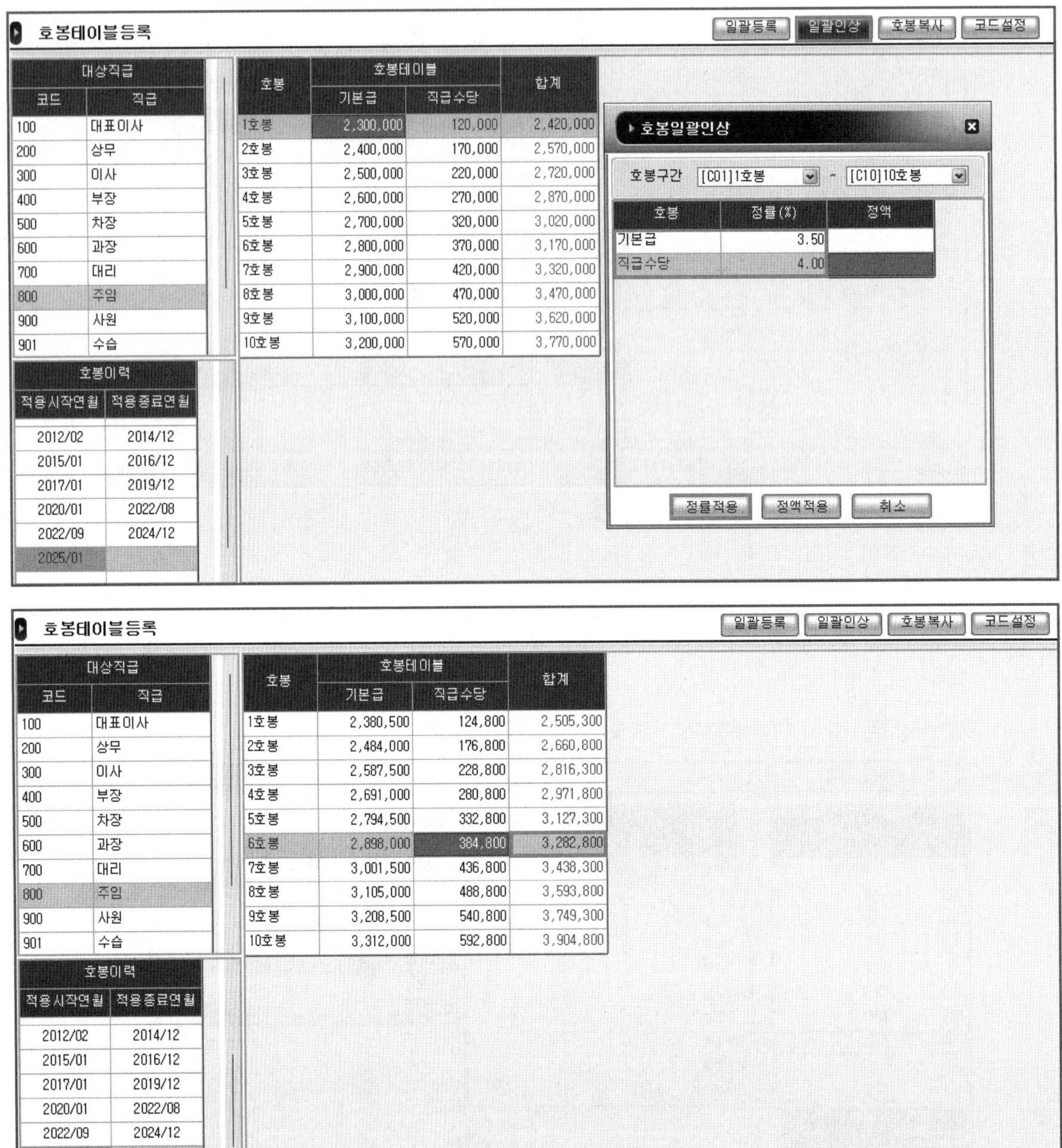

호봉테이블등록

일괄등록 | 일괄인상 | 호봉복사 | 코드설정

코드	직급
100	대표이사
200	상무
300	이사
400	부장
500	차장
600	과장
700	대리
800	주임
900	사원
901	수습

호봉이력

적용시작연월	적용종료연월
2012/02	2014/12
2015/01	2016/12
2017/01	2019/12
2020/01	2022/08
2022/09	2024/12
2025/01	

호봉	기본급	직급수당	합계
1호봉	2,300,000	120,000	2,420,000
2호봉	2,400,000	170,000	2,570,000
3호봉	2,500,000	220,000	2,720,000
4호봉	2,600,000	270,000	2,870,000
5호봉	2,700,000	320,000	3,020,000
6호봉	2,800,000	370,000	3,170,000
7호봉	2,900,000	420,000	3,320,000
8호봉	3,000,000	470,000	3,470,000
9호봉	3,100,000	520,000	3,620,000
10호봉	3,200,000	570,000	3,770,000

호봉일괄인상

호봉구간 [C01]1호봉 ~ [C10]10호봉

호봉	정률(%)	정액
기본급	3.50	
직급수당	4.00	

정률적용 | 정액적용 | 취소

호봉테이블등록

일괄등록 | 일괄인상 | 호봉복사 | 코드설정

코드	직급
100	대표이사
200	상무
300	이사
400	부장
500	차장
600	과장
700	대리
800	주임
900	사원
901	수습

호봉이력

적용시작연월	적용종료연월
2012/02	2014/12
2015/01	2016/12
2017/01	2019/12
2020/01	2022/08
2022/09	2024/12
2025/01	

호봉	기본급	직급수당	합계
1호봉	2,380,500	124,800	2,505,300
2호봉	2,484,000	176,800	2,660,800
3호봉	2,587,500	228,800	2,816,300
4호봉	2,691,000	280,800	2,971,800
5호봉	2,794,500	332,800	3,127,300
6호봉	2,898,000	384,800	3,282,800
7호봉	3,001,500	436,800	3,438,300
8호봉	3,105,000	488,800	3,593,800
9호봉	3,208,500	540,800	3,749,300
10호봉	3,312,000	592,800	3,904,800

05 ④

④ 원천징수이행상황신고서의 신고 진행 시, 본점일괄신고는 법인의 본점에서 다른 사업장의 원천징수세액을 통합하여 신고 납부한다.

[인사/급여관리] – [기초환경설정] – [인사/급여환경설정]

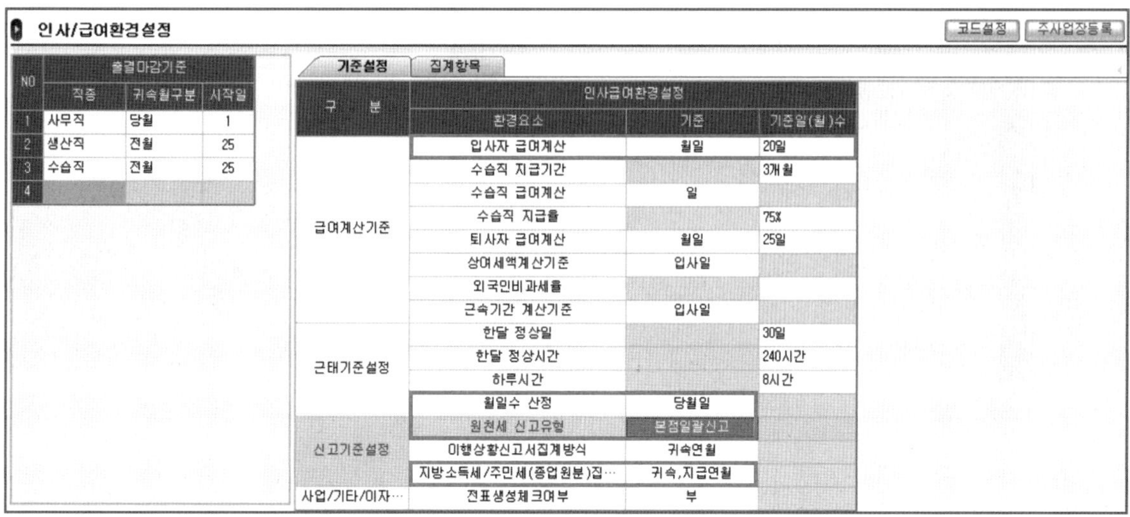

TIP 월일: 지정된 근무일수보다 미달하는 경우 일의 방식, 초과하는 경우 월의 방식으로 급여 지급

06 ①

'귀속연월: 2024/12'로 입력하여 조회된 내용을 확인한다.

① '상여' 지급 시, '상여지급대상기간' 내 입사자는 기준일수 초과/미만 근무에 따라 상여소득을 지급한다.

[인사/급여관리] – [기초환경설정] – [급/상여지급일자등록]

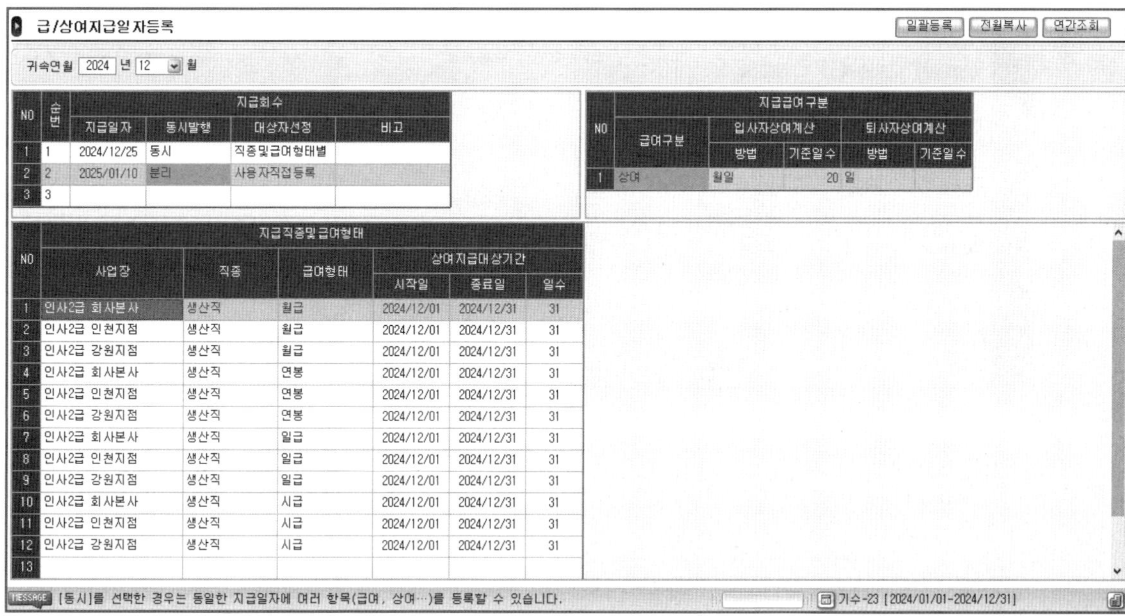

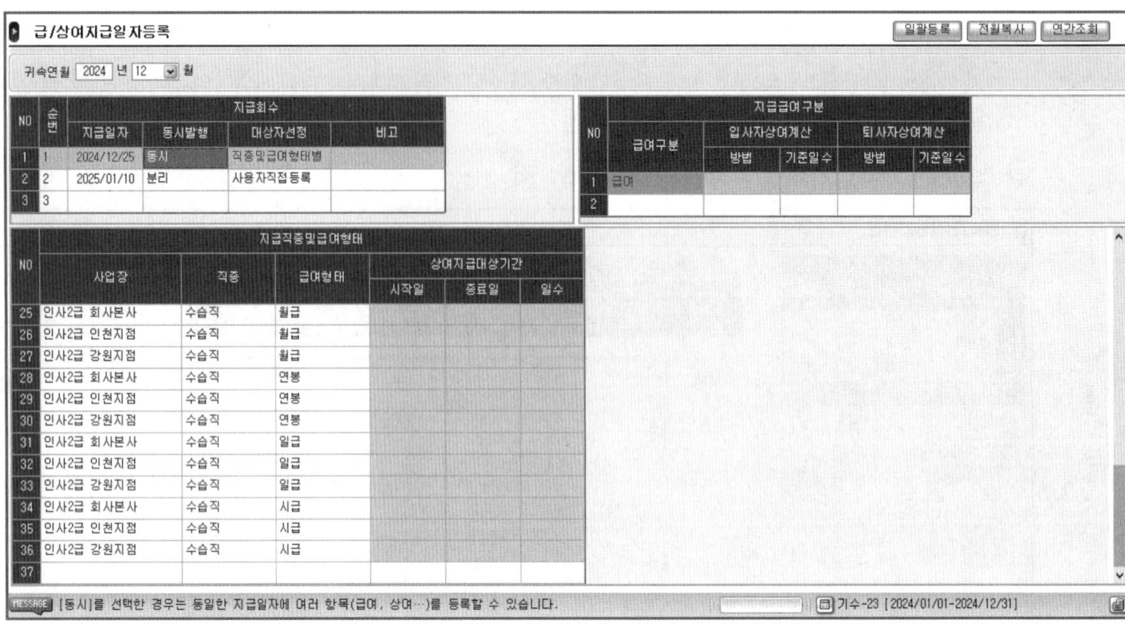

07 ④

사원별로 재직정보, 급여정보 탭의 각 정보를 확인한다.
④ '20140901.강민우' 사원은 배우자 공제가 적용되며, 학자금상환 대상자로 상환통지액은 200,000원이다.

[인사/급여관리] – [인사관리] – [인사정보등록]

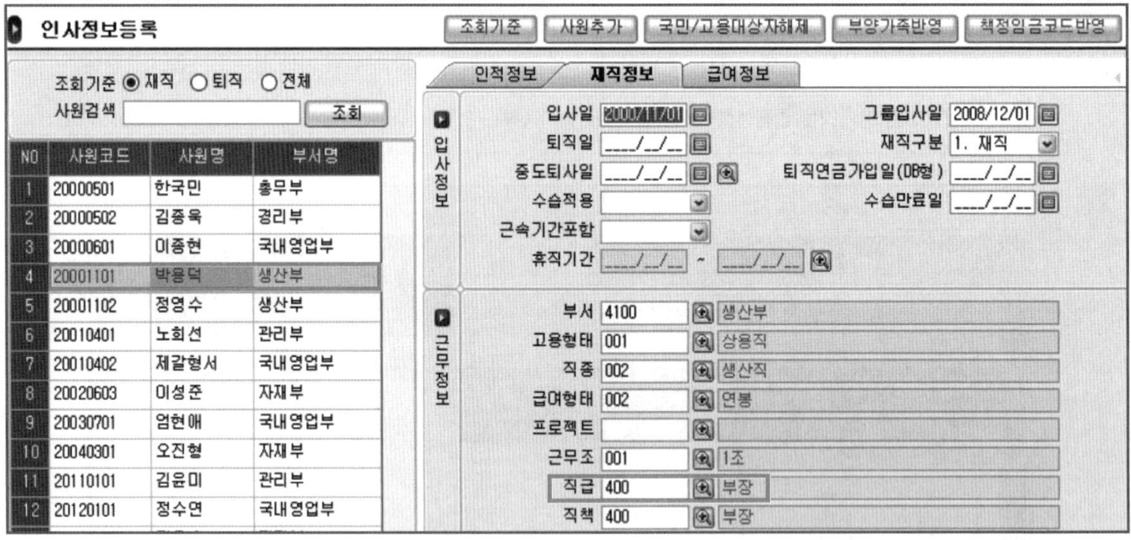

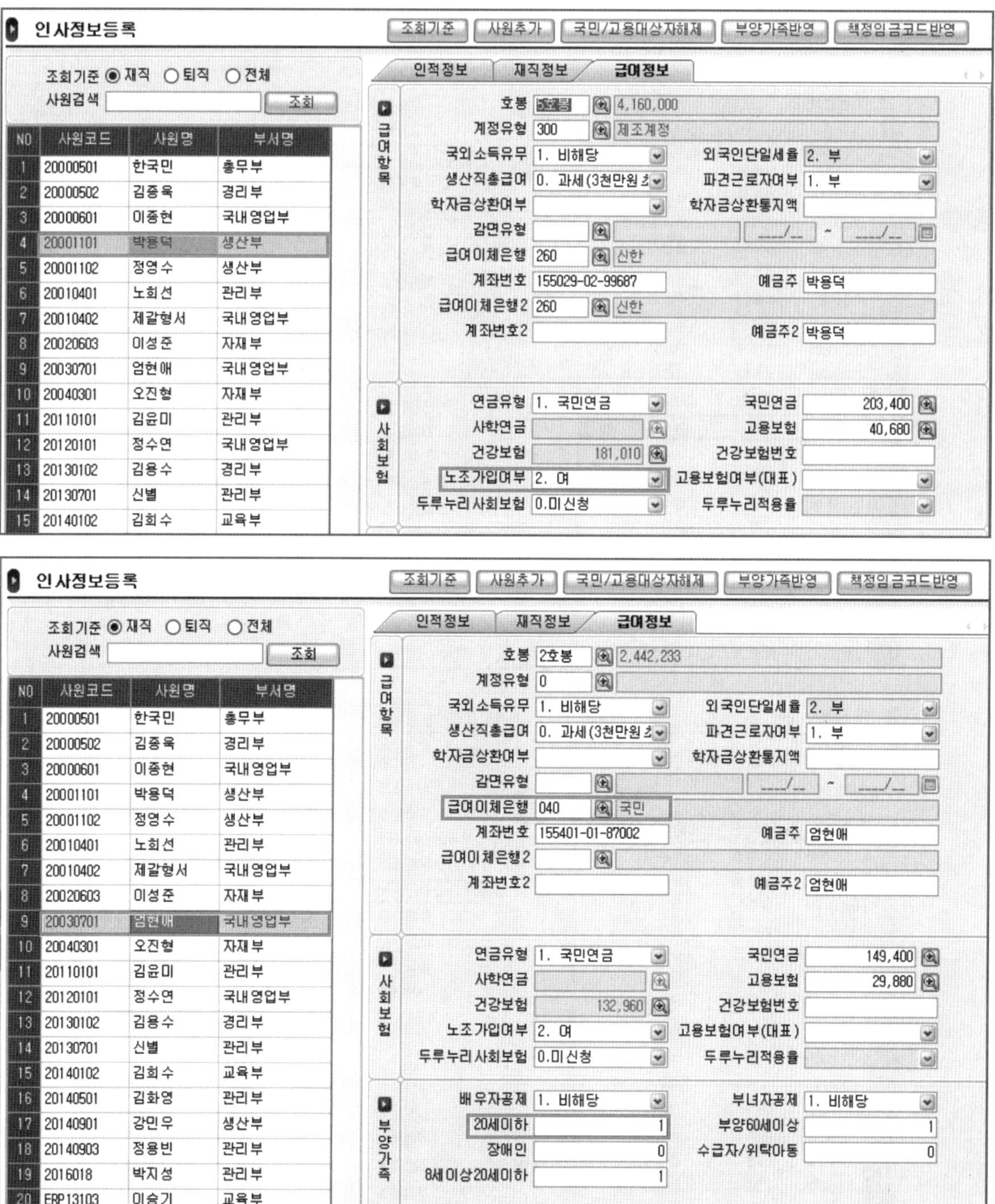

인사정보등록
조회기준 사원추가 국민/고용대상자해제 부양가족반영 책정임금코드반영
조회기준 ◉재직 ○퇴직 ○전체
사원검색 조회
NO 사원코드 사원명 부서명
1 20000501 한국민 총무부
2 20000502 김종욱 경리부
3 20000601 이종현 국내영업부
4 20001101 박용덕 생산부
5 20001102 정영수 생산부
6 20010401 노희선 관리부
7 20010402 제갈형서 국내영업부
8 20020603 이성준 자재부
9 20030701 엄현애 국내영업부
10 20040301 오진형 자재부
11 20110101 김윤미 관리부
12 20120101 정수연 국내영업부
13 20130102 김용수 경리부
14 20130701 신별 관리부
15 20140102 김희수 교육부
인적정보 재직정보 급여정보
급여항목
호봉 4,160,000
계정유형 300 제조계정
국외소득유무 1. 비해당
외국인단일세율 2. 부
생산직총급여 0. 과세(3천만원 초
파견근로자여부 1. 부
학자금상환여부
학자금상환통지액
감면유형
급여이체은행 260 신한
계좌번호 155029-02-99687
예금주 박용덕
급여이체은행2 260 신한
계좌번호2
예금주2 박용덕
사회보험
연금유형 1. 국민연금
국민연금 203,400
사학연금
고용보험 40,680
건강보험 181,010
건강보험번호
노조가입여부 2. 여
고용보험여부(대표)
두루누리사회보험 0.미신청
두루누리적용율
인사정보등록
조회기준 사원추가 국민/고용대상자해제 부양가족반영 책정임금코드반영
조회기준 ◉재직 ○퇴직 ○전체
사원검색 조회
NO 사원코드 사원명 부서명
1 20000501 한국민 총무부
2 20000502 김종욱 경리부
3 20000601 이종현 국내영업부
4 20001101 박용덕 생산부
5 20001102 정영수 생산부
6 20010401 노희선 관리부
7 20010402 제갈형서 국내영업부
8 20020603 이성준 자재부
9 20030701 엄현애 국내영업부
10 20040301 오진형 자재부
11 20110101 김윤미 관리부
12 20120101 정수연 국내영업부
13 20130102 김용수 경리부
14 20130701 신별 관리부
15 20140102 김희수 교육부
16 20140501 김화영 관리부
17 20140901 강민우 생산부
18 20140903 정용빈 관리부
19 2016018 박지성 관리부
20 ERP13103 이승기 교육부
인적정보 재직정보 급여정보
급여항목
호봉 2호봉 2,442,233
계정유형 0
국외소득유무 1. 비해당
외국인단일세율 2. 부
생산직총급여 0. 과세(3천만원 초
파견근로자여부 1. 부
학자금상환여부
학자금상환통지액
감면유형
급여이체은행 040 국민
계좌번호 155401-01-87002
예금주 엄현애
급여이체은행2
계좌번호2
예금주2 엄현애
사회보험
연금유형 1. 국민연금
국민연금 149,400
사학연금
고용보험 29,880
건강보험 132,960
건강보험번호
노조가입여부 2. 여
고용보험여부(대표)
두루누리사회보험 0.미신청
두루누리적용율
부양가족
배우자공제 1. 비해당
부녀자공제 1. 비해당
20세이하 1
부양60세이상 1
장애인 0
수급자/위탁아동 0
8세이상20세이하 1

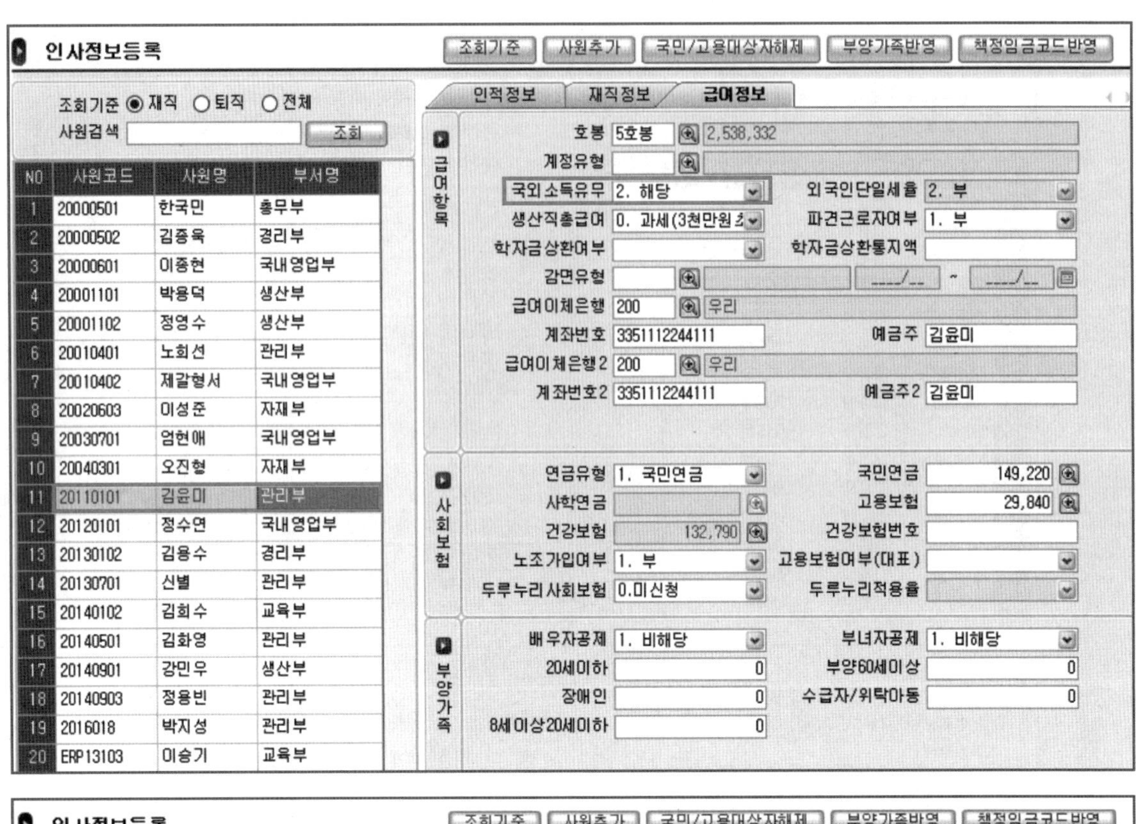

인사정보등록
조회기준
사원추가
국민/고용대상자해제
부양가족반영
책정임금코드반영
조회기준 ◉재직 ○퇴직 ○전체
사원검색
조회
NO 사원코드 사원명 부서명
1 20000501 한국민 총무부
2 20000502 김종욱 경리부
3 20000601 이종현 국내영업부
4 20001101 박용덕 생산부
5 20001102 정영수 생산부
6 20010401 노희선 관리부
7 20010402 제갈형서 국내영업부
8 20020603 이성준 자재부
9 20030701 엄현애 국내영업부
10 20040301 오진형 자재부
11 20110101 김윤미 관리부
12 20120101 정수연 국내영업부
13 20130102 김용수 경리부
14 20130701 신별 관리부
15 20140102 김희수 교육부
16 20140501 김화영 관리부
17 20140901 강민우 생산부
18 20140903 정용빈 관리부
19 2016018 박지성 관리부
20 ERP13103 이승기 교육부
인적정보
재직정보
급여정보
급여항목
호봉 5호봉 2,538,332
계정유형
국외소득유무 2. 해당
외국인단일세율 2. 부
생산직총급여 0. 과세(3천만원
파견근로자여부 1. 부
학자금상환여부
학자금상환통지액
감면유형
급여이체은행 200 우리
계좌번호 3351112244111
예금주 김윤미
급여이체은행2 200 우리
계좌번호2 3351112244111
예금주2 김윤미
사회보험
연금유형 1. 국민연금
국민연금 149,220
사학연금
고용보험 29,840
건강보험 132,790
건강보험번호
노조가입여부 1. 부
고용보험여부(대표)
두루누리사회보험 0.미신청
두루누리적용율
부양가족
배우자공제 1. 비해당
부녀자공제 1. 비해당
20세이하 0
부양60세이상 0
장애인 0
수급자/위탁아동 0
8세이상20세이하 0

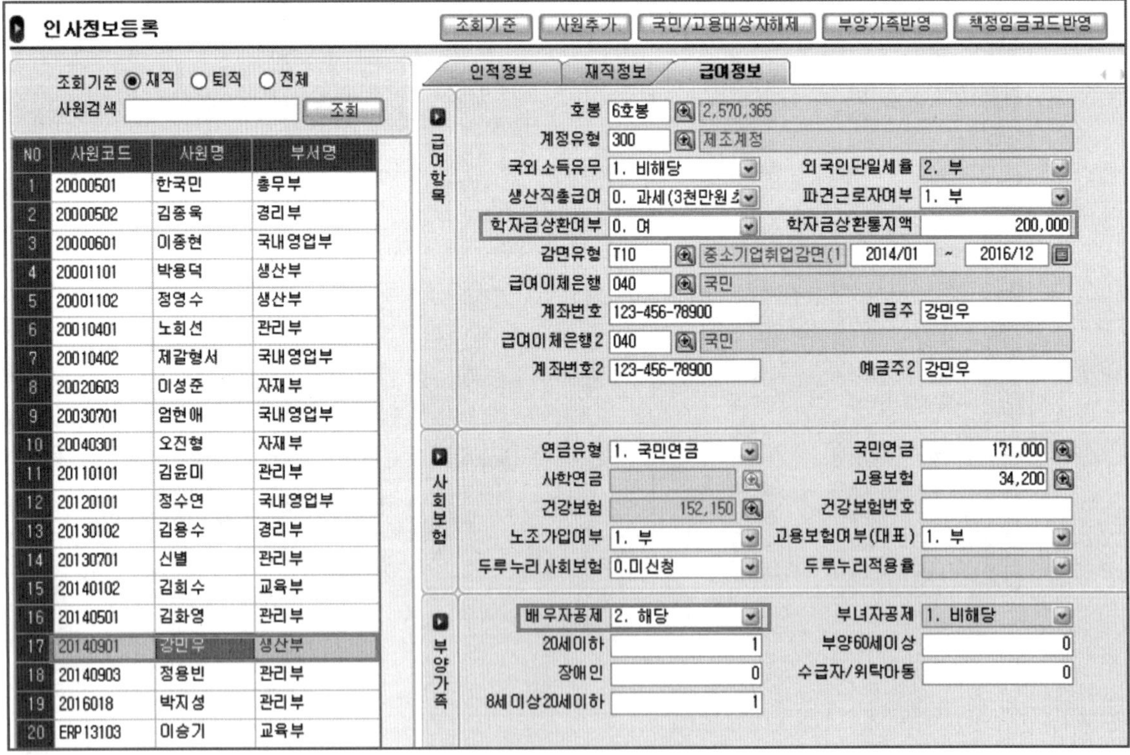

인사정보등록
조회기준
사원추가
국민/고용대상자해제
부양가족반영
책정임금코드반영
조회기준 ◉재직 ○퇴직 ○전체
사원검색
조회
NO 사원코드 사원명 부서명
1 20000501 한국민 총무부
2 20000502 김종욱 경리부
3 20000601 이종현 국내영업부
4 20001101 박용덕 생산부
5 20001102 정영수 생산부
6 20010401 노희선 관리부
7 20010402 제갈형서 국내영업부
8 20020603 이성준 자재부
9 20030701 엄현애 국내영업부
10 20040301 오진형 자재부
11 20110101 김윤미 관리부
12 20120101 정수연 국내영업부
13 20130102 김용수 경리부
14 20130701 신별 관리부
15 20140102 김희수 교육부
16 20140501 김화영 관리부
17 20140901 강민우 생산부
18 20140903 정용빈 관리부
19 2016018 박지성 관리부
20 ERP13103 이승기 교육부
인적정보
재직정보
급여정보
급여항목
호봉 6호봉 2,570,365
계정유형 300 제조계정
국외소득유무 1. 비해당
외국인단일세율 2. 부
생산직총급여 0. 과세(3천만원
파견근로자여부 1. 부
학자금상환여부 0. 여
학자금상환통지액 200,000
감면유형 T10 중소기업취업감면(1 2014/01 ~ 2016/12
급여이체은행 040 국민
계좌번호 123-456-78900
예금주 강민우
급여이체은행2 040 국민
계좌번호2 123-456-78900
예금주2 강민우
사회보험
연금유형 1. 국민연금
국민연금 171,000
사학연금
고용보험 34,200
건강보험 152,150
건강보험번호
노조가입여부 1. 부
고용보험여부(대표) 1. 부
두루누리사회보험 0.미신청
두루누리적용율
부양가족
배우자공제 2. 해당
부녀자공제 1. 비해당
20세이하 1
부양60세이상 0
장애인 0
수급자/위탁아동 0
8세이상20세이하 1

08 ①

교육별사원현황 탭에서 '993.임직원정기교육(2025년)'의 교육평가 내용을 확인하고 [보기]에 따라 총 지급액을 계산한다.

- 교육평가 A등급: 150,000원 × 2명 = 300,000원
- 교육평가 B등급: 50,000원 × 4명 = 200,000원

∴ 총 지급액: 300,000원 + 200,000원 = 500,000원

[인사/급여관리] – [인사관리] – [교육현황]

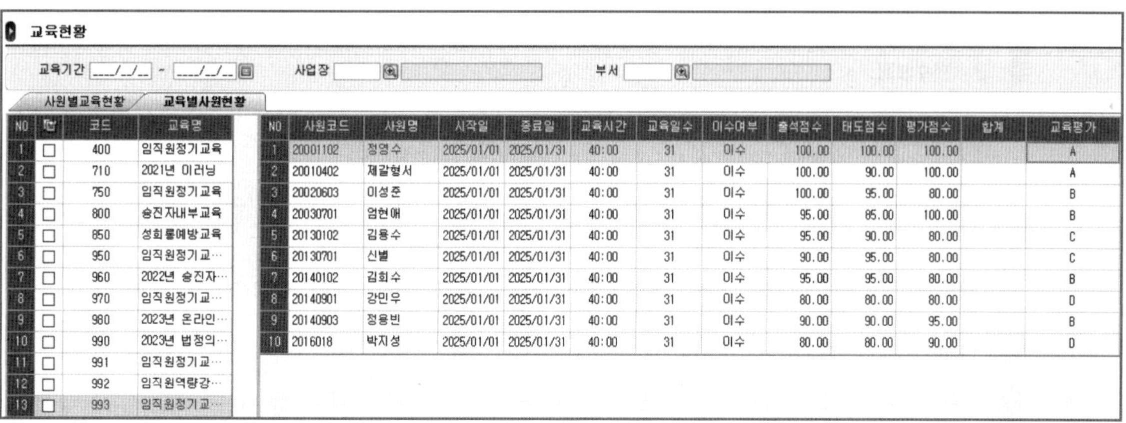

TIP [인사/급여관리] – [인사관리] – [교육평가] 메뉴에서도 확인할 수 있다.

09 ④

'엄현애' 사원의 가족 탭의 정보를 확인한다.

④ 부양가족 중 '엄기용', '나문형'은 동거를 하고 있지 않은 부양가족이다.

[인사/급여관리] – [인사관리] – [인사기록카드]

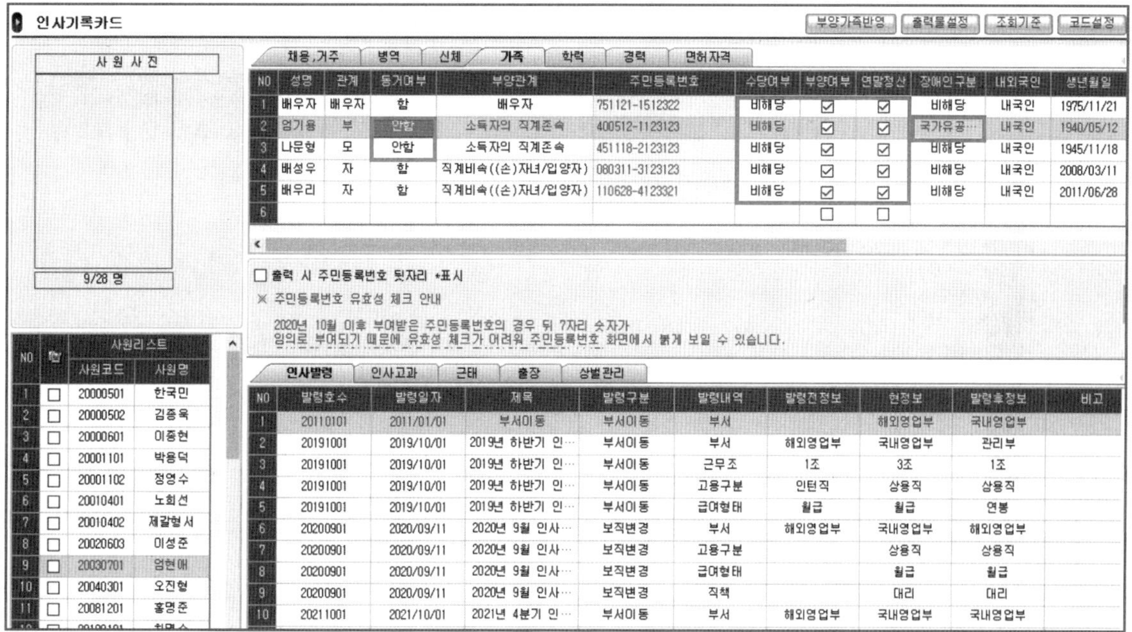

10 ②

'퇴사자: 0.제외', '기준일: 2024/12/31', '년수기준: 2.미만일수 올림', '경력포함: 0.제외'로 조회하여 [보기]에 따라 총 특별근속수당을 계산한다.

- 20년 이상: 200,000원 × 8명 = 1,600,000원
- 25년 이상: 250,000원 × 1명 = 250,000원

∴ 총 특별근속수당: 1,600,000원 + 250,000원 = 1,850,000원

[인사/급여관리] – [인사관리] – [근속년수현황]

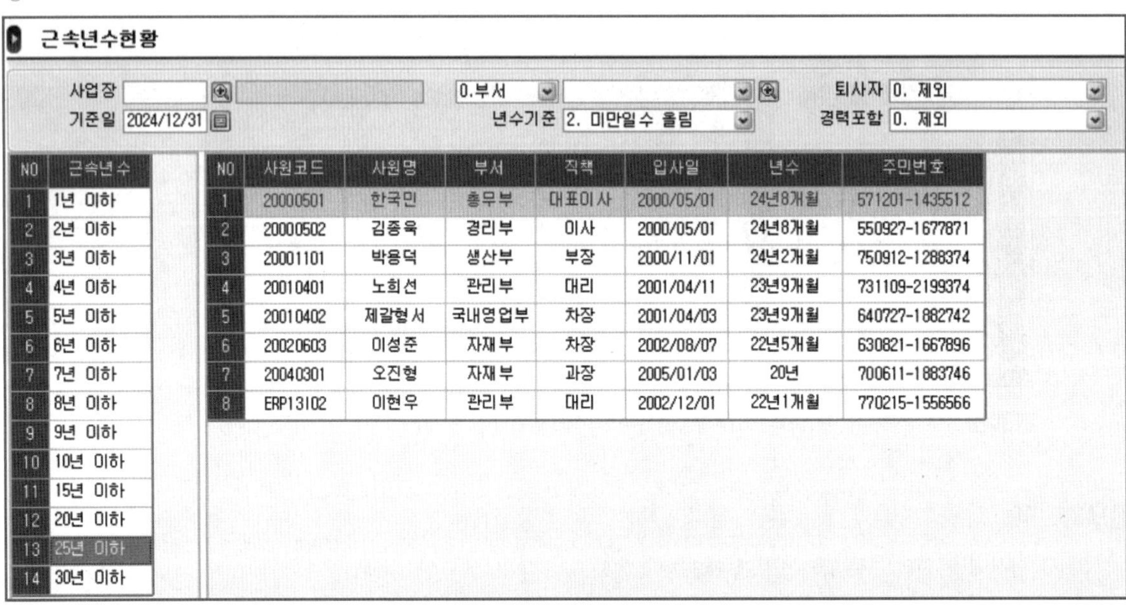

근속년수현황

사업장 | 0.부서 | 퇴사자 0. 제외
기준일 2024/12/31 | 년수기준 2. 미만일수 올림 | 경력포함 0. 제외

NO	근속년수
1	1년 이하
2	2년 이하
3	3년 이하
4	4년 이하
5	5년 이하
6	6년 이하
7	7년 이하
8	8년 이하
9	9년 이하
10	10년 이하
11	15년 이하
12	20년 이하
13	25년 이하
14	30년 이하

NO	사원코드	사원명	부서	직책	입사일	년수	주민번호
1	20000501	한국민	총무부	대표이사	2000/05/01	24년8개월	571201-1435512
2	20000502	김종욱	경리부	이사	2000/05/01	24년8개월	550927-1677871
3	20001101	박용덕	생산부	부장	2000/11/01	24년2개월	750912-1288374
4	20010401	노희선	관리부	대리	2001/04/11	23년9개월	731109-2199374
5	20010402	제갈형서	국내영업부	차장	2001/04/03	23년9개월	640727-1882742
6	20020603	이성준	자재부	차장	2002/06/07	22년5개월	630821-1667896
7	20040301	오진형	자재부	과장	2005/01/03	20년	700611-1883746
8	ERP13I02	이현우	관리부	대리	2002/12/01	22년1개월	770215-1556566

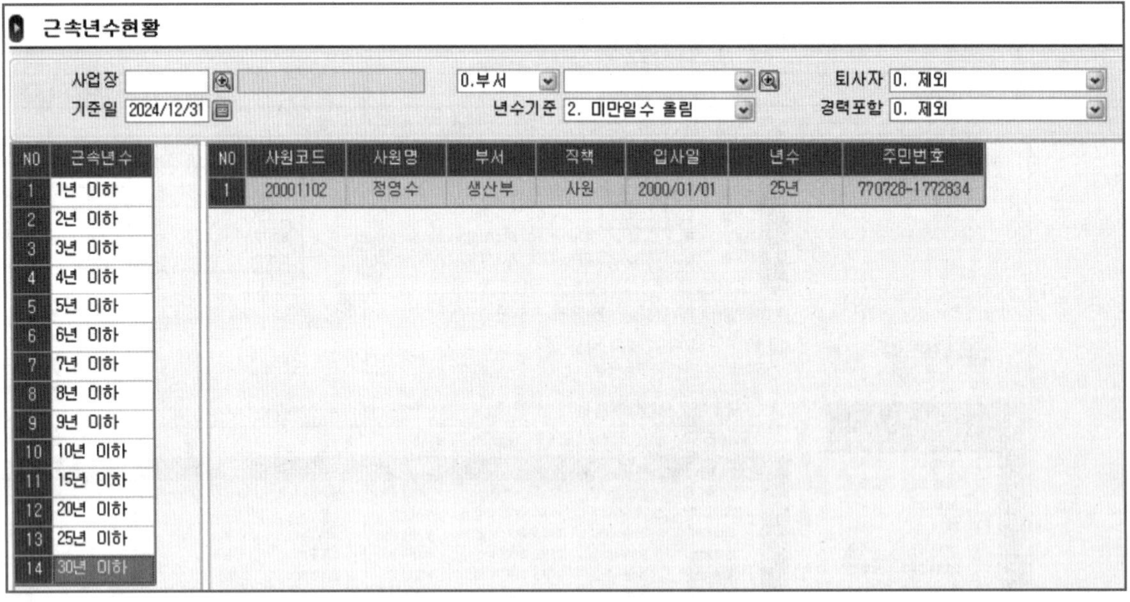

근속년수현황

사업장 | 0.부서 | 퇴사자 0. 제외
기준일 2024/12/31 | 년수기준 2. 미만일수 올림 | 경력포함 0. 제외

NO	근속년수
1	1년 이하
2	2년 이하
3	3년 이하
4	4년 이하
5	5년 이하
6	6년 이하
7	7년 이하
8	8년 이하
9	9년 이하
10	10년 이하
11	15년 이하
12	20년 이하
13	25년 이하
14	30년 이하

NO	사원코드	사원명	부서	직책	입사일	년수	주민번호
1	20001102	정영수	생산부	사원	2000/01/01	25년	770728-1772834

11 ③

'신별' 사원의 급여정보 탭 하단 책정임금에 '계약시작년월: 2025/01'을 추가한 후 우측 금액란에 커서를 두고 Ctrl+F3를 눌러 [보기]에 제시된 연봉을 입력한다.

[인사/급여관리] – [인사관리] – [인사정보등록]

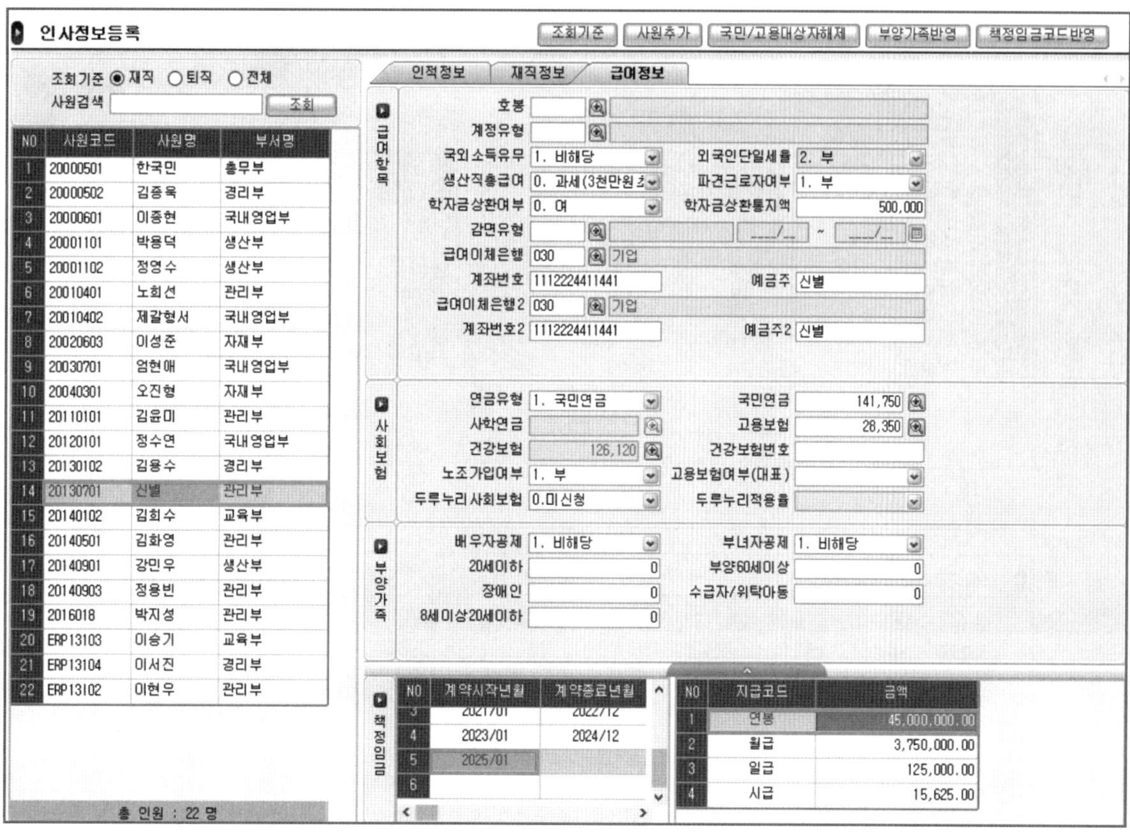

'귀속연월: 2025/01', '지급일: 1.급여'로 조회한 후 전체 사원에 체크하고 우측 상단의 '급여계산'을 적용한다. 하단 급여총액 탭에서 과세를 확인한다.

[인사/급여관리] – [급여관리] – [상용직급여입력및계산]

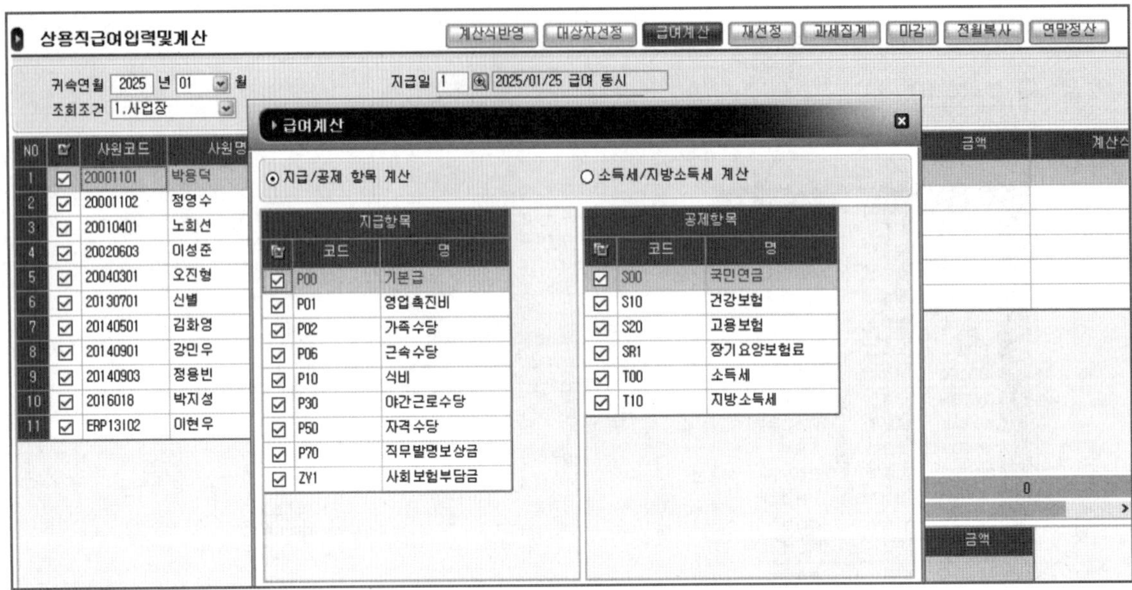

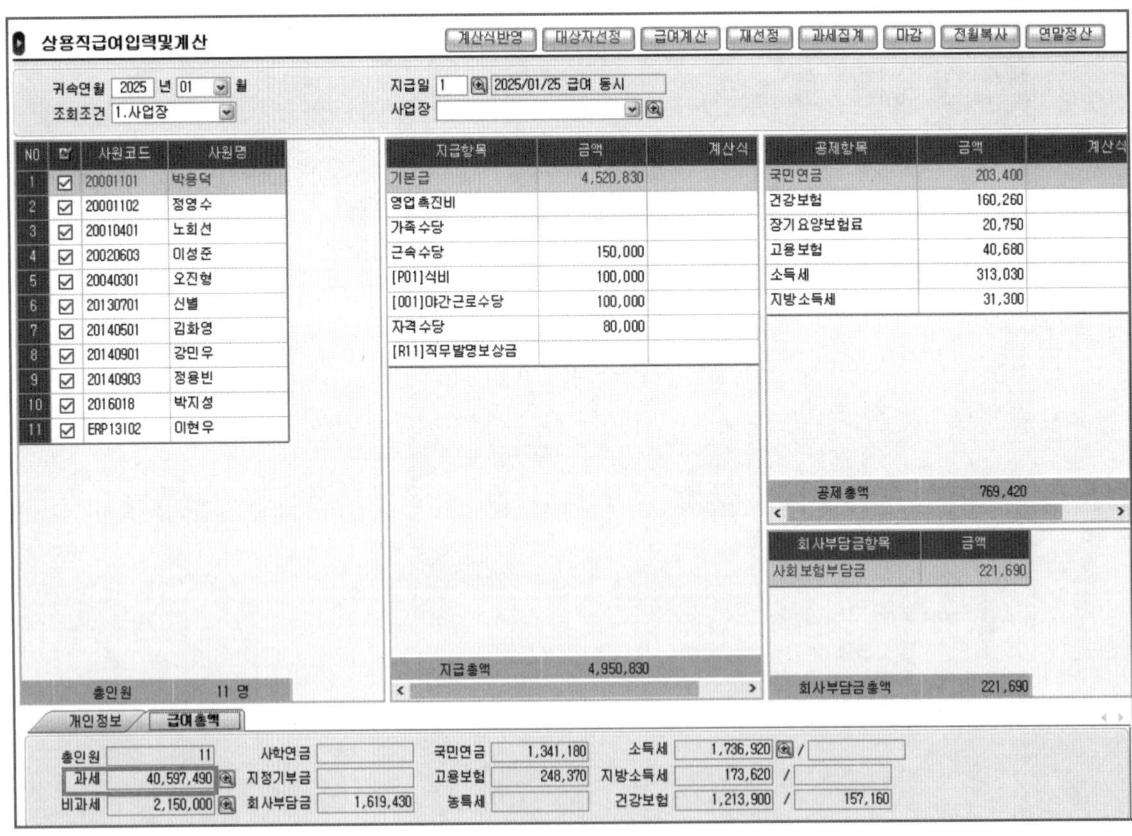

12 ①

'귀속연월: 2025/01'을 입력 후 [보기]에 따라 '지급일자: 2025/01/31', '동시발행: 분리', '대상자선정: 직종및급여형태별', '급여구분: 특별급여'로 조회한 후 우측 상단의 '일괄등록'을 적용하여 [보기]와 같이 특별급여대상을 설정한다.

[인사/급여관리] – [기초환경설정] – [급/상여지급일자등록]

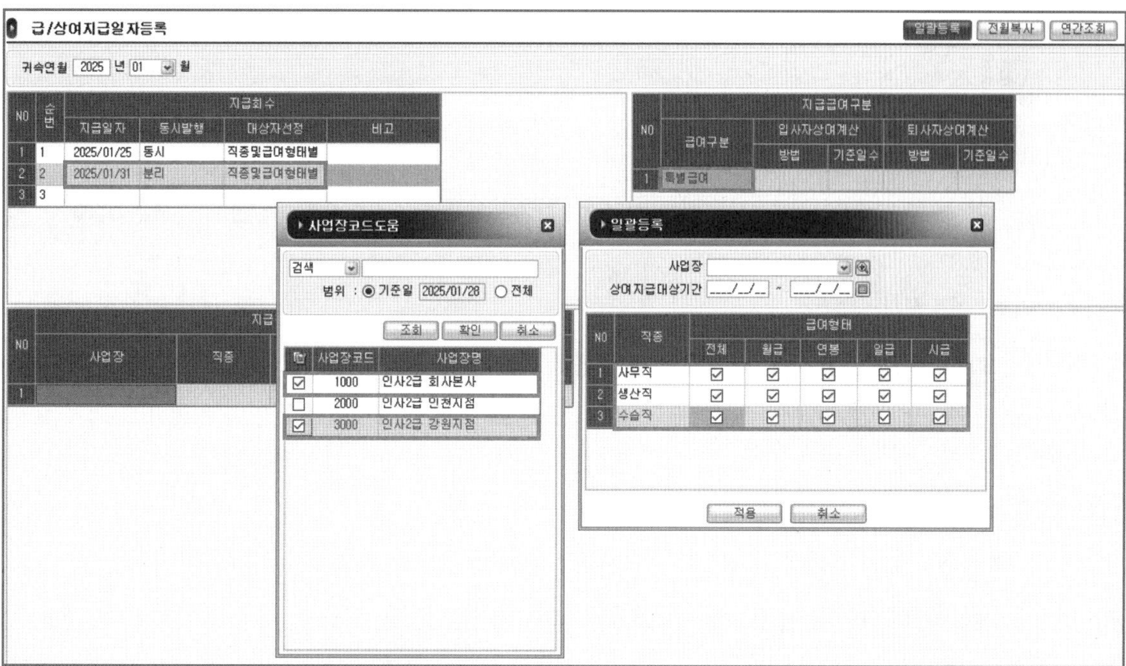

'귀속연월: 2025/01', '지급일: 2.특별급여'로 조회한 후 전체 사원에 체크하고 우측 상단의 '급여계산'을 적용한다. 하단 급여총액 탭에서 과세를 확인한다.

[인사/급여관리] – [급여관리] – [상용직급여입력및계산]

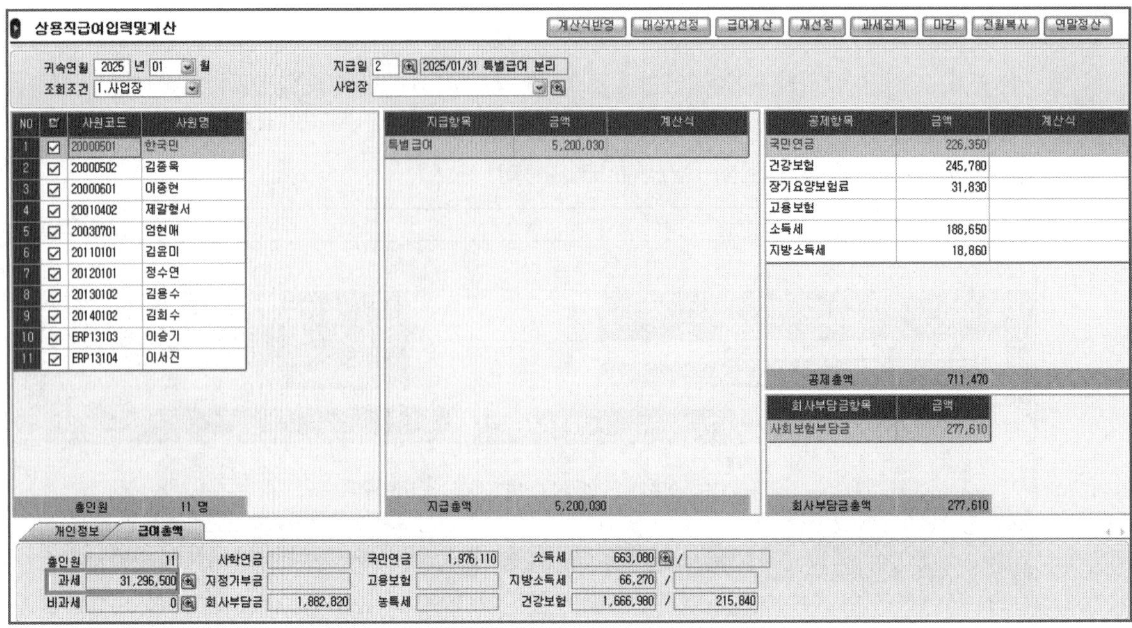

13 ①

'김용수' 사원의 급여정보 탭 하단 책정임금 금액란에 커서를 두고 Ctrl+F3를 눌러 시급을 확인한다.

[인사/급여관리] – [인사관리] – [인사정보등록]

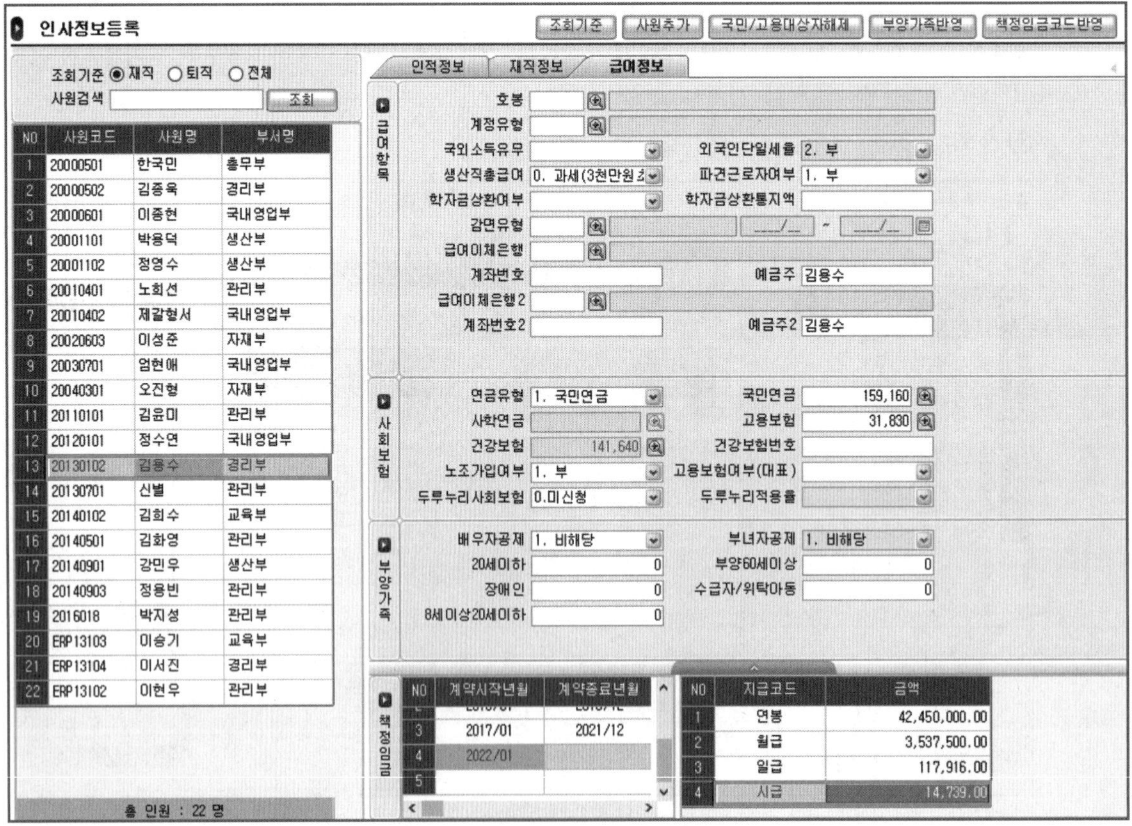

'귀속연월: 2024/12', '지급일: 1.급여'로 조회하여 '김용수' 사원의 근태 내역을 확인하고 [보기]의 계산식을 이용하여 공제금액을 계산한다.

• 책정임금 시급: 14,739원
• 1유형 공제액: (1.25 + 8.75) × 2 × 14,739원 = 294,780원
• 2유형 공제액: 6.5 × 2.5 × 14,739원 = 239,500원(239,508.75)

∴ 총 공제액: 294,780원 + 239,500원 = 534,280원

[인사/급여관리] – [급여관리] – [근태결과입력]

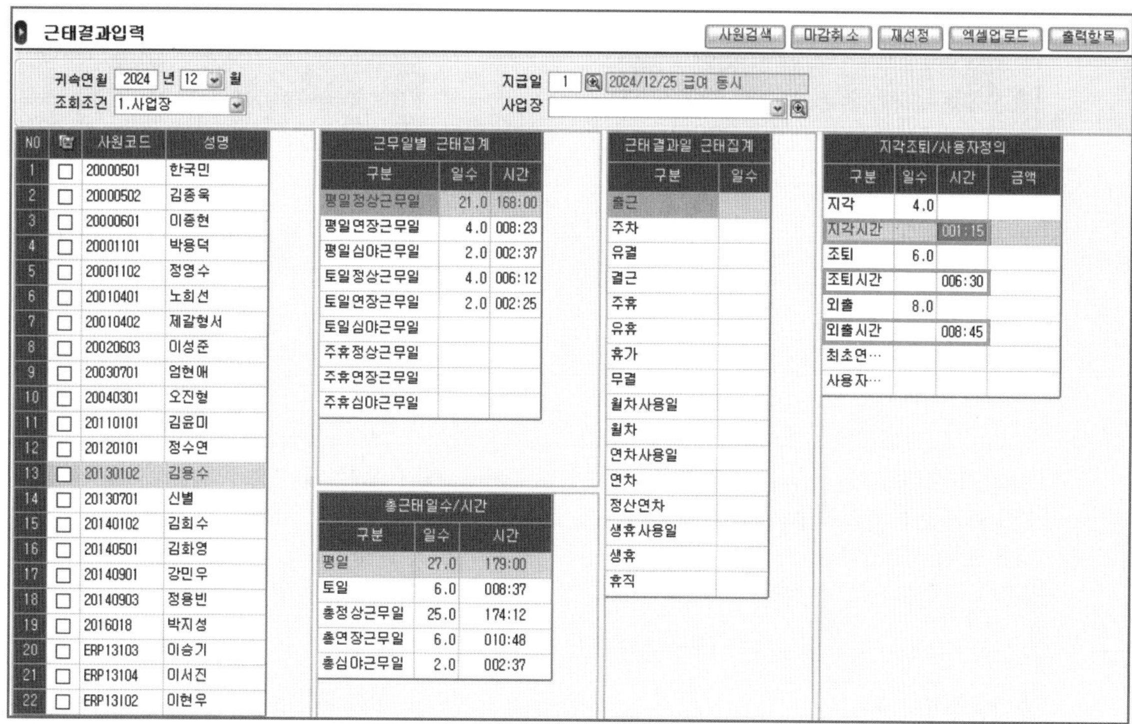

TIP 15분 = 0.25, 30분 = 0.5, 45분 = 0.75, 1시간 = 1

14 ②

'귀속연월: 2025/01', '지급일: 1.매일지급', '부서: 4100.생산부', '급여형태: 004.시급'으로 조회한 후 전체 사원에 체크하여 '추가'한다.

[인사/급여관리] – [일용직관리] – [일용직급여지급일자등록]

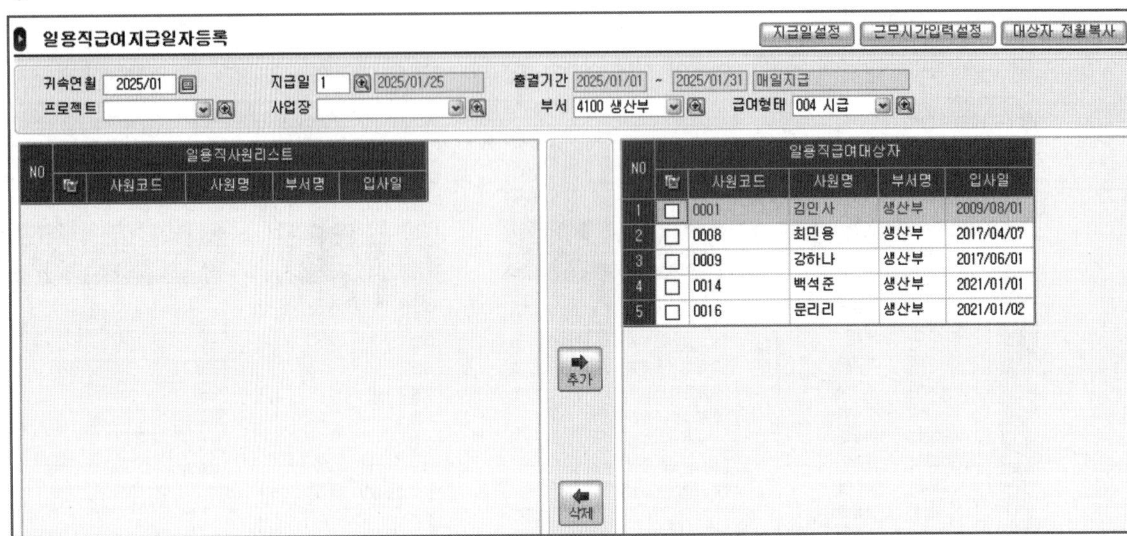

'귀속연월: 2025/01', '지급일: 1.매일지급'으로 조회한 후 전체 사원에 체크한다. 우측 상단의 '일괄적용'을 클릭하여 [보기]와 같이 평일 10시간과 비과세 12000원, 토요일 4시간을 적용한 후, 하단의 급여총액 탭 및 각 사원별 월지급액, 개인정보 탭의 정보를 확인한다.

② '0014.백석준' 사원은 급여를 현금으로 지급받으며, 장기요양보험료는 42,780원 공제되었다.

[인사/급여관리] – [일용직관리] – [일용직급여입력및계산]

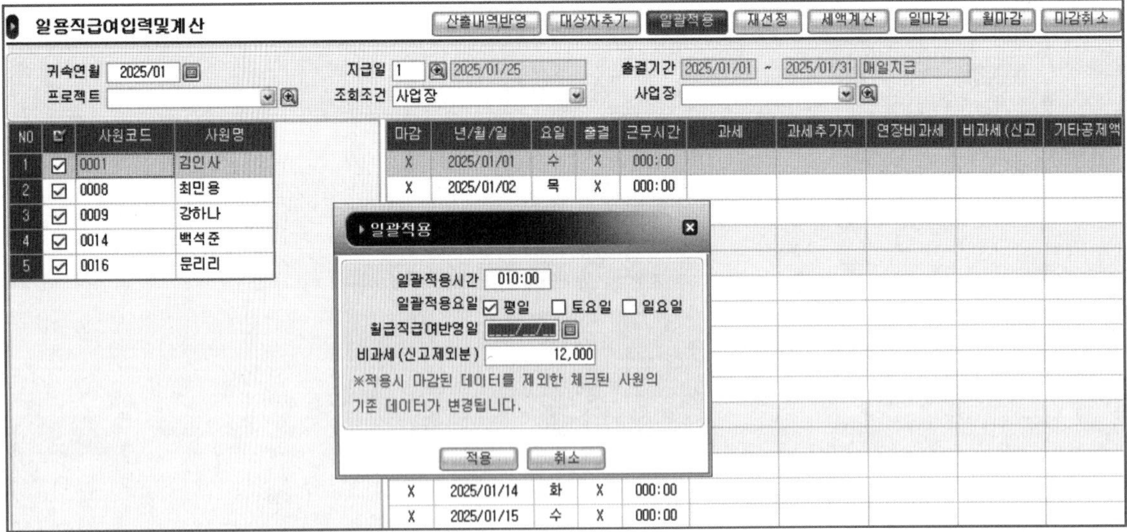

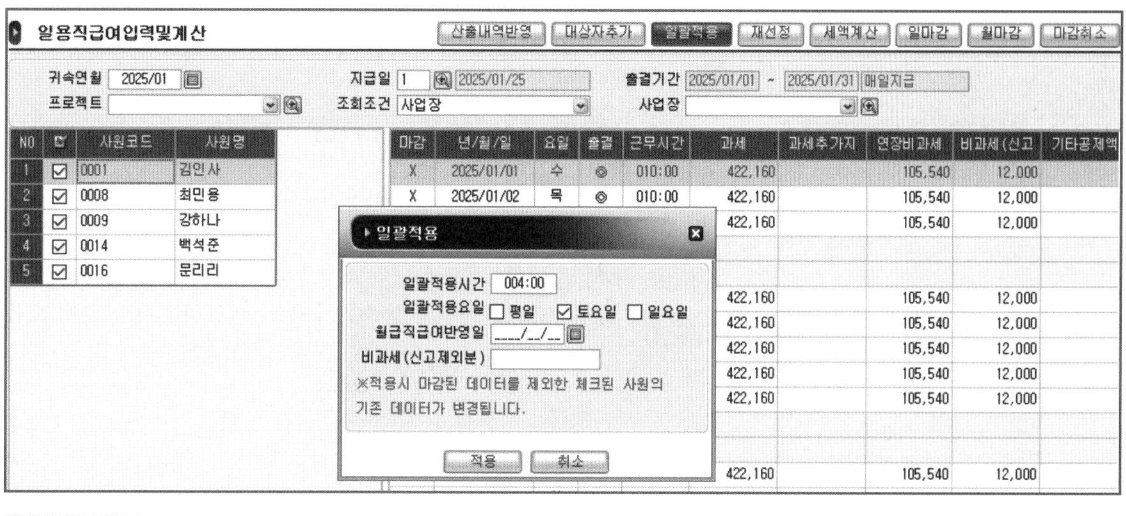
일용직급여입력및계산
산출내역반영 대상자추가 일괄적용 재선정 세액계산 일마감 월마감 마감취소
귀속연월 2025/01 지급일 1 2025/01/25 출결기간 2025/01/01 ~ 2025/01/31 매일지급
프로젝트 조회조건 사업장 사업장
NO 사원코드 사원명
1 0001 김인사
2 0008 최민용
3 0009 강하나
4 0014 백석준
5 0016 문리리
마감 년/월/일 요일 출결 근무시간 과세 과세추가지 연장비과세 비과세(신고 기타공제액
X 2025/01/01 수 ◎ 010:00 422,160 105,540 12,000
X 2025/01/02 목 ◎ 010:00 422,160 105,540 12,000
일괄적용
일괄적용시간 004:00
일괄적용요일 평일 토요일 일요일
월급직급여반영일 ____/__/__
비과세(신고제외분)
※적용시 마감된 데이터를 제외한 체크된 사원의 기존 데이터가 변경됩니다.
적용 취소

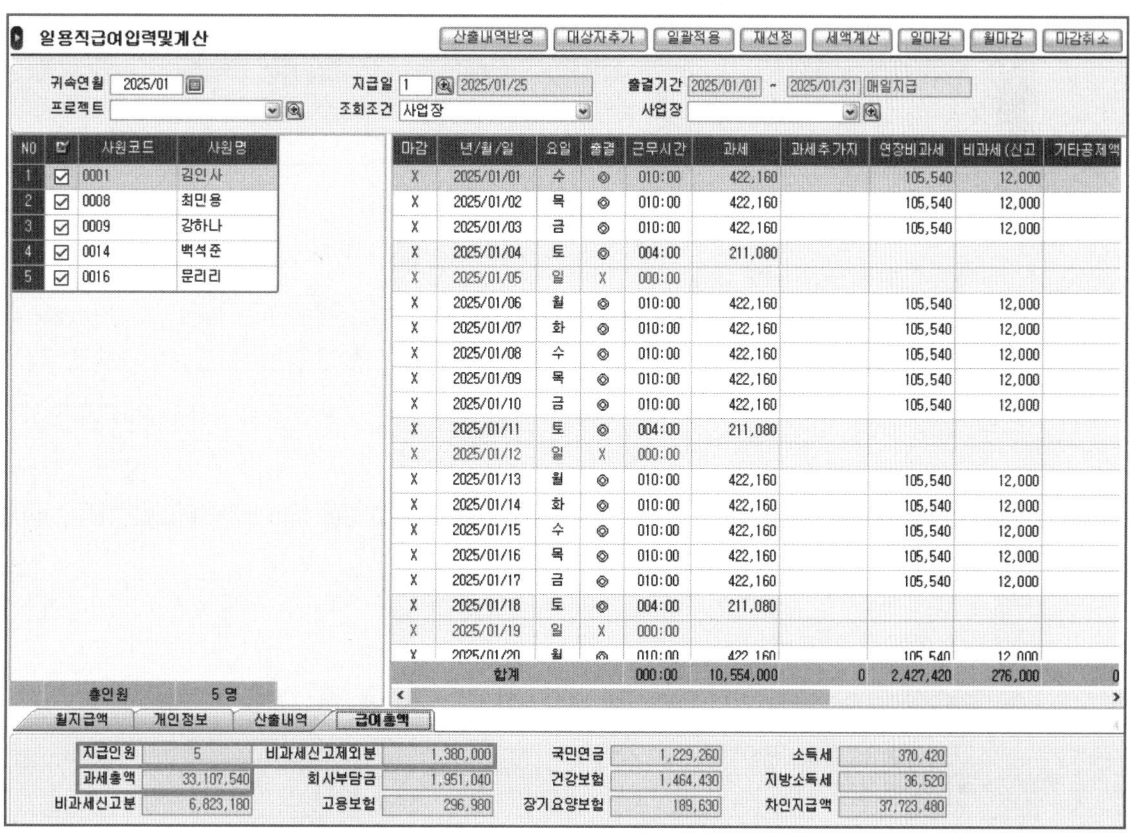
일용직급여입력및계산
산출내역반영 대상자추가 일괄적용 재선정 세액계산 일마감 월마감 마감취소
귀속연월 2025/01 지급일 1 2025/01/25 출결기간 2025/01/01 ~ 2025/01/31 매일지급
프로젝트 조회조건 사업장 사업장
NO 사원코드 사원명
1 0001 김인사
2 0008 최민용
3 0009 강하나
4 0014 백석준
5 0016 문리리
마감 년/월/일 요일 출결 근무시간 과세 과세추가지 연장비과세 비과세(신고 기타공제액
X 2025/01/01 수 ◎ 010:00 422,160 105,540 12,000
X 2025/01/02 목 ◎ 010:00 422,160 105,540 12,000
X 2025/01/03 금 ◎ 010:00 422,160 105,540 12,000
X 2025/01/04 토 ◎ 004:00 211,080
X 2025/01/05 일 X 000:00
X 2025/01/06 월 ◎ 010:00 422,160 105,540 12,000
X 2025/01/07 화 ◎ 010:00 422,160 105,540 12,000
X 2025/01/08 수 ◎ 010:00 422,160 105,540 12,000
X 2025/01/09 목 ◎ 010:00 422,160 105,540 12,000
X 2025/01/10 금 ◎ 010:00 422,160 105,540 12,000
X 2025/01/11 토 ◎ 004:00 211,080
X 2025/01/12 일 X 000:00
X 2025/01/13 월 ◎ 010:00 422,160 105,540 12,000
X 2025/01/14 화 ◎ 010:00 422,160 105,540 12,000
X 2025/01/15 수 ◎ 010:00 422,160 105,540 12,000
X 2025/01/16 목 ◎ 010:00 422,160 105,540 12,000
X 2025/01/17 금 ◎ 010:00 422,160 105,540 12,000
X 2025/01/18 토 ◎ 004:00 211,080
X 2025/01/19 일 X 000:00
합계 000:00 10,554,000 0 2,427,420 276,000 0
총인원 5 명
월지급액 개인정보 산출내역 급여총액
지급인원 5 비과세신고제외분 1,380,000 국민연금 1,229,260 소득세 370,420
과세총액 33,107,540 회사부담금 1,951,040 건강보험 1,464,430 지방소득세 36,520
비과세신고분 6,823,180 고용보험 296,980 장기요양보험 189,630 차인지급액 37,723,480

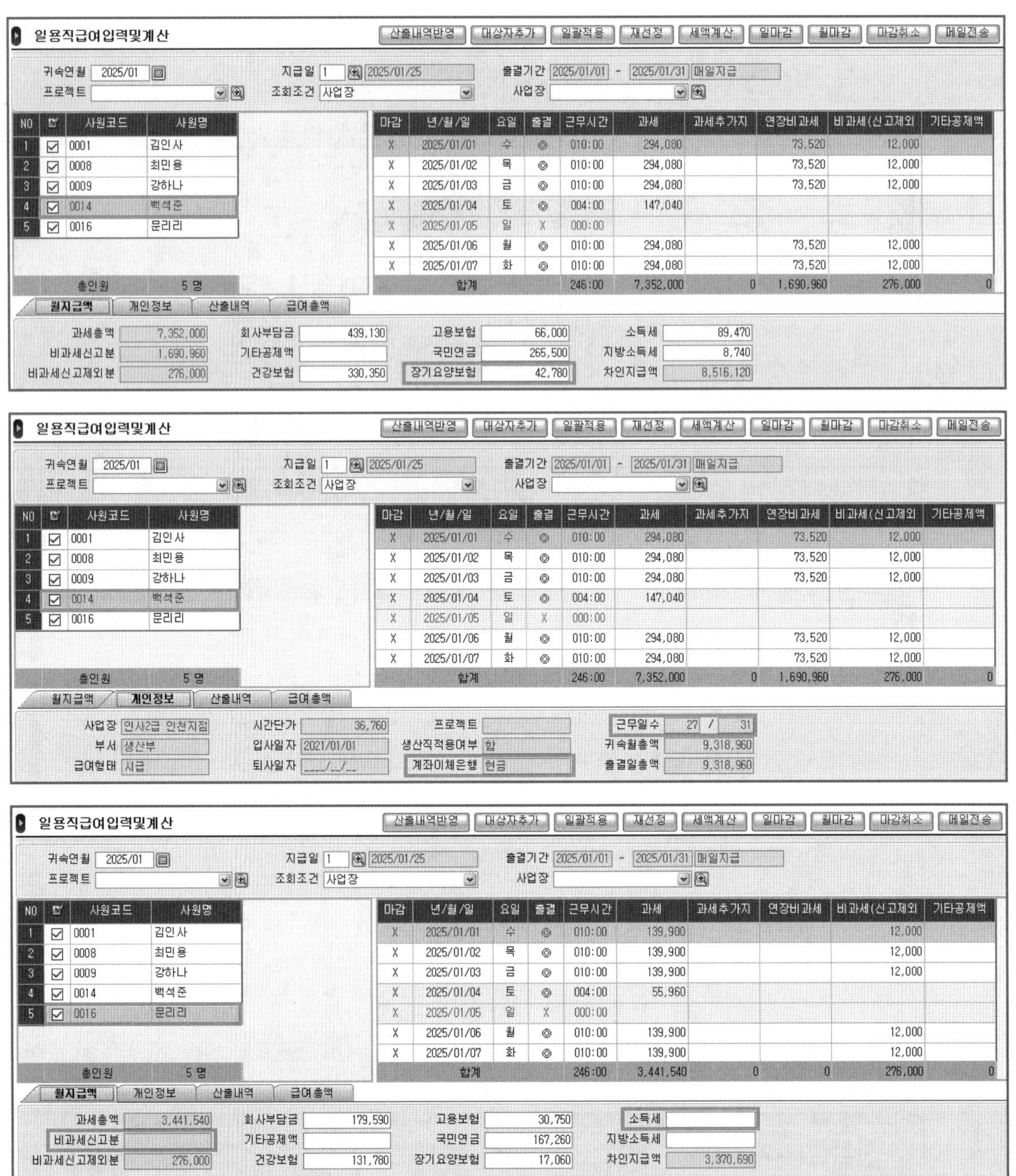

일용직급여입력및계산

산출내역반영 | 대상자추가 | 일괄적용 | 재선정 | 세액계산 | 일마감 | 월마감 | 마감취소 | 메일전송

귀속연월 2025/01 지급일 1 2025/01/25 출결기간 2025/01/01 ~ 2025/01/31 매일지급
프로젝트 조회조건 사업장 사업장

NO	사원코드	사원명
1	0001	김인사
2	0008	최민용
3	0009	강하나
4	0014	백석준
5	0016	문리리
총인원		5 명

마감	년/월/일	요일	출결	근무시간	과세	과세추가지	연장비과세	비과세(신고제외	기타공제액
X	2025/01/01	수	◎	010:00	294,080		73,520	12,000	
X	2025/01/02	목	◎	010:00	294,080		73,520	12,000	
X	2025/01/03	금	◎	010:00	294,080		73,520	12,000	
X	2025/01/04	토	◎	004:00	147,040				
X	2025/01/05	일	X	000:00					
X	2025/01/06	월	◎	010:00	294,080		73,520	12,000	
X	2025/01/07	화	◎	010:00	294,080		73,520	12,000	
	합계			246:00	7,352,000	0	1,690,960	276,000	0

월지급액 | 개인정보 | 산출내역 | 급여총액

과세총액	7,352,000	회사부담금	439,130	고용보험	66,000	소득세	89,470
비과세신고분	1,690,960	기타공제액		국민연금	265,500	지방소득세	8,740
비과세신고제외분	276,000	건강보험	330,350	장기요양보험	42,780	차인지급액	8,516,120

일용직급여입력및계산

산출내역반영 | 대상자추가 | 일괄적용 | 재선정 | 세액계산 | 일마감 | 월마감 | 마감취소 | 메일전송

귀속연월 2025/01 지급일 1 2025/01/25 출결기간 2025/01/01 ~ 2025/01/31 매일지급
프로젝트 조회조건 사업장 사업장

NO	사원코드	사원명
1	0001	김인사
2	0008	최민용
3	0009	강하나
4	0014	백석준
5	0016	문리리
총인원		5 명

마감	년/월/일	요일	출결	근무시간	과세	과세추가지	연장비과세	비과세(신고제외	기타공제액
X	2025/01/01	수	◎	010:00	294,080		73,520	12,000	
X	2025/01/02	목	◎	010:00	294,080		73,520	12,000	
X	2025/01/03	금	◎	010:00	294,080		73,520	12,000	
X	2025/01/04	토	◎	004:00	147,040				
X	2025/01/05	일	X	000:00					
X	2025/01/06	월	◎	010:00	294,080		73,520	12,000	
X	2025/01/07	화	◎	010:00	294,080		73,520	12,000	
	합계			246:00	7,352,000	0	1,690,960	276,000	0

월지급액 | 개인정보 | 산출내역 | 급여총액

사업장	인사2급 인천지점	시간단가	36,760	프로젝트		근무일수	27 / 31
부서	생산부	입사일자	2021/01/01	생산직적용여부	함	귀속월총액	9,318,960
급여형태	시급	퇴사일자	____/__/__	계좌이체은행	현금	출결일총액	9,318,960

일용직급여입력및계산

산출내역반영 | 대상자추가 | 일괄적용 | 재선정 | 세액계산 | 일마감 | 월마감 | 마감취소 | 메일전송

귀속연월 2025/01 지급일 1 2025/01/25 출결기간 2025/01/01 ~ 2025/01/31 매일지급
프로젝트 조회조건 사업장 사업장

NO	사원코드	사원명
1	0001	김인사
2	0008	최민용
3	0009	강하나
4	0014	백석준
5	0016	문리리
총인원		5 명

마감	년/월/일	요일	출결	근무시간	과세	과세추가지	연장비과세	비과세(신고제외	기타공제액
X	2025/01/01	수	◎	010:00	139,900			12,000	
X	2025/01/02	목	◎	010:00	139,900			12,000	
X	2025/01/03	금	◎	010:00	139,900			12,000	
X	2025/01/04	토	◎	004:00	55,960				
X	2025/01/05	일	X	000:00					
X	2025/01/06	월	◎	010:00	139,900			12,000	
X	2025/01/07	화	◎	010:00	139,900			12,000	
	합계			246:00	3,441,540	0	0	276,000	0

월지급액 | 개인정보 | 산출내역 | 급여총액

과세총액	3,441,540	회사부담금	179,590	고용보험	30,750	소득세	
비과세신고분		기타공제액		국민연금	167,260	지방소득세	
비과세신고제외분	276,000	건강보험	131,780	장기요양보험	17,060	차인지급액	3,370,690

15 ①

'0004.김향기' 사원을 선택한 후 '생산직비과세적용: 함', '국민/건강/고용보험여부: 여'로 변경 후 저장한다.

[인사/급여관리] – [일용직관리] – [일용직사원등록]

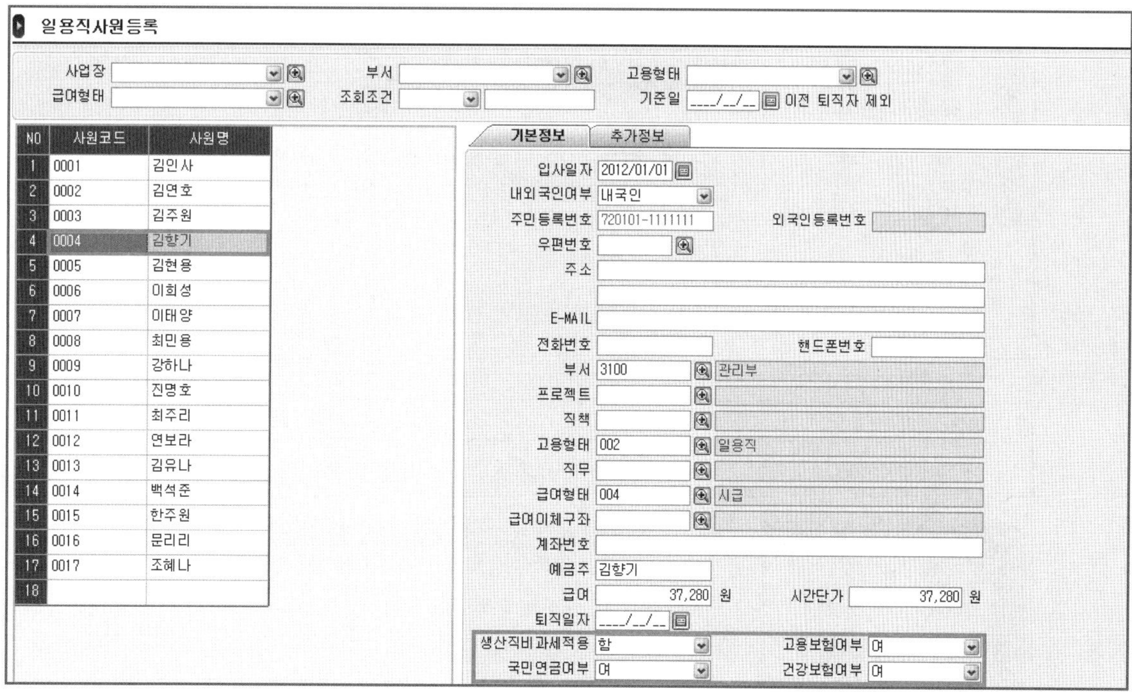

'귀속연월: 2025/01', '지급일: 2.일정기간지급'으로 조회한 후 전체 사원에 체크한다. [보기]와 같이 평일 10시간, 토요일 2시간을 각각 '일괄적용'하여 하단 급여총액 탭의 차인지급액을 확인한다.

[인사/급여관리] – [일용직관리] – [일용직급여입력및계산]

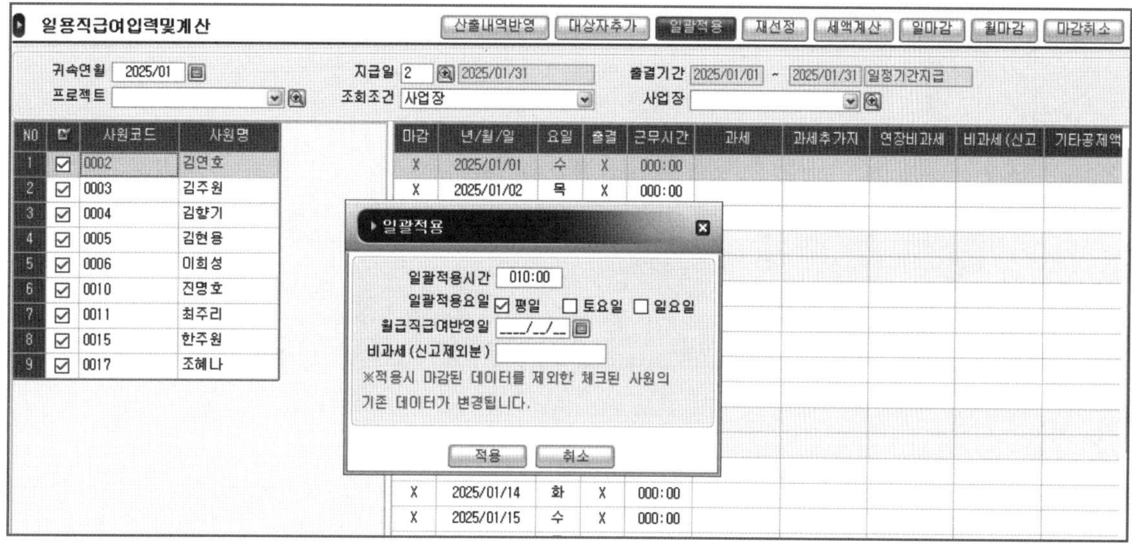

일용직급여입력및계산
산출내역반영 대상자추가 일괄적용 재선정 세액계산 일마감 월마감 마감취소
귀속연월 2025/01
지급일 2 2025/01/31
출결기간 2025/01/01 ~ 2025/01/31 일정기간지급
프로젝트
조회조건 사업장
사업장
NO 사원코드 사원명
1 0002 김연호
2 0003 김주원
3 0004 김향기
4 0005 김현용
5 0006 이희성
6 0010 진명호
7 0011 최주리
8 0015 한주원
9 0017 조혜나
마감 년/월/일 요일 출결 근무시간 과세 과세추가지 연장비과세 비과세(신고 기타공제액
X 2025/01/01 수 ◎ 010:00 262,000 65,500
X 2025/01/02 목 ◎ 010:00 262,000 65,500
X 2025/01/14 화 ◎ 010:00 262,000 65,500
X 2025/01/15 수 ◎ 010:00 262,000 65,500
일괄적용
일괄적용시간 002:00
일괄적용요일 평일 토요일 일요일
월급직급여반영일 ___/__/__
비과세(신고제외분)
※적용시 마감된 데이터를 제외한 체크된 사원의 기존 데이터가 변경됩니다.
적용 취소

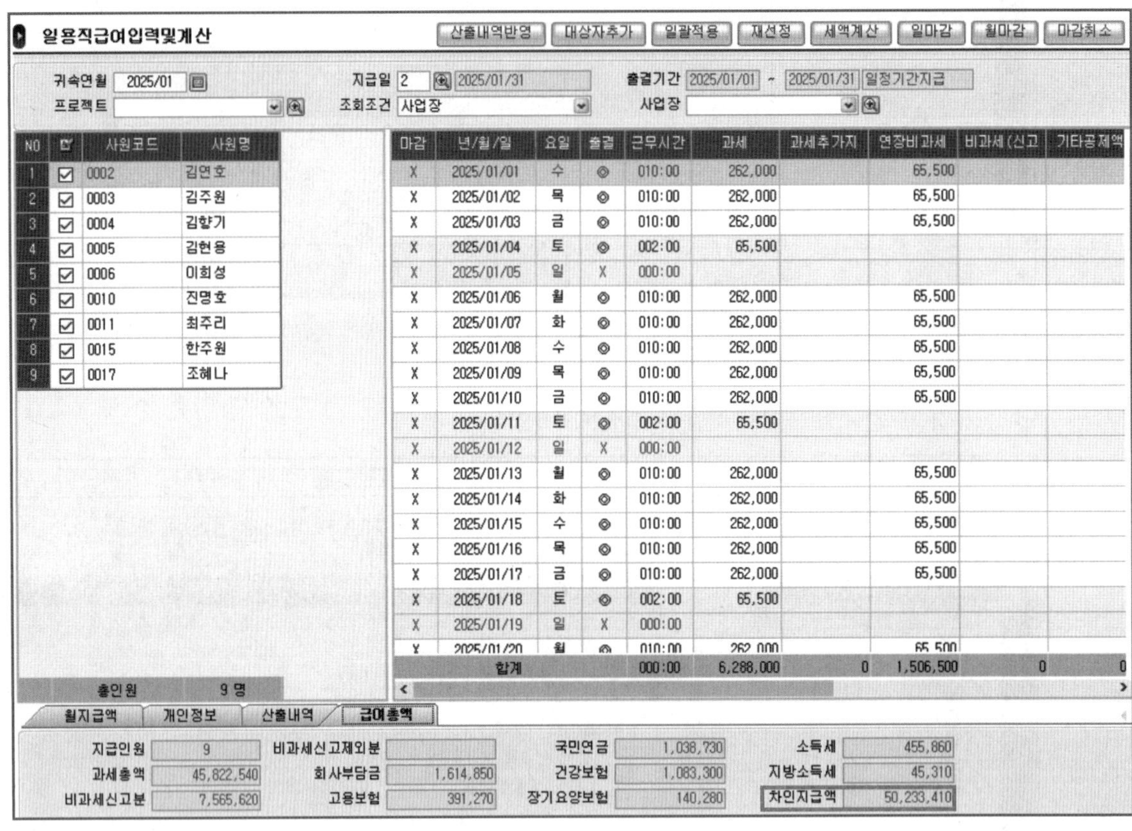

일용직급여입력및계산
산출내역반영 대상자추가 일괄적용 재선정 세액계산 일마감 월마감 마감취소
귀속연월 2025/01
지급일 2 2025/01/31
출결기간 2025/01/01 ~ 2025/01/31 일정기간지급
프로젝트
조회조건 사업장
사업장
NO 사원코드 사원명
1 0002 김연호
2 0003 김주원
3 0004 김향기
4 0005 김현용
5 0006 이희성
6 0010 진명호
7 0011 최주리
8 0015 한주원
9 0017 조혜나
총인원 9 명
마감 년/월/일 요일 출결 근무시간 과세 과세추가지 연장비과세 비과세(신고 기타공제액
X 2025/01/01 수 ◎ 010:00 262,000 65,500
X 2025/01/02 목 ◎ 010:00 262,000 65,500
X 2025/01/03 금 ◎ 010:00 262,000 65,500
X 2025/01/04 토 ◎ 002:00 65,500
X 2025/01/05 일 X 000:00
X 2025/01/06 월 ◎ 010:00 262,000 65,500
X 2025/01/07 화 ◎ 010:00 262,000 65,500
X 2025/01/08 수 ◎ 010:00 262,000 65,500
X 2025/01/09 목 ◎ 010:00 262,000 65,500
X 2025/01/10 금 ◎ 010:00 262,000 65,500
X 2025/01/11 토 ◎ 002:00 65,500
X 2025/01/12 일 X 000:00
X 2025/01/13 월 ◎ 010:00 262,000 65,500
X 2025/01/14 화 ◎ 010:00 262,000 65,500
X 2025/01/15 수 ◎ 010:00 262,000 65,500
X 2025/01/16 목 ◎ 010:00 262,000 65,500
X 2025/01/17 금 ◎ 010:00 262,000 65,500
X 2025/01/18 토 ◎ 002:00 65,500
X 2025/01/19 일 X 000:00
합계 000:00 6,288,000 0 1,506,500 0 0
월지급액 개인정보 산출내역 급여총액
지급인원 9
과세총액 45,822,540
비과세신고분 7,565,620
비과세신고제외분
회사부담금 1,614,850
고용보험 391,270
국민연금 1,038,730
건강보험 1,083,300
장기요양보험 140,280
소득세 455,860
지방소득세 45,310
차인지급액 50,233,410

16 ②

'조회기간: 2024/10~2024/12', '분류기준: 과세/비과세', '사업장: 2000.인사2급 인천지점', '사용자부담금: 1.포함'으로 조회한 후 과세 및 비과세 총액을 확인한다.

[인사/급여관리] – [급여관리] – [연간급여현황]

연간급여현황 　 간이지급명세서(EXCEL)

조회기간 2024 년 10 ~ 2024 년 12 월 　 분류기준 과세/비과세 　 지급구분
사업장 2000 인사2급 인천지점 　 조회구분 부서 　 사용자부담금 1.포함

NO	조회구분	사원코드	사원명	합계				2024/10		
	부서			과세총액	비과세총액	비과세(신고분)	비과세(신고제외	과세	비과세	비과세(신고분)
1	관리부	20010401	노희선	9,615,000	722,910	300,000	422,910	3,205,000	240,970	100,000
2	관리부	20130701	신별	9,990,000	1,213,410	750,000	463,410	3,330,000	404,470	250,000
3	관리부	20140501	김화영	8,550,000	1,152,210	750,000	402,210	2,850,000	384,070	250,000
4	관리부	20140903	정용빈	11,965,500	1,080,990	750,000	330,990	3,988,500	360,330	250,000
5	관리부	2016018	박지성	8,649,990	1,010,220	750,000	260,220	2,883,330	336,740	250,000
6	관리부	ERP13102	이현우	11,239,500	1,201,440	750,000	451,440	3,746,500	400,480	250,000
7	조회구분[부서…			60,009,990	6,381,180	4,050,000	2,331,180	20,003,330	2,127,060	1,350,000
8	생산부	20001101	박용덕	14,552,490	965,070	300,000	665,070	4,850,830	321,690	100,000
9	생산부	20001102	정영수	12,864,990	882,330	300,000	582,330	4,288,330	294,110	100,000
10	생산부	20140901	강민우	7,800,000	1,309,050	750,000	559,050	2,600,000	436,350	250,000
11	조회구분[부서…			35,217,480	3,156,450	1,350,000	1,806,450	11,739,160	1,052,150	450,000
12	자재부	20020603	이성준	13,140,000	937,380	750,000	187,380	4,380,000	312,460	250,000
13	자재부	20040301	오진형	11,625,000	833,280	300,000	533,280	3,875,000	277,760	100,000
14	조회구분[부서…			24,765,000	1,770,660	1,050,000	720,660	8,255,000	590,220	350,000
		총계:11명		119,992,470	11,308,290	6,450,000	4,858,290	39,997,490	3,769,430	2,150,000

17 ④

'소득구분: 1.급상여', '귀속연월: 2024/12', '지급일: 1.급여', '무급자: 1.제외', '사업장: 2000.인사2급 인천지점'으로 조회하여 이체현황을 확인한다.

④ '기업은행'에 이체된 금액은 '국민은행'에 이체된 금액보다 많다.

[인사/급여관리] – [급여관리] – [급/상여이체현황]

급/상여이체현황

소득구분 1 급상여 | 귀속연월 2024 년 12 월 | 지급일 1 2024/12/25 급여 동시

무급자 1.제외 | 은행코드 | 조회조건 1.사업장 2000 인사2급 인천지점

은행	사원코드	사원명	계좌번호	예금주명	실지급액	지급일자
국민	20040301	오진형	188398-49-30912	오진형	3,439,130	2024/12/25
국민	20140501	김화영	12-123-05511	김화영	2,625,410	2024/12/25
국민	20140901	강민우	123-456-78900	강민우	2,325,860	2024/12/25
은행 소계					8,390,400	
은행 누계					8,390,400	
기업	20001102	정영수	155342-09-38775	정영수	3,759,440	2024/12/25
기업	20010401	노희선	155401-12-28901	노희선	2,934,060	2024/12/25
기업	20130701	신별	1112224411441	신별	3,018,050	2024/12/25
은행 소계					9,711,550	
은행 누계					18,101,950	
신한	20001101	박용덕	155029-02-99687	박용덕	4,181,410	2024/12/25
신한	20020603	이성준	177632-18-19940	이성준	4,146,190	2024/12/25
신한	2016018	박지성	123-1230-123	박지성	2,729,110	2024/12/25
은행 소계					11,056,710	
은행 누계					29,158,660	
카카오뱅크	20140903	정용빈	980-12-123456	정용빈	3,664,310	2024/12/25
카카오뱅크	ERP13102	이현우	980-12-987654	이현우	3,491,440	2024/12/25
은행 소계					7,155,750	
은행 누계					36,314,410	
총계	11명				36,314,410	

TIP 은행별 이체 금액의 합계는 누계가 아닌 소계로 확인한다.

18 ③

‘조회기간: 2024/10~2024/12’, ‘수당코드: T00.소득세’, ‘사업장: 1000.인사2급 회사본사’로 조회하여 ‘T00.소득세’가 가장 많이 공제된 사원을 확인한다.

[인사/급여관리] – [급여관리] – [수당별연간급여현황]

수당별연간급여현황

조회기간 2024 년 10 월 ~ 2024 년 12 월　　수당코드 T00 소득세

조회조건 1.사업장　1000 인사2급 회사본사

NO	사원코드	사원명	합계	2024/10	2024/11	2024/12
1	20000501	한국민	1,429,440	476,480	476,480	476,480
2	20000502	김종욱	1,565,580	521,860	521,860	521,860
3	20000601	이종현	788,520	262,840	262,840	262,840
4	20010402	제갈형서	1,183,110	394,370	394,370	394,370
5	20030701	엄현애	138,630	46,210	46,210	46,210
6	20120101	정수연	107,550	35,850	35,850	35,850
7	20130102	김용수	499,770	166,590	166,590	166,590
8	ERP13104	이서진	366,990	122,330	122,330	122,330

19 ④

‘귀속연월: 2024/12’, ‘지급일자: 1.급여’, ‘집계: 2.부서별’ 입력 후 우측 상단의 ‘출력항목’을 클릭한다. 조회할 지급항목을 모두 선택하여 ‘적용’한 후 지급/공제항목 금액을 확인한다.

[인사/급여관리] – [급여관리] – [급여대장]

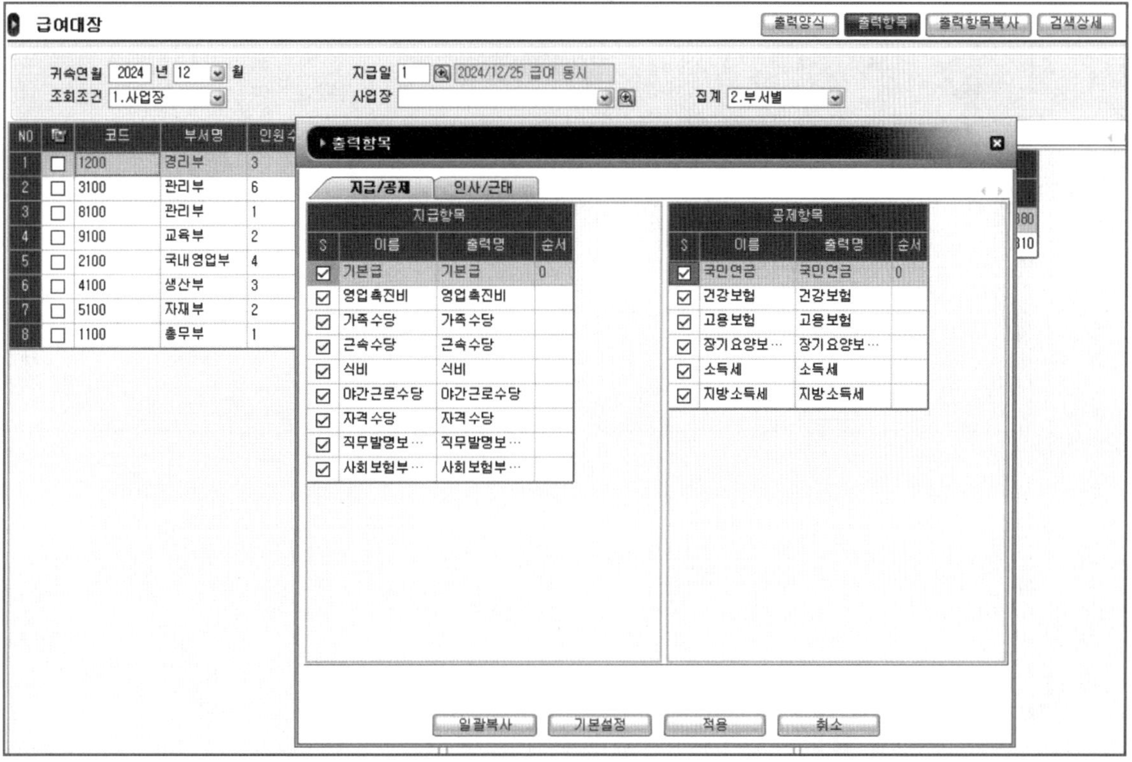

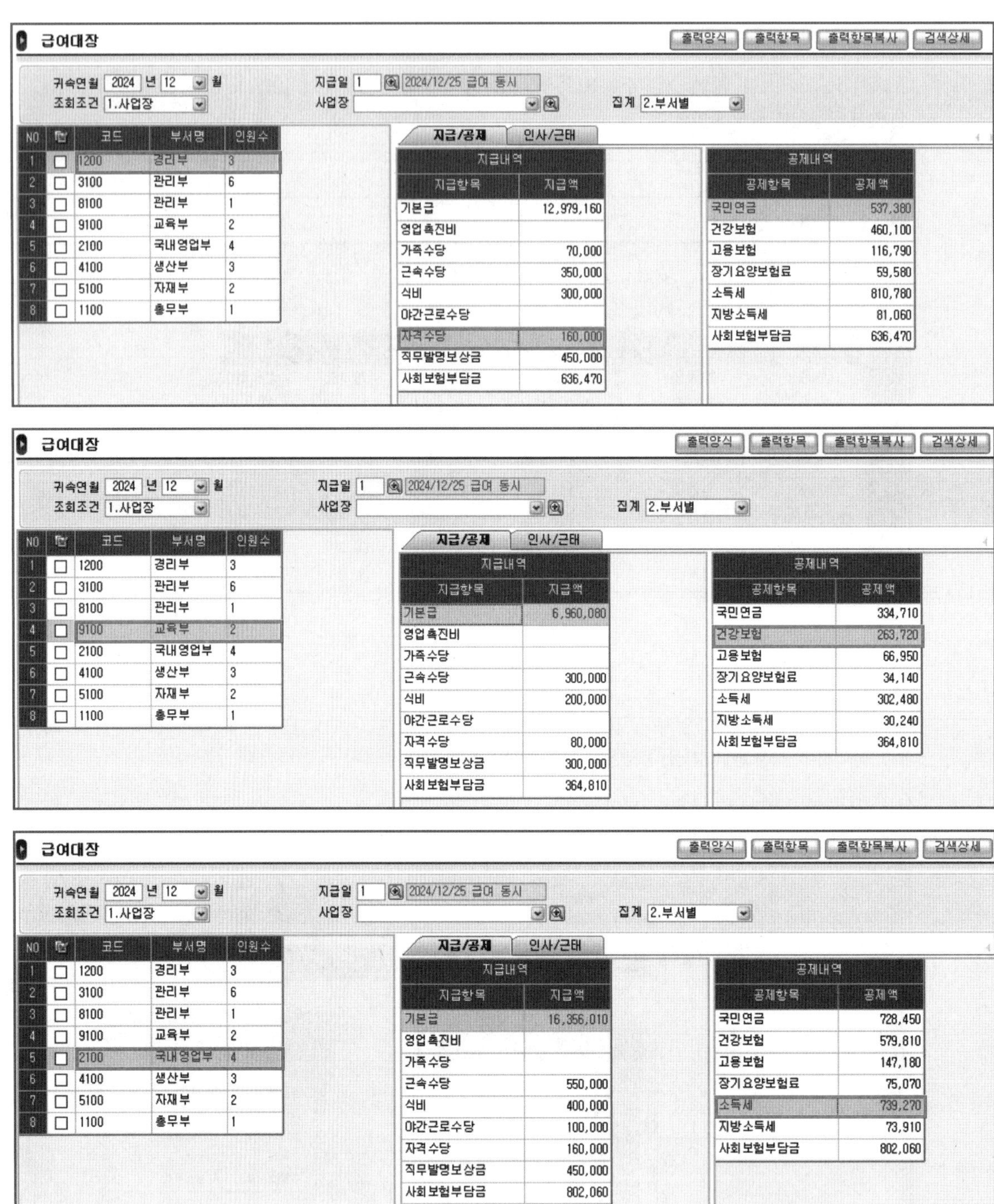

급여대장 — 출력양식 | 출력항목 | 출력항목복사 | 검색상세

귀속연월 2024 년 12 월 | 지급일 1 | 2024/12/25 급여 동시
조회조건 1.사업장 | 사업장 | 집계 2.부서별

NO	코드	부서명	인원수
1	1200	경리부	3
2	3100	관리부	6
3	8100	관리부	1
4	9100	교육부	2
5	2100	국내영업부	4
6	4100	생산부	3
7	5100	자재부	2
8	1100	총무부	1

지급/공제 | 인사/근태

지급항목	지급액
기본급	12,979,160
영업촉진비	
가족수당	70,000
근속수당	350,000
식비	300,000
야간근로수당	
자격수당	160,000
직무발명보상금	450,000
사회보험부담금	636,470

공제항목	공제액
국민연금	537,380
건강보험	460,100
고용보험	116,790
장기요양보험료	59,580
소득세	810,780
지방소득세	81,060
사회보험부담금	636,470

급여대장 — 출력양식 | 출력항목 | 출력항목복사 | 검색상세

귀속연월 2024 년 12 월 | 지급일 1 | 2024/12/25 급여 동시
조회조건 1.사업장 | 사업장 | 집계 2.부서별

NO	코드	부서명	인원수
1	1200	경리부	3
2	3100	관리부	6
3	8100	관리부	1
4	9100	교육부	2
5	2100	국내영업부	4
6	4100	생산부	3
7	5100	자재부	2
8	1100	총무부	1

지급/공제 | 인사/근태

지급항목	지급액
기본급	6,960,080
영업촉진비	
가족수당	
근속수당	300,000
식비	200,000
야간근로수당	
자격수당	80,000
직무발명보상금	300,000
사회보험부담금	364,810

공제항목	공제액
국민연금	334,710
건강보험	263,720
고용보험	66,950
장기요양보험료	34,140
소득세	302,480
지방소득세	30,240
사회보험부담금	364,810

급여대장 — 출력양식 | 출력항목 | 출력항목복사 | 검색상세

귀속연월 2024 년 12 월 | 지급일 1 | 2024/12/25 급여 동시
조회조건 1.사업장 | 사업장 | 집계 2.부서별

NO	코드	부서명	인원수
1	1200	경리부	3
2	3100	관리부	6
3	8100	관리부	1
4	9100	교육부	2
5	2100	국내영업부	4
6	4100	생산부	3
7	5100	자재부	2
8	1100	총무부	1

지급/공제 | 인사/근태

지급항목	지급액
기본급	16,356,010
영업촉진비	
가족수당	
근속수당	550,000
식비	400,000
야간근로수당	100,000
자격수당	160,000
직무발명보상금	450,000
사회보험부담금	802,060

공제항목	공제액
국민연금	728,450
건강보험	579,810
고용보험	147,180
장기요양보험료	75,070
소득세	739,270
지방소득세	73,910
사회보험부담금	802,060

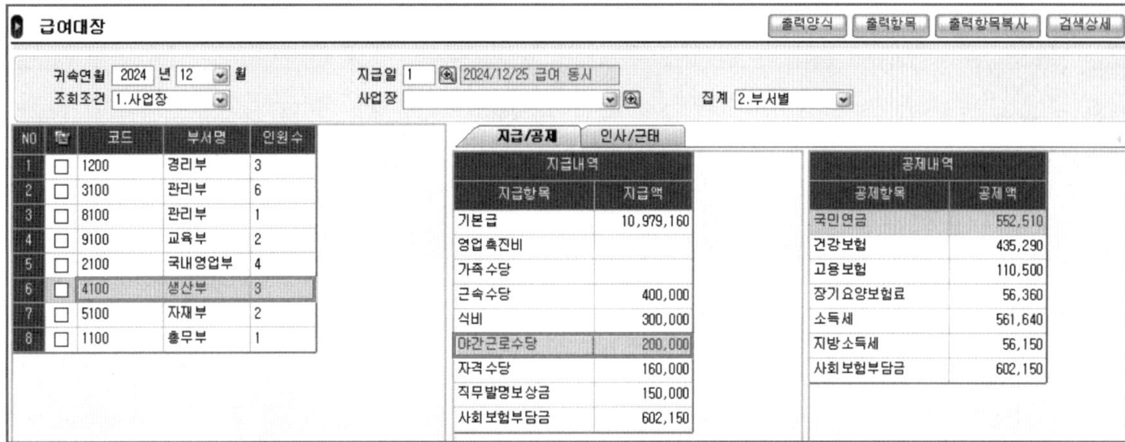

급여대장

출력양식 | 출력항목 | 출력항목복사 | 검색상세

귀속연월 2024 년 12 월 | 지급일 1 2024/12/25 급여 동시
조회조건 1.사업장 | 사업장 | 집계 2.부서별

NO		코드	부서명	인원수
1	□	1200	경리부	3
2	□	3100	관리부	6
3	□	8100	관리부	1
4	□	9100	교육부	2
5	□	2100	국내영업부	4
6	□	4100	생산부	3
7	□	5100	자재부	2
8	□	1100	총무부	1

지급/공제 | 인사/근태

지급내역	
지급항목	지급액
기본급	10,979,160
영업촉진비	
가족수당	
근속수당	400,000
식비	300,000
야간근로수당	200,000
자격수당	160,000
직무발명보상금	150,000
사회보험부담금	602,150

공제내역	
공제항목	공제액
국민연금	552,510
건강보험	435,290
고용보험	110,500
장기요양보험료	56,360
소득세	561,640
지방소득세	56,150
사회보험부담금	602,150

20 ③

'조회기간: 2024/10~2024/12', '조회구분: 2.부서', '부서: 3100.관리부'를 조회하여 각 지급/공제항목 내역을 확인한다.
③ 급여합계는 66,391,170원이다.

[인사/급여관리] – [급여관리] – [월별급/상여지급현황]

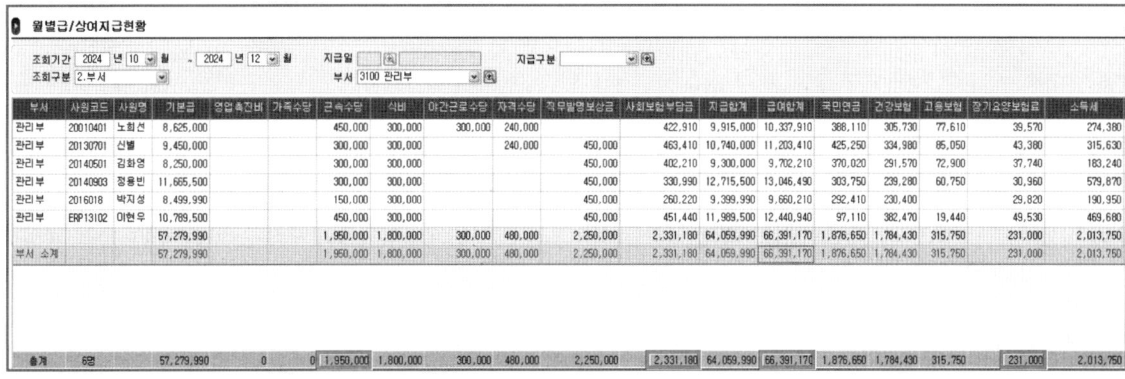

월별급/상여지급현황

조회기간 2024 년 10 월 ~ 2024 년 12 월 | 지급일 | 지급구분
조회구분 2.부서 | 부서 3100 관리부

부서	사원코드	사원명	기본급	영업촉진비	가족수당	근속수당	식비	야간근로수당	자격수당	직무발명보상금	사회보험부담금	지급합계	급여합계	국민연금	건강보험	고용보험	장기요양보험료	소득세
관리부	20010401	노희선	8,625,000			450,000	300,000	300,000	240,000		422,910	9,915,000	10,337,910	388,110	305,730	77,610	39,570	274,380
관리부	20130701	신별	9,450,000			300,000	300,000		240,000	450,000	463,410	10,740,000	11,203,410	425,250	334,980	85,050	43,380	315,630
관리부	20140501	김화영	8,250,000			300,000	300,000			450,000	402,210	9,300,000	9,702,210	370,020	291,570	72,900	37,740	183,240
관리부	20140903	정용빈	11,665,500			300,000	300,000			450,000	330,990	12,715,500	13,046,490	303,750	239,280	60,750	30,960	579,870
관리부	2016018	박지성	8,499,990			150,000	300,000			450,000	260,220	9,399,990	9,660,210	292,410	230,400		29,820	190,950
관리부	ERP13102	이현우	10,789,500			450,000	300,000			450,000	451,440	11,989,500	12,440,940	97,110	382,470	19,440	49,530	469,680
			57,279,990			1,950,000	1,800,000	300,000	480,000	2,250,000	2,331,180	64,059,990	66,391,170	1,876,650	1,784,430	315,750	231,000	2,013,750
부서 소계			57,279,990			1,950,000	1,800,000	300,000	480,000	2,250,000	2,331,180	64,059,990	66,391,170	1,876,650	1,784,430	315,750	231,000	2,013,750
총계	6명		57,279,990	0	0	1,950,000	1,800,000	300,000	480,000	2,250,000	2,331,180	64,059,990	66,391,170	1,876,650	1,784,430	315,750	231,000	2,013,750

2024년 6회

p.281~287

이론

01	①	02	④	03	④	04	③	05	④	06	①	07	④	08	②	09	①	10	③
11	②	12	④	13	②	14	④	15	③	16	①	17	②	18	②	19	④	20	②

01 ①

기계학습(머신러닝) 워크플로우 프로세스는 '데이터 수집→점검 및 탐색→전처리 및 정제→모델링 및 훈련→평가→배포' 순이다.

02 ④

현재의 업무 방식을 고수하거나 IT 부서 중심의 프로젝트 진행, 프로젝트에서 최고 경영진을 배제하는 방식은 ERP 도입의 실패 요인이다.

03 ④

빅데이터의 주요 특성(5V)에는 규모(Volume), 다양성(Variety), 정확성(Veracity), 속도(Velocity), 가치(Value)가 있다.

04 ③

아웃소싱을 이용하여 ERP를 구축할 경우, ERP 자체 개발에서 발생할 수 있는 위험 요소를 배제하고, ERP 개발, 구축, 운영, 유지 보수에 필요한 인적자원을 절약할 수 있으나 IT 아웃소싱 업체에 대한 의존성(종속성)이 생길 수 있다는 단점이 있다.

05 ④

표준화, 전문화, 단순화는 포드의 관리법 중 3S 원칙에 대한 설명이다.

06 ①

| 오답 풀이 |

② 과업: 목표를 위하여 수행되는 하나의 명확한 작업 활동
③ 요소: 작업이 나누어질 수 있는 최소 단위
④ 직군: 동일하거나 유사한 직무들의 집단

07 ④

- 내부모집: 관리자 및 기능목록 작성, 사내 공개모집 제도(사내 게시판, 사보)
- 외부모집: 광고, 인턴십 제도, 헤드헌터, 근로자 추천, 온라인 모집, 교육기관의 추천 등

08 ②

- 인력 부족 시 대응 전략: 초과근로 활용, 임시직 고용, 파견근로 활용, 아웃소싱 등
- 인력 과잉 시 대응 전략: 직무분할제(직무공유제), 조기 퇴직제도, 다운사이징, 정리해고 등

09 ①

| 오답 풀이 |

② 압박 면접: 지원자의 문제해결 능력, 논리적 사고, 긴장된 상황에서의 논리적인 대처능력을 평가하기 위한 방법
③ 정형적 면접: 직무명세서를 기초로 하여 미리 질문을 준비해 두고 이에 따라 면접자가 질문하는 방법
④ 비지시적 면접: 획일적인 질문이 아닌 피면접자에 따라 자유롭게 질문을 하면 이에 대해 피면접자가 생각나는 대로 거리낌 없이 자기를 표현하는 방법으로 면접자의 듣는 태도와 고도의 질문 기술 및 훈련이 필요한 방법

10 ③

| 오답 풀이 |

① 관대화 경향: 고과자가 피고과자를 가능한 후하게 평가하려는 경향
② 가혹화 경향(엄격화 경향): 고과자가 전반적으로 피고과자를 가혹하게 평가하여 평가 결과의 분포가 평균 이하로 편중되는 경향
④ 상동적 태도: 타인에 대한 평가가 그에 속한 특정 집단에 대한 지각을 기초로 평가하는 경향

11 ②

| 오답 풀이 |

① 액션러닝: 경영 현장에서 성과와 직결되는 이슈 혹은 과제를 정해진 시점까지 해결하도록 하여 개인과 조직의 역량을 동시에 향상시키는 행동지향적 교육 방식
③ 비즈니스 게임: 경영 실태를 간략히 재현한 모의 회사 몇 개를 만들어 훈련자가 그 회사의 간부로서 직접 모의 경영을 하여 의사결정 능력을 향상시키는 경영 훈련 방법
④ 행동모델(링)법: 관리자 및 종업원에게 어떤 상황에 대한 가장 이상적인 행동을 제시한 후 교육 참가자가 이 행동을 이해하고 그대로 반복하게 하여 행동 변화를 유도하는 방법

12 ④

- 비자발적 이직: 파면 · 해고, 일시해고, 정년퇴직, 명예퇴직 등
- 자발적 이직: 전직, 사직, 휴직

13 ②

임금수준의 결정 요인으로 근로자의 생계비, 기업의 지급 능력, 노동시장 요인 등이 있다.

14 ④

산재보험은 산재근로자와 가족의 생활을 보장하기 위해 국가가 책임을 지는 의무보험이다.

15 ③

| 오답 풀이 |

① 임금수준은 기업이 일정 기간 동안 근로자에게 지급하는 1인당 평균임금을 의미한다.
② 국가가 노사 간의 임금 결정 과정에 개입하여 최저임금 수준을 정하고 근로자가 일정한 수준 이상의 임금을 사용자로부터 지급받도록 최저임금제도를 실시하고 있다. 따라서 기업은 최저임금보다 낮은 임금을 지급할 수 없다.
④ 동종업계라도 다양한 원인에 의해 지급되는 임금은 달라진다. 이때 기업 간의 임금 수준은 천차만별이므로 임금의 차이를 특정 퍼센트로 설명할 수 없다.

16 ①

연말정산 월별 납부자의 신고·납부기한은 다음 해 3월 10일이다.

17 ②

매 1개월마다 평균하여 1주간의 근로시간이 40시간을 초과한 시간에 대해서는 통상임금의 100분의 50을 가산하여 근로자에게 지급해야 한다. 이 경우 연장·야간 및 휴일근로는 인정하지 않는다.

18 ②

- 법정수당: 법적으로 지급이 강제되는 해고예고수당, 휴업수당, 유급휴일수당, 연장· 야간 및 휴일근로수당, 연차유급휴가수당, 출산전후휴가수당, 생리수당 등
- 법정외수당(약정수당): 취업규칙이나 단체협약 등 기업 자체 내규에 따른 가족수당, 근속수당, 직무수당, 특근수당, 자격수당, 판매수당 등

19 ④

| 오답 풀이 |

① 유니언 숍: 기업이 근로자를 채용할 때 조합원이 아닌 자를 근로자로 채용할 수는 있지만, 일단 채용된 이후에는 일정 기간 내에 자동으로 노조에 가입하게 되는 제도
② 에이전시 숍: 채용된 근로자에 대해 특정 노동조합의 가입을 강제하지 않는 반면, 비조합원에 대해서도 조합원들의 조합비에 상당하는 일정한 금액을 정기적으로 노동조합에 납입하도록 하는 제도
③ 클로즈드 숍: 조합원 자격이 있는 근로자만 채용하고 일단 채용된 근로자도 조합원의 자격을 상실하면 근로자가 될 수 없도록 하며, 노조의 통제력(지배력)이 가장 높은 제도

20 ②

- 자본 참가: 종업원지주제도, 스톡옵션제도
- 성과 참가(이윤 참가): 스캔론 플랜, 럭커 플랜
- 의사결정 참가: 노사협의제도, 노사공동결정제도

실무 시뮬레이션

01	②	02	③	03	①	04	④	05	④	06	③	07	②	08	①	09	④	10	③
11	②	12	①	13	②	14	①	15	④	16	③	17	①	18	②	19	③	20	④

01 ②

‘사용자만’에 체크한 후 조회한다.
② 회계입력방식은 ‘수정’이다.

[시스템관리]–[회사등록정보]–[사원등록]

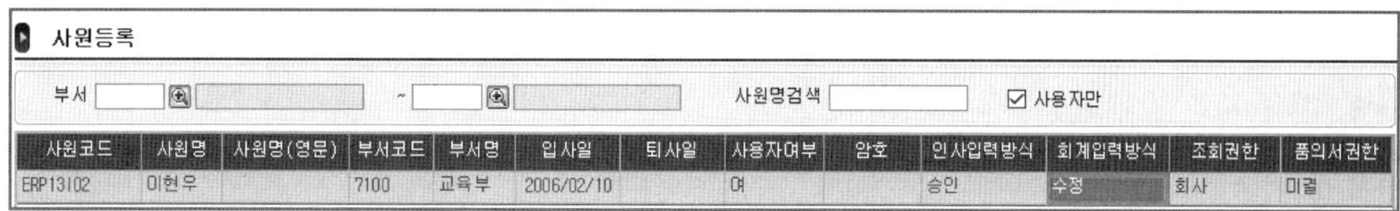

사원등록

부서 ~ 사원명검색 ☑ 사용자만

사원코드	사원명	사원명(영문)	부서코드	부서명	입사일	퇴사일	사용자여부	암호	인사입력방식	회계입력방식	조회권한	품의서권한
ERP13102	이현우		7100	교육부	2006/02/10		여		승인	수정	회사	미결

02 ③

조회기준일 ‘2024/11/23’으로 조회한다.
③ 2006년부터 사용된 부서는 각각 ‘1000.관리부문’, ‘4000.생산부문’, ‘5000.자재부문’ 소속이다.

[시스템관리]–[회사등록정보]–[부서등록]

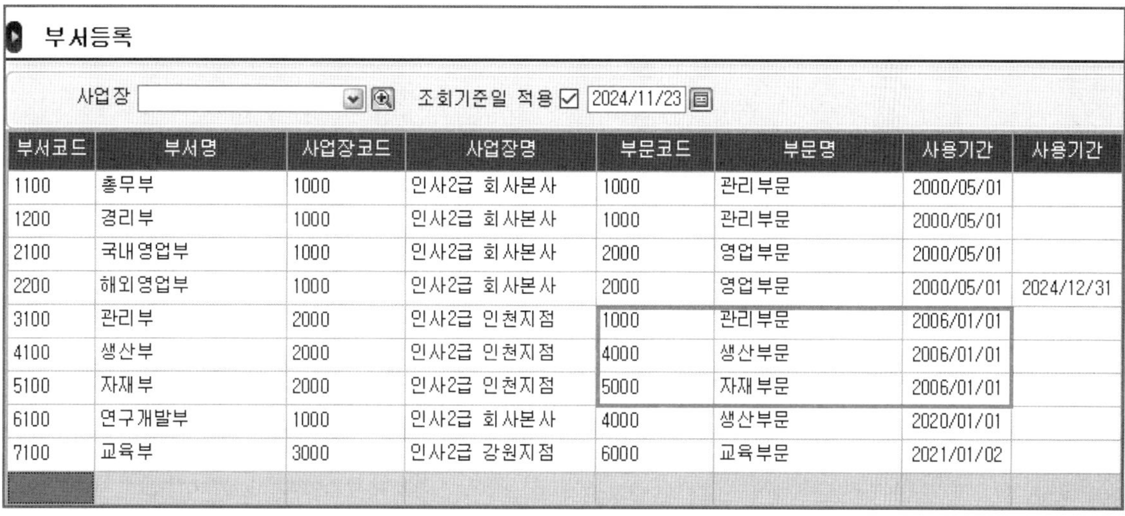

부서등록

사업장 조회기준일 적용 ☑ 2024/11/23

부서코드	부서명	사업장코드	사업장명	부문코드	부문명	사용기간	사용기간
1100	총무부	1000	인사2급 회사본사	1000	관리부문	2000/05/01	
1200	경리부	1000	인사2급 회사본사	1000	관리부문	2000/05/01	
2100	국내영업부	1000	인사2급 회사본사	2000	영업부문	2000/05/01	
2200	해외영업부	1000	인사2급 회사본사	2000	영업부문	2000/05/01	2024/12/31
3100	관리부	2000	인사2급 인천지점	1000	관리부문	2006/01/01	
4100	생산부	2000	인사2급 인천지점	4000	생산부문	2006/01/01	
5100	자재부	2000	인사2급 인천지점	5000	자재부문	2006/01/01	
6100	연구개발부	1000	인사2급 회사본사	4000	생산부문	2020/01/01	
7100	교육부	3000	인사2급 강원지점	6000	교육부문	2021/01/02	

TIP 조회기준일 적용을 체크하여 기준일 현재의 데이터를 확인할 수 있다.

03 ①

'모듈구분: H.인사/급여관리'에서 '이현우' 사원의 사용가능한 메뉴의 권한설정 내역을 확인한다.
① 인사기록카드의 변경 권한이 없기 때문에 추가 입력은 불가하다.

[시스템관리]-[회사등록정보]-[사용자권한설정]

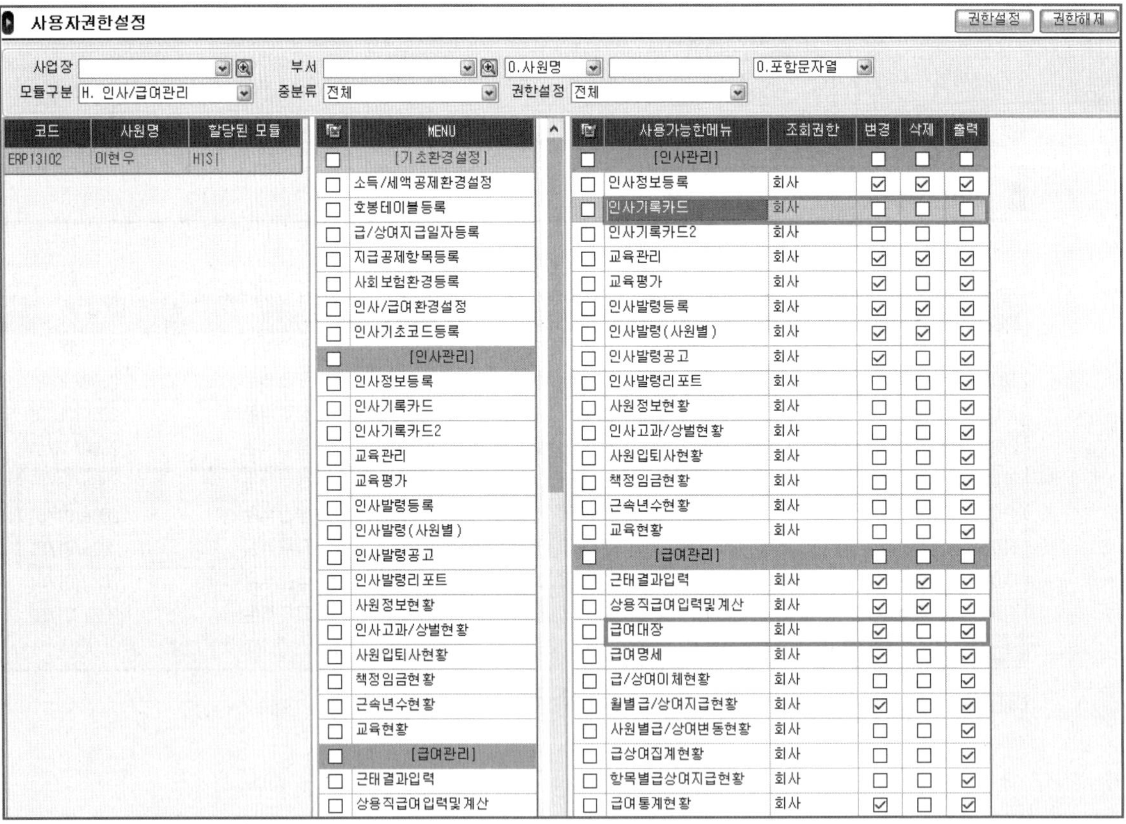

TIP
• 변경: 입력 및 수정 가능
• 삭제: 조회된 내용을 삭제 가능
• 출력: 조회된 내용을 출력 가능

04 ④

'800.주임'의 '호봉이력: 2024/01' 입력 후 우측 상단의 '일괄등록'을 클릭하여 [보기]에 주어진 기본급, 직급수당의 초기치와 증가액을 '적용'한다. 우측상단의 '일괄인상'을 클릭하여 [보기]에 주어진 기본급을 '정률적용'한 후 다시 우측 상단 '일괄인상'을 클릭하고 직급수당을 '정액적용'하여 '6호봉'의 합계를 확인한다.

[인사/급여관리]-[기초환경설정]-[호봉테이블등록]

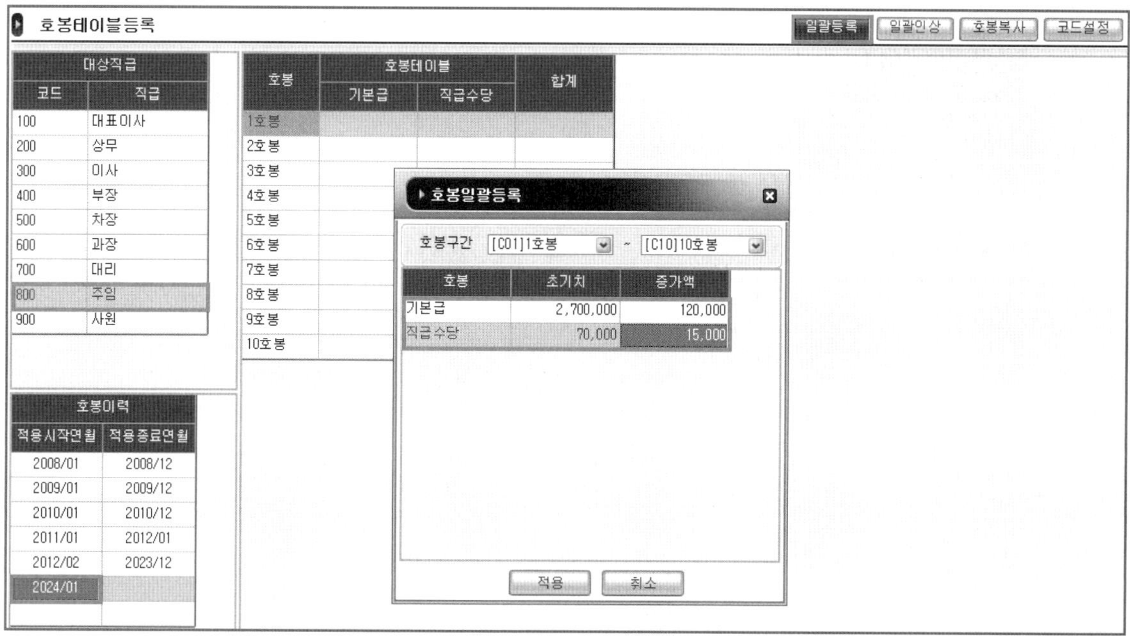

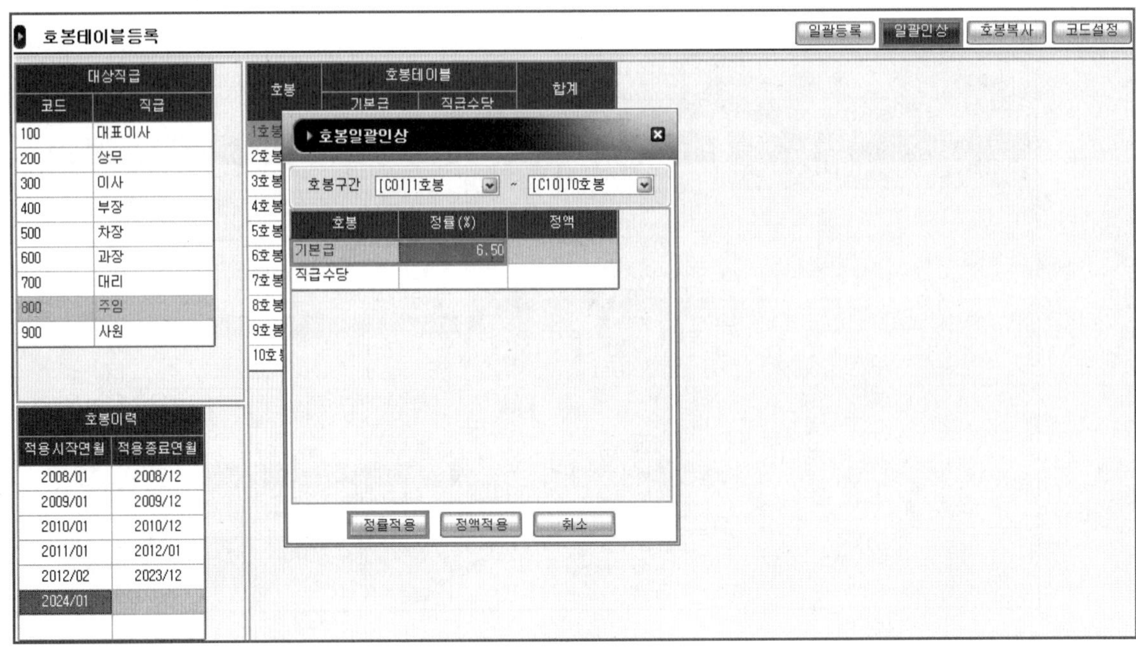

호봉테이블등록
일괄등록
일괄인상
호봉복사
코드설정
대상직급
코드
직급
100 대표이사
200 상무
300 이사
400 부장
500 차장
600 과장
700 대리
800 주임
900 사원
호봉이력
적용시작연월
적용종료연월
2008/01 2008/12
2009/01 2009/12
2010/01 2010/12
2011/01 2012/01
2012/02 2023/12
2024/01
호봉
호봉테이블
기본급
직급수당
합계
호봉일괄인상
호봉구간
[C01]1호봉
~
[C10]10호봉
호봉
정률(%)
정액
기본급 6.50
직급수당
정률적용
정액적용
취소

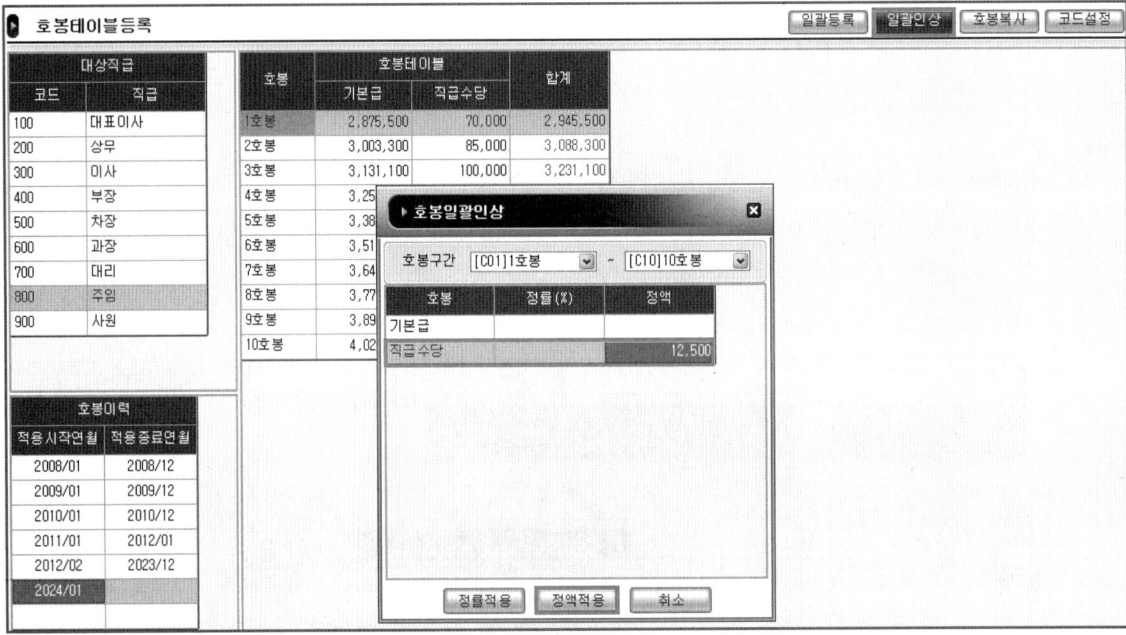

호봉테이블등록
일괄등록
일괄인상
호봉복사
코드설정
대상직급
코드
직급
100 대표이사
200 상무
300 이사
400 부장
500 차장
600 과장
700 대리
800 주임
900 사원
호봉이력
적용시작연월
적용종료연월
2008/01 2008/12
2009/01 2009/12
2010/01 2010/12
2011/01 2012/01
2012/02 2023/12
2024/01
호봉
호봉테이블
기본급
직급수당
합계
1호봉 2,875,500 70,000 2,945,500
2호봉 3,003,300 85,000 3,088,300
3호봉 3,131,100 100,000 3,231,100
4호봉 3,25
5호봉 3,38
6호봉 3,51
7호봉 3,64
8호봉 3,77
9호봉 3,89
10호봉 4,02
호봉일괄인상
호봉구간
[C01]1호봉
~
[C10]10호봉
호봉
정률(%)
정액
기본급
직급수당 12,500
정률적용
정액적용
취소

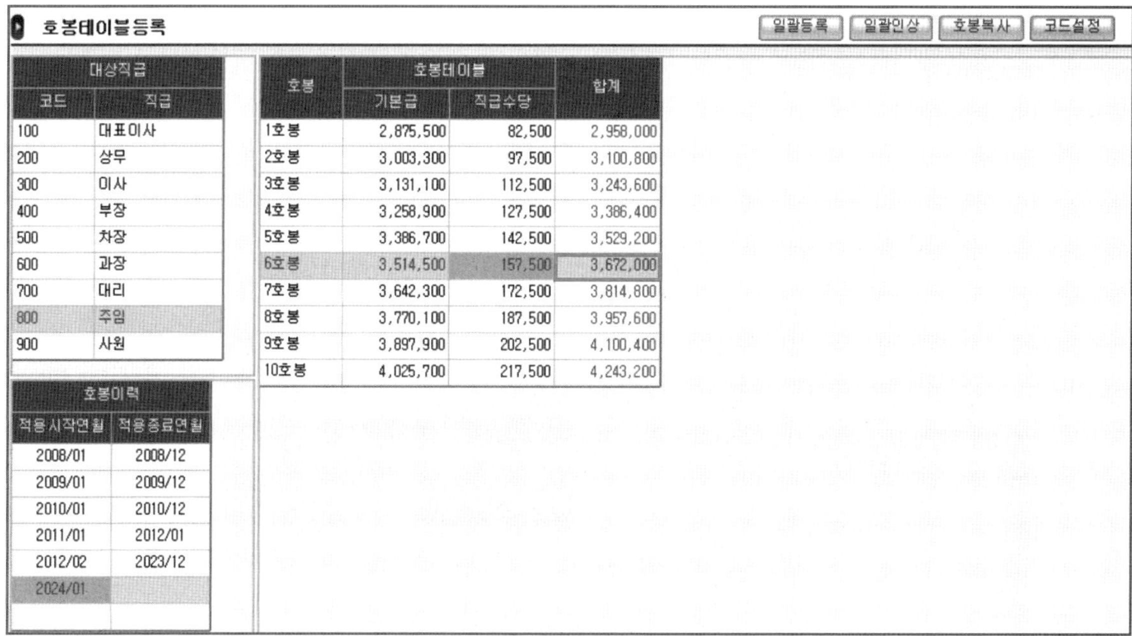

호봉테이블등록

일괄등록 | 일괄인상 | 호봉복사 | 코드설정

대상직급	
코드	직급
100	대표이사
200	상무
300	이사
400	부장
500	차장
600	과장
700	대리
800	주임
900	사원

호봉	호봉테이블		합계
	기본급	직급수당	
1호봉	2,875,500	82,500	2,958,000
2호봉	3,003,300	97,500	3,100,800
3호봉	3,131,100	112,500	3,243,600
4호봉	3,258,900	127,500	3,386,400
5호봉	3,386,700	142,500	3,529,200
6호봉	3,514,500	157,500	3,672,000
7호봉	3,642,300	172,500	3,814,800
8호봉	3,770,100	187,500	3,957,600
9호봉	3,897,900	202,500	4,100,400
10호봉	4,025,700	217,500	4,243,200

호봉이력	
적용시작연월	적용종료연월
2008/01	2008/12
2009/01	2009/12
2010/01	2010/12
2011/01	2012/01
2012/02	2023/12
2024/01	

05 ④

| 오답 풀이 |

① '생산직' 직종의 출결 기준일은 전월 25일부터 당월 24일까지이다.

② 퇴사자의 경우 지정한 '기준일수'를 초과하여 근무하면 월 급여, 초과하지 못하는 경우 급여를 일할 계산하여 지급한다.

③ 지방소득세 신고서는 '귀속연월'과 '지급연월'이 모두 일치하는 데이터를 집계한다.

[인사/급여관리] – [기초환경설정] – [인사/급여환경설정]

인사/급여환경설정

코드설정 | 주사업장등록

NO	출결마감기준		
	직종	귀속월구분	시작일
1	사무직	당월	1
2	생산직	전월	25
3	계약직	당월	1
4	연구직	당월	1
5	고문직	당월	1
6			

기준설정 | 집계항목

구 분	인사급여환경설정		
	환경요소	기준	기준일(월)수
급여계산기준	입사자 급여계산	월일	25일
	수습직 지급기간		3개월
	수습직 급여계산	일	
	수습직 지급율		70%
	퇴사자 급여계산	월일	25일
	상여세액계산기준	당해년일	
	외국인비과세율		
	근속기간 계산기준	입사일	
근태기준설정	한달 정상일		30일
	한달 정상시간		240시간
	하루시간		8시간
	월일수 산정	한달정상일	
신고기준설정	원천세 신고유형	본점일괄신고	
	이행상황신고서집계방식	귀속연월	
	지방소득세/주민세(종업원분)집…	귀속,지급연월	
사업/기타/이자…	전표생성체크여부	부	

TIP 월일: 지정된 근무일수보다 미달하는 경우 일의 방식, 초과하는 경우 월의 방식으로 급여 지급

06 ③

'급여구분: 급여, 특별급여', '지급/공제구분: 지급', '귀속연도: 2024' 입력 후 우측 상단의 '마감취소'를 클릭하여 조회된 내용을 확인한다.

| 오답 풀이 |

① 'P00.기본급'은 각 근로자마다 책정된 임금의 월급에 해당하는 금액이 지급된다.

② 근로자에게 자녀가 존재하는 경우 'P02.가족수당'으로 30,000원이 지급된다.

④ 재직구분이 'J06.육아휴직'인 근로자는 'P40.육아수당'으로 '월급×0.8'의 수당이 지급된다.

[인사/급여관리] – [기초환경설정] – [지급공제항목등록]

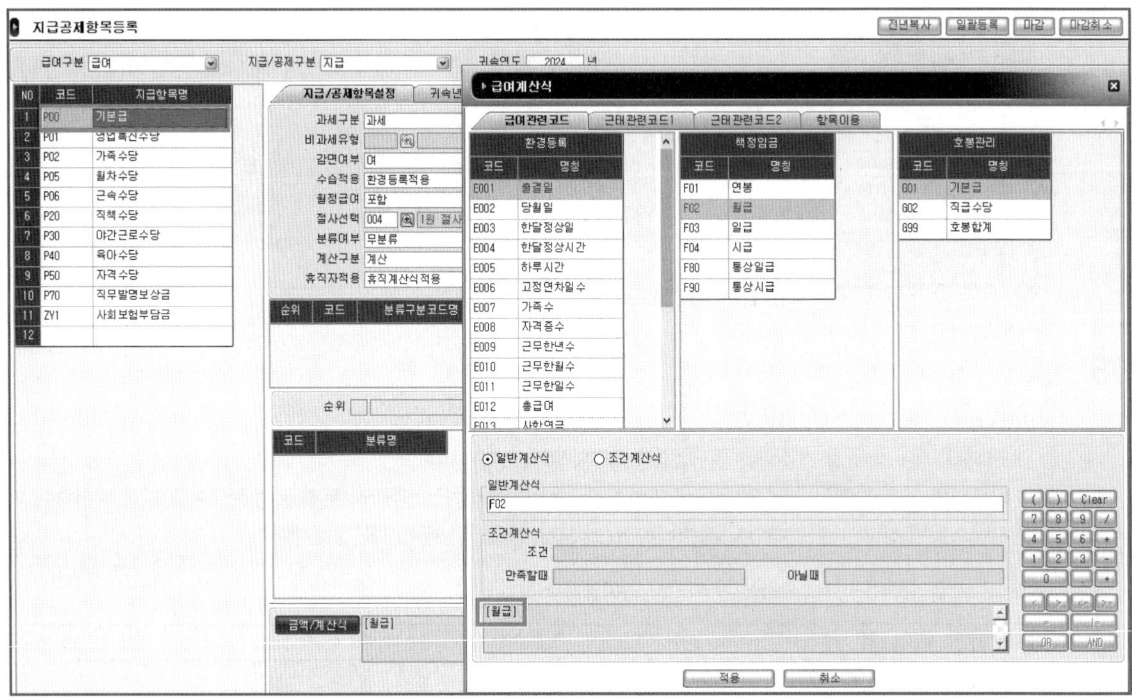

TIP '마감취소'를 클릭하고 '로그인 암호' 입력 창이 뜨면 별도의 입력 없이 '확인'을 누른다.

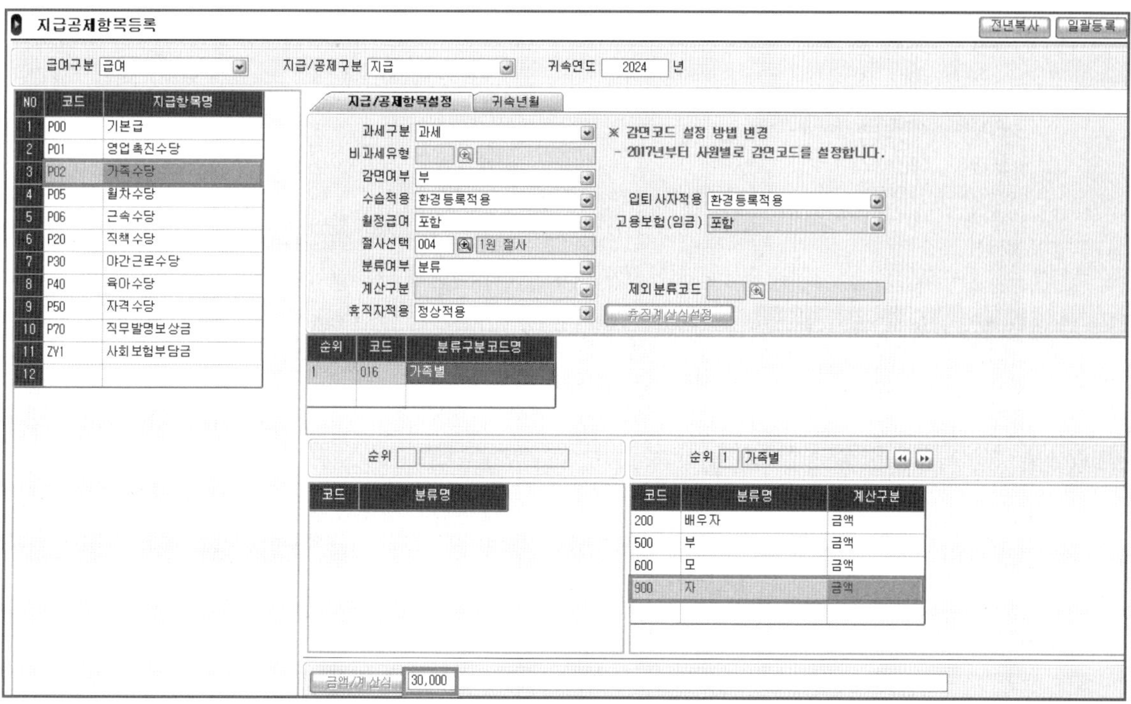

지급공제항목등록
전년복사
일괄등록
급여구분 급여
지급/공제구분 지급
귀속연도 2024 년
NO 코드 지급항목명
1 P00 기본급
2 P01 영업촉진수당
3 P02 가족수당
4 P05 월차수당
5 P06 근속수당
6 P20 직책수당
7 P30 야간근로수당
8 P40 육아수당
9 P50 자격수당
10 P70 직무발명보상금
11 ZY1 사회보험부담금
12
지급/공제항목설정
귀속년월
과세구분 과세
※ 감면코드 설정 방법 변경
- 2017년부터 사원별로 감면코드를 설정합니다.
비과세유형
감면여부 부
수습적용 환경등록적용
입퇴사자적용 환경등록적용
월정급여 포함
고용보험(임금) 포함
절사선택 004 1원 절사
분류여부 분류
계산구분
제외분류코드
휴직자적용 정상적용
휴직계산식설정
순위 코드 분류구분코드명
1 016 가족별
순위
순위 1 가족별
코드 분류명
코드 분류명 계산구분
200 배우자 금액
500 부 금액
600 모 금액
900 자 금액
금액/계산식 30,000

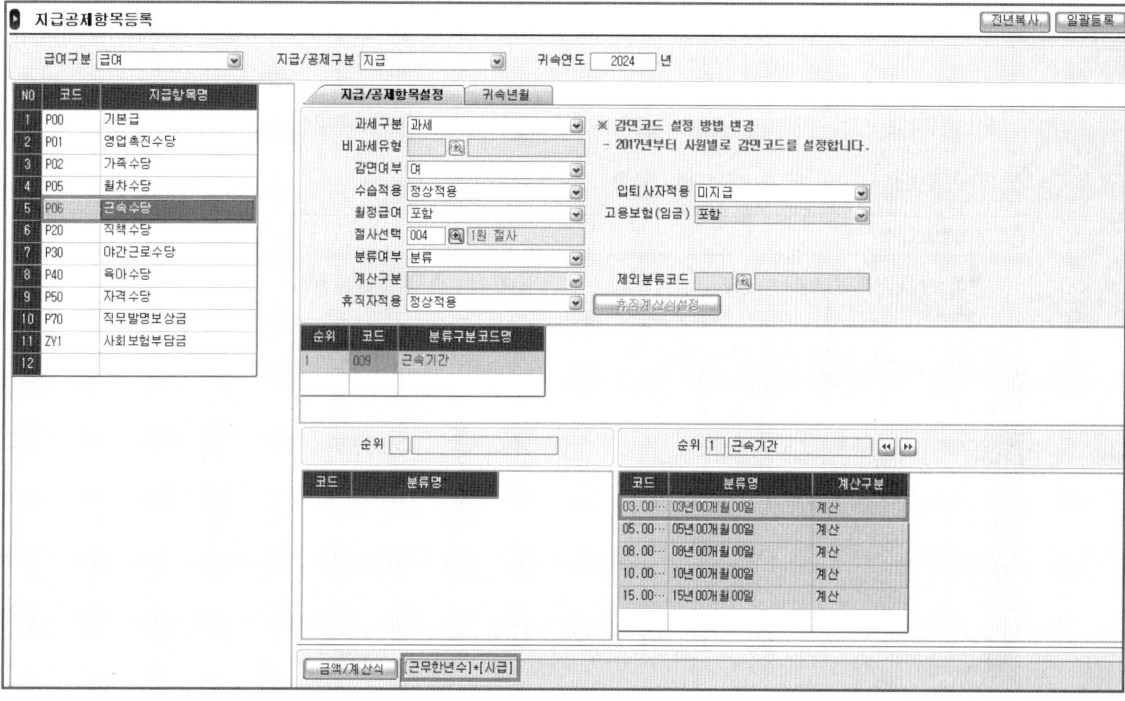

지급공제항목등록
전년복사
일괄등록
급여구분 급여
지급/공제구분 지급
귀속연도 2024 년
NO 코드 지급항목명
1 P00 기본급
2 P01 영업촉진수당
3 P02 가족수당
4 P05 월차수당
5 P06 근속수당
6 P20 직책수당
7 P30 야간근로수당
8 P40 육아수당
9 P50 자격수당
10 P70 직무발명보상금
11 ZY1 사회보험부담금
12
지급/공제항목설정
귀속년월
과세구분 과세
※ 감면코드 설정 방법 변경
- 2017년부터 사원별로 감면코드를 설정합니다.
비과세유형
감면여부 여
수습적용 정상적용
입퇴사자적용 미지급
월정급여 포함
고용보험(임금) 포함
절사선택 004 1원 절사
분류여부 분류
계산구분
제외분류코드
휴직자적용 정상적용
휴직계산식설정
순위 코드 분류구분코드명
1 009 근속기간
순위
순위 1 근속기간
코드 분류명
코드 분류명 계산구분
03.00… 03년00개월00일 계산
05.00… 05년00개월00일 계산
08.00… 08년00개월00일 계산
10.00… 10년00개월00일 계산
15.00… 15년00개월00일 계산
금액/계산식 [근무한년수]*[시급]

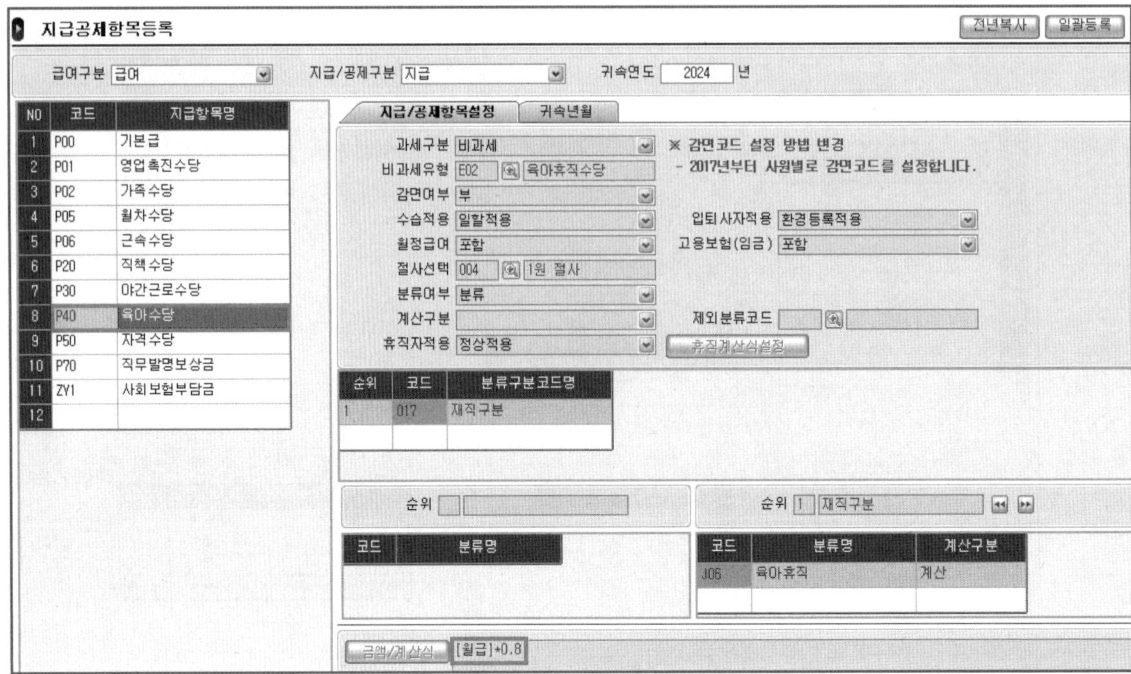

07 ②

[인사정보등록] 메뉴에서 '20110401.강민주' 사원의 인적정보 탭, 재직정보 탭, 급여정보 탭의 각 정보를 확인한다.
② '20110401.강민주' 사원의 입사일과 그룹입사일은 모두 2013/05/01로 동일하며, 수습기간을 거친 이력은 없다.

[인사/급여관리] – [인사관리] – [인사정보등록]

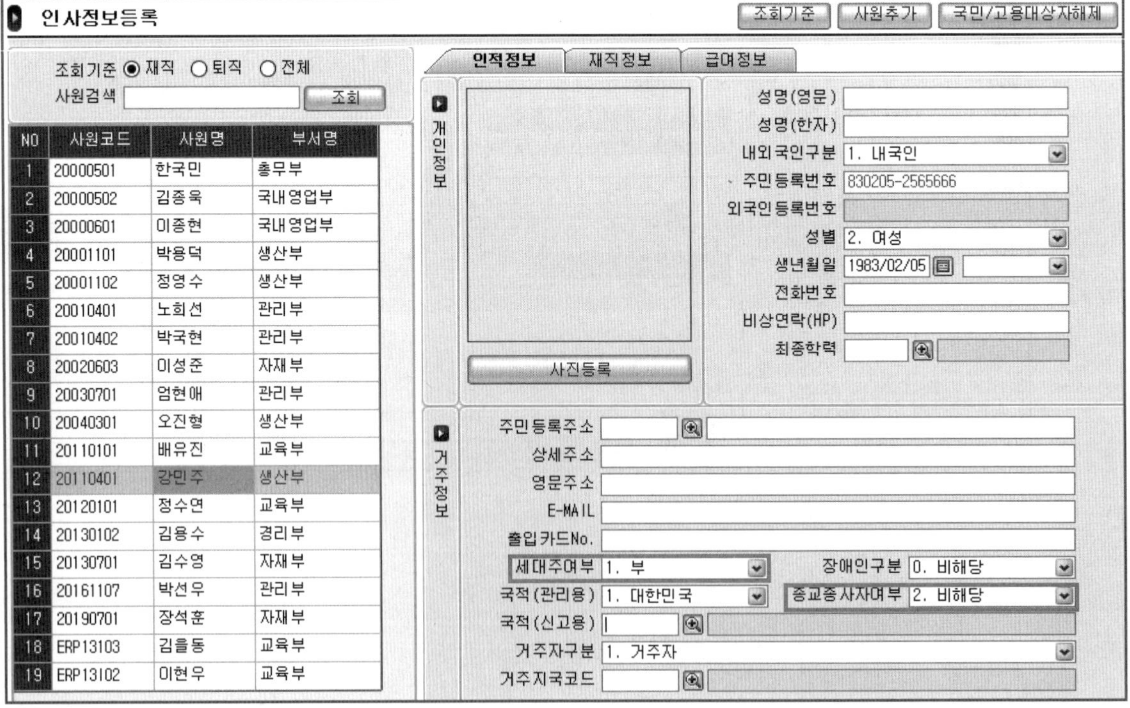

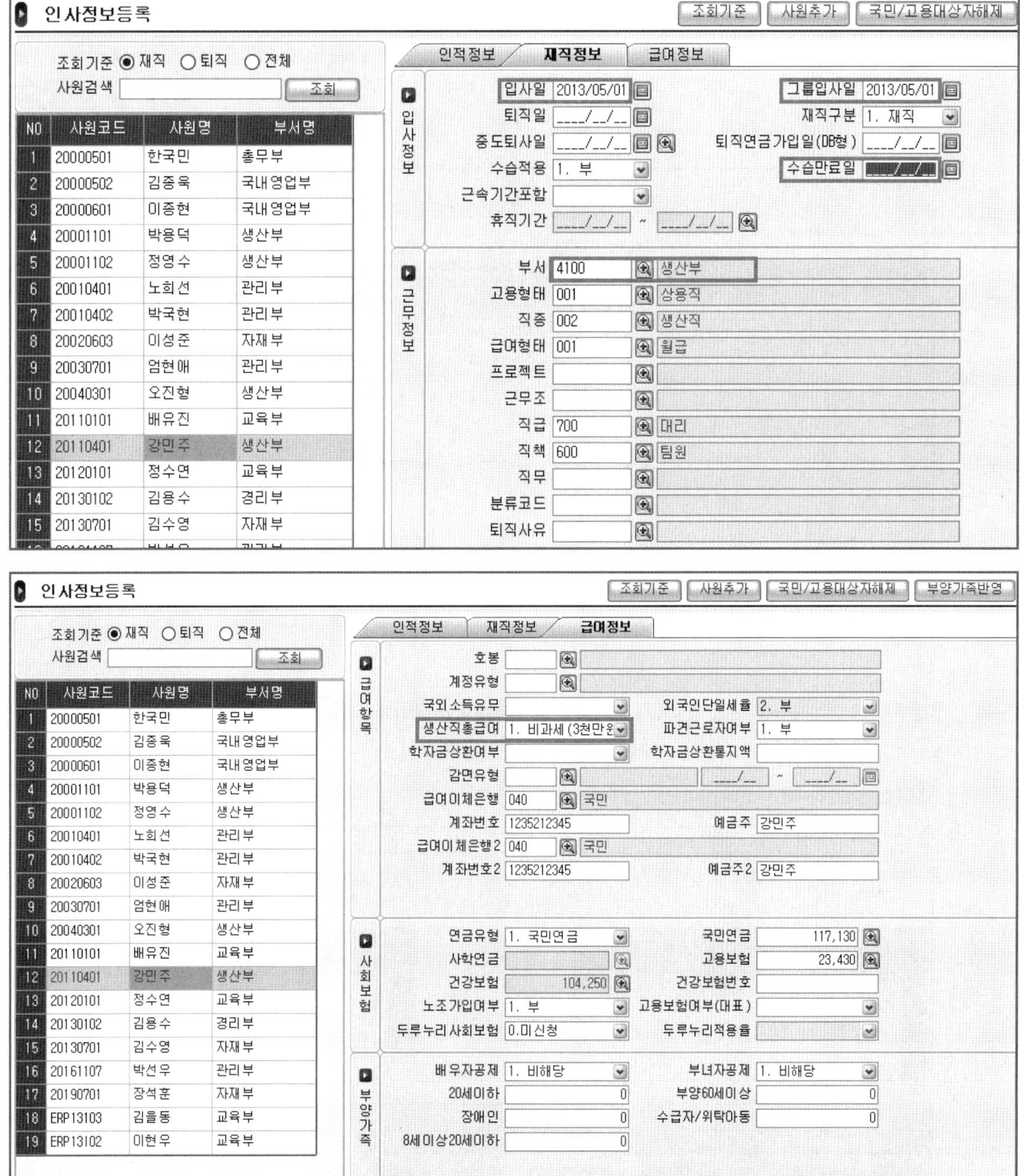

TIP 책정임금의 금액란에 커서를 두고 Ctrl+F3을 눌러 임금을 확인한다. 이때 '로그인 암호' 창에 뜨면 암호 입력 없이 '확인'을 누른다.

08 ①

'교육기간: 2024/10/01~2024/12/31'입력 후 교육별사원현황 탭에서 '990.2024년 법정의무교육'의 이수여부를 확인한다.

[인사/급여관리] – [인사관리] – [교육현황]

09 ④

'발령호수: 20241001'를 입력하여 각각의 사원별 발령내역을 확인한다.
④ 현재 '해외영업부' 소속인 'ERP13102.이호재'의 직책도 변경된다.

[인사/급여관리] – [인사관리] – [인사발령(사원별)]

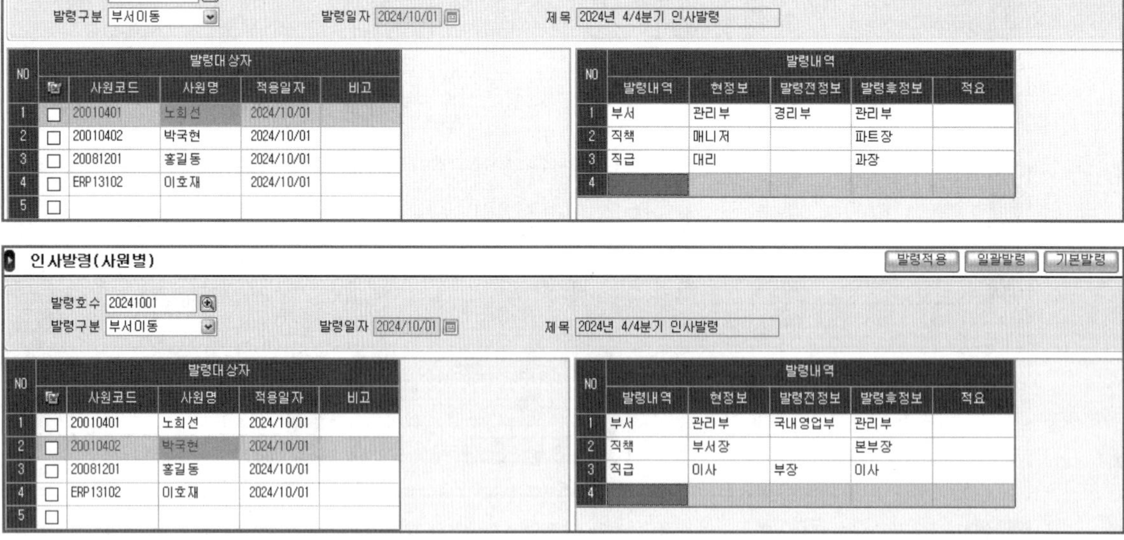

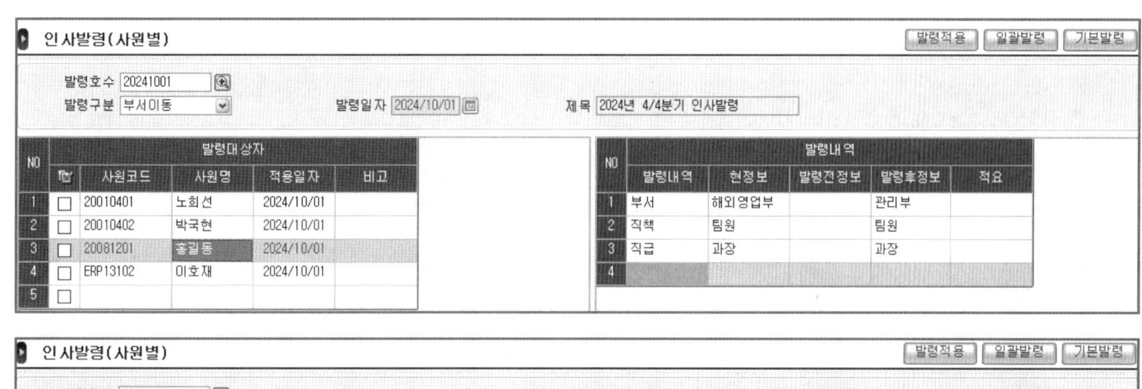

인사발령(사원별) 발령적용 | 일괄발령 | 기본발령

발령호수 20241001
발령구분 부서이동　발령일자 2024/10/01　제목 2024년 4/4분기 인사발령

NO	사원코드	사원명	적용일자	비고
1	20010401	노희선	2024/10/01	
2	20010402	박국현	2024/10/01	
3	20081201	홍길동	2024/10/01	
4	ERP13102	이호재	2024/10/01	
5				

NO	발령내역	현정보	발령전정보	발령후정보	적요
1	부서	해외영업부		관리부	
2	직책	팀원		팀원	
3	직급	과장		과장	
4					

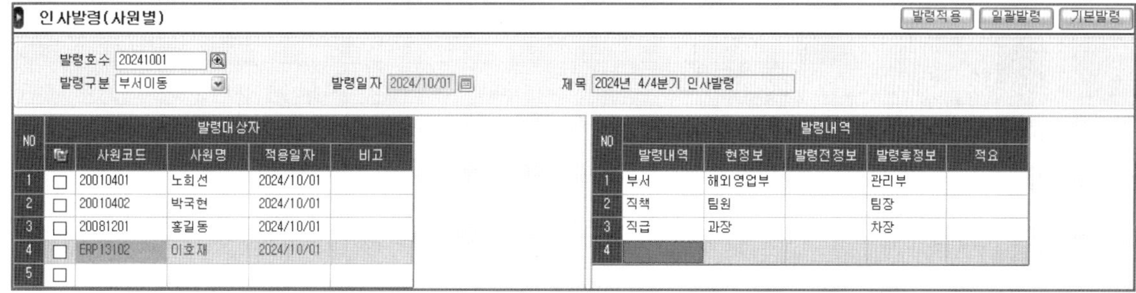

인사발령(사원별) 발령적용 | 일괄발령 | 기본발령

발령호수 20241001
발령구분 부서이동　발령일자 2024/10/01　제목 2024년 4/4분기 인사발령

NO	사원코드	사원명	적용일자	비고
1	20010401	노희선	2024/10/01	
2	20010402	박국현	2024/10/01	
3	20081201	홍길동	2024/10/01	
4	ERP13102	이호재	2024/10/01	
5				

NO	발령내역	현정보	발령전정보	발령후정보	적요
1	부서	해외영업부		관리부	
2	직책	팀원		팀장	
3	직급	과장		차장	
4					

TIP
- 현정보: 현재 정보
- 발령전정보: 현재 정보 이전의 정보
- 발령후정보: 발령 적용 후 변경될 정보

10 ③

'퇴사자: 0.제외', '기준일: 2023/12/31', '년수기준: 1.미만일수 버림', '경력포함: 0.제외'로 조회하여 [보기]에 따라 총 특별근속수당을 계산한다.

- 15년 이상: 150,000원×3명=450,000원
- 20년 이상: 200,000원×7명=1,400,000원

∴ 총 특별근속수당=1,850,000원

[인사/급여관리] – [인사관리] – [근속년수현황]

근속년수현황

사업장　0.부서　퇴사자 0. 제외
기준일 2023/12/31　년수기준 1. 미만일수 버림　경력포함 0. 제외

NO	근속년수
1	1년 이하
2	2년 이하
3	3년 이하
4	4년 이하
5	5년 이하
6	6년 이하
7	7년 이하
8	8년 이하
9	9년 이하
10	10년 이하
11	15년 이하
12	20년 이하
13	25년 이하
14	30년 이하

NO	사원코드	사원명	부서	직책	입사일	년수	주민번호
1	20000601	이종현	국내영업부	본부장	2009/01/01	15년	590108-1836485
2	20040301	오진형	생산부	팀원	2005/04/30	18년8개월	700611-1883746
3	ERP13102	이현우	교육부	매니저	2006/02/10	17년10개월	800215-1556566

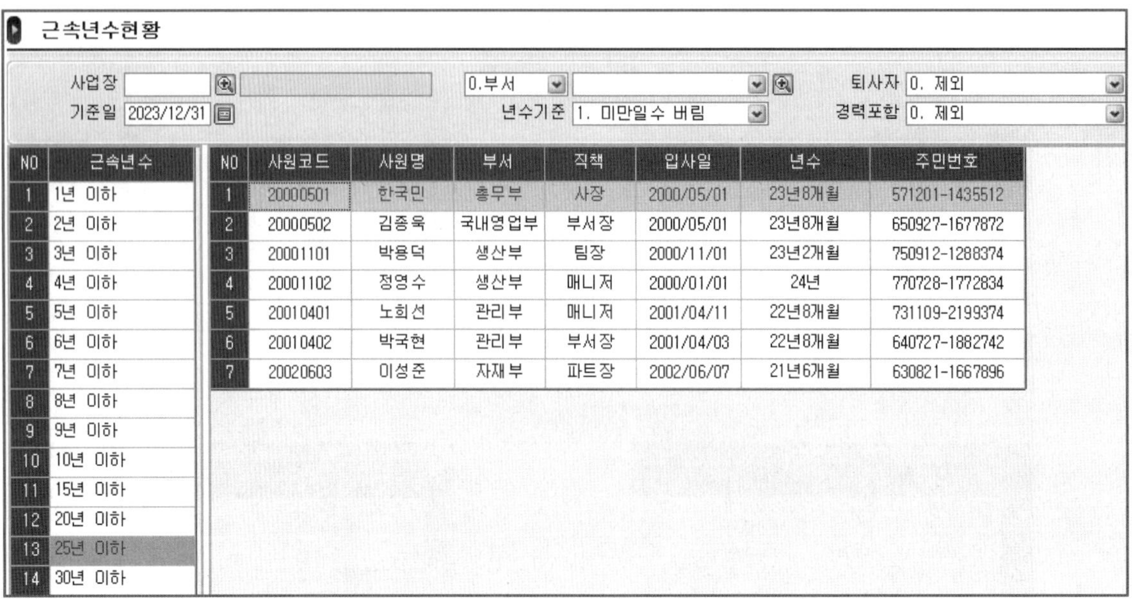

근속년수현황

사업장 | 0.부서 | 퇴사자 0. 제외

기준일 2023/12/31 | 년수기준 1. 미만일수 버림 | 경력포함 0. 제외

NO	근속년수
1	1년 이하
2	2년 이하
3	3년 이하
4	4년 이하
5	5년 이하
6	6년 이하
7	7년 이하
8	8년 이하
9	9년 이하
10	10년 이하
11	15년 이하
12	20년 이하
13	25년 이하
14	30년 이하

NO	사원코드	사원명	부서	직책	입사일	년수	주민번호
1	20000501	한국민	총무부	사장	2000/05/01	23년8개월	571201-1435512
2	20000502	김종욱	국내영업부	부서장	2000/05/01	23년8개월	650927-1677872
3	20001101	박용덕	생산부	팀장	2000/11/01	23년2개월	750912-1288374
4	20001102	정영수	생산부	매니저	2000/01/01	24년	770728-1772834
5	20010401	노희선	관리부	매니저	2001/04/11	22년8개월	731109-2199374
6	20010402	박국현	관리부	부서장	2001/04/03	22년8개월	640727-1882742
7	20020603	이성준	자재부	파트장	2002/06/07	21년6개월	630821-1667896

11 ②

'정수연' 사원의 재직정보 탭에 [보기]와 같이 휴직내용을 설정한 후 ESC를 눌러 창을 닫고 변경내용을 저장한다.

[인사/급여관리] – [인사관리] – [인사정보등록]

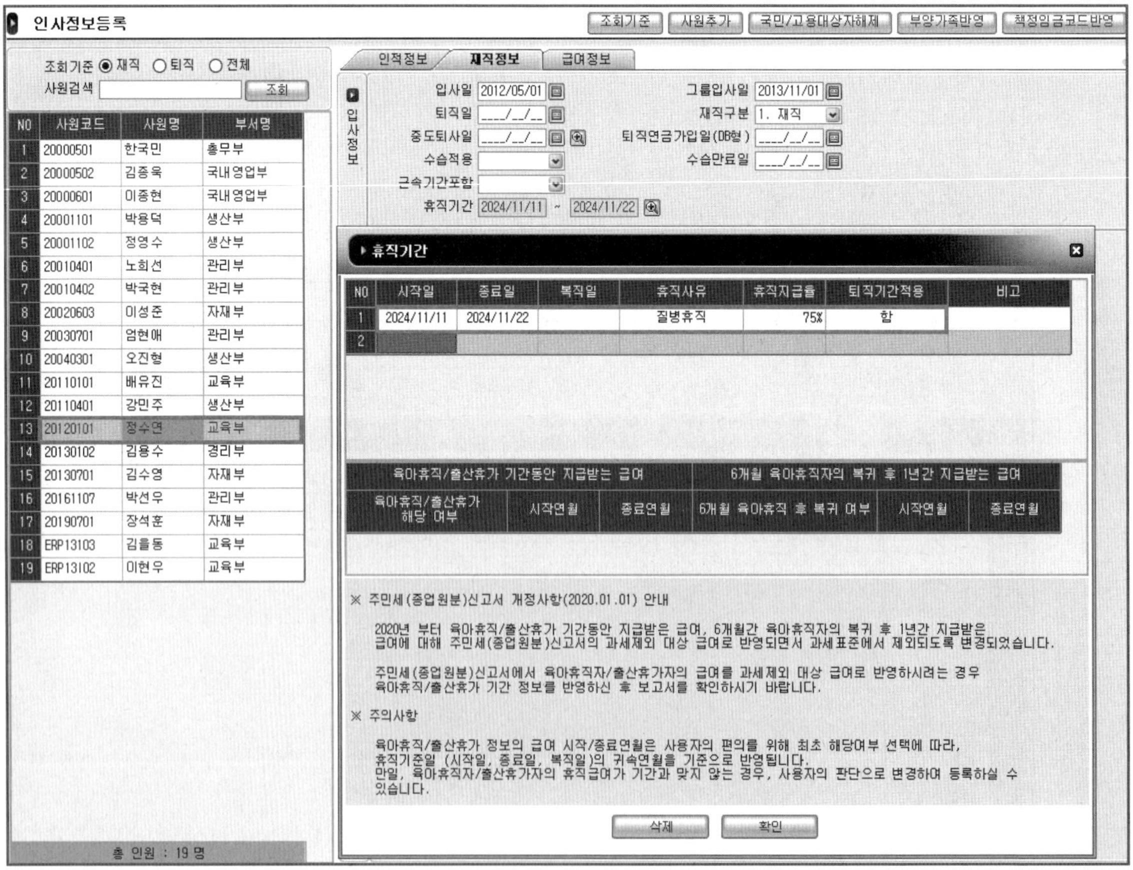

인사정보등록 | 조회기준 | 사원추가 | 국민/고용대상자해제 | 부양가족반영 | 책정임금코드반영

조회기준 ◉재직 ○퇴직 ○전체

사원검색 [조회]

NO	사원코드	사원명	부서명
1	20000501	한국민	총무부
2	20000502	김종욱	국내영업부
3	20000601	이종현	국내영업부
4	20001101	박용덕	생산부
5	20001102	정영수	생산부
6	20010401	노희선	관리부
7	20010402	박국현	관리부
8	20020603	이성준	자재부
9	20030701	엄현애	관리부
10	20040301	오진형	생산부
11	20110101	배유진	교육부
12	20110401	강민주	생산부
13	20120101	정수연	교육부
14	20130102	김용수	경리부
15	20130701	김수영	자재부
16	20161107	박선우	관리부
17	20190701	장석훈	자재부
18	ERP13103	김읍동	교육부
19	ERP13102	이현우	교육부

총 인원 : 19 명

인적정보 | 재직정보 | 급여정보

입사정보

입사일 2012/05/01 | 그룹입사일 2013/11/01

퇴직일 ____/__/__ | 재직구분 1. 재직

중도퇴사일 ____/__/__ | 퇴직연금가입일(DB형) ____/__/__

수습적용 | 수습만료일 ____/__/__

근속기간포함

휴직기간 2024/11/11 ~ 2024/11/22

휴직기간

NO	시작일	종료일	복직일	휴직사유	휴직지급율	퇴직기간적용	비고
1	2024/11/11	2024/11/22		질병휴직	75%	함	
2							

육아휴직/출산휴가 기간동안 지급받는 급여			6개월 육아휴직자의 복귀 후 1년간 지급받는 급여		
육아휴직/출산휴가 해당 여부	시작연월	종료연월	6개월 육아휴직 후 복귀 여부	시작연월	종료연월

※ 주민세(종업원분)신고서 개정사항(2020.01.01) 안내

2020년 부터 육아휴직/출산휴가 기간동안 지급받은 급여, 6개월간 육아휴직자의 복귀 후 1년간 지급받은 급여에 대해 주민세(종업원분)신고서의 과세제외 대상 급여로 반영되면서 과세표준에서 제외되도록 변경되었습니다.

주민세(종업원분)신고서에서 육아휴직자/출산휴가자의 급여를 과세제외 대상 급여로 반영하시려는 경우 육아휴직/출산휴가 기간 정보를 반영하신 후 보고서를 확인하시기 바랍니다.

※ 주의사항

육아휴직/출산휴가 정보의 급여 시작/종료연월은 사용자의 편의를 위해 최초 해당여부 선택에 따라, 휴직기준일 (시작일, 종료일, 복직일)의 귀속연월을 기준으로 반영됩니다.
만일, 육아휴직자/출산휴가자의 휴직급여가 기간과 맞지 않는 경우, 사용자의 판단으로 변경하여 등록하실 수 있습니다.

[삭제] [확인]

'귀속연월: 2024/11', '지급일: 1.급여'로 조회한 후 전체 사원에 체크하고 우측 상단의 '급여계산'을 적용한다. 하단 급여 총액 탭에서 과세를 확인한다.

[인사/급여관리] – [급여관리] – [상용직급여입력및계산]

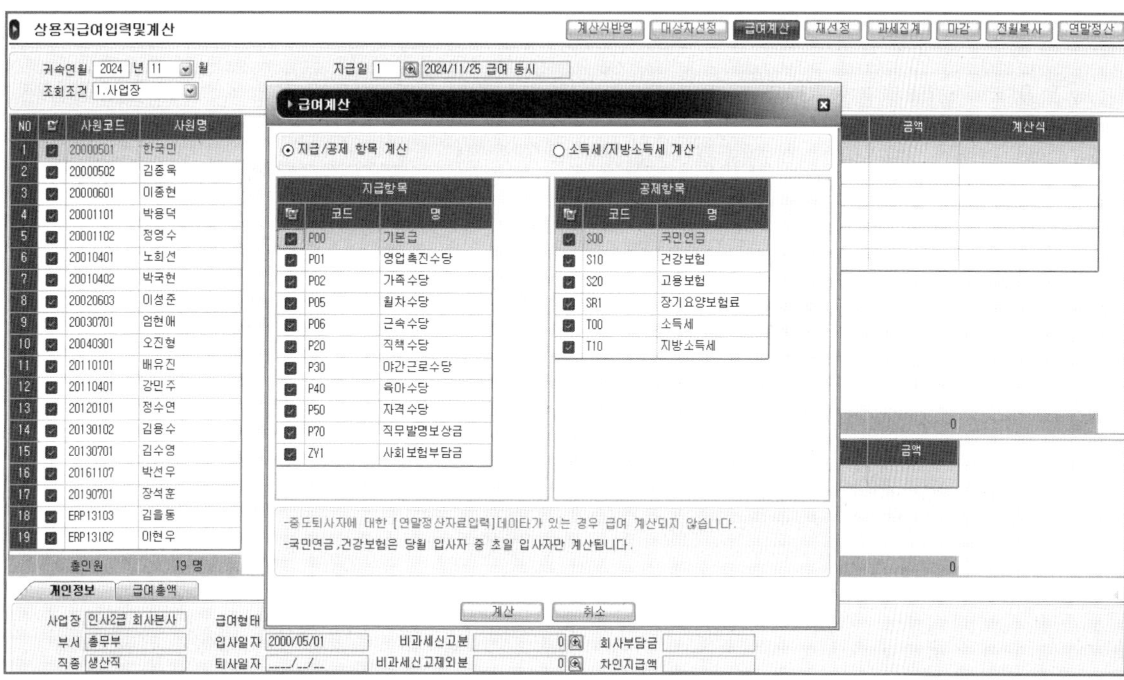

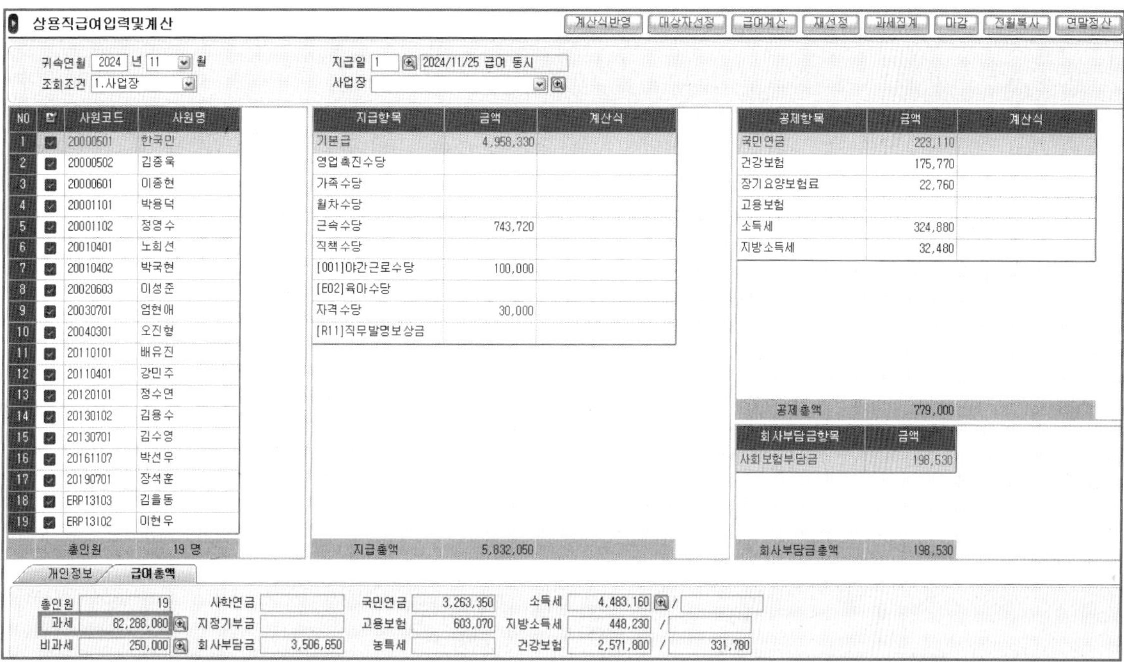

12 ①

'귀속연월: 2024/11'을 입력 후 [보기]에 따라 '지급일자: 2024/12/10', '동시발행: 분리', '대상자선정: 직종및급여형태별', '급여구분: 특별급여'로 조회한 후 우측 상단의 '일괄등록'을 적용하여 [보기]와 같이 특별급여대상을 설정한다.

[인사/급여관리] – [기초환경설정] – [급/상여지급일자등록]

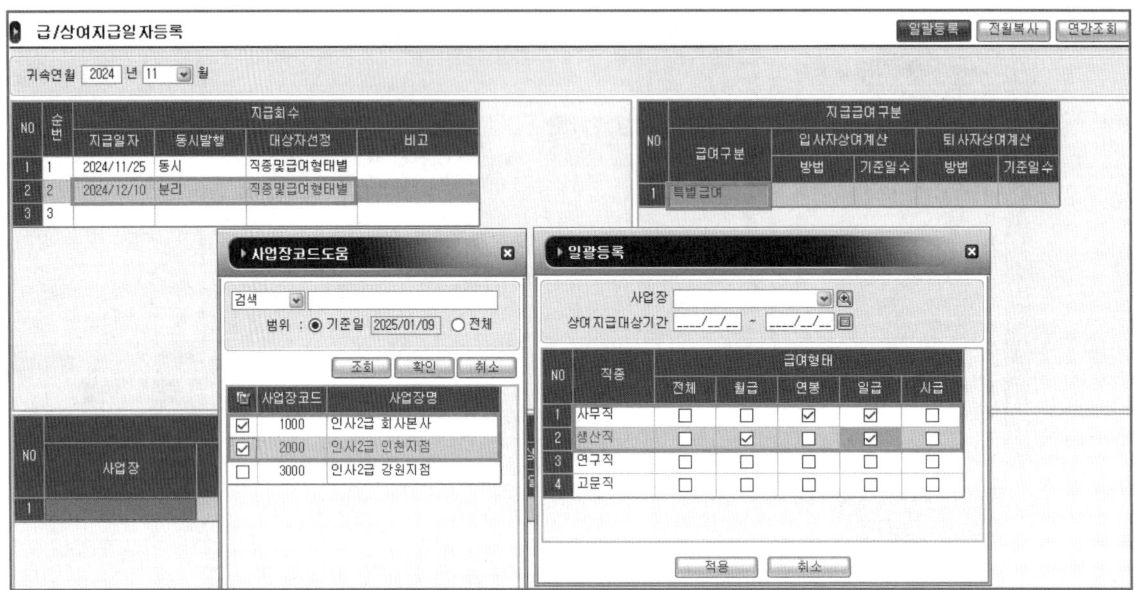

'귀속연월: 2024/11', '지급일: 2.특별급여'로 조회한 후 전체 사원에 체크하고 우측 상단의 '급여계산'을 적용한다. '20161107.박선우' 사원을 클릭한 후 하단 급여총액 탭에서 과세를 확인한다.

[인사/급여관리] – [급여관리] – [상용직급여입력및계산]

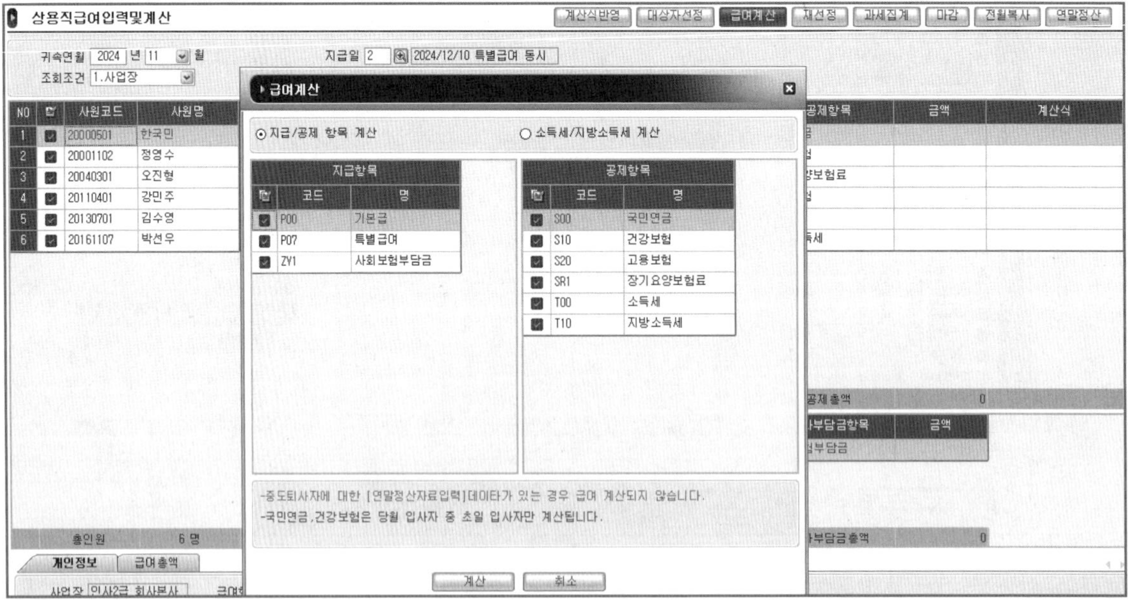

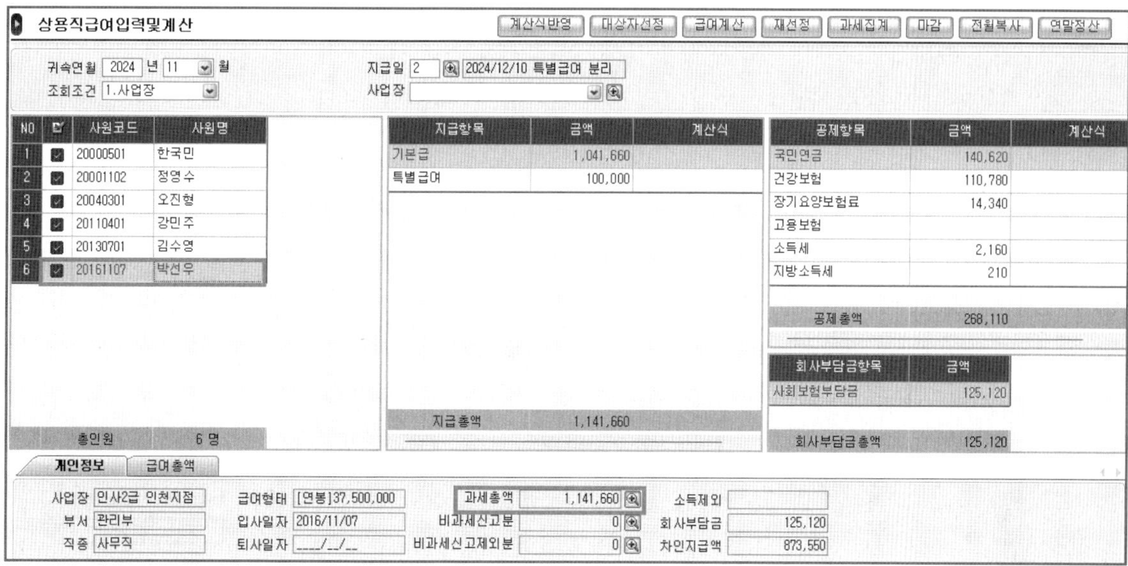

13 ②

'김수영' 사원의 급여정보 탭 하단 책정임금 금액란에 커서를 두고 Ctrl+F3를 눌러 시급을 확인한다.

[인사/급여관리] – [인사관리] – [인사정보등록]

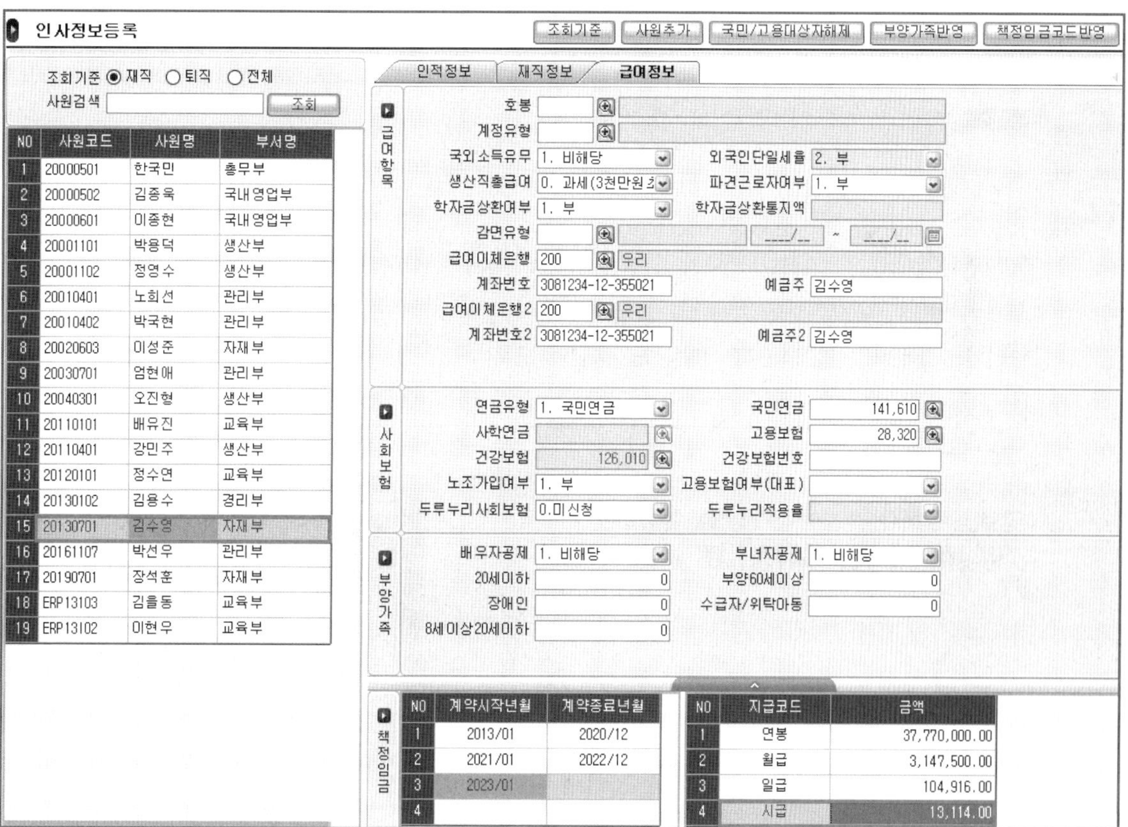

'귀속연월: 2024/10', '지급일: 1.급여'로 조회하여 '김수영' 사원의 근태 내역을 확인하고 [보기]의 계산식을 이용하여 공제금액을 계산한다.

• 책정임금 시급: 13,114원
• 공제금액: (지각시간 1시간 45분 + 조퇴시간 4시간 + 외출시간 2시간 45분) × 책정임금 시급 13,114원
  = 8.5(8시간 30분) × 13,114원
  = 111,460원(111,469)

[인사/급여관리] – [급여관리] – [근태결과입력]

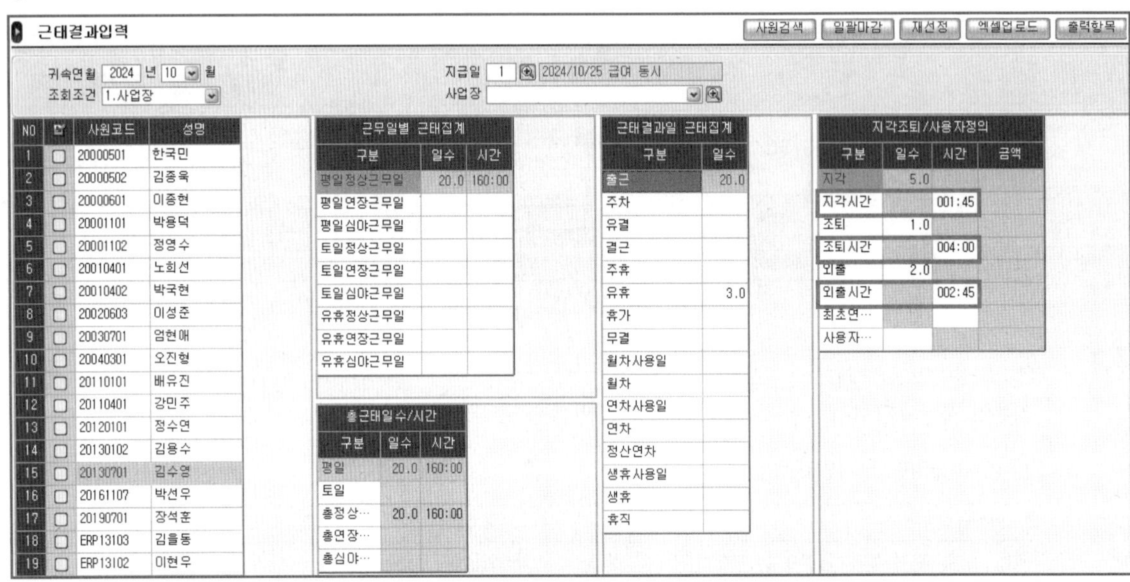

TIP 15분 = 0.25, 30분 = 0.5, 45분 = 0.75, 1시간 = 1

14 ①

'귀속연월: 2024/11', '지급일: 1.매일지급', '부서: 1200.경리부, 4100.생산부', '급여형태: 004.시급'으로 조회한 후 전체 사원에 체크하여 '추가'한다.

[인사/급여관리] – [일용직관리] – [일용직급여지급일자등록]

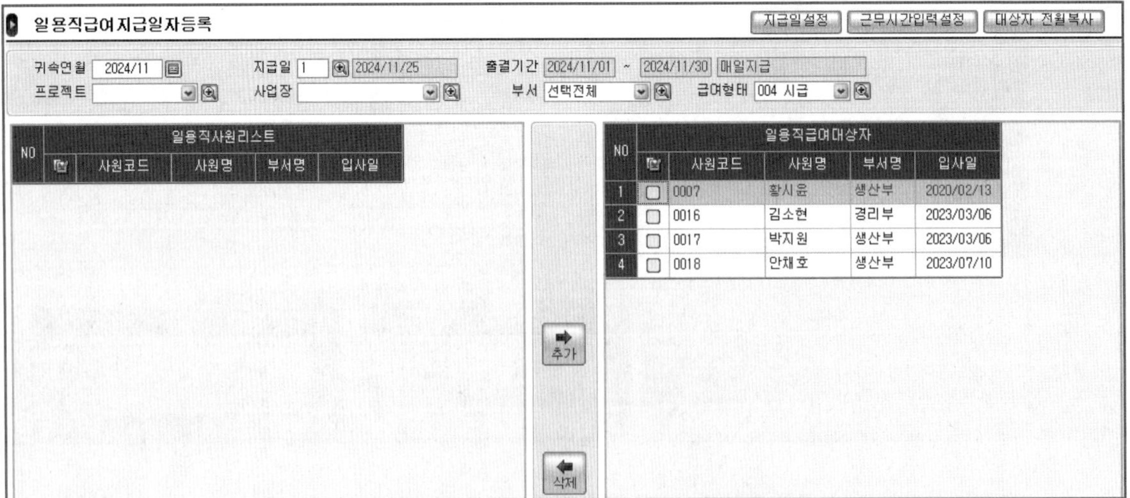

'귀속연월: 2024/11', '지급일: 1.매일지급'으로 조회한 후 전체 사원에 체크한다. 우측 상단의 '일괄적용'을 클릭하여 [보기]와 같이 평일 9시간과 비과세 12,000원, 토요일 4시간을 적용한 후, 하단의 월지급액, 개인정보, 급여총액 탭의 정보를 확인한다.

① 해당 지급일자의 실지급액은 19,136,310원이다.

[인사/급여관리] – [일용직관리] – [일용직급여입력및계산]

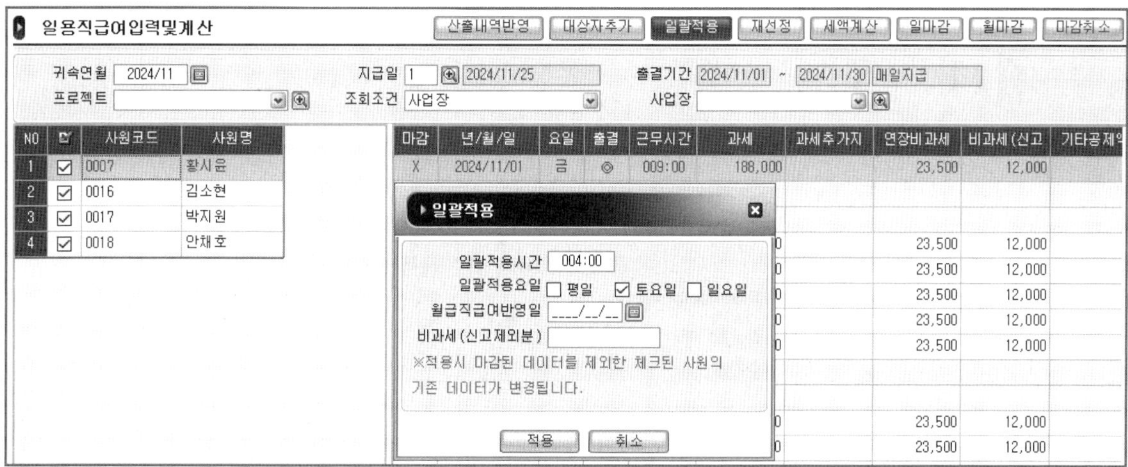

일용직급여입력및계산

산출내역반영 | 대상자추가 | 일괄적용 | 재선정 | 세액계산 | 일마감 | 월마감 | 마감취소 | 메일전송

귀속연월 2024/11 | 지급일 1 2024/11/25 | 출결기간 2024/11/01 ~ 2024/11/30 매일지급

프로젝트 | 조회조건 사업장 | 사업장

NO	사원코드	사원명
1	0007	황시윤
2	0016	김소현
3	0017	박지원
4	0018	안채호
총인원		4 명

마감	년/월/일	요일	출결	근무시간	과세	과세추가지	연장비과세	비과세(신고	기타공제액
X	2024/11/01	금	◎	009:00	188,000		23,500	12,000	
X	2024/11/02	토	◎	004:00	94,000				
X	2024/11/03	일	X	000:00					
X	2024/11/04	월	◎	009:00	188,000		23,500	12,000	
X	2024/11/05	화	◎	009:00	188,000		23,500	12,000	
X	2024/11/06	수	◎	009:00	188,000		23,500	12,000	
X	2024/11/07	목	◎	009:00	188,000		23,500	12,000	
X	2024/11/08	금	◎	009:00	188,000		23,500	12,000	
X	2024/11/09	토	◎	004:00	94,000				
X	2024/11/10	일	X	000:00					
X	2024/11/11	월	◎	009:00	188,000		23,500	12,000	
합계				209:00	4,418,000	0	493,500	252,000	0

월지급액 | 개인정보 | 산출내역 | **급여총액**

지급인원	4	비과세신고제외분	1,008,000	국민연금	695,470	소득세	105,840
과세총액	18,279,140	회사부담금	787,390	건강보험	552,020	지방소득세	10,500
비과세신고분	1,448,370	고용보험	163,900	장기요양보험	71,470	차인지급액	19,136,310

일용직급여입력및계산

산출내역반영 | 대상자추가 | 일괄적용 | 재선정 | 세액계산 | 일마감 | 월마감 | 마감취소 | 메일전송

귀속연월 2024/11 | 지급일 1 2024/11/25 | 출결기간 2024/11/01 ~ 2024/11/30 매일지급

프로젝트 | 조회조건 사업장 | 사업장

NO	사원코드	사원명
1	0007	황시윤
2	0016	김소현
3	0017	박지원
4	0018	안채호
총인원		4 명

마감	년/월/일	요일	출결	근무시간	과세	과세추가지	연장비과세	비과세(신고	기타공제액
X	2024/11/01	금	◎	009:00	228,780			12,000	
X	2024/11/02	토	◎	004:00	101,680				
X	2024/11/03	일	X	000:00					
X	2024/11/04	월	◎	009:00	228,780			12,000	
X	2024/11/05	화	◎	009:00	228,780			12,000	
X	2024/11/06	수	◎	009:00	228,780			12,000	
X	2024/11/07	목	◎	009:00	228,780			12,000	
X	2024/11/08	금	◎	009:00	228,780			12,000	
X	2024/11/09	토	◎	004:00	101,680				
X	2024/11/10	일	X	000:00					
X	2024/11/11	월	◎	009:00	228,780			12,000	
합계				209:00	5,312,780	0	0	252,000	0

월지급액 | 개인정보 | 산출내역 | 급여총액

과세총액	5,312,780	회사부담금	270,410	고용보험	47,600	소득세	44,520
비과세신고분		기타공제액		국민연금	250,380	지방소득세	4,410
비과세신고제외분	252,000	건강보험	197,270	장기요양보험	25,540	차인지급액	4,995,060

일용직급여입력및계산

산출내역반영 | 대상자추가 | 일괄적용 | 재선정 | 세액계산 | 일마감 | 월마감 | 마감취소 | 메일전송

귀속연월 2024/11 | 지급일 1 2024/11/25 | 출결기간 2024/11/01 ~ 2024/11/30 매일지급

프로젝트 | 조회조건 사업장 | 사업장

NO	사원코드	사원명
1	0007	황시윤
2	0016	김소현
3	0017	박지원
4	0018	안채호
총인원		4 명

마감	년/월/일	요일	출결	근무시간	과세	과세추가지	연장비과세	비과세(신고	기타공제액
X	2024/11/01	금	◎	009:00	188,000		23,500	12,000	
X	2024/11/02	토	◎	004:00	94,000				
X	2024/11/03	일	X	000:00					
X	2024/11/04	월	◎	009:00	188,000		23,500	12,000	
X	2024/11/05	화	◎	009:00	188,000		23,500	12,000	
X	2024/11/06	수	◎	009:00	188,000		23,500	12,000	
X	2024/11/07	목	◎	009:00	188,000		23,500	12,000	
X	2024/11/08	금	◎	009:00	188,000		23,500	12,000	
X	2024/11/09	토	◎	004:00	94,000				
X	2024/11/10	일	X	000:00					
X	2024/11/11	월	◎	009:00	188,000		23,500	12,000	
합계				209:00	4,418,000	0	493,500	252,000	0

월지급액 | 개인정보 | 산출내역 | 급여총액

과세총액	4,418,000	회사부담금	39,690	고용보험	39,690	소득세	21,420
비과세신고분	493,500	기타공제액		국민연금		지방소득세	2,100
비과세신고제외분	252,000	건강보험		장기요양보험		차인지급액	5,100,290

일용직급여입력및계산

산출내역반영 | 대상자추가 | 일괄적용 | 재선정 | 세액계산 | 일마감 | 월마감 | 마감취소 | 메일전송

귀속연월 2024/11 　지급일 1 2024/11/25 　출결기간 2024/11/01 ~ 2024/11/30 매일지급

프로젝트 　조회조건 사업장 　사업장

NO		사원코드	사원명
1	☑	0007	황시윤
2	☑	0016	김소현
3	☑	0017	박지원
4	☑	0018	안채호
	총인원		4 명

마감	년/월/일	요일	출결	근무시간	과세	과세추가지	연장비과세	비과세(신고	기타공제액
X	2024/11/01	금	◎	009:00	143,120		17,890	12,000	
X	2024/11/02	토	◎	004:00	71,560				
X	2024/11/03	일	X	000:00					
X	2024/11/04	월	◎	009:00	143,120		17,890	12,000	
X	2024/11/05	화	◎	009:00	143,120		17,890	12,000	
X	2024/11/06	수	◎	009:00	143,120		17,890	12,000	
X	2024/11/07	목	◎	009:00	143,120		17,890	12,000	
X	2024/11/08	금	◎	009:00	143,120		17,890	12,000	
X	2024/11/09	토	◎	004:00	71,560				
X	2024/11/10	일	X	000:00					
X	2024/11/11	월	◎	009:00	143,120		17,890	12,000	
	합계			209:00	3,363,320	0	375,690	252,000	0

월지급액 | 개인정보 | 산출내역 | 급여총액

사업장	인사2급 인천지점	시간단가	17,890	프로젝트		근무일수	26 / 30
부서	생산부	입사일자	2023/03/06	생산직적용여부	함	귀속월총액	3,991,010
급여형태	시급	퇴사일자	____/__/__	계좌이체은행	현금	출결일총액	3,991,010

일용직급여입력및계산

산출내역반영 | 대상자추가 | 일괄적용 | 재선정 | 세액계산 | 일마감 | 월마감 | 마감취소 | 메일전송

귀속연월 2024/11 　지급일 1 2024/11/25 　출결기간 2024/11/01 ~ 2024/11/30 매일지급

프로젝트 　조회조건 사업장 　사업장

NO		사원코드	사원명
1	☑	0007	황시윤
2	☑	0016	김소현
3	☑	0017	박지원
4	☑	0018	안채호
	총인원		4 명

마감	년/월/일	요일	출결	근무시간	과세	과세추가지	연장비과세	비과세(신고	기타공제액
X	2024/11/01	금	◎	009:00	220,640		27,580	12,000	
X	2024/11/02	토	◎	004:00	110,320				
X	2024/11/03	일	X	000:00					
X	2024/11/04	월	◎	009:00	220,640		27,580	12,000	
X	2024/11/05	화	◎	009:00	220,640		27,580	12,000	
X	2024/11/06	수	◎	009:00	220,640		27,580	12,000	
X	2024/11/07	목	◎	009:00	220,640		27,580	12,000	
X	2024/11/08	금	◎	009:00	220,640		27,580	12,000	
X	2024/11/09	토	◎	004:00	110,320				
X	2024/11/10	일	X	000:00					
X	2024/11/11	월	◎	009:00	220,640		27,580	12,000	
	합계			209:00	5,185,040	0	579,180	252,000	0

월지급액 | 개인정보 | 산출내역 | 급여총액

사업장	인사2급 인천지점	시간단가	27,580	프로젝트		근무일수	26 / 30
부서	생산부	입사일자	2023/07/10	생산직적용여부	함	귀속월총액	6,016,220
급여형태	시급	퇴사일자	____/__/__	계좌이체은행	현금	출결일총액	6,016,220

15 ④

'0019.류성준' 사원을 선택한 후 '생산직비과세적용: 함', '국민/건강/고용보험여부: 여'로 변경한다.

[인사/급여관리] – [일용직관리] – [일용직사원등록]

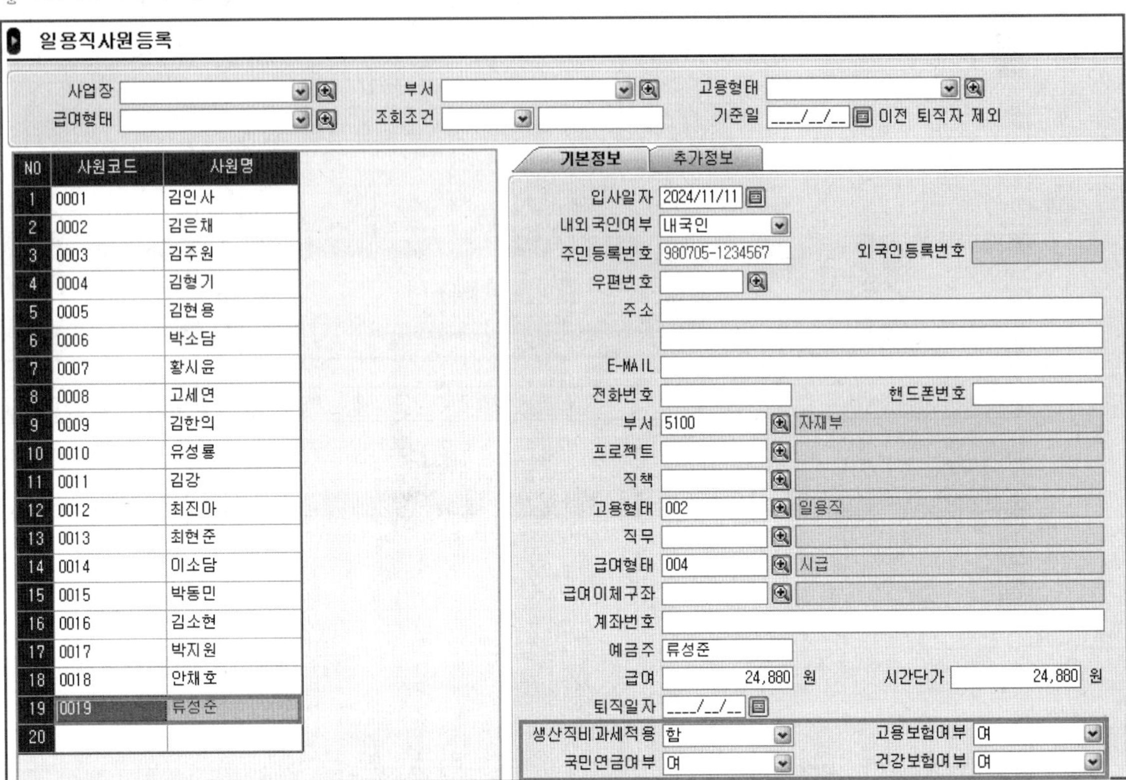

'귀속연월: 2024/11', '지급일: 2.일정기간지급'으로 조회한 후 전체 사원에 체크한다. [보기]와 같이 평일 10시간과 비과세 10,000원, 토요일 2시간을 각각 '일괄적용'하여 하단 급여총액 탭의 차인지급액을 확인한다.

[인사/급여관리] – [일용직관리] – [일용직급여입력및계산]

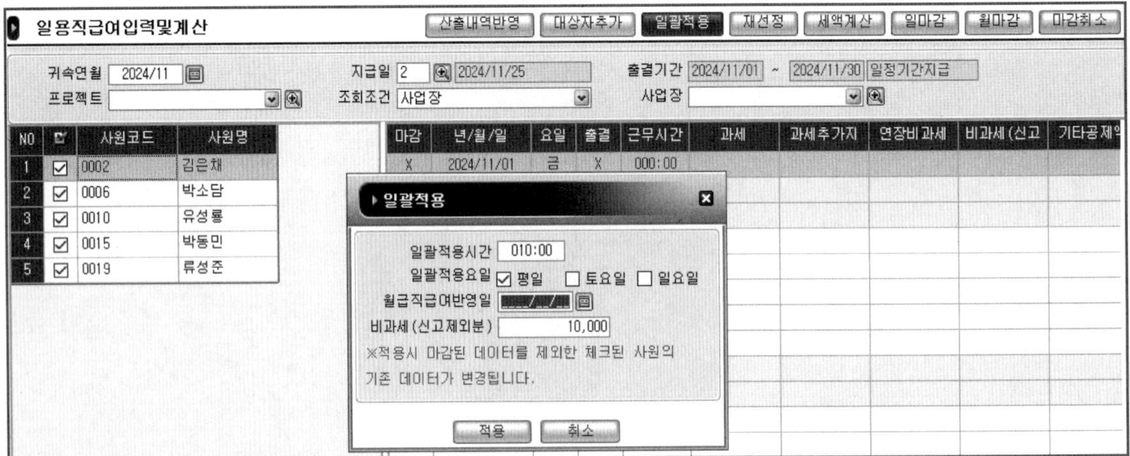

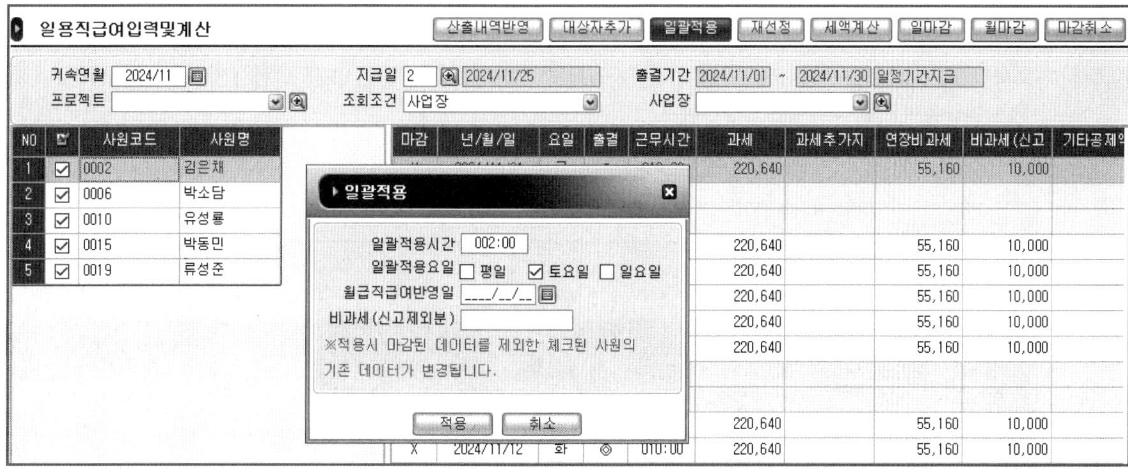
일용직급여입력및계산
산출내역반영 대상자추가 일괄적용 재선정 세액계산 일마감 월마감 마감취소
귀속연월 2024/11
지급일 2 2024/11/25
출결기간 2024/11/01 ~ 2024/11/30 일정기간지급
프로젝트
조회조건 사업장
사업장
NO 사원코드 사원명
1 0002 김은채
2 0006 박소담
3 0010 유성룡
4 0015 박동민
5 0019 류성준
마감 년/월/일 요일 출결 근무시간 과세 과세추가지 연장비과세 비과세(신고 기타공제의
일괄적용
일괄적용시간 002:00
일괄적용요일 평일 토요일 일요일
월급직급여반영일 ____/__/__
비과세(신고제외분)
※적용시 마감된 데이터를 제외한 체크된 사원의 기존 데이터가 변경됩니다.
적용 취소
X 2024/11/12 화 ◎ 010:00 220,640 55,160 10,000

일용직급여입력및계산
산출내역반영 대상자추가 일괄적용 재선정 세액계산 일마감 월마감 마감취소
귀속연월 2024/11
지급일 2 2024/11/25
출결기간 2024/11/01 ~ 2024/11/30 일정기간지급
프로젝트
조회조건 사업장
사업장
NO 사원코드 사원명
1 0002 김은채
2 0006 박소담
3 0010 유성룡
4 0015 박동민
5 0019 류성준
마감 년/월/일 요일 출결 근무시간 과세 과세추가지 연장비과세 비과세(신고 기타공제의
X 2024/11/01 금 ◎ 010:00 220,640 55,160 10,000
X 2024/11/02 토 ◎ 002:00 55,160
X 2024/11/03 일 X 000:00
X 2024/11/04 월 ◎ 010:00 220,640 55,160 10,000
X 2024/11/05 화 ◎ 010:00 220,640 55,160 10,000
X 2024/11/06 수 ◎ 010:00 220,640 55,160 10,000
X 2024/11/07 목 ◎ 010:00 220,640 55,160 10,000
X 2024/11/08 금 ◎ 010:00 220,640 55,160 10,000
X 2024/11/09 토 ◎ 002:00 55,160
X 2024/11/10 일 X 000:00
X 2024/11/11 월 ◎ 010:00 220,640 55,160 10,000
X 2024/11/12 화 ◎ 010:00 220,640 55,160 10,000
X 2024/11/13 수 ◎ 010:00 220,640 55,160 10,000
X 2024/11/14 목 ◎ 010:00 220,640 55,160 10,000
합계 000:00 4,909,240 0 1,158,360 210,000 0
총인원 5 명
월지급액 개인정보 산출내역 급여총액
지급인원 5
과세총액 19,204,360
비과세신고분 3,357,120
비과세신고제외분 990,000
회사부담금 1,115,800
고용보험 172,820
국민연금 1,042,770
건강보험 834,880
장기요양보험 108,100
소득세 103,590
지방소득세 10,140
차인지급액 21,279,180

16 ③

'조회기간: 2024/07~2024/09', '분류기준: 지급/공제', '사업장: 2000.인사2급 인천지점', '사용자부담금: 0.제외'로 조회한 후 지급총액 및 공제총액을 확인한다.

[인사/급여관리] – [급여관리] – [연간급여현황]

연간급여현황 간이지급명세서(EXCEL)

조회기간 2024 년 07 ~ 2024 년 09 월 분류기준 지급/공제 지급구분
사업장 2000 인사2급 인천지점 조회구분 부서 사용자부담금 0.제외

NO	조회구분	사원코드	사원명	합계		2024/07		2024/08		2024/09
	부서			지급총액	공제총액	지급	공제	지급	공제	지급
1	관리부	20010401	노희선	11,428,470	1,490,730	3,809,490	496,910	3,809,490	496,910	3,809,4
2	관리부	20010402	박국현	19,289,940	3,475,800	6,429,980	1,158,600	6,429,980	1,158,600	6,429,9
3	관리부	20030701	엄현애	11,826,120	1,636,950	3,942,040	545,650	3,942,040	545,650	3,942,0
4	관리부	20161107	박선우	9,738,420	1,196,490	3,246,140	398,830	3,246,140	398,830	3,246,1
5	조회구분[부서…			52,282,950	7,799,970	17,427,650	2,599,990	17,427,650	2,599,990	17,427,6
6	생산부	20001101	박용덕	14,805,450	2,250,180	4,935,150	750,060	4,935,150	750,060	4,935,1
7	생산부	20001102	정영수	12,776,100	1,789,740	4,258,700	596,580	4,258,700	596,580	4,258,7
8	생산부	20040301	오진형	9,467,460	1,047,810	3,155,820	349,270	3,155,820	349,270	3,155,8
9	생산부	20110401	강민주	8,559,210	935,970	2,853,070	311,990	2,853,070	311,990	2,853,0
10	조회구분[부서…			45,608,220	6,023,700	15,202,740	2,007,900	15,202,740	2,007,900	15,202,7
11	자재부	20020603	이성준	18,570,720	3,090,300	6,190,240	1,030,100	6,190,240	1,030,100	6,190,2
12	자재부	20130701	김수영	9,965,250	1,235,010	3,321,750	411,670	3,321,750	411,670	3,321,7
13	자재부	20190701	장석훈	8,804,670	1,035,180	2,934,890	345,060	2,934,890	345,060	2,934,8
14	조회구분[부서…			37,340,640	5,360,490	12,446,880	1,786,830	12,446,880	1,786,830	12,446,8
		총계 : 11명		135,231,810	19,184,160	45,077,270	6,394,720	45,077,270	6,394,720	45,077,270

17 ①

'소득구분: 1.급상여', '귀속연월: 2024/10', '지급일: 1.급여', '무급자: 1.제외', '사업장: 2000.인사2급 인천지점, 3000.인사2급 강원지점' 복수 선택 후 이체현황을 확인한다.

① 해당 사업장들의 근로자는 모두 계좌이체를 통해 급/상여를 지급받았다.

[인사/급여관리] – [급여관리] – [급/상여이체현황]

급/상여이체현황

소득구분 1.급상여 | 귀속연월 2024 년 10 월 | 지급일 1 2024/10/25 급여 동시
무급자 1.제외 | 은행코드 | 조회조건 1.사업장 선택전체

	은행	사원코드	사원명	계좌번호	예금주명	실지급액	지급일자
□	국민	20010402	박국현	155401-32-50398	박국현	5,271,380	2024/10/25
□	국민	20030701	엄현애	155401-01-87002	엄현애	3,396,390	2024/10/25
□	국민	20110401	강민주	1235212345	강민주	2,541,080	2024/10/25
□	국민	20161107	박선우	150225421522	박선우	2,847,310	2024/10/25
	은행 소계					14,056,160	
	은행 누계					14,056,160	
□	기업	20001102	정영수	155342-09-38775	정영수	3,662,120	2024/10/25
□	기업	20010401	노희선	155401-12-28901	노희선	3,312,580	2024/10/25
□	기업	20120101	정수연	012445123154	정수연	3,797,980	2024/10/25
□	기업	ERP13102	이현우	225125423358	이현우	3,922,320	2024/10/25
	은행 소계					14,695,000	
	은행 누계					28,751,160	
□	신한	20001101	박용덕	155029-02-99687	박용덕	4,205,070	2024/10/25
□	신한	20020603	이성준	177632-18-19940	이성준	4,910,140	2024/10/25
□	신한	20110101	배유진	110275123456	배유진	3,144,880	2024/10/25
	은행 소계					12,260,090	
	은행 누계					41,011,250	
□	우리	20040301	오진형	188398-49-30912	오진형	2,806,550	2024/10/25
□	우리	20130701	김수영	3081234-12-355021	김수영	2,910,080	2024/10/25
□	우리	20190701	장석훈	231110251214	장석훈	2,589,830	2024/10/25
□	우리	ERP13103	김을동	301-542-11142	김을동	4,416,940	2024/10/25
	은행 소계					12,723,400	
	은행 누계					53,734,650	
	총계	15명				53,734,650	

TIP 은행별 이체 금액의 합계는 누계가 아닌 소계로 확인한다.

18 ②

'조회기간: 2024/07~2024/09', '지급구분: 100.급여', '조회구분: 2.부서', '부서: 4100.생산부'를 조회하여 각각의 지급/공제항목별 내역을 확인한다.

② 근속수당은 4,780,290원이 지급되었다.

[인사/급여관리] – [급여관리] – [월별급/상여지급현황]

월별급/상여지급현황

조회기간 2024 년 07 월 ~ 2024 년 09 월　지급일　지급구분 100 급여
조회구분 2.부서　부서 4100 생산부

부서	사원코드	사원명	기본급	근속수당	직책수당	야간근로수당	육아수당	자격수당	직무발명보상금	사회보험부담금	지급합계	급여합계	국민연금	건강보험	고용보험
생산부	20001101	박용덕	12,551,250	1,804,200	450,000					615,480	14,805,450	15,420,930	564,690	444,930	112,950
생산부	20001102	정영수	11,031,450	1,654,650				90,000		540,960	12,776,100	13,317,060	496,380	391,050	99,270
생산부	20040301	오진형	8,113,980	963,480		300,000		90,000		397,890	9,467,460	9,865,350	365,040	287,640	73,020
생산부	20110401	강민주	7,811,250	357,960		300,000		90,000		383,040	8,559,210	8,942,250	351,390	276,900	70,290
			39,507,930	4,780,290	450,000	600,000		270,000		1,937,370	45,608,220	47,545,590	1,777,500	1,400,520	355,530
부서 소계			39,507,930	4,780,290	450,000	600,000		270,000		1,937,370	45,608,220	47,545,590	1,777,500	1,400,520	355,530
총계	4명		39,507,930	4,780,290	450,000	600,000	0	270,000	0	1,937,370	45,608,220	47,545,590	1,777,500	1,400,520	355,530

19 ③

'기준연월: 2024/10(지급일: 2024/10/25)', '사용자부담금: 0.제외', '비교연월: 2023/10(지급일: 2023/10/25)'을 조회하여 각 금액의 변동내역을 확인한다.

③ '20010402.박국현' 사원의 근속수당은 비교연월에 비해 277,770원만큼 증가했다.

[인사/급여관리] – [급여관리] – [사원별급/상여변동현황]

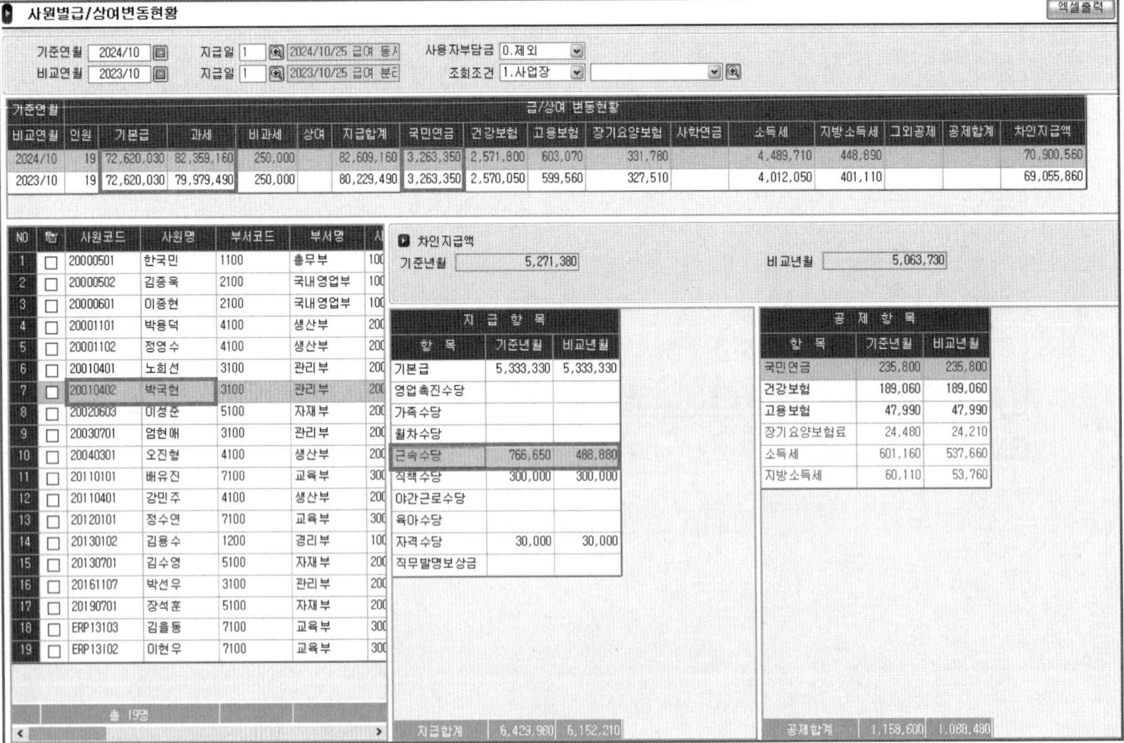

사원별급/상여변동현황　엑셀출력

기준연월 2024/10　지급일 1　2024/10/25 급여 동시　사용자부담금 0.제외
비교연월 2023/10　지급일 1　2023/10/25 급여 분리　조회조건 1.사업장

급/상여 변동현황

기준연월 / 비교연월	인원	기본급	과세	비과세	상여	지급합계	국민연금	건강보험	고용보험	장기요양보험	사학연금	소득세	지방소득세	그외공제	공제합계	차인지급액
2024/10	19	72,620,030	82,359,160	250,000		82,609,160	3,263,350	2,571,800	603,070	331,780		4,489,710	448,890			70,900,560
2023/10	19	72,620,030	79,979,490	250,000		80,229,490	3,263,350	2,570,050	599,560	327,510		4,012,050	401,110			69,055,860

NO	사원코드	사원명	부서코드	부서명	시
1	20000501	한국민	1100	총무부	100
2	20000502	김종욱	2100	국내영업부	100
3	20000601	이종현	2100	국내영업부	100
4	20001101	박용덕	4100	생산부	200
5	20001102	정영수	4100	생산부	200
6	20010401	노희선	3100	관리부	200
7	20010402	박국현	3100	관리부	200
8	20020603	이성준	5100	자재부	200
9	20030701	엄현애	3100	관리부	200
10	20040301	오진형	4100	생산부	200
11	20110101	배유진	7100	교육부	300
12	20110401	강민주	4100	생산부	200
13	20120101	정수연	7100	교육부	300
14	20130102	김용수	1200	경리부	100
15	20130701	김수영	5100	자재부	200
16	20161107	박선우	3100	관리부	200
17	20190701	장석훈	5100	자재부	200
18	ERP13103	김을동	7100	교육부	300
19	ERP13102	이현우	7100	교육부	300
	총 19명				

차인지급액　기준년월 5,271,380　비교년월 5,063,730

지급항목

항목	기준년월	비교년월
기본급	5,333,330	5,333,330
영업촉진수당		
가족수당		
월차수당		
근속수당	766,650	488,880
직책수당	300,000	300,000
야간근로수당		
육아수당		
자격수당	30,000	30,000
직무발명보상금		
지급합계	6,429,980	6,152,210

공제항목

항목	기준년월	비교년월
국민연금	235,800	235,800
건강보험	189,060	189,060
고용보험	47,990	47,990
장기요양보험료	24,480	24,210
소득세	601,160	537,660
지방소득세	60,110	53,760
공제합계	1,158,600	1,088,480

기준연월 / 비교연월	인원	기본급	과세	비과세	상여	지급합계	국민연금	건강보험	고용보험	장기요양보험	사학연금	소득세	지방소득세	그외공제	공제합계	차인지급액
2024/10	19	72,620,030	82,359,160	250,000		82,609,160	3,263,350	2,571,800	603,070	331,780		4,489,710	448,890			70,900,560
2023/10	19	72,620,030	79,979,490	250,000		80,229,490	3,263,350	2,570,050	599,560	327,510		4,012,050	401,110			69,055,860

NO	사원코드	사원명	부서코드	부서명	사업장코드
5	20001102	정영수	4100	생산부	2000
6	20010401	노희선	3100	관리부	2000
7	20010402	박국현	3100	관리부	2000
8	20020603	이성준	5100	자재부	2000
9	20030701	엄현애	3100	관리부	2000
10	20040301	오진형	4100	생산부	2000
11	20110101	배유진	7100	교육부	3000
12	20110401	강민주	4100	생산부	2000
13	20120101	정수연	7100	교육부	3000
14	20130102	김용수	1200	경리부	1000
15	20130701	김수영	5100	자재부	2000
16	20161107	박선우	3100	관리부	2000
17	20190701	장석훈	5100	자재부	2000
18	ERP13103	김을동	7100	교육부	3000
19	ERP13102	이현우	7100	교육부	3000
	총 19명				

지급항목		
항목	기준년월	비교년월
기본급	3,147,500	3,147,500
영업촉진수당		
가족수당		
월차수당		
근속수당	144,250	131,140
직책수당		
야간근로수당		
육아수당		
자격수당	30,000	30,000
직무발명보상금		

공제항목		
항목	기준년월	비교년월
국민연금	141,610	141,610
건강보험	111,570	111,570
고용보험	28,320	28,320
장기요양보험료	14,440	14,290
소득세	105,210	102,770
지방소득세	10,520	10,270

20 ④

'조회기간: 2024/07~2024/09', '수당코드: P06.근속수당', '부서: 4100.자재부, 5100.자재부'를 중복선택 조회하여 합계가 가장 큰 사원을 확인한다.

[인사/급여관리] – [급여관리] – [수당별연간급여현황]

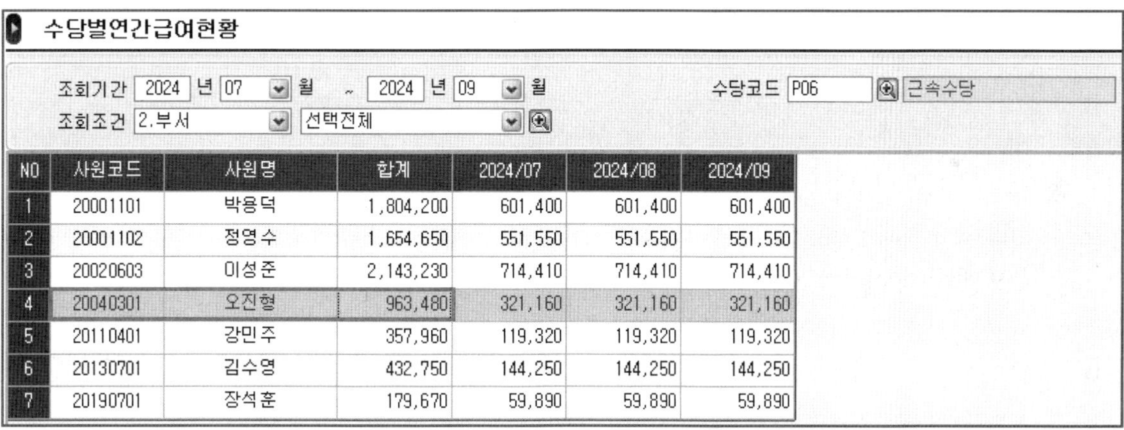

NO	사원코드	사원명	합계	2024/07	2024/08	2024/09
1	20001101	박용덕	1,804,200	601,400	601,400	601,400
2	20001102	정영수	1,654,650	551,550	551,550	551,550
3	20020603	이성준	2,143,230	714,410	714,410	714,410
4	20040301	오진형	963,480	321,160	321,160	321,160
5	20110401	강민주	357,960	119,320	119,320	119,320
6	20130701	김수영	432,750	144,250	144,250	144,250
7	20190701	장석훈	179,670	59,890	59,890	59,890

2024년 5회

이론

01	①	02	②	03	④	04	①	05	②	06	②	07	②	08	④	09	④	10	④
11	②	12	④	13	②	14	①	15	④	16	④	17	②	18	②	19	③	20	②

01 ①

현재 ERP는 기업 내 각 영역의 업무 프로세스를 지원하여 개별 부서원들이 분산 처리하면서도 동시에 중앙에서 개별 기능들을 통합적으로 관리할 수 있는 시스템으로 발전하고 있다.

02 ②

| 오답 풀이 |

① ERD(Entity Relationship Diagram): 데이터 및 데이터들의 관계를 표현한 도식화된 그림
③ MRP(Material Requirement Program): 자재의 효율적 사용 · 관리를 위한 시스템
④ SFS(Strategy Formulation & Simulation): 비즈니스 전략 개발 및 평가를 목적으로 하는 경영기법

03 ④

마케팅(Marketing), 판매(Sales) 및 고객서비스(Customer Service)를 자동화함으로써 현재 및 미래 고객들과 상호작용할 수 있다는 장점은 고객관계관리(CRM)에 대한 설명이다.

04 ①

ERP는 어떠한 운영체제나 데이터베이스에서도 운영이 가능하도록 설계되어 있어 타 시스템과 연계가 가능하다. 오픈 멀티-벤더(Open Multi-Vendor)는 특정 하드웨어 및 소프트웨어 기술이나 업체에 의존하지 않고 다양한 하드웨어나 소프트웨어와 조합하여 사용이 가능하다는 것을 의미한다.

05 ②

포드 관리법(포드 시스템)의 3S 원칙은 표준화(Standardization), 전문화(Specialization), 단순화(Simplification)

06 ②

• 노동력관리: 고용관리, 개발관리
• 근로조건관리: 임금관리, 복리후생관리, 근로시간관리, 산업안전관리, 보건위생관리

07 ②

| 오답 풀이 |

① 작업 기록법: 직무 담당자가 매일 자신의 직무에 대한 작업일지와 메모 사항 등을 기록하여 직무정보를 얻는 방법
④ 업무일지 분석법: 직무수행 담당자에게 일정 기간 작업일지를 작성하게 하여 직무분석에 이용하는 방법

08 ④

직무의 내용을 고도화하여 작업상의 책임과 권한을 늘리며, 능력을 발휘할 수 있게 한다는 것은 직무충실화에 관한 설명이다.

09 ④

- 수리적(정량적) 기법: 추세분석, 회귀분석, 생산성 비율, 선형계획법
- 판단적(정성적) 기법: 전문가 예측법, 델파이기법, 명목집단법

10 ④

| 오답 풀이 |

① 체크리스트법(대조리스트법): 몇 가지의 표준행동을 소정의 리스트에 구체적인 문장으로 작성하고 근로자의 능력, 근무 상태를 리스트와 비교하여 해당 사항에 체크한 후 채점기준표를 통해 등급을 정하는 방법
② 행위기준고과법(행위기준평정척도법): 중요사건평가법을 기초로 하여 더 정교하게 계량적으로 발전시킨 방법으로, 관리자가 실제로 효과적이거나 비효과적인 사건들에 대하여 기술하고, 이를 5~10점 범위로 나눈 척도에 따라 고과자가 평가하는 방법
③ 평정척도고과법: 숙련, 노력, 근무 성적 등 평가에 필요한 분석적 평가 요소를 선정하고 점수로 수량화한 각 평가 요소의 척도에 해당 근로자가 어느 정도 발휘하는지를 판단하여 그 정도를 표시하는 방법

11 ②

직장 내 훈련(OJT)은 작업을 하는 과정에서 직무에 관한 지식과 기술을 습득하게 하는 훈련 방법으로 전문적인 지식과 기능을 전달하기 어렵다는 단점을 가지고 있다.

12 ④

| 오답 풀이 |

① 역직 승진: 조직 구조의 관리 체계를 위해 라인상의 직위를 상승시키는 제도
② 직급 승진: 상위 직급으로 승진시키거나 공석이 발생할 경우(이직 또는 퇴직) 해당 직급에 적합한 자를 선발해 승진시키는 제도
③ 대용 승진: 융통성 있는 인사관리를 위해 직책과 권한 등 직무 내용상의 실질적인 변화나 보상 없이 직위, 명칭 등을 변경하는 형식적인 형태의 제도

13 ②

- 종합과세 대상 소득: 이자소득, 배당소득, 사업소득, 근로소득, 연금소득, 기타소득
- 분리과세 대상 소득: 퇴직소득, 양도소득

14 ①

연말정산 시기는 다음 해 2월 말일이다.

15 ④

- 통상임금: 근로자에게 정기적, 일률적, 고정적으로 소정 근로 또는 총 근로에 대하여 지급하기로 정해진 시간급, 일급, 주급, 월급 또는 도급 금액
- 평균임금: 산정하여야 할 사유가 발생한 날 이전 3개월 동안에 그 근로자에게 지급된 임금의 총액을 그 기간의 총 일수로 나눈 금액

16 ④

- 법정 복리후생: 건강보험, 국민연금, 산재보험, 고용보험, 퇴직금제도, 유급휴가제도 등
- 임의 복리후생: 교육 및 경력개발, 급식, 의료보건, 생활시설(기숙사) 지원, 문화체육시설 지원, 금융 및 공제제도, 경조금 및 학자금 지원 등

17 ②

일용근로자의 원천징수세액 = [일급여액 – 150,000원] × 6% – 근로소득세액공제[산출세액 × 55%]

18 ②

| 오답 풀이 |

① 오픈 숍: 조합원 신분과 무관하게 근로자가 될 수 있도록 하는 제도

③ 에이전시 숍: 채용된 근로자에 대해 특정 노동조합의 가입을 강제하지 않는 반면, 비조합원에 대해서도 조합원들의 조합비에 상당하는 일정한 금액을 정기적으로 노동조합에 납입하도록 하는 제도

④ 클로즈드 숍: 조합원 자격이 있는 근로자만 채용하고 일단 채용된 근로자도 조합원의 자격을 상실하면 근로자가 될 수 없도록 하는 노조의 통제력(지배력)이 가장 높은 제도

19 ③

조업계속(대체고용)은 사용자 측 쟁의행위이며 노동쟁의 조정제도에는 조정, 중재, 긴급조정이 있다.

20 ②

비정규직 근로자 보호법의 대상이 되는 근로자는 파견 근로자, 단시간 근로자, 기간제 근로자이다.

실무 시뮬레이션

01	①	02	④	03	④	04	③	05	③	06	①	07	④	08	②	09	④	10	②
11	①	12	③	13	②	14	③	15	③	16	②	17	①	18	②	19	④	20	①

01 ①

'사용자만'에 체크한 후 보기 내용을 확인한다.
① 조회권한은 '회사'이다.

[시스템관리] – [회사등록정보] – [사원등록]

사원등록

부서 [ ] ~ [ ] 사원명검색 [ ] ☑ 사용자만

사원코드	사원명	사원명(영문)	부서코드	부서명	입사일	퇴사일	사용자여부	암호	인사입력방식	회계입력방식	조회권한	품의서권한
ERP13I02	이현우		3100	관리부	2002/12/01		여		미결	수정	회사	미결

02 ④

④ 〈2000. 인사2급 인천지점〉 사업장에 속한 부서 중 '6100. 경리부'는 현재 사용하지 않는 부서이다.

[시스템관리] – [회사등록정보] – [부서등록]

부서등록 부문등록

사업장 [ ] 조회기준일 적용 ☐ ____/__/__

부서코드	부서명	사업장코드	사업장명	부문코드	부문명	사용기간	사용기간
1100	총무부	1000	인사2급 회사본사	1000	관리부문	2008/01/01	
1200	경리부	1000	인사2급 회사본사	1000	관리부문	2008/01/01	
1300	관리부	1000	인사2급 회사본사	1000	관리부문	2008/01/01	2012/12/31
2100	국내영업부	1000	인사2급 회사본사	2000	영업부문	2008/01/01	
2200	해외영업부	1000	인사2급 회사본사	2000	영업부문	2008/01/01	
3100	관리부	2000	인사2급 인천지점	3000	관리부문(인천지점)	2008/01/01	
4100	생산부	2000	인사2급 인천지점	4000	생산부문	2008/01/01	
5100	자재부	2000	인사2급 인천지점	5000	자재부문	2010/01/01	
6100	경리부	2000	인사2급 인천지점	3000	관리부문(인천지점)	2012/01/01	2021/12/31
7100	감사부	1000	인사2급 회사본사	1000	관리부문	2020/01/01	
8100	관리부	3000	인사2급 강원지점	6000	관리부문(강원지점)	2021/01/01	
9100	교육부	3000	인사2급 강원지점	7000	교육부문	2021/01/01	

TIP 조회기준일 적용을 체크하여 기준일 현재의 데이터를 확인할 수 있다.

03 ④

'모듈구분: H.인사/급여관리'에서 '이현우' 사원의 사용 가능한 메뉴의 권한설정내역을 확인한다.
④ [소득자별정보현황] 메뉴에서는 본인이 소속된 부서의 자료를 변경할 수 있다.

[시스템관리] – [회사등록정보] – [사용자권한설정]

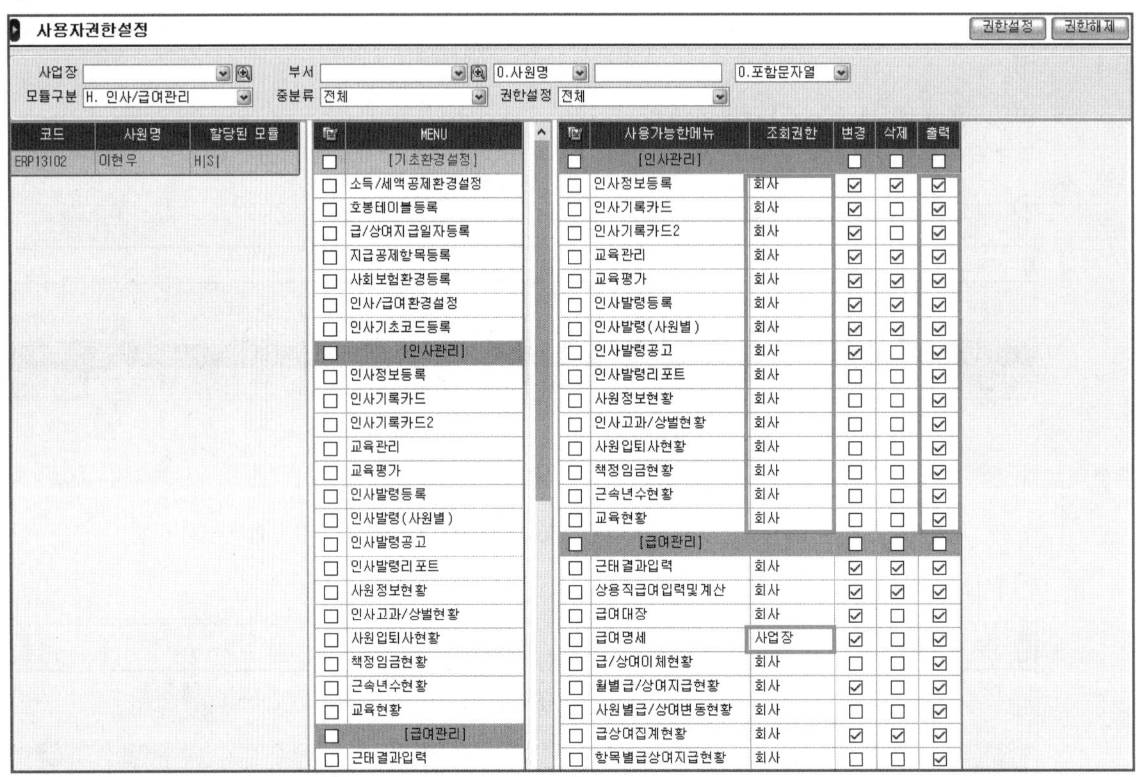

TIP
- 변경: 입력 및 수정 가능
- 삭제: 조회된 내용을 삭제 가능
- 출력: 조회된 내용을 출력 가능

04 ③

'800.주임'의 '호봉이력: 2024/09' 입력 후 우측 상단의 '일괄등록'을 클릭하여 [보기]에 주어진 기본급과 직급수당의 초기치와 증가액을 '적용'한다. 우측상단의 '일괄인상'을 클릭하여 [보기]에 주어진 기본급을 '정률적용'한 후 다시 우측 상단 '일괄인상'을 클릭하고 직급수당을 '정액적용'하여 '6호봉'의 합계를 확인한다.

[인사/급여관리] – [기초환경설정] – [호봉테이블등록]

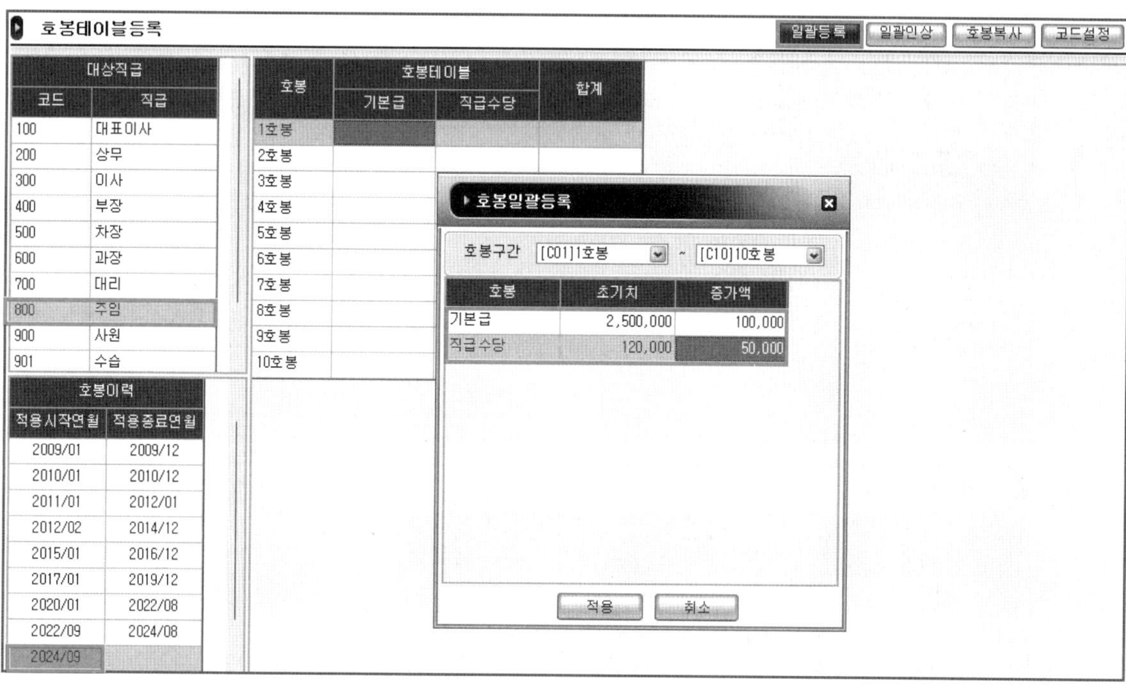

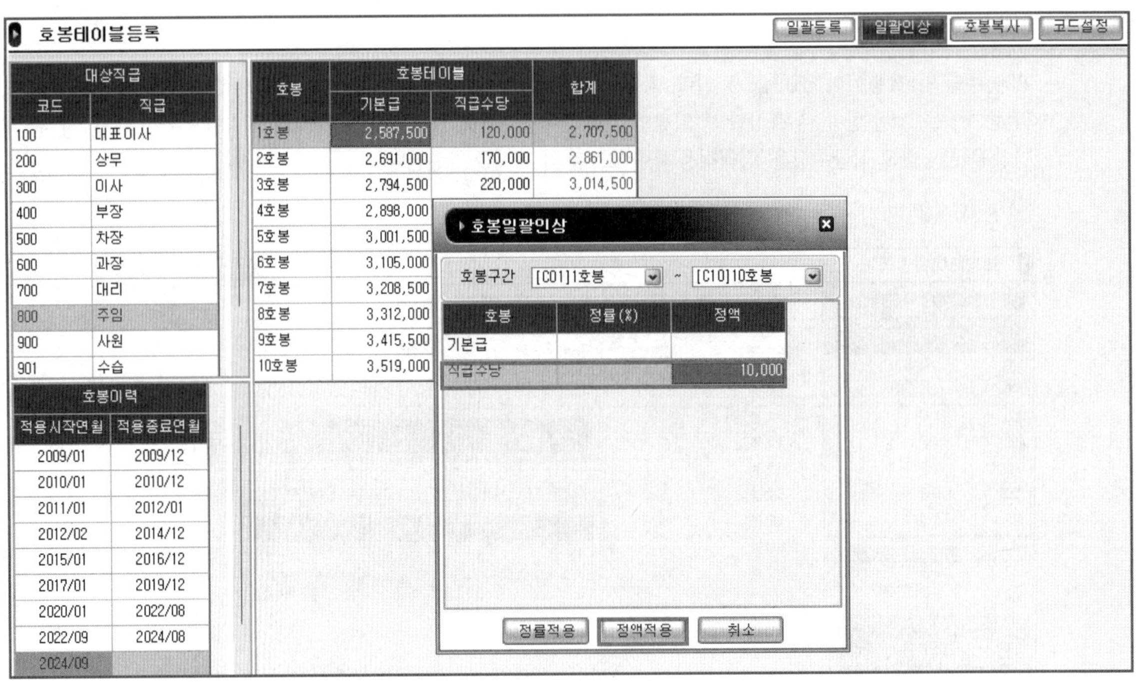

호봉테이블등록

일괄등록 일괄인상 호봉복사 코드설정

대상직급	
코드	직급
100	대표이사
200	상무
300	이사
400	부장
500	차장
600	과장
700	대리
800	주임
900	사원
901	수습

호봉	호봉테이블		합계
	기본급	직급수당	
1호봉	2,587,500	120,000	2,707,500
2호봉	2,691,000	170,000	2,861,000
3호봉	2,794,500	220,000	3,014,500
4호봉	2,898,000		
5호봉	3,001,500		
6호봉	3,105,000		
7호봉	3,208,500		
8호봉	3,312,000		
9호봉	3,415,500		
10호봉	3,519,000		

호봉이력	
적용시작연월	적용종료연월
2009/01	2009/12
2010/01	2010/12
2011/01	2012/01
2012/02	2014/12
2015/01	2016/12
2017/01	2019/12
2020/01	2022/08
2022/09	2024/08
2024/09	

호봉일괄인상

호봉구간 [C01]1호봉 ~ [C10]10호봉

호봉	정률(%)	정액
기본급		
직급수당		10,000

정률적용 정액적용 취소

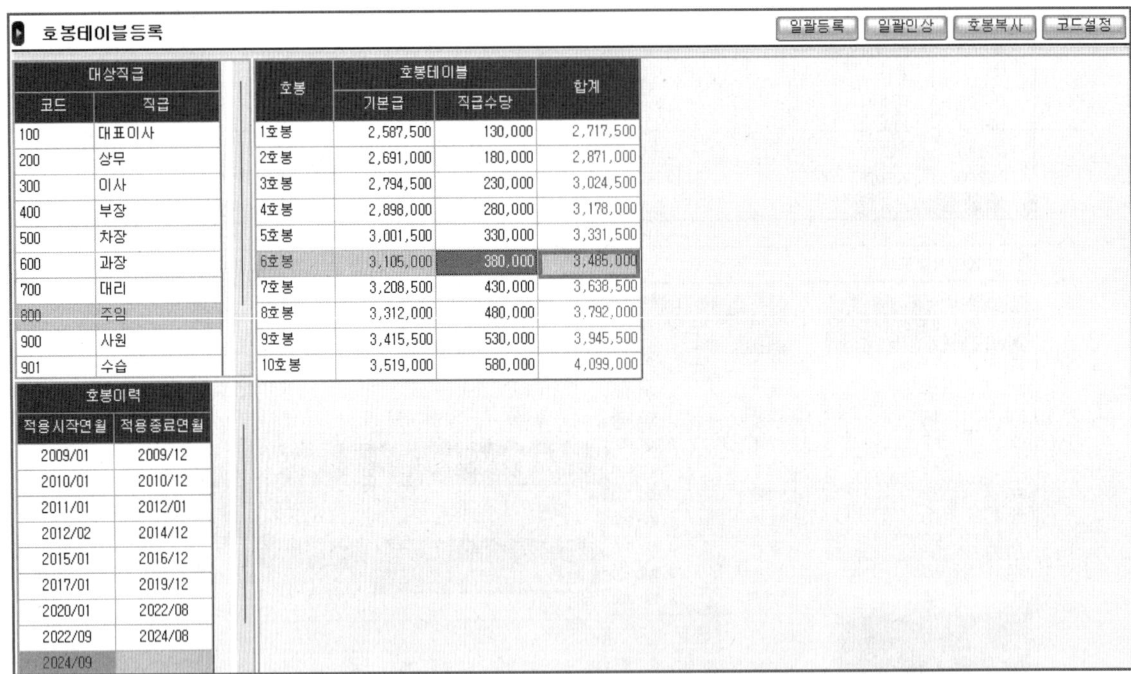

호봉테이블등록

일괄등록 일괄인상 호봉복사 코드설정

대상직급	
코드	직급
100	대표이사
200	상무
300	이사
400	부장
500	차장
600	과장
700	대리
800	주임
900	사원
901	수습

호봉	호봉테이블		합계
	기본급	직급수당	
1호봉	2,587,500	130,000	2,717,500
2호봉	2,691,000	180,000	2,871,000
3호봉	2,794,500	230,000	3,024,500
4호봉	2,898,000	280,000	3,178,000
5호봉	3,001,500	330,000	3,331,500
6호봉	3,105,000	380,000	3,485,000
7호봉	3,208,500	430,000	3,638,500
8호봉	3,312,000	480,000	3,792,000
9호봉	3,415,500	530,000	3,945,500
10호봉	3,519,000	580,000	4,099,000

호봉이력	
적용시작연월	적용종료연월
2009/01	2009/12
2010/01	2010/12
2011/01	2012/01
2012/02	2014/12
2015/01	2016/12
2017/01	2019/12
2020/01	2022/08
2022/09	2024/08
2024/09	

05 ③

| 오답 풀이 |

① '생산직' 직종의 출결마감기준일은 전월 25일부터 당월 24일까지이다.

② 퇴사자의 경우 지정한 '기준일수' 초과근무 시, 월 급여를 '월할' 지급한다.

④ 2024년 8월 귀속 기준으로 월일수 산정 시, 당월일 기준이므로 실제일수 31일을 적용한다.

[인사/급여관리] – [기초환경설정] – [인사/급여환경설정]

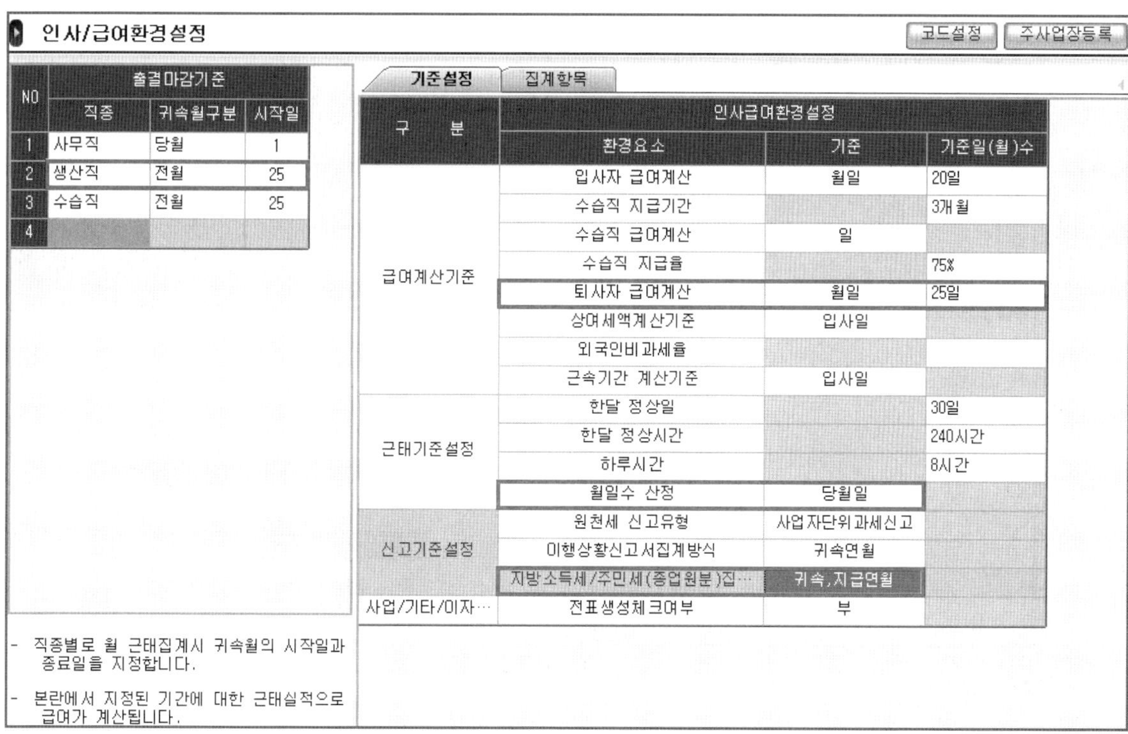

인사/급여환경설정

코드설정 | 주사업장등록

NO	출결마감기준		
	직종	귀속월구분	시작일
1	사무직	당월	1
2	생산직	전월	25
3	수습직	전월	25
4			

- 직종별로 월 근태집계시 귀속월의 시작일과 종료일을 지정합니다.
- 본란에서 지정된 기간에 대한 근태실적으로 급여가 계산됩니다.

기준설정 | 집계항목

구 분	인사급여환경설정		
	환경요소	기준	기준일(월)수
급여계산기준	입사자 급여계산	월일	20일
	수습직 지급기간		3개월
	수습직 급여계산	일	
	수습직 지급율		75%
	퇴사자 급여계산	월일	25일
	상여세액계산기준	입사일	
	외국인비과세율		
	근속기간 계산기준	입사일	
근태기준설정	한달 정상일		30일
	한달 정상시간		240시간
	하루시간		8시간
	월일수 산정	당월일	
신고기준설정	원천세 신고유형	사업자단위과세신고	
	이행상황신고서집계방식	귀속연월	
	지방소득세/주민세(종업원분)집…	귀속,지급연월	
사업/기타/이자…	전표생성체크여부	부	

TIP 월일: 지정된 근무일수보다 미달하는 경우 일의 방식, 초과하는 경우 월의 방식으로 급여 지급

06 ①

'급여구분: 급여, 특별급여', '지급/공제구분: 지급', '귀속연도: 2024' 입력 후 우측 상단의 '마감취소'를 클릭하여 조회된 내용을 확인한다.

① 'P06.근속수당'은 '수습직'에게는 지급하지 않는 항목이며, 근속기간이 6년인 경우 50,000원을 지급한다.

[인사/급여관리] – [기초환경설정] – [지급공제항목등록]

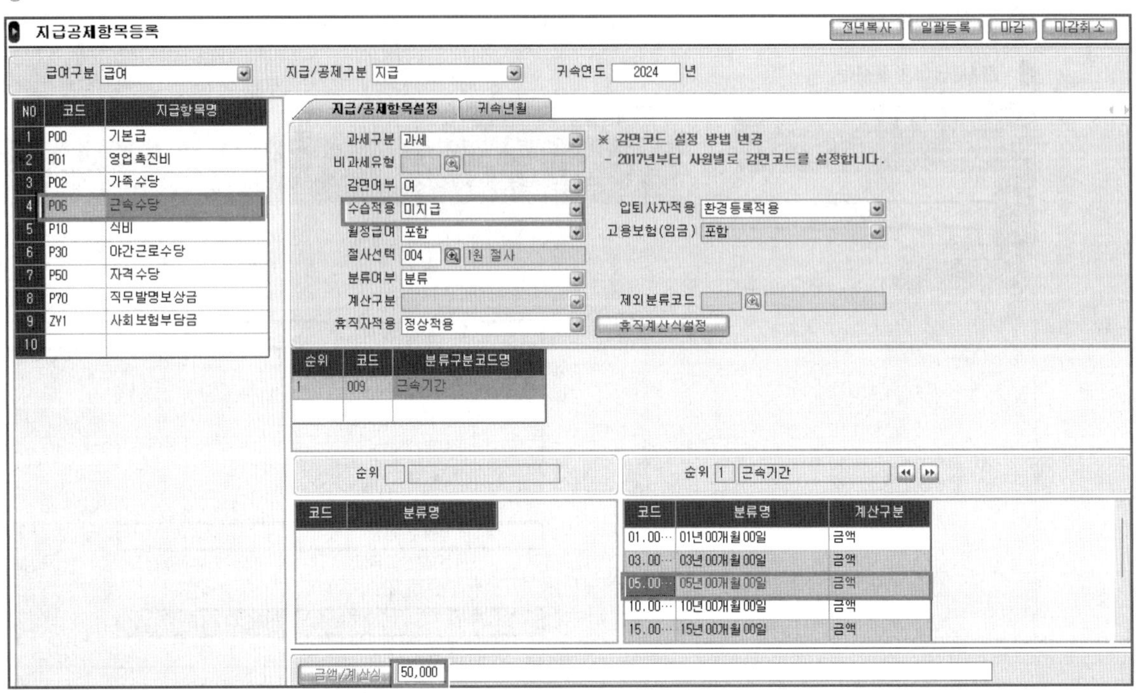

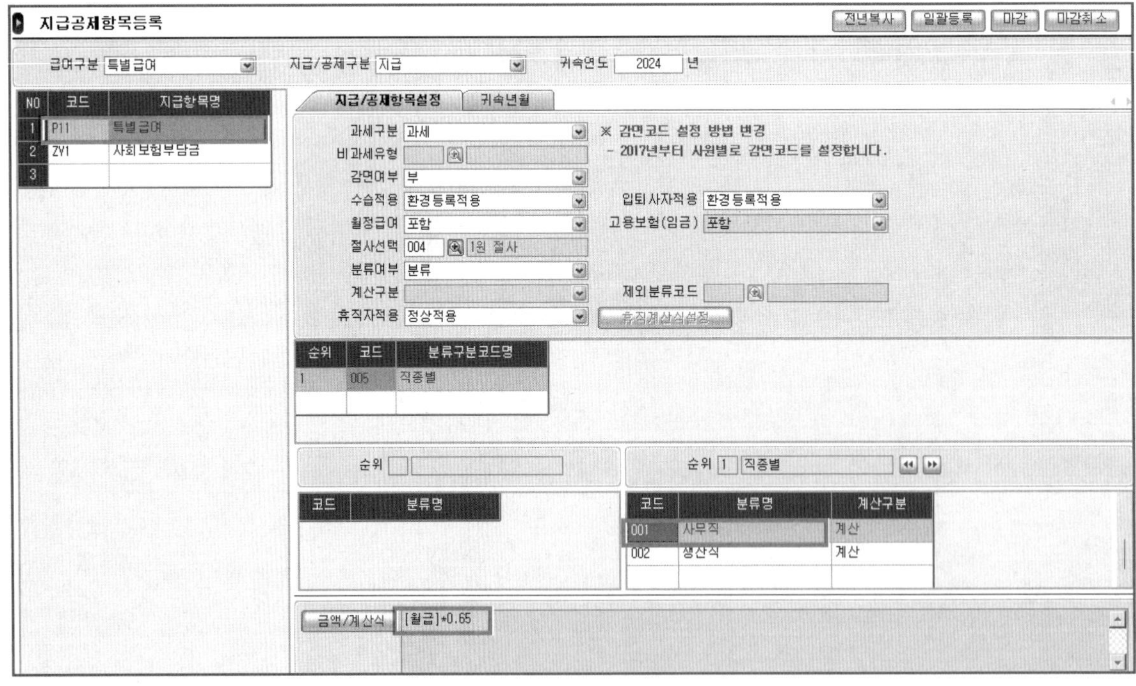

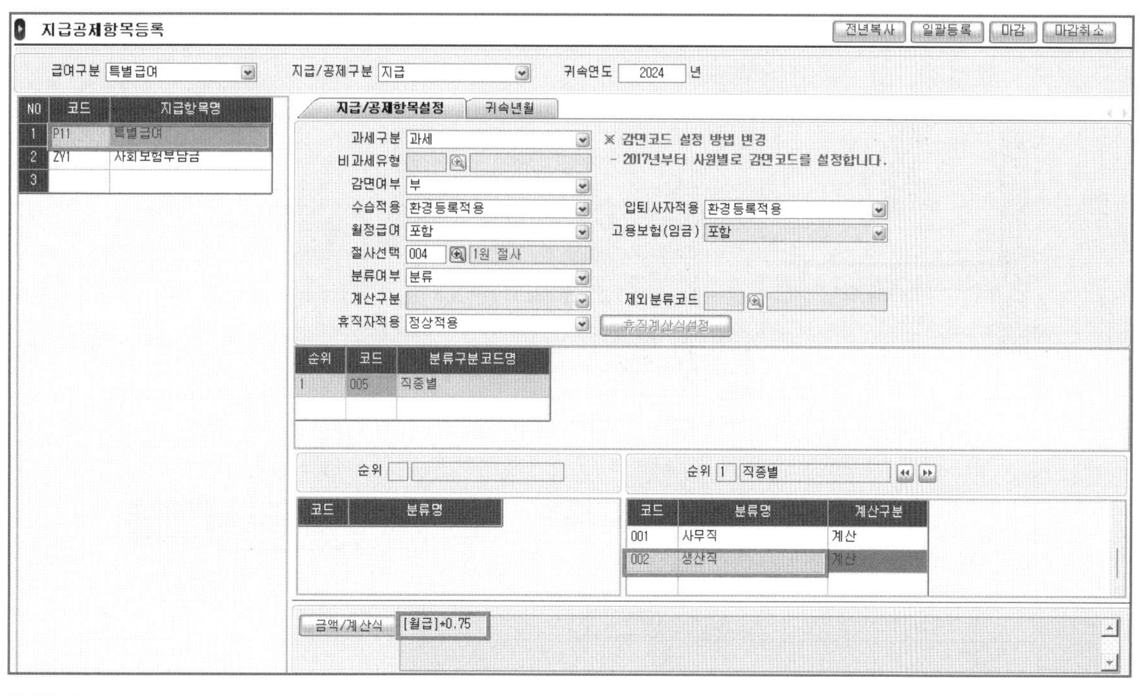

지급공제항목등록
전년복사
일괄등록
마감
마감취소
급여구분 특별급여
지급/공제구분 지급
귀속연도 2024 년
NO 코드 지급항목명
1 P11 특별급여
2 ZY1 사회보험부담금
3
지급/공제항목설정
귀속년월
과세구분 과세
비과세유형
감면여부 부
수습적용 환경등록적용
월정급여 포함
절사선택 004 1원 절사
분류여부 분류
계산구분
휴직자적용 정상적용
※ 감면코드 설정 방법 변경
- 2017년부터 사원별로 감면코드를 설정합니다.
입퇴사자적용 환경등록적용
고용보험(임금) 포함
제외분류코드
휴직계산식설정
순위 코드 분류구분코드명
1 005 직종별
순위
순위 1 직종별
코드 분류명
코드 분류명 계산구분
001 사무직 계산
002 생산직 계산
금액/계산식 [월급]*0.75

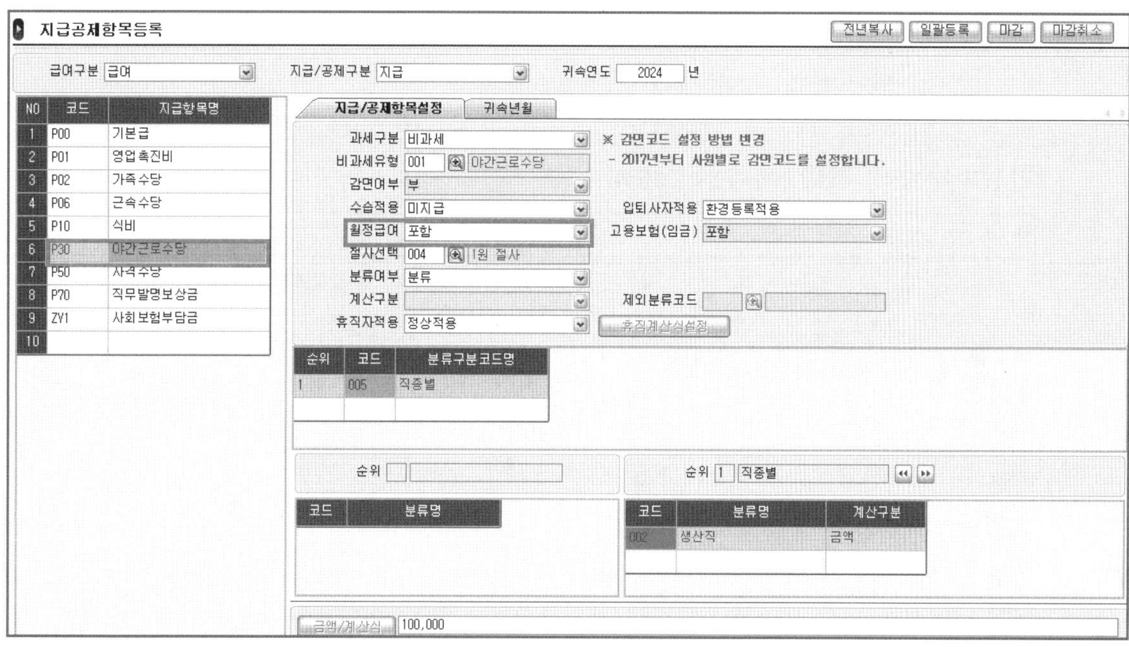

지급공제항목등록
전년복사
일괄등록
마감
마감취소
급여구분 급여
지급/공제구분 지급
귀속연도 2024 년
NO 코드 지급항목명
1 P00 기본급
2 P01 영업촉진비
3 P02 가족수당
4 P06 근속수당
5 P10 식비
6 P30 야간근로수당
7 P50 자격수당
8 P70 직무발명보상금
9 ZY1 사회보험부담금
10
지급/공제항목설정
귀속년월
과세구분 비과세
비과세유형 001 야간근로수당
감면여부 부
수습적용 미지급
월정급여 포함
절사선택 004 1원 절사
분류여부 분류
계산구분
휴직자적용 정상적용
※ 감면코드 설정 방법 변경
- 2017년부터 사원별로 감면코드를 설정합니다.
입퇴사자적용 환경등록적용
고용보험(임금) 포함
제외분류코드
휴직계산식설정
순위 코드 분류구분코드명
1 005 직종별
순위
순위 1 직종별
코드 분류명
코드 분류명 계산구분
002 생산직 금액
금액/계산식 100,000

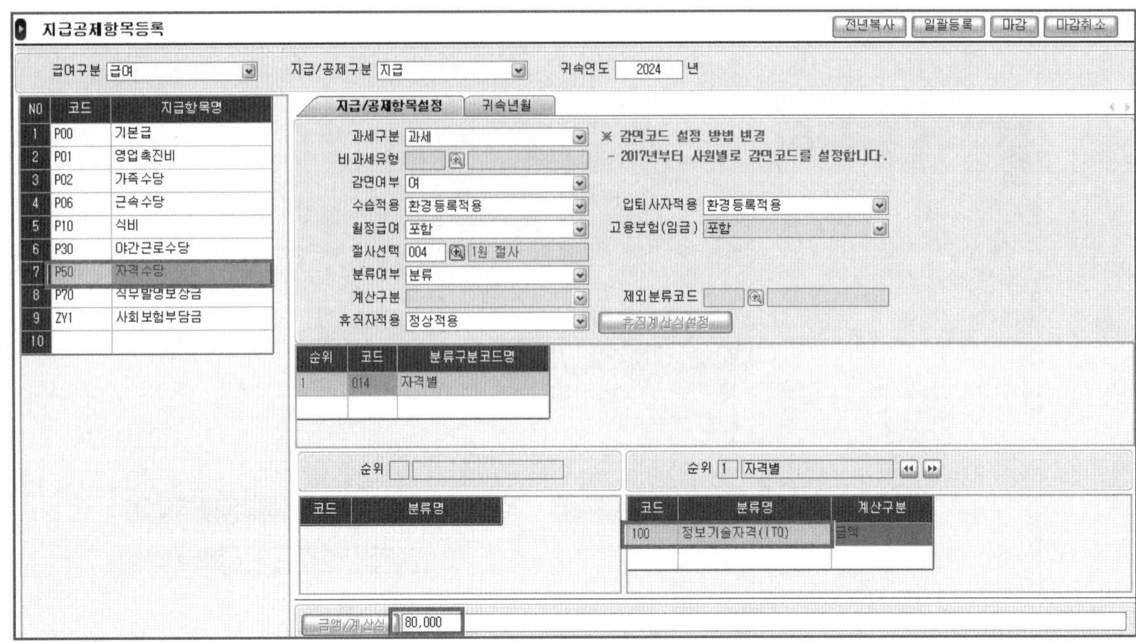

07 ④

사원별로 인적정보, 재직정보, 급여정보 탭의 각 정보를 확인한다.

④ '20140901.강민우' 사원의 현재 책정된 임금의 연봉은 '30,000,000원'이며, 학자금상환 대상자이다.

[인사/급여관리] – [인사관리] – [인사정보등록]

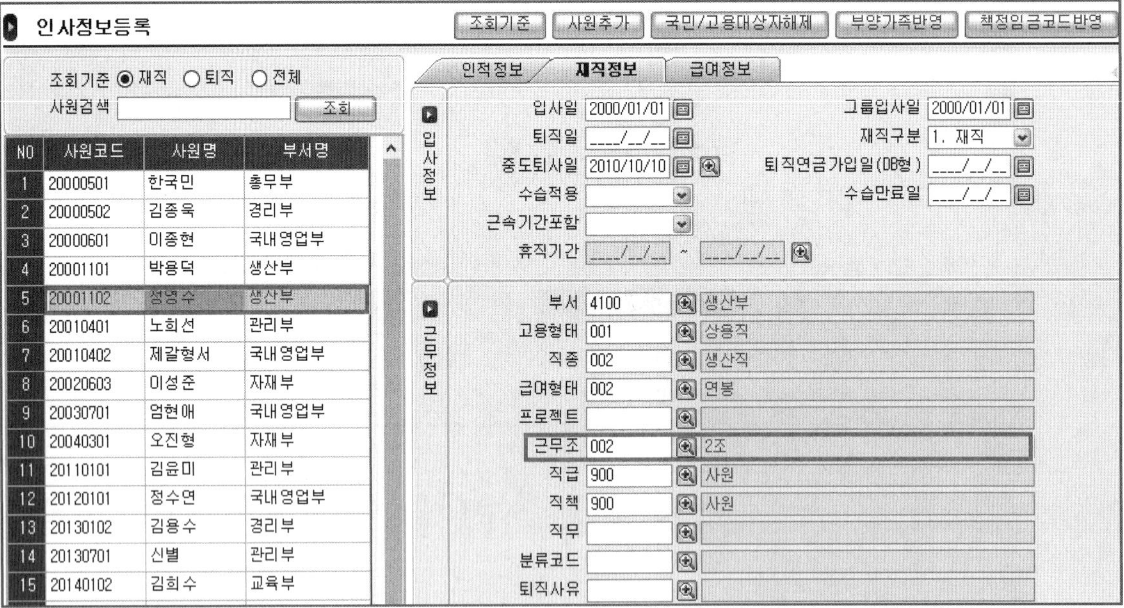

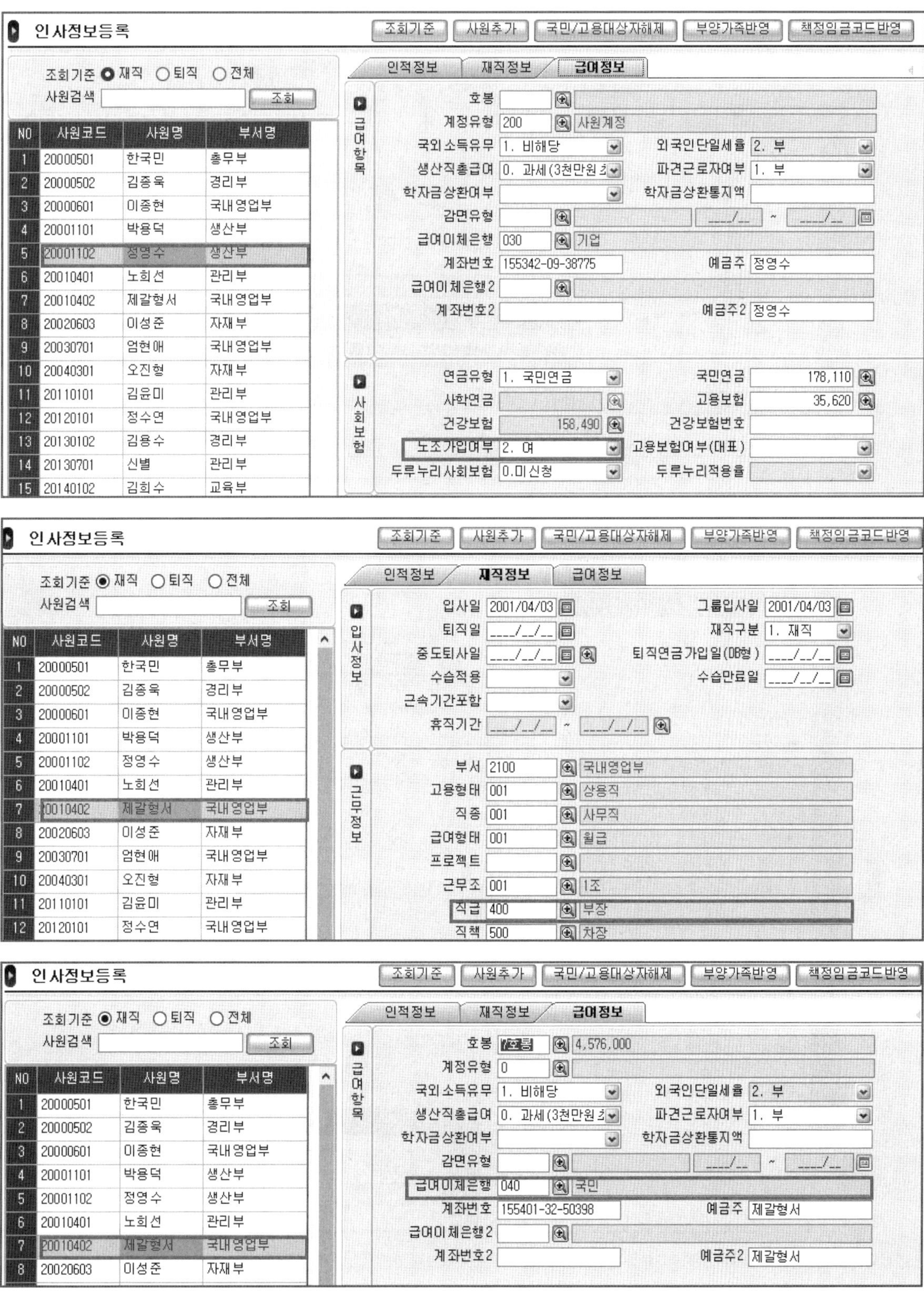

인사정보등록
조회기준 사원추가 국민/고용대상자해제 부양가족반영 책정임금코드반영
조회기준 ◉재직 ○퇴직 ○전체
사원검색 조회
NO 사원코드 사원명 부서명
1 20000501 한국민 총무부
2 20000502 김종욱 경리부
3 20000601 이종현 국내영업부
4 20001101 박용덕 생산부
5 20001102 정영수 생산부
6 20010401 노희선 관리부
7 20010402 제갈형서 국내영업부
8 20020603 이성준 자재부
9 20030701 엄현애 국내영업부
10 20040301 오진형 자재부
11 20110101 김윤미 관리부
12 20120101 정수연 국내영업부
13 20130102 김용수 경리부
14 20130701 신별 관리부
15 20140102 김희수 교육부
인적정보 재직정보 급여정보
급여항목
호봉
계정유형 200 사원계정
국외소득유무 1. 비해당
외국인단일세율 2. 부
생산직총급여 0. 과세(3천만원초
파견근로자여부 1. 부
학자금상환여부
학자금상환통지액
감면유형 ____/__ ~ ____/__
급여이체은행 030 기업
계좌번호 155342-09-38775
예금주 정영수
급여이체은행2
계좌번호2
예금주2 정영수
사회보험
연금유형 1. 국민연금
국민연금 178,110
사학연금
고용보험 35,620
건강보험 158,490
건강보험번호
노조가입여부 2. 여
고용보험여부(대표)
두루누리사회보험 0.미신청
두루누리적용율
인사정보등록
조회기준 사원추가 국민/고용대상자해제 부양가족반영 책정임금코드반영
조회기준 ◉재직 ○퇴직 ○전체
사원검색 조회
NO 사원코드 사원명 부서명
1 20000501 한국민 총무부
2 20000502 김종욱 경리부
3 20000601 이종현 국내영업부
4 20001101 박용덕 생산부
5 20001102 정영수 생산부
6 20010401 노희선 관리부
7 20010402 제갈형서 국내영업부
8 20020603 이성준 자재부
9 20030701 엄현애 국내영업부
10 20040301 오진형 자재부
11 20110101 김윤미 관리부
12 20120101 정수연 국내영업부
인적정보 재직정보 급여정보
입사정보
입사일 2001/04/03
그룹입사일 2001/04/03
퇴직일 ____/__/__
재직구분 1. 재직
중도퇴사일 ____/__/__
퇴직연금가입일(DB형) ____/__/__
수습적용
수습만료일 ____/__/__
근속기간포함
휴직기간 ____/__/__ ~ ____/__/__
근무정보
부서 2100 국내영업부
고용형태 001 상용직
직종 001 사무직
급여형태 001 월급
프로젝트
근무조 001 1조
직급 400 부장
직책 500 차장
인사정보등록
조회기준 사원추가 국민/고용대상자해제 부양가족반영 책정임금코드반영
조회기준 ◉재직 ○퇴직 ○전체
사원검색 조회
NO 사원코드 사원명 부서명
1 20000501 한국민 총무부
2 20000502 김종욱 경리부
3 20000601 이종현 국내영업부
4 20001101 박용덕 생산부
5 20001102 정영수 생산부
6 20010401 노희선 관리부
7 20010402 제갈형서 국내영업부
8 20020603 이성준 자재부
인적정보 재직정보 급여정보
급여항목
호봉 4,576,000
계정유형 0
국외소득유무 1. 비해당
외국인단일세율 2. 부
생산직총급여 0. 과세(3천만원초
파견근로자여부 1. 부
학자금상환여부
학자금상환통지액
감면유형 ____/__ ~ ____/__
급여이체은행 040 국민
계좌번호 155401-32-50398
예금주 제갈형서
급여이체은행2
계좌번호2
예금주2 제갈형서

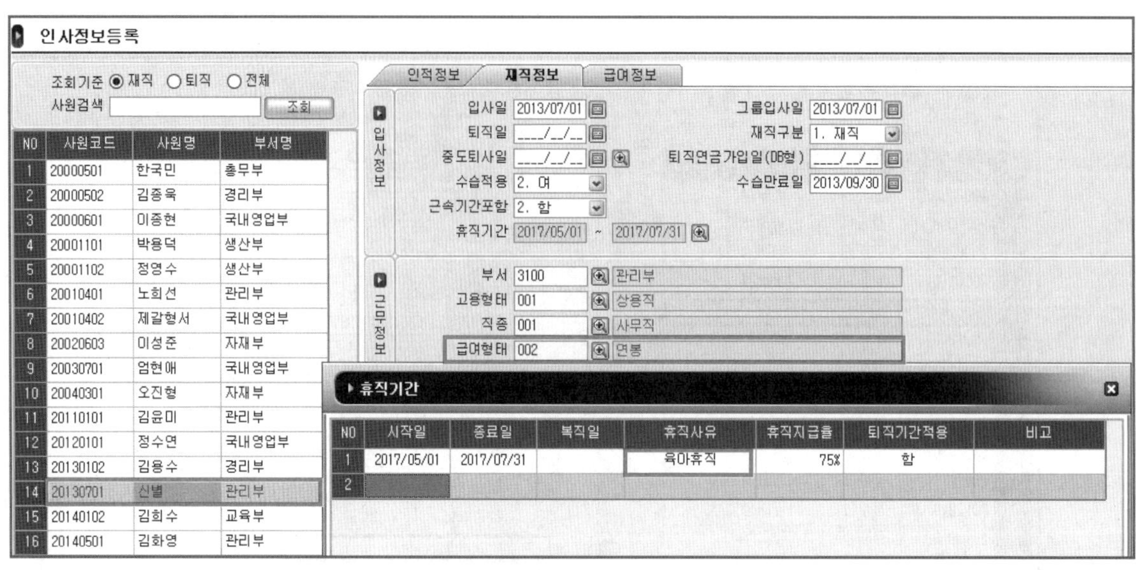

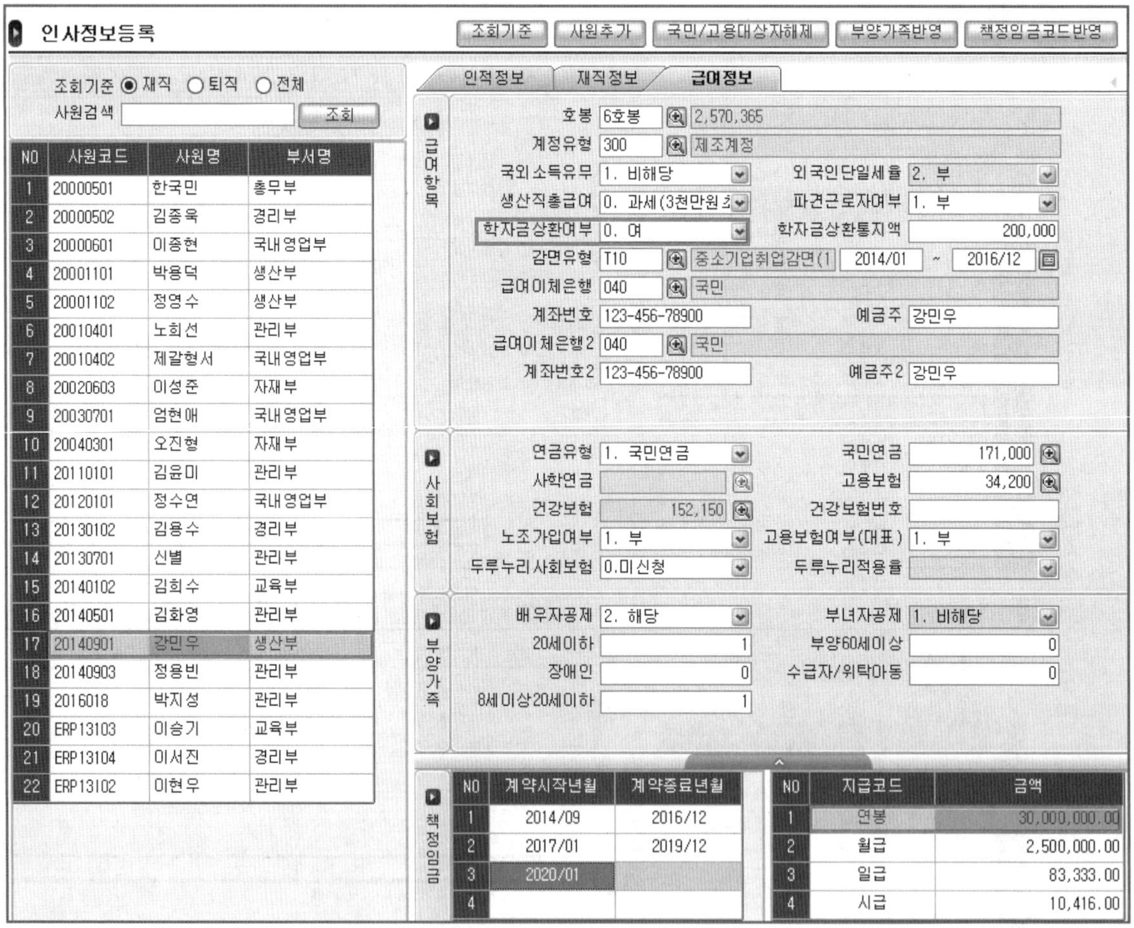

인사정보등록

조회기준 | 사원추가 | 국민/고용대상자해제 | 부양가족반영 | 책정임금코드반영

조회기준 ◉재직 ○퇴직 ○전체

사원검색 [조회]

NO	사원코드	사원명	부서명
1	20000501	한국민	총무부
2	20000502	김종욱	경리부
3	20000601	이종현	국내영업부
4	20001101	박용덕	생산부
5	20001102	정영수	생산부
6	20010401	노희선	관리부
7	20010402	제갈형서	국내영업부
8	20020603	이성준	자재부
9	20030701	엄현애	국내영업부
10	20040301	오진형	자재부
11	20110101	김윤미	관리부
12	20120101	정수연	국내영업부
13	20130102	김용수	경리부
14	20130701	신별	관리부
15	20140102	김희수	교육부
16	20140501	김화영	관리부
17	20140901	강민우	생산부
18	20140903	정용빈	관리부
19	2016018	박지성	관리부
20	ERP13103	이승기	교육부
21	ERP13104	이서진	경리부
22	ERP13102	이현우	관리부

인적정보 | 재직정보 | **급여정보**

급여항목

항목	내용	항목	내용
호봉	6호봉 2,570,365		
계정유형	300 제조계정		
국외소득유무	1. 비해당	외국인단일세율	2. 부
생산직총급여	0. 과세(3천만원초	파견근로자여부	1. 부
학자금상환여부	0. 여	학자금상환통지액	200,000
감면유형	T10 중소기업취업감면(1 2014/01 ~ 2016/12		
급여이체은행	040 국민		
계좌번호	123-456-78900	예금주	강민우
급여이체은행2	040 국민		
계좌번호2	123-456-78900	예금주2	강민우

사회보험

항목	내용	항목	내용
연금유형	1. 국민연금	국민연금	171,000
사학연금		고용보험	34,200
건강보험	152,150	건강보험번호	
노조가입여부	1. 부	고용보험여부(대표)	1. 부
두루누리사회보험	0.미신청	두루누리적용율	

부양가족

항목	내용	항목	내용
배우자공제	2. 해당	부녀자공제	1. 비해당
20세이하	1	부양60세이상	0
장애인	0	수급자/위탁아동	0
8세이상20세이하	1		

책정임금

NO	계약시작년월	계약종료년월
1	2014/09	2016/12
2	2017/01	2019/12
3	2020/01	
4		

NO	지급코드	금액
1	연봉	30,000,000.00
2	월급	2,500,000.00
3	일급	83,333.00
4	시급	10,416.00

TIP 책정임금의 금액란에 커서를 두고 Ctrl+F3을 눌러 연봉을 확인한다. 이때 '로그인 암호' 창이 뜨면 암호 입력 없이 '확인'을 누른다.

08 ②

교육별사원현황 탭에서 '992.임직원역량강화교육'의 교육평가를 확인하고 [보기]에 따라 총 지급액을 계산한다.

- 교육평가 A등급: 200,000원×3명 = 600,000원
- 교육평가 B등급: 100,000원×3명 = 300,000원

∴ 총 지급액: 600,000원 + 300,000원 = 900,000원

[인사/급여관리] – [인사관리] – [교육현황]

NO	코드	교육명
1	400	임직원정기교육
2	710	2021년 이러닝
3	750	임직원정기교육
4	800	승진자내부교육
5	850	성희롱예방교육
6	950	임직원정기교육(2022년)
7	960	2022년 승진자 교육
8	970	임직원정기교육(2023년)
9	980	2023년 온라인 교육
10	990	2023년 법정의무 교육
11	991	임직원정기교육(2024년)
12	992	임직원역량강화교육

NO	사원코드	사원명	시작일	종료일	교육시간	교육일수	이수여부	출석점수	태도점수	평가점수	합계	교육평가
1	20000601	이종현	2024/08/01	2024/08/31	40:00	31	이수	100.00	95.00	100.00		A
2	20010401	노희선	2024/08/01	2024/08/31	40:00	31	이수	90.00	100.00	100.00		A
3	20010402	제갈형서	2024/08/01	2024/08/31	40:00	31	이수	100.00	100.00	100.00		A
4	20020603	이성준	2024/08/01	2024/08/31	40:00	31	이수	90.00	100.00	90.00		B
5	20030701	엄현애	2024/08/01	2024/08/31	40:00	31	이수	90.00	80.00	90.00		C
6	20040301	오진형	2024/08/01	2024/08/31	40:00	31	이수	95.00	90.00	80.00		C
7	20110101	김윤미	2024/08/01	2024/08/31	40:00	31	이수	80.00	85.00	95.00		C
8	20140102	김희수	2024/08/01	2024/08/31	40:00	31	이수	95.00	90.00	95.00		B
9	20140501	김화영	2024/08/01	2024/08/31	40:00	31	이수	95.00	95.00	95.00		B
10	20140903	정용빈	2024/08/01	2024/08/31	40:00	31	이수	80.00	95.00	85.00		C

TIP [인사/급여관리] – [인사관리] – [교육평가] 메뉴에서도 확인할 수 있다.

09 ④

이직현황 탭에서 '사업장: 2000.인사2급 인천지점', '조회기간: 2023/07~2023/12'을 입력하여 평균이직률을 확인한다.

[인사/급여관리] – [인사관리] – [사원입퇴사현황]

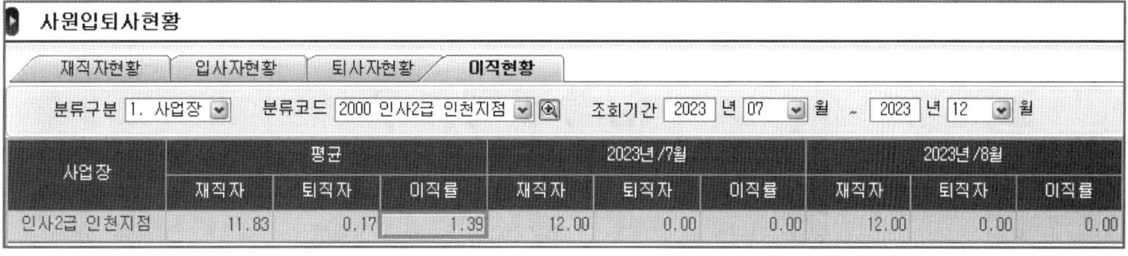

사업장	평균			2023년/7월			2023년/8월		
	재직자	퇴직자	이직률	재직자	퇴직자	이직률	재직자	퇴직자	이직률
인사2급 인천지점	11.83	0.17	1.39	12.00	0.00	0.00	12.00	0.00	0.00

10 ②

'퇴사자: 0.제외', '기준일: 2024/08/31', '년수기준: 2.미만일수 올림', '경력포함: 0.제외'로 조회하여 [보기]에 따라 총 특별근속수당을 계산한다.

- 15년 이상: 100,000원×4명 = 400,000원
- 20년 이상: 150,000원×8명 = 1,200,000원

∴ 총 특별근속수당 = 1,600,000원

[인사/급여관리] – [인사관리] – [근속년수현황]

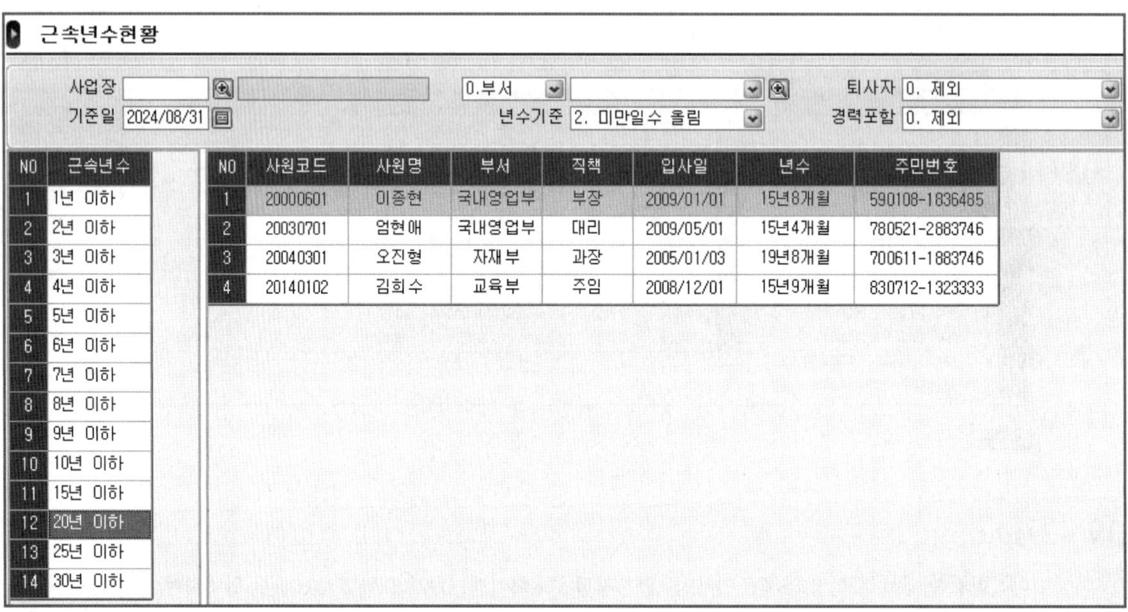

근속년수현황

사업장 | 0.부서 | 퇴사자 0. 제외
기준일 2024/08/31 | 년수기준 2. 미만일수 올림 | 경력포함 0. 제외

NO	근속년수
1	1년 이하
2	2년 이하
3	3년 이하
4	4년 이하
5	5년 이하
6	6년 이하
7	7년 이하
8	8년 이하
9	9년 이하
10	10년 이하
11	15년 이하
12	20년 이하
13	25년 이하
14	30년 이하

NO	사원코드	사원명	부서	직책	입사일	년수	주민번호
1	20000601	이종현	국내영업부	부장	2009/01/01	15년8개월	590108-1836485
2	20030701	엄현애	국내영업부	대리	2009/05/01	15년4개월	780521-2883746
3	20040301	오진형	자재부	과장	2005/01/03	19년8개월	700611-1883746
4	20140102	김희수	교육부	주임	2008/12/01	15년9개월	830712-1323333

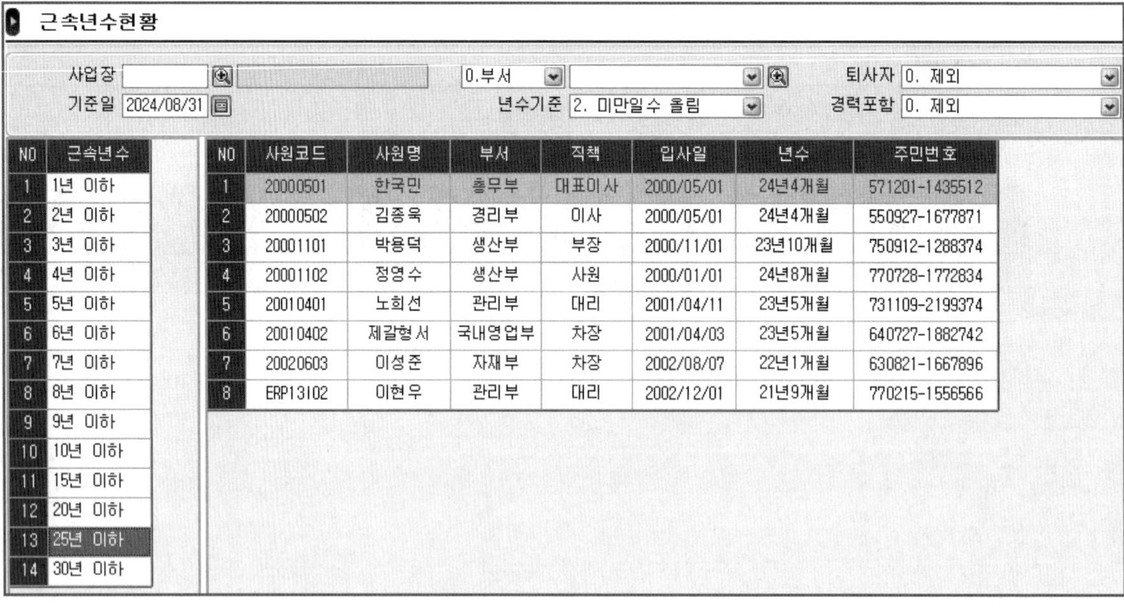

근속년수현황

사업장 | 0.부서 | 퇴사자 0. 제외
기준일 2024/08/31 | 년수기준 2. 미만일수 올림 | 경력포함 0. 제외

NO	근속년수
1	1년 이하
2	2년 이하
3	3년 이하
4	4년 이하
5	5년 이하
6	6년 이하
7	7년 이하
8	8년 이하
9	9년 이하
10	10년 이하
11	15년 이하
12	20년 이하
13	25년 이하
14	30년 이하

NO	사원코드	사원명	부서	직책	입사일	년수	주민번호
1	20000501	한국민	총무부	대표이사	2000/05/01	24년4개월	571201-1435512
2	20000502	김종욱	경리부	이사	2000/05/01	24년4개월	550927-1677871
3	20001101	박용덕	생산부	부장	2000/11/01	23년10개월	750912-1288374
4	20001102	정영수	생산부	사원	2000/01/01	24년8개월	770728-1772834
5	20010401	노희선	관리부	대리	2001/04/11	23년5개월	731109-2199374
6	20010402	제갈형서	국내영업부	차장	2001/04/03	23년5개월	640727-1882742
7	20020603	이성준	자재부	차장	2002/08/07	22년1개월	630821-1667896
8	ERP13102	이현우	관리부	대리	2002/12/01	21년9개월	770215-1556566

11 ①

'박지성' 사원의 급여정보 탭에서 [보기]와 같이 감면코드와 기간을 설정한 후 ESC를 눌러 창을 닫고 변경내용을 저장한다.

[인사/급여관리] – [인사관리] – [인사정보등록]

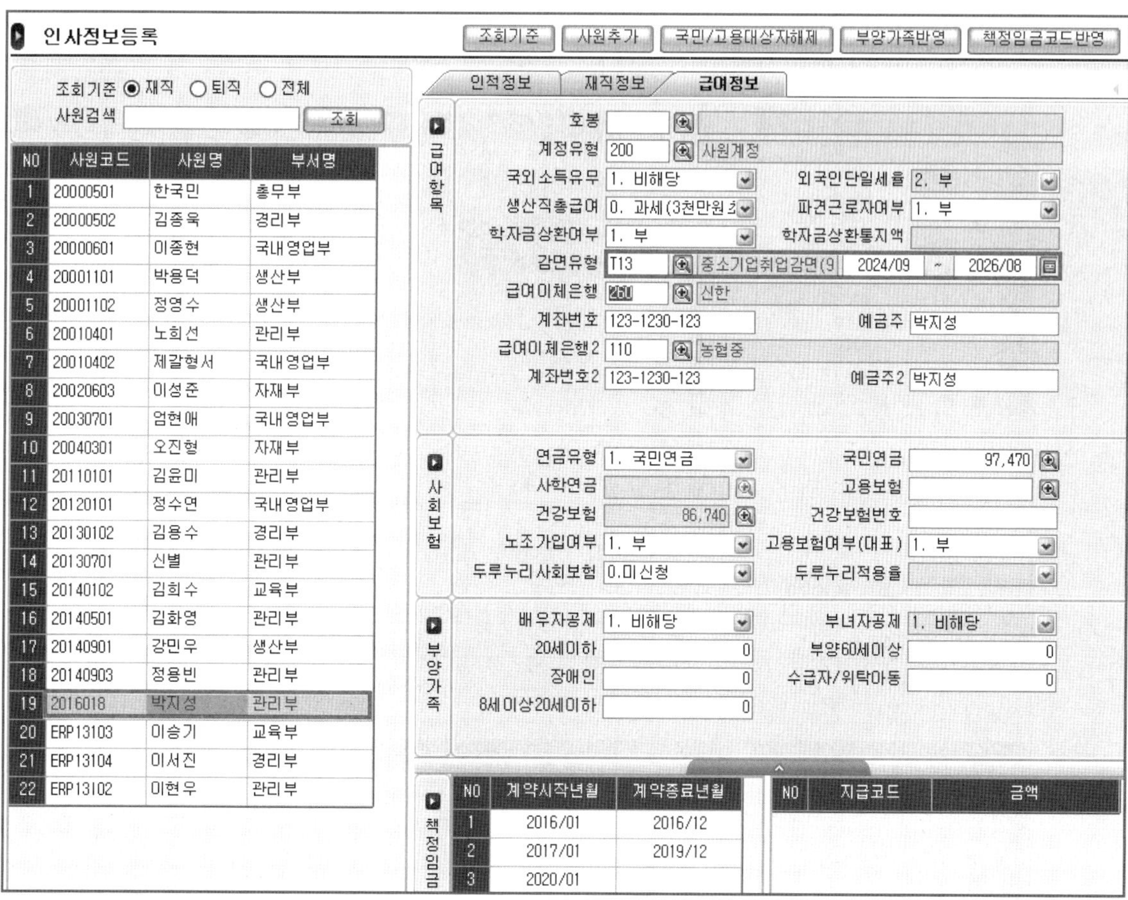

'귀속연월: 2024/09', '지급일: 1.급여'로 조회한 후 전체 사원에 체크하고 우측 상단의 '급여계산'을 적용한다. 하단 급여총액 탭에서 소득세를 확인한다.

[인사/급여관리] – [급여관리] – [상용직급여입력및계산]

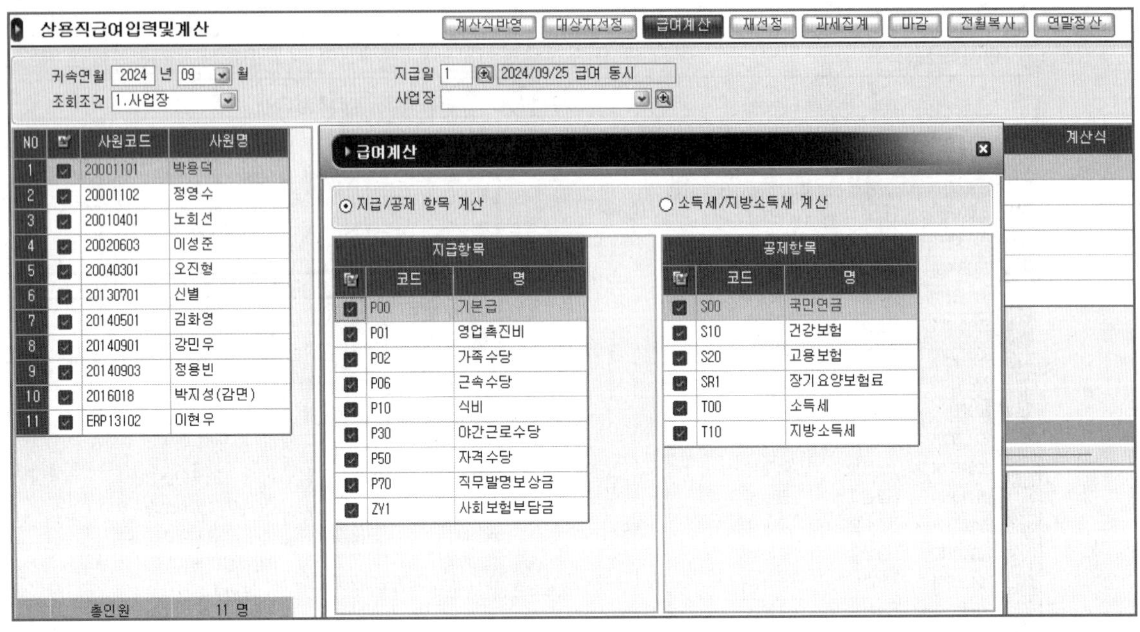

12 ③

'귀속연월: 2024/09'을 입력 후 [보기]에 따라 '지급일자: 2024/09/30', '동시발행: 분리', '대상자선정: 직종및급여형태별', '급여구분: 특별급여'로 조회한 후 우측 상단의 '일괄등록'을 적용하여 [보기]와 같이 특별급여대상을 설정한다.

[인사/급여관리] – [기초환경설정] – [급/상여지급일자등록]

'귀속연월: 2024/09', '지급일: 2.특별급여'로 조회한 후 전체 사원에 체크하고 우측 상단의 '급여계산'을 적용한다. 하단 급여총액 탭에서 과세를 확인한다.

[인사/급여관리] – [급여관리] – [상용직급여입력및계산]

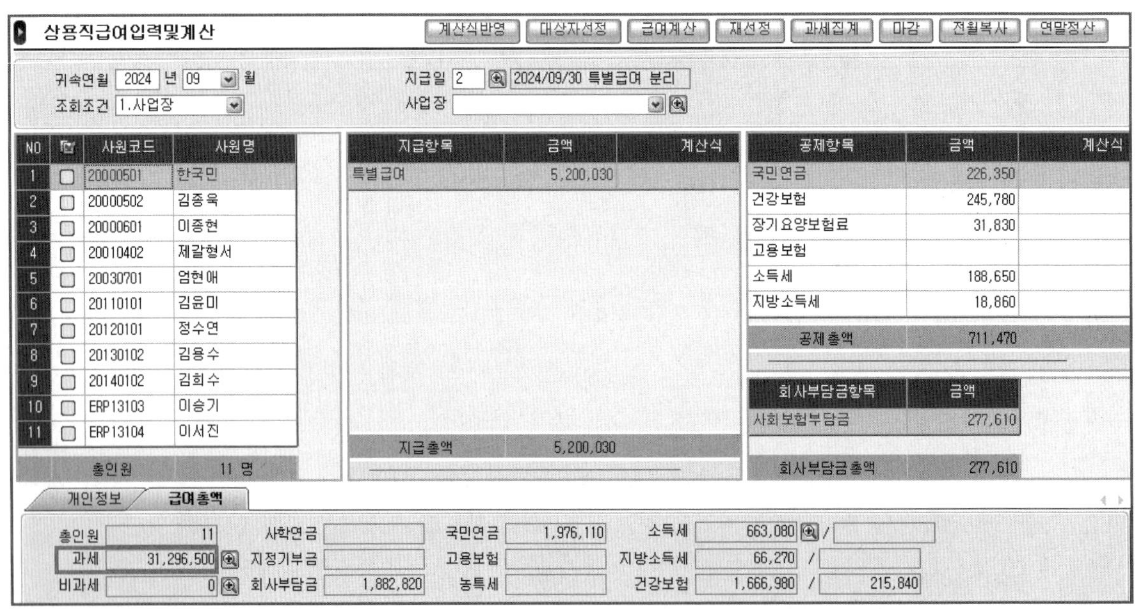

13 ②

'이성준' 사원의 급여정보 탭 하단 책정임금 금액란에 커서를 두고 Ctrl+F3를 눌러 시급을 확인한다.

[인사/급여관리] – [인사관리] – [인사정보등록]

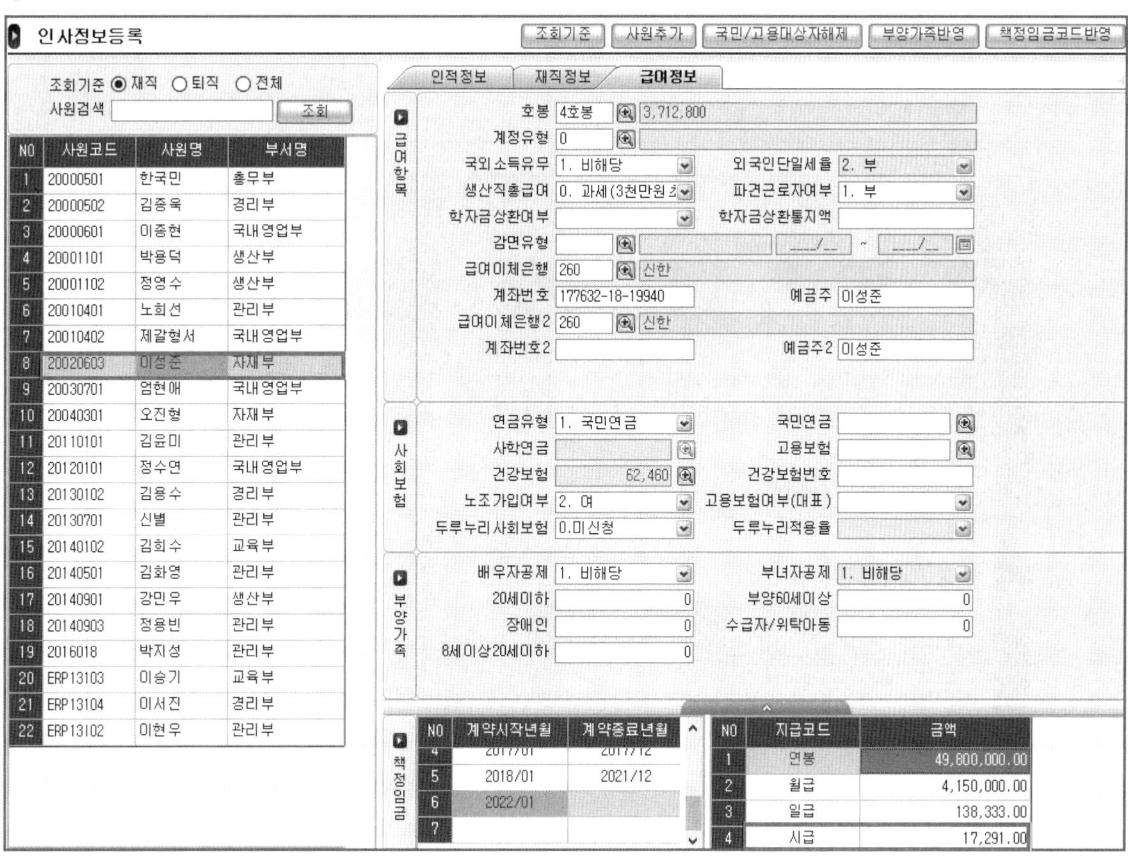

'귀속연월: 2024/08', '지급일: 1.급여'로 조회하여 '이성준' 사원의 근태내역을 확인하고 [보기]의 계산식을 이용하여 기본 초과근무수당을 계산한다.

- 책정임금 시급: 17,291원
- 1유형 근무수당: (8 + 4.25) × 17,291 × 2 = 423,620원(423,629.5)
- 2유형 근무수당: (2.5 + 1.75) × 17,291 × 2.5 = 183,710원(183,716.875)

∴ 초과근무수당 : 423,620원 + 183,710원 = 607,330원

[인사/급여관리] – [급여관리] – [근태결과입력]

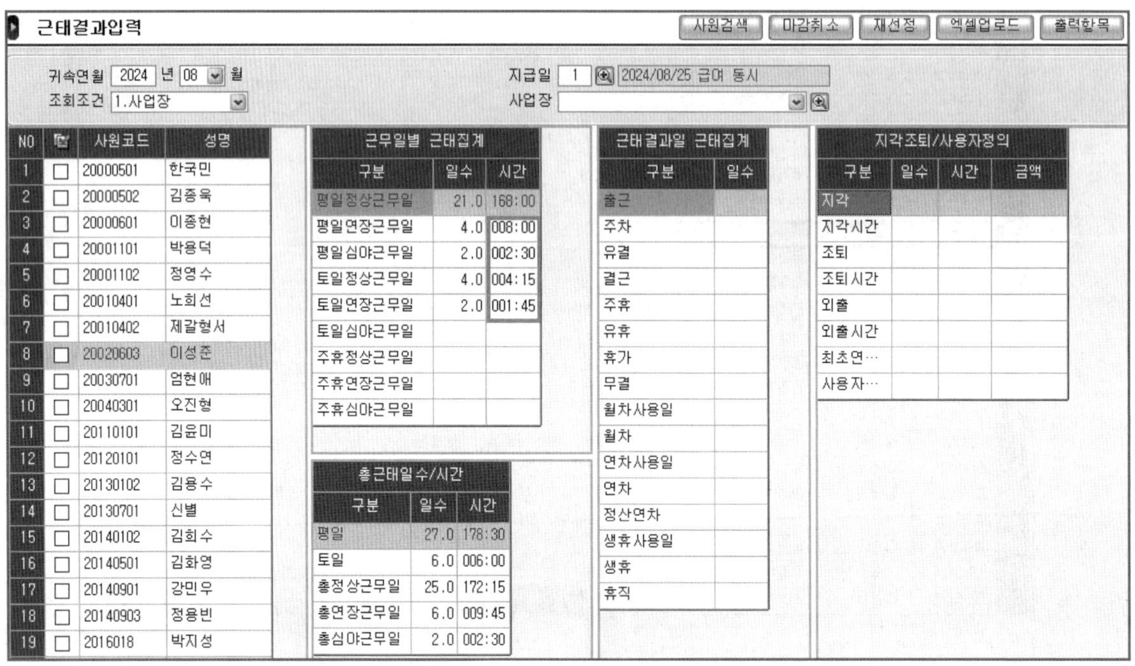

TIP 15분 = 0.25, 30분 = 0.5, 45분 = 0.75, 1시간 = 1

14 ③

'귀속연월: 2024/09', '지급일: 1.매일지급', '부서: 1200.경리부, 4100.생산부', '급여형태: 004.시급'으로 조회한 후 전체 사원에 체크하여 '추가'한다.

[인사/급여관리] – [일용직관리] – [일용직급여지급일자등록]

'귀속연월: 2024/09', '지급일: 1.매일지급'으로 조회한 후 전체 사원에 체크한다. 우측 상단의 '일괄적용'을 클릭하여 [보기]와 같이 평일 10시간과 비과세 12,000원, 토요일 2시간을 적용한 후, 하단의 월지급액, 개인정보, 급여총액 탭의 정보를 확인한다.

③ '0009.강하나' 사원에게 연장 비과세는 총 1,323,000원 지급되었고, 소득세는 57,750원 공제되었다.

[인사/급여관리] – [일용직관리] – [일용직급여입력및계산]

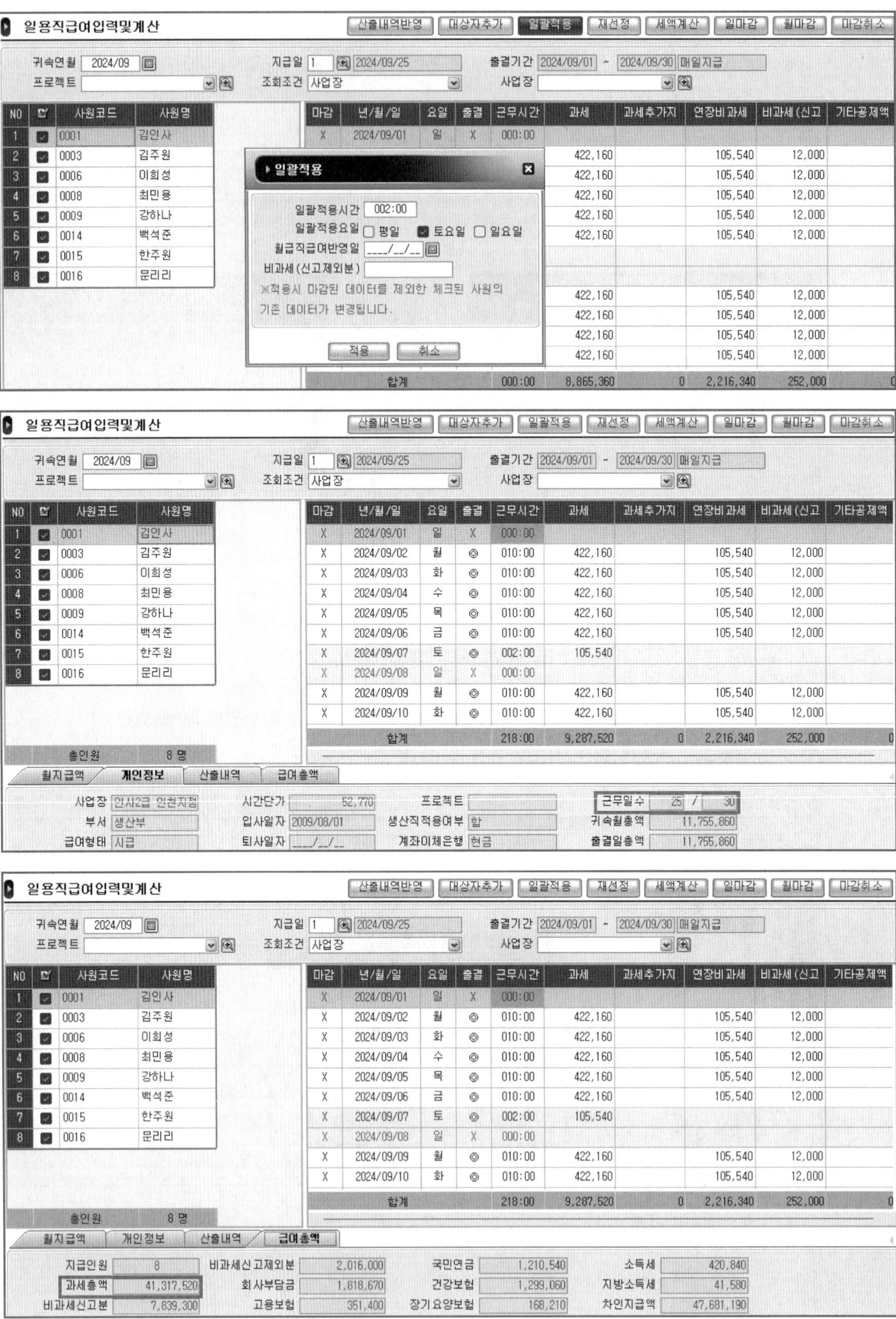
일용직급여입력및계산
산출내역반영 대상자추가 일괄적용 재선정 세액계산 일마감 월마감 마감취소
귀속연월 2024/09 지급일 1 2024/09/25 출결기간 2024/09/01 ~ 2024/09/30 매일지급
프로젝트 조회조건 사업장 사업장
NO 사원코드 사원명
1 0001 김인사
2 0003 김주원
3 0006 이희성
4 0008 최민용
5 0009 강하나
6 0014 백석준
7 0015 한주원
8 0016 문리리
마감 년/월/일 요일 출결 근무시간 과세 과세추가지 연장비과세 비과세(신고 기타공제액
X 2024/09/01 일 X 000:00
422,160 105,540 12,000
일괄적용
일괄적용시간 002:00
일괄적용요일 평일 토요일 일요일
월급직급여반영일 ____/__/__
비과세(신고제외분)
※적용시 마감된 데이터를 제외한 체크된 사원의 기존 데이터가 변경됩니다.
적용 취소
합계 000:00 8,865,360 0 2,216,340 252,000
X 2024/09/01 일 X 000:00
X 2024/09/02 월 ◎ 010:00 422,160 105,540 12,000
X 2024/09/03 화 ◎ 010:00 422,160 105,540 12,000
X 2024/09/04 수 ◎ 010:00 422,160 105,540 12,000
X 2024/09/05 목 ◎ 010:00 422,160 105,540 12,000
X 2024/09/06 금 ◎ 010:00 422,160 105,540 12,000
X 2024/09/07 토 ◎ 002:00 105,540
X 2024/09/08 일 X 000:00
X 2024/09/09 월 ◎ 010:00 422,160 105,540 12,000
X 2024/09/10 화 ◎ 010:00 422,160 105,540 12,000
합계 218:00 9,287,520 0 2,216,340 252,000
총인원 8 명
월지급액 개인정보 산출내역 급여총액
사업장 인사2급 인천지점 시간단가 52,770 프로젝트 근무일수 25 / 30
부서 생산부 입사일자 2009/08/01 생산직적용여부 함 귀속월총액 11,755,860
급여형태 시급 퇴사일자 ____/__/__ 계좌이체은행 현금 출결일총액 11,755,860
지급인원 8 비과세신고제외분 2,016,000 국민연금 1,210,540 소득세 420,840
과세총액 41,317,520 회사부담금 1,818,670 건강보험 1,299,060 지방소득세 41,580
비과세신고분 7,839,300 고용보험 351,400 장기요양보험 168,210 차인지급액 47,681,190

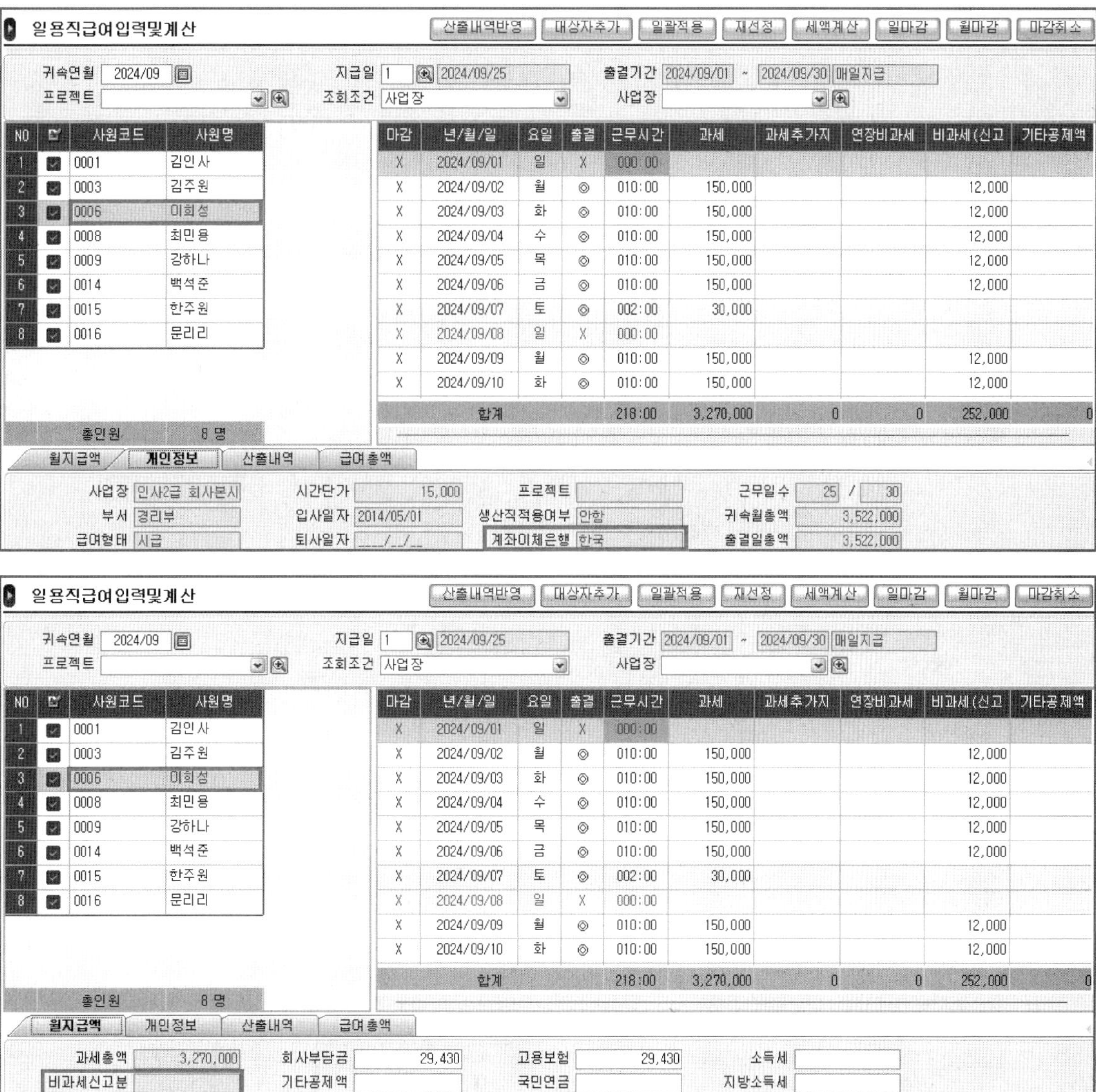

일용직급여입력및계산

산출내역반영 | 대상자추가 | 일괄적용 | 재선정 | 세액계산 | 일마감 | 월마감 | 마감취소

귀속연월 2024/09 지급일 1 2024/09/25 출결기간 2024/09/01 ~ 2024/09/30 매일지급
프로젝트 조회조건 사업장 사업장

NO		사원코드	사원명
1	☑	0001	김인사
2	☑	0003	김주원
3	☑	0006	이희성
4	☑	0008	최민용
5	☑	0009	강하나
6	☑	0014	백석준
7	☑	0015	한주원
8	☑	0016	문리리
		총인원	8 명

마감	년/월/일	요일	출결	근무시간	과세	과세추가지	연장비과세	비과세(신고	기타공제액
X	2024/09/01	일	X	000:00					
X	2024/09/02	월	◎	010:00	150,000			12,000	
X	2024/09/03	화	◎	010:00	150,000			12,000	
X	2024/09/04	수	◎	010:00	150,000			12,000	
X	2024/09/05	목	◎	010:00	150,000			12,000	
X	2024/09/06	금	◎	010:00	150,000			12,000	
X	2024/09/07	토	◎	002:00	30,000				
X	2024/09/08	일	X	000:00					
X	2024/09/09	월	◎	010:00	150,000			12,000	
X	2024/09/10	화	◎	010:00	150,000			12,000	
	합계			218:00	3,270,000	0	0	252,000	0

월지급액 | 개인정보 | 산출내역 | 급여총액

사업장	인사2급 회사본사	시간단가	15,000	프로젝트		근무일수	25 / 30
부서	경리부	입사일자	2014/05/01	생산직적용여부	안함	귀속월총액	3,522,000
급여형태	시급	퇴사일자	____/__/__	계좌이체은행	한국	출결일총액	3,522,000

일용직급여입력및계산

산출내역반영 | 대상자추가 | 일괄적용 | 재선정 | 세액계산 | 일마감 | 월마감 | 마감취소

귀속연월 2024/09 지급일 1 2024/09/25 출결기간 2024/09/01 ~ 2024/09/30 매일지급
프로젝트 조회조건 사업장 사업장

NO		사원코드	사원명
1	☑	0001	김인사
2	☑	0003	김주원
3	☑	0006	이희성
4	☑	0008	최민용
5	☑	0009	강하나
6	☑	0014	백석준
7	☑	0015	한주원
8	☑	0016	문리리
		총인원	8 명

마감	년/월/일	요일	출결	근무시간	과세	과세추가지	연장비과세	비과세(신고	기타공제액
X	2024/09/01	일	X	000:00					
X	2024/09/02	월	◎	010:00	150,000			12,000	
X	2024/09/03	화	◎	010:00	150,000			12,000	
X	2024/09/04	수	◎	010:00	150,000			12,000	
X	2024/09/05	목	◎	010:00	150,000			12,000	
X	2024/09/06	금	◎	010:00	150,000			12,000	
X	2024/09/07	토	◎	002:00	30,000				
X	2024/09/08	일	X	000:00					
X	2024/09/09	월	◎	010:00	150,000			12,000	
X	2024/09/10	화	◎	010:00	150,000			12,000	
	합계			218:00	3,270,000	0	0	252,000	0

월지급액 | 개인정보 | 산출내역 | 급여총액

과세총액	3,270,000	회사부담금	29,430	고용보험	29,430	소득세	
비과세신고분		기타공제액		국민연금		지방소득세	
비과세신고제외분	252,000	건강보험		장기요양보험		차인지급액	3,492,570

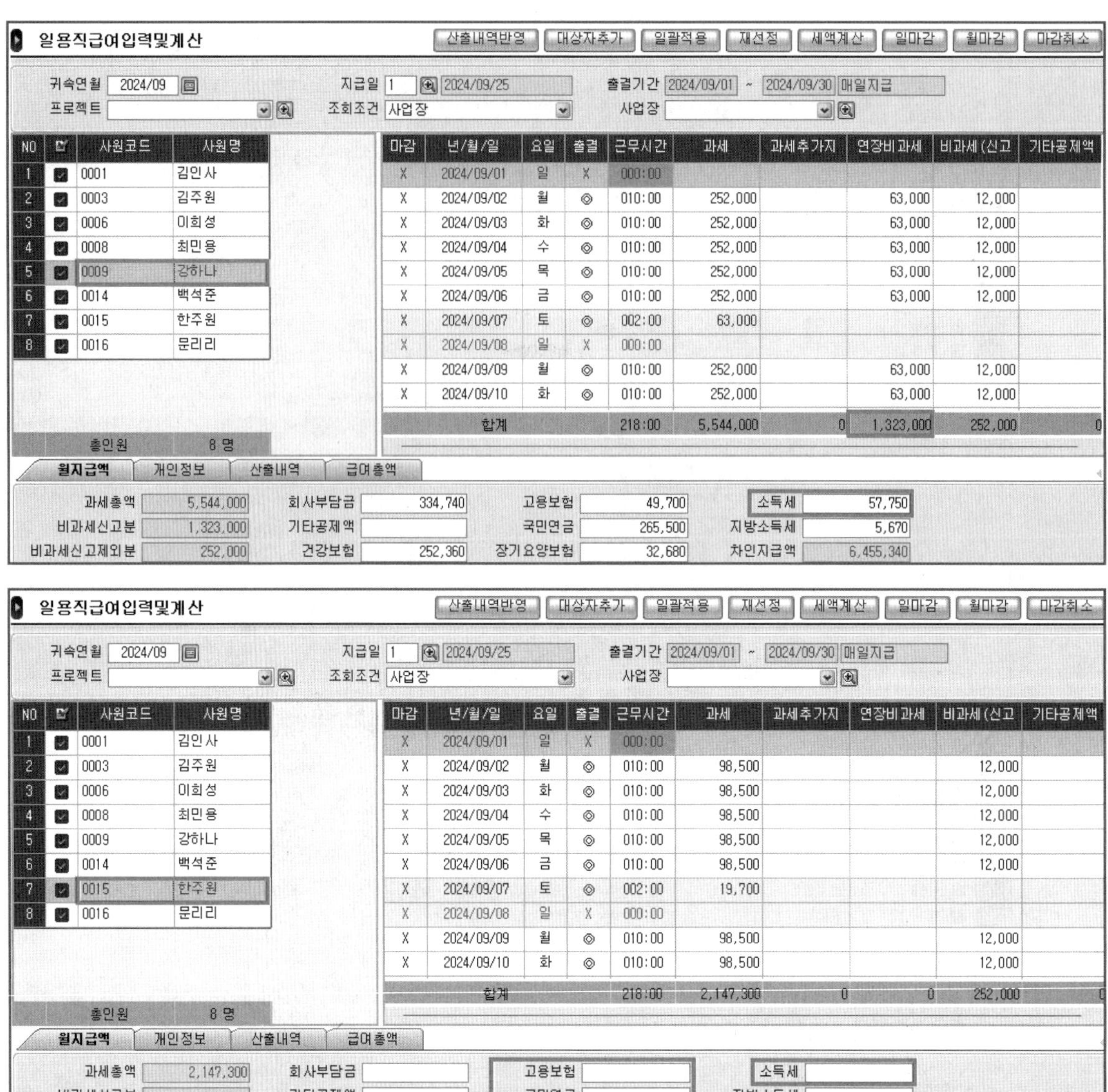

일용직급여입력및계산

산출내역반영 | 대상자추가 | 일괄적용 | 재선정 | 세액계산 | 일마감 | 월마감 | 마감취소

귀속연월 2024/09 　 지급일 1 2024/09/25 　 출결기간 2024/09/01 ~ 2024/09/30 매일지급

프로젝트 　 조회조건 사업장 　 사업장

NO		사원코드	사원명
1	☑	0001	김인사
2	☑	0003	김주원
3	☑	0006	이희성
4	☑	0008	최민용
5	☑	0009	강하나
6	☑	0014	백석준
7	☑	0015	한주원
8	☑	0016	문리리
	총인원	8 명	

마감	년/월/일	요일	출결	근무시간	과세	과세추가지	연장비과세	비과세(신고	기타공제액
X	2024/09/01	일	X	000:00					
X	2024/09/02	월	◎	010:00	252,000		63,000	12,000	
X	2024/09/03	화	◎	010:00	252,000		63,000	12,000	
X	2024/09/04	수	◎	010:00	252,000		63,000	12,000	
X	2024/09/05	목	◎	010:00	252,000		63,000	12,000	
X	2024/09/06	금	◎	010:00	252,000		63,000	12,000	
X	2024/09/07	토	◎	002:00	63,000				
X	2024/09/08	일	X	000:00					
X	2024/09/09	월	◎	010:00	252,000		63,000	12,000	
X	2024/09/10	화	◎	010:00	252,000		63,000	12,000	
	합계			218:00	5,544,000	0	1,323,000	252,000	0

월지급액 | 개인정보 | 산출내역 | 급여총액

과세총액	5,544,000	회사부담금	334,740	고용보험	49,700	소득세	57,750
비과세신고분	1,323,000	기타공제액		국민연금	265,500	지방소득세	5,670
비과세신고제외분	252,000	건강보험	252,360	장기요양보험	32,680	차인지급액	6,455,340

일용직급여입력및계산

산출내역반영 | 대상자추가 | 일괄적용 | 재선정 | 세액계산 | 일마감 | 월마감 | 마감취소

귀속연월 2024/09 　 지급일 1 2024/09/25 　 출결기간 2024/09/01 ~ 2024/09/30 매일지급

프로젝트 　 조회조건 사업장 　 사업장

NO		사원코드	사원명
1	☑	0001	김인사
2	☑	0003	김주원
3	☑	0006	이희성
4	☑	0008	최민용
5	☑	0009	강하나
6	☑	0014	백석준
7	☑	0015	한주원
8	☑	0016	문리리
	총인원	8 명	

마감	년/월/일	요일	출결	근무시간	과세	과세추가지	연장비과세	비과세(신고	기타공제액
X	2024/09/01	일	X	000:00					
X	2024/09/02	월	◎	010:00	98,500			12,000	
X	2024/09/03	화	◎	010:00	98,500			12,000	
X	2024/09/04	수	◎	010:00	98,500			12,000	
X	2024/09/05	목	◎	010:00	98,500			12,000	
X	2024/09/06	금	◎	010:00	98,500			12,000	
X	2024/09/07	토	◎	002:00	19,700				
X	2024/09/08	일	X	000:00					
X	2024/09/09	월	◎	010:00	98,500			12,000	
X	2024/09/10	화	◎	010:00	98,500			12,000	
	합계			218:00	2,147,300	0	0	252,000	0

월지급액 | 개인정보 | 산출내역 | 급여총액

과세총액	2,147,300	회사부담금		고용보험		소득세	
비과세신고분		기타공제액		국민연금		지방소득세	
비과세신고제외분	252,000	건강보험		장기요양보험		차인지급액	2,399,300

15 ③

'0017.조혜나' 사원을 선택한 후 '생산직비과세적용: 안함', '국민/건강/고용보험여부: 부'로 변경한다.

[인사/급여관리] – [일용직관리] – [일용직사원등록]

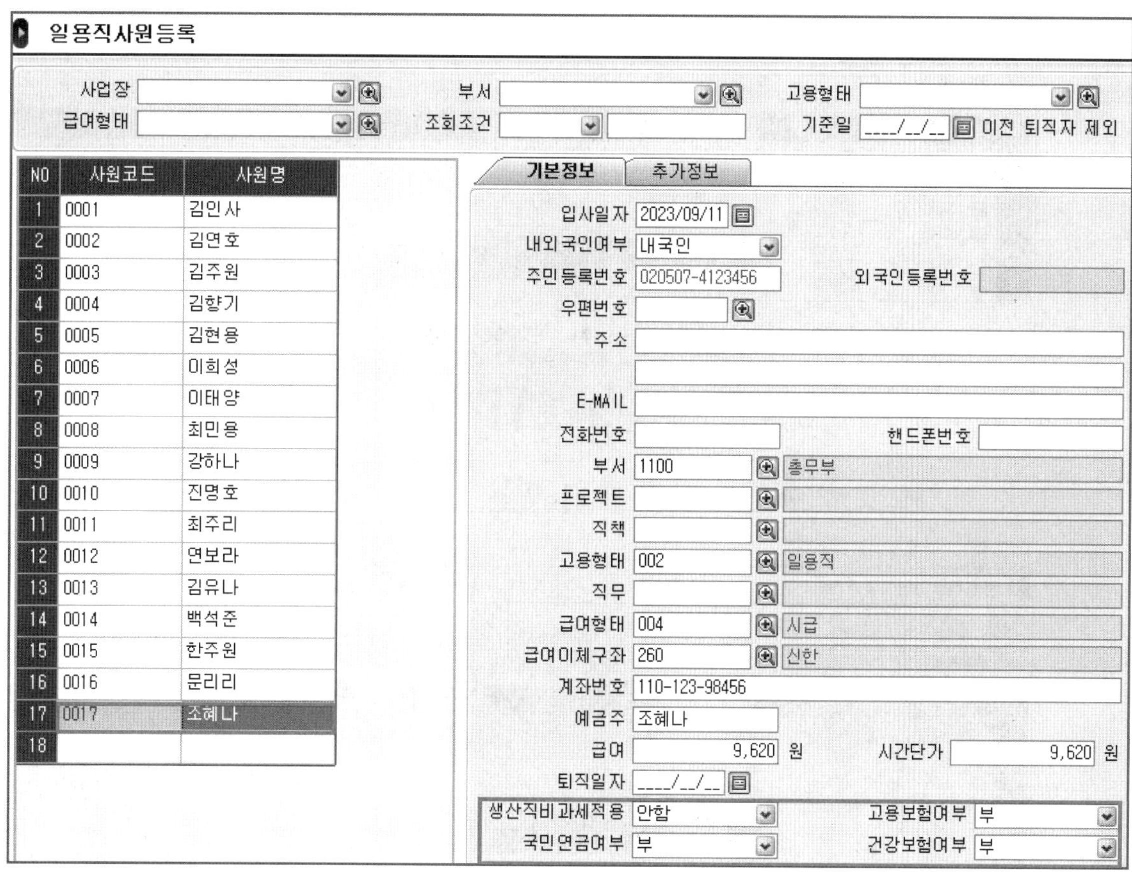

'귀속연월: 2024/09', '지급일: 2.일정기간지급'으로 조회한 후 전체 사원에 체크한다. [보기]와 같이 평일 10시간과 비과세 12,000원, 토요일 4시간을 각각 '일괄적용'하여 하단 급여총액 탭의 차인지급액을 확인한다.

[인사/급여관리] – [일용직관리] – [일용직급여입력및계산]

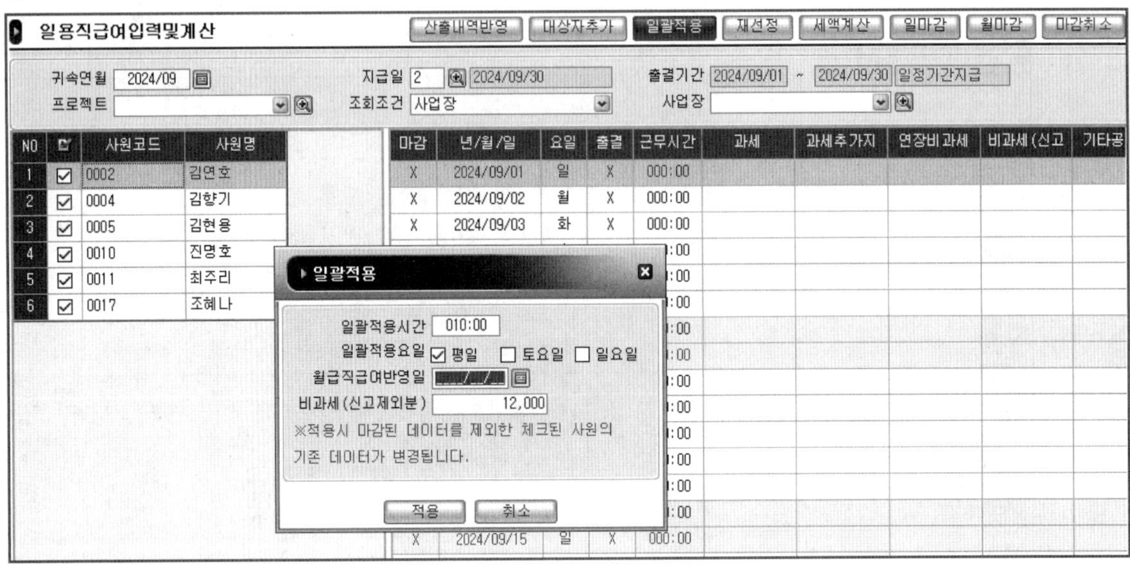

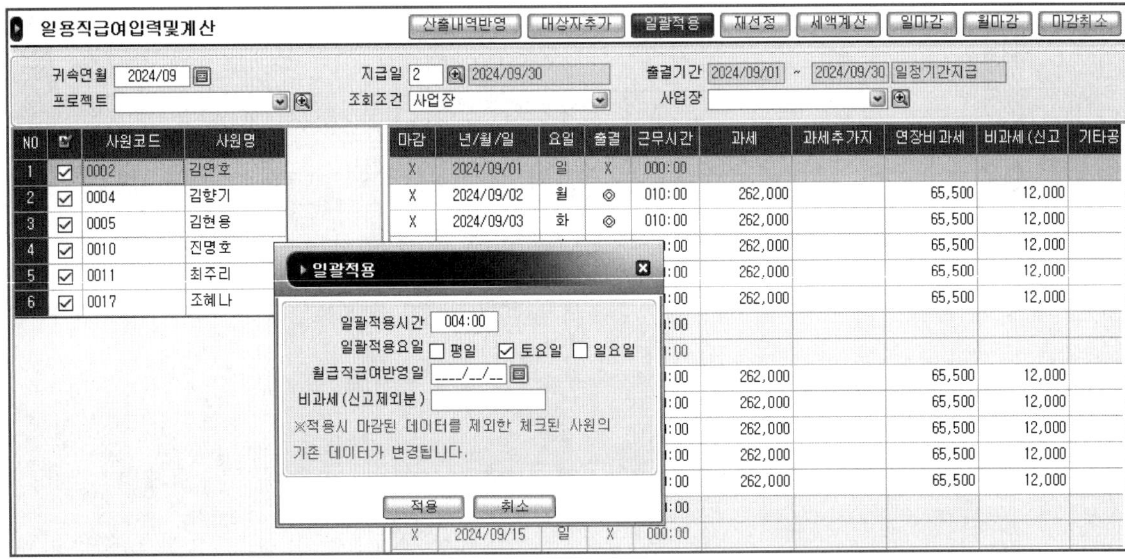

일용직급여입력및계산

산출내역반영 | 대상자추가 | 일괄적용 | 재선정 | 세액계산 | 일마감 | 월마감 | 마감취소

귀속연월 2024/09 지급일 2 2024/09/30 출결기간 2024/09/01 ~ 2024/09/30 일정기간지급
프로젝트 조회조건 사업장 사업장

NO	☑	사원코드	사원명
1	☑	0002	김연호
2	☑	0004	김향기
3	☑	0005	김현용
4	☑	0010	진명호
5	☑	0011	최주리
6	☑	0017	조혜나
	총인원		6 명

마감	년/월/일	요일	출결	근무시간	과세	과세추가지	연장비과세	비과세(신고	기타공
X	2024/09/01	일	X	000:00					
X	2024/09/02	월	◎	010:00	262,000		65,500	12,000	
X	2024/09/03	화	◎	010:00	262,000		65,500	12,000	
X	2024/09/04	수	◎	010:00	262,000		65,500	12,000	
X	2024/09/05	목	◎	010:00	262,000		65,500	12,000	
X	2024/09/06	금	◎	010:00	262,000		65,500	12,000	
X	2024/09/07	토	◎	004:00	131,000				
X	2024/09/08	일	X	000:00					
X	2024/09/09	월	◎	010:00	262,000		65,500	12,000	
X	2024/09/10	화	◎	010:00	262,000		65,500	12,000	
X	2024/09/11	수	◎	010:00	262,000		65,500	12,000	
X	2024/09/12	목	◎	010:00	262,000		65,500	12,000	
X	2024/09/13	금	◎	010:00	262,000		65,500	12,000	
X	2024/09/14	토	◎	004:00	131,000				
X	2024/09/15	일	X	000:00					
X	2024/09/16	월	◎	010:00	262,000		65,500	12,000	
X	2024/09/17	화	◎	010:00	262,000		65,500	12,000	
X	2024/09/18	수	◎	010:00	262,000		65,500	12,000	
X	2024/09/19	목	◎	010:00	262,000		65,500	12,000	
X	2024/09/20	금	◎	010:00	262,000		65,500	12,000	
	합계			000:00	6,026,000	0	1,375,500	252,000	0

월지급액 | 개인정보 | 산출내역 | 급여총액

지급인원	6	비과세신고제외분	1,512,000	국민연금	674,550	소득세	369,810
과세총액	33,091,400	회사부담금	970,170	건강보험	679,740	지방소득세	36,750
비과세신고분	3,328,500	고용보험	202,410	장기요양보험	88,020	차인지급액	35,880,620

16 ②

'조회기간: 2024/04~2024/06', '분류기준: 과세/비과세', '사업장: 1000.인사2급 회사본사', '사용자부담금: 1.포함'으로 조회한 후 과세총액 및 비과세총액을 확인한다.

[인사/급여관리] – [급여관리] – [연간급여현황]

연간급여현황

간이지급명세서(EX

조회기간 2024 년 04 ~ 2024 년 06 월 분류기준 과세/비과세 지급구분
사업장 1000 인사2급 회사본사 조회구분 부서 사용자부담금 1.포함

NO	조회구분	사원코드	사원명	합계				2024/04	
	부서			과세총액	비과세총액	비과세(신고분)	비과세(신고제외	과세	비과세
1	경리부	20000502	김종욱	18,889,980	1,642,500	750,000	892,500	6,296,660	547,500
2	경리부	20130102	김용수	11,362,500	1,270,410	750,000	520,410	3,787,500	423,470
3	경리부	ERP13104	이서진	10,425,000	1,246,500	750,000	496,500	3,475,000	415,500
4	조회구분[부서…			40,677,480	4,159,410	2,250,000	1,909,410	13,559,160	1,386,470
5	국내영업부	20000601	이종현	13,505,550	1,390,200	750,000	640,200	4,501,850	463,400
6	국내영업부	20010402	제갈형서	16,277,490	1,514,400	750,000	764,400	5,425,830	504,800
7	국내영업부	20030701	엄현애	10,362,490	1,238,520	750,000	488,520	3,420,830	412,840
8	국내영업부	20120101	정수연	11,302,500	813,060	300,000	513,060	3,767,500	271,020
9	조회구분[부서…			51,448,030	4,956,180	2,550,000	2,406,180	17,116,010	1,652,060
10	총무부	20000501	한국민	21,550,110	1,132,830	300,000	832,830	7,183,370	377,610
11	조회구분[부서…			21,550,110	1,132,830	300,000	832,830	7,183,370	377,610
	총계 :8명			113,675,620	10,248,420	5,100,000	5,148,420	37,858,540	3,416,140

17 ①

'귀속연월: 2024/08', '지급일: 1.급여', '집계: 2.부서별' 입력 후 우측 상단의 '출력항목'을 클릭한다. 조회할 지급항목을 모두 선택하여 '적용'한 후 지급항목의 금액을 확인한다.

① 교육부의 근속수당은 300,000원이다.

[인사/급여관리] – [급여관리] – [급여대장]

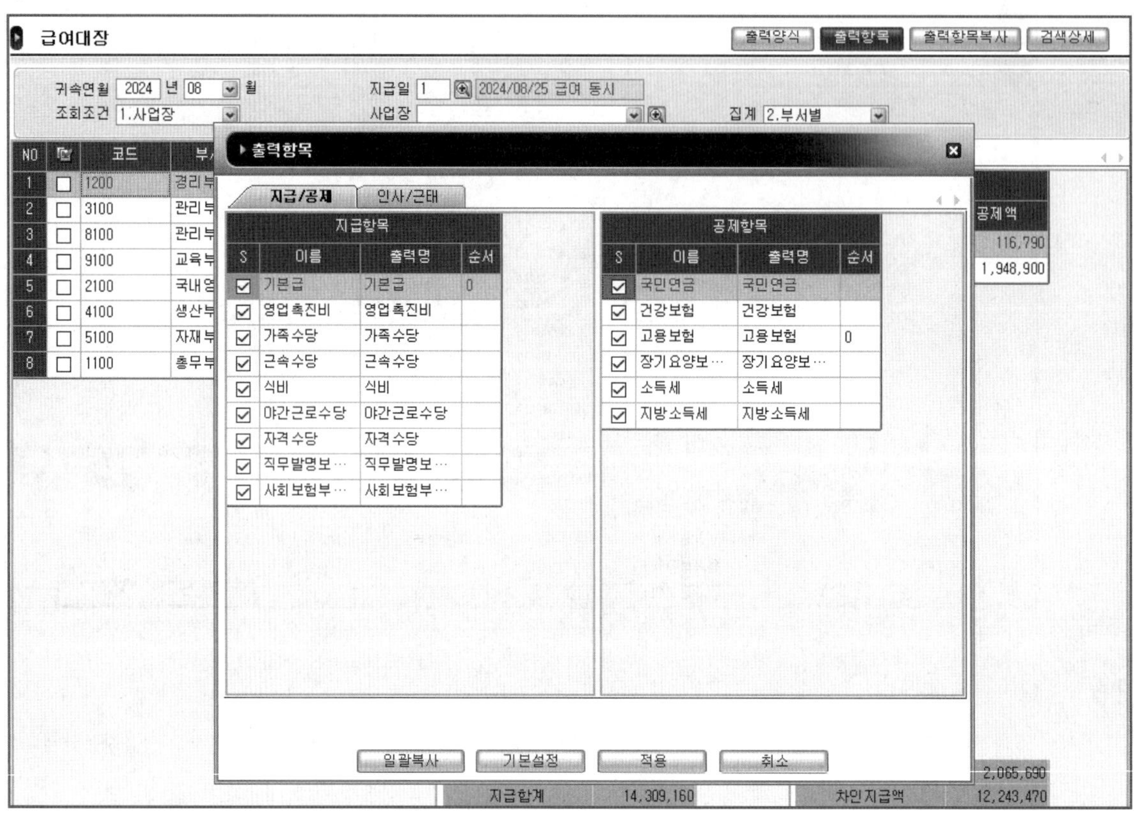

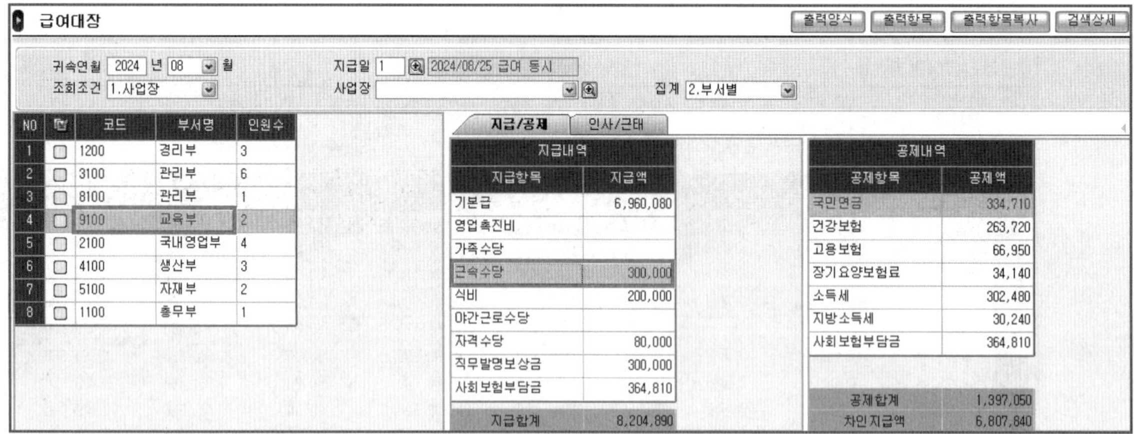

급여대장 — 출력양식 | 출력항목 | 출력항목복사 | 검색상세

귀속연월 2024 년 08 월 / 지급일 1 2024/08/25 급여 동시
조회조건 1.사업장 / 사업장 / 집계 2.부서별

NO	코드	부서명	인원수
1	1200	경리부	3
2	3100	관리부	6
3	8100	관리부	1
4	9100	교육부	2
5	2100	국내영업부	4
6	4100	생산부	3
7	5100	자재부	2
8	1100	총무부	1

지급/공제 | 인사/근태

지급항목	지급액
기본급	16,356,010
영업촉진비	
가족수당	
근속수당	550,000
식비	400,000
야간근로수당	100,000
자격수당	160,000
직무발명보상금	450,000
사회보험부담금	802,060
지급합계	18,818,070

공제항목	공제액
국민연금	728,450
건강보험	579,810
고용보험	147,180
장기요양보험료	75,070
소득세	739,270
지방소득세	73,910
사회보험부담금	802,060
공제합계	3,145,750
차인지급액	15,672,320

급여대장 — 출력양식 | 출력항목 | 출력항목복사 | 검색상세

귀속연월 2024 년 08 월 / 지급일 1 2024/08/25 급여 동시
조회조건 1.사업장 / 사업장 / 집계 2.부서별

NO	코드	부서명	인원수
1	1200	경리부	3
2	3100	관리부	6
3	8100	관리부	1
4	9100	교육부	2
5	2100	국내영업부	4
6	4100	생산부	3
7	5100	자재부	2
8	1100	총무부	1

지급/공제 | 인사/근태

지급항목	지급액
기본급	10,979,160
영업촉진비	
가족수당	
근속수당	350,000
식비	300,000
야간근로수당	200,000
자격수당	160,000
직무발명보상금	150,000
사회보험부담금	602,150
지급합계	12,741,310

공제항목	공제액
국민연금	552,510
건강보험	435,290
고용보험	110,500
장기요양보험료	56,360
소득세	560,580
지방소득세	56,050
사회보험부담금	602,150
공제합계	2,373,440
차인지급액	10,367,870

급여대장 — 출력양식 | 출력항목 | 출력항목복사 | 검색상세

귀속연월 2024 년 08 월 / 지급일 1 2024/08/25 급여 동시
조회조건 1.사업장 / 사업장 / 집계 2.부서별

NO	코드	부서명	인원수
1	1200	경리부	3
2	3100	관리부	6
3	8100	관리부	1
4	9100	교육부	2
5	2100	국내영업부	4
6	4100	생산부	3
7	5100	자재부	2
8	1100	총무부	1

지급/공제 | 인사/근태

지급항목	지급액
기본급	7,775,000
영업촉진비	
가족수당	
근속수당	300,000
식비	200,000
야간근로수당	100,000
자격수당	80,000
직무발명보상금	150,000
사회보험부담금	240,220
지급합계	8,845,220

공제항목	공제액
국민연금	163,120
건강보험	183,800
고용보험	32,620
장기요양보험료	23,800
소득세	423,960
지방소득세	42,380
사회보험부담금	240,220
공제합계	1,109,900
차인지급액	7,735,320

18 ②

'조회기간: 2024/04~2024/06', '지급구분: 100.급여', '조회구분: 3.근무조', '근무조: 002.2조'를 조회하여 각 지급/공제 항목별 내역을 확인한다.

② 고용보험은 531,540원이다.

[인사/급여관리] – [급여관리] – [월별급/상여지급현황]

월별급/상여지급현황

조회기간 2024 년 04 월 ~ 2024 년 06 월 지급일 지급구분 100 급여
조회구분 3.근무조 근무조 002 2조

부서	사원코드	사원명	기본급	근속수당	사회보험부담금	지급합계	급여합계	국민연금	건강보험	고용보험	장기요양보험료	소득세	지방소득세
경리부	20000502	김종욱	18,199,980	450,000	892,500	19,639,980	20,532,480	679,050	645,180	163,770	83,550	1,565,580	156,540
경리부	20130102	김용수	10,612,500	300,000	520,410	12,112,500	12,632,910	477,480	376,200	95,490	48,720	499,770	49,950
			28,812,480	750,000	1,412,910	31,752,480	33,165,390	1,156,530	1,021,380	259,260	132,270	2,065,350	206,490
부서 소계			28,812,480	750,000	1,412,910	31,752,480	33,165,390	1,156,530	1,021,380	259,260	132,270	2,065,350	206,490
관리부	20140903	정용빈	11,665,500	300,000	330,990	12,715,500	13,046,490	303,750	239,280	60,750	30,960	579,870	57,960
			11,665,500	300,000	330,990	12,715,500	13,046,490	303,750	239,280	60,750	30,960	579,870	57,960
부서 소계			11,665,500	300,000	330,990	12,715,500	13,046,490	303,750	239,280	60,750	30,960	579,870	57,960
교육부	ERP13103	이승기	11,630,250	450,000	570,330	13,070,250	13,640,580	523,260	412,290	104,670	53,370	627,930	62,790
			11,630,250	450,000	570,330	13,070,250	13,640,580	523,260	412,290	104,670	53,370	627,930	62,790
부서 소계			11,630,250	450,000	570,330	13,070,250	13,640,580	523,260	412,290	104,670	53,370	627,930	62,790
생산부	20001102	정영수	11,874,990	450,000	582,330	13,164,990	13,747,320	534,330	420,960	106,860	54,510	700,020	69,990
			11,874,990	450,000	582,330	13,164,990	13,747,320	534,330	420,960	106,860	54,510	700,020	69,990
부서 소계			11,874,990	450,000	582,330	13,164,990	13,747,320	534,330	420,960	106,860	54,510	700,020	69,990
자재부	20020603	이성준	12,450,000	450,000	187,380	13,890,000	14,077,380		165,900		21,480	740,070	73,980
			12,450,000	450,000	187,380	13,890,000	14,077,380		165,900		21,480	740,070	73,980
부서 소계			12,450,000	450,000	187,380	13,890,000	14,077,380		165,900		21,480	740,070	73,980
총계	6명		76,433,220	2,400,000	3,083,940	84,593,220	87,677,160	2,517,870	2,259,810	531,540	292,590	4,713,240	471,210

19 ④

'기준연월: 2024/08', '사용자부담금: 1.포함', '비교연월: 2023/08'을 조회하여 각각의 금액의 변동내역을 확인한다.

④ 전체 '소득세' 공제액은 비교연월 대비 7,410원 증가하여 변동사항이 존재한다.

[인사/급여관리] – [급여관리] – [사원별급/상여변동현황]

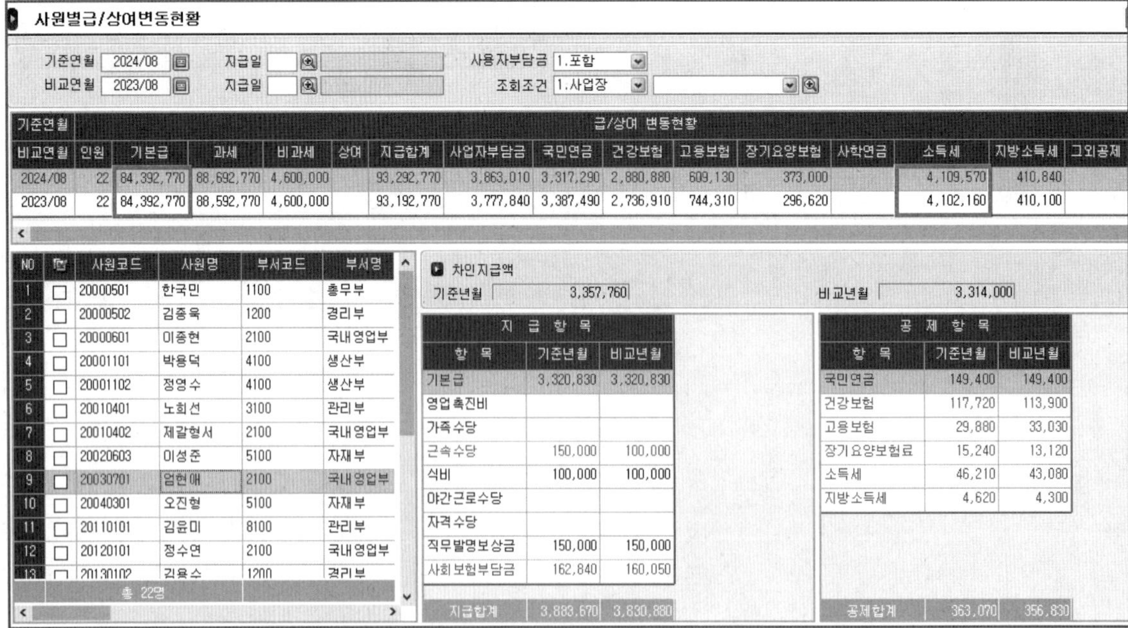

사원별급/상여변동현황

기준연월 2024/08 지급일 사용자부담금 1.포함
비교연월 2023/08 지급일 조회조건 1.사업장

기준연월	급/상여 변동현황															
비교연월	인원	기본급	과세	비과세	상여	지급합계	사업자부담금	국민연금	건강보험	고용보험	장기요양보험	사학연금	소득세	지방소득세	그외공제
2024/08	22	84,392,770	88,692,770	4,600,000		93,292,770	3,863,010	3,317,290	2,880,880	609,130	373,000		4,109,570	410,840	
2023/08	22	84,392,770	88,592,770	4,600,000		93,192,770	3,777,840	3,387,490	2,736,910	744,310	296,620		4,102,160	410,100	

NO		사원코드	사원명	부서코드	부서명
1	☐	20000501	한국민	1100	총무부
2	☐	20000502	김종욱	1200	경리부
3	☐	20000601	이종현	2100	국내영업부
4	☐	20001101	박용덕	4100	생산부
5	☐	20001102	정영수	4100	생산부
6	☐	20010401	노희선	3100	관리부
7	☐	20010402	제갈형서	2100	국내영업부
8	☐	20020603	이성준	5100	자재부
9	☐	20030701	엄현애	2100	국내영업부
10	☐	20040301	오진형	5100	자재부
11	☐	20110101	김윤미	8100	관리부
12	☐	20120101	정수연	2100	국내영업부
13	☐	20130102	김용수	1200	경리부
		총 22명			

차인지급액
기준년월 3,357,760 비교년월 3,314,000

지급항목		
항목	기준년월	비교년월
기본급	3,320,830	3,320,830
영업촉진비		
가족수당		
근속수당	150,000	100,000
식비	100,000	100,000
야간근로수당		
자격수당		
직무발명보상금	150,000	150,000
사회보험부담금	162,840	160,050
지급합계	3,883,670	3,830,880

공제항목		
항목	기준년월	비교년월
국민연금	149,400	149,400
건강보험	117,720	113,900
고용보험	29,880	33,030
장기요양보험료	15,240	13,120
소득세	46,210	43,080
지방소득세	4,620	4,300
공제합계	363,070	356,830

20 ①

'조회기간: 2024/01~2024/06', '수당코드: T00.소득세', '사업장: 2000.인사2급 인천지점'을 조회하여 'T00.소득세'가 가장 적게 공제된 사원을 확인한다.

[인사/급여관리] – [급여관리] – [수당별연간급여현황]

수당별연간급여현황

조회기간 2024 년 01 월 ~ 2024 년 06 월 수당코드 T00 소득세

조회조건 1.사업장 2000 인사2급 인천지점

NO	사원코드	사원명	합계	2024/01	2024/02	2024/03	2024/04	2024/05	2024/06
1	20001101	박용덕	1,878,180	313,030	313,030	313,030	313,030	313,030	313,030
2	20001102	정영수	1,400,040	233,340	233,340	233,340	233,340	233,340	233,340
3	20010401	노희선	548,760	91,460	91,460	91,460	91,460	91,460	91,460
4	20020603	이성준	1,480,140	246,690	246,690	246,690	246,690	246,690	246,690
5	20040301	오진형	1,063,620	177,270	177,270	177,270	177,270	177,270	177,270
6	20130701	신별	631,260	105,210	105,210	105,210	105,210	105,210	105,210
7	20140501	김화영	349,360	56,800	56,800	56,800	56,800	61,080	61,080
8	20140901	강민우	85,260	14,210	14,210	14,210	14,210	14,210	14,210
9	20140903	정용빈	1,159,740	193,290	193,290	193,290	193,290	193,290	193,290
10	2016018	박지성	381,900	63,650	63,650	63,650	63,650	63,650	63,650

2024년 4회

p.295~301

이론

01	①	02	③	03	④	04	③	05	③	06	③	07	①	08	③	09	③	10	④
11	④	12	③	13	②	14	④	15	③	16	①	17	③	18	①	19	①	20	④

01 ①

IaaS는 데이터베이스와 스토리지 등을 제공하는 서비스이고, PaaS는 사용자가 소프트웨어를 개발할 수 있도록 토대를 제공해 주는 서비스이다.

02 ③

전통적인 정보 시스템(MIS)의 업무 처리 대상은 Task 중심이지만 ERP는 Process 중심이다.

03 ④

GAP 차이 분석은 패키지 기능과 TO-BE 프로세스와의 차이 분석을 의미한다.

04 ③

기존 업무 처리에 따라 ERP 패키지를 수정하는 방법은 ERP 도입의 실패 요인 중 하나이다.

05 ③

매슬로우의 욕구 계층 이론(욕구의 5단계 이론)과 맥그리거의 XY 이론은 행동과학적 인사관리에 대한 설명이다.

06 ③

| 오답 풀이 |

① 관찰법: 직무분석자가 직무수행자를 직접 관찰하고 결과를 기록하는 방법
② 종합적 방법: 여러 방법을 종합하여 장점은 살리고 단점을 제거하는 방법
④ 업무일지 분석법: 직무수행 담당자에게 일정 기간 동안 작업일지를 작성하게 하여 직무분석에 이용하는 방법

07 ①

직무설계는 조직의 목표를 달성하는 동시에 직무를 수행하는 개인의 욕구가 만족되도록 직무의 내용, 기능, 관계, 작업 방법을 합리적이고 체계적으로 설계하는 과정이다. 직무설계의 목적으로는 작업의 생산성 향상, 종업원의 동기부여 향상, 신기술에 대한 신속한 대응, 이직과 훈련비용의 감소 등이 있다.

08 ③

• 인력 부족 시 대응 전략: 초과근로 활용, 임시직 고용, 파견근로 활용, 아웃소싱
• 인력 과잉 시 대응 전략: 직무분할제(직무공유제), 다운사이징, 정리해고, 사내벤처, 조기 퇴직제도

09 ③

| 오답 풀이 |

① 집단 면접: 각 집단별로 특정 주제에 대한 자유 토론의 기회를 부여하고, 토론 과정에서 개인적, 사회적 특성을 평가하는 방법
② 개별 면접: 한 명 또는 여러 명의 면접자가 한 명의 지원자를 대상으로 진행하는 면접 방법
④ 비구조적 면접: 면접자가 특정한 질문 목록 없이 중요하다고 생각하는 내용이나 지원자의 특성 등에 대해 자유롭게 질문하는 방식

10 ④

현혹효과(후광효과)는 하나의 평가 요소에 대한 호의적 또는 비호의적인 인상이 다른 평가 요소에 영향을 미쳐 모든 요소를 동일하게 평가하는 경향을 말한다. 타인에 대한 평가가 그에 속한 특정 집단에 대한 지각을 기초로 이루어지는 것은 상동적 태도(상동적 오류)이다.

11 ④

| 오답 풀이 |

① 액션러닝: 경영 현장에서 성과와 직결되는 이슈 혹은 과제를 정해진 시점까지 해결하도록 하여 개인과 조직의 역량을 동시에 향상시키는 행동지향적 교육 방식
② 심포지엄: 한 문제에 대하여 두 사람 이상의 전문가가 서로 다른 각도에서 의견을 발표하고 참석자의 질문에 답하는 형식의 토론 방법
③ 인바스켓법: 실제 상황과 비슷한 상황을 부여하는 방법으로 주로 문제 해결 능력이나 기회 능력을 향상시킬 때 이용하는 방법

12 ③

| 오답 풀이 |

① 코칭 리더십: 전문가가 문제 해결 방안을 직접 제시하기보다는 해결 당사자가 스스로 발견할 수 있도록 지원하는 리더십
② 셀프 리더십: 자기 리더십이라고도 하며, 조직 내에서 리더만이 조직원을 관리하고 통제하는 것이 아니라 개인 스스로를 이끌어 조직 구성원 모두가 자율적으로 관리하고 이끌어나가는 리더십
④ 변혁적 리더십: 조직 구성원들이 리더를 신뢰할 수 있게 하는 카리스마(이상적인 영향)를 지니고 있으며, 조직의 변화를 가져올 수 있는 새로운 목표를 제시하고 성취할 수 있도록 하는 리더십

13 ②

• 통상임금 적용 대상: 해고예고수당, 연장근로수당, 야간근로수당, 휴일근로수당, 연차유급휴가수당, 출산전후휴가수당 등
• 평균임금 적용 대상: 퇴직급여, 휴업수당, 연차유급휴가수당, 재해보상 및 산업재해보상보험급여, 감급제재의 제한, 구직급여

14 ④

| 오답 풀이 |

① 단순성과급제: 단위당 고정 임금률에 일정 시간당 생산량을 곱하여 지급하는 방식
② 복률성과급제: 단위당 변동임금률에 일정 시간당 생산량을 곱하여 지급하는 방식
③ 차별성과급제: 개개인이 달성한 성과에 따라 서로 다른 금액을 지급하는 방식

15 ③

고용보험 적용 제외 대상에는 외국인 근로자, 별정우체국 직원, 65세 이후에 고용되거나 자영업을 개시한 자, 1개월간 소정 근로시간이 60시간 미만인 근로자, 「국가공무원법」과 「지방공무원법」에 따른 공무원 등이 있다.

16 ①

이자소득은 근로소득이 아니며, 원천징수 대상 소득이다. 비과세 근로소득에는 실업급여, 근로장학금, 자가운전보조금, 벽지수당, 월 20만원 이하의 식대, 직무발명보상금 등이 있다.

17 ③

- 거주자: 국내에 주소를 두거나 1과세기간 동안 183일 이상의 거소를 둔 개인
- 비거주자: 거주자가 아닌 자로서 국내 원천소득이 있는 개인

18 ①

야간근로는 오후 10시부터 다음날 오전 6시까지의 근로를 의미한다.

19 ①

| 오답 풀이 |

② 직업별 노동조합: 동일한 직업이나 직종에 종사하는 숙련 노동자들이 자신들의 경제적 이익을 확보하기 위하여 만든 형태
③ 기업별 노동조합: 동일 기업에 종사하는 노동자에 의하여 조직되는 기업 내 조합
④ 산업별 노동조합: 직업별 노동조합과는 달리 조합원의 범위를 확장하여 동일 산업 내의 모든 노동자들로 구성되는 형태

20 ④

부당노동행위는 사용자가 노동조합의 정당한 권리를 침해하는 행위로 불이익 대우, 황견계약, 단체교섭의 거부, 지배개입 및 경비원조 등이 있다. 사용자의 조업계속(대체고용)은 노동쟁의의 행위 유형 중 사용자 측 쟁의행위에 해당한다.

실무 시뮬레이션

01	④	02	①	03	②	04	②	05	④	06	②	07	③	08	①	09	③	10	①
11	④	12	②	13	①	14	④	15	②	16	③	17	④	18	①	19	③	20	③

01 ④

[사업장등록] 메뉴에서 우측 상단의 '주(총괄납부)사업장등록'을 클릭하여 기본등록사항 및 신고관련사항 탭을 확인한다.
④ 〈1000.인사2급 회사본사〉 사업장도 원천징수이행상황신고 시, '반기' 신고를 하는 사업장이다.

[시스템관리] – [회사등록정보] – [사업장등록]

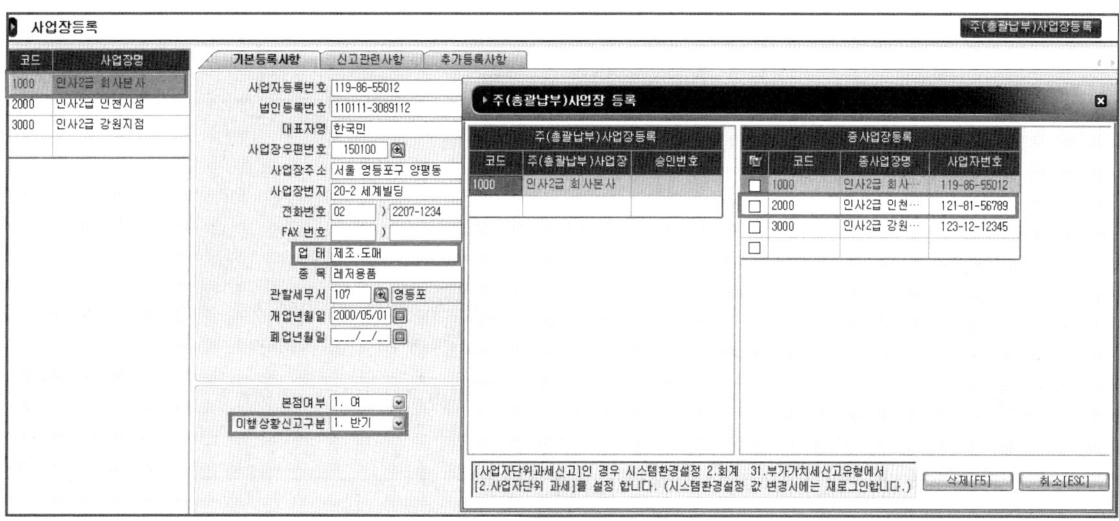

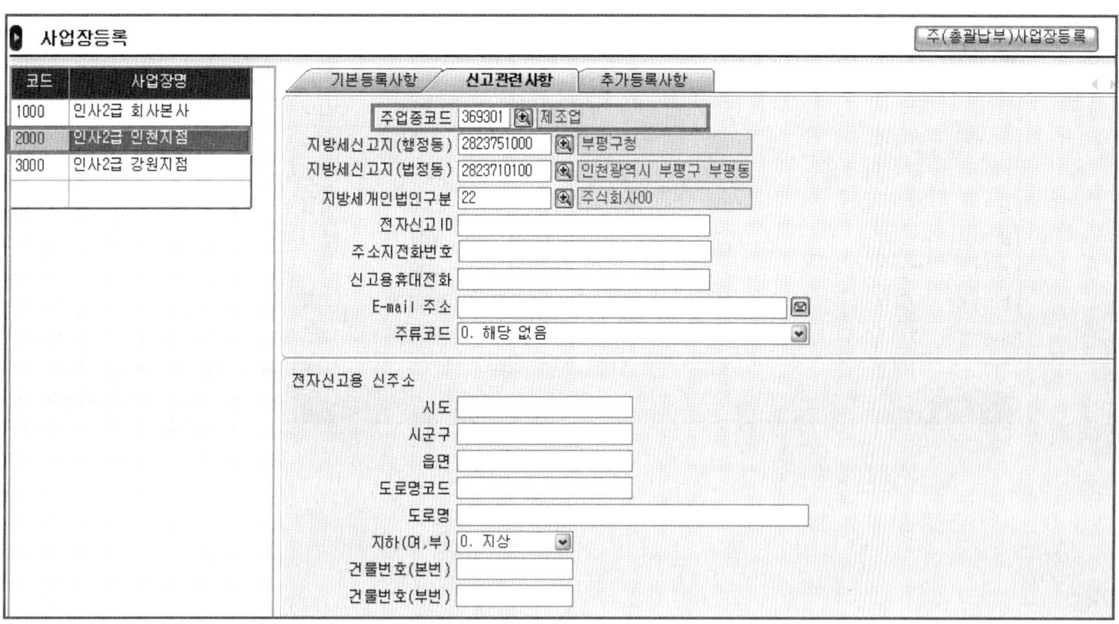

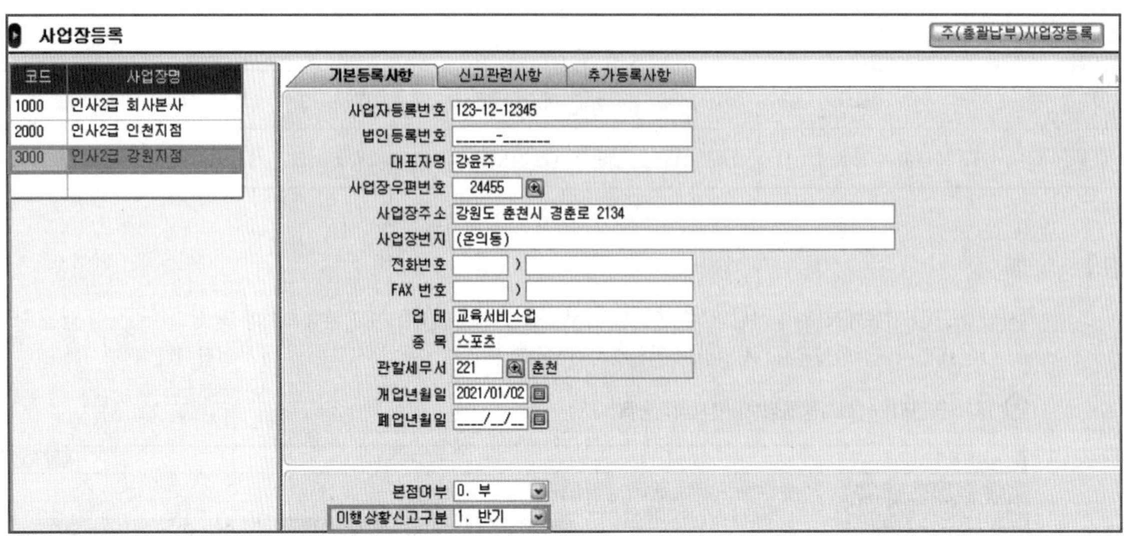

02 ①

| 오답 풀이 |

② 현재 사용하지 않는 부서는 총 2개이다.

③ 〈1000. 인사2급 회사본사〉 사업장에 속한 부서 중 '1300. 기획부', '2200. 해외영업부'는 사용하지 않는다.

④ '1300. 기획부'는 '2000. 영업부문'에 속해 있으며, 사용종료일은 2019/12/31이다.

[시스템관리] – [회사등록정보] – [부서등록]

부서등록 (부문등록)

사업장 [ ] 조회기준일 적용 ☐ ____/__/__

부서코드	부서명	사업장코드	사업장명	부문코드	부문명	사용기간	사용기간
1100	총무부	1000	인사2급 회사본사	1000	관리부문	2000/05/01	
1200	경리부	1000	인사2급 회사본사	1000	관리부문	2000/05/01	
1300	기획부	1000	인사2급 회사본사	2000	영업부문	2015/01/01	2019/12/31
2100	국내영업부	1000	인사2급 회사본사	2000	영업부문	2000/05/01	
2200	해외영업부	1000	인사2급 회사본사	2000	영업부문	2000/05/01	2021/12/31
3100	관리부	2000	인사2급 인천지점	1000	관리부문	2006/01/01	
4100	생산부	2000	인사2급 인천지점	4000	생산부문	2006/01/01	
5100	자재부	2000	인사2급 인천지점	5000	자재부문	2006/01/01	
6100	연구개발부	1000	인사2급 회사본사	4000	생산부문	2020/01/01	
7100	교육부	3000	인사2급 강원지점	6000	교육부문	2021/01/02	

03 ②

'출력구분: 4.사원그룹'에서 보기의 내용과 비교한다.

② [일용직사원등록] 메뉴에서 현재 조회되고 있는 고용형태는 '002.일용직', '003.기술직'이다.

[인사/급여관리] – [기초환경설정] – [인사기초코드등록]

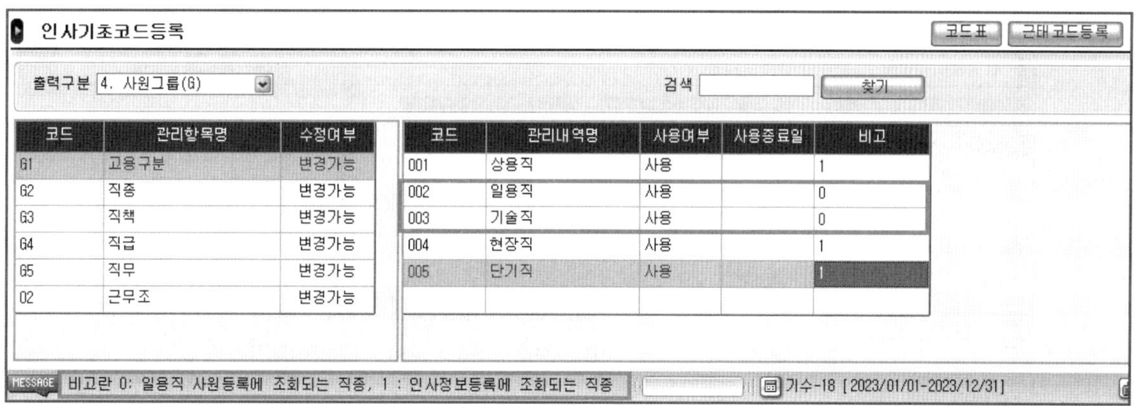

인사기초코드등록 / 코드표 / 근태코드등록

출력구분 4. 사원그룹(G) / 검색 / 찾기

코드	관리항목명	수정여부
G1	고용구분	변경가능
G2	직종	변경가능
G3	직책	변경가능
G4	직급	변경가능
G5	직무	변경가능
O2	근무조	변경가능

코드	관리내역명	사용여부	사용종료일	비고
001	상용직	사용		1
002	일용직	사용		0
003	기술직	사용		0
004	현장직	사용		1
005	단기직	사용		1

MESSAGE 비고란 0: 일용직 사원등록에 조회되는 직종, 1 : 인사정보등록에 조회되는 직종

기수-18 [2023/01/01-2023/12/31]

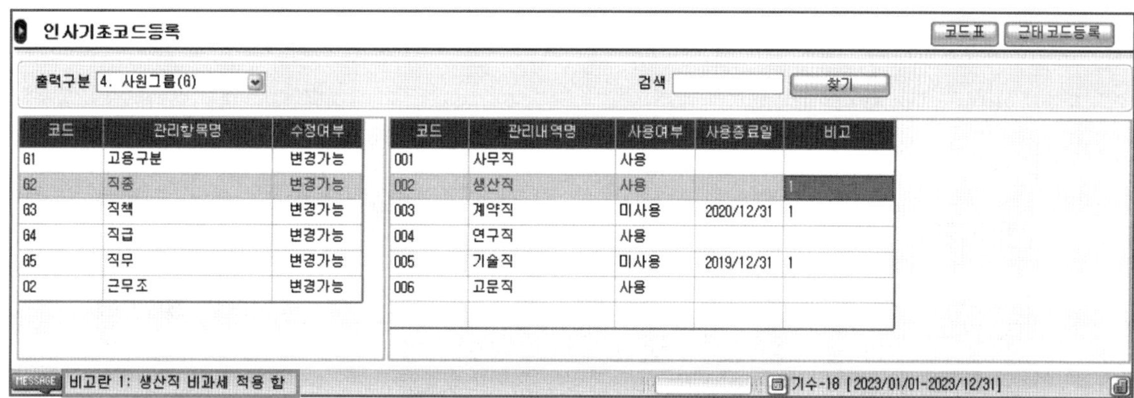

인사기초코드등록 / 코드표 / 근태코드등록

출력구분 4. 사원그룹(G) / 검색 / 찾기

코드	관리항목명	수정여부
G1	고용구분	변경가능
G2	직종	변경가능
G3	직책	변경가능
G4	직급	변경가능
G5	직무	변경가능
O2	근무조	변경가능

코드	관리내역명	사용여부	사용종료일	비고
001	사무직	사용		
002	생산직	사용		1
003	계약직	미사용	2020/12/31	1
004	연구직	사용		
005	기술직	미사용	2019/12/31	1
006	고문직	사용		

MESSAGE 비고란 1: 생산직 비과세 적용 함

기수-18 [2023/01/01-2023/12/31]

04 ②

'700.대리'의 '호봉이력: 2024/07' 입력 후 우측 상단의 '일괄등록'을 클릭하여 [보기]에 주어진 기본급과 직급수당의 초기치와 증가액을 '적용'한다. 우측 상단의 '일괄인상'을 클릭하여 [보기]에 주어진 기본급과 직급수당을 '정률적용'한 후 '7호봉'의 합계를 확인한다.

[인사/급여관리] – [기초환경설정] – [호봉테이블등록]

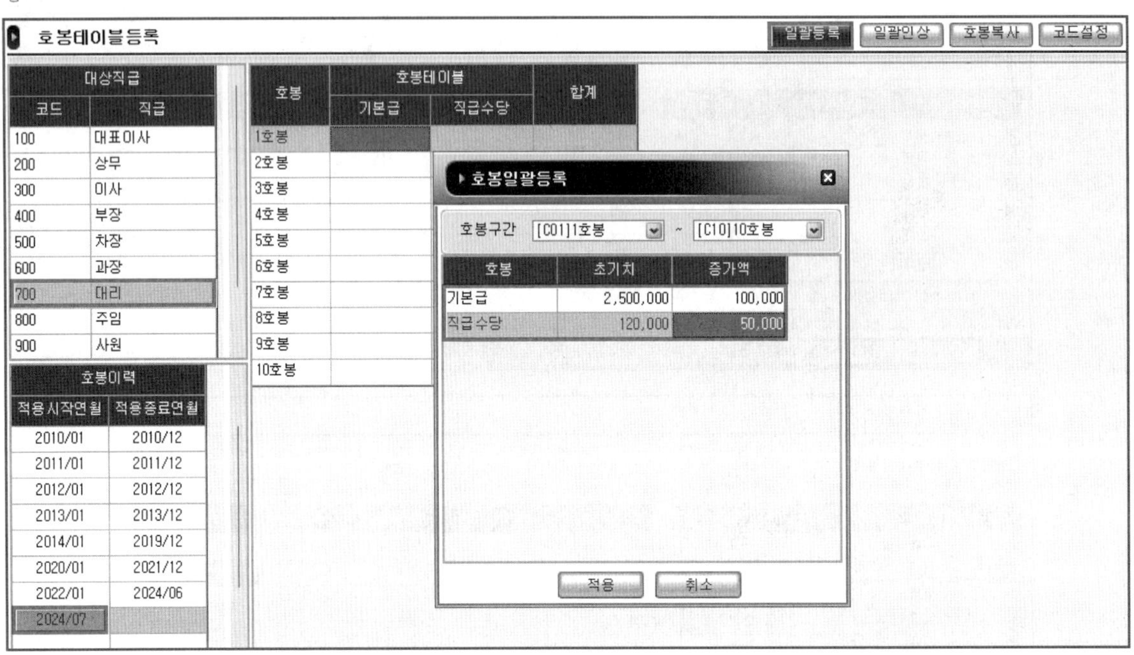

호봉테이블등록 | 일괄등록 | 일괄인상 | 호봉복사 | 코드설정

대상직급	
코드	직급
100	대표이사
200	상무
300	이사
400	부장
500	차장
600	과장
700	대리
800	주임
900	사원

호봉	호봉테이블		합계
	기본급	직급수당	
1호봉	2,612,500	123,600	2,736,100
2호봉	2,717,000	175,100	2,892,100
3호봉	2,821,500	226,600	3,048,100
4호봉	2,926,000	278,100	3,204,100
5호봉	3,030,500	329,600	3,360,100
6호봉	3,135,000	381,100	3,516,100
7호봉	3,239,500	432,600	3,672,100
8호봉	3,344,000	484,100	3,828,100
9호봉	3,448,500	535,600	3,984,100
10호봉	3,553,000	587,100	4,140,100

호봉이력	
적용시작연월	적용종료연월
2010/01	2010/12
2011/01	2011/12
2012/01	2012/12
2013/01	2013/12
2014/01	2019/12
2020/01	2021/12
2022/01	2024/06
2024/07	

05 ④

[인사/급여환경설정] 메뉴의 설정값과 보기의 내용을 비교한다.
④ 퇴사자의 경우 지정한 '기준일수' 초과근무 시, 월 급여를 '월할' 지급한다.

[인사/급여관리] – [기초환경설정] – [인사/급여환경설정]

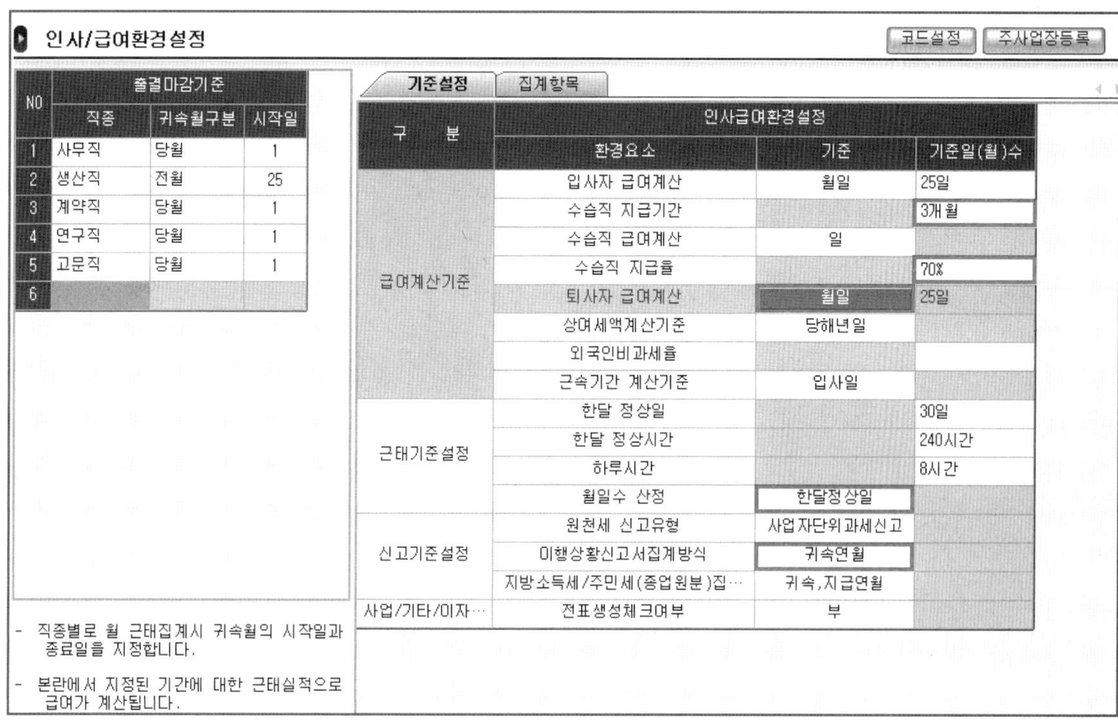

인사/급여환경설정 | 코드설정 | 주사업장등록

NO	출결마감기준		
	직종	귀속월구분	시작일
1	사무직	당월	1
2	생산직	전월	25
3	계약직	당월	1
4	연구직	당월	1
5	고문직	당월	1
6			

- 직종별로 월 근태집계시 귀속월의 시작일과 종료일을 지정합니다.
- 본란에서 지정된 기간에 대한 근태실적으로 급여가 계산됩니다.

기준설정 | 집계항목

구 분	인사급여환경설정		
	환경요소	기준	기준일(월)수
급여계산기준	입사자 급여계산	월일	25일
	수습직 지급기간		3개월
	수습직 급여계산	일	
	수습직 지급율		70%
	퇴사자 급여계산	월일	25일
	상여세액계산기준	당해년일	
	외국인비과세율		
	근속기간 계산기준	입사일	
근태기준설정	한달 정상일		30일
	한달 정상시간		240시간
	하루시간		8시간
	월일수 산정	한달정상일	
신고기준설정	원천세 신고유형	사업자단위과세신고	
	이행상황신고서집계방식	귀속연월	
	지방소득세/주민세(종업원분)집…	귀속,지급연월	
사업/기타/이자…	전표생성체크여부	부	

TIP 월일: 지정된 근무일수보다 미달하는 경우 일의 방식, 초과하는 경우 월의 방식으로 급여 지급

06 ②

'귀속연월: 2024/06'으로 입력하여 조회된 내용을 확인한다.
② '지급직종및급여형태' 기준으로 급여 대상자는 자동으로 반영된다.

[인사/급여관리] – [기초환경설정] – [급/상여지급일자등록]

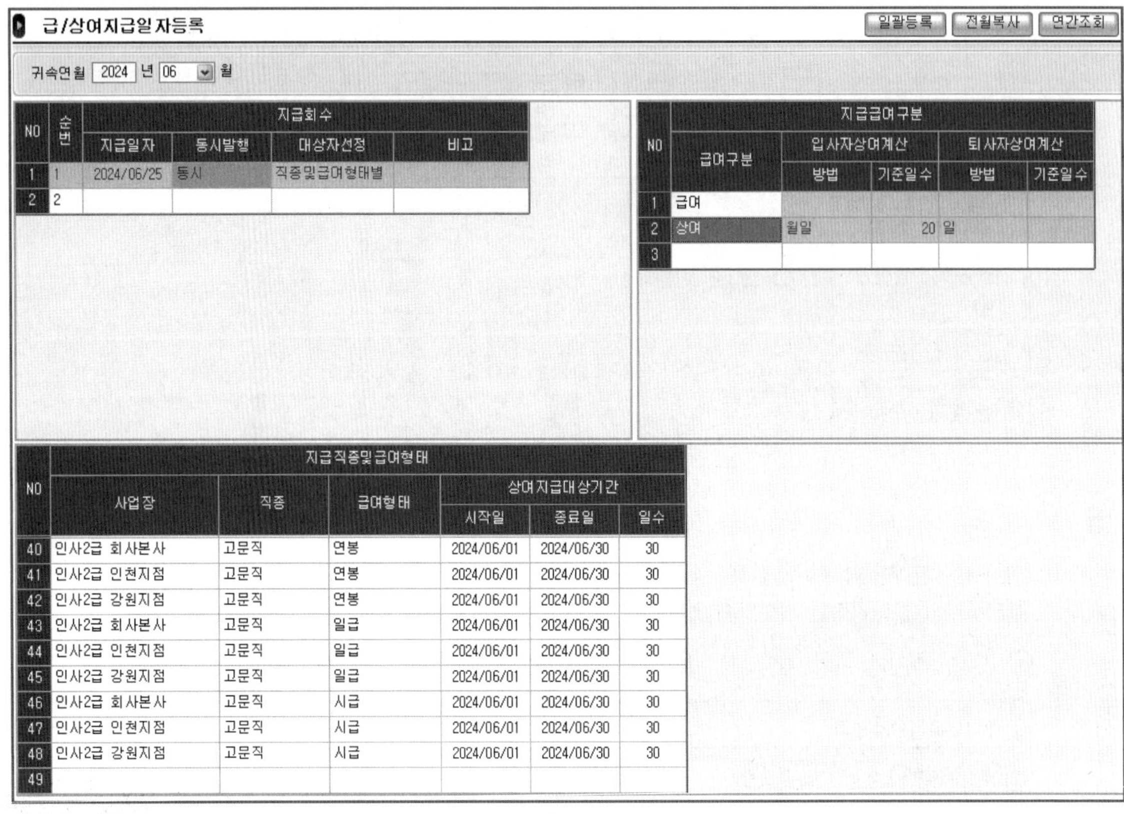

급/상여지급일자등록 | 일괄등록 | 전월복사 | 연간조회

귀속연월 2024 년 06 월

NO	순번	지급회수			
		지급일자	동시발행	대상자선정	비고
1	1	2024/06/25	동시	직종및급여형태별	
2	2				

NO	지급급여구분				
	급여구분	입사자상여계산		퇴사자상여계산	
		방법	기준일수	방법	기준일수
1	급여				
2	상여	월일	20	일	
3					

NO	지급직종및급여형태					
	사업장	직종	급여형태	상여지급대상기간		
				시작일	종료일	일수
40	인사2급 회사본사	고문직	연봉	2024/06/01	2024/06/30	30
41	인사2급 인천지점	고문직	연봉	2024/06/01	2024/06/30	30
42	인사2급 강원지점	고문직	연봉	2024/06/01	2024/06/30	30
43	인사2급 회사본사	고문직	일급	2024/06/01	2024/06/30	30
44	인사2급 인천지점	고문직	일급	2024/06/01	2024/06/30	30
45	인사2급 강원지점	고문직	일급	2024/06/01	2024/06/30	30
46	인사2급 회사본사	고문직	시급	2024/06/01	2024/06/30	30
47	인사2급 인천지점	고문직	시급	2024/06/01	2024/06/30	30
48	인사2급 강원지점	고문직	시급	2024/06/01	2024/06/30	30
49						

07 ③

사원별로 인적정보, 재직정보, 급여정보 탭의 각 정보를 확인한다.
③ '20040301.오진형' 사원은 생산직총급여 비과세 대상자이며, 국외소득은 존재하지 않는다.

[인사/급여관리] – [인사관리] – [인사정보등록]

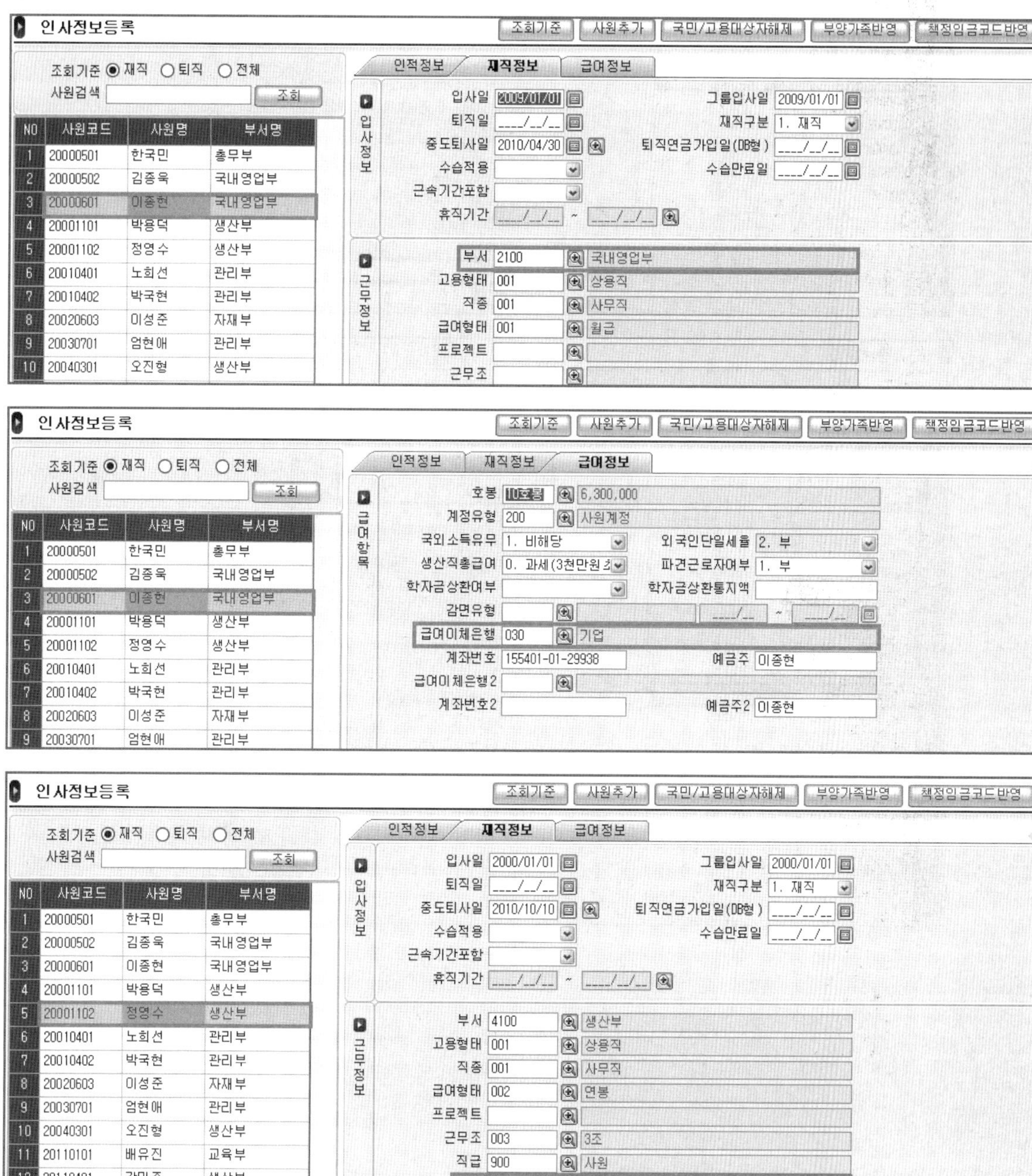

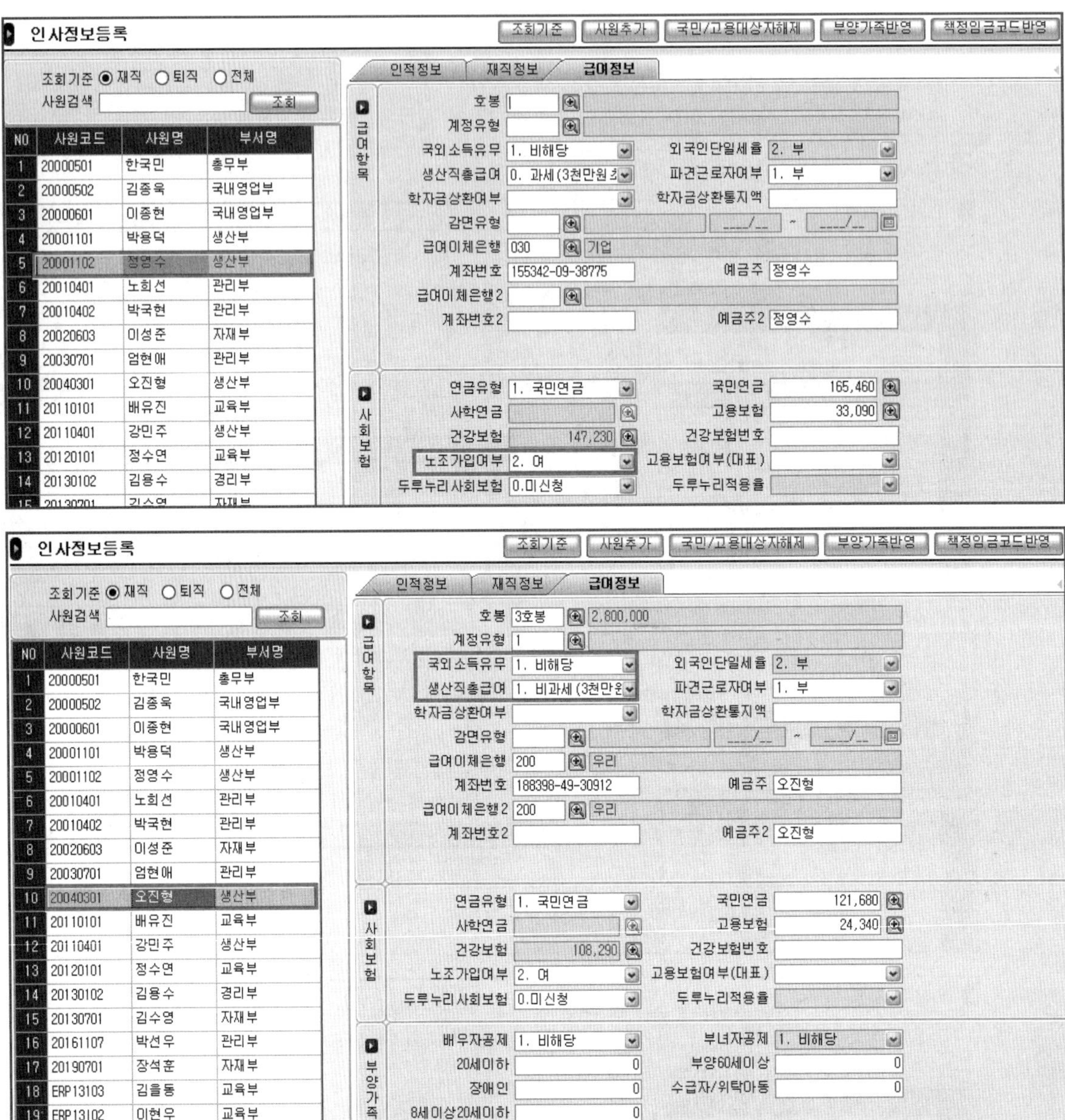
인사정보등록
조회기준
사원추가
국민/고용대상자해제
부양가족반영
책정임금코드반영
조회기준 ◉재직 ○퇴직 ○전체
사원검색
조회
NO 사원코드 사원명 부서명
1 20000501 한국민 총무부
2 20000502 김종욱 국내영업부
3 20000601 이종현 국내영업부
4 20001101 박용덕 생산부
5 20001102 정영수 생산부
6 20010401 노희선 관리부
7 20010402 박국현 관리부
8 20020603 이성준 자재부
9 20030701 엄현애 관리부
10 20040301 오진형 생산부
11 20110101 배유진 교육부
12 20110401 강민주 생산부
13 20120101 정수연 교육부
14 20130102 김용수 경리부
인적정보
재직정보
급여정보
급여항목
호봉
계정유형
국외소득유무 1. 비해당
외국인단일세율 2. 부
생산직총급여 0. 과세(3천만원
파견근로자여부 1. 부
학자금상환여부
학자금상환통지액
감면유형
급여이체은행 030 기업
계좌번호 155342-09-38775
예금주 정영수
급여이체은행2
계좌번호2
예금주2 정영수
사회보험
연금유형 1. 국민연금
국민연금 165,460
사학연금
고용보험 33,090
건강보험 147,230
건강보험번호
노조가입여부 2. 여
고용보험여부(대표)
두루누리사회보험 0.미신청
두루누리적용율
인사정보등록
조회기준
사원추가
국민/고용대상자해제
부양가족반영
책정임금코드반영
조회기준 ◉재직 ○퇴직 ○전체
사원검색
조회
NO 사원코드 사원명 부서명
1 20000501 한국민 총무부
2 20000502 김종욱 국내영업부
3 20000601 이종현 국내영업부
4 20001101 박용덕 생산부
5 20001102 정영수 생산부
6 20010401 노희선 관리부
7 20010402 박국현 관리부
8 20020603 이성준 자재부
9 20030701 엄현애 관리부
10 20040301 오진형 생산부
11 20110101 배유진 교육부
12 20110401 강민주 생산부
13 20120101 정수연 교육부
14 20130102 김용수 경리부
15 20130701 김수영 자재부
16 20161107 박선우 관리부
17 20190701 장석훈 자재부
18 ERP13103 김을동 교육부
19 ERP13102 이현우 교육부
인적정보
재직정보
급여정보
급여항목
호봉 3호봉 2,800,000
계정유형 1
국외소득유무 1. 비해당
외국인단일세율 2. 부
생산직총급여 1. 비과세(3천만원
파견근로자여부 1. 부
학자금상환여부
학자금상환통지액
감면유형
급여이체은행 200 우리
계좌번호 188398-49-30912
예금주 오진형
급여이체은행2 200 우리
계좌번호2
예금주2 오진형
사회보험
연금유형 1. 국민연금
국민연금 121,680
사학연금
고용보험 24,340
건강보험 108,290
건강보험번호
노조가입여부 2. 여
고용보험여부(대표)
두루누리사회보험 0.미신청
두루누리적용율
부양가족
배우자공제 1. 비해당
부녀자공제 1. 비해당
20세이하 0
부양60세이상 0
장애인 0
수급자/위탁아동 0
8세이상20세이하 0

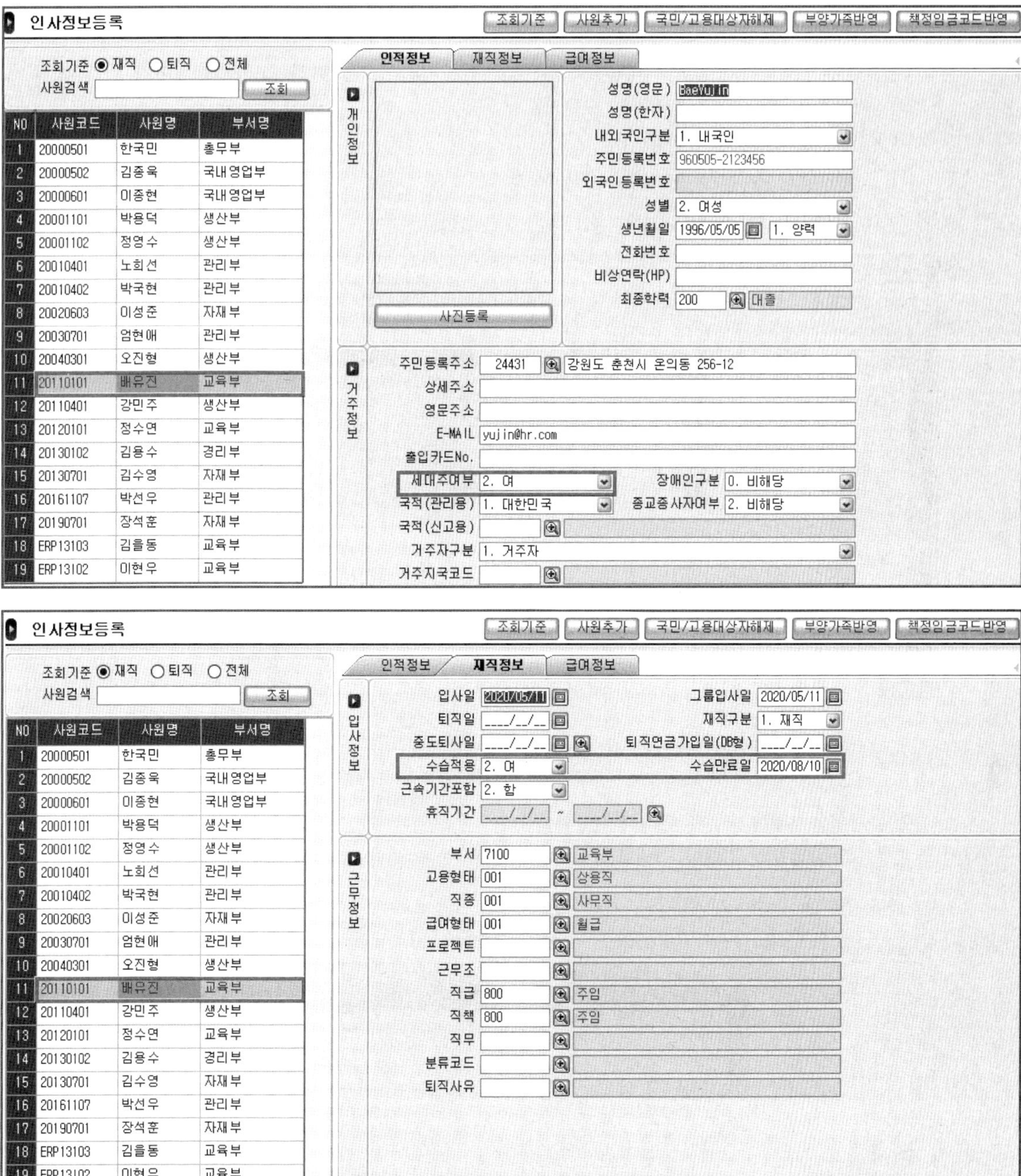

인사정보등록
조회기준 사원추가 국민/고용대상자해제 부양가족반영 책정임금코드반영
조회기준 재직 퇴직 전체
사원검색 조회
NO 사원코드 사원명 부서명
1 20000501 한국민 총무부
2 20000502 김종욱 국내영업부
3 20000601 이종현 국내영업부
4 20001101 박용덕 생산부
5 20001102 정영수 생산부
6 20010401 노희선 관리부
7 20010402 박국현 관리부
8 20020603 이성준 자재부
9 20030701 엄현애 관리부
10 20040301 오진형 생산부
11 20110101 배유진 교육부
12 20110401 강민주 생산부
13 20120101 정수연 교육부
14 20130102 김용수 경리부
15 20130701 김수영 자재부
16 20161107 박선우 관리부
17 20190701 장석훈 자재부
18 ERP13103 김을동 교육부
19 ERP13102 이현우 교육부
인적정보 재직정보 급여정보
개인정보
성명(영문) BaeYujin
성명(한자)
내외국인구분 1. 내국인
주민등록번호 960505-2123456
외국인등록번호
성별 2. 여성
생년월일 1996/05/05 1. 양력
전화번호
비상연락(HP)
최종학력 200 대졸
사진등록
거주정보
주민등록주소 24431 강원도 춘천시 온의동 256-12
상세주소
영문주소
E-MAIL yujin@hr.com
출입카드No.
세대주여부 2. 여
장애인구분 0. 비해당
국적(관리용) 1. 대한민국
종교종사자여부 2. 비해당
국적(신고용)
거주자구분 1. 거주자
거주지국코드
인사정보등록
조회기준 사원추가 국민/고용대상자해제 부양가족반영 책정임금코드반영
인적정보 재직정보 급여정보
입사정보
입사일 2020/05/11
그룹입사일 2020/05/11
퇴직일 ____/__/__
재직구분 1. 재직
중도퇴사일 ____/__/__
퇴직연금가입일(DB형) ____/__/__
수습적용 2. 여
수습만료일 2020/08/10
근속기간포함 2. 함
휴직기간 ____/__/__ ~ ____/__/__
근무정보
부서 7100 교육부
고용형태 001 상용직
직종 001 사무직
급여형태 001 월급
프로젝트
근무조
직급 800 주임
직책 800 주임
직무
분류코드
퇴직사유

08 ①

교육별사원현황 탭에서 '991.임직원역량강화교육(2024년)'의 교육평가를 확인하고 [보기]에 따라 총 지급액을 계산한다.

- 교육평가 A등급: 100,000원×1명 = 100,000원
- 교육평가 B등급: 50,000원×3명 = 150,000원

∴ 총 지급액: 100,000원+150,000원 = 250,000원

[인사/급여관리] – [인사관리] – [교육현황]

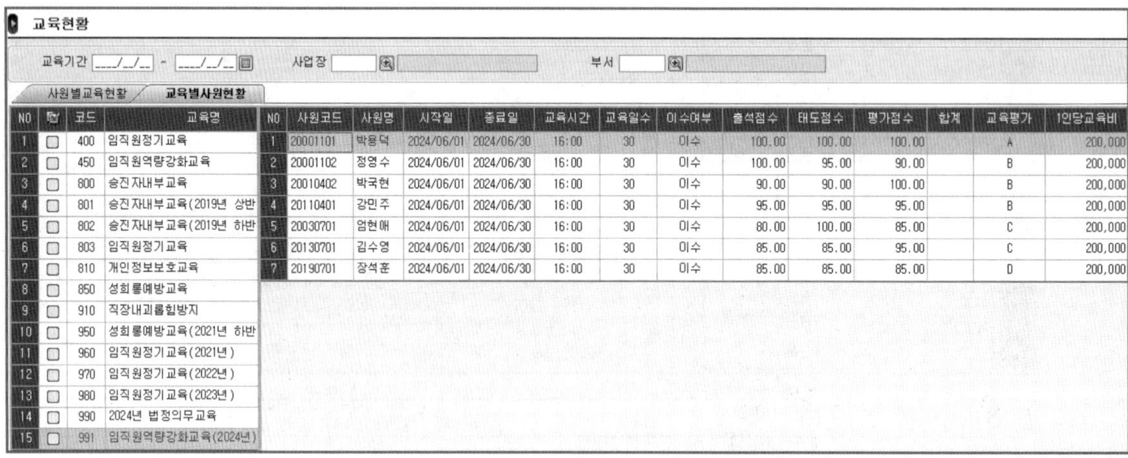

TIP [인사/급여관리] – [인사관리] – [교육평가] 메뉴에서도 확인할 수 있다.

09 ③

'김종욱' 사원을 선택한 후 가족 탭의 내용을 확인한다.

③ 부양가족 중 김연숙, 김태민, 김태형은 '가족수당' 적용 대상자이다.

[인사/급여관리] – [인사관리] – [인사기록카드]

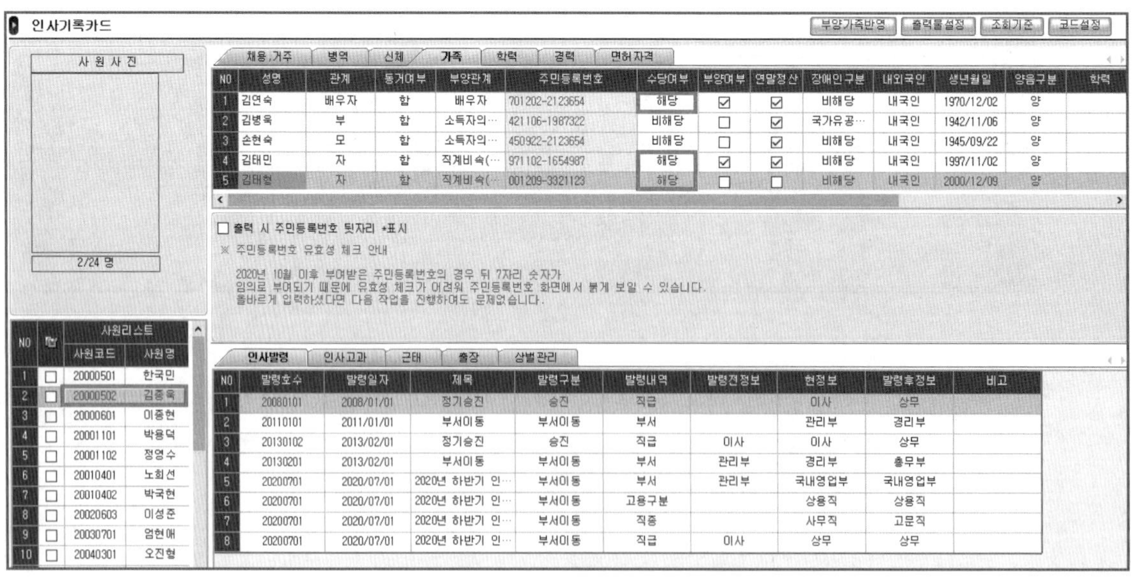

10 ①

'퇴사자: 0.제외', '기준일: 2024/06/30', '년수기준: 2.미만일수 올림', '경력포함: 2.포함(모든 경력사항)'으로 조회하여 [보기]에 따라 총 특별근속수당을 계산한다.

- 15년 이상: 150,000원×6명 = 900,000원
- 20년 이상: 200,000원×6명 = 1,200,000원

∴ 총 특별근속수당 = 2,100,000원

[인사/급여관리] – [인사관리] – [근속년수현황]

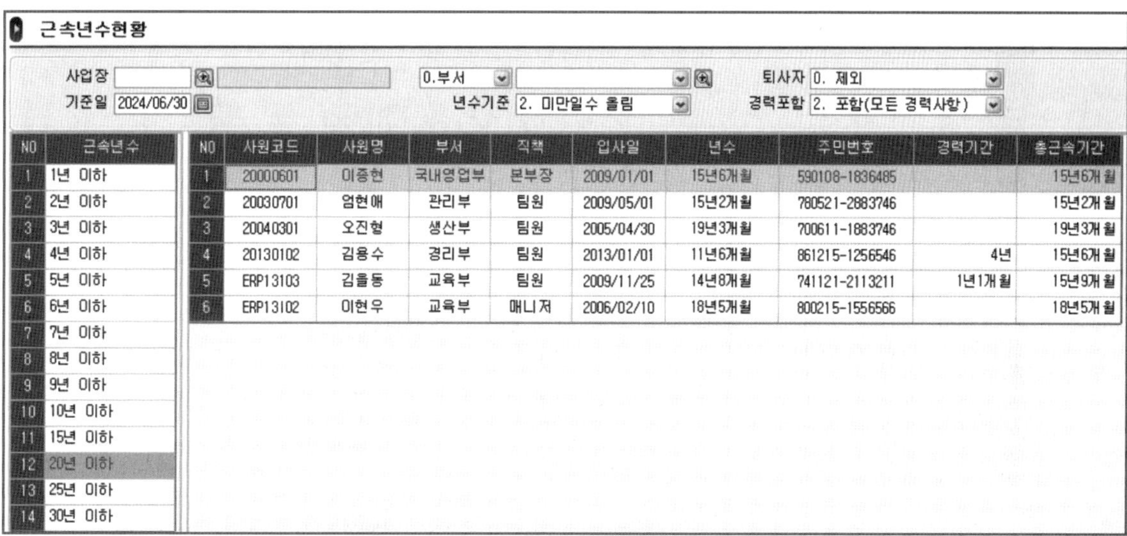

근속년수현황

사업장 | 0.부서 | 퇴사자 0. 제외
기준일 2024/06/30 | 년수기준 2. 미만일수 올림 | 경력포함 2. 포함(모든 경력사항)

NO	근속년수
1	1년 이하
2	2년 이하
3	3년 이하
4	4년 이하
5	5년 이하
6	6년 이하
7	7년 이하
8	8년 이하
9	9년 이하
10	10년 이하
11	15년 이하
12	20년 이하
13	25년 이하
14	30년 이하

NO	사원코드	사원명	부서	직책	입사일	년수	주민번호	경력기간	총근속기간
1	20000601	이종현	국내영업부	본부장	2009/01/01	15년6개월	590108-1836485		15년6개월
2	20030701	엄현애	관리부	팀원	2009/05/01	15년2개월	780521-2883746		15년2개월
3	20040301	오진형	생산부	팀원	2005/04/30	19년3개월	700611-1883746		19년3개월
4	20130102	김용수	경리부	팀원	2013/01/01	11년6개월	861215-1256546	4년	15년6개월
5	ERP13103	김을동	교육부	팀원	2009/11/25	14년8개월	741121-2113211	1년1개월	15년9개월
6	ERP13102	이현우	교육부	매니저	2006/02/10	18년5개월	800215-1556566		18년5개월

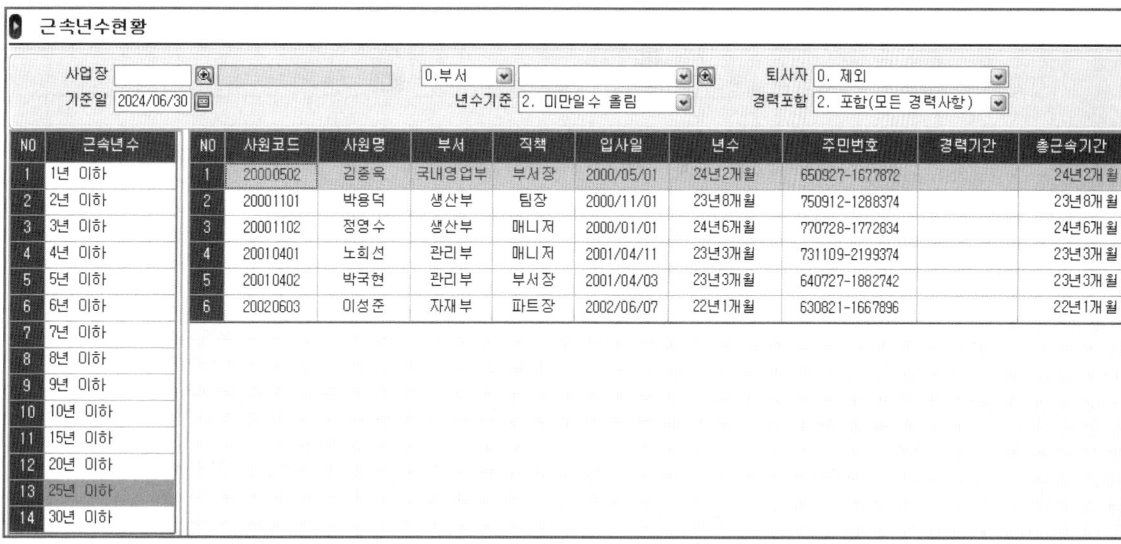

근속년수현황

사업장 | 0.부서 | 퇴사자 0. 제외
기준일 2024/06/30 | 년수기준 2. 미만일수 올림 | 경력포함 2. 포함(모든 경력사항)

NO	근속년수
1	1년 이하
2	2년 이하
3	3년 이하
4	4년 이하
5	5년 이하
6	6년 이하
7	7년 이하
8	8년 이하
9	9년 이하
10	10년 이하
11	15년 이하
12	20년 이하
13	25년 이하
14	30년 이하

NO	사원코드	사원명	부서	직책	입사일	년수	주민번호	경력기간	총근속기간
1	20000502	김종욱	국내영업부	부서장	2000/05/01	24년2개월	650927-1677872		24년2개월
2	20001101	박용덕	생산부	팀장	2000/11/01	23년8개월	750912-1288374		23년8개월
3	20001102	정영수	생산부	매니저	2000/01/01	24년6개월	770728-1772834		24년6개월
4	20010401	노희선	관리부	매니저	2001/04/11	23년3개월	731109-2199374		23년3개월
5	20010402	박국현	관리부	부서장	2001/04/03	23년3개월	640727-1882742		23년3개월
6	20020603	이성준	자재부	파트장	2002/06/07	22년1개월	630821-1667896		22년1개월

11 ④

'배유진' 사원의 급여정보 탭의 하단 '책정임금'에 '계약시작연월: 2024/07'을 추가한 후 우측 금액란에 커서를 두고 Ctrl+F3을 눌러 [보기]에 제시된 연봉을 입력한다.

[인사/급여관리] – [인사관리] – [인사정보등록]

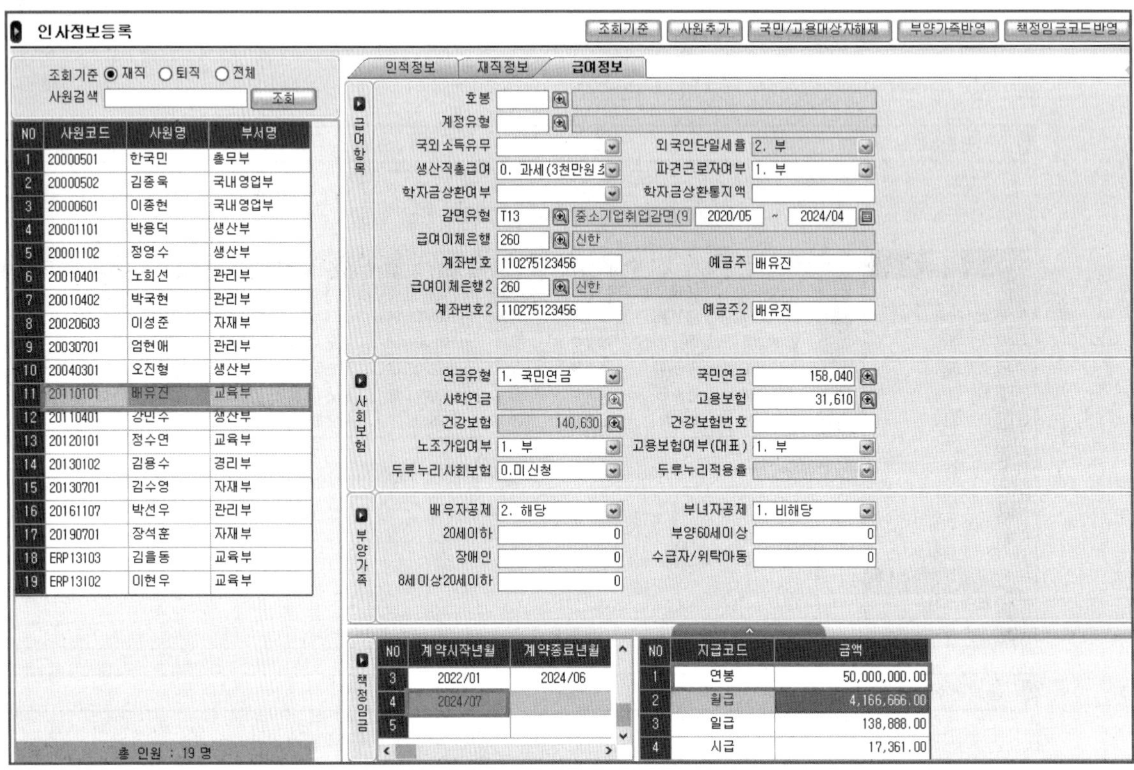

'귀속연월: 2024/07', '지급일: 1.급여'로 조회한 후 전체 사원에 체크하고 우측 상단의 '급여계산'을 적용한다. 하단 급여총액 탭에서 과세를 확인한다.

[인사/급여관리] – [급여관리] – [상용직급여입력및계산]

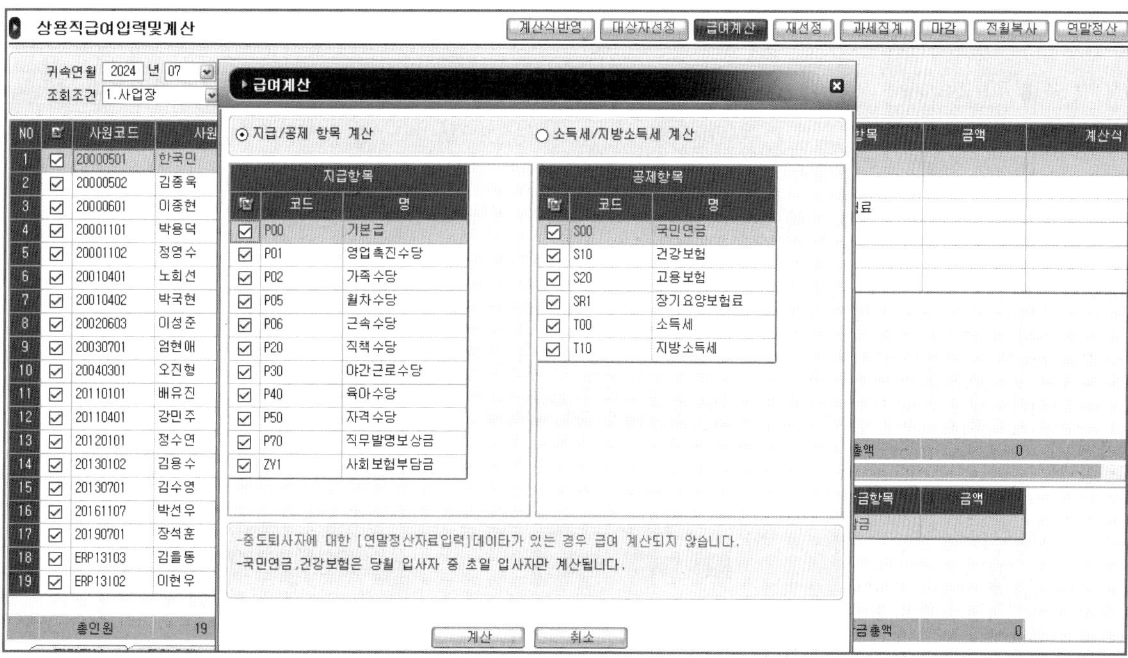

12 ②

'급여구분: 특별급여', '지급공제구분: 지급', '귀속연도: 2024'로 조회한 후 우측 상단의 '마감취소'를 적용하여 [보기]와 같이 'P07.특별급여', '005.직종별'의 금액을 수정한다.

[인사/급여관리] – [기초환경설정] – [지급공제항목등록]

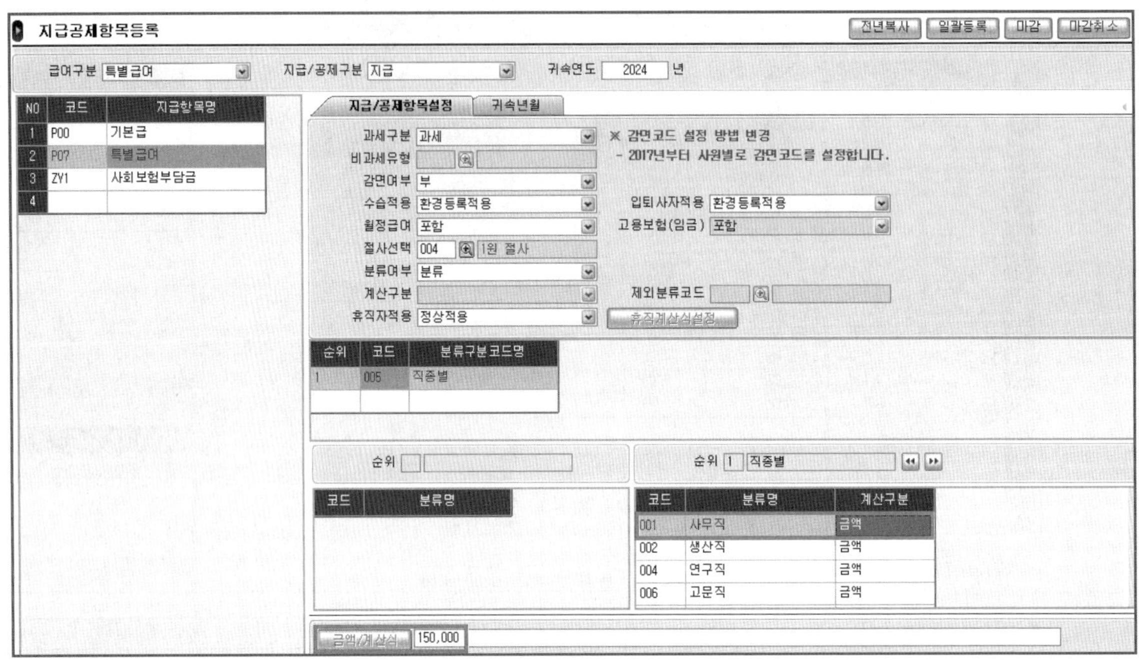

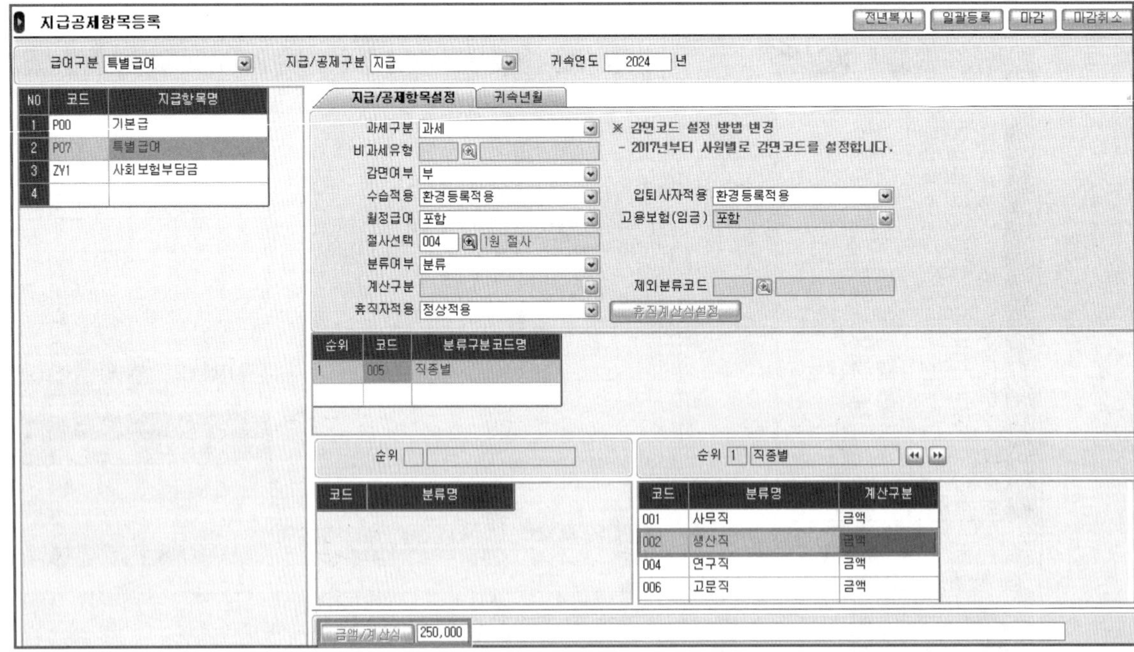

'귀속연월: 2024/07', '지급일: 2.특별급여'로 조회한 후 전체 사원에 체크하고 우측 상단의 '급여계산'을 적용한다. 하단의 급여총액 탭에서 과세를 확인한다.

[인사/급여관리] – [급여관리] – [상용직급여입력및계산]

13 ①

'박국현' 사원의 급여정보 탭 하단 책정임금 금액란에 커서를 두고 Ctrl+F3를 눌러 시급을 확인한다.

[인사/급여관리] – [인사관리] – [인사정보등록]

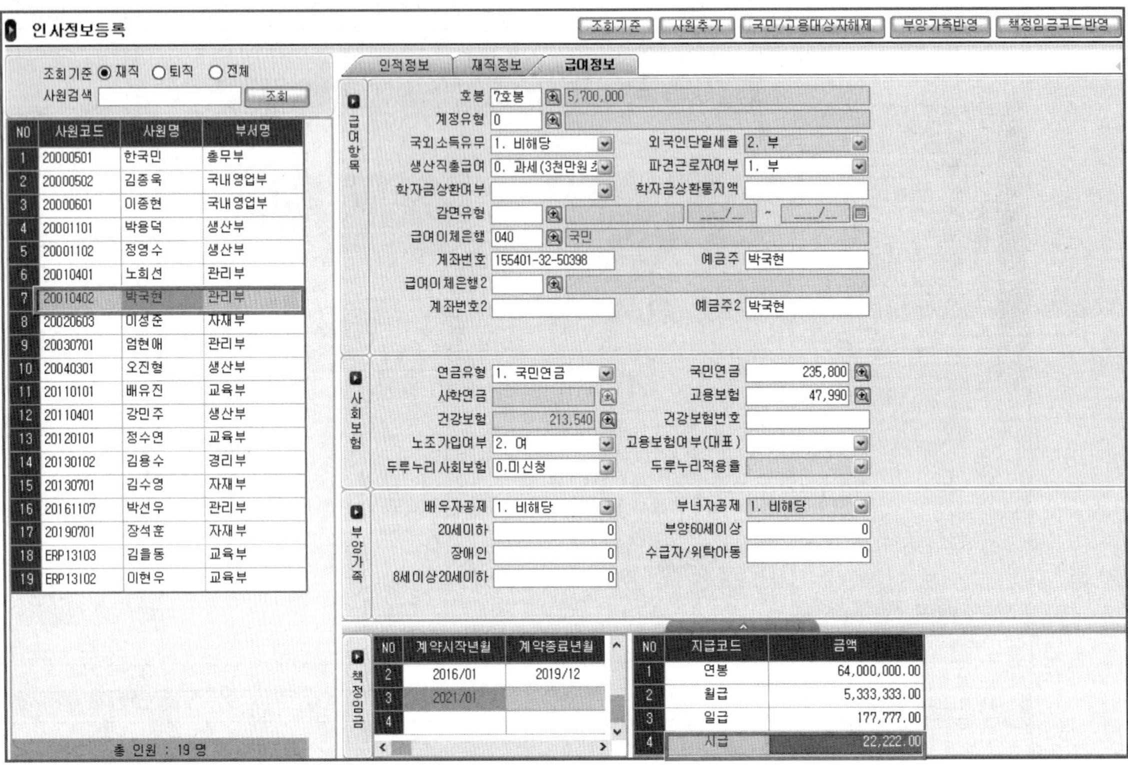

'귀속연월: 2024/06', '지급일: 1.급여'로 조회하여 '박국현' 사원의 근태 내역을 확인하고 [보기]의 계산식을 이용하여 기본 공제액을 계산한다.

- 책정임금 시급: 22,222원
- 1유형 근무수당: (1.75 + 1.5) × 1.5 × 22,222 = 108,330원(108,332.25)
- 2유형 근무수당: (2.25) × 2 × 22,222 = 99,990원(99,999)

∴ 기본급 공제액 : 108,330원 + 99,990원 = 208,320원

[인사/급여관리] – [급여관리] – [근태결과입력]

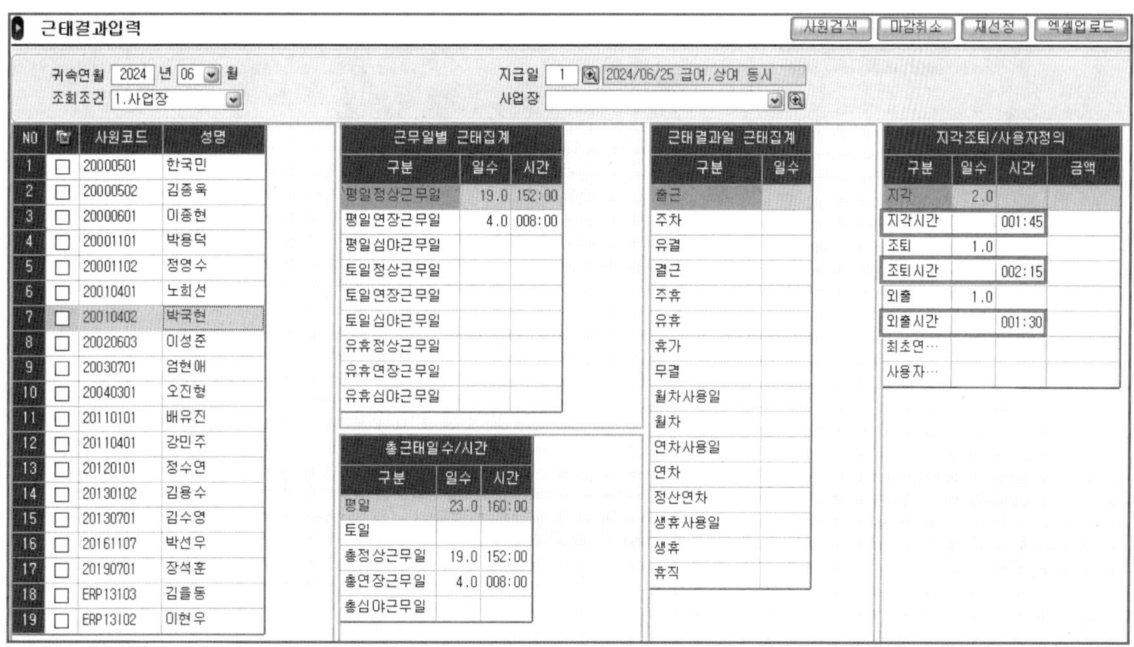

TIP 15분 = 0.25, 30분 = 0.5, 45분 = 0.75, 1시간 = 1

14 ④

'귀속연월: 2024/07', '지급일: 1.매일지급', '부서: 5100.자재부', '급여형태: 004.시급'으로 조회한 후 전체 사원에 체크하여 '추가'한다.

[인사/급여관리] – [일용직관리] – [일용직급여지급일자등록]

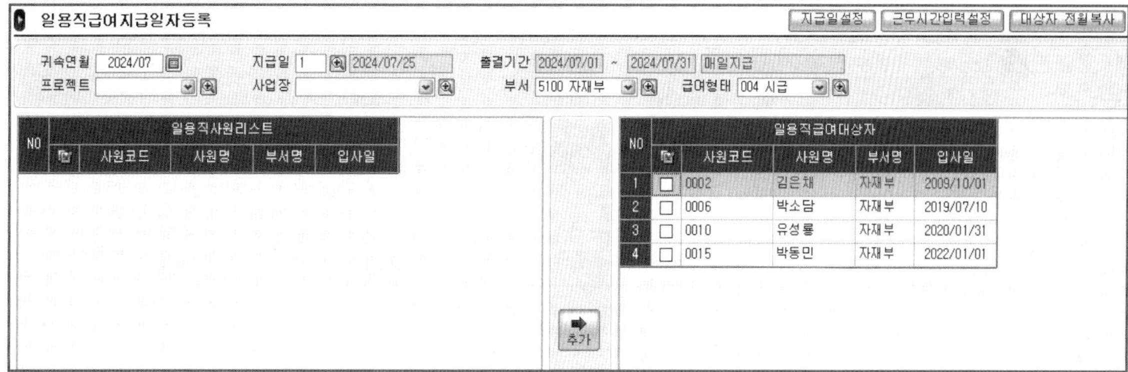

'귀속연월: 2024/07', '지급일: 1.매일지급'으로 조회한 후 전체 사원에 체크한다. 우측 상단의 '일괄적용'을 클릭하여 [보기]와 같이 평일 10시간과 비과세 12,000원, 토요일 2시간을 적용한 후, 하단의 월지급액, 개인정보, 급여총액 탭의 정보를 확인한다.

④ '0006.박소담' 사원은 생산직 비과세가 적용되지 않는다.

[인사/급여관리] – [일용직관리] – [일용직급여입력및계산]

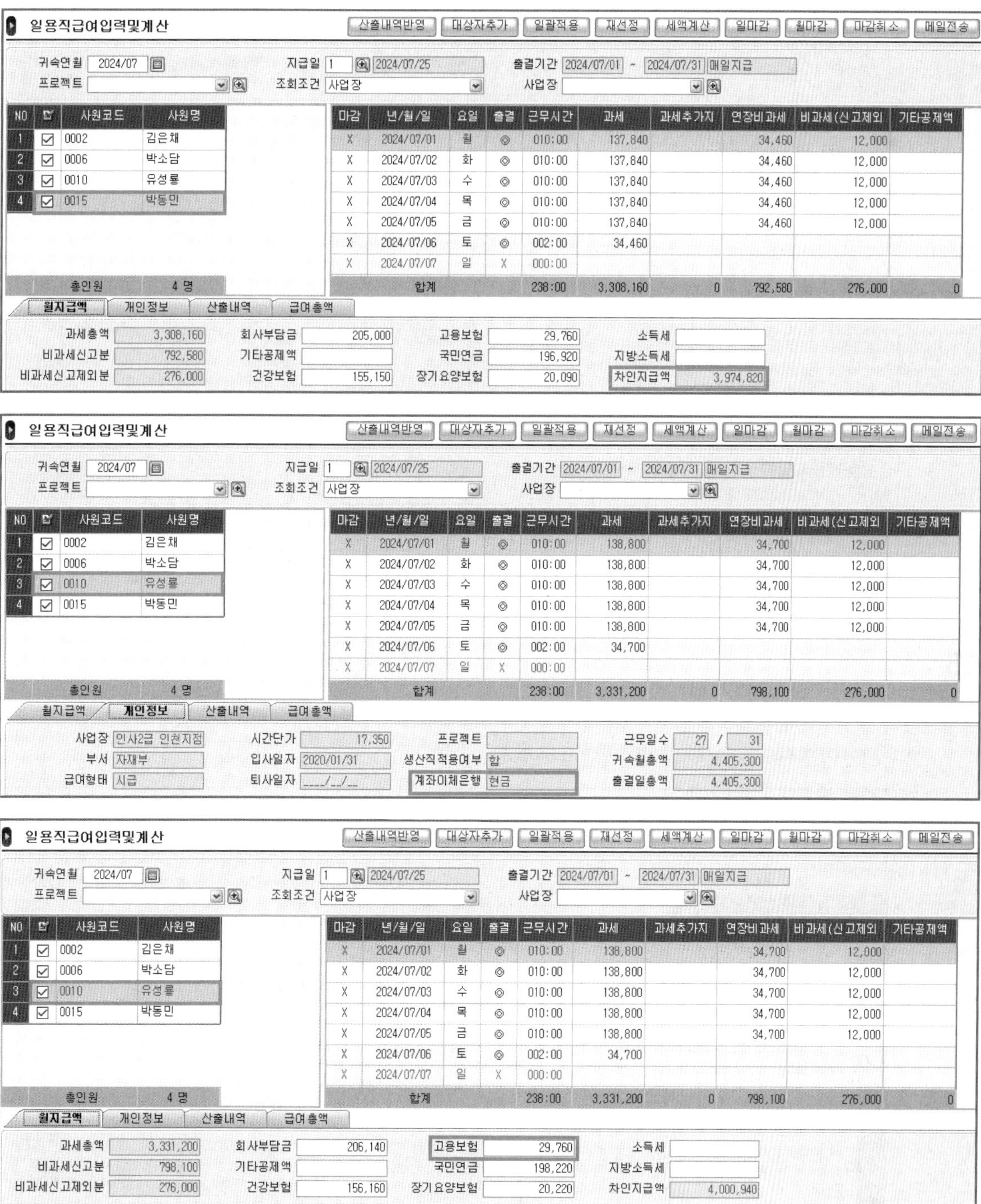

일용직급여입력및계산

산출내역반영 | 대상자추가 | 일괄적용 | 재선정 | 세액계산 | 일마감 | 월마감 | 마감취소 | 메일전송

귀속연월 2024/07 　 지급일 1 2024/07/25 　 출결기간 2024/07/01 ~ 2024/07/31 매일지급

프로젝트 　 조회조건 사업장 　 사업장

NO	☑	사원코드	사원명
1	☑	0002	김은채
2	☑	0006	박소담
3	☑	0010	유성룡
4	☑	0015	박동민
총인원		4 명	

마감	년/월/일	요일	출결	근무시간	과세	과세추가지	연장비과세	비과세(신고제외	기타공제액
X	2024/07/01	월	◎	010:00	137,840		34,460	12,000	
X	2024/07/02	화	◎	010:00	137,840		34,460	12,000	
X	2024/07/03	수	◎	010:00	137,840		34,460	12,000	
X	2024/07/04	목	◎	010:00	137,840		34,460	12,000	
X	2024/07/05	금	◎	010:00	137,840		34,460	12,000	
X	2024/07/06	토	◎	002:00	34,460				
X	2024/07/07	일	X	000:00					
	합계			238:00	3,308,160	0	792,580	276,000	0

월지급액 | 개인정보 | 산출내역 | 급여총액

과세총액	3,308,160	회사부담금	205,000	고용보험	29,760	소득세	
비과세신고분	792,580	기타공제액		국민연금	196,920	지방소득세	
비과세신고제외분	276,000	건강보험	155,150	장기요양보험	20,090	차인지급액	3,974,820

일용직급여입력및계산

산출내역반영 | 대상자추가 | 일괄적용 | 재선정 | 세액계산 | 일마감 | 월마감 | 마감취소 | 메일전송

귀속연월 2024/07 　 지급일 1 2024/07/25 　 출결기간 2024/07/01 ~ 2024/07/31 매일지급

프로젝트 　 조회조건 사업장 　 사업장

NO	☑	사원코드	사원명
1	☑	0002	김은채
2	☑	0006	박소담
3	☑	0010	유성룡
4	☑	0015	박동민
총인원		4 명	

마감	년/월/일	요일	출결	근무시간	과세	과세추가지	연장비과세	비과세(신고제외	기타공제액
X	2024/07/01	월	◎	010:00	138,800		34,700	12,000	
X	2024/07/02	화	◎	010:00	138,800		34,700	12,000	
X	2024/07/03	수	◎	010:00	138,800		34,700	12,000	
X	2024/07/04	목	◎	010:00	138,800		34,700	12,000	
X	2024/07/05	금	◎	010:00	138,800		34,700	12,000	
X	2024/07/06	토	◎	002:00	34,700				
X	2024/07/07	일	X	000:00					
	합계			238:00	3,331,200	0	798,100	276,000	0

월지급액 | 개인정보 | 산출내역 | 급여총액

사업장	인사2급 인천지점	시간단가	17,350	프로젝트		근무일수	27 / 31
부서	자재부	입사일자	2020/01/31	생산직적용여부	함	귀속월총액	4,405,300
급여형태	시급	퇴사일자	____/__/__	계좌이체은행	현금	출결일총액	4,405,300

일용직급여입력및계산

산출내역반영 | 대상자추가 | 일괄적용 | 재선정 | 세액계산 | 일마감 | 월마감 | 마감취소 | 메일전송

귀속연월 2024/07 　 지급일 1 2024/07/25 　 출결기간 2024/07/01 ~ 2024/07/31 매일지급

프로젝트 　 조회조건 사업장 　 사업장

NO	☑	사원코드	사원명
1	☑	0002	김은채
2	☑	0006	박소담
3	☑	0010	유성룡
4	☑	0015	박동민
총인원		4 명	

마감	년/월/일	요일	출결	근무시간	과세	과세추가지	연장비과세	비과세(신고제외	기타공제액
X	2024/07/01	월	◎	010:00	138,800		34,700	12,000	
X	2024/07/02	화	◎	010:00	138,800		34,700	12,000	
X	2024/07/03	수	◎	010:00	138,800		34,700	12,000	
X	2024/07/04	목	◎	010:00	138,800		34,700	12,000	
X	2024/07/05	금	◎	010:00	138,800		34,700	12,000	
X	2024/07/06	토	◎	002:00	34,700				
X	2024/07/07	일	X	000:00					
	합계			238:00	3,331,200	0	798,100	276,000	0

월지급액 | 개인정보 | 산출내역 | 급여총액

과세총액	3,331,200	회사부담금	206,140	고용보험	29,760	소득세	
비과세신고분	798,100	기타공제액		국민연금	198,220	지방소득세	
비과세신고제외분	276,000	건강보험	156,160	장기요양보험	20,220	차인지급액	4,000,940

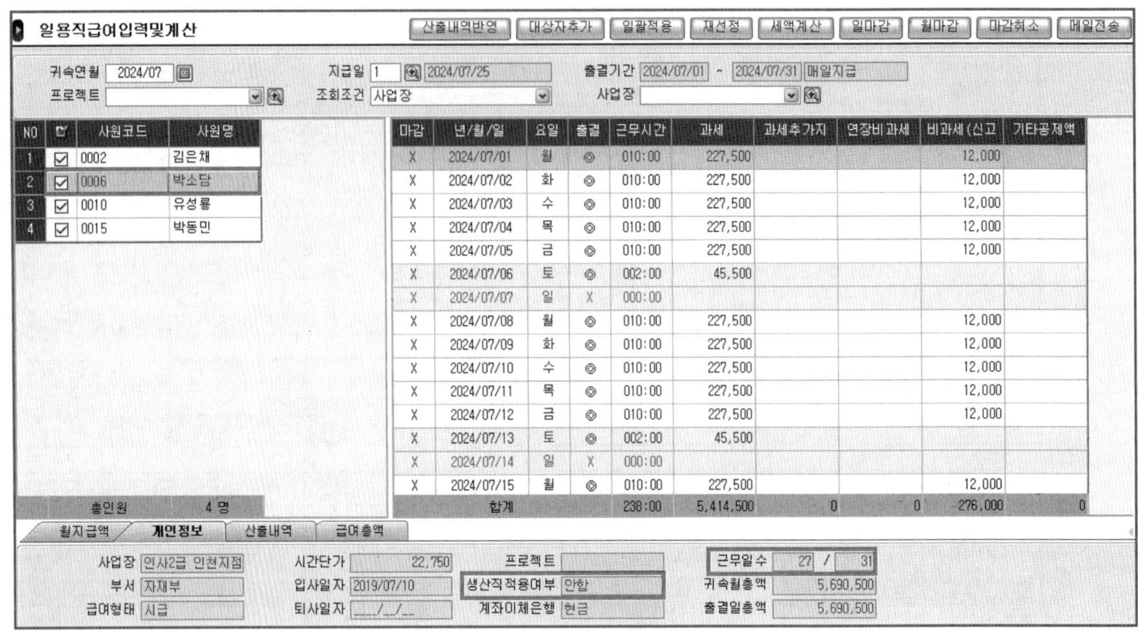

TIP 지급일 설정 시 '매일지급/일정기간 지급'이 공란으로 보인다면 우측 상단 '지급일설정' 클릭하여 '비고'란을 작성한다.

15 ②

'0007.황시윤' 사원을 선택한 후 '생산직비과세 적용: 안함', '국민/건강보험여부: 여'로 변경한다.

[인사/급여관리] – [일용직관리] – [일용직사원등록]

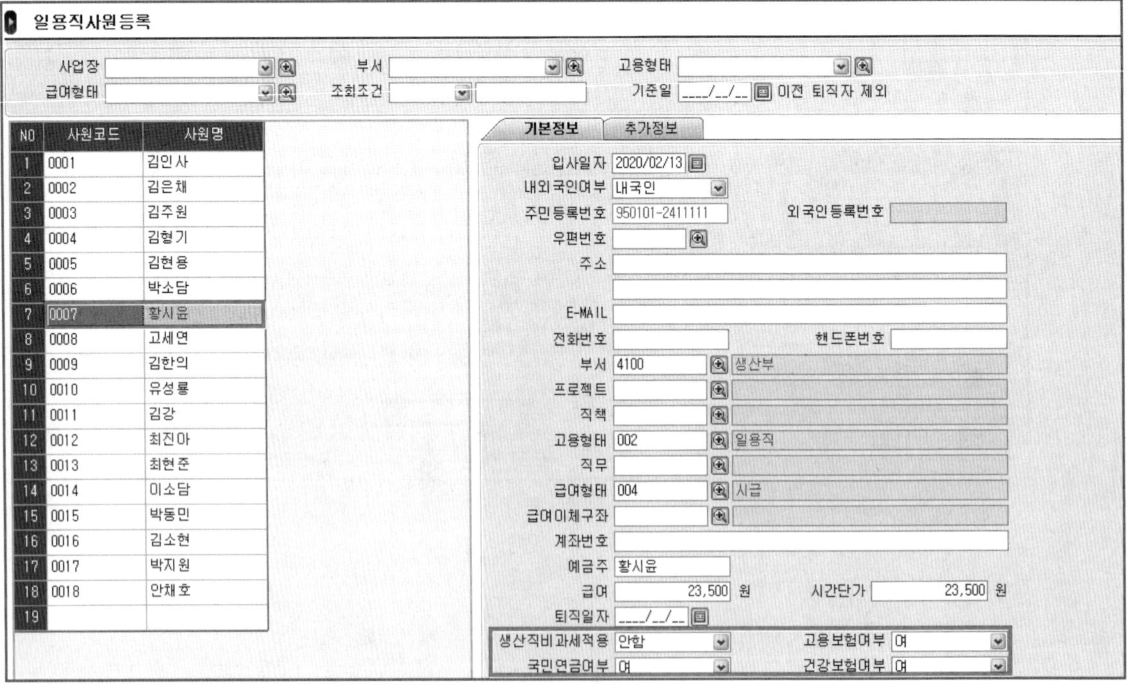

'귀속연월: 2024/07', '지급일: 2.일정기간지급'으로 조회한 후 전체 사원에 체크한다. [보기]와 같이 평일 10시간, 토요일 2시간을 각각 '일괄적용'하여 하단 급여총액 탭의 차인지급액을 확인한다.

[인사/급여관리] – [일용직관리] – [일용직급여입력및계산]

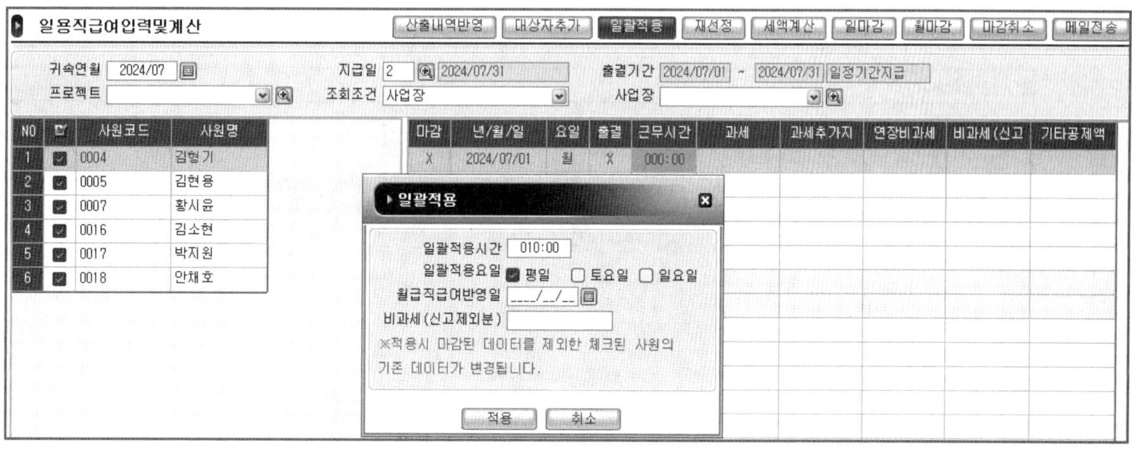

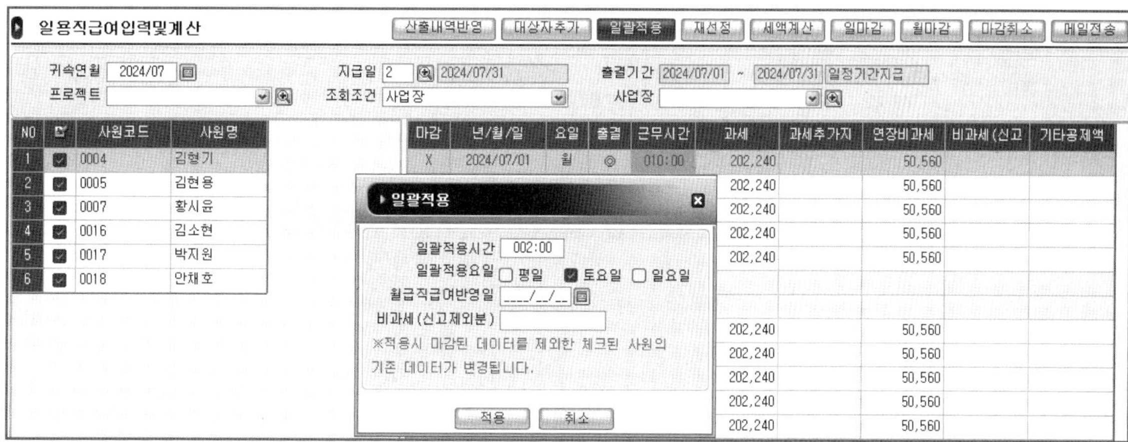

16 ③

'조회기간: 2024/04~2024/06', '분류기준: 지급/공제', '사업장: 2000.인사2급 인천지점', '사용자부담금: 0.제외'로 조회한 후 지급총액 및 공제총액을 확인한다.

[인사/급여관리] – [급여관리] – [연간급여현황]

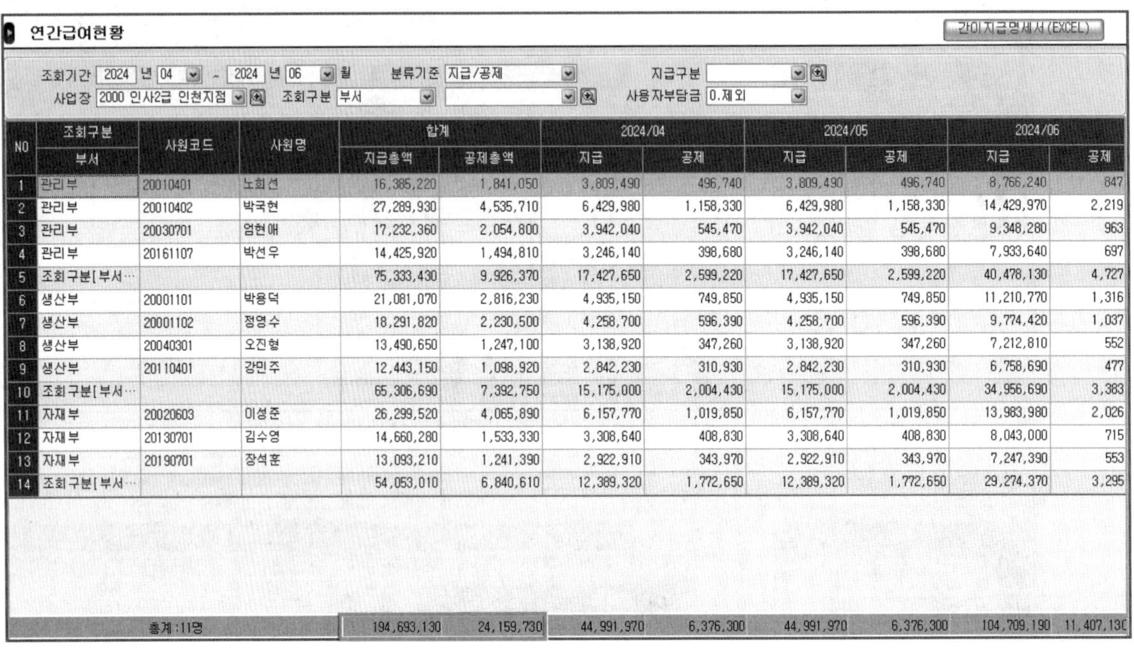

연간급여현황 간이지급명세서(EXCEL)

조회기간 2024 년 04 ~ 2024 년 06 월 분류기준 지급/공제 지급구분
사업장 2000 인사2급 인천지점 조회구분 부서 사용자부담금 0.제외

NO	조회구분 부서	사원코드	사원명	합계 지급총액	합계 공제총액	2024/04 지급	2024/04 공제	2024/05 지급	2024/05 공제	2024/06 지급	2024/06 공제
1	관리부	20010401	노희선	16,385,220	1,841,050	3,809,490	496,740	3,809,490	496,740	8,766,240	847
2	관리부	20010402	박국현	27,289,930	4,535,710	6,429,980	1,158,330	6,429,980	1,158,330	14,429,970	2,219
3	관리부	20030701	엄현애	17,232,360	2,054,800	3,942,040	545,470	3,942,040	545,470	9,348,280	963
4	관리부	20161107	박선우	14,425,920	1,494,810	3,246,140	398,680	3,246,140	398,680	7,933,640	697
5	조회구분[부서…			75,333,430	9,926,370	17,427,650	2,599,220	17,427,650	2,599,220	40,478,130	4,727
6	생산부	20001101	박용덕	21,081,070	2,816,230	4,935,150	749,850	4,935,150	749,850	11,210,770	1,316
7	생산부	20001102	정영수	18,291,820	2,230,500	4,258,700	596,390	4,258,700	596,390	9,774,420	1,037
8	생산부	20040301	오진형	13,490,650	1,247,100	3,138,920	347,260	3,138,920	347,260	7,212,810	552
9	생산부	20110401	강민주	12,443,150	1,098,920	2,842,230	310,930	2,842,230	310,930	6,758,690	477
10	조회구분[부서…			65,306,690	7,392,750	15,175,000	2,004,430	15,175,000	2,004,430	34,956,690	3,383
11	자재부	20020603	이성준	26,299,520	4,065,890	6,157,770	1,019,850	6,157,770	1,019,850	13,983,980	2,026
12	자재부	20130701	김수영	14,660,280	1,533,330	3,308,640	408,830	3,308,640	408,830	8,043,000	715
13	자재부	20190701	장석훈	13,093,210	1,241,390	2,922,910	343,970	2,922,910	343,970	7,247,390	553
14	조회구분[부서…			54,053,010	6,840,610	12,389,320	1,772,650	12,389,320	1,772,650	29,274,370	3,295
	총계:11명			194,693,130	24,159,730	44,991,970	6,376,300	44,991,970	6,376,300	104,709,190	11,407,130

17 ④

'소득구분: 1.급상여', '귀속연월: 2024/06', '지급일: 1.급여', '무급자: 1.제외', '사업장: 2000.인사2급 인천지점' 입력 후 이체현황을 확인한다.

④ '우리은행'을 통해 급/상여를 지급받는 인원은 3명이며, 총 이체 금액은 20,681,500원이다.

[인사/급여관리] – [급여관리] – [급/상여이체현황]

급/상여이체현황

소득구분 1.급상여 / 귀속연월 2024 년 06 월 / 지급일 1 2024/06/25 급여,상여 동시
무급자 1.제외 / 은행코드 / 조회조건 1.사업장 선택전체

	은행	사원코드	사원명	계좌번호	예금주명	실지급액	지급일자
□	국민	20010402	박국현	155401-32-50398	박국현	12,210,920	2024/06/25
□	국민	20030701	엄현애	155401-01-87002	엄현애	8,384,420	2024/06/25
□	국민	20110401	강민주	1235212345	강민주	6,281,630	2024/06/25
□	국민	20161107	박선우	150225421522	박선우	7,236,190	2024/06/25
	은행 소계					34,113,160	
	은행 누계					34,113,160	
□	기업	20001102	정영수	155342-09-38775	정영수	8,736,700	2024/06/25
□	기업	20010401	노희선	155401-12-28901	노희선	7,918,670	2024/06/25
	은행 소계					16,655,370	
	은행 누계					50,768,530	
□	신한	20001101	박용덕	155029-02-99687	박용덕	9,894,240	2024/06/25
□	신한	20020603	이성준	177632-18-19940	이성준	11,707,790	2024/06/25
	은행 소계					21,602,030	
	은행 누계					72,370,560	
□	우리	20040301	오진형	188398-49-30912	오진형	6,660,230	2024/06/25
□	우리	20130701	김수영	3081234-12-355021	김수영	7,327,330	2024/06/25
□	우리	20190701	장석훈	231110251214	장석훈	6,693,940	2024/06/25
	은행 소계					20,681,500	
	은행 누계					93,052,060	
	총계	11명				93,052,060	

TIP 은행별 이체 금액의 합계는 누계가 아닌 소계로 확인한다.

18 ①

'조회기간: 2024/01~2024/06', '수당코드: P06.근속수당', '사업장: 2000.인사2급 인천지점'을 조회하여 'P06.근속수당'을 가장 적게 지급 받은 사원을 확인한다.

[인사/급여관리] – [급여관리] – [수당별연간급여현황]

수당별연간급여현황 검색상세

조회기간 2024 년 01 월 ~ 2024 년 06 월 / 수당코드 P06 근속수당
조회조건 1.사업장 2000 인사2급 인천지점

NO	사원코드	사원명	합계	2024/01	2024/02	2024/03	2024/04	2024/05	2024/06
1	20001101	박용덕	2,606,060	400,930	400,930	0	601,400	601,400	601,400
2	20001102	정영수	2,390,050	367,700	367,700	0	551,550	551,550	551,550
3	20010401	노희선	2,030,750	302,890	302,890	0	474,990	474,990	474,990
4	20010402	박국현	3,277,710	488,880	488,880	0	766,650	766,650	766,650
5	20020603	이성준	2,987,530	454,620	454,620	0	681,940	681,940	714,410
6	20030701	엄현애	1,434,100	210,230	210,230	0	337,880	337,880	337,880
7	20040301	오진형	1,335,360	202,840	202,840	0	304,260	304,260	321,160
8	20110401	강민주	553,240	108,480	108,480	0	108,480	108,480	119,320
9	20130701	김수영	668,810	131,140	131,140	0	131,140	131,140	144,250
10	20161107	박선우	455,700	91,140	91,140	0	91,140	91,140	91,140
11	20190701	장석훈	251,530	47,910	47,910	0	47,910	47,910	59,890

19 ③

'귀속연월: 2024/04~2024/06', '지급구분: 100.급여', '집계구분: 1.부서별'로 조회하여 '소득세'가 가장 많이 공제된 부서를 확인한다.

[인사/급여관리] – [급여관리] – [항목별급상여지급현황]

항목별급상여지급현황

귀속연월 2024 년 04 월 ~ 2024 년 06 월　　지급구분 100 급여
사업장　　집계구분 1.부서별

항목	합계	총무부	경리부	국내영업부	관리부	생산부	자재부	연구개발
기본급	217,860,090	14,874,990	10,635,000	24,323,730	46,100,970	39,507,930	33,654,990	
영업촉진수당	600,000			600,000				
가족수당	2,340,000		930,000	330,000				
월차수당								
근속수당	21,194,580	2,169,180	731,100	3,041,280	5,011,980	4,724,810	2,640,530	
직책수당	2,250,000			900,000	900,000	450,000		
야간근로수당	1,200,000	300,000				600,000		
육아수당								
자격수당	1,260,000	90,000		180,000	270,000	270,000	180,000	
직무발명보상금	750,000						750,000	
사회보험부담금	10,500,890	595,090	521,160	1,191,950	2,259,110	1,936,050	1,649,200	
지급합계	247,454,670	17,434,170	12,296,100	29,375,010	52,282,950	45,552,740	37,225,520	
합계	257,955,560	18,029,260	12,817,260	30,566,960	54,542,060	47,488,790	38,874,720	
국민연금	9,790,050	669,330	478,560	1,094,430	2,061,840	1,777,500	1,514,250	
건강보험	7,711,900	527,310	377,010	862,230	1,634,220	1,400,520	1,193,010	
고용보험	1,802,190		95,700	218,910	414,840	355,530	302,850	
장기요양보험료	986,800	67,780	48,450	110,810	210,050	180,000	153,340	
소득세	21,586,030	1,613,480	997,440	2,867,200	5,095,880	3,344,760	3,342,920	
지방소득세	2,158,370	161,340	99,730	286,690	509,540	334,440	334,240	
공제합계	44,035,340	3,039,240	2,096,890	5,440,270	9,926,370	7,392,750	6,840,610	
차인지급액	203,419,330	14,394,930	10,199,210	23,934,740	42,356,580	38,159,990	30,384,910	

20 ③

'조회기간: 2024/06~2024/06', '조회구분: 2.부서', '부서: 5100.자재부'로 조회하여 각 지급/공제항목별 내역을 확인한다.
③ 사회보험부담금은 550,100원이다.

[인사/급여관리] – [급여관리] – [월별급/상여지급현황]

월별급/상여지급현황

조회기간 2024 년 06 월 ~ 2024 년 06 월　　지급일　　지급구분
조회구분 2.부서　　부서 5100 자재부

부서	사원코드	사원명	사회보험부담금	지급합계	급여합계	국민연금	건강보험	고용보험	장기요양보험료	소득세	지방소득세	공제합계	차인지급액
자재부	20020603	이성준	254,800	13,983,980	14,238,780	233,770	184,190	46,760	23,850	1,397,840	139,780	2,026,190	11,957,790
자재부	20130701	김수영	154,330	8,043,000	8,197,330	141,610	111,570	28,320	14,440	381,580	38,150	715,670	7,327,330
자재부	20190701	장석훈	140,970	7,247,390	7,388,360	129,370	101,910	25,870	13,190	257,380	25,730	553,450	6,693,940
			550,100	29,274,370	29,824,470	504,750	397,670	100,950	51,480	2,036,800	203,660	3,295,310	25,979,060
부서 소계			550,100	29,274,370	29,824,470	504,750	397,670	100,950	51,480	2,036,800	203,660	3,295,310	25,979,060
총계	3명		550,100	29,274,370	29,824,470	504,750	397,670	100,950	51,480	2,036,800	203,660	3,295,310	25,979,060

2024년 3회

p.302~309

이론

01	④	02	④	03	③	04	①	05	④	06	③	07	④	08	①	09	②	10	②
11	①	12	③	13	②	14	②	15	②	16	③	17	④	18	①	19	①	20	①

01 ④

기업의 요구사항에 맞춰 주문 제작하는 형태를 커스터마이제이션(Customization) 또는 커스터마이징(Customizing)이라고 한다.

02 ④

ERP 시스템 구축 후에는 IT 아웃소싱 업체에 대한 의존성(종속성)이 생길 수 있다는 단점이 있다.

03 ③

ERP를 성공적으로 도입하기 위해서는 커스터마이징을 최소화하는 것이 중요하다.

04 ①

현재 ERP는 기업 내 각 영역의 업무 프로세스를 지원하여 개별 부서원들이 분산처리하면서도 동시에 중앙에서 개별 기능들을 통합적으로 관리할 수 있는 시스템으로 발전하고 있다.

05 ④

- 동기부여 이론: 매슬로우의 욕구의 5단계 이론, 맥그리거의 XY 이론, 허즈버그의 2요인 이론
- 리더십 이론: 브레이크와 무톤의 관리격자모형, 허시와 블랜차드의 3차원 모델

06 ③

| 오답 풀이 |

① 육체적, 정신적 노력 등: 노력 요소
② 위험도, 작업시간, 작업환경, 작업위험 등: 작업 요소
④ 도전성, 교육, 경험, 몰입, 창의성, 지식, 기술 등: 숙련 요소

07 ④

델파이 기법은 수요예측 방법 중 판단적(정성적) 기법에 해당한다.

- 내부적 공급예측 방법: 기능목록, 관리자 목록, 마코브분석(마코프분석), 대체도

08 ①

외부 모집은 조직 밖에 있는 사람을 대상으로 모집 활동을 하는 것으로 모집 비용 및 시간이 증가한다는 단점이 있다.

09 ②

| 오답 풀이 |

① 균형주의 원칙: 특정인만 고려하는 것이 아니라 모든 사람을 평등하게 고려하여 특정 부분에 인재가 편중되지 않도록 직장 전체의 적재적소에 배치하는 원칙

③ 적재적소주의 원칙: 근로자가 소유하고 있는 능력과 성격 등의 면에서 최적의 지위에 배치되어 최고의 능력을 발휘하게 하는 원칙

④ 실력(능력)주의 원칙: 근로자가 능력을 발휘할 수 있는 영역을 제공하여 그 일에 대해 올바르게 평가하고 평가된 능력과 업적에 만족할 수 있는 대우를 하는 원칙

10 ②

| 오답 풀이 |

① 현혹 효과: 하나의 평가 요소에 대한 호의적 또는 비호의적인 인상이 다른 평가 요소에 영향을 미쳐 모든 요소를 동일하게 평가하는 경향

③ 관대화 경향: 고과자가 피고과자를 가능한 후하게 평가하려는 경향

④ 중심화 경향: 피고과자의 대다수를 중간 정도로 판단하는 경향

11 ①

낮은 비용으로 시행이 용이하다는 것은 직장 내 교육(OJT)의 장점에 대한 설명이다.

12 ③

3단계(유지 단계)의 경력 욕구는 생산(성)이며, 경력개발을 통해 생산적 · 역동적으로 부하들을 지도 · 개발하는 단계이다.

13 ②

| 오답 풀이 |

③ 임금수준: 기업이 일정 기간 근로자에게 지급하는 1인당 평균임금을 의미

④ 임금체계: 임금 지급 항목의 구성 내용 또는 종업원의 임금액을 결정하는 기준

14 ②

| 오답 풀이 |

① 럭커 플랜: 부가가치의 증대를 달성하고 이에 따른 생산성 향상분을 일정 부가가치 분배율에 따라 노사 간 배분하는 방식

③ 순응임률제도: 기업의 임금 산정에 있어서 경제적 조건의 변화(물가 변동)나 기업의 사정에 순응하여 임금률을 자동으로 변동 · 조정하여 지급하는 제도

④ 임프로쉐어 플랜: 표준시간 대비 노동시간의 절약으로 발생한 이익을 노사 간에 50%씩 나누고 종업원에게 성과급으로 배분하는 제도

15 ②

4대보험은 건강보험, 국민연금, 고용보험, 산업재해보상보험을 의미한다.

16 ③

| 오답 풀이 |

① 종합과세: 원천이나 유형이 다른 종류의 소득을 모두 하나의 과세표준에 합산하여 과세하는 방법
② 분리과세: 일정한 소득을 지급할 때 당해 소득의 지급자가 원천징수를 통하여 과세당국에 납부함으로써 납세의무를 종결시키는 방법

17 ④

원천징수 의무자는 원천징수한 세금을 소득 지급일이 속하는 달의 다음 달 10일까지 관할세무서 또는 금융기관에 납부해야 한다.

18 ①

| 오답 풀이 |

② 연장 근로: 근로기준법의 법정 근로시간을 초과하는 근로로 성인 근로자의 경우에는 1일 8시간, 1주 40시간을 초과하는 시간의 근로, 소년 근로자(15세 이상 18세 미만의 연소자)의 경우에는 1일 7시간, 1주 35시간을 초과하는 시간의 근로를 의미함
③ 선택적 근로시간제: 사용자가 취업규칙에 따라 업무의 시작 및 종료 시각을 근로자의 결정에 맡기기로 하는 근로시간제
④ 탄력적 근로시간제: 일정한 기간 내에서 어느 주 또는 어느 날의 근로시간을 탄력적으로 배치하여 운용하는 근로시간제

19 ①

| 오답 풀이 |

② 클로즈드 숍(Closed Shop): 조합원 자격이 있는 근로자만 채용하고 일단 채용된 근로자도 조합원의 자격을 상실하면 근로자가 될 수 없도록 하며, 노조의 통제력(지배력)이 가장 높은 제도
③ 에이전시 숍(Agency Shop): 채용된 근로자에 대해 특정 노동조합의 가입을 강제하지 않는 반면, 비조합원에 대해서도 조합원들의 조합비에 상당하는 일정한 금액을 정기적으로 노동조합에 납입하도록 하는 제도
④ 메인터넌스 숍(Maintenance Shop): 노동조합에 가입한 이후 일정 기간 동안은 노동조합원으로서 자격을 유지해야 하는 제도

20 ①

| 오답 풀이 |

② 파업: 노동조합을 사용자의 지배 관리로부터 분리시키며 사용자에 대한 근로자의 노동력 제공을 전면 거부하는 행위
③ 피케팅: 쟁의 중 사업장 또는 공장에 대한 감시와 근로 희망자들의 출입을 저지하며, 파업 참여에 협력할 것을 호소하는 행위
④ 보이콧: 제품 구입 거절, 근로계약 거절 등의 형태로 나타나는 집단적 불매운동

실무 시뮬레이션

01	④	02	①	03	②	04	②	05	①	06	④	07	④	08	③	09	③	10	①
11	②	12	③	13	①	14	④	15	②	16	④	17	③	18	③	19	②	20	①

01 ④

'사용자만'에 체크한 후 보기 내용을 확인한다.

④ 검수조서권한은 '승인'이다.

[시스템관리] – [회사등록정보] – [사원등록]

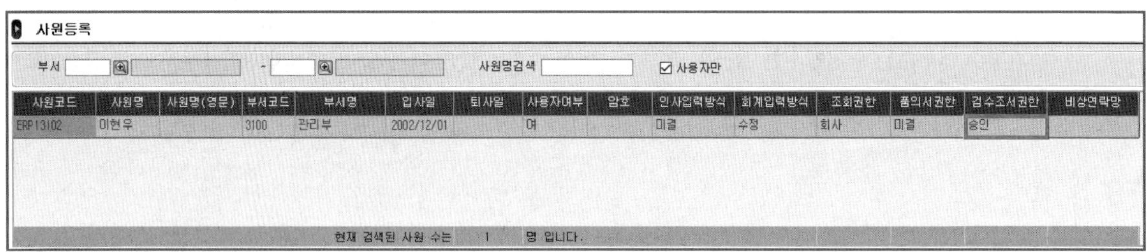

사원등록

부서 ~ 사원명검색 ☑ 사용자만

사원코드	사원명	사원명(영문)	부서코드	부서명	입사일	퇴사일	사용자여부	암호	인사입력방식	회계입력방식	조회권한	품의서권한	검수조서권한	비상연락망
ERP13102	이현우		3100	관리부	2002/12/01		여		미결	수정	회사	미결	승인	

현재 검색된 사원 수는 1 명 입니다.

02 ①

① '1000.관리부문'에 속해 있는 부서 중 '1300.관리부' 는 2012/12/31으로 사용기간이 만료되어 현재 사용하지 않는다.

[시스템관리] – [회사등록정보] – [부서등록]

부서등록 부문등록

사업장 조회기준일 적용 ☐ ____/__/__

부서코드	부서명	사업장코드	사업장명	부문코드	부문명	사용기간	사용기간
1100	총무부	1000	인사2급 회사본사	1000	관리부문	2008/01/01	
1200	경리부	1000	인사2급 회사본사	1000	관리부문	2008/01/01	
1300	관리부	1000	인사2급 회사본사	1000	관리부문	2008/01/01	2012/12/31
2100	국내영업부	1000	인사2급 회사본사	2000	영업부문	2008/01/01	
2200	해외영업부	1000	인사2급 회사본사	2000	영업부문	2008/01/01	
3100	관리부	2000	인사2급 인천지점	3000	관리부문(인천지점)	2008/01/01	
4100	생산부	2000	인사2급 인천지점	4000	생산부문	2008/01/01	
5100	자재부	2000	인사2급 인천지점	5000	자재부문	2010/01/01	
6100	경리부	2000	인사2급 인천지점	3000	관리부문(인천지점)	2012/01/01	2021/12/31
7100	감사부	1000	인사2급 회사본사	1000	관리부문	2020/01/01	
8100	관리부	3000	인사2급 강원지점	6000	관리부문(강원지점)	2021/01/01	
9100	교육부	3000	인사2급 강원지점	7000	교육부문	2021/01/01	

03 ②

'모듈구분: H.인사/급여관리'로 조회하고 '이현우' 사원의 사용 가능한 메뉴의 권한설정내역을 확인한다.

② [퇴직정산관리]에 속한 메뉴 중 [퇴직소득원천징수영수증] 메뉴에서는 본인이 속한 사업장의 퇴사자(또는 중도퇴사)의 자료만 출력할 수 있다.

[시스템관리] – [회사등록정보] – [사용자권한설정]

TIP
- 변경: 입력 및 수정 가능
- 삭제: 조회된 내용을 삭제 가능
- 출력: 조회된 내용을 출력 가능

04 ②

'700.대리'를 선택하고 하단 호봉이력의 '적용시작연월일: 2024/05'를 입력 후 우측 상단의 '일괄등록'을 클릭하여 [보기]에 주어진 기본급, 직급수당의 초기치와 증가액을 적용한다. 우측 상단의 '일괄인상'을 클릭하여 기본급에 3.5%의 증가율을 입력한 후 '정률적용'하고, 다시 한번 '일괄인상'을 클릭하여 직급수당에 10,000원을 입력한 후 '정액적용'하여 '5호봉'의 합계를 확인한다.

[인사/급여관리] – [기초환경설정] – [호봉테이블등록]

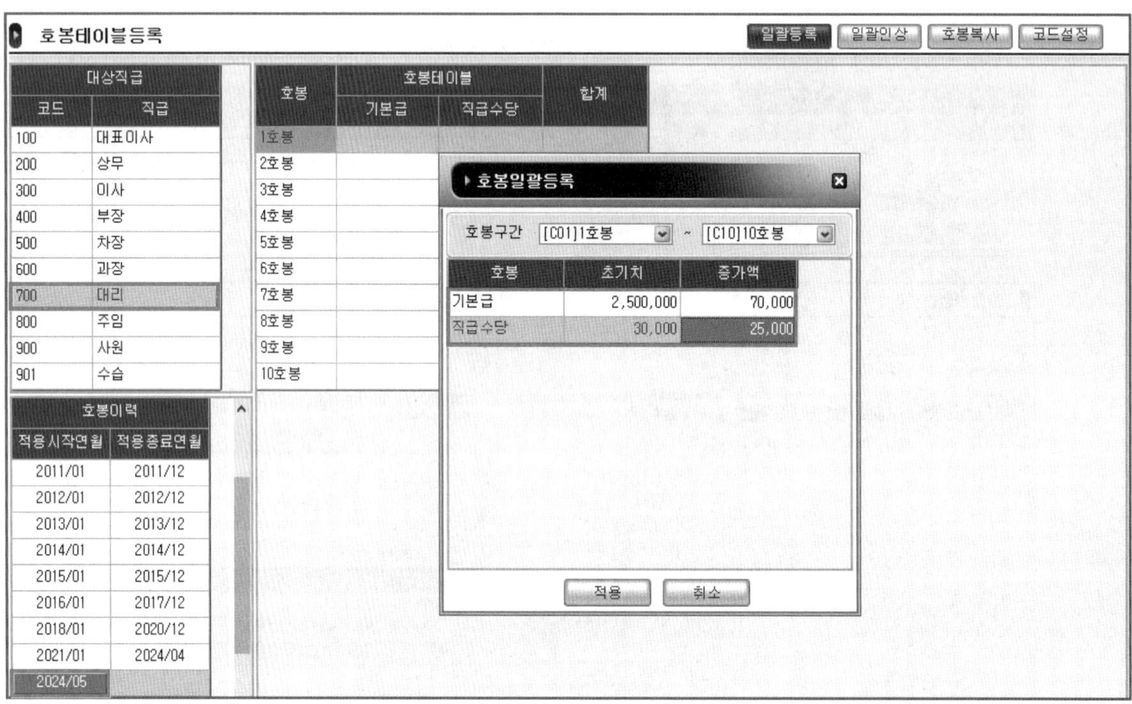

호봉테이블등록

일괄등록 | 일괄인상 | 호봉복사 | 코드설정

대상직급	
코드	직급
100	대표이사
200	상무
300	이사
400	부장
500	차장
600	과장
700	대리
800	주임
900	사원
901	수습

호봉	호봉테이블		합계
	기본급	직급수당	
1호봉	2,587,500	30,000	2,617,500
2호봉	2,659,950	55,000	2,714,950
3호봉	2,732,400	80,000	2,812,400
4호봉	2,804,850	105,000	2,909,850
5호봉	2,877,300	130,000	3,007,300
6호봉	2,949,750	155,000	3,104,750
7호봉	3,022,200	180,000	3,202,200
8호봉	3,094,650	205,000	3,299,650
9호봉	3,167,100	230,000	3,397,100
10호봉	3,239,550	255,000	3,494,550

호봉이력	
적용시작연월	적용종료연월
2011/01	2011/12
2012/01	2012/12
2013/01	2013/12
2014/01	2014/12
2015/01	2015/12
2016/01	2017/12
2018/01	2020/12
2021/01	2024/04
2024/05	

호봉일괄인상

호봉구간 [C01]1호봉 ~ [C10]10호봉

호봉	정률(%)	정액
기본급		
직급수당		10,000

정률적용 | 정액적용 | 취소

호봉테이블등록

일괄등록 | 일괄인상 | 호봉복사 | 코드설정

대상직급	
코드	직급
500	차장
600	과장
700	대리
800	주임
900	사원
901	수습

호봉	호봉테이블		합계
	기본급	직급수당	
1호봉	2,587,500	40,000	2,627,500
2호봉	2,659,950	65,000	2,724,950
3호봉	2,732,400	90,000	2,822,400
4호봉	2,804,850	115,000	2,919,850
5호봉	2,877,300	140,000	3,017,300
6호봉	2,949,750	165,000	3,114,750
7호봉	3,022,200	190,000	3,212,200
8호봉	3,094,650	215,000	3,309,650
9호봉	3,167,100	240,000	3,407,100
10호봉	3,239,550	265,000	3,504,550

호봉이력	
적용시작연월	적용종료연월
2016/01	2017/12
2018/01	2020/12
2021/01	2024/04
2024/05	

05 ①

I 오답 풀이 I

② 수습직의 경우 75%의 급여를 3개월간 지급받는다.

③ 원천세 신고유형은 '사업자단위과세신고'로 설정되어 있고, 사업자단위과세 신고 시, 〈1000.인사2급 회사본사〉 사업장의 종사업장인 〈2000.인사2급 인천지점〉 사업장만 〈1000.인사2급 회사본사〉 사업장의 종사업장으로 포함하여 신고한다.

④ 2024년 5월 귀속 기준으로 월일수 산정 시, 귀속월의 실제 일수인 31일을 적용한다.

[인사/급여관리] – [기초환경설정] – [인사/급여환경설정]

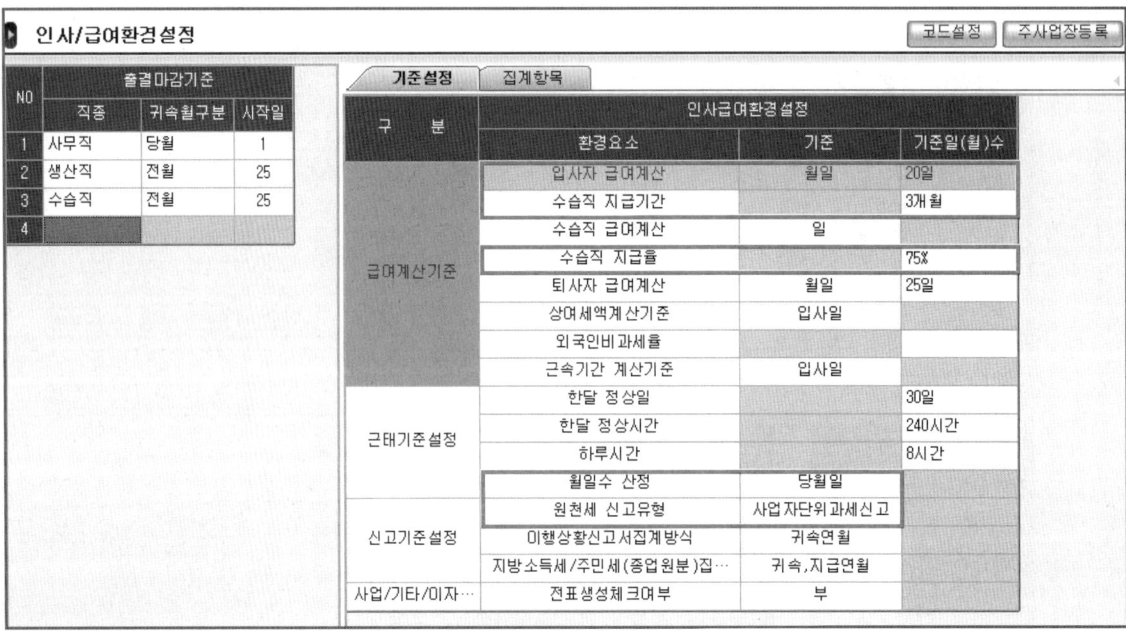

인사/급여환경설정

코드설정 | 주사업장등록

NO	출결마감기준		
	직종	귀속월구분	시작일
1	사무직	당월	1
2	생산직	전월	25
3	수습직	전월	25
4			

기준설정 | 집계항목

구 분	인사급여환경설정		
	환경요소	기준	기준일(월)수
급여계산기준	입사자 급여계산	월일	20일
	수습직 지급기간		3개월
	수습직 급여계산	일	
	수습직 지급율		75%
	퇴사자 급여계산	월일	25일
	상여세액계산기준	입사일	
	외국인비과세율		
	근속기간 계산기준	입사일	
근태기준설정	한달 정상일		30일
	한달 정상시간		240시간
	하루시간		8시간
	월일수 산정	당월일	
신고기준설정	원천세 신고유형	사업자단위과세신고	
	이행상황신고서집계방식	귀속연월	
	지방소득세/주민세(종업원분)집…	귀속,지급연월	
사업/기타/이자…	전표생성체크여부	부	

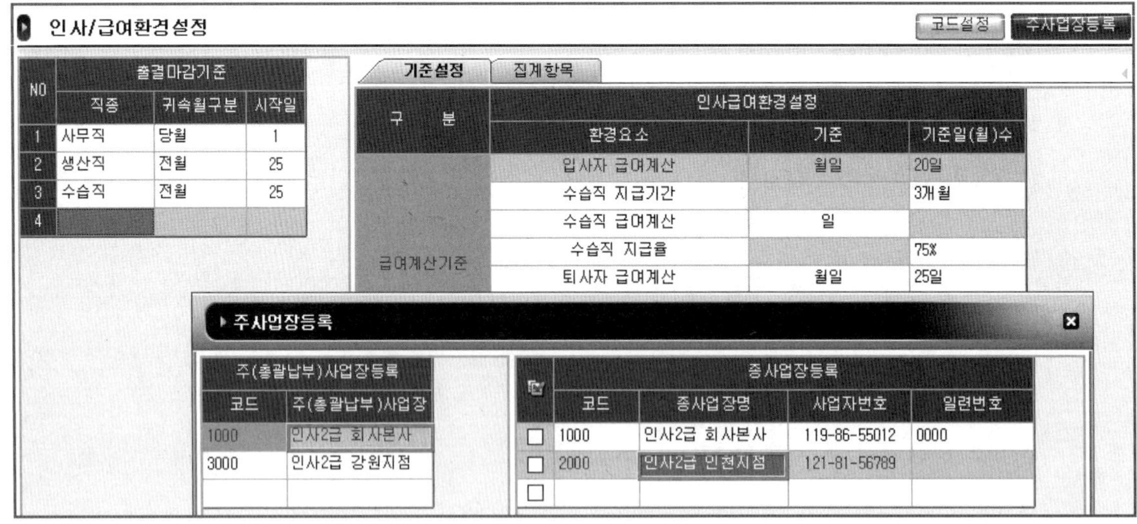

인사/급여환경설정

코드설정 | 주사업장등록

NO	출결마감기준		
	직종	귀속월구분	시작일
1	사무직	당월	1
2	생산직	전월	25
3	수습직	전월	25
4			

기준설정 | 집계항목

구 분	인사급여환경설정		
	환경요소	기준	기준일(월)수
급여계산기준	입사자 급여계산	월일	20일
	수습직 지급기간		3개월
	수습직 급여계산	일	
	수습직 지급율		75%
	퇴사자 급여계산	월일	25일

주사업장등록

주(총괄납부)사업장등록	
코드	주(총괄납부)사업장
1000	인사2급 회사본사
3000	인사2급 강원지점

	종사업장등록			
	코드	종사업장명	사업자번호	일련번호
□	1000	인사2급 회사본사	119-86-55012	0000
□	2000	인사2급 인천지점	121-81-56789	
□				

TIP 월일: 지정된 근무일수보다 미달하는 경우 일의 방식, 초과하는 경우 월의 방식으로 급여 지급

06 ④

'급여구분: 급여, 특별급여, 상여', '지급/공제구분: 지급', '귀속연도: 2024'로 조회하고 우측 상단의 '마감취소'를 클릭하여 각 지급항목을 확인한다.

④ 'V00.상여'는 '퇴사자'에게는 지급하지 않는 항목이며, 책정임금의 월급×1.5배로 지급된다.

[인사/급여관리] – [기초환경설정] – [지급공제항목등록]

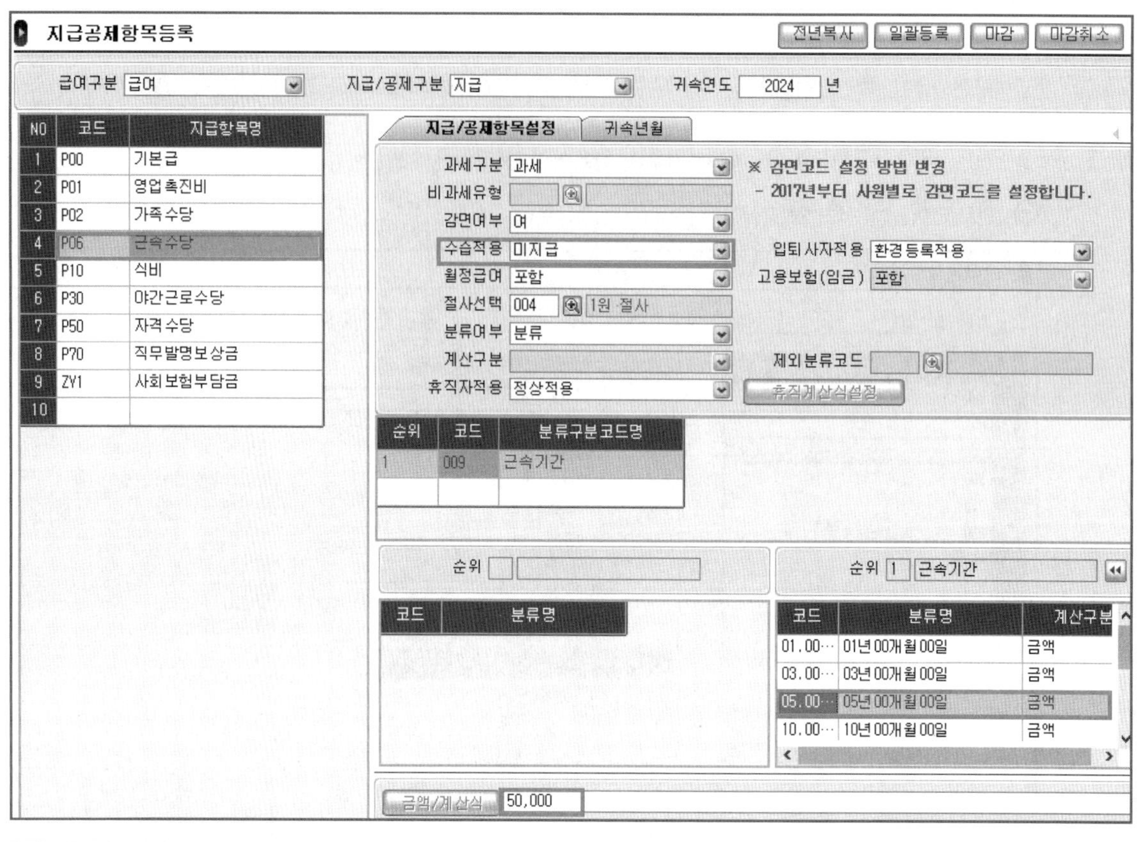
지급공제항목등록
전년복사
일괄등록
마감
마감취소
급여구분 급여
지급/공제구분 지급
귀속연도 2024 년
NO 코드 지급항목명
1 P00 기본급
2 P01 영업촉진비
3 P02 가족수당
4 P06 근속수당
5 P10 식비
6 P30 야간근로수당
7 P50 자격수당
8 P70 직무발명보상금
9 ZY1 사회보험부담금
지급/공제항목설정
귀속년월
과세구분 과세
비과세유형
감면여부 여
수습적용 미지급
월정급여 포함
절사선택 004 1원 절사
분류여부 분류
계산구분
휴직자적용 정상적용
※ 감면코드 설정 방법 변경
- 2017년부터 사원별로 감면코드를 설정합니다.
입퇴사자적용 환경등록적용
고용보험(임금) 포함
제외분류코드
휴직계산식설정
순위 코드 분류구분코드명
1 009 근속기간
순위 1 근속기간
코드 분류명 계산구분
01.00… 01년00개월00일 금액
03.00… 03년00개월00일 금액
05.00… 05년00개월00일 금액
10.00… 10년00개월00일 금액
금액/계산식 50,000

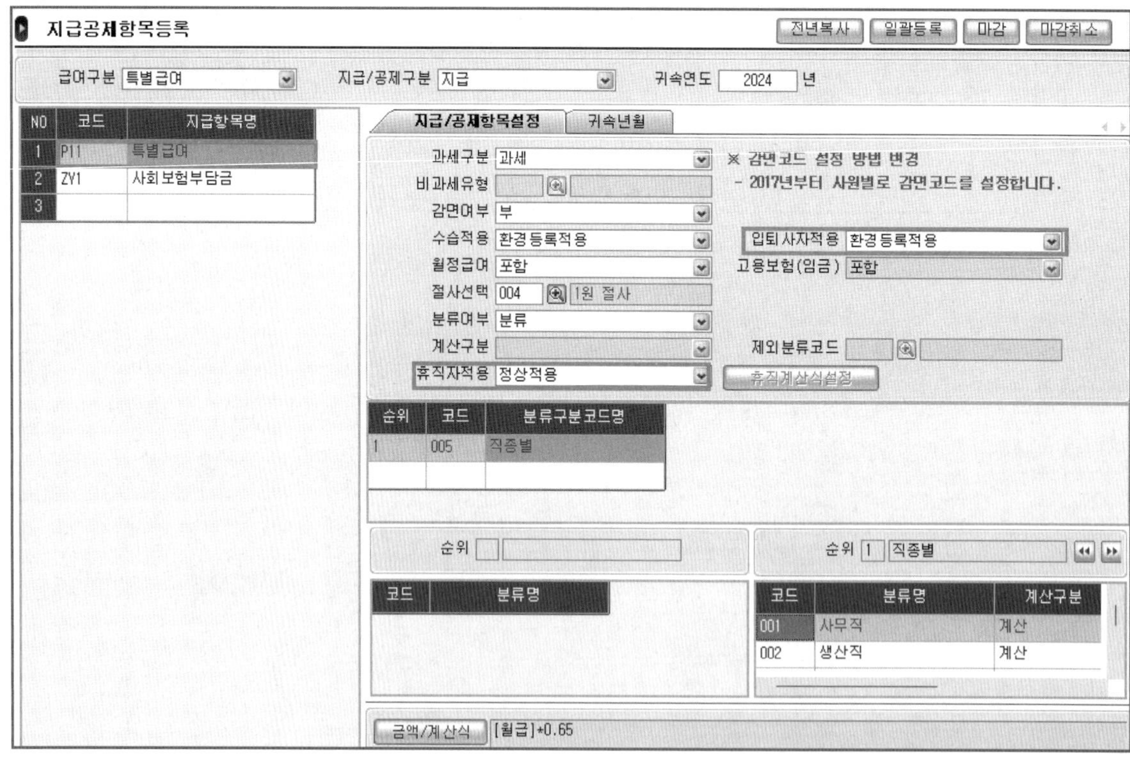
지급공제항목등록
전년복사
일괄등록
마감
마감취소
급여구분 특별급여
지급/공제구분 지급
귀속연도 2024 년
NO 코드 지급항목명
1 P11 특별급여
2 ZY1 사회보험부담금
지급/공제항목설정
귀속년월
과세구분 과세
비과세유형
감면여부 부
수습적용 환경등록적용
월정급여 포함
절사선택 004 1원 절사
분류여부 분류
계산구분
휴직자적용 정상적용
※ 감면코드 설정 방법 변경
- 2017년부터 사원별로 감면코드를 설정합니다.
입퇴사자적용 환경등록적용
고용보험(임금) 포함
제외분류코드
휴직계산식설정
순위 코드 분류구분코드명
1 005 직종별
순위 1 직종별
코드 분류명 계산구분
001 사무직 계산
002 생산직 계산
금액/계산식 [월급]*0.65

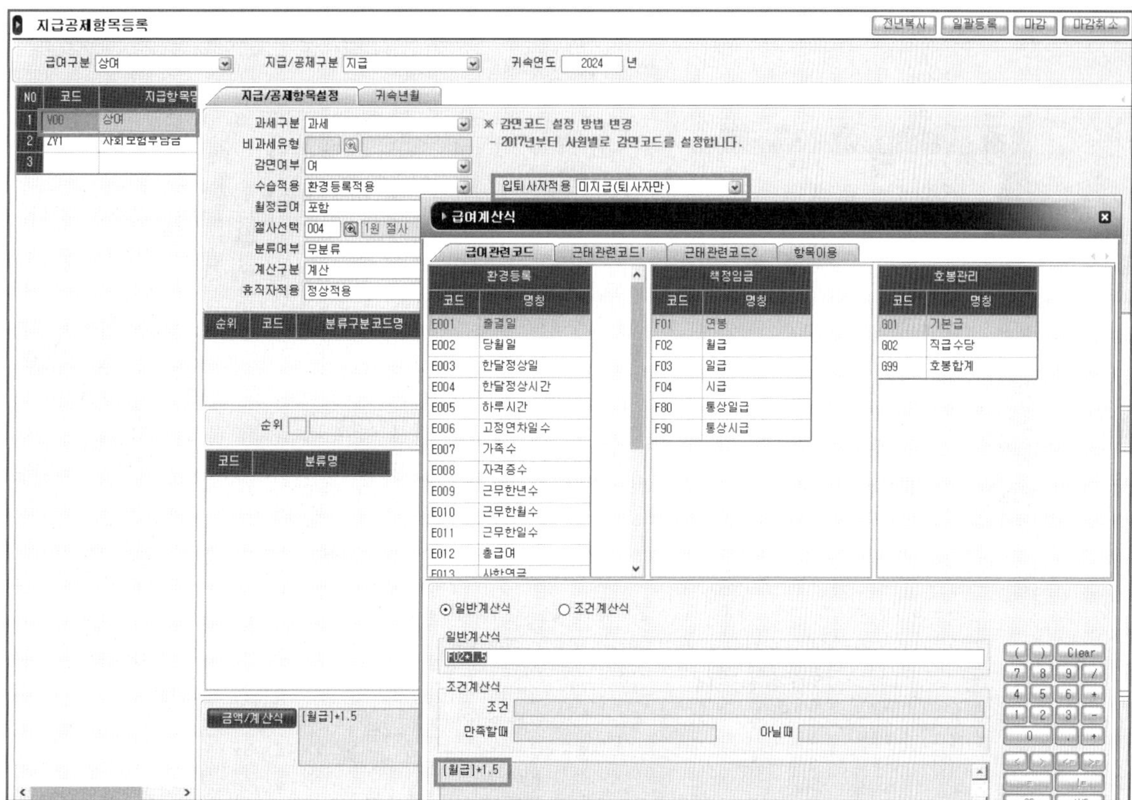

07 ④

사원별로 인적정보, 재직정보, 급여정보 탭의 각 정보를 확인한다.
④ '20140903.정용빈' 사원의 학자금상환 통지액은 100,000원이다.

[인사/급여관리] – [인사관리] – [인사정보등록]

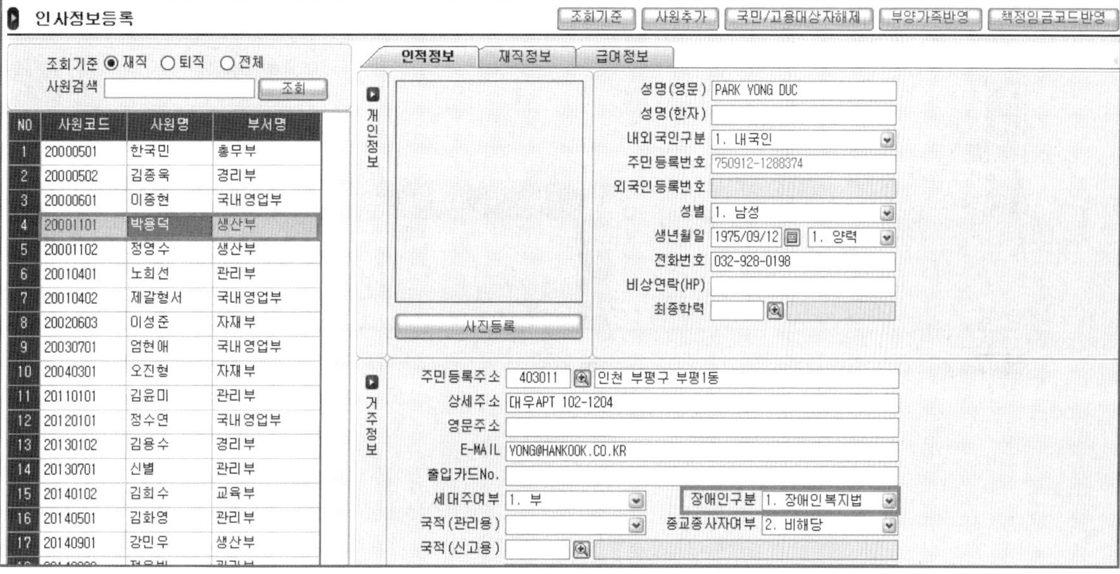

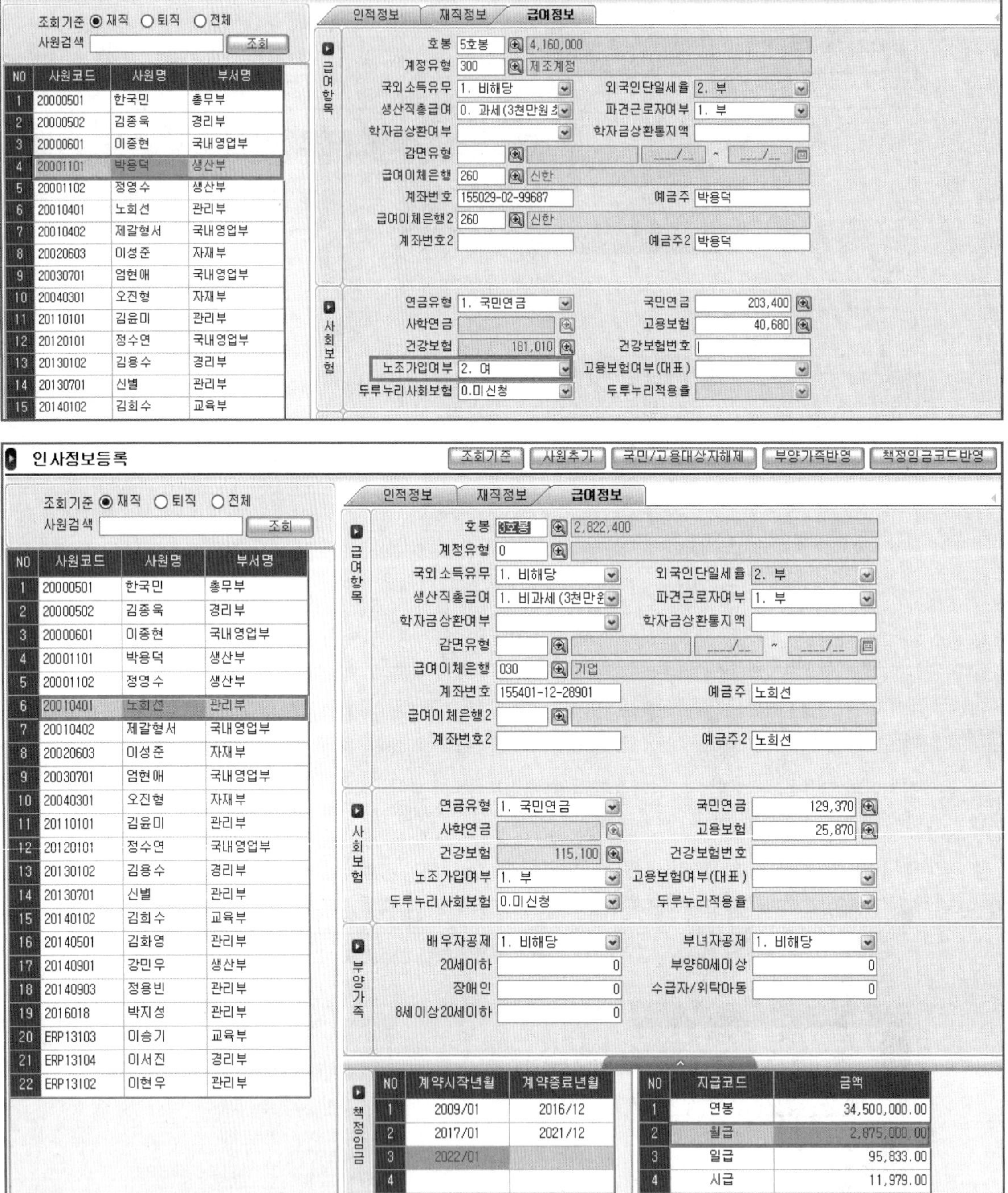

TIP 책정임금의 금액란에 커서를 두고 Ctrl+F3을 눌러 월급을 확인한다. 이때 '로그인 암호' 창이 뜨면 암호 입력 없이 '확인'을 누른다.

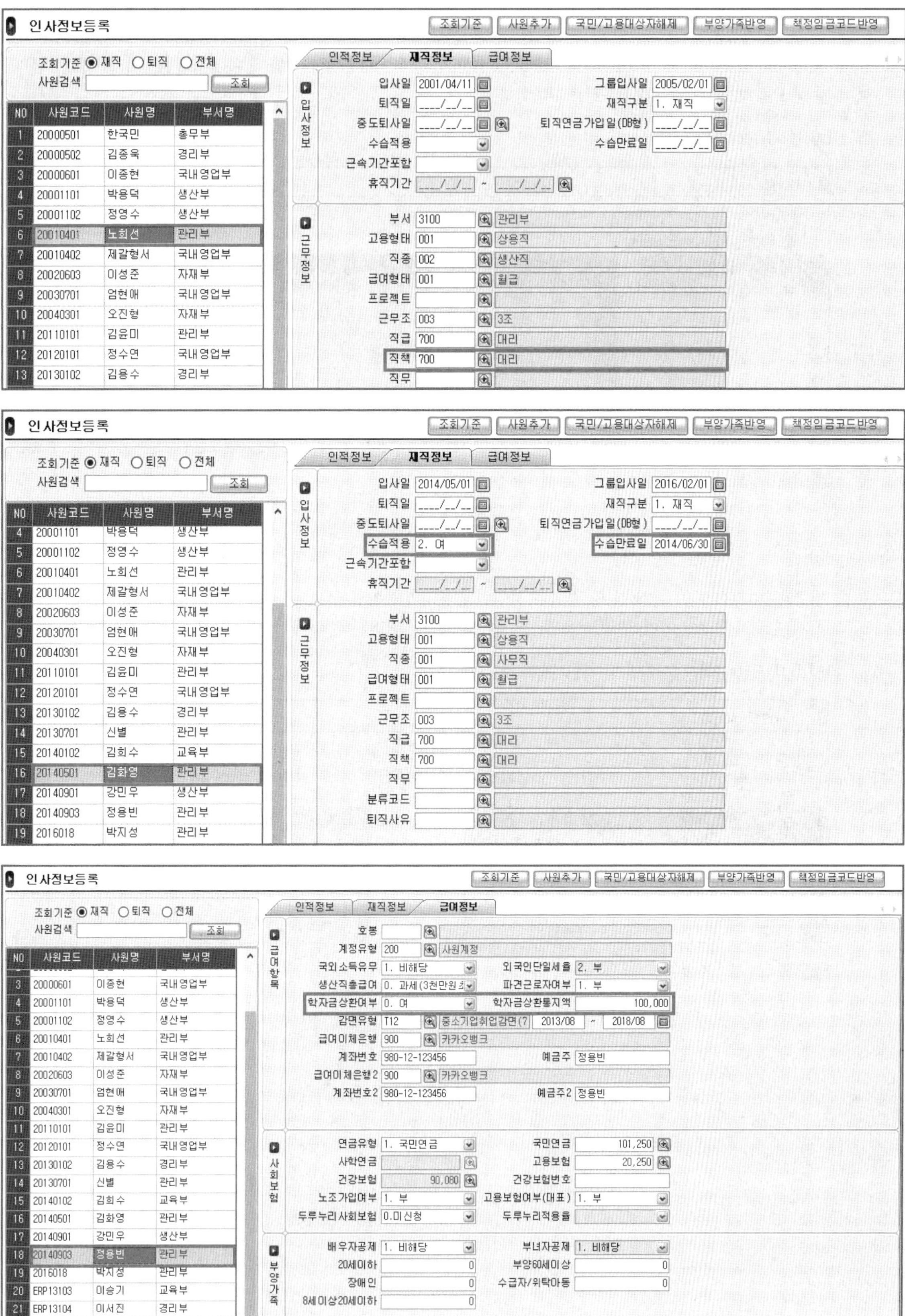

인사정보등록
조회기준 사원추가 국민/고용대상자해제 부양가족반영 책정임금코드반영
조회기준 ◉ 재직 ○ 퇴직 ○ 전체
사원검색 조회
NO 사원코드 사원명 부서명
1 20000501 한국민 총무부
2 20000502 김종욱 경리부
3 20000601 이종현 국내영업부
4 20001101 박용덕 생산부
5 20001102 정영수 생산부
6 20010401 노희선 관리부
7 20010402 제갈형서 국내영업부
8 20020603 이성준 자재부
9 20030701 엄현애 국내영업부
10 20040301 오진형 자재부
11 20110101 김윤미 관리부
12 20120101 정수연 국내영업부
13 20130102 김용수 경리부
인적정보 재직정보 급여정보
입사정보
입사일 2001/04/11 그룹입사일 2005/02/01
퇴직일 ____/__/__ 재직구분 1. 재직
중도퇴사일 ____/__/__ 퇴직연금가입일(DB형) ____/__/__
수습적용 수습만료일 ____/__/__
근속기간포함
휴직기간 ____/__/__ ~ ____/__/__
근무정보
부서 3100 관리부
고용형태 001 상용직
직종 002 생산직
급여형태 001 월급
프로젝트
근무조 003 3조
직급 700 대리
직책 700 대리
직무
인사정보등록
조회기준 사원추가 국민/고용대상자해제 부양가족반영 책정임금코드반영
조회기준 ◉ 재직 ○ 퇴직 ○ 전체
사원검색 조회
NO 사원코드 사원명 부서명
4 20001101 박용덕 생산부
5 20001102 정영수 생산부
6 20010401 노희선 관리부
7 20010402 제갈형서 국내영업부
8 20020603 이성준 자재부
9 20030701 엄현애 국내영업부
10 20040301 오진형 자재부
11 20110101 김윤미 관리부
12 20120101 정수연 국내영업부
13 20130102 김용수 경리부
14 20130701 신별 관리부
15 20140102 김희수 교육부
16 20140501 김화영 관리부
17 20140901 강민우 생산부
18 20140903 정용빈 관리부
19 2016018 박지성 관리부
인적정보 재직정보 급여정보
입사정보
입사일 2014/05/01 그룹입사일 2016/02/01
퇴직일 ____/__/__ 재직구분 1. 재직
중도퇴사일 ____/__/__ 퇴직연금가입일(DB형) ____/__/__
수습적용 2. 여 수습만료일 2014/06/30
근속기간포함
휴직기간 ____/__/__ ~ ____/__/__
근무정보
부서 3100 관리부
고용형태 001 상용직
직종 001 사무직
급여형태 001 월급
프로젝트
근무조 003 3조
직급 700 대리
직책 700 대리
직무
분류코드
퇴직사유
인사정보등록
조회기준 사원추가 국민/고용대상자해제 부양가족반영 책정임금코드반영
조회기준 ◉ 재직 ○ 퇴직 ○ 전체
사원검색 조회
NO 사원코드 사원명 부서명
3 20000601 이종현 국내영업부
4 20001101 박용덕 생산부
5 20001102 정영수 생산부
6 20010401 노희선 관리부
7 20010402 제갈형서 국내영업부
8 20020603 이성준 자재부
9 20030701 엄현애 국내영업부
10 20040301 오진형 자재부
11 20110101 김윤미 관리부
12 20120101 정수연 국내영업부
13 20130102 김용수 경리부
14 20130701 신별 관리부
15 20140102 김희수 교육부
16 20140501 김화영 관리부
17 20140901 강민우 생산부
18 20140903 정용빈 관리부
19 2016018 박지성 관리부
20 ERP13103 이승기 교육부
21 ERP13104 이서진 경리부
인적정보 재직정보 급여정보
급여항목
호봉
계정유형 200 사원계정
국외소득유무 1. 비해당 외국인단일세율 2. 부
생산직총급여 0. 과세(3천만원 초 파견근로자여부 1. 부
학자금상환여부 0. 여 학자금상환통지액 100,000
감면유형 T12 중소기업취업감면(7 2013/08 ~ 2018/08
급여이체은행 900 카카오뱅크
계좌번호 980-12-123456 예금주 정용빈
급여이체은행2 900 카카오뱅크
계좌번호2 980-12-123456 예금주2 정용빈
사회보험
연금유형 1. 국민연금 국민연금 101,250
사학연금 고용보험 20,250
건강보험 90,080 건강보험번호
노조가입여부 1. 부 고용보험여부(대표) 1. 부
두루누리사회보험 0.미신청 두루누리적용율
부양가족
배우자공제 1. 비해당 부녀자공제 1. 비해당
20세이하 0 부양60세이상 0
장애인 0 수급자/위탁아동 0
8세이상20세이하 0

08 ③

'교육기간: 2024/01/01~2024/01/31'으로 조회한 후 교육별사원현황 탭에서 '991.임직원정기교육(2024년)'의 교육 대상자 중 교육평가가 '상'이 아닌 사원을 확인한다.

[인사/급여관리] – [인사관리] – [교육현황]

교육현황

교육기간 2024/01/01 ~ 2024/01/31 사업장 부서

사원별교육현황 / 교육별사원현황

NO		코드	교육명
1	□	991	임직원정기교…

NO	사원코드	사원명	시작일	종료일	교육시간	교육일수	이수여부	출석점수	태도점수	평가점수	합계	교육평가
1	20000601	이종현	2024/01/01	2024/01/31	20:00	31	이수	100.00	100.00	100.00		상
2	20001102	정영수	2024/01/01	2024/01/31	20:00	31	이수	90.00	90.00	80.00		중
3	20010402	제갈형서	2024/01/01	2024/01/31	20:00	31	이수	90.00	90.00	80.00		중
4	20020603	이성준	2024/01/01	2024/01/31	20:00	31	이수	100.00	100.00	100.00		상
5	20040301	오진형	2024/01/01	2024/01/31	20:00	31	이수	80.00	95.00	90.00		중
6	20130102	김용수	2024/01/01	2024/01/31	20:00	31	이수	90.00	80.00	95.00		중
7	20130701	신별	2024/01/01	2024/01/31	20:00	31	이수	100.00	100.00	100.00		상
8	20140501	김화영	2024/01/01	2024/01/31	20:00	31	이수	85.00	80.00	85.00		하
9	20140901	강민우	2024/01/01	2024/01/31	20:00	31	이수	95.00	95.00	95.00		상
10	2016018	박지성	2024/01/01	2024/01/31	20:00	31	이수	80.00	85.00	85.00		하

TIP [인사/급여관리] – [인사관리] – [교육평가] 메뉴에서도 확인할 수 있다.

09 ③

'발령호수: 20240601'를 입력 후 '김희수' 사원의 발령내역을 확인한다.
③ 현재 '교육부' 소속이며, 발령 적용 후 '관리부'로 소속이 변경된다.

[인사/급여관리] – [인사관리] – [인사발령(사원별)]

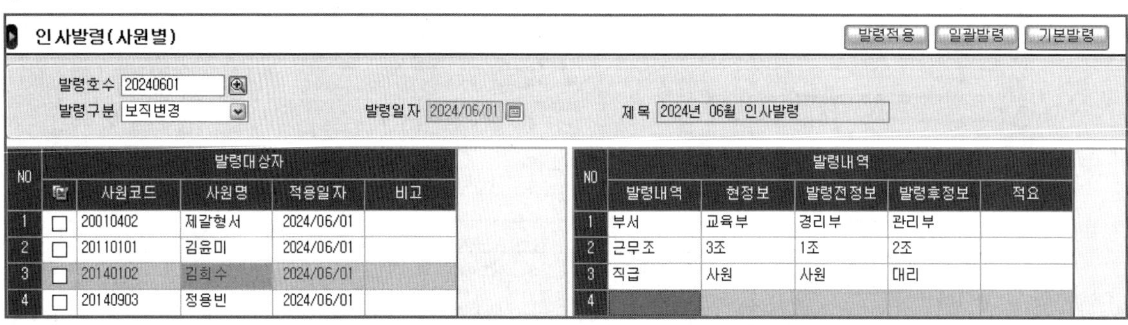

인사발령(사원별) 발령적용 일괄발령 기본발령

발령호수 20240601

발령구분 보직변경 발령일자 2024/06/01 제목 2024년 06월 인사발령

NO	발령대상자				
		사원코드	사원명	적용일자	비고
1	□	20010402	제갈형서	2024/06/01	
2	□	20110101	김윤미	2024/06/01	
3	□	20140102	김희수	2024/06/01	
4	□	20140903	정용빈	2024/06/01	

NO	발령내역				
	발령내역	현정보	발령전정보	발령후정보	적요
1	부서	교육부	경리부	관리부	
2	근무조	3조	1조	2조	
3	직급	사원	사원	대리	
4					

TIP
- 현정보: 현재 정보
- 발령전정보: 현재 정보 이전의 정보
- 발령후정보: 발령 적용 후 변경될 정보

10 ①

'퇴사자: 0.제외', '기준일: 2024/04/30', '년수기준: 2.미만일수 올림', '경력포함: 0.제외'로 조회하여 [보기]에 따라 총 특별근속수당을 계산한다.

- 15년 이상 20년 미만: 150,000원×4명 = 600,000원
- 20년 이상: 200,000원×8명 = 1,600,000원

∴ 총 특별근속수당 = 2,200,000원

[인사/급여관리] – [인사관리] – [근속년수현황]

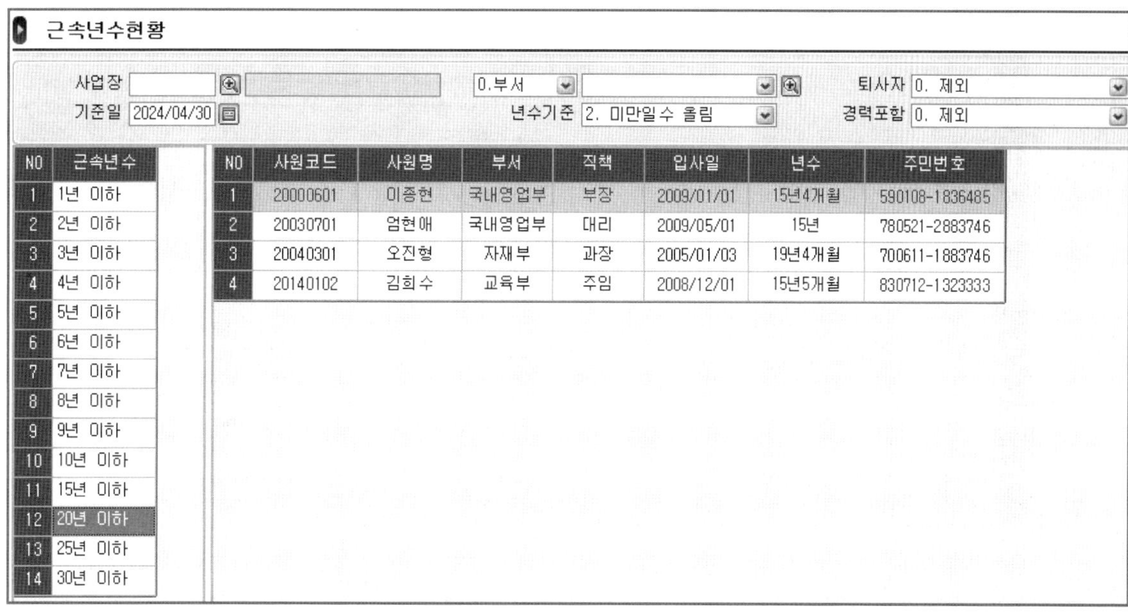

NO	근속년수
1	1년 이하
2	2년 이하
3	3년 이하
4	4년 이하
5	5년 이하
6	6년 이하
7	7년 이하
8	8년 이하
9	9년 이하
10	10년 이하
11	15년 이하
12	20년 이하
13	25년 이하
14	30년 이하

NO	사원코드	사원명	부서	직책	입사일	년수	주민번호
1	20000601	이종현	국내영업부	부장	2009/01/01	15년4개월	590108-1836485
2	20030701	엄현애	국내영업부	대리	2009/05/01	15년	780521-2883746
3	20040301	오진형	자재부	과장	2005/01/03	19년4개월	700611-1883746
4	20140102	김희수	교육부	주임	2008/12/01	15년5개월	830712-1323333

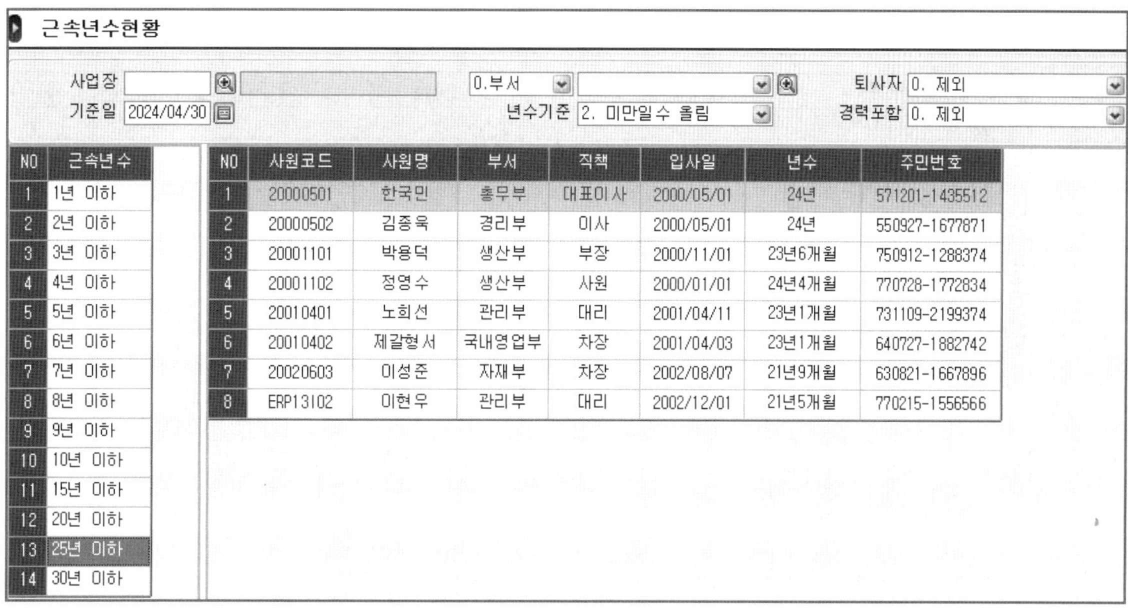

NO	근속년수
1	1년 이하
2	2년 이하
3	3년 이하
4	4년 이하
5	5년 이하
6	6년 이하
7	7년 이하
8	8년 이하
9	9년 이하
10	10년 이하
11	15년 이하
12	20년 이하
13	25년 이하
14	30년 이하

NO	사원코드	사원명	부서	직책	입사일	년수	주민번호
1	20000501	한국민	총무부	대표이사	2000/05/01	24년	571201-1435512
2	20000502	김종욱	경리부	이사	2000/05/01	24년	550927-1677871
3	20001101	박용덕	생산부	부장	2000/11/01	23년6개월	750912-1288374
4	20001102	정영수	생산부	사원	2000/01/01	24년4개월	770728-1772834
5	20010401	노희선	관리부	대리	2001/04/11	23년1개월	731109-2199374
6	20010402	제갈형서	국내영업부	차장	2001/04/03	23년1개월	640727-1882742
7	20020603	이성준	자재부	차장	2002/08/07	21년9개월	630821-1667896
8	ERP13102	이현우	관리부	대리	2002/12/01	21년5개월	770215-1556566

11 ②

'김용수' 사원의 급여정보 탭에 [보기]의 감면유형을 입력하고 ESC를 눌러 창을 닫아 변경내용을 저장한다.

[인사/급여관리] – [인사관리] – [인사정보등록]

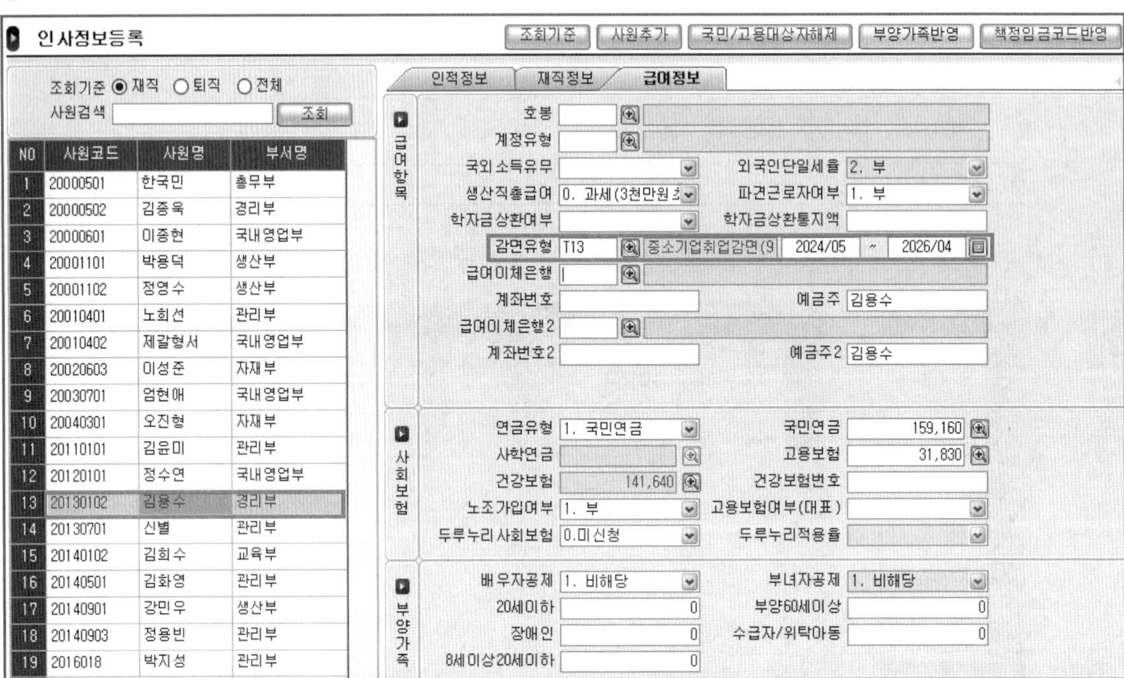

'귀속연월: 2024/05', '지급일: 1.급여'로 조회한 후 전체 사원을 체크하고 우측 상단의 '급여계산'을 적용한 후 하단 급여총액 탭에서 소득세를 확인한다.

[인사/급여관리] – [급여관리] – [상용직급여입력및계산]

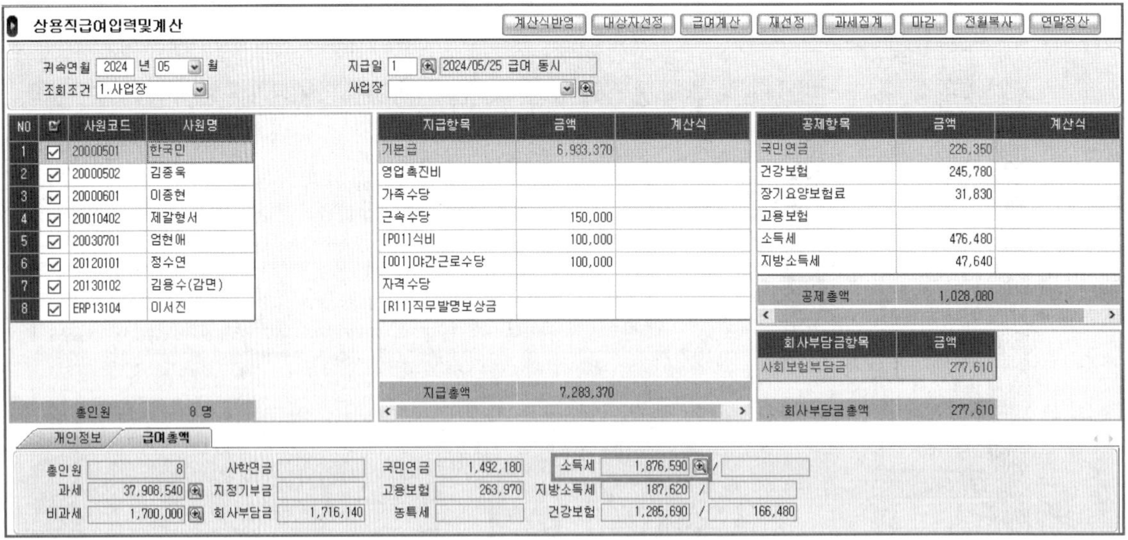

12 ③

'귀속연월: 2024/05' 입력 후 [보기]에 따라 '지급일자: 2024/05/31', '동시발행: 분리', '대상자선정: 직종및급여형태별', '급여구분: 특별급여'로 조회한 후 우측상단의 '일괄등록'을 클릭하여 [보기]에 따라 특별급여지급대상을 설정한다.

[인사/급여관리] – [기초환경설정] – [급/상여지급일자등록]

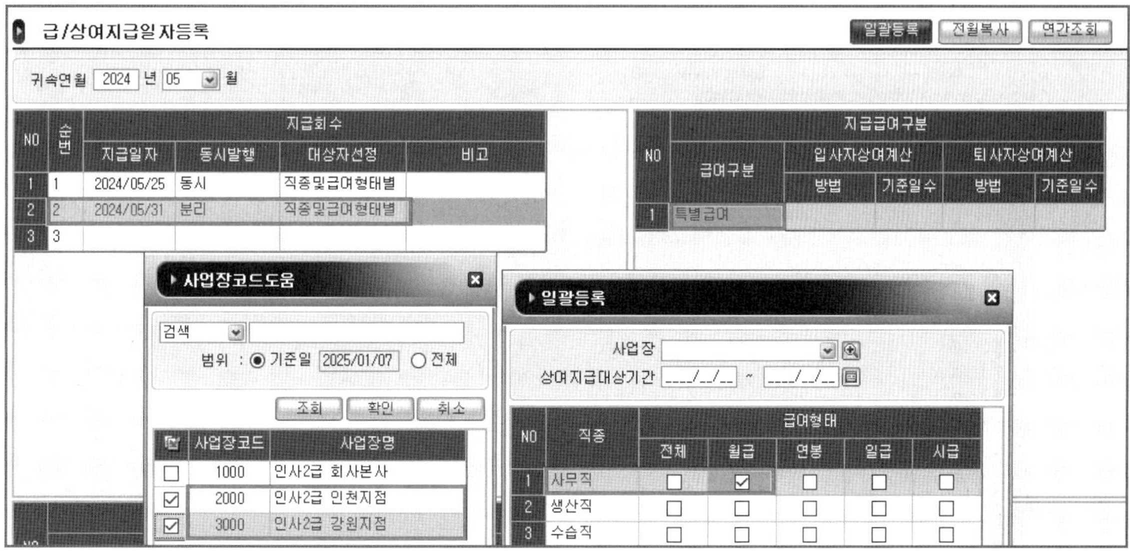

'귀속연월: 2024/05', '지급일: 2.특별급여'로 조회한 후 전체 사원에 체크하고 우측상단의 '급여계산'을 적용한다. 하단의 급여총액 탭에서 과세를 확인한다.

[인사/급여관리] – [급여관리] – [상용직급여입력및계산]

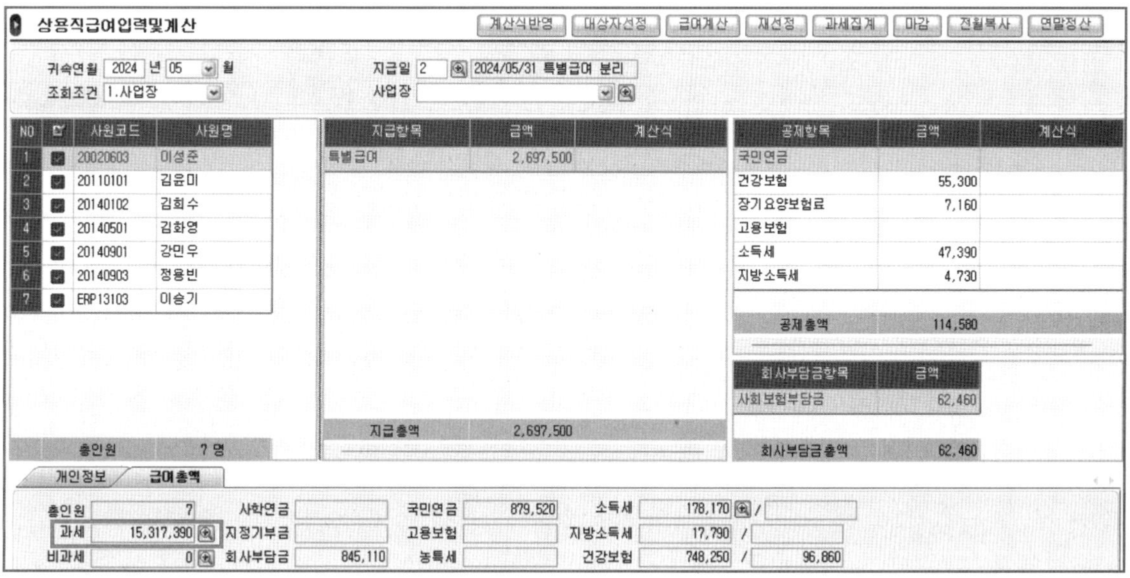

13 ①

'제갈형서' 사원의 급여정보 탭 하단 책정임금 금액란에 커서를 두고 Ctrl+F3를 눌러 시급을 확인한다.

[인사/급여관리] – [인사관리] – [인사정보등록]

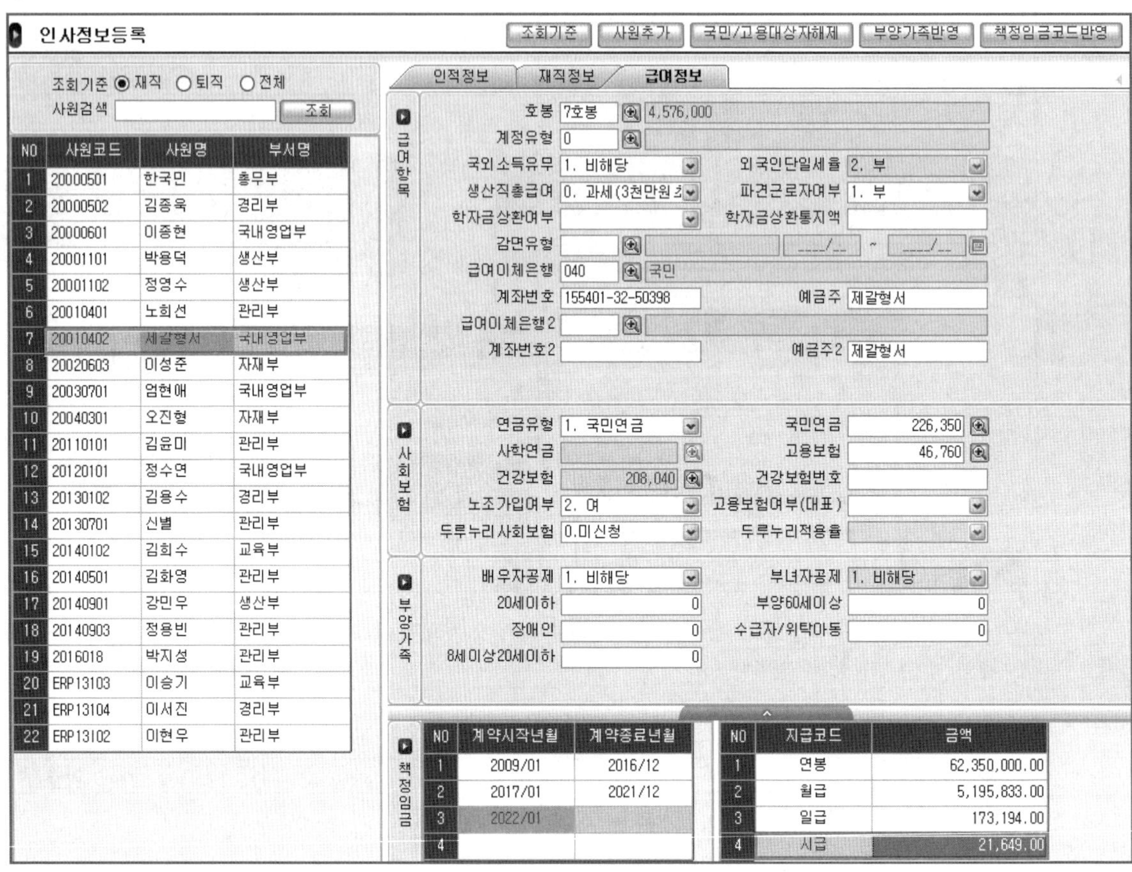

'귀속연월: 2024/04', '지급일: 1.급여'로 조회하여 '제갈형서' 사원의 근태 내역을 확인하고 [보기]의 계산식을 이용하여 초과근무수당을 계산한다.

- 책정임금 시급: 21,649원
- 1유형 근무수당: (7.75 + 6.5) × 21,649 × 1.5 = 462,740원(462,747.375)
- 2유형 근무수당: (3.5 + 1.25) × 21,649 × 2 = 205,660원(205,665.5)

∴ 초과근무수당 : 462,740원 + 205,660원 = 668,400원

[인사/급여관리] – [급여관리] – [근태결과입력]

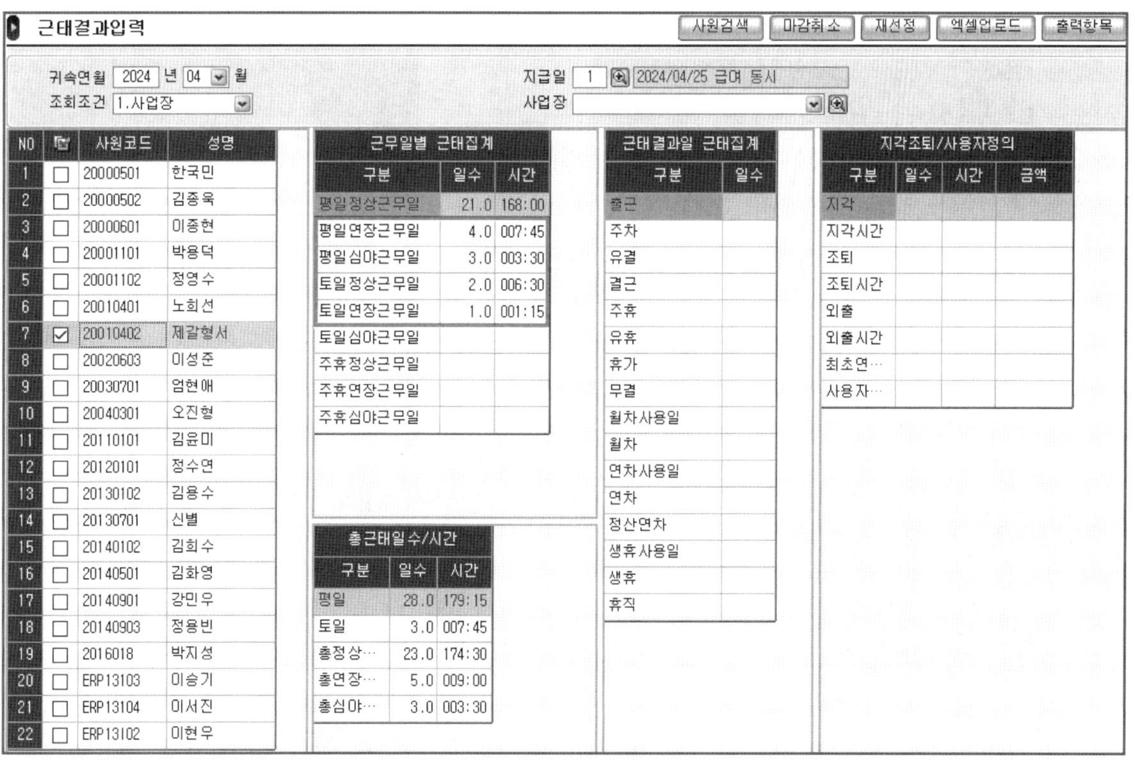

근태결과입력 (사원검색 / 마감취소 / 재선정 / 엑셀업로드 / 출력항목)

귀속연월 2024 년 04 월 　 지급일 1 2024/04/25 급여 동시
조회조건 1.사업장 　 사업장

NO		사원코드	성명
1	☐	20000501	한국민
2	☐	20000502	김종욱
3	☐	20000601	이종현
4	☐	20001101	박용덕
5	☐	20001102	정영수
6	☐	20010401	노희선
7	☑	20010402	제갈형서
8	☐	20020603	이성준
9	☐	20030701	엄현애
10	☐	20040301	오진형
11	☐	20110101	김윤미
12	☐	20120101	정수연
13	☐	20130102	김용수
14	☐	20130701	신별
15	☐	20140102	김희수
16	☐	20140501	김화영
17	☐	20140901	강민우
18	☐	20140903	정용빈
19	☐	2016018	박지성
20	☐	ERP13103	이승기
21	☐	ERP13104	이서진
22	☐	ERP13102	이현우

근무일별 근태집계

구분	일수	시간
평일정상근무일	21.0	168:00
평일연장근무일	4.0	007:45
평일심야근무일	3.0	003:30
토일정상근무일	2.0	006:30
토일연장근무일	1.0	001:15
토일심야근무일		
주휴정상근무일		
주휴연장근무일		
주휴심야근무일		

총근태일수/시간

구분	일수	시간
평일	28.0	179:15
토일	3.0	007:45
총정상…	23.0	174:30
총연장…	5.0	009:00
총심야…	3.0	003:30

근태결과일 근태집계

구분	일수
출근	
주차	
유결	
결근	
주휴	
유휴	
휴가	
무결	
월차사용일	
월차	
연차사용일	
연차	
정산연차	
생휴사용일	
생휴	
휴직	

지각조퇴/사용자정의

구분	일수	시간	금액
지각			
지각시간			
조퇴			
조퇴시간			
외출			
외출시간			
최초연…			
사용자…			

TIP 15분 = 0.25, 30분 = 0.5, 45분 = 0.75, 1시간 = 1

14 ④

'귀속연월: 2024/05', '지급일: 1.매일지급', '부서: 4100.생산부, 5100.자재부', '급여형태: 004.시급'으로 조회한 후 전체 사원에 체크하여 '추가'한다.

[인사/급여관리] – [일용직관리] – [일용직급여지급일자등록]

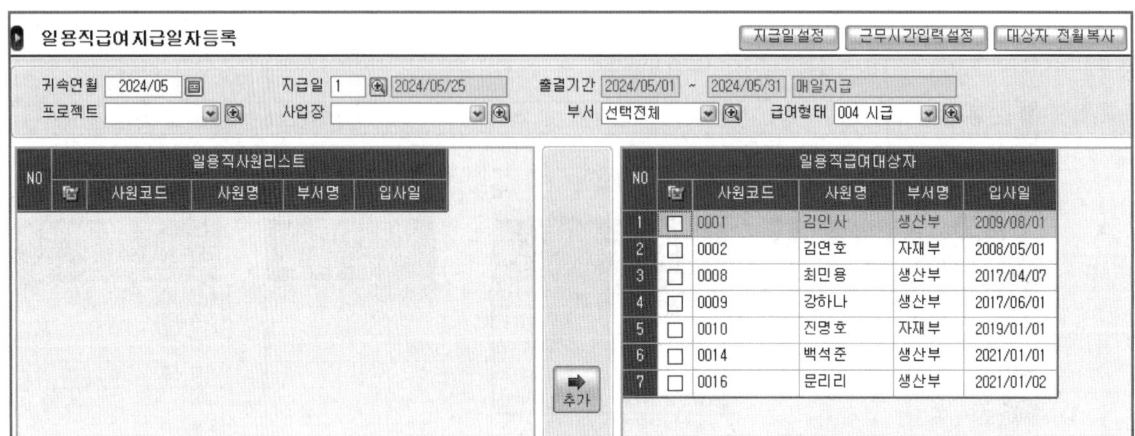

'귀속연월: 2024/05', '지급일: 1.매일지급'으로 조회한 후 전체 사원에 체크한다. 우측 상단의 '일괄적용'을 클릭하여 [보기]와 같이 평일 10시간과 비과세 10,000원, 토요일 2시간을 적용한 후, 하단의 월지급액, 개인정보, 급여총액 탭에서 사원별 정보를 확인한다.

④ 월지급액 탭의 비과세 신고제외분을 확인해보면, 해당 지급일자의 대상자는 모두 신고대상이 아닌 비과세 항목을 지급받았음을 확인할 수 있다.

[인사/급여관리] – [일용직관리] – [일용직급여입력및계산]

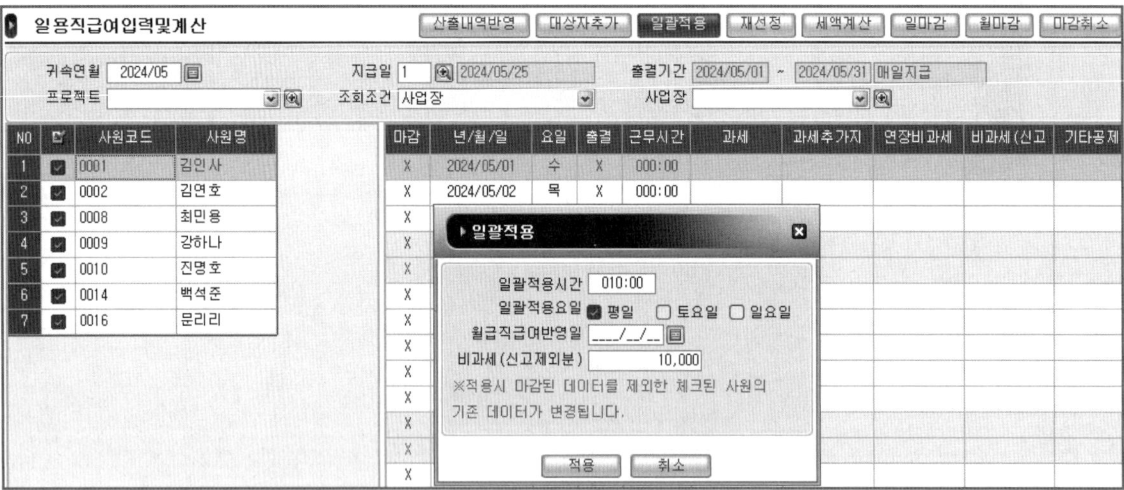

일용직급여입력및계산
산출내역반영 대상자추가 일괄적용 재선정 세액계산 일마감 월마감 마감취소
귀속연월 2024/05 지급일 1 2024/05/25 출결기간 2024/05/01 ~ 2024/05/31 매일지급
프로젝트 조회조건 사업장 사업장
NO 사원코드 사원명
1 0001 김인사
2 0002 김연호
3 0008 최민용
4 0009 강하나
5 0010 진명호
6 0014 백석준
7 0016 문리리
마감 년/월/일 요일 출결 근무시간 과세 과세추가지 연장비과세 비과세(신고 기타공제
X 2024/05/01 수 ◎ 010:00 422,160 105,540 10,000
X 2024/05/02 목 ◎ 010:00 422,160 105,540 10,000
일괄적용
일괄적용시간 002:00
일괄적용요일 평일 토요일 일요일
월급직급여반영일 ____/__/__
비과세(신고제외분)
※적용시 마감된 데이터를 제외한 체크된 사원의 기존 데이터가 변경됩니다.
적용 취소
일용직급여입력및계산
산출내역반영 대상자추가 일괄적용 재선정 세액계산 일마감 월마감 마감취소
귀속연월 2024/05 지급일 1 2024/05/25 출결기간 2024/05/01 ~ 2024/05/31 매일지급
프로젝트 조회조건 사업장 사업장
X 2024/05/01 수 ◎ 010:00 422,160 105,540 10,000
X 2024/05/02 목 ◎ 010:00 422,160 105,540 10,000
X 2024/05/03 금 ◎ 010:00 422,160 105,540 10,000
X 2024/05/04 토 ◎ 002:00 105,540
X 2024/05/05 일 X 000:00
X 2024/05/06 월 ◎ 010:00 422,160 105,540 10,000
X 2024/05/07 화 ◎ 010:00 422,160 105,540 10,000
X 2024/05/08 수 ◎ 010:00 422,160 105,540 10,000
X 2024/05/09 목 ◎ 010:00 422,160 105,540 10,000
X 2024/05/10 금 ◎ 010:00 422,160 105,540 10,000
X 2024/05/11 토 ◎ 002:00 105,540
X 2024/05/12 일 X 000:00
X 2024/05/13 월 ◎ 010:00 422,160 105,540 10,000
합계 000:00 10,131,840 0 2,427,420 230,000
총인원 7 명
월지급액 개인정보 산출내역 급여총액
지급인원 7 비과세신고제외분 1,610,000 국민연금 1,487,650 소득세 557,520
과세총액 46,426,980 회사부담금 2,352,250 건강보험 1,713,700 지방소득세 55,200
비과세신고분 8,329,680 고용보험 416,640 장기요양보험 221,910 차인지급액 51,914,040

일용직급여입력및계산

산출내역반영 | 대상자추가 | 일괄적용 | 재선정 | 세액계산 | 일마감 | 월마감 | 마감취소

귀속연월 2024/05 　 지급일 1 2024/05/25 　 출결기간 2024/05/01 ~ 2024/05/31 매일지급

프로젝트 　 조회조건 사업장 　 사업장

NO		사원코드	사원명
1	✔	0001	김인사
2	✔	0002	김연호
3	✔	0008	최민용
4	✔	0009	강하나
5	✔	0010	진명호
6	✔	0014	백석준
7	✔	0016	문리리
총인원		7 명	

마감	년/월/일	요일	출결	근무시간	과세	과세추가지	연장비과세	비과세(신고	기타공제
X	2024/05/01	수	◎	010:00	139,900			10,000	
X	2024/05/02	목	◎	010:00	139,900			10,000	
X	2024/05/03	금	◎	010:00	139,900			10,000	
X	2024/05/04	토	◎	002:00	27,980				
X	2024/05/05	일	X	000:00					
X	2024/05/06	월	◎	010:00	139,900			10,000	
X	2024/05/07	화	◎	010:00	139,900			10,000	
X	2024/05/08	수	◎	010:00	139,900			10,000	
X	2024/05/09	목	◎	010:00	139,900			10,000	
X	2024/05/10	금	◎	010:00	139,900			10,000	
X	2024/05/11	토	◎	002:00	27,980				
X	2024/05/12	일	X	000:00					
X	2024/05/13	월	◎	010:00	139,900			10,000	
	합계			238:00	3,329,620	0	0	230,000	0

월지급액 | 개인정보 | 산출내역 | 급여총액

과세총액	3,329,620	회사부담금	172,270	고용보험	29,750	소득세	
비과세신고분		기타공제액		국민연금	160,150	지방소득세	
비과세신고제외분	230,000	건강보험	126,180	장기요양보험	16,340	차인지급액	3,227,200

일용직급여입력및계산

산출내역반영 | 대상자추가 | 일괄적용 | 재선정 | 세액계산 | 일마감 | 월마감 | 마감취소

귀속연월 2024/05 　 지급일 1 2024/05/25 　 출결기간 2024/05/01 ~ 2024/05/31 매일지급

프로젝트 　 조회조건 사업장 　 사업장

NO		사원코드	사원명
1	✔	0001	김인사
2	✔	0002	김연호
3	✔	0008	최민용
4	✔	0009	강하나
5	✔	0010	진명호
6	✔	0014	백석준
7	✔	0016	문리리
총인원		7 명	

마감	년/월/일	요일	출결	근무시간	과세	과세추가지	연장비과세	비과세(신고	기타공제
X	2024/05/01	수	◎	010:00	262,000		65,500	10,000	
X	2024/05/02	목	◎	010:00	262,000		65,500	10,000	
X	2024/05/03	금	◎	010:00	262,000		65,500	10,000	
X	2024/05/04	토	◎	002:00	65,500				
X	2024/05/05	일	X	000:00					
X	2024/05/06	월	◎	010:00	262,000		65,500	10,000	
X	2024/05/07	화	◎	010:00	262,000		65,500	10,000	
X	2024/05/08	수	◎	010:00	262,000		65,500	10,000	
X	2024/05/09	목	◎	010:00	262,000		65,500	10,000	
X	2024/05/10	금	◎	010:00	262,000		65,500	10,000	
X	2024/05/11	토	◎	002:00	65,500				
X	2024/05/12	일	X	000:00					
X	2024/05/13	월	◎	010:00	262,000		65,500	10,000	
	합계			238:00	6,288,000	0	1,506,500	230,000	0

월지급액 | 개인정보 | 산출내역 | 급여총액

사업장	인사2급 인천지점	시간단가	32,750	프로젝트		근무일수	27 / 31
부서	자재부	입사일자	2008/05/01	생산직적용여부	함	귀속월총액	8,024,500
급여형태	시급	퇴사일자	____/__/__	계좌이체은행	국민	출결일총액	8,024,500

15 ②

'0015.한주원' 사원을 선택한 후 '생산직비과세적용: 함', '국민/건강/고용보험여부: 여'로 변경 후 저장한다.

[인사/급여관리] – [일용직관리] – [일용직사원등록]

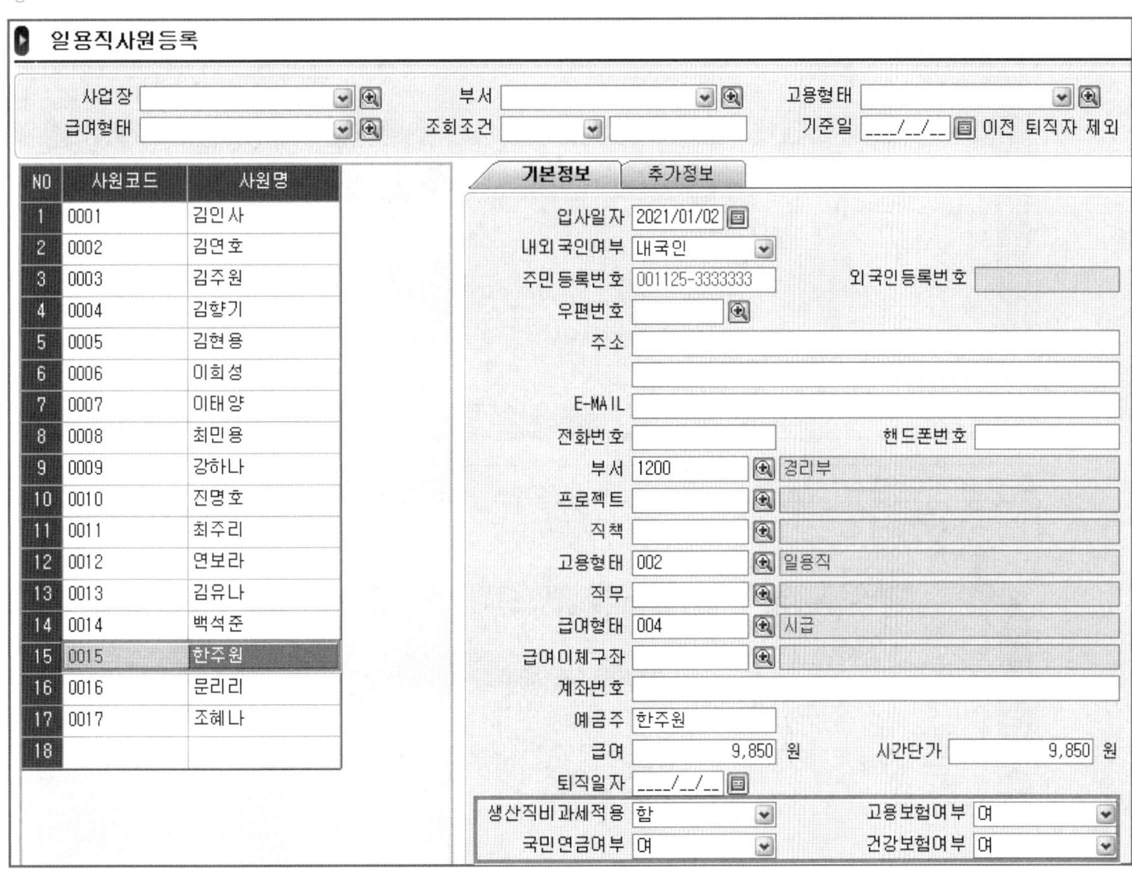

'귀속연월: 2024/05', '지급일: 2.일정기간지급'으로 조회한 후 전체 사원에 체크한다. [보기]와 같이 평일 12시간과 비과세 12,000원, 토요일 2시간을 각각 '일괄적용'하여 하단 급여총액 탭의 차인지급액을 확인한다.

[인사/급여관리] – [일용직관리] – [일용직급여입력및계산]

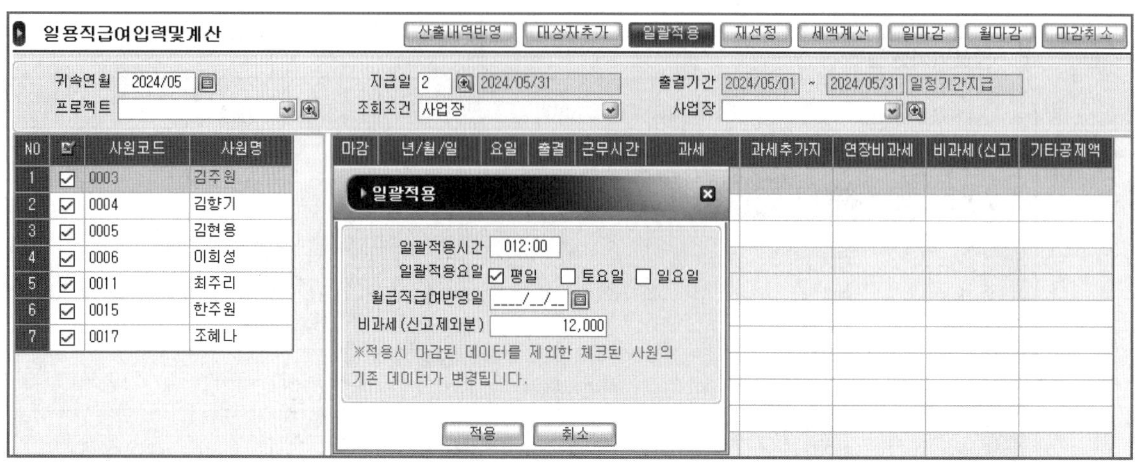

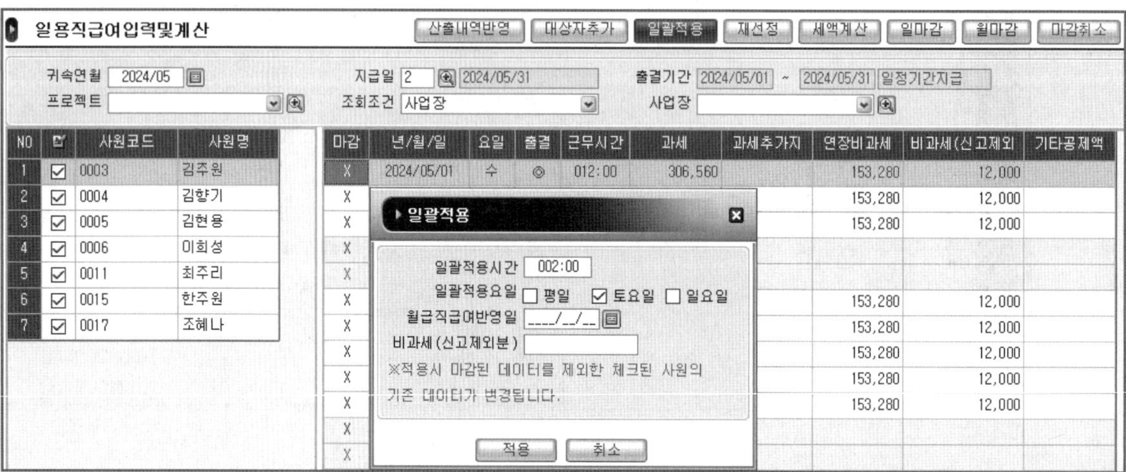

16 ④

'조회기간: 2024/01~2024/03', '분류기준: 지급/공제', '사용자부담금: 1.포함'으로 조회한 후 지급총액 및 공제총액을 확인한다.

[인사/급여관리] – [급여관리] – [연간급여현황]

연간급여현황 간이지급명세서(EXCEL)

조회기간 2024 년 01 ~ 2024 년 03 월 분류기준 지급/공제 지급구분
사업장 조회구분 부서 사용자부담금 1.포함

NO	조회구분 부서	사원코드	사원명	합계 지급총액	합계 공제총액	2024/01 지급	2024/01 공제	2024/02 지급
1	경리부	20000502	김종욱	20,532,480	3,293,670	6,844,160	1,097,890	6,844,160
2	경리부	20130102	김용수	12,632,910	1,547,610	4,210,970	515,870	4,210,970
3	경리부	ERP13104	이서진	11,671,500	1,355,790	3,890,500	451,930	3,890,500
4	조회구분[부서] 소계			44,836,890	6,197,070	14,945,630	2,065,690	14,945,630
5	관리부	20010401	노희선	10,337,910	1,112,820	3,445,970	370,940	3,445,970
6	관리부	20110101	김윤미	11,727,870	1,347,270	3,909,290	449,090	3,909,290
7	관리부	20130701	신별	11,203,410	1,235,850	3,734,470	411,950	3,734,470
8	관리부	20140501	김화영	9,552,210	959,670	3,184,070	319,890	3,184,070
9	관리부	20140903	정용빈	13,046,490	1,272,570	4,348,830	424,190	4,348,830
10	관리부	2016018	박지성	9,660,210	762,660	3,220,070	254,220	3,220,070
11	관리부	ERP13102	이현우	12,440,940	1,065,180	4,146,980	355,060	4,146,980
12	조회구분[부서] 소계			77,969,040	7,756,020	25,989,680	2,585,340	25,989,680
13	교육부	20140102	김희수	10,974,090	1,312,410	3,658,030	437,470	3,658,030
14	교육부	ERP13103	이승기	13,640,580	1,784,310	4,546,860	594,770	4,546,860
15	조회구분[부서] 소계			24,614,670	3,096,720	8,204,890	1,032,240	8,204,890
16	국내영업부	20000601	이종현	14,895,750	2,094,930	4,965,250	698,310	4,965,250
17	국내영업부	20010402	제갈형서	17,791,890	2,744,850	5,930,630	914,950	5,930,630
	총계 :22명			291,167,340	35,077,680	97,055,780	11,692,560	97,055,780 11..

17 ③

'귀속연월: 2024/04', '지급일자: 1.급여', '집계: 3.근무조별'로 입력 후 우측 상단의 '출력항목'을 클릭한다. 조회할 지급항목을 모두 선택하여 '적용'한 후 지급/공제항목 금액을 확인한다.

③ 2조의 직무발명보상금은 750,000원이다.

[인사/급여관리] – [급여관리] – [급여대장]

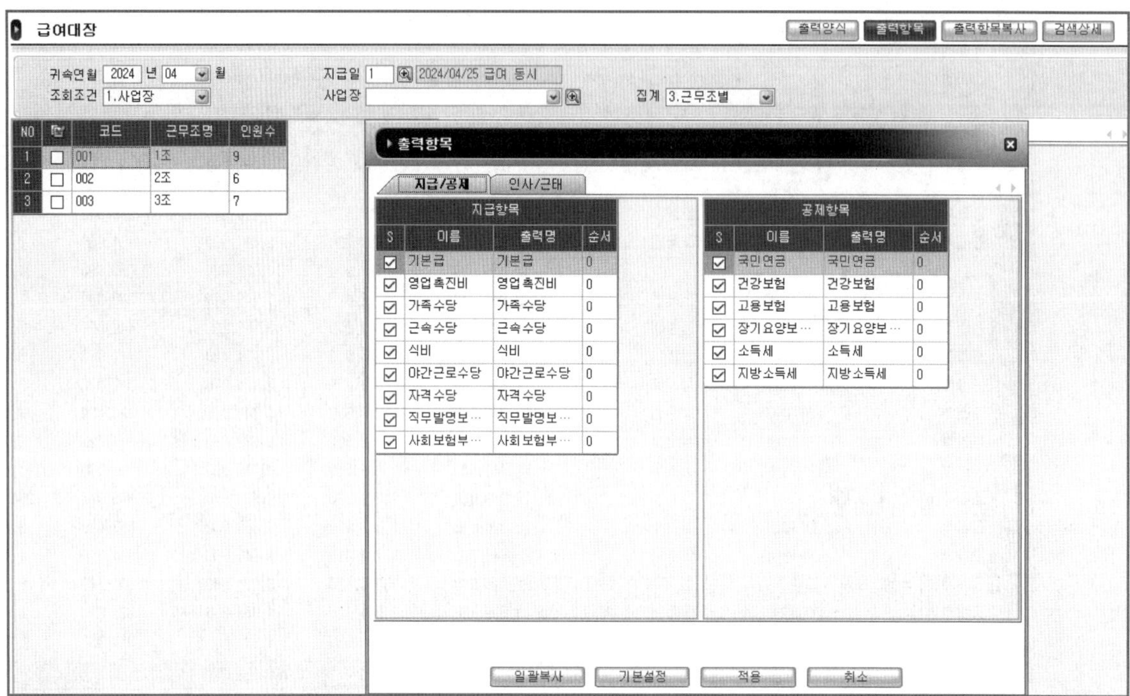

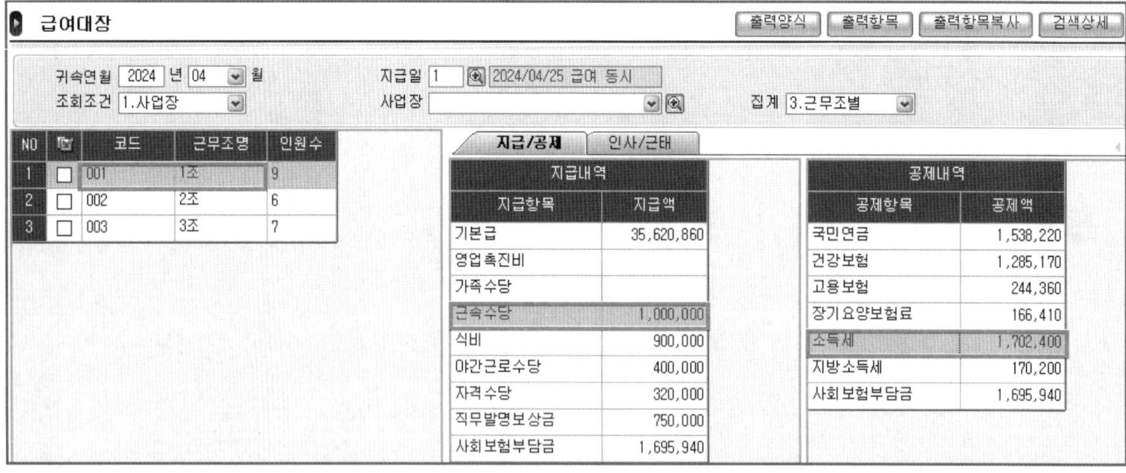

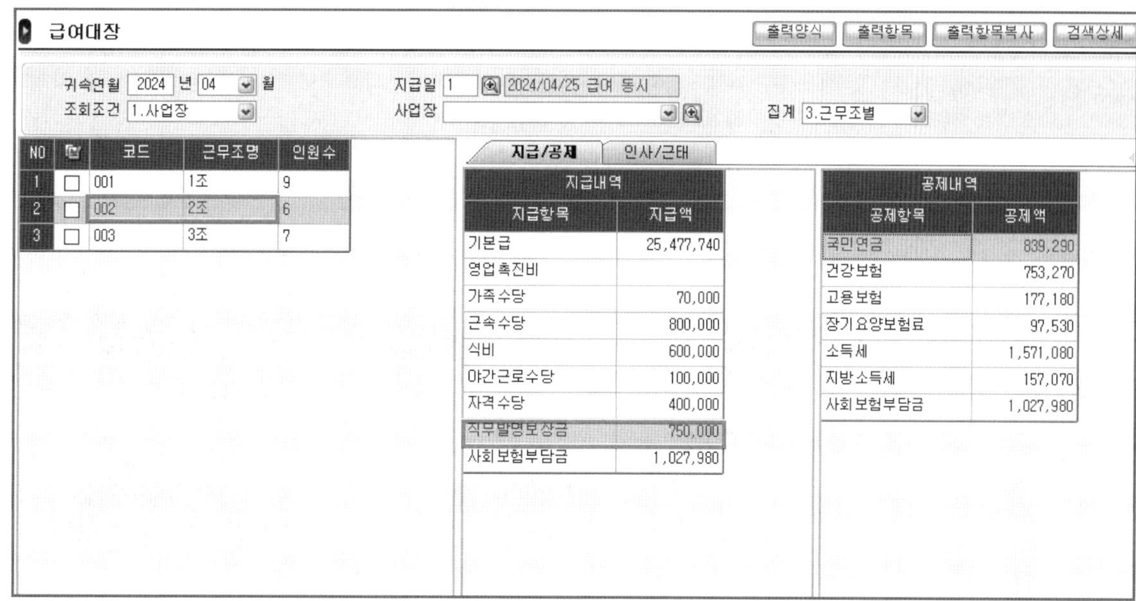

급여대장

출력양식 | 출력항목 | 출력항목복사 | 검색상세

귀속연월 2024 년 04 월 지급일 1 2024/04/25 급여 동시
조회조건 1.사업장 사업장 집계 3.근무조별

NO	코드	근무조명	인원수
1	001	1조	9
2	002	2조	6
3	003	3조	7

지급/공제 | 인사/근태

지급항목	지급액
기본급	25,477,740
영업촉진비	
가족수당	70,000
근속수당	800,000
식비	600,000
야간근로수당	100,000
자격수당	400,000
직무발명보상금	750,000
사회보험부담금	1,027,980

공제항목	공제액
국민연금	839,290
건강보험	753,270
고용보험	177,180
장기요양보험료	97,530
소득세	1,571,080
지방소득세	157,070
사회보험부담금	1,027,980

급여대장

출력양식 | 출력항목 | 출력항목복사 | 검색상세

귀속연월 2024 년 04 월 지급일 1 2024/04/25 급여 동시
조회조건 1.사업장 사업장 집계 3.근무조별

NO	코드	근무조명	인원수
1	001	1조	9
2	002	2조	6
3	003	3조	7

지급/공제 | 인사/근태

지급항목	지급액
기본급	23,294,170
영업촉진비	
가족수당	
근속수당	850,000
식비	700,000
야간근로수당	100,000
자격수당	160,000

공제항목	공제액
국민연금	939,780
건강보험	842,440
고용보험	187,590
장기요양보험료	109,060
소득세	828,680
지방소득세	82,830
사회보험부담금	1,139,090

18 ③

'조회기간: 2024/01~2024/03', '지급구분: 100.급여', '조회구분: 2.부서', '부서: 3100.관리부'로 조회하여 각 지급/공제 항목별 내역을 확인한다.

③ 장기요양보험료는 231,000원이다.

[인사/급여관리] – [급여관리] – [월별급/상여지급현황]

월별급/상여지급현황

조회기간 2024 년 01 월 – 2024 년 03 월 지급일 지급구분 100 급여
조회구분 2.부서 부서 3100 관리부

부서	사원코드	사원명	식비	근속수당	야간근로	자격수당	직무발명보상금	사회보험부담금	지급합	급여합	국민연금	건강보험	고용보험	장기요양보험료	소득세	지방소득	공제합계	차인지급액
관리부	20010401	노희선	300,000	450,000	300,000	240,000		422,910	9,91···	10,3···	388,110	305,730	77,610	39,570	274,380	27,420	1,112,820	8,802,180
관리부	20130701	신별	300,000	300,000		240,000	450,000	463,410	10,7···	11,2···	425,250	334,980	85,050	43,380	315,630	31,560	1,235,850	9,504,150
관리부	20140501	김화영	300,000	150,000			450,000	402,210	9,15···	9,55···	370,020	291,570	72,900	37,740	170,400	17,040	959,670	8,190,330
관리부	20140903	정용빈	300,000	300,000			450,000	330,990	12,7···	13,0···	303,750	239,280	60,750	30,960	579,870	57,960	1,272,570	11,442,930
관리부	2016018	박지성	300,000	150,000			450,000	260,220	9,39···	9,66···	292,410	230,400		29,820	190,950	19,080	762,660	8,637,330
관리부	ERP13102	이현우	300,000	450,000			450,000	451,440	11,9···	12,4···	97,110	382,470	19,440	49,530	469,680	46,950	1,065,180	10,924,320
			1,800,000	1,800,000	300,000	480,000	2,250,000	2,331,180	63,9···	66,2···	1,876,650	1,784,430	315,750	231,000	2,000,910	200,010	6,408,750	57,501,240
부서 소계			1,800,000	1,800,000	300,000	480,000	2,250,000	2,331,180	63,9···	66,2···	1,876,650	1,784,430	315,750	231,000	2,000,910	200,010	6,408,750	57,501,240
총계	6명		1,800,000	1,800,000	300,000	480,000	2,250,000	2,331,180	63,9..	66,2..	1,876,650	1,784,430	315,750	231,000	2,000,910	200,010	6,408,750	57,501,240

19 ②

'기준연월: 2024/03', '사용자부담금: 1.포함', '비교연월: 2023/03'로 조회하여 각각의 금액의 변동내역을 확인한다.
② 전체 '건강보험' 공제액은 증가하였고 '고용보험' 공제액은 감소하였다.

[인사/급여관리] – [급여관리] – [사원별급/상여변동현황]

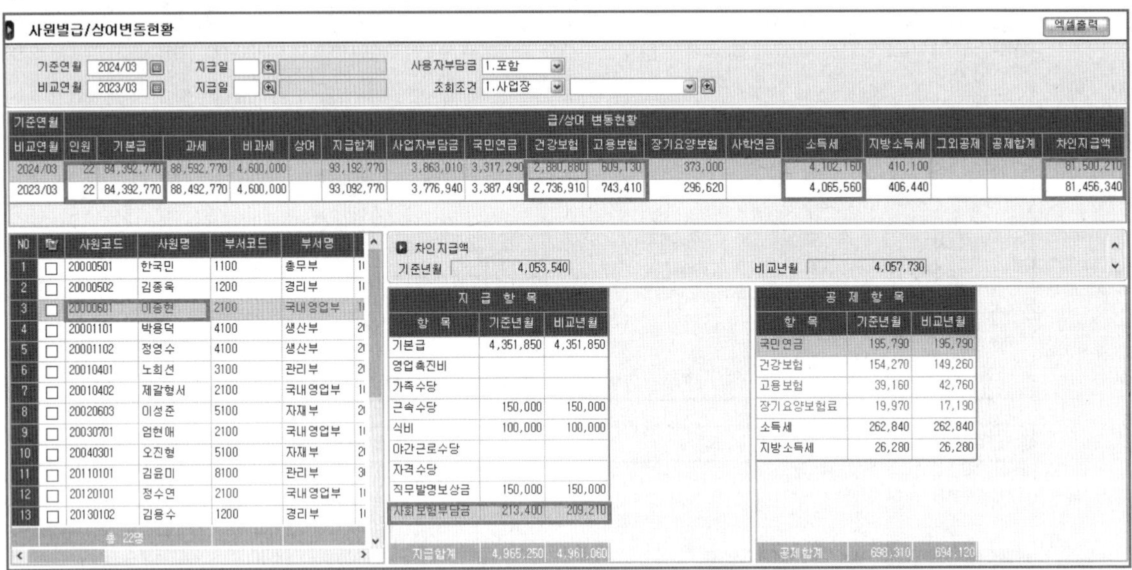

20 ①

'조회기간: 2024/01~2024/03', '수당코드: P06.근속수당', '사업장: 2000.인사2급 인천지점'을 조회하여 'P06.근속수당'을 가장 적게 지급받은 사원을 확인한다.

[인사/급여관리] – [급여관리] – [수당별연간급여현황]

수당별연간급여현황

조회기간 2024 년 01 월 ~ 2024 년 03 월　　수당코드 P06 근속수당
조회조건 1.사업장　2000 인사2급 인천지점

NO	사원코드	사원명	합계	2024/01	2024/02	2024/03
1	20001101	박용덕	450,000	150,000	150,000	150,000
2	20001102	정영수	450,000	150,000	150,000	150,000
3	20010401	노희선	450,000	150,000	150,000	150,000
4	20020603	이성준	450,000	150,000	150,000	150,000
5	20040301	오진형	450,000	150,000	150,000	150,000
6	20130701	신별	300,000	100,000	100,000	100,000
7	20140501	김화영	150,000	50,000	50,000	50,000
8	20140901	강민우	150,000	50,000	50,000	50,000
9	20140903	정용빈	300,000	100,000	100,000	100,000
10	2016018	박지성	150,000	50,000	50,000	50,000
11	ERP13I02	이현우	450,000	150,000	150,000	150,000

최신 기출문제

정답 및 해설

2025 최신판

에듀윌 ERP 정보관리사 인사 2급 한권끝장 +무료특강

고객의 꿈, 직원의 꿈, 지역사회의 꿈을 실현한다

에듀윌 도서몰
book.eduwill.net

• 부가학습자료 및 정오표: 에듀윌 도서몰 > 도서자료실
• 교재 문의: 에듀윌 도서몰 > 문의하기 > 교재(내용, 출간) / 주문 및 배송